"十四五"职业教育河南省规划教材

职业教育·道路运输类专业教材

Gonglu Gongcheng Shigong Celiang Jishu
公路工程施工测量技术

潘　威　主编
夏连学　主审

人民交通出版社

内 容 提 要

本书为"十四五"职业教育河南省规划教材、职业教育道路运输类专业教材。主要内容包括：测量认知、高程测量与放样、地面点定位、GPS测量、地形图测绘、测量误差、测量仪器的检验与校正、道路测量。

本书为高职院校道路桥梁工程技术专业、高等级公路维护与管理专业等相关专业教材，可供交通行业从业人员参考，也可作为行业培训用书。

本书配有教学课件，教师可通过加入职教路桥教学研讨群（QQ561416324）获取。

图书在版编目（CIP）数据

公路工程施工测量技术／潘威主编．—北京：人民交通出版社，2014.6
ISBN 978-7-114-11321-5

Ⅰ.①公… Ⅱ.①潘… Ⅲ.①道路工程–施工测量–高等职业教育–教材 Ⅳ.①U415.1

中国版本图书馆 CIP 数据核字（2014）第 057172 号

"十四五"职业教育河南省规划教材
职业教育·道路运输类专业教材

书　　名：	公路工程施工测量技术
著 作 者：	潘　威
责任编辑：	袁　方
出版发行：	人民交通出版社
地　　址：	（100011）北京市朝阳区安定门外外馆斜街 3 号
网　　址：	http://www.ccpress.com.cn
销售电话：	（010）59757975
总 经 销：	人民交通出版社发行部
经　　销：	各地新华书店
印　　刷：	北京虎彩文化传播有限公司
开　　本：	787×1092　1/16
印　　张：	13.75
字　　数：	352 千
版　　次：	2014 年 6 月　第 1 版
印　　次：	2022 年 6 月　第 6 次印刷
书　　号：	ISBN 978-7-114-11321-5
定　　价：	39.00 元

（有印刷、装订质量问题的图书由本社负责调换）

前　言

　　《公路工程施工测量技术》是道路桥梁工程技术与高等级公路维护与管理专业的一门专业核心课程。本课程的教学以工程测量基本技能为主旨，通过情境化、案例化教学活动，加强学生对工程测量技术的基本理论和基本方法的理解，能使用工程测量相关仪器完成工程设计、工程施工等工作过程中测量基本任务，以及运用国家现行规范、规程、标准解决公路工程施工测量技术相关问题的能力，加强对工程测量技术实践应用，并促使学生达到测量员职业资格证书中相关技术考证的基本要求，教学组织体现"崇尚一技之长、不唯学历凭能力"的学习氛围，激发学生学习职业技能的积极性。

　　本教材从高职高专学生培养的三个目标（即职业知识目标、职业技能目标、职业素质目标）入手，按照项目程序化、知识点案例化组织教学，旨在缩小课堂和测量工地的空间距离和心理距离，推动专业设置与产业需求、课程内容与职业标准、教学过程与生产过程"三对接"。

1. 职业知识目标

　　掌握测量数据的处理知识，地面点定位方法，测量工作的组织与方案，测量仪器的构造与检校，高程、角度、距离、坐标等的测量方法与要求，道路工程测量各工作阶段的项目任务与测量方法，并掌握与其他专业知识的衔接应用。

2. 职业技能目标

　　（1）能描述地面点位的确定要素、测量工作的程序与基本原则；

　　（2）会操作使用水准仪、光学经纬仪、全站仪、钢尺、GPS、罗盘仪等常用测绘仪器；

　　（3）能进行水准测量、角度测量、距离丈量及直线定向等各项基本测量工作和测量数据的误差分析和处理；

　　（4）能操作使用传统测量仪器或全站仪完成导线测量并进行成果处理；

　　（5）能操作使用传统测量仪器或全站仪进行地形测量；

　　（6）能操作使用传统测量仪器或全站仪进行道路中线测量、纵断面测量、横断面测量，能绘制纵、横断面图；

(7)能操作使用 GPS 进行控制测量和放样；

(8)能够承担施工一线的公路、桥梁、隧道的施工放样等工作任务。

3. 职业素质目标

培养学生具有强烈的社会责任感,诚实、守信的职业素养,吃苦耐劳的工作精神,善于沟通和合作的工作能力,实事求是、踏实肯干、任劳任怨的工作态度,并不断追求知识、独立思考、勇于自谋职业和自主创业,为职业能力的发展奠定良好的基础。

在道路工程技能考试中,工程测量的中级工、高级工是本专业首选的职业技能鉴定考试工种。该工种考试所涉及的专业知识、能力和技能都是本课程所授知识,通过本课程学习,达到具有解决具体工程测量任务的能力,具备考取中高级测量工证书的能力。另外,课程的培养目标是要求学生掌握和具有一定的测量仪器操作与测绘计算的职业能力,因此在课程教学设计时体现出交通土建行业的发展和不同岗位的典型工作任务,结合本地区情况,通过企业专家、专业带头人和骨干教师共同分析道路桥梁工程技术专业测量职业岗位能力的要求与素质、知识结构关系,构建《公路工程施工测量技术》课程体系和教学内容,突出培养学生的就业能力,充分体现基于职业岗位分析和职业岗位技术应用能力培养的课程设计理念。

本课程教学设计,紧紧围绕完成工作任务的需要,以工作过程为主线,以任务为引领,以项目为导向为引导,突出课程知识选择、执业技能培养与工程实践相结合。按基于工程测量过程的工作岗位对知识、综合素质、职业技能的任职要求,参照相关的测量职业资格标准(交通运输部测量工行业职业标准),对测量职业岗位的知识内容进行选择,形成《公路工程施工测量技术》课程的知识内容。整个课程内容的知识介绍以够用为度,操作技能力求熟练。

参与本书编写的都是常年工作在工程测量教学一线,具有实践工作经验的教师,全书由河南交通职业技术学院夏连学教授担任主审,河南交通职业技术学院潘威担任主编并统稿,参加本书编写的有河南交通职业技术学院张丽娟、张恩朝、支刚、朱铁增、李正道,河南省中原公路工程监理有限公司曹汴军。其中潘威编写项目1和项目2的任务1~5；朱铁增编写项目2的任务6和案例1~5、项目3的任务10、案例7、8；张丽娟编写项目3的任务1~9；支刚编写项目2的案例6和项目4；张恩朝编写项目5和项目3的案例9；曹汴军编写项目7和项目8的任务4~5；李正道编写项目5的案例10和项目8的任务1~3。

本书在编写过程中,吸收了行业专家和有关老师的意见,在此,对给予指导的专家和老师表示感谢! 对人民交通出版社为本教材顺利出版给予的大力支持表示感谢。

本书力求简单明了地讲解工程应用所涉及的测量技术的基本知识和基本技能。热忱希望广大读者对书中的不妥之处给予批评指正。

编者
2014 年 5 月

目 录

项目1　测量认知 ·· 1
　工作任务1　测量学的内容和任务 ·· 1
　工作任务2　测量工作的程序及基本内容 ··· 2
项目2　高程测量与放样 ··· 4
　工作任务1　水准测量原理 ·· 4
　工作任务2　三、四等高程控制测量 ··· 6
　工作任务3　等外高程测量 ·· 22
　工作任务4　高程测设 ··· 25
　工作任务5　精密水准仪与水准尺 ·· 28
　工作任务6　精密水准测量的实施 ·· 34
　案例1　水准点复测 ··· 39
　案例2　路基抄平 ·· 39
　案例3　路面抄平 ·· 42
　案例4　基桩抄平 ·· 44
　案例5　边沟抄平 ·· 44
　案例6　二等水准测量外业记录及处理 ··· 46
项目3　地面点定位 ·· 53
　工作任务1　地面点定位体系 ·· 53
　工作任务2　角度测量原理 ·· 58
　工作任务3　光学经纬仪的认识及其技术操作 ·································· 59
　工作任务4　经纬仪测角 ·· 62
　工作任务5　角度测量精度评定 ··· 66
　工作任务6　距离测量和直线定向 ·· 67
　工作任务7　距离测量精度评定 ··· 84
　工作任务8　地面点坐标计算 ·· 85
　工作任务9　全站仪技术操作 ·· 87
　工作任务10　平面控制测量 ·· 97

  案例 7 中线复测 ·· 107
  案例 8 涵洞平面放样 ·· 108
  案例 9 桩位放样 ·· 109
项目 4 GPS 测量 ··· 111
  工作任务 1 GPS 测量原理 ·· 111
  工作任务 2 GPS 静态测量 ·· 113
  工作任务 3 GPS-RTK 测量 ·· 127
项目 5 地形图测绘 ··· 139
  工作任务 1 地形图的基本知识 ··· 139
  工作任务 2 地形图的测绘 ··· 144
  工作任务 3 地形图的绘制 ··· 148
  案例 10 小区域数字测图 ·· 162
项目 6 测量误差 ··· 172
  工作任务 1 测量误差的基本知识 ··· 172
  工作任务 2 衡量精度的标准 ··· 176
项目 7 测量仪器的检验与校正 ··· 179
  工作任务 1 经纬仪的检验与校正 ··· 179
  工作任务 2 水准仪的检验与校正 ··· 183
  工作任务 3 全站仪的检验与校正 ··· 186
项目 8 道路测量 ··· 189
  工作任务 1 道路测量概述 ··· 189
  工作任务 2 道路中线的直线测量 ··· 190
  工作任务 3 圆曲线及其测设 ··· 195
  工作任务 4 缓和曲线及其测设 ··· 199
  工作任务 5 道路纵横断面测量 ··· 204
参考文献 ··· 212

项目1 测量认知

工作任务1 测量学的内容和任务

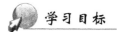学习目标

了解测量学的内容与基本任务。

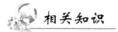相关知识

一、测量学的内容与任务

测量学是一门研究地球的形状、大小和地表面上各种物体的几何形状及其空间位置的科学。测量工作的任务大致可分为两部分:一是"测绘",是将地球表面的地物、地貌及行政和权属界线等测绘成图,供工程建设的规划设计和行政管理部门使用;二是"测设"(又称放样),是将工程构造物按照设计位置及土地利用规划的界址划分在实地标定出来,作为施工和定界的依据。

测量学科按照研究的范围、对象及技术手段不同,可分为以下几门学科。

(1)普通测量学:是在不顾及地球曲率影响情况下,研究地球自然表面局部区域的地形、确定地面点位的基础理论、基本技术方法与应用的学科,是测量学的基础部分。其内容是将地表的地物、地貌及人工建(构)筑物等测绘成地形图,为各建设部门直接提供数据和资料。

(2)大地测量学:是研究地球的大小、形状、地球重力场以及建立国家大地控制网的学科。现代大地测量学已进入以空间大地测量为主的领域,可提供高精度、高分辨率,适时、动态的定量空间信息,是研究地壳运动与形变、地球动力学、海平面变化、地质灾害预测等的重要手段之一。

(3)摄影测量学:是利用摄影或遥感技术获取被测物体的影像或数字信息,进行分析、处理后以确定物体的形状、大小和空间位置,并判断其性质的学科。按获取影像的方式不同,摄影测量学又分水下、地面、航空摄影测量学和航天遥感等。随着空间、数字和全息影像技术的发展,它可方便地为人们提供数字图件、建立各种数据库、虚拟现实,已成为测量学的关键技术。

(4)工程测量学:是研究各类工程在规划、勘测设计、施工、竣工验收和运营管理等各阶段的测量理论、技术和方法的学科。其主要内容包括控制测量、地形测量、施工测量、安装测量、竣工测量、变形观测、监测保养等。工程测量的观测工具就是常规测量仪器,比如水准仪、经纬仪、全站仪、GPS等。观测对象是地面点,对象的属性是点的坐标或空间位置,观测过程就是工作实施过程,比如测绘过程或者测设过程。

二、公路工程测量的任务与作用

公路工程测量在公路工程建设中具有非常重要的作用,从公路与桥梁的勘测设计阶段,到施工放样、竣工验收、变形观测、维修养护等方面无不需要测量技术。例如:要在某地区修建一条公路,在公路建设之前,为了选择一条经济合理的路线,必须进行路线勘测。在沿着路线可能经过的范围内布设导线,测量路线带状地形图;然后交付设计部门进行初步设计,在设计方案的路线上进行中线测量、纵断面测量和横断面测量以及局部地区大比例尺地形图的测绘等,为路线的纵坡设计、工程量计算等道路技术设计提供详细的测量资料;最后将设计路线的位置标定在地面上,以便进行施工。

当路线跨越河流时,必须建造桥梁,在建设桥梁之前,应测绘桥址处河流及两岸的地形图,测量河床断面、水位、流速、流量和桥梁轴线长度,以便设计桥台和桥墩的位置,最后将设计位置测设到实地。若路线跨越高山时,为了降低其坡度,减少路线长度,需要建造隧道。在修建隧道之前,应测绘隧址处大比例尺地形图,测定隧道轴线、洞口、竖井或斜井等的位置,为隧道设计提供必要的数据。在隧道的施工过程中,还需不断地进行贯通测量,以确保隧道构造物的平面位置和高程正确贯通。

当工程逐项结束后,还应进行工程竣工验收测量,为工程竣工后的使用、养护、维修、加固等提供必要的资料。在构造物的运营管理阶段要定期进行变形观测,以确保其安全使用。

综上所述,道路、桥梁、隧道在勘测、设计、施工、竣工、养护和管理等各个阶段都离不开测量技术。

三、测量技术发展前景

我国的测量技术有着悠久的发展历史,早在几千年前,我们的祖先就开始创造和使用测量工具进行测量。其例子不胜枚举,如战国时发明的指南针,东汉张衡发明的浑天仪,以及具有相当精度的地图。新中国的成立,推动了我国测绘事业的飞速发展。成立了国家和地方测绘管理机构,建立了全国天文大地控制网,统一了全国大地坐标和高程系统,测绘了国家基本地形图。并在许多高校开设了测量课程,培养了大批测绘人才,测绘科学取得了长足的发展。随着科学技术的迅猛发展,卫星大地测量、遥感技术、地理信息技术如雨后春笋般蓬勃生长,测量仪器日趋自动化,测量外业工作量越来越小,内业智能化程度越来越高。

工作任务2 测量工作的程序及基本内容

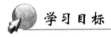

了解测量工作的基本内容;
掌握测量工作的基本原则。

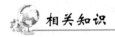

一、测量工作的实质

测量工作的实质是确定地面点的点位,点的空间位置以平面坐标(x,y)和高程H表示。

传统测量工作中,不是直接测量出地面各待定点的平面坐标和高程,而是测出它们之间的水平角 β、水平距离 D 以及各点之间的高差。再根据起始控制点的坐标、方向和高程,推算出其平面坐标和高程,以确定其点位。水平角、水平距离和高差称为确定点位的基本要素,各种测量工作都是围绕角度、距离和高差而进行的,所以把角度测量、距离测量和高程测量称为三大基本测量工作。

二、测量工作的基本原则与要求

地球表面是复杂多样的,在实际测量工作中,一般将其分为两大类:地球表面自然形成的高低起伏变化,例如山岭、溪谷、平原、盆地、江河、海洋等称之为地貌;地球表面有人工建造的固定附着物,如房屋、道路、桥梁、界址等称之为地物;地物和地貌统称为地形。

在测绘地形图时,要想在某一个测站上用仪器测绘该测区所有的地物和地貌是不可能的。同理,在对某一施工区域内的建筑物进行施工时,放样工作也不可能在一个测站上完成。因此,进行某一测区的测量工作时,首先要用较严密的方法和较精密的仪器,测量分布在整个测区内的少量控制点的点位,以此作为测图或施工放样的框架和依据,以确保测区的整体精度,测定测区内控制点位置的测量称为控制测量。然后利用每个控制点,施测其周围的局部地形细部或放样施工点位,称为细部测量。

总之,测量工作应遵循的基本原则有以下三点:

(1)在测量布局上要"从整体到局部";

(2)在测量程序上要"先控制后碎部";

(3)在测量精度上,要"由高级到低级"。

测量工作的基本要求是:"做到步步有检核"。

项目 2　　高程测量与放样

确定地面点的空间位置,必须测定地面点的高程。高程测量的方法按使用仪器和施测方法分为水准测量、三角高程测量、气压高程测量和 GPS 定位测量等方法。根据已知水准点,采用水准仪器、水准尺等测量工具,测量两点间的高差,并依此推算该点的高程,这种方法称为水准测量。水准测量是高程测量中最精密、最常用的方法。

与高程测量相反,高程放样则是在地面上根据已知水准点的高程,将地形图上设计的建(构)筑物的高程在实地标定出来,作为施工中掌握高程的依据。

工作任务 1　　水准测量原理

掌握水准测量的原理。

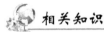

水准测量的原理是利用水准仪提供的水平视线,读取竖立在两点的水准尺上读数,采用一定的计算方法,从而由一点的已知高程,推算另一点的高程。测定地面待测点高程的方法有两种:高差法和视线高法。

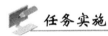

一、高差法

如图 2-1 所示,若有一个已知高程的 A 点,其高程为 H_A 欲测定 B 点的高程 H_B。

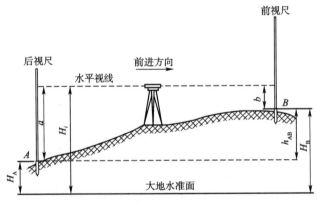

图 2-1　水准测量原理

原理如下:在 A、B 两点上分别竖立一根尺子,并在 A、B 两点之间安置一架可以得到水平视线的仪器。这种尺子称为水准尺,所用的仪器称为水准仪。设水准仪的水平视线截在 A、B

— 4 —

水准尺上的位置分别为 a、b，则 B 点对于 A 点的高差 h_{AB} 为：

$$h_{AB} = a - b \tag{2-1}$$

则 B 点的高程为：

$$H_B = H_A + h_{AB} \tag{2-2}$$

在实际工作中，因为 A 点为已知高程点，B 点为待测高程点，测量的前进方向为从 A 到 B，因此通常称 A 点为后视点，其水准尺读数 a 为后视读数；称 B 点为前视点，其水准尺读数 b 为前视读数。从而有：两点间高差等于"后视读数减去前视读数"。

高差 h_{AB} 有正、负之分。由式(2-1)知，如果后视读数大于前视读数，则高差为正，说明 B 点高于 A 点，$h_{AB} > 0$；如果后视读数小于前视读数，则高差为负，说明 B 点低于 A 点，$h_{AB} < 0$。为了避免计算中发生正负符号的错误，在书写高差 h_{AB} 的符号时必须注意 h 的下标，例如：h_{AB} 是表示 B 点相对于 A 点的高差，h_{BA} 是表示 A 点相对于 B 点的高差。

二、视线高法

B 点的高程也可用水准仪的视线高程 H_i（H_i 是仪器水平视线的高程）计算，其观测方法与高差法完全相同。计算时，先求出视线高程，即

$$H_i = H_A + a \tag{2-3}$$

则 B 点高程为：

$$H_B = H_i - b \tag{2-4}$$

当安置一次仪器，同时需要测出数个前视点 B_1、B_2、$\cdots$、B_n 的高程时，使用视线高法是比较方便的。所以，在工程测量中视线高法被广泛应用。设使用水准仪对竖立在 B_1、B_2、$\cdots$、B_n 点上的水准尺读取的读数分别为 b_1、b_2、$\cdots$、b_n 时，则由高程计算公式：

$$\begin{cases} H_i = H_A + a \\ H_{B_1} = H_i - b_1 \\ H_{B_2} = H_i - b_2 \\ \cdots \\ H_{B_n} = H_i - b_n \end{cases}$$

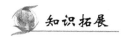

知识拓展

分段连续水准测量

如果欲测水准点距离，已知水准点较远或高差较大时，仅安置一次仪器不能测得两点之间的高差，此时需要加设若干个作为传递高程的临时立尺点，称为转点（简写为 TP），依次连续安置水准仪测定相邻各点间的高差，最后取各个高差的代数和，可得到起、终两点间的高差，这种方法称为连续水准测量。

如图 2-2 中的 A、B 点，连续在每两点间安置水准仪和在各点上竖立水准尺，每安置一次仪器称为一个测站。这样可依次测出相邻点间的高差如下：

$$h_1 = a_1 - b_1$$
$$h_2 = a_2 - b_2$$
$$\cdots$$
$$h_n = a_n - b_n$$

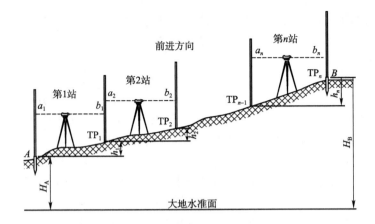

图 2-2　分段连续水准测量原理

于是 A、B 两点高差计算的一般公式为：

$$h_{AB} = h_1 + h_2 + \cdots + h_n = (a_1 + a_2 + \cdots + a_n) - (b_1 + b_2 + \cdots + b_n)$$
$$= \sum_{i=1}^{n} h_i = \sum_{i=1}^{n} a_i - \sum_{i=1}^{n} b_i \tag{2-5}$$

即 A、B 两点间的高差等于各段高差之代数和，也等于后视读数之和减去前视读数之和。上式可用来检核高差计算的正确性。

从而可得：
$$H_B = H_A + h_{AB} \tag{2-6}$$

工作任务 2　三、四等高程控制测量

学习目标

了解高程测量的基准；

认识水准测量的工具，掌握普通水准仪的技术操作；

叙述三、四等水准测量路线的布设原则、作业技术要求；

掌握三、四等水准测量外业观测程序，会进行三、四等水准测量内业平差计算。

工作任务

任务内容

本次工作任务我们围绕某二级公路升级改造一级公路勘测工作中，要建立高程控制，如图 2-3 所示为该公路的某一标段。我们首先进行水准点的布设，按照公路工程测量中三、四等水准测量的施测方法进行高程测量，正确完成三、四等（附合或闭合）水准测量内业平差计算、成果检核和精度评定，最后求出水准点高程。

测量依据

《公路勘测规范》(JTG C10—2007)；

《国家三、四等水准测量规范》(GB/T 12898—2009)；

《工程测量规范》(GB 50026—2007)；

《城市测量规范》(CJJ/T 8—2011)。

图 2-3 公路某一标段图

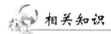

高程控制测量是指在整个公路测区范围内,选定若干个具有控制作用的高程控制点,用直线连接相邻的控制点,组成一定的几何图形的高程控制网,用水准测量仪器和工具进行外业高程控制测量获得相应的外业资料,并根据外业资料用准确的计算方法确定高程控制点的高程的工作。其主要用于各种大比例尺测图、道路工程测量和道路路基沉降观测的高程控制基础,又是道路工程建设施工放样和监测工程建筑物垂直形变的依据。

高程控制测量应采用水准测量或三角高程测量的方法进行。其等级依次为二等、三等、四等和五等,各等级的技术要求均有相应的规定。对于各级公路及构造物的高程控制测量等级,不得低于表 2-1 的规定。对于二级及二级以下公路,可以按照普通水准测量的方法来布设控制点;但是高速公路、一级公路以及大中型桥梁和隧道则要按照更高精度要求和方法来布设高程控制点,即公路工程高程控制测量的精度和等级选用随着公路等级的提高而提高。

高程控制测量等级选用 表 2-1

高架桥、路线控制测量	多跨桥梁总长 L(m)	单跨桥梁长度 L_K(m)	隧道贯通长度 L_G(m)	测量等级
—	L≥3000	L_K≥500	L_G≥6000	二等
—	1000≤L<3000	150≤L_K<500	3000≤L_G<6000	三等
高架桥、高速公路、一级公路	L<1000	L_K<150	L_G<3000	四等
二、三、四级公路	—	—	—	五等

本工作任务主要介绍公路工程测量中三、四等水准测量的施测方法。

一、准备工作

1. 资料的准备

准备好项目实施过程中所需要的资料(收集测区已有的水准点的成果资料和水准点分布图)和用具(铅笔、记录板、记录手簿等)。

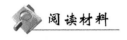

水准点与国家水准网

利用水准测量方法测定的高程控制点,称为水准点,一般用 BM 表示。

水准点有永久性和临时性两种。永久性水准点是指国家专门的测量机构,从国家水准原点出发,按一、二、三、四等,四个精度等级分级,在全国各地建立的国家等级水准点。各等级的水准点构成了国家水准网,它用于全国各种测绘和工程建设以及施工的高程基本控制。

一等水准网是国家高程控制的骨干,沿地质构造稳定和坡度平缓的交通线布满全国,构成网状。二等水准网是国家高程控制网的全面基础,一般沿铁路、公路和河流布设。二等水准网环线布设在一等水准网环内。三、四等水准网在二等水准网的基础上进一步加密,直接为测绘地形图和各项工程建设提供必要的高程控制。三等水准网环不超过 300km;四等水准网一般布设为附合在高等级水准点上的附合路线,其长度不超过 80km。

各等水准点均应埋设永久性标石或标志,其类型可分为:基岩水准标石、基本水准标石、普通水准标石和墙脚水准标志四种,其中混凝土普通水准标石和墙角水准标志的埋设要求如图 2-4 所示。

临时性水准点可利用地面上突出的坚硬岩石,或在建筑物的棱角处、电线杆上以及其他固定的、明显的、不易破坏的地物上,用红油漆画出临时水准点的标志,也可用木桩打入地下,桩顶钉一半球形的铁钉,如图 2-5 所示。

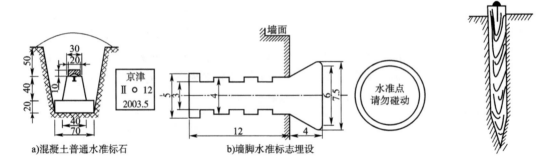

图 2-4　永久性水准点(尺寸单位:cm)　　　　　　图 2-5　临时性水准点

2. 仪器的准备

水准测量所需要的仪器为水准仪,工具有水准尺和尺垫。

水准仪的作用是为水准测量提供水平视线和对水准尺进行观测读数。其种类和型号很多,主要有微倾式水准仪和自动安平水准仪。国产的水准仪有 $DS_{0.5}$、DS_1、DS_3、DS_{10} 等不同精度的仪器,其中"D"、"S"分别为"大地测量"和"水准仪"的汉语拼音的第一个字母,而下标"0.5"、"1"、"3"、"10"等表示该类仪器的精度,即每公里往、返测得高差中数的中误差(以毫米计)。

1) 微倾式水准仪

"微倾式"是指仪器上设有微倾装置,转动微倾螺旋可调节符合水准管连同望远镜一起在竖直面内作微小仰俯转动,直至符合水准管气泡精确居中,从而使望远镜视线精确水平。

工程测量一般使用 DS_3 型微倾式水准仪,如图 2-6 所示。

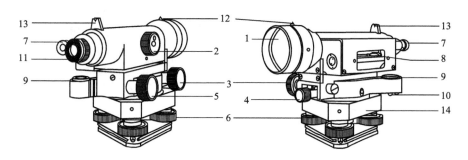

图 2-6 DS$_3$ 微倾式水准仪

1-物镜;2-物镜对光螺旋;3-水平微动螺旋;4-水平制动螺旋;5-微倾螺旋;6-脚螺旋;7-水准管气泡观察窗;8-水准管;9-圆水准器;10-圆水准器校正螺钉;11-目镜;12-准星;13-照门;14-基座

微倾式水准仪主要由望远镜、水准器和基座三个主要部分组成。

(1) 望远镜

望远镜是用来观测远处目标,并在水准尺上读数的主要部件。它不但有成像和扩大视角的作用,还必须能够精确地照准目标。为此它除了装有物镜和目镜以外,在物镜成像面上还装有十字丝分划板,调焦透镜,物镜对光螺旋,目镜对光螺旋。根据目镜端观察到的物体成像情况,望远镜可分为正像望远镜和倒像望远镜。图2-7为倒像望远镜的结构图。

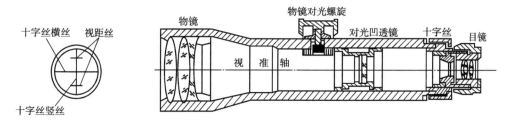

图 2-7 望远镜的结构图

望远镜各部件的作用是:

物镜——使瞄准的物体成像。

物镜对光螺旋和对光凹透镜——当目标处在不同距离时,可调节物镜对光螺旋,带动凹透镜沿视线方向前后移动,使成像始终落在十字丝分划板上。

十字丝分划板——用来准确照准目标。当十字丝的交点瞄准到目标上某一点,该目标点即在十字丝交点与物镜光心的连线上,这条线称为视准轴,通常用 CC 来表示。十字丝的上、下两条较短的横丝称为上丝和下丝,上、下丝总称为视距丝。用来测定水准仪至水准尺的距离。

目镜对光螺旋和目镜——调节目镜对光螺旋可使十字丝清晰,十字丝和物像同时被目镜放为虚像。

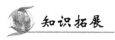

望远镜成像原理

望远镜成像原理如图2-8所示,设远处目标 AB 经物镜折射后成一倒立的小实像 ab,通过目镜放大成虚像 $a'b'$。

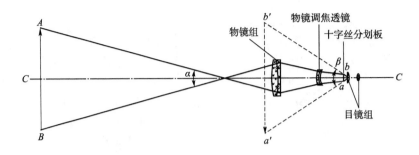

图 2-8 望远镜的成像原理

（2）水准器

水准器用于置平仪器，有管水准器和圆水准器两种。

管水准器又称水准管，用于精确整平仪器。其内壁磨成曲率半径为 R 的圆弧面，如图 2-9 所示。管内注满酒精和乙醚的混合液，经过加热、封闭、冷却后，管内形成一个气泡，称为水准管气泡。水准管内表面的中点 O 称为管水准器的零点，过零点作圆弧的切线 LL 称为水准管轴。当气泡中点位于零点时，称为气泡居中，此时水准管轴水平。

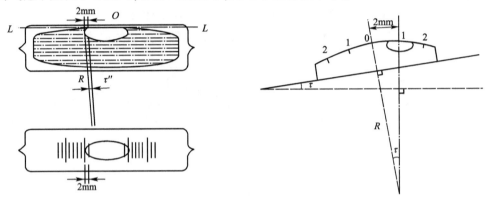

图 2-9 管水准器

水准管的外表面上对称于零点，向两侧刻有 2mm 间隔的分划线，定义 2mm 弧长所对的圆心角为水准管的分划值，用 τ'' 表示：

$$\tau'' = \frac{2}{R}\rho'' \tag{2-7}$$

式中：ρ''——弧秒值，$\rho'' = 206265''$；

R——水准管圆弧半径(mm)。

水准管的圆弧半径越大，分划值越小，灵敏度（即整平仪器的精度）也越高。DS_3 水准仪水准管分划值为 20″/2mm。

为了提高水准管气泡的居中精度和便于观测，在水准管的上方安装了一组符合棱镜，如图 2-10a）所示，可使水准管气泡两端的半个气泡影像借反射作用把两端气泡影像传递到望远镜旁的观察窗内，旋转微倾螺旋，当两端气泡影像符合一致时，如图 2-10c）所示，表明气泡居中。

圆水准器由玻璃圆柱管制成，用于粗略整平仪器，如图 2-11 所示。其顶面内壁是磨成半径为 R 的球面，中央刻有小圆圈，其圆心 O 是圆水准器的零点，过零点 O 的球面法线为圆水准器轴，用 $L'L'$ 表示，当圆水准气泡居中时，圆水准器轴处于竖直位置；当气泡不居中，气泡偏移零点 2mm 时，轴线所倾斜的角度值，称为圆水准器的分划值。一般为 8′~10′。

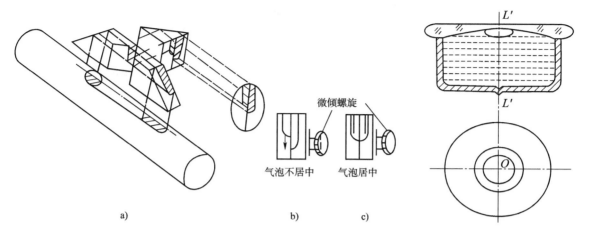

图 2-10 管水准器与符合棱镜　　　　　图 2-11 圆水准器

制造水准仪时,使圆水准器轴平行于仪器竖轴,旋转基座上的三个脚螺旋使圆水准气泡居中时,圆水准器轴处于竖直位置,从而使仪器竖轴也处于竖直位置。

(3) 基座

基座的作用是使支承仪器的上部与三脚架连接。基座主要由轴座、脚螺旋、三角形压板和底板构成。转动脚螺旋调节水准器使仪器大致水平。

2) 水准尺和尺垫

(1) 水准尺

水准尺是配合水准仪进行水准测量的标尺。根据构造可分为直尺、塔尺和折尺,长度 2~5m 不等,如图 2-12a)所示。其中直尺又分为单面分划和双面分划两种。工程中常用的有双面水准尺和塔尺两种。

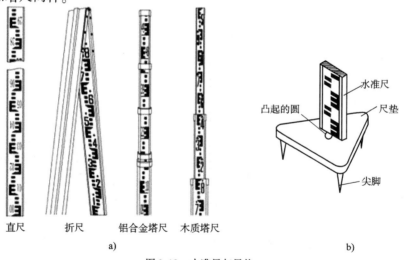

图 2-12 水准尺与尺垫

双面水准尺又称板尺,多用于三、四等水准测量,且两根尺组成一对使用,称为派对尺。尺的两面均有刻划,一面为黑白相间,称为黑面尺(也称主尺);另一面为红白相间,称为红面尺,两面的最小分划均为 1cm,并在 1dm 处有注记。两根尺的黑面均由零开始;而红面,一根尺由 4.687m 开始,另一根由 4.787m 开始,其目的是为了检核水准测量作业时读数的正确性(一把尺红、黑面读数之差应为某一常数),以提高水准测量精度。

塔尺多用于图根水准测量,用两节或三节套接在一起,携带方便。尺的底部为零点,尺上黑白格相间,最小分划为 1cm 或 0.5cm,每 1m 和 1dm 处均有注记。

(2)尺垫

进行水准测量时,在需要设置转点的地面放一块尺垫,以支承水准尺和传递高程,防止在松软地面施测时,水准尺下沉。如图2-12b)所示,尺垫一般由三角形的铸铁块制成,中央有突起的半圆球,水准尺就立在半圆球的顶点,下面有三个尖脚可踩入土中。

3)微倾式水准仪的使用

水准仪的使用一般包括以下步骤:

(1)安置水准仪

首先张开三角架,按观测者身高调节架腿的长度,为便于整平仪器,应尽量使三脚架的架头面水平,并将三脚架的脚尖踩实;然后从仪器箱内取出水准仪,放在三脚架头上,立即将架头上的连接螺旋旋入仪器基座内,以防仪器从架头上摔下。

(2)粗略整平

安置仪器后,通过旋转脚螺旋使圆水准气泡居中,仪器的竖轴大致铅垂,望远镜的视准轴大致水平,从而完成粗略整平。方法是:首先用双手按图 2-13a)箭头所指的方向转动脚螺旋 1 和 2,使气泡沿着 1、2 这两个脚螺旋连线的平行方向移动,直到位于该平行线中间位置,再按图 2-13b)移动脚螺旋 3 使气泡居中。气泡移动的规律是:气泡移动的方向和左手大拇指转动脚螺旋的方向相同。

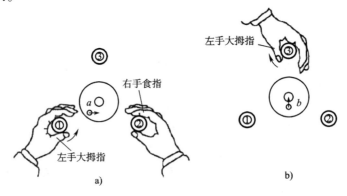

图 2-13 粗略整平

(3)对光与照准

用望远镜瞄准水准尺之前,应先转动目镜对光螺旋使十字丝清晰。然后放松制动螺旋,转动仪器,通过望远镜上面的照门和准星找到目标,并在望远镜内看到水准尺,拧紧制动螺旋。再转动物镜对光螺旋,使水准尺的成像最为清晰。最后旋转微动螺旋使十字丝竖丝对准水准尺的边缘或用竖丝平分水准尺。

在上述过程中,由于目镜、物镜对光不精细,目标影像和在十字丝分划板平面不重合,当眼睛在目镜端上、下移动时,就会发现十字丝与目标影像有相对运动,这种现象称为视差。由于视差的存在会影响到读数的正确性,必须加以消除。消除的方法是将望远镜对准明亮的背景,反复仔细地调节目镜、物镜对光螺旋,使十字丝和标尺像都十分清晰,直到眼睛上、下移动,读数不变为止,如图2-14所示。

(4)精平和读数

精平是转动微倾螺旋使水准管气泡居中,从目镜左边的符合气泡观察窗中察看两侧影像是否吻合,如图 2-15a)所示,即表示视线水平。若见到如图 2-15b)或 c)情况时,可按图下面所示圆圈和箭头方向转动微倾螺旋使两侧影像吻合,以达到精平。

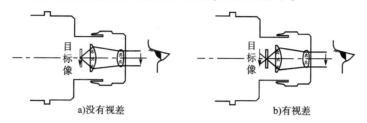

图 2-14 视差

当水准管气泡居中并稳定后应迅速用十字丝中丝在水准尺上截取读数。对于倒像望远镜,由于从望远镜中看到的注记都是倒像,所以在尺上读取读数时总是从小数往大数方向读(即从上往下读)。在读数时,可以从水准尺上读取 4 位数字,其中前面两位米和分米可从水准尺注记的数字直接读取,后面的厘米位则需要数分划数,毫米位估读。如图 2-16 所示。读数后,还需要检查一下气泡是否仍吻合,若有偏离则需要重新精平后再重新读数。

进行三、四等水准测量时,要求用横丝读数的瞬间,同时读取上丝与下丝的读数。

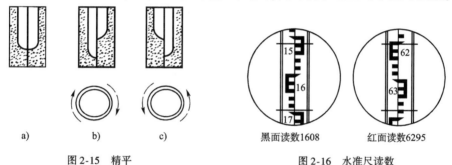

图 2-15 精平   图 2-16 水准尺读数

4)自动安平水准仪

自动安平水准仪的结构特点是没有管水准器和微倾螺旋,自动安平水准仪的使用与一般微倾式水准仪的操作方法基本相同,而不同之处在于:只用圆水准器进行粗略整平,而无需用微倾螺旋精确整平就能读取水平视线读数的水准测量仪器。它是通过补偿器来获得水平视线而进行观测读数。图 2-17 所示为 DSZ2 型自动安平水准仪。

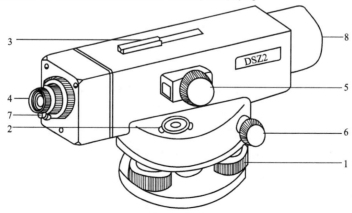

图 2-17 DSZ2 型自动安平水准仪

1-脚螺旋;2-圆水准器;3-瞄准器;4-目镜调焦螺旋;5-物镜调焦螺旋;6-微动螺旋;7-补偿器检查按钮;8-物镜

利用这种仪器可以节省观测时间,提高作业速度,同时也减少了外界对水准测量成果的影响。

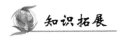

自动安平原理

自动安平原理如图 2-18 所示。现设视准轴水平时,水准尺上的正确读数为 a,圆水准器粗平后,视准轴相对于水平面有微小倾斜角 α,若无补偿器时水准尺上读数设为 a',当在物镜与目镜间设置补偿器后,进入十字丝分划板光线将偏转 β 角,使来自正确读数 a 的光线经补偿器后通过十字丝分划板的横丝,从而读出视线水平时的正确读数。

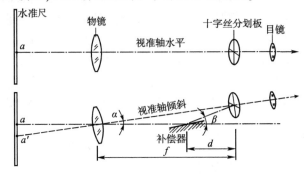

图 2-18 自动安平原理

二、水准点的布设

1. 路线的布设形式

在水准点之间进行水准测量所经过的路线,称为水准路线。根据测区的实际情况以及工程对象的要求,水准路线的布设形式主要有附合水准路线、闭合水准路线和支水准路线三种。

1)附合水准路线

如图 2-19a)所示,从一个已知高程的水准点 BM_1 出发,沿各高程待测点 1、2、3 等进行水准测量,最后附合到另一个已知高程的水准点 BM_2 上,这种在两个已知水准点之间布设的路线,称为附合水准路线。

2)闭合水准路线

如图 2-19b)所示,从一个已知高程的水准点 BM_1 出发,沿各高程待测点 1、2、3 等进行水准测量,最后又回到原水准点 BM_1 上,这种形成环形的路线,称为闭合水准路线。

3)支水准路线

如图 2-19c)所示,从一个已知高程的水准点 BM_1 出发,沿各高程待测点 1、2 等进行水准测量,这种既不闭合到起始水准点,也不附合到其他已知水准点上路线,称为支水准路线。为了进行测量成果的检核和提高测量的精度,对于支水准路线应进行的往返观测。

以上三种水准路线统称单一水准路线,对于复杂的水准网,比如节点网等,由于其计算方法超出了本专业学习的范畴,本教材不作介绍。

2. 踏勘选点及建立标志

为了满足公路在勘测设计阶段和施工阶段工程建设的需要,施工测量人员要在公路沿线适当的位置,在国家高程控制网的基础上,进行水准点的设置和加密。

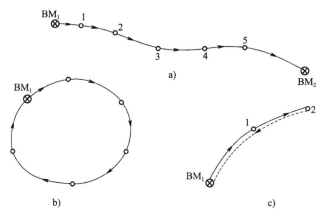

图 2-19 水准路线

1)水准点位置选定要求

(1)水准点应选在能长期保存,便于施测,坚实、稳固的地方;

(2)水准路线应尽可能沿坡度小的道路布设,尽量避免跨越河流、湖泊、沼泽等障碍物;

(3)在选择水准点时,应考虑到便于与国家水准点进行联测以及高程控制网的进一步加密;

(4)对于公路工程专用水准点,应选择公路路线两侧距中线 50~100m 的范围内,水准点间距一般 1~1.5km,山岭重丘区可适当加密;大桥两岸、隧道两端、垭口及其他大型构造物附近亦应增设水准点。

2)建立标志

水准点位置选定后,应建立水准点标志,标志及标石的埋设规格应按规范规定执行,(见阅读材料中图 2-4)。埋设以后,应该统一编号,写明点名。为便于日后寻找,应绘制水准点附近的草图或对点周围的情形加以说明,制作填写水准点"点之记"。

本工作任务中的任务内容,如图 2-20 所示,在长约 10km 的某二级公路升级改造路段上,附近有两个已知国家高等级水准点,分别为 BM_A 和 BM_B,其密度远不能满足公路施工时的需要。因此在勘查设计阶段,测量人员在这两个水准点之间共增设了 5 个四等水准点 BM_1、BM_2、BM_3、BM_4 和 BM_5,构成了一条附合水准路线。

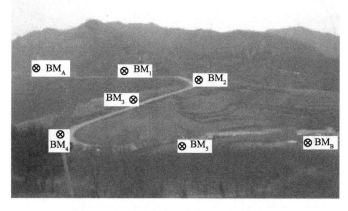

图 2-20 道路路线布设附合水准路线示意图

三、水准测量的施测

各等级水准测量观测的主要技术要求应符合表 2-2 中的规定。

水准测量观测的技术要求　　　　　表2-2

等级	仪器类型	水准尺类型	视线长（m）	前后视距较差（m）	前后视距累积差（m）	视线离地面最低高度（mm）	黑红面读数差（mm）	黑红面高差之差（mm）
二等	DS_{05}	铟瓦	≤50	≤1	≤3	≥0.3	≤0.4	≤0.6
三等	DS_1	铟瓦	≤100	≤3	≤6	≥0.3	≤1.0	≤1.5
三等	DS_2	双面	≤75	≤3	≤6	≥0.3	≤2.0	≤3.0
四等	DS_3	双面	≤100	≤5	≤10	≥0.2	≤3.0	≤5.0
五等	DS_3	单面	≤100	≤10	—	—	—	≤7.0

三、四等水准测量主要采用双面水准尺观测法，除各种限差有所区别外，观测方法大同小异。现以四等水准测量一个测段的观测方法为例加以说明，其记录与计算见表2-3。

每一测站上，首先分别瞄准后视尺、前视尺估读视距，使前后视距离差不超过5m。如超限，则需移动水准仪，以满足要求。然后安置仪器，对仪器整平，按下列顺序进行观测：

(1)照准后视尺黑面，分别读取上、下、中三丝读数，记入表2-3中(1)、(2)、(3)栏；
(2)照准前视尺黑面，分别读取上、下、中三丝读数，记入表2-3中(4)、(5)、(6)栏；
(3)照准前视尺红面，读取中丝读数，记入表2-3中(7)栏；
(4)照准后视尺红面，读取中丝读数，记入表2-3中(8)栏。

从图2-20上可以看出，欲使用一个测站测量出两相邻水准点BM_A和BM_1之间的高差是不可能的，因为两点间高差较大，相隔距离较长，因此，可以采用工作任务1中所介绍的分段连续水准测量的方法进行相邻两高程控制点间高差的测量。

三、四等水准测量记录（双面尺法）　　　　　表2-3

测站编号	点号	后尺 上丝 / 下丝 / 后视距 / 视距差d(m)	前尺 上丝 / 下丝 / 前视距 / Σd(m)	方向及尺号	水准尺读数(m) 黑面	水准尺读数(m) 红面	K+黑-红(mm)	平均高差(m)	备注
		(1) / (2) / (9) / (11)	(4) / (5) / (10) / (12)	后 / 前 / 后—前	(3) / (6) / (15)	(8) / (7) / (16)	(13) / (14) / (17)	(18)	
1	BM_A ↓ TP_1	1.426 / 0.995 / 43.1 / +0.1	0.801 / 0.371 / 43.0 / +0.1	后1 / 前2 / 后—前	1.211 / 0.586 / +0.625	5.998 / 5.273 / +0.725	0 / 0 / 0	+0.6250	1. K为尺常数 $K_1=4.787$ $K_2=4.687$ 2. 带小数点的数据单位为米(m)，不带小数点的为毫米(mm)
2	TP_1 ↓ TP_2	1.812 / 1.296 / 51.6 / -0.2	0.570 / 0.052 / 51.8 / -0.1	后2 / 前1 / 后—前	1.554 / 0.311 / +1.243	6.241 / 5.097 / +1.144	0 / +1 / -1	+1.2435	
3	TP_2 ↓ TP_3	0.889 / 0.507 / 38.2 / +0.2	1.713 / 1.333 / 38.0 / +0.1	后1 / 前2 / 后—前	0.698 / 1.523 / -0.825	5.486 / 6.210 / -0.724	-1 / 0 / -1	-0.8245	

续上表

测站编号	点号	后尺 下丝 上丝 后视距 视距差 d(m)	前尺 下丝 上丝 前视距 ∑d(m)	方向及尺号	水准尺读数（m） 黑面	水准尺读数（m） 红面	K+黑-红 (mm)	平均高差	备注
4	TP$_3$ ↓ BM$_1$	1.865 1.499 36.6 -0.2	0.758 0.390 36.8 -0.1	后2 前1 后—前	1.682 0.574 +1.108	6.369 5.361 +1.008	0 0 0	+1.1080	
检核计算		∑(9)=169.5 ∑(10)=169.6 ∑(9)-∑(10)=-0.1 ∑(9)+∑(10)=339.1	∑(3)=5.145 ∑(6)=2.994 ∑(15)=2.151 ∑(15)+∑(16)=4.304		∑(8)=24.094 ∑(7)=21.941 ∑(16)=2.153 2∑(18)=4.304				

上述观测步骤简称为"后—前—前—后（黑—黑—红—红）"，这样的观测步骤可以消除或者减弱仪器或尺垫下沉对观测的影响。对于四等水准测量，规范允许采用"后—后—前—前（黑—红—黑—红）"的观测步骤，这种步骤比上述步骤简便。

注：为减小观测误差，每测段的测站数应为偶数站。

四、数据的计算与检核

1. 一测站的计算与检核

(1) 视距部分

后视距：(9) = [(1) - (2)] × 100

前视距：(10) = [(4) - (5)] × 100

前、后视距差：(11) = (9) - (10)   三等≤3m，四等≤5m

前、后视距累积差：(12) = 本站(11) + 上一站(12)   三等≤6m，四等≤10m

(2) 读数部分

同一水准尺红面与黑面中丝读数之差，应等于该尺红、黑面的常数差 K(4.687 或 4.787)。

$$(13) = (3) + K - (8)$$
$$(14) = (6) + K - (7)$$

对于三等水准测量 K+黑-红≤2mm；对于四等水准测量 K+黑-红≤3mm。

(3) 高差部分

黑面测得的高差：(15) = (3) - (6)

红面测得的高差：(16) = (8) - (7)

两者之差：(17) = (15) - [(16) ± 0.100] = (14) - (13)

对于三等水准测量，(17)不得超过 3mm；对于四等水准测量，(17)不得超过 5mm。

黑、红面高差之差在容许范围之内时，取其平均值作为该测站的观测高差：(18) = 1/2{(15) + [(16) ± 0.100]}

2. 每页的计算与检核

(1) 高差部分

对于站数为偶数的页：

$$\sum[(3)+(8)] - \sum[(6)+(7)] = \sum[(15)+(16)] = 2\sum(18)$$

对于站数为奇数的页：
$$\sum[(3)+(8)] - \sum[(6)+(7)] = \sum[(15)+(16)] = 2\sum(18) \pm 0.100$$

(2) 视距部分
$$\sum(9) - \sum(10) = 本页末站(12) - 上页末站(12)$$

水准路线总长度：$\sum(9) + \sum(10)$

五、三、四等水准测量的成果整理

在每站水准测量中，双面尺法（或两次仪器高法）只能进行每一站的高差检核，对于整条路线来说，还不能说明它的精度是否符合要求。例如同一个转点，相邻两站观测时，水准尺未放在同一点上，同时由于观测时受到观测条件（仪器、人、外界条件）的影响，这时各站的高差计算都符合要求，但随着测站数的增多使误差积累，整条线路有时也会超过规定的限差，因此水准测量外业结束后，应按水准路线形式通过高差闭合差来检核计算。

高差闭合差，即将路线观测高差的代数和值与路线的理论高差值相比较的不符差值，一般以 f_h 表示。当高差闭合差在容许误差范围内时，即 $f_h \leq f_{h容}$（$f_{h容}$ 为容许高差闭合差），认为精度合格，测量结果可用。若超过容许值，应查明原因，进行重测，直到符合要求为止。

水准测量的容许高差闭合差 $f_{h容}$ 是在研究误差产生的规律和总结实践经验的基础上提出来的。水准测量的主要技术要求应符合表 2-4 的规定。

水准测量主要技术要求　　　　　　　　　　　表 2-4

等级	每公里高差中数中误差(mm)		附合或环线水准路线长度(km)		往返较差、附合或环线闭合差(mm)		检测已测测段高差之差(mm)
	偶然中误差 M_Δ	全中误差 M_W	路线、隧道	桥梁	平原、微丘	山岭、重丘	
二等	±1	±2	600	100	≤4$\sqrt{l}$	≤4$\sqrt{l}$	≤6$\sqrt{L_i}$
三等	±3	±6	60	10	≤12$\sqrt{l}$	≤3.5$\sqrt{n}$ 或 ≤15$\sqrt{l}$	≤20$\sqrt{L_i}$
四等	±5	±10	25	4	≤20$\sqrt{l}$	≤6.0$\sqrt{n}$ 或 ≤25$\sqrt{l}$	≤30$\sqrt{L_i}$
五等	±8	±16	10	1.6	≤40$\sqrt{l}$	≤12$\sqrt{n}$	≤40$\sqrt{L_i}$

注：计算往返较差时，l 为水准点间的路线长度(km)；计算附合或环线闭合差时，l 为附合或环线的路线长度(km)；n 为测站数。L_i 为检测测段长度(km)，小于 1km 时按 1km 计算。

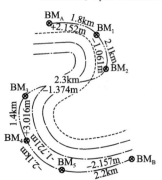

图 2-21　附合水准路线施测示意图

1. 附合水准路线成果计算

如图 2-21 所示，在本工作任务中，长约 10km 的某省二级公路升级改造路段上，两个已知国家高等级水准点 BM_A 和 BM_B 的高程分别为 $H_{BM_A} = 112.235m$，$H_{BM_B} = 111.103m$。拟从 BM_A 开始，经 BM_1、BM_2、BM_3、BM_4 和 BM_5 五个待定高程点后，附合到 BM_B 上。在上个内容中，用四等水准测量的方法进行观测，得出各测段观测高差、距离均已在图上标示。

现以该附合水准路线为例，介绍成果计算的步骤如下，并将计算结果计入表 2-5 中。

水准测量成果计算表 表2-5

测段编号	点号	测段长度（km）	实测高差（m）	改正数（m）	改正后高差（m）	高程（m）	备注
Ⅰ	BM$_A$	1.8	2.152	0.002	2.154	112.235	已知
Ⅱ	1	2.1	-1.061	0.002	-1.059	114.389	
Ⅲ	2	2.3	-1.374	0.003	-1.371	113.330	
Ⅳ	3	1.4	3.016	0.002	3.018	111.959	
Ⅴ	4	2.1	-1.721	0.002	-1.719	114.977	
Ⅵ	5	2.2	-2.157	0.002	-2.155	113.258	
	BM$_B$					111.103	高程相符
Σ		11.9	-1.145	0.013	-1.132		

（1）高差闭合差的计算

附合水准路线各测段高差的代数和值应等于两端已知水准点间的高差值。若不等，其差值即为高差闭合差。其高差闭合差的计算式为：

$$f_h = \sum h_{测} - (H_{终} - H_{始}) \tag{2-8}$$

计算得： $f_h = -0.013\text{m}$

（2）高差闭合差的检核

根据表2-4，四等水准的容许限差 $f_{h容} = 20\sqrt{l}$ mm，本例中，路线总长为11.9km，则 $f_{h容} = 20\sqrt{l}$ mm $= 69$ mm，$|f_h| < |f_{h容}|$，精度合格，可进行高差闭合差的调整。

（3）高差闭合差的调整

在同一条水准路线上，假设观测条件都是相同的（使用的仪器、测量的人员、气候条件相同），则可以认为各测站产生误差的机会是相同的。因此，高差闭合差的调整原则是：将高差闭合差反符号按测站长度（平原微丘区）或测站数（山岭重丘区）成正比分配到各相应测段的高差中，使改正后的高差总和满足理论值的要求。公式表达为：

$$v_i = -\frac{f_h}{\sum L} \times L_i$$

或

$$v_i = -\frac{f_h}{\sum n} \times n_i \tag{2-9}$$

式中：v_i——第i段的高差改正数；

$\sum L$——水准路线总长度；

L_i——水准路线第i测段的长度；

$\sum n$——水准路线总测站数；

n_i——水准路线第i测段的测站数。

各测段高差改正数分别为：

$$v_1 = -\frac{f_h}{\sum L} \times L_1 = \frac{0.013}{11.9} \times 1.8 = 0.002\text{m}$$

$$v_2 = -\frac{f_h}{\sum L} \times L_2 = \frac{0.013}{11.9} \times 2.1 = 0.002\text{m}$$

$$v_3 = -\frac{f_h}{\sum L} \times L_3 = \frac{0.013}{11.9} \times 2.3 = 0.003\text{m}$$

$$v_4 = -\frac{f_h}{\sum L} \times L_4 = \frac{0.013}{11.9} \times 1.4 = 0.002\text{m}$$

$$v_5 = -\frac{f_h}{\sum L} \times L_5 = \frac{0.013}{11.9} \times 2.1 = 0.002\text{m}$$

$$v_6 = -\frac{f_h}{\sum L} \times L_6 = \frac{0.013}{11.9} \times 2.2 = 0.002\text{m}$$

将各测段改正数记入表2-5中。计算出各测段改正数后,应进行如下检核计算:改正数的总和应与闭合差相等反号。即 $\sum v = -f_h$。

(4) 改正后高差的计算

各段实测高差加上相应的高差改正数,即得改正后的高差。即:

$$h_{i改} = h_{i测} + v_i \tag{2-10}$$

各测段改正后的高差分别为:

$$h_{1改} = 2.152 + 0.002 = 2.154\text{m}$$
$$h_{2改} = -1.061 + 0.002 = -1.059\text{m}$$
$$h_{3改} = -1.374 + 0.003 = -1.371\text{m}$$
$$h_{4改} = 3.016 + 0.002 = 3.018\text{m}$$
$$h_{5改} = -1.721 + 0.002 = -1.719\text{m}$$
$$h_{6改} = -2.157 + 0.002 = -2.155\text{m}$$

将上述结果分别记入表2-5中。这里需要强调的是,改正后的高差代数和应与理论值相等。即 $\sum h_{改} = \sum h_{理}$。否则,说明计算有误。

(5) 待定点高程的计算

根据已知水准点 BM_A 的高程和各段改正后的高差,按顺序逐点计算各待定点的高程。即

$$H_i = H_{i-1} + h_{i改} \tag{2-11}$$

各待定点的高程分别为:

$$H_1 = 112.235 + 2.154 = 114.389\text{m}$$
$$H_2 = 114.389 - 1.059 = 113.330\text{m}$$
$$H_3 = 113.330 - 1.371 = 111.959\text{m}$$
$$H_4 = 111.959 + 3.018 = 114.977\text{m}$$
$$H_5 = 114.977 - 1.719 = 113.258\text{m}$$
$$H_{BM_B} = 113.258 - 2.155 = 111.103\text{m}$$

此时推出的终点高程与该点的已知高程相等,则计算无误,以此作为计算检核。

2. 闭合水准路线成果计算

闭合水准路线成果计算的过程与附合水准路线成果计算过程基本一致。其中差别之处在于高差闭合差的计算有所不同。在理论上,闭合水准路线的各段高差代数和应等于零,即 $\sum h_{测} = 0$。实际上,由于各测站的观测高差中存在误差,致使观测高差的代数和值不等于理论

值,因此闭合水准路线的高差闭合差为:

$$f_h = \sum h_{测} \tag{2-12}$$

3. 支水准路线成果计算

(1) 高差闭合差的计算

支水准路线应进行往测(已知高程点到未知高程点)和返测(未知高程点到已知高程点),从理论上讲,支水准路线往、返观测高差应该绝对值相等而符号相反,即:

$$\sum h_{往} = \sum h_{返}$$

若往、返观测高差的代数和不等于零,即为高差闭合差:

$$f_h = \sum h_{往} + \sum h_{返} \tag{2-13}$$

(2) 高差闭合差的检核

注意:支水准路线在计算闭合差容许值时,路线的总长度 l 或测站总数 n 只按单程计算。

(3) 改正后高差的计算

支水准路线,取各段往测和返测高差绝对值的平均值即为改正后高差,其符号与往测高差符号保持一致。

(4) 待定点高程的计算

注意:支水准路线不宜过长。

六、上交资料

在完成高程控制测量后,应立即撰写测量成果报告。测量成果报告是上级主管单位审查测量成果是否符合测量规范要求的依据。因此,必须认真对待测量成果报告的形式和内容。

根据对测量人员和主管单位的测量报告的调查,道路高程控制测量成果报告主要包含以下几个方面内容。

(1) 测量背景。主要介绍本次测量的基本情况,包括整个工程概况、沿线设置的水准点、复测的基本要求等内容。

(2) 测量依据。本次测量采用的技术等级,依据的法律、法规文件,包括国家标准、交通运输部的行业标准和规范、项目设计单位提供的设计文件等内容。

(3) 测量人员。主要提交测量人员的身份证、毕业证书、职称证书及相关的资格证书。

(4) 测量仪器设备的鉴定证书。

(5) 高程控制测量。

① 原始水准点表;

② 新埋水准点位的选择;

③ 路线的确定;

④ 测量实施方案。

(6) 水准点测量原始记录。

(7) 成果处理。

① 测量数据平差计算;

② 水准网成果表;

③ 水准测量结论。

(8) 技术总结。

工作任务3 等外高程测量

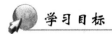学习目标

熟练使用水准仪进行普通水准测量；
掌握水准测量的方法以及观测成果的数据处理；
掌握三角高程测量的方法以及观测成果的数据处理。

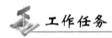工作任务

任务内容

公路在勘测设计、施工、竣工验收阶段，或者测绘线路带状地形图时，经常要加密高程控制网或测定图根点的高程，这是公路水准测量的基本工作。此时一般采用普通水准测量或者三角高程测量的方法施测。

测量依据

《公路勘测规范》(JTG C10—2007)；
《工程测量规范》(GB 50026—2007)；
《城市测量规范》(CJJ/T 8—2011)。

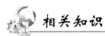相关知识

普通水准测量其精度低于四等水准测量，故称为等外水准测量(或图根水准测量)，等外水准测量可根据水准点的分布情况，布设成闭合水准路线、附合水准路线或支水准路线。水准点一般可埋设临时标志。

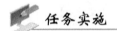任务实施

一、普通水准测量

普通水准测量水准路线的布设形式主要有闭合水准路线、附合水准路线和支水准路线三种。

在施测过程中，跟等级水准测量一样，一般要用连续水准的测量的方法。如图2-2所示，从一已知高程的水准点 A 出发，分段连续测出各段高差，才能测算出另一待定水准点 B 的高程。

在进行连续水准测量时，如果在任何一个测站上，任何一个后视或前视读数不正确，都要影响高差的正确性。因此在每一测站的水准测量中，通常采用两次仪器高法或双面尺法进行观测，校核每站高差，及时发现错误。这种检核称为测站检核。

1. 两次仪器高法

在每一测站上用两次不同的仪器高度(仪器升高或降低0.1m左右)分别测定高差，如果两次测得的高差相差不大于等外水准测量的容许值±6mm，则取平均值作为这一测站的高差测得值，否则应重测。表2-6给出了对一附合水准路线进行水准测量的记录及计算格式，表中括号内的数值为两次高差之差。

水准测量记录(两次仪器高法)   表 2-6

测站	点号	水准尺读数(mm)		高差(m)	平均高差(m)	高程(m)	备注
		后视	前视				
1	BM_A	1134				13.428	
		1011					
	TP_1		1677	-0.543	(0.000)		
			1554	-0.543	-0.543		
2	TP_1	1444					
		1624					
	TP_2		1324	+0.120	(+0.004)		
			1508	+0.116	+0.118		
3	TP_2	1822					
		1710					
	TP_3		0876	+0.946	(0.000)		
			0764	+0.946	+0.946		
4	TP_3	1820					
		1923					
	TP_4		1435	+0.385	(+0.002)		
			1540	+0.383	+0.384		
5	TP_4	1422					
		1604					
	BM_B		1308	+0.114	(-0.002)	14.448	
			1488	+0.116	+0.115		
检核计算	Σ	15.514	13.474	2.040	1.020		

2. 双面尺法

双面尺的黑面底部从零向上标记,而红面底部从某一常数开始向上标记。在每一测站,仪器高度不变,分别读取黑面和红面的前、后视读数,计算出黑面高差值 $h_黑$ 和红面高差值 $h_红$,两次所测高差之差同样不超过 ±6mm,可认为符合要求,取平均值作为高差测得值。

每站仪器粗平后的观测步骤为:
(1)照准后视尺黑面→精平→读数;
(2)照准后视尺红面→精平→读数;
(3)照准前视尺黑面→精平→读数;
(4)照准前视尺红面→精平→读数。

其观测顺序简称为"后→后→前→前",对于尺面分划来说,顺序为"黑→红→黑→红"。由于在每个测站上仪器高度不变,这样可加快观测的速度。表 2-7 给出了对一附合水准路线进行水准测量的记录计算格式。

由于在一对双面尺中,两把尺子红面底端的注记相差 0.1m,因此在每站高差计算中,应先将红面读数计算出的高差减去或者加上 0.1m 后才能与黑面尺计算出的高差取平均值。

水准测量记录(双面尺法)　　　　　　表2-7

测站	点号	水准尺读数(mm)		高差(m)	平均高差(m)	高程(m)	备注
		后视	前视				
1	BM_C	1211				3.688	
		5998					
	TP_1		0586	+0.625	(0.000)		
			5273	+0.725	+0.625		
2	TP_1	1554					
		6241					
	TP_2		0311	+1.243	(-0.001)		
			5097	+1.144	+1.2433		
3	TP_2	0398					
		5186					
	TP_3		1523	-1.125	(-0.001)		
			6210	-1.024	-1.1245		
4	TP_3	1708					
		6395					
	BM_D		0574	+1.134	(+0.000)	5.566	
			5361	+1.034	+1.134		
检核计算	Σ	28.691	24.935	+3.756	+1.878		

普通水准测量内业成果的整理与三、四等水准测量的成果整理内容一样,主要包括:高差闭合差的计算与检核,高差改正数的计算、改正后高差的计算与各点高程的计算。只是普通水准测量精度较等级水准测量精度低,高差闭合差的容许值稍大,具体限差要求为:

$$f_{h容} = \pm 40\sqrt{l} \text{ mm} \quad (一般适用于平原微丘区) \quad (2-14)$$

$$f_{h容} = \pm 12\sqrt{n} \text{ mm} \quad (一般适用于山岭重丘区) \quad (2-15)$$

式中:l——以千米为单位的水准路线长度;

n——整个水准路线所设的测站数。

二、三角高程测量

用水准测量的方法测定待求点高程的精度较高,但在山区或丘陵地区,控制点间的高差较大不便用水准测量方法测得,可用三角高程的测量方法。这样比较迅速简便,又可保证一定精度。

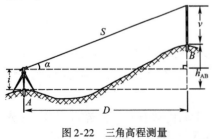

图2-22 三角高程测量

如图2-22所示,用三角高程测量方法测定A、B两点之间的高差方法如下:

(1)在A点安置经纬仪或全站仪,B点竖立标杆。

(2)量取标杆高v及仪器高i。

(3)用望远镜中横丝照准标杆顶部,测得竖直角α。

(4)如果A、B两点间水平距离D为已知,则由图2-22可有:

$$h_{AB} = D\tan\alpha + i - v \tag{2-16}$$

上式中要注意 α 的正、负号,当 α 为仰角时取正号,俯角时取负号。

(5)设 A 点的高程为 H_A,则 B 点的高程为:

$$H_B = H_A + h_{AB} = H_A + D\tan\alpha + i - v \tag{2-17}$$

三角高程测量,一般应进行对向观测,即由 A 向 B 观测,又由 B 向 A 观测,这样是为了消除地球曲率和大气折光的影响。对于图根三角高程测量,对向观测两次测得高差较差应不得超过 0.1D(D 为平距,以 km 为单位)。取两次高差的平均值作为最后结果。

如果进行单向观测,而且两点间距离大于 400m 时,应考虑加上地球曲率和大气折光改正数(气球差)f,则有:

$$f = 0.43 \frac{D^2}{R} \tag{2-18}$$

式中:D——所测量点间的水平距离;
  R——地球的半径。
于是

$$h_{AB} = D\tan\alpha + i - v + f \tag{2-19}$$

减小两差改正误差的方法:在 A、B 两点进行对向观测取平均值。

三角高程测量可分为:光电测距三角高程测量、经纬仪三角高程测量。前者可代替四等水准测量,后者可代替山区图根高程控制。

工作任务 4　高 程 测 设

会利用水准仪进行高程放样;
掌握坡度线的测设方法。

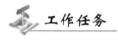

任务内容

公路工程施工测量的一项重要内容就是将设计图纸上工程建筑物的平面位置和高程,用一定的测量仪器和方法测设到实地上去,这项工作称为施工放样。本次工作任务要求测量人员熟悉设计图纸,利用测量仪器对建筑物的设计高程和设计坡度线在实地进行标定。

测量依据

《公路勘测规范》(JTG C10—2007);
《工程测量规范》(GB 50026—2007);
《城市测量规范》(CJJ/T 8—2011)。

相关知识

测设已知高程是根据地面上已知水准点的高程和设计点的高程,采用水准仪将设计点的高程标志线测设在地面上的工作。显然这一过程与测定地面点高程的过程正好相反。

测设给定坡度线所根据施工现场附近水准点的高程、设计坡度和设计线端点的设计高程等,用高程测设方法将坡度线上各点的设计高程在地面上标定出来。

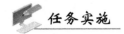

高程测设主要在道路中线、平整场地、开挖基坑、定路线坡度和定桥台桥墩的设计高程等场合使用。

一、一般的高程放样

如图 2-23 所示,已知高程点 A,其高程为 H_A,需要在道路中线 B 点标定出设计高程为 H_B 的位置。

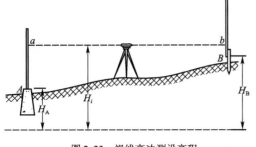

图 2-23 视线高法测设高程

测设方法如下:

(1) 将水准仪安置在 A 点和 B 点中间,整平仪器。

(2) 在已知点 A 上立尺,读取 A 点的后视读数为 a,则仪器的视线高程为 $H_i = H_A + a$。

(3) 由图可知,测设设计高程为 H_B 的 B 点标尺读数应为:$b = H_i - H_B$。将水准尺紧靠 B 点木桩的侧面上下移动,直到尺上读数为 b 时,沿尺底画一横线,此线即为设计高程 H_B 的位置。

二、深基坑的高程放样

当基坑开挖较深时,基底设计高程与基坑边已知水准点高程相差较大并超出水准尺的工作长度,这时可采用水准仪配合悬挂钢尺的方法向下传递高程。

如图 2-24 所示,将钢尺悬挂在支架上,零端向下并挂一重锤,已知高程点 A,其高程为 H_A,B 为待测设高程为 H_B 的点位。在地面和待测设点位附近各安置一台水准仪,分别在 A 点水准尺和钢尺上读数 a_1、b_1 和 a_2。假设 B 点水准尺上的读数为 b_2,则应有:

$$H_B - H_A = h_{AB} = (a_1 - b_1) + (a_2 - b_2) \tag{2-20}$$

则可以计算出 B 点处标尺的读数:

$$b_2 = a_2 + (a_1 - b_1) - h_{AB} \tag{2-21}$$

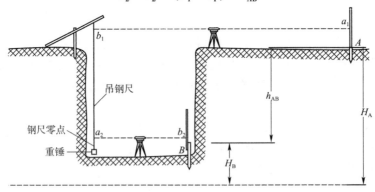

图 2-24 高程传递法测设深基坑的高程

将水准尺紧靠 B 点木桩的侧面上下移动,使水准尺读数为 b_2 时,沿尺底在木桩一侧画线,此线即为设计高程 H_B 的位置。为了控制基坑开挖深度,还需要在基坑四周壁上放样出一系列高程均为 H_B 的点位,如果 H_B 比基坑设计高程高出一个定值 ΔH,施工人员就可借助一把定长为 ΔH 的小尺子方便地检查基底高程是否达到了设计值。

三、斜坡的高程放样

在修筑道路，敷设上、下水管道和开挖排水沟等工程施工中，需要在地面测设设计的坡度线。

如图 2-25 所示，地面 A 点高程 H_A 已知，现要沿 AB 方向测设坡度为 i 的直线，AB 间平距为 D。测设方法如下：

（1）计算 B 点设计高程为 $H_B = H_A - iD$，应用水平距离和高程测设方法测设出 B 点。

（2）在 A 点安置水准仪，使一个脚螺旋在 AB 方向上，另两个脚螺旋连线垂直于 AB 方向线，量取水准仪高 i_A。

图 2-25 用水准仪测设坡度

（3）用望远镜瞄准 B 点水准尺，旋转 AB 方向脚螺旋，使视线倾斜至水准尺读数为仪器高 i_A 为止，此时仪器视线坡度平行于设计坡度线。

（4）根据施工需要，标定出中间点 1、2 并打下木桩，在桩顶上立水准尺使其读数均等于仪器高 i_A 时，各桩顶连线即为需测设的坡度线。

当设计坡度较大时，超出了水准仪脚螺旋的最大调节范围时，可使用经纬仪进行测设。方法同上。当使用电子经纬仪或者全站仪时，可将其竖盘显示单位切换成坡度单位，直接将望远镜的视线的坡度值调整到设计坡度值即可。

四、高墩台的高程放样

当桥梁墩台高出地面较多时，放样高程位置往往高于水准仪的视线高，这时可采用钢尺直接量取垂距或"倒尺"的方法。

如图 2-26 所示，已知高程点 A，其高程为 H_A，需要在 B 点墩身定出高程为 H_B 的位置。放样点的高程 H_B 高于仪器视线高程，先在基础顶面或者墩身适当位置选择一点，用水准测量的方法测定所选点的高程。然后以该点为起算点，用悬挂钢尺直接量取垂距来标定放样点的位置。

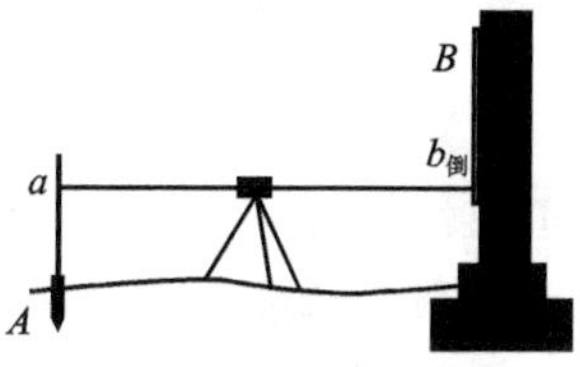

当放样点 B 的设计高程位置高于水准仪视线高，但不超出水准尺工作长度时，可在已知高程点 A 和墩台之间安置仪器，读取后视点 A 的读数 a，在 B 处靠墩身倒立水准尺。假设 B 点水准尺上的读数为 $b_{倒}$，则应有：

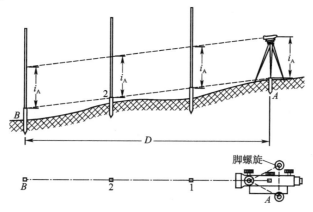

图 2-26 高墩台的高程放样

$$h_{AB} = H_B - H_A = a + b_{倒} \qquad (2\text{-}22)$$

则可以计算出放样点 B 处对应的水准尺读数为：
$$b_{倒} = H_B - (H_A + a) \tag{2-23}$$
靠 B 点墩身竖立水准尺，上下移动水准尺，当水准仪在尺上的读数恰好为 $b_{倒}$ 时，沿水准尺尺底(零端)划一横线即为高程 H_B 的位置。

工作任务 5　精密水准仪与水准尺

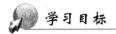
了解精密水准仪的构造和使用方法。

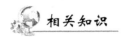

一、精密水准仪的构造特点

对于精密水准测量的精度而言，除一些外界因素的影响外，观测仪器——水准仪在结构上的精确性与可靠性是具有重要意义的。为此，对精密水准仪必须具备的一些条件提出下列要求。

1. 高质量的望远镜光学系统

为了在望远镜中能获得水准标尺上分划线的清晰影像，望远镜必须具有足够的放大倍率和较大的物镜孔径。一般精密水准仪的放大倍率应大于 40 倍，物镜的孔径应大于 50mm。

2. 坚固稳定的仪器结构

仪器的结构必须使视准轴与水准轴之间的联系相对稳定，不受外界条件的变化而改变它们之间的关系。一般精密水准仪的主要构件均用特殊的合金钢制成，并在仪器上套有起隔热作用的防护罩。

3. 高精度的测微器装置

精密水准仪必须有光学测微器装置，借以精密测定小于水准标尺最小分划线间格值的尾数，从而提高在水准标尺上的读数精度。一般精密水准仪的光学测微器可以读到 0.1mm，估读到 0.01mm。

4. 高灵敏的管水准器

一般精密水准仪的管水准器的格值为 $10''/2mm$。由于水准器的灵敏度愈高，观测时要使水准器气泡迅速置中也就愈困难，为此，在精密水准仪上必须有倾斜螺旋(又称微倾螺旋)的装置，借以可以使视准轴与水准轴同时产生微量变化，从而使水准气泡较为容易地精确置中以达到视准轴的精确整平。

5. 高性能的补偿器装置

对于自动安平水准仪补偿元件的质量以及补偿器装置的精密度都可以影响补偿器性能的可靠性。如果补偿器不能给出正确的补偿量，或是补偿不足，或是补偿过量，都会影响精密水准测量观测成果的精度。

我国水准仪系列按精度分类有 S05 型、S1 型、S3 型等。S 是"水"字的汉语拼音第一个字母，S 后面的数字表示每公里往返平均高差的偶然中误差的毫米数。

我国水准仪系列及基本技术参数见表 2-8。

我国水准仪系列及基本技术参数　　　　　表2-8

技术参数项目		水准仪系列型号			
		S05	S1	S3	S10
每公里往返平均高差中误差		≤0.5mm	≤1mm	≤3mm	≤10mm
望远镜放大率		≥40倍	≥40倍	≥30倍	≥25倍
望远镜有效孔径		≥60mm	≥50mm	≥42mm	≥35mm
管状水准器格值		10″/2mm	10″/2mm	20″/2mm	20″/2mm
测微器有效量测范围		5mm	5mm		
测微器最小分格值		0.1mm	0.1mm		
自动安平水准仪补偿性能	补偿范围	±8′	±8′	±8′	±10′
	安平精度	±0.1″	±0.2″	±0.5″	±2″
	安平时间不长于	2s	2s	2s	2s

二、精密水准标尺的构造特点

水准标尺是测定高差的长度标准，如果水准标尺的长度有误差，则对精密水准测量的观测成果带来系统性质的误差影响，为此，对精密水准标尺提出如下要求：

（1）当空气的温度和湿度发生变化时，水准标尺分划间的长度必须保持稳定，或仅有微小的变化。一般精密水准尺的分划是漆在因瓦合金带上，因瓦合金带则以一定的拉力引张在木质尺身的沟槽中，这样因瓦合金带的长度不会受木质尺身伸缩变形影响。水准标尺分划的数字是注记在因瓦合金带两旁的木质尺身上，如图2-27a)、b)所示。

（2）水准标尺的分划必须十分正确与精密，分划的偶然误差和系统误差都应很小。水准标尺分划的偶然误差和系统误差的大小主要决定于分划刻度工艺的水平，当前精密水准标尺分划的偶然中误差一般在8～11μm。由于精密水准标尺分划的系统误差可以通过水准标尺的平均每米真长加以改正，所以分划的偶然误差代表水准标尺分划的综合精度。

（3）水准标尺在构造上应保证全长笔直，并且尺身不易发生长度和弯扭等变形。一般精密水准标尺的木质尺身均应以经过特殊处理的优质木料制作。为了避免水准标尺在使用中尺身底部磨损而改变尺身的长度，在水准标尺的底面必须钉有坚固耐磨的金属底板。

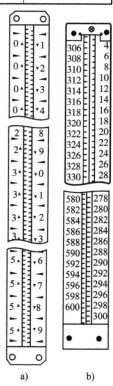

a)　　　b)

图2-27　水准标尺

在精密水准测量作业时，水准标尺应竖立于特制的具有一定重量的尺垫或尺桩上。尺垫和尺桩的形状如图2-28所示。

（4）在精密水准标尺的尺身上应附有圆水准器装置，作业时扶尺者借以使水准标尺保持在垂直位置。在尺身上一般还应有扶尺环的装置，以便扶尺者使水准标尺稳定在垂直位置。

（5）为了提高对水准标尺分划的照准精度，水准标尺分划的形式和颜色与水准标尺的颜色相协调，一般精密水准标尺都为黑色线条分划，如图2-27所示，和浅黄

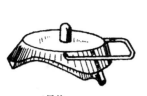

a)尺垫　　b)尺桩

图2-28　尺垫和尺桩

色的尺面相配合,有利于观测时对水准标尺分划精确照准。

　　线条分划精密水准标尺的分格值有 10mm 和 5mm 两种。分格值为 10mm 的精密水准标尺如图 2-27a)所示,它有两排分划,尺面右边一排分划注记从 0~300cm,称为基本分划,左边一排分划注记从 300~600cm 称为辅助分划,同一高度的基本分划与辅助分划读数相差一个常数,称为基辅差,通常又称尺常数,水准测量作业时可以用以检查读数的正确性。分格值为 5mm 的精密水准尺如图 2-27b)所示,它也有两排分划,但两排分划彼此错开 5mm,所以实际上左边是单数分划,右边是双数分划,也就是单数分划和双数分划各占一排,而没有辅助分划。木质尺面右边注记的是米数,左边注记的是分米数,整个注记从 0.1~5.9m,实际分格值为 5mm,分划注记比实际数值大了一倍,所以用这种水准标尺所测得的高差值必须除以 2 才是实际的高差值。

　　与数字编码水准仪配套使用的条形码水准尺如图 2-29 所示。通过数字编码水准仪的探测器来识别水准尺上的条形码,再经过数字影像处理,给出水准尺上的读数,取代了在水准尺上的目视读数。

图 2-29　条形码水准尺

三、Wild N3 精密水准仪

　　Wild N3 精密水准仪组成如图 2-30 所示。望远镜物镜的有效孔径为 50mm,放大倍率为 40 倍,管状水准器格值为 10″/2mm。N3 精密水准仪与分格值为 10mm 的精密因瓦水准标尺配套使用,标尺的基辅差为 301.55cm。在望远镜目镜的左边上下有两个小目镜(在图 2-30 中没有表示出来),它们是符合气泡观察目镜和测微器读数目镜,在 3 个不同的目镜中所见到的影像如图 2-31 所示。

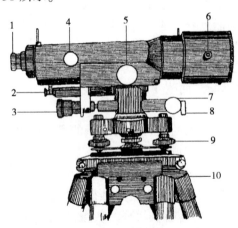

图 2-30　N3 水准仪组成

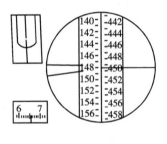

图 2-31　目镜影像

1-望远镜目镜;2-水准气泡反光镜;3-倾斜螺旋;4-调焦螺旋;5-平行玻璃板测微螺旋;6-平行玻璃板旋转轴;7-水平微动螺旋;8-水平制动螺旋;9-脚螺旋;10-脚架

转动倾斜螺旋,使符合气泡观察目镜的水准气泡两端符合,则视线精确水平,此时可转动测微螺旋使望远镜目镜中看到的楔形丝夹准水准标尺上的148分划线,也就是使148分划线平分楔角,再在测微器目镜中读出测微器读数653(即6.53mm),故水平视线在水准标尺上的全部读数为148.653cm。

1. N3精密水准仪的倾斜螺旋装置

图2-32所示是N3型精密水准仪倾斜螺旋装置及其作用示意图。它是一种杠杆结构,转动倾斜螺旋时,通过着力点D可以带动支臂绕支点A转动,使其对望远镜的作用点B产生微量升降,从而使望远镜绕转轴C作微量倾斜。由于望远镜与水准器是紧密相连的,于是倾斜螺旋的旋转就可以使水准轴和视准轴同时产生微量的变化,借以迅速而精确地将视准轴整平。在倾斜螺旋上一般附有分划盘,可借助于固定指标进行读数,由倾斜螺旋所转动的格数可以确定视线倾角的微小变化量,其转动范围约为7周。借助于这种装置,可以测定视准轴微倾的角度值,在进行跨越障碍物的精密水准测量时具有重要作用。

必须指出,由图2-32可见仪器转轴C并不位于望远镜的中心,而是位于靠近物镜的一端。当圆水准器整平仪器时,垂直轴并不能精确在垂直位置,可能偏离垂直位置较大。此时使用倾斜螺旋精确整平视准轴时,将会引起视准轴高度的变化,倾斜螺旋转动量愈大,视准轴高度的变化也就愈大。如果前后视精确整平视准轴时,倾斜螺旋的转动量不等,就会在高差中带来这种误差的影响。因此,在实际作业中规定:只有在符合水准气泡两端影像的分离量小于1cm时(这时仪器的垂直轴基本上在垂直位置),才允许使用倾斜螺旋来进行精确整平视准轴。但有些仪器转轴C的装置,位于过望远镜中心的垂直几何轴线上。

2. N3精密水准仪的测微器装置

图2-33是N3精密水准仪的光学测微器的测微工作原理示意图。由图可见,光学测微器由平行玻璃板、测微器分划尺、传动杆和测微螺旋等部件组成。平行玻璃板传动杆与测微分划尺相连。测微分划尺上有100个分格,它与10mm相对应,即每分格为0.1mm,可估读至0.01mm。每10格有较长分划线并注记数字,每两长分划线间的格值为1mm。当平行玻璃板与水平视线正交时,测微分划尺上初始读数为5mm。转动测微螺旋时,传动杆就带动平行玻璃板相对于物镜作前俯后仰,并同时带动测微分划尺作相应的移动。平行玻璃板相对于物镜作前俯后仰,水平视线就会向上或向下作平行移动。若逆转测微螺旋,使平行玻璃板前俯到测微分划尺移至10mm处,则水平视线向下平移5mm,反之,顺转测微螺旋使平行玻璃板后仰到测微分划尺移至0mm处,则水平视线向上平移5mm。

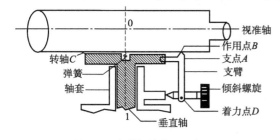

图2-32 倾斜螺旋装置示意图

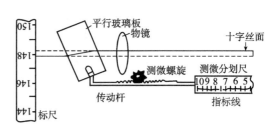

图2-33 测微工作原理示意图

在图2-33中,当平行玻璃板与水平视线正交时,水准标尺上读数应为a,a在两相邻分划148与149之间,此时测微分划上读数为5mm,而不是0。转动测微螺旋,平行玻璃板作前俯,使水平视线向下平移与就近的148分划重合,这时测微分划尺上的读数为6.50mm,而水平视

线的平移量应为 6.50～5mm，最后读数 a 为
$$a = 148\text{cm} + 6.50\text{mm} - 5\text{mm}$$
即
$$a = 148.650\text{cm} - 5\text{mm}$$

由上述可知，每次读数中应减去常数（初始读数）5mm，但因在水准测量中计算高差时能自动抵消这个常数，所以在水准测量作业时，读数、记录、计算过程中都可以不考虑这个常数。但在单向读数时就必须减去这个初始读数。

测微器的平行玻璃板安置在物镜前面的望远镜筒内，如图 2-34 所示。在平行玻璃板的前端，装有一块带楔角的保护玻璃，实质上是一个光楔罩，它一方面可以防止尘土侵入望远镜筒内，另一方面光楔的转动可使视准轴倾角 i 做微小的变化，借以精确地校正视准轴与水准轴的平行性。

近期生产的新 N3 精密水准仪如图 2-35 所示。望远镜物镜的有效孔径为 52mm，并有一个放大倍率为 40 的准直望远镜，直立成像，能清晰地观测到离物镜 0.3m 处的水准标尺。

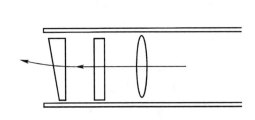

图 2-34　平行玻璃板安装示意图

图 2-35　新 N3 精密水准仪

光学平行玻璃板测微器可直接读至 0.1mm，估读到 0.01mm。

校验性微倾螺旋装置可以用来测量微小的垂直角和倾斜度的变化。

仪器备选附件有自动准直目镜、激光目镜、目镜照明灯和折角目镜等，利用这些附件可进一步扩大仪器的应用范围，可用于精密高程控制测量、形变测量、沉陷监测、工业应用等。

四、Zeiss Ni 004 精密水准仪

Zeiss Ni 004 精密水准仪的外形如图 2-36 所示。

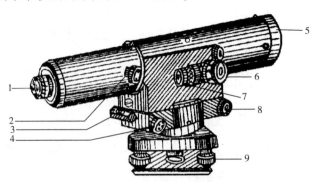

图 2-36　Ni 004 水准仪组成

1-望远镜目镜；2-调焦螺旋；3-概略置平水准器；4-倾斜螺旋；5-望远镜物镜；6-测微螺旋；7-读数放大镜；8-水平微动螺旋；9-脚螺旋

这种仪器的主要特点是对热影响的感应较小，即当外界温度变化时，水准轴与视准轴之间的交角 i 的变化很小，这是因为望远镜、管状水准器和平行玻璃板的倾斜设备等部件，都装在

一个附有绝热层的金属套筒内，这样就保证了水准仪上这些部件的温度迅速达到平衡。仪器物镜的有效孔径为 56mm，望远镜放大倍率为 44 倍，望远镜目镜视场内有左右两组楔形丝，如图 2-37 所示，右边一组楔形丝的交角较小，在视距较远时使用，左边一组楔形丝的交角较大，在视距较近时使用，管状水准器格值为 10″/2mm。转动测微螺旋可使水平视线在 10mm 范围内平移，测微器的分划鼓直接与测微螺旋相连（见图 2-37），通过放大镜在测微鼓上进行读数，测微鼓上有 100 个分格，所以测微鼓最小格值为 0.1mm。从望远镜目镜视场中所看到的影像如图 2-37 所示，视场下部是水准器的符合气泡影像。

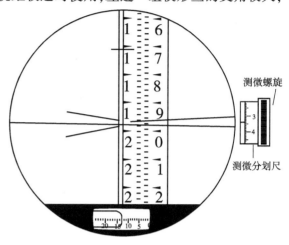

图 2-37 目镜视场内影像

Ni 004 精密水准仪与分格值为 5mm 的精密因瓦水准尺配套使用。在图 2-37 中，使用测微螺旋使楔形丝夹准水准标尺上 197 分划，在测微分划鼓上的读数为 340，即 3.40mm，水准标尺上的全部读数为 197.340cm。

五、国产 S1 型精密水准仪

S1 型精密水准仪外形如图 2-38 所示。仪器物镜的有效孔径为 50mm，望远镜放大倍率为 40 倍，管状水准器格值为 10″/2mm。转动测微螺旋可使水平视线在 10mm 范围内作平移，测微器分划尺有 100 个分格，故测微器分划尺最小格值为 0.1mm。望远镜目镜视场中所看到的影像如图 2-39 所示，视场左边是水准器的符合气泡影像，测微器读数显微镜在望远镜目镜的右下方。

国产 S1 型精密水准仪与分格值为 5mm 的精密水准标尺配套使用。

在图 2-39 中，使用测微螺旋使楔形丝夹准 198 分划，在测微器读数显微镜中的读数为 150，即 1.50mm，水准标尺上的全部读数为 198.150cm。

图 2-38 S1 精密水准仪外形   图 2-39 目镜影像

六、精密水准仪的操作与使用

（1）安置脚架和连接仪器。在选好的测站上松开脚架伸缩螺旋，按需要调整高度，架头大致保持水平,旋紧脚架伸缩螺旋。用连接螺旋将仪器固定在架头上。

（2）粗平。转动脚螺旋,使圆水准器或粗平水准管气泡居中,使仪器的竖轴大致垂直。

（3）瞄准。将望远镜对准水准尺,进行目镜调焦和物镜调焦,使十字丝和水准尺像均十分清晰,注意消除视差。具体方法同 DS3 水准仪。

（4）精平。转动微倾螺旋,使水准管气泡严格居中（符合）,可以在目镜视场中看到水准管气泡两端的影像,使气泡两端影像符合。

工作任务6　精密水准测量的实施

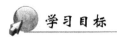

掌握二等水准测量的方法及数据处理方法。

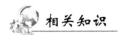

精密水准测量一般指国家一、二等水准测量,在各项工程的不同建设阶段的高程控制测量中,极少进行一等水准测量,故在工程测量技术规范中,将水准测量分为二、三、四等三个等级,其精度指标与国家水准测量的相应等级一致。

下面以二等水准测量为例来说明精密水准测量的实施。

一、精密水准测量作业的一般规定

根据各种误差的性质及其影响规律,水准规范中对精密水准测量的实施作出了各种相应的规定,目的在于尽可能消除或减弱各种误差对观测成果的影响。

（1）观测前 30min,应将仪器置于露天阴影处,使仪器与外界气温趋于一致;观测时应用测伞遮蔽阳光;迁站时应罩以仪器罩。

（2）仪器距前、后视水准标尺的距离应尽量相等,其差应小于规定的限值:二等水准测量中规定,一测站前、后视距差应小于 1.0m,前、后视距累积差应小于 3m。这样,可以消除或削弱与距离有关的各种误差对观测高差的影响,如 i 角误差和垂直折光等影响。

（3）对气泡式水准仪,观测前应测出倾斜螺旋的置平零点,并作标记,随着气温变化,应随时调整置平零点的位置。对于自动安平水准仪的圆水准器,须严格置平。

（4）同一测站上观测时,不得两次调焦;转动仪器的倾斜螺旋和测微螺旋,其最后旋转方向均应为旋进,以避免倾斜螺旋和测微器隙动差对观测成果的影响。

（5）在两相邻测站上,应按奇、偶数测站的观测程序进行观测,对于往测奇数测站按"后—前—前—后"、偶数测站按"前—后—后—前"的观测程序在相邻测站上交替进行。返测时,奇数测站与偶数测站的观测程序与往测时相反,即奇数测站由前视开始,偶数测站由后视开始。这样的观测程序可以消除或减弱与时间成比例均匀变化的误差对观测高差的影响,如 i 角的变化和仪器的垂直位移等影响。

（6）在连续各测站上安置水准仪时,应使其中两脚螺旋与水准路线方向平行,而第三脚螺旋轮换置于路线方向的左侧与右侧。

（7）每一测段的往测与返测,其测站数均应为偶数,由往测转向返测时,两水准标尺应互换位置,并应重新整置仪器。在水准路线上每一测段仪器测站安排成偶数,可以削减两水准标尺零点不等差等误差对观测高差的影响。

(8)每一测段的水准测量路线应进行往测和返测,这样,可以消除或减弱性质相同、正负号也相同的误差影响,如水准标尺垂直位移的误差影响。

(9)一个测段的水准测量路线的往测和返测应在不同的气象条件下进行,如分别在上午和下午观测。

(10)使用补偿式自动安平水准仪观测的操作程序与水准器水准仪相同。观测前对圆水准器应严格检验与校正,观测时应严格使圆水准器气泡居中。

(11)水准测量的观测工作间歇时,最好能结束在固定的水准点上,否则,应选择两个坚稳可靠、光滑突出、便于放置水准标尺的固定点,作为间歇点加以标记,间歇后,应对两个间歇点的高差进行检测,检测结果如符合限差要求(对于二等水准测量,规定检测间歇点高差之差应≤1.0mm),就可以从间歇点起测。若仅能选定一个固定点作为间歇点,则在间歇后应仔细检视,确认没有发生任何位移,方可由间歇点起测。

二、精密水准测量观测

1. 测站观测程序

往测时,奇数测站照准水准标尺分划的顺序为:后—前—前—后。

即:后视标尺的基本分划;前视标尺的基本分划;

前视标尺的辅助分划;后视标尺的辅助分划。

往测时,偶数测站照准水准标尺分划的顺序为:前—后—后—前。

即:前视标尺的基本分划;后视标尺的基本分划;

后视标尺的辅助分划;前视标尺的辅助分划。

返测时,奇、偶数测站照准标尺的顺序分别与往测偶、奇数测站相同。

按光学测微法进行观测,以往测奇数测站为例,一测站的操作程序如下:

①置平仪器。气泡式水准仪望远镜绕垂直轴旋转时,水准气泡两端影像的分离,不得超过1cm,对于自动安平水准仪,要求圆气泡位于指标圆环中央。

②将望远镜照准后视水准标尺,使符合水准气泡两端影像近于符合(双摆位自动安平水准仪应置于第Ⅰ摆位)。随后用上、下丝分别照准标尺基本分划进行视距读数,见表2-9中的(1)和(2)。视距读取4位,第四位数由测微器直接读得。然后,使符合水准气泡两端影像精确符合,使用测微螺旋用楔形平分线精确照准标尺的基本分划,并读取标尺基本分划和测微分划的读数(3)。测微分划读数取至测微器最小分划。

③旋转望远镜照准前视标尺,并使符合水准气泡两端影像精确符合(双摆位自动安平水准仪仍在第Ⅰ摆位),用楔形平分线照准标尺基本分划,并读取标尺基本分划和测微分划的读数(4)。然后用上、下丝分别照准标尺基本分划进行视距读数(5)和(6)。

④用水平微动螺旋使望远镜照准前视标尺的辅助分划,并使符合气泡两端影像精确符合(双摆位自动安平水准仪置于第Ⅱ摆位),用楔形平分线精确照准并进行标尺辅助分划与测微分划读数(7)。

⑤旋转望远镜,照准后视标尺的辅助分划,并使符合水准气泡两端影像精确符合(双摆位自动安平水准仪仍在第Ⅱ摆位),用楔形平分线精确照准并进行辅助分划与测微分划读数(8)。表2-9中第(1)至(8)栏是读数的记录部分,(9)至(18)栏是计算部分。

精密水准测量观测记录表　　　　　　　表 2-9

测自：_____ 至 _____　　　　2004 年 ___ 月 ___ 日
时间：始 __ 时 __ 分　　末 __ 时 __ 分　　成　像：_____
温度：____ 云量：____　　　　　风向风速：_____
天气：____ 土质：____　　　　　太阳方向：_____

测站编号	后尺 下丝	前尺 下丝	方尺及向号	标尺读数		基+K 减辅 (一减二)	备考
	上丝	上丝		基本分划 (一次)	辅助分划 (二次)		
	后距	前距					
	视距差						
	(1)	(5)	后	(3)	(8)	(14)	
	(2)	(6)	前	(4)	(7)	(13)	
	(9)	(10)	后－前	(15)	(16)	(17)	
	(11)	(12)		—	(18)		
			后				
			前				
			后－前				

2. 计算内容与步骤

现以往测奇数测站的观测程序为例，来说明计算内容与计算步骤。

①视距部分的计算：

$$(9) = (1) - (2)$$
$$(10) = (5) - (6)$$
$$(11) = (9) - (10)$$
$$(12) = (11) + 前站(12)$$

②高差部分的计算与检核：

$$(14) = (3) + K - (8)$$

式中：K 为基辅差（对于 N3 水准标尺而言 $K=3.0155\text{m}$）

$$(13) = (4) + K - (7)$$
$$(15) = (3) - (4)$$
$$(16) = (8) - (7)$$
$$(17) = (14) - (13) = (15) - (16) 检核$$
$$(18) = [(15) + (16)]$$

以上即一测站全部操作与观测过程。一、二等精密水准测量外业计算尾数取位如表 2-10 规定。

一、二等精密水准测量外业计算尾数取位　　　　表 2-10

项目等级	往(返)测距离总和 (km)	测段距离中数 (km)	各测站高差 (mm)	往(返)测高差总和 (mm)	测段高差中数 (mm)	水准点高程 (mm)
一	0.01	0.1	0.01	0.01	0.1	1
二	0.01	0.1	0.01	0.01	0.1	1

表 2-9 中的观测数据系用 N3 精密水准仪测得的,当用 S1 型或 Ni 004 精密水准仪进行观测时,由于与这种水准仪配套的水准标尺无辅助分划,故在记录表格中基本分划与辅助分划的记录栏内,分别记入第一次和第二次读数。

3. 水准测量限差

水准测量限差见表 2-11。

水准测量限差 表 2-11

等级	视线长度		前后视距差（m）	前后视距累积差（m）	视线高度（下丝读数）（m）	基辅分划读数之差（mm）	基辅分划所得高差之差（mm）	上下丝读数平均值与中丝读数之差		检测间歇点高差之差（mm）
	仪器类型	视线长度（m）						0.5cm分划标尺（mm）	1cm分划标尺（mm）	
一	S05	≤30	≤0.5	≤1.5	≥0.5	≤0.3	≤0.4	≤1.5	≤3.0	≤0.7
二	S1	≤50	≤1.0	≤3.0	≥0.3	≤0.4	≤0.6	≤1.5	≤3.0	≤1.0
	S05	≤50								

若测段路线往返测高差不符值、附合路线和环线闭合差以及检测已测测段高差之差的限制见表 2-12。

表 2-12

项目等级	测段路线往返测高差不符值（mm）	附合路线闭合差（mm）	环线闭合差（mm）	检测已测测段高差之差（mm）
一等	$\pm 2\sqrt{K}$	$\pm 2\sqrt{L}$	$\pm 2\sqrt{F}$	$\pm 3\sqrt{R}$
二等	$\pm 4\sqrt{K}$	$\pm 4\sqrt{L}$	$\pm 4\sqrt{F}$	$\pm 6\sqrt{R}$

若测段路线往返测不符值超限,应先就可靠程度较小的往测或返测进行整测段重测;附合路线和环线闭合差超限,应就路线上可靠程度较小,往返测高差不符值较大或观测条件较差的某些测段进行重测,如重测后仍不符合限差,则需重测其他测段。

4. 水准测量的精度

水准测量的精度根据往返测的高差不符值来评定,因为往返测的高差不符值集中反映了水准测量各种误差的共同影响,这些误差对水准测量精度的影响,不论其性质和变化规律都是极其复杂的,其中有偶然误差的影响,也有系统误差的影响。

根据研究和分析可知,在短距离,如一个测段的往返测高差不符值中,偶然误差是得到反映的,虽然也不排除有系统误差的影响,但毕竟由于距离短,所以影响很微弱,因而从测段的往返高差不符值来估计偶然中误差,还是合理的。在长的水准线路中,例如一个闭合环,影响观测的,除偶然误差外,还有系统误差,而且这种系统误差,在很长的路线上,也表现有偶然性质。环形闭合差表现为真误差的性质,因而可以利用环形闭合差来估计含有偶然误差和系统误差在内的全中误差,现行水准规范中所采用的计算水准测量精度的公式,就是以这种基本思想为基础而导得的。

由 n 个测段往返测的高差不符值计算每公里单程高差的偶然中误差（相当于单位权观测中误差）的公式为:

$$\mu = \pm \sqrt{\frac{1}{2}\frac{\left[\frac{\Delta\Delta}{R}\right]}{n}} \quad (2\text{-}24)$$

往返测高差平均值的每公里偶然中误差为：

$$M_\Delta = \frac{1}{2}\mu = \pm\sqrt{\frac{1}{4n}\left[\frac{\Delta\Delta}{R}\right]} \tag{2-25}$$

式中：Δ——各测段往返测的高差不符值(mm)；

R——各测段的距离(km)；

n——测段的数目。式(2-25)就是水准规范中规定用以计算往返测高差平均值的每公里偶然中误差的公式，这个公式是不严密的，因为在计算偶然误差时，完全没有顾及系统误差的影响。顾及系统误差的严密公式，形式比较复杂，计算也比较麻烦，而所得结果与式(2-25)所算得的结果相差甚微，所以式(2-25)可以认为是具有足够可靠性的。

按水准规范规定，一、二等水准路线须以测段往返高差不符值按式(2-25)计算每公里水准测量往返高差中数的偶然中误差。当水准路线构成水准网的水准环超过20个时，还需按水准环闭合差计算每公里水准测量高差中数的全中误差。

计算每公里水准测量高差中数的全中误差的公式为：

$$M_W = \pm\sqrt{\frac{[WW/F]}{N}} \tag{2-26}$$

式中，W是水准环线经过正常水准面不平行改正后计算的水准环闭合差矩阵，W的转置矩阵$W^T = (w_1 w_2 \cdots w_N)$，$w_i$为环的闭合差，以mm为单位；$N$为水准环的数目，协因数矩阵$Q$中对角线元素为各环线的周长$F_1, F_2 \cdots F_N$。非对角线元素，如果图形不相邻，则一律为零，如果图形相邻，则为相邻边长度(公里数)的负值。

每公里水准测量往返高差中数偶然中误差和全中误差的限值列于表2-13中。

表2-13

等级	一等(mm)	二等(mm)	等级	一等(mm)	二等(mm)
M_W	≤0.45	≤1.0	M_Δ	≤1.0	≤2.0

偶然中误差M_Δ，全中误差M_W超限时，应分析原因，重测有关测段或路线。

5. 水准测量概算

观测高差的各项改正数的计算和水准点概略高程表的编算如下：

(1) 水准标尺每米长度误差的改正数计算

当一对水准标尺每米长度的平均误差f大于±0.02mm时，就要对观测高差进行改正，大小为：

$$\sum\delta_f = f\sum h$$

(2) 正常水准面不平行的改正数计算

$$\varepsilon = -0.0000015395 \times \sin(2\varphi_m) \times \Delta\varphi' H_m \tag{2-27}$$

(3) 水准路线闭合差计算

$$w = H_n - H_0 + \sum h' + \sum\varepsilon \tag{2-28}$$

(4) 高差改正数的计算

$$v_i = -\frac{s_i}{\sum s}w \tag{2-29}$$

(5) 计算水准点的概略高程

$$H = H_0 + \sum h' + \sum v + \sum\varepsilon \tag{2-30}$$

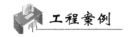

案例1 水准点复测

随着国家基础设施建设的快速发展,对道路要求也越来越高。测量的准确性对道路施工的质量起着关键性作用,而复测又是测量工作能否准确进行的关键所在。所以,施工单位在施工前应做好施工前的复测工作。

一、交桩

施工单位进场后,设计单位应向施工单位"交桩"(包括水准点的有关资料、图表),设计单位交付的水准点一般是在几个月前设置的,而这些点位又处于野外,很容易被人为撞动或因地面自然沉陷而发生变化,因此,使用前施工单位应严格复测水准点高程。

二、现场勘察及补点

复测前应仔细对照设计单位所提供的水准点成果表上的高程与平面图、纵断面图上所注相应水准点的高程是否一致。然后再到现场验证水准点的地面位置,检查水准点固定位置及数量是否准确,是否发生位移,如果发现水准点丢失,应重新增设控制点。控制点的位置和数量应满足施工放样的应用,还应符合控制点的布设原则及其技术规定,以点位稳定、安全使用、精度可靠为最终目标。确认无误后,根据现场情况编制复测方案,方可进行复测。

三、复测方法及要点

高程控制点复测一般应采用水准测量,水准测量应严格按相应等级水准测量要求进行。施测方法在前面的文中已经介绍,这里不再赘述。特殊困难条件下,高程控制点复测可以采用三角高程测量,但必须精心校正仪器,并采用往返观测、正倒镜观测,取平均值消除误差。公路工程一般路线较长,通常分成若干个标段进行施工,为了保证道路中线的连续,高程控制点和平面控制点一样,必须注意相邻标段之间的连接问题。在复测的过程中,各施工标段必须分别向相邻标段延伸1~2个高程控制点。

四、常见问题分析及应对

由于仪器精度和测量人的视觉误差,将会导致控制点的测量平差后,发现结果满足规范要求,但与交桩时不完全相同。同一个控制点上会出现几种满足而又不相同的数据(设计勘测方,施工方,监理方),应采用哪一方面的测量成果,复测的目的在于验证原桩点的有效性,应采用原交桩时的数据,当新增控制点较多时,宜采用精度高的一组数据,控制点加密应采用严密平差,以检查点位的测设精度。

若高程闭合差不满足要求,应查明原因,确定原因后,报请有关部门修改。然后再进行闭合复测,直至复测合格。

五、提交资料

复测完成后提交水准点复测报告,(复测说明、复测成果、原始记录及测量仪器检定证书),经测量监理工程师检验合格,然后由总监办组织驻地办施工单位三方签字确认。

案例2 路基抄平

一、填方路堤各层的抄平

填方路基在施工过程中是分层进行填筑的,各结构层的厚度又各不相同。这就需要在填筑之前先测定各结构层的顶面高程。如图2-40a)所示,图中 h 为松铺厚度,h' 为压实厚度。在填筑以前需要先标定松铺厚度 E 点的位置。

(1)如图 2-40b)所示,A'、B'、C'、D' 为路基的坡脚放线位置,A、B、C、D 为某结构层顶面松铺厚度顶面的放样位置。$A'A(B'B、C'C、D'D)$ 之间的高差为松铺厚度 h,AD、BC 的长度为该结构层顶面的宽度。

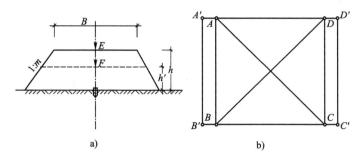

图 2-40 路堤路基放样

(2)由试验路段可得该结构层所对应的松铺系数 k。

$$k = \frac{h}{h'}$$

$$h = kh'$$

(3)结构层松铺厚度的顶面高程为 H。

$$H = H_d + h$$

式中:H_d——该结构层底面高程。

(4)采用高程放样方法用木桩标定出 A、B、C、D 的位置,使木桩顶面的高程等于该结构层松铺厚度的顶面高程 H。

(5)在各木桩顶面钉上小钉子,在钉子之间拉上细线作为填筑的依据。

(6)当该结构层压实后,再用高程放样方法检查该结构层顶面的高程。

二、直线段路基顶面的抄平

当路基施工高度达到设计高程后,应检查路基中心顶面的高程及路基两侧边缘的设计高程。路面横坡度的形成,一般在路基顶面施工时就应该做成横向坡度。路基顶面的横坡和路面的横坡是一致的。

图 2-41 为路基断面图,图 2-42 为路基平面图。在图 2-42 中 A、B、C、D 为路基中线施工控制桩,E、F、G、H 和 M、N、O、P 为与路中线施工控制桩相对应的路基边线。

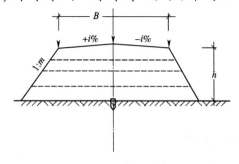

图 2-41 路基断面图

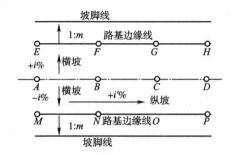

图 2-42 路基平面图

(1)先检查路基顶面中线施工控制桩的设计高程。

假定 A 点的设计高程为 H_A,路线纵坡为 $+i'\%$,施工控制桩间距为 10m。则 B、C、D 点的设计高程分别为：

$$H_A = 路面顶面中心 A 点的设计高程 - 路面结构层厚度$$
$$H_B = H_A + (+i'\%) \times 10$$
$$H_C = H_B + (+i'\%) \times 10$$
$$H_D = H_C + (+i'\%) \times 10$$

在已知高程为 H_{BM} 的水准点和 A 点立水准尺，水准仪后视水准点所立水准尺读数为 a，前视 A 点所立水准尺读数为 b_A。

$$H'_A = H_{BM} + (a - b_A)$$
$$\Delta_A = H'_A - H_A$$

若 $\Delta_A < 0$，则 A 点应填高，填高值为 Δ_A；若 $\Delta_A > 0$，则 A 点应挖低，挖低值为 Δ_A。

依次在 B 点、C 点、D 点立水准尺，分别读数为 b_B、b_C、b_D，按同样的方法分别计算 Δ_B、Δ_C、Δ_D，对 B 点、C 点、D 点进行高程检查和重新放样。

(2) 检查路基边线设计高程。

计算和路基中心施工控制桩 A 点相对应的两侧路基边桩 E 点和 M 点的设计高程。如图 2-42 所示，E 点和 M 点是关于 A 点对称的两个路基边缘点，设路面横坡为 $i\%$，则 E 点和 M 点的设计高程为：

$$H_E = H_A - i\% \times \frac{B}{2}$$
$$H_M = H_A - i\% \times \frac{B}{2}$$

式中：B——路基宽度；

$i\%$——路面横坡度。

将水准尺立于 E 点和 M 点，读数分别为 b_E、b_M。

$$H'_E = H_{BM} + (a - b_E)$$
$$H'_M = H_{BM} + (a - b_M)$$
$$\Delta_E = H'_E - H_E$$
$$\Delta_M = H'_M - H_M$$

若 $\Delta_E < 0$，则 E 点应填高 Δ_E；若 $\Delta_E > 0$，则 E 点应挖低 Δ_E。对于 M 点可采用同样的方法检查。

对于路基两侧的其他各点，可采用同样方法进行检查。

三、曲线段路基顶面的抄平

对于曲线段由于存在超高和加宽，计算要相对复杂一点。在路基设计表中曲线段的加宽和超高值已经给出，在进行放样时只需直接引用即可。在计算路基边线上的施工检查点的高程和坐标时，为计算方便一般是以与其对应的在同一个横断面方向上中线施工控制点的坐标和高程为基准。检查方法同直线段。

四、竖曲线段路基顶面设计高程的计算

如图 2-43 所示，在进行路线纵坡设计时，确定了路线起、终点的设计高程和各变坡点的桩号、设计高程、竖曲线半径，根据这些资料即可计算竖曲线上任意一个中桩的设计高程。

相邻变坡点之间的坡度为：

$$i_j = \frac{H_j - H_{j-1}}{L_j - L_{j-1}} \times 100\%$$

式中：i_j——第$(j-1)$到j号变坡点之间的坡度；
H_{j-1}、H_j——第$(j-1)$和j号变坡点的设计高程；
L_{j-1}、L_j——第$(j-1)$和j号变坡点的里程桩号。

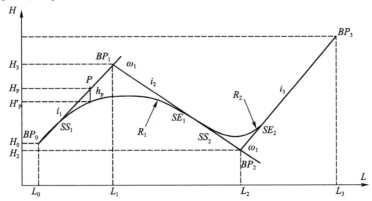

图 2-43 竖曲线路段纵坡设计图

若某中桩位于第$(j-1)$和j号变坡点之间，桩号为L，则其设计高程为：
$$H = H_{j-1} + (L - L_{j-1})i_j$$

第j号变坡点的竖曲线半径为R_j，竖曲线要素为：

转坡角： $\omega_j = |i_j - i_{j+1}|$（弧度）

切线长： $T_j = \dfrac{R_j \omega_j}{2}$

外距： $E_j = \dfrac{T_j^2}{2R_j}$

竖曲线起点的桩号： $SS_j = L_j - T_j$

竖曲线终点的桩号： $SE_j = L_j + T_j$

当中桩位于竖曲线范围内，应对其设计高程进行修正。竖曲线范围内切线上任一点与竖曲线之间的竖向距离为：
$$h = \pm \dfrac{l^2}{2R_j}$$

式中：l——竖曲线上相应于h的点到竖曲线起（终）点的距离。

对于凸形竖曲线，h取负值；对于凹形竖曲线，h取正值。

例：如图 2-44 所示，P点位于BP_1所对应的竖曲线范围内，其设计高程为H_P。求其修正以后的设计高程。

解：(1) 计算竖向间距：
$$l_P = P \text{ 点桩号} - SS_1$$
$$h_P = -\dfrac{l_P^2}{2R_1}$$

(2) 计算P点对应于竖曲线上的设计高程H'_P：
$$H'_P = H_P + h_P$$

案例 3　路 面 抄 平

路面施工是公路施工的最后一个环节，也是最关键的一个环节。因此，对路面施工放样的精度要求比路基施工阶段放样的精度高。为了保证精度、便于测量,通常在路面施工之前,将线路两侧的导线点和水准点引测到路基上,一般设置在桥梁、通道的桥台上或涵洞的压顶石上,不易被破坏。引测的导线点和水准点,要和高一级的导线点和水准点进行附合或闭合,精度应满足一、二级导线和五等水准测量的要求。

路面施工阶段的高程放样测量工作包括基层施工测量和面层施工测量。

例:如图2-44所示为水泥混凝土路面的横断面形式,其中:中间带宽度为4.50m,半幅行车道宽度为8.50m,基层厚度为18cm,面层厚度为25cm。

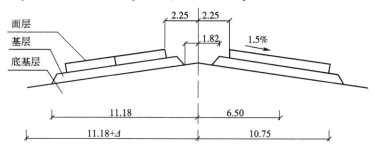

图2-44 水泥混凝土路面的横断面(尺寸单位:m)

一、基层施工测量

设基层设计高程为 $H=h+0.18\mathrm{m}$(h 为底基层中心设计高程),则距中心 1.82m、11.18m、11.43m 处的基层设计高程为:

$$H_{1.82} = H - 1.82i$$
$$H_{11.18} = H - 11.18i$$
$$H_{11.43} = H - 11.43i$$

式中:i——路拱横坡,为1.5%。

将以上计算的设计高程放样到实地,便可指导基层施工。

以上设计高程中:

$H_{1.82}$、$H_{11.18}$ 是在摊料时所用,其虚厚按不同的路面结构形式掌握。一般灰土基层虚厚为6cm;$H_{11.43}$ 是在推土机初步压实后为找平时所用,其虚厚按不同的路面结构形式掌握。一般灰土基层虚厚为2.5cm。

基层施工误差主要来自测量误差、施工误差和虚厚误差三个方面。

施工误差主要指:当某一区域摊料过多,摊料人员为了省力,将料摊铺的过实,甚至将施工挂线提一提;当堆料过少时,又会将料摊铺得虚,或者将施工桩向下钉一钉。因而要求施工员要有高度的责任心,保护好施工桩,严格控制摊铺质量。

虚厚误差主要包括:黏土的密实度差别,摊铺有的被压实,有的松散,路槽高程的误差引起底基层的厚度不一。主要的消除方法是人工摊铺,机械充分拌和,用推土机初步压实后再次找平。

二、水泥混凝土面层施工测量

如图2-44所示,由中线控制桩量出2.25m、6.50m、10.75m处边线,钉入钢钉,测出桩顶高程,根据水泥混凝土面层的设计高程得出模板顶面高程。当模板支设好后,用经纬仪对顺直度,用水准仪对模板高程进行复测,不合格者予以调整,然后开始铺筑混凝土。

水泥混凝土面层高程误差产生的原因主要由于测量误差和施工误差两方面的原因造成。施工误差主要包括:

挂线误差:用钢尺所量的高度不准,施工挂线没有系牢、拉紧,出现中间凹的现象。

模板误差:模板支设不坚固,振捣梁上去振捣时引起模板下沉;模板上的残余混凝土没有清除干净;模板变形,引起顺直度达不到标准。

其他误差:施工桩被车辆压弯;桩号错误等。

案例 4 基桩抄平

桥涵基础高程放样分为水下放样和干处放样两种,现分述如下:

一、水下基础高程放样(如钻孔灌注桩基础)

一般采用测绳下悬重物进行施测。现以钻孔灌注桩基础为例来说明桩底高程的确定。

如图 2-45 所示(钻机未画出),现 A 为已知水准点,施测时先将 A 处水准点高程引至护筒顶 B 处(B 处高程需常复测),并在 B 处作一标志。钻孔过程中可根据该标志以下的钻杆长度(每节钻杆均为定长)判定是否已经钻到设计高程。清孔结束及浇注混凝土前均可用测绳检测孔底高程,方法是:在测绳零端悬挂一锥形铁块,从 B 处放下测绳,当感觉测绳变轻(注意不要让测绳太靠近钻杆或钢筋笼)后,读取测绳读数(由于测绳每米一刻划,故应量取尺尾零长度并加上尺头重物长),则桩底 C 处高程 = 护筒 B 处高程 − 测绳长度 L。

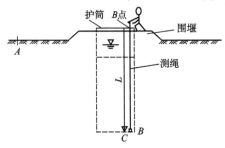

图 2-45 桥涵基础高程放样(水下)

二、干处基础高程放样

干处基础高程放样分为浅基础和深基础两种情况,如图 2-46 所示。现分述如下:

(1)如图 2-46a)所示,桥涵基础较浅,则直接在基底或基础侧壁立水准尺。A 为已知水准点。施测时,水准仪安置在 1 处,后视 A 处已知水准点上立的水准尺读数 a 并记录,前视基础底部 C 处或基础侧壁 B 处所立水准尺读数并记录,则基础底部 C 处高程或基础侧壁高程可得。基底 C 处高程 $H_C = H_A + a - b'$,基础侧壁高程 $H_B = H_A + a - b$,其中图上 h 值可直接量得。

(2)如图 2-46b)所示,当基坑开挖较深时,基底设计高程与基坑边已知水准点高程相差较大并超出了水准尺的工作长度,这时可采用水准仪配合悬挂钢尺的方法向下传递高程。具体方法在工作任务 4 中已经介绍,这里不再赘述。

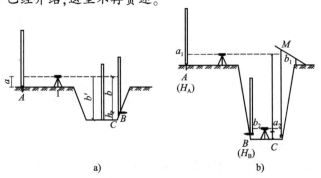

图 2-46 桥涵基础高程放样(干处)

案例 5 边沟抄平

施工地下排水管道、明沟、道路,常要放坡抄平。这种抄平,实际是按设计坡度抄平,所以抄平的各点并不在同一水平面上,当把测设好的各点用线绳抄平桩面时,即为设计的斜坡面或与其设计的斜坡面相平行的斜坡面。例如,某单位挖管沟时,就是利用把设计管底高程提高 0.5m 或 1m,打入平行于管底设计斜坡面的一排竹桩来施测的,这种抄平记录格式见表 2-14。

斜坡状抄平记录 表 2-14

观测记录			前视计算及实测记录									
视线高计算	已知水准点绝对高程	BM$_2$ ↓49.950	已知设计数据图	5号井 $s=80m$ $i=8‰$ 48.09 6号井 48.65 $D=400$								
	后视读数	+) 1.370										
	视线高	51.320										
起终点前视计算	起点应读数	2.670	前视各点桩号	起井5	1	2	3	4	5	6	7	终井6
	起点设计高程	−)48.650	累计距离	00	10	20	30	40	50	60	70	80
	视线高	↑↓51.320	与起点高差	0.00	0.08	0.16	0.24	0.32	0.40	0.48	0.56	0.64
	终点设计高程	−)48.090	各点应读数	2.67	2.75	2.83	2.91	2.99	3.07	3.15	3.23	3.31
	终点应读数	3.230	各点实读数	1.67	1.75	1.83	1.91	1.99	2.07	2.15	2.23	2.31
			说明	自 5 号井起向 6 号井坡,每隔 10m 一桩,并做红油漆标志。从桩面向下 1m 为管底高程								

复核:××× 测量:××× 日期:××××年×月×日

表内包括以下两部分:

一、观测记录

视线高与起、终点应读数的计算,即

已知水准点高程 + 后视读数 = 视线高

视线高 − 起点设计高程 = 起点应读数

视线高 − 终点设计高程 = 终点应读数

二、前视计算及实测记录

包括设计已知数据示意图、所抄平各点与起点高差计算及各点前视应读数的计算。计算步骤有以下两种情况:

起点应读数 − 设计坡度 × 累计距离 = 起点应读数 − 起点与所测点的高差
= 前视应读数

此式用于起点向上坡方向的观测。

起点应读数 + 设计坡度 × 累计距离 = 起点应读数 + 起点与所测点的高差
= 前视应读数

此式用于起点向下坡方向的观测,表 2-14 就属于这一情况。在观测计算中,查出起、终点前视应读数,抄在起井 5 及终井 6 两列栏内。如计算第 1 点、4 点的前视应读数,这两点自起点起累计距离为 10m、40m,所以按设计坡度 8‰ 计算,1 点、4 点与起点的高差分别为:

$$10 \times 0.008 = 0.08 \text{m}$$
$$40 \times 0.008 = 0.32 \text{m}$$

所以,第 1 点前视应读数 = 2.67 + 0.08 = 2.75m

第 4 点前视应读数 = 2.67 + 0.32 = 2.99m

其余各点的计算,以此类推。

计算结果,也可心算校核,即每隔 10m 打一水平桩,相邻高差为相邻间距 × 设计坡度,即 $0.008 \times 10 = 0.08$m。本例因是自起点向下坡方向,所以,相邻桩沿测设前进方向依次低 8cm。

案例6 二等水准测量外业记录及处理

1. 测量外边记录

二等水准测量外业记录见表2-15、表2-16。

二等水准测量外业记录表（往测） 表2-15

日期：2013年05月19日　　　　天气：晴　　　　仪器型号：DS1
组名：　二组　　　　　　　　　成员：※※※※※※

测站编号	后尺 上丝 / 下丝 / 后视距 / 视距差	前尺 上丝 / 下丝 / 前视距 / 累计差	方向及尺号	水准尺读数 基本分划	水准尺读数 辅助分划	基+K-辅
1	1724	1424	后	15703	45861	-3
	1417	1118	前	12717	43869	+3
	30.7	30.6	后—前	2986	2992	-6
	+0.1	+0.1	H	+298.9mm		
2	1536	1556	后	13542	43699	-2
	1173	1192	前	13746	43898	+3
	36.3	36.4	后—前	-204	-199	-5
	-0.1	0	H	-20.2mm		
3	1402	1449	后	12399	42558	-4
	1079	1119	前	12843	43002	-4
	32.3	33.0	后—前	-444	-444	0
	-0.7	-0.7	H	-44.4mm		
4	1456	1401	后	12213	42364	+4
	1096	1041	前	12760	42916	-1
	36.0	36.0	后—前	-547	-552	-5
	0	-0.7	H	-55.0mm		
5	1564	1642	后	13382	43539	-2
	1112	1186	前	14144	44298	+1
	45.2	45.6	后—前	-762	-759	-3
	-0.4	-1.1	H	-76.0mm		
6	1445	1421	后	12682	42834	+3
	1091	1072	前	12467	42623	-1
	35.4	34.9	后—前	+215	+211	+4
	+0.5	-0.6	H	+21.3mm		
7	1516	1435	后	12850	43003	+2
	1055	0975	前	12048	42202	+1
	46.1	46.0	后—前	+802	+801	+1
	+0.1	-0.5	H	+80.2mm		

续上表

测站编号	后尺 上丝 下丝 后视距 视距差	前尺 上丝 下丝 前视距 累计差	方向及尺号	水准尺读数 基本分划	水准尺读数 辅助分划	基+K-辅
8	1447	1483	后	12076	42231	0
	0968	1000	前	12419	42576	-2
	47.9	48.3	后—前	-343	-345	+2
	-0.4	-0.9	H	-34.4mm		
9	1473	1491	后	12454	42606	+3
	1018	1039	前	12652	42804	+3
	45.5	45.2	后—前	-198	-198	0
	+0.3	-0.6	H	-19.8mm		
10	1263	1515	后	10312	40464	+3
	0798	1051	前	12831	42989	-3
	46.5	46.6	后—前	-2519	-2525	+6
	+0.1	-0.5	H	-252.2mm		
11	1597	1385	后	14058	44216	-3
	1214	0997	前	11914	42067	+2
	38.3	38.8	后—前	+2144	+2149	-5
	-0.5	-1.0mm	H	+214.7mm		
12	1550	1575	后	13448	43603	0
	1141	1169	前	13723	43878	0
	40.9	40.6	后—前	-275	-275	0
	+0.3	-0.7	H	-27.5mm		
13	1524	1597	后	12808	42963	0
	1037	1111	前	13542	43699	-2
	48.7	48.6	后—前	-734	-736	+2
	+0.1	-0.6	H	-73.5mm		
14	1649	1593	后	14311	44469	-3
	1212	1153	前	13733	43890	-2
	43.7	44.0	后—前	+578	+579	-1
	-0.3	-0.9	H	+57.9mm		
15	1514	1491	后	13024	43177	+2
	1093	1070	前	12798	42953	0
	42.1	42.1	后—前	+226	+224	+2
	0	-0.9	H	+22.5mm		
16	1435	1390	后	12884	43040	-1
	1143	1097	前	12440	42597	-2
	29.2	29.3	后—前	+444	+443	+1
	-0.1	-1.0	H	+44.4mm		

续上表

测站编号	后尺 上丝 下丝 后视距 视距差	前尺 上丝 下丝 前视距 累计差	方向及尺号	水准尺读数 基本分划	水准尺读数 辅助分划	基+K-辅
17	1477	1502	后	12465	42622	-2
	1016	1036	前	12688	42846	-3
	46.1	46.6	后—前	-223	-224	+1
	-0.5	-1.5	H	-22.4mm		
18	1425	1495	后	11929	42083	+1
	0960	1028	前	12621	42775	+1
	46.5	46.7	后—前	-692	-692	0
	-0.2	-1.7	H	-69.2mm		
19	1481	1482	后	12478	42634	-1
	1015	1016	前	12485	42643	-3
	46.6	46.6	后—前	-7	-9	+2
	0	-1.7	H	-0.8mm		
20	1448	1537	后	12258	42414	-1
	1004	1099	前	13184	43341	-2
	44.4	43.8	后—前	-926	-927	+1
	+0.6	-1.1	H	-92.7mm		
21	1510	1570	后	12824	42978	+1
	1055	1120	前	13454	43610	-1
	45.5	45.0	后—前	-630	-632	+2
	+0.5	-0.6	H	-63.1mm		
22	1436	1319	后	12409	42562	+2
	1046	0930	前	11244	41400	-1
	39.0	38.9	后—前	+1165	+1162	+3
	+0.1	-0.5	H	+116.4mm		
23	1636	1029	后	15391	45546	0
	1442	0837	前	09328	39485	-2
	19.4	19.2	后—前	+6063	+6061	+2
	+0.2	-0.3	H	+606.2mm		
24	1593	0973	后	15131	45288	-2
	1433	0811	前	08925	39080	0
	16.0	16.2	后—前	6206	6208	-2
	-0.2	-0.5	H	+620.7mm		

二等水准测量外业记录表(返测)

表2-16

日期：2010年05月20日　　天气：晴　　仪器型号：DSZ2　　组名：二组

测站编号	后尺 上丝 / 下丝 / 后视距 / 视距差	前尺 上丝 / 下丝 / 前视距 / 累计差	方向及尺号	水准尺读数 基本分划	水准尺读数 辅助分划	基+K-辅
1	0973	1593	后	08920	39078	-3
	0811	1433	前	15131	45287	-1
	16.2	16.0	后—前	-6211	-6209	-2
	+0.2	+0.2	H	-621.0mm		
2	0952	1557	后	08553	38709	-1
	0759	1363	前	14606	44763	-2
	19.3	19.4	后—前	-6053	-6054	+1
	-0.1	+0.1	H	-605.4mm		
3	1473	1533	后	12273	42428	0
	0983	1053	前	12918	43076	-3
	49.0	48.0	后—前	-645	-648	+3
	+1.0	+1.1	H	-64.7mm		
4	1510	1462	后	12889	43046	-2
	1067	1016	前	12393	42545	+3
	44.3	44.6	后—前	+496	+501	-5
	-0.3	+0.8	H	+49.9mm		
5	1580	1547	后	13739	43896	-2
	1168	1133	前	13402	43556	+1
	41.2	41.4	后—前	+337	+340	-3
	-0.2	+0.6	H	+33.9mm		
6	1585	1549	后	13490	43648	-3
	1112	1075	前	13134	43287	+2
	47.3	47.4	后—前	+356	+361	-5
	-0.1	+0.5	H	+35.9mm		
7	1556	1532	后	13336	43493	-2
	1108	1084	前	13040	43198	-3
	44.8	43.9	后—前	+296	+295	+1
	+0.9	+1.4	H	+29.6mm		
8	1484	1440	后	12762	42919	-2
	1069	1020	前	12301	42455	+1
	41.5	42.0	后—前	+461	+464	-3
	-0.5	+0.9	H	+46.3mm		

续上表

测站编号	后尺 上丝 下丝 后视距 视距差	前尺 上丝 下丝 前视距 累计差	方向及尺号	水准尺读数 基本分划	水准尺读数 辅助分划	基+K-辅
9	1454	1513	后	12644	42796	+3
	0963	1014	前	12086	42242	-1
	49.1	49.9	后—前	+558	+554	+4
	-0.8	+0.1	H	+55.6mm		
10	1546	1541	后	13213	43365	+3
	1096	1090	前	13160	43313	+2
	45.0	45.1	后—前	+53	+52	+1
	-0.1	0	H	+5.3mm		
11	1512	1584	后	13594	43749	0
	1055	1134	前	12839	42993	+1
	45.7	45.0	后—前	-755	-756	-1
	+0.7	+0.7	H	-75.6mm		
12	1596	1517	后	14225	44377	+3
	1248	1171	前	13440	43592	+3
	34.8	34.6	后—前	+785	+785	0
	+0.2	+0.9	H	+78.5mm		
13	1523	1501	后	13739	43896	-2
	1224	1203	前	13520	43674	+1
	29.9	29.8	后—前	+219	+222	-3
	+0.1	+1.0	H	+22.1mm		
14	1432	1626	后	11924	42079	0
	0954	1148	前	13879	44032	+2
	47.8	47.8	后—前	-1955	-1953	-2
	0	+1.0	H	-195.4mm		
15	1505	1253	后	13030	43188	-3
	1103	0843	前	10478	40632	+1
	40.2	41.0	后—前	+2552	+2556	-4
	-0.8	+0.2	H	+255.4mm		
16	1492	1506	后	12750	42907	-2
	1030	1044	前	12610	42756	-1
	46.2	46.2	后—前	+140	+141	-1
	0	+0.2	H	+14.1mm		
17	1451	1439	后	12310	42469	-4
	1011	0999	前	12192	42348	-1
	44.0	44.0	后—前	+118	+121	-3
	0	+0.2	H	+12.0mm		

续上表

测站编号	后尺 上丝 / 下丝 / 后视距 / 视距差	前尺 上丝 / 下丝 / 前视距 / 累计差	方向及尺号	水准尺读数 基本分划	水准尺读数 辅助分划	基+K-辅
18	1451	1521	后	12211	42364	+2
	0993	1063	前	12925	43078	+2
	45.8	45.8	后—前	-714	-714	0
	0	+0.2	H	-71.4mm		
19	1463	1433	后	12374	42530	-1
	1012	0984	前	12087	42245	-3
	45.1	44.9	后—前	+287	+285	+2
	+0.2	+0.4	H	+28.6mm		
20	1536	1557	后	13465	43622	-2
	1158	1178	前	13672	43831	-4
	37.8	37.9	后—前	-207	-209	+2
	-0.1	+0.3	H	-20.8mm		
21	1474	1444	后	12428	42583	0
	1011	0978	前	12111	42263	+3
	46.3	46.6	后—前	+317	+320	-3
	-0.3	0	H	+31.9mm		
22	1421	1361	后	12916	43071	0
	1162	1096	前	12287	42445	-3
	25.9	26.5	后—前	+629	+626	+3
	-0.6	-0.6	H	+62.8mm		
23	1372	1397	后	12293	42449	-1
	1087	1114	前	12547	42706	-4
	28.5	28.3	后—前	-254	-257	+3
	+0.2	-0.4	H	-25.6mm		
24	1381	1694	后	12518	42672	+1
	1123	1427	前	15604	45760	-1
	25.8	26.7	后—前	-3086	-3088	+2
	-0.9	-1.3	H	-308.7mm		

2. 数据处理

往返测高差不符值限差为：$\pm 4\sqrt{L_S} = 5.6$mm

往测高差为：+1232mm；返测高差为：-1226.7mm

实际测得高差不符值为：+5.3mm（符合限差规定）

往测前后视距累计差为：-0.5m

单程水准路线长度为：$S = 1897.3$m

返测前后视距累计差为：-1.3m
所测结果均符合各项限差规定。
该水准路线共24站,分4个测段,即
第一测段为1-6站(S_1=432.4m)
第二测段为7-11站(S_2=449.2m)
第三测段为12-16站(S_3=409.2m)
第四测段为17-24站(S_4=606.5m)
第一测段高差：h_1=124.6mm
第二测段高差：h_2=-11.5mm
第三测段高差：h_3=23.8mm
第四测段高差：h_4=1095.1mm
往返测高差不符值：$\sum H$=+5.3mm

各段高差改正：$f_1 = -\dfrac{\sum H}{S} \times S_1 = -1.2$mm

$$f_2 = -\dfrac{\sum H}{S} \times S_2 = -1.3\text{mm}$$

$$f_3 = -\dfrac{\sum H}{S} \times S_3 = -1.1\text{mm}$$

$$f_4 = -\dfrac{\sum H}{S} \times S_4 = -1.7\text{mm}$$

改正后各段高差：$H_1 = h_1 + f_1 = 123.4$mm

$$H_2 = h_2 + f_2 = -12.8\text{mm}$$

$$H_3 = h_3 + f_3 = 22.7\text{mm}$$

$$H_4 = h_4 + f_4 = 1093.4\text{mm}$$

项目3　地面点定位

道路经过技术设计,它的平面线形、纵坡、纵、横断面等已有设计数据,根据设计图纸即可进行道路施工。公路工程施工之前,首先要对勘测设计单位交付的所有桩位、平面控制点和高程控制点及其测量资料进行检查和核对。然后进行控制测量对平面控制点和高程控制点进行复测,以确保控制点的平面位置和高程无误且点位精度满足施工要求及国家规范。平面控制点的复测现多采用导线测量(或 GPS 静态测量);高程复测一般采用水准测量的方法进行复测。

工作任务1　地面点定位体系

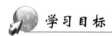

理解基准面和基准线的含义;
掌握表示点位的坐标系统。

一、测量基准面和基准线

测量工作是在地球表面进行的,地球的形状和大小与测量工作有直接关系。如图 3-1a)所示,地球表面有高山、丘陵、平原、盆地和海洋等自然起伏形态,为极不规则的曲面。例如珠穆朗玛峰高于海平面 8846.27m,太平洋西部的马里亚纳海沟深至 11022m,尽管它们高低相差悬殊,但与地球的平均半径 6 731km 相比是微小的。

地球表面约 71% 的面积为海洋,陆地面积约占 29%,可以设想用一个自由静止的海水面,向陆地延伸形成一个封闭的曲面,这个曲面称为水准面。水准面是一个重力等位面,即水准面是一个处处与重力方向线垂直的连续曲面。符合这个特征的水准面有无数个,其中通过平均海水面的水准面称为大地水准面,它可以近似地代表地球的形体。大地水准面包含的形体称为大地体,如图 3-1b)所示。大地水准面是测量工作的基准面,也是地面点高程计算的起算面(又称为高程基准面)。在测区面积较小(测区半径小于 10km)时,可用水平面作为测量工作的基准面。

测量工作中重力方向取得的方法是,利用细绳悬挂一个垂球,当垂球静止时细绳的方向即为悬挂点的重力方向,我们称之为铅垂线方向。

由于地球内部质量分布不均匀,重力受到影响,致使铅垂线方向产生不规则变化,大地水准面成为一个不规则的、复杂的曲面,如图 3-1b)所示。如果将地面上的图形投影到这样一个不规则的曲面上,计算将非常困难。为了解决这个问题,可以选择一个非常接近大地体又能用数学公式表达的规则几何形体来代表地球的形状。这个几何形体称为旋转椭球体,其表面称为

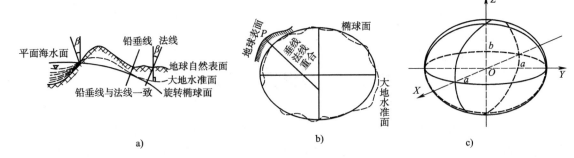

图 3-1 地球自然表面、大地水准面、参考椭球面

旋转椭球面。测量上称之为参考椭球体如图 3-1c)所示,相应的规则曲面称为参考椭球面。其数学表达式为:

$$\frac{x^2}{a^2}+\frac{y^2}{a^2}+\frac{z^2}{b^2}=1 \tag{3-1}$$

式中:a、b——椭球体几何参数;
　　　a——长半轴;
　　　b——短半轴。

参考椭球体扁率 α 应满足:

$$\alpha=\frac{a-b}{a} \tag{3-2}$$

我国现采用的参考椭球体的几何参数为:a = 6378.136km, α = 1/298.257,推算得 b = 6356.752km。由于 α 很小,当测区面积不大时,可将地球当作圆球体,平均半径为 $R=(2a+b)/3$,取近似值为 6371km。

因此,测量外业工作的基准面和基准线是大地水准面和铅垂线,测量内业计算的基准面和基准线是参考椭球面和椭球面的法线。

二、表示地面点位的坐标系统

测量工作的根本任务是确定地面点的空间位置,即求出地面点在某坐标系统内的三维坐标或二维坐标。测量上常采用的坐标系统有大地坐标系、高斯—克吕格平面直角坐标系、独立平面直角坐标系等。

1. 大地坐标系

椭球面上一点的位置,通常用大地经度 L 和大地纬度 B 来表示,某点的大地经纬度称为该点的大地坐标。如图 3-2 所示,NS 为椭球旋转轴,S 称南极,N 称北极。包括旋转轴 NS 的平面称为子午面,子午面与椭球面的交线称为子午线,也称为经线。垂直于旋转轴 NS 的平面与椭球面的交线称为纬线。圆心为椭球中心 O 的平行圈称为赤道。

建立大地坐标系(图 3-2),规定以椭球的赤道为基圈,以起始子午线(经过英国格林尼治天文台的子午线)为主圈。对于图中椭球面上任一点而言,其大地坐标为:

大地经度 L——过 P 点的子午面与起始子午面间的夹角。由格林尼治子午线起算,向东为正,向西为负。

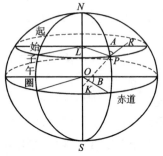

图 3-2 大地坐标系

大地纬度 B——在 P 点的子午面上，P 点的法线 PK 与赤道面的夹角。由赤道起算，向北为正，向南为负。

在大地坐标系中，两点间的方位是用大地方位角来表示。例如 P 点至 R 点的大地方位角 A，就是 P 点的子午面与过 P 点法线及 R 点所作平面间的夹角，由子午面顺时针方向量起。

大地坐标是大地测量的基本坐标系，它是大地测量计算，地球形状大小研究和地图编制等的基础。

2. 高斯—克吕格平面直角坐标系

地理坐标系建立在球面基础上，不能直接用于测图、工程建设规划、设计、施工。所以需要将球面坐标按一定的数学法则归算到平面上去，即按照地图投影理论（高斯投影）将球面坐标转化为平面直角坐标。

高斯投影——设想用一个椭圆柱面套在椭球体外面，如图3-3a)所示，使椭圆柱面轴线通过地球椭球体中心，并且使椭圆柱面与地球椭球体表面上的某一中央子午线相切，而后将中央子午线附近一定经差范围内的椭球图形投影到椭圆柱面上（如 M 投影点为 m），再沿过极点的母线将椭圆柱面剪开，展成平面图，如图3-3b)所示。高斯投影后，中央子午线长度不变却与赤道投影直线正交。离开中央子午线的线段均有变形，离中央子午线越远投影变形越大。

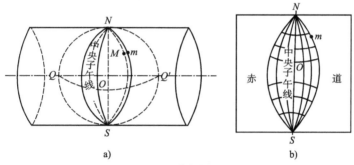

图3-3 高斯投影

为了控制由曲面等角投影（正形投影）到平面时引起的变形在测量容许值范围内，将地球按一定的经度差分成若干带，各带分别独立进行投影。从首子午线自西向东每隔6°划为一带，称为6°带。每带均统一编排带号，用 N 表示。自西向东依次编为 $1 \sim 60$，如图3-4所示。位于各带边界上的子午线称为分带子午线，位于各带中央的子午线称为中央子午线或轴子午线。各带中央子午线的经度 L_0 按下式计算：

$$L_0 = 6°N - 3° \tag{3-3}$$

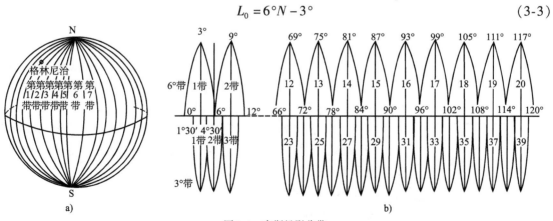

图3-4 高斯投影分带

亦可从经度 1.5°自西向东按 3°经差分带，称为 3°带，其带号用 n 表示，依次编号 1～120，各带的中央子午线经度 l_0 按下式计算：

$$l_0 = 3n \tag{3-4}$$

例如：北京某点的经度为 116°28′，它属于 6°带的带号为 20，中央子午线经度 $L_0 = 6° \times 20 - 3° = 117°$。3°带的带号为 39，相应的中央子午线经度 $l_0 = 3° \times 39 = 117°$。分带应视测量的精度选择，工程建设一般选择 6°或 3°带。

分带投影后，以各带中央子午线为纵轴（x 轴），北方向为正；赤道为横轴（y 轴），东方向为正；其交点为原点 O，即建立起各投影带的高斯—克吕格平面直角坐标系，如图 3-5a）所示。

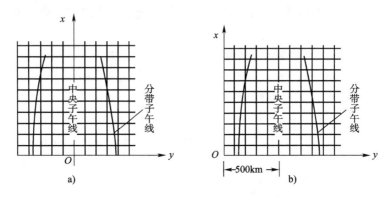

图 3-5 高斯—克吕格平面直角坐标系

我国领土位于北半球，在高斯—克吕格平面直角坐标系中，x 值均为正值。而地面点位于中央子午线以东 y 为正值，以西 y 为负值。这种以中央子午线为纵轴的坐标值称为自然值。为了避免 y 值出现负值，规定每带纵轴向西平移 500km，来计算横坐标。如图 3-5b）所示。而每带赤道长约 667.2km，这样在新的坐标系下，横坐标纯为正值。为了区分地面点所在的带，在横坐标值 y 前冠以投影带号。这种由带号、500km 和自然值组成的横坐标 y 称为横坐标通用值。例如，地面上两点 A、B 位于 6°带的 18 带，横坐标自然值分别为：$y_A = 34257.38$m，$y_A = -104172.34$m，则相应的横坐标通用值为：$Y_A = 18534257.38$m，$Y_A = 18395827.66$m。我国境内 6°带的带号在 13～23 之间，而 3°带的带号在 24～45 之间，相互之间带号不重叠，根据某点的通用值即可判断该点处于 6°带还是 3°带。

3. 独立平面直角坐标系

当测区范围较小（半径≤10km）时，可将地球表面视作平面，直接将地面点沿铅垂线方向投影到水平面上，用平面直角坐标系表示该点的投影位置。将坐标原点选在测区的西南角，以

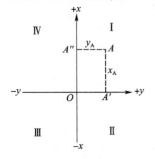

图 3-6 独立平面直角坐标系

测区中心的子午线方向为纵轴（x 轴），北方向为正；横轴（y 轴）与 x 轴垂直，东方向为正。这样就建立了独立平面直角坐标系，如图 3-6 所示。实际测量中，为了避免出现负值，一般将坐标原点选在测区的西南角，故又称假定平面直角坐标系。

两种平面直角坐标系，与数学坐标系相比较，区别在于纵、横轴互换，且象限按顺时针方向 Ⅰ、Ⅱ、Ⅲ、Ⅳ 排列，目的是便于将数学中的三角和几何公式不作任何改变直接应用于测量学中。

4. WGS—84 坐标系

WGS—84 坐标系的几何定义是：原点 O 在地球质心，z 轴指向国

际时间局 BIH(Bureau International del'Heure)1984.0 定义的协议地球极 CTP(Conventional Terrestrial Pole)方向,x 轴指向 BIH 1984.0 的零子午面和 CTP 赤道面的交点,y 轴与 z 轴、x 轴构成右手坐标系,如图 3-7 所示。

由于地球自转轴相对地球体而言,地极点在地球表面的位置随着时间而发生变化,这种现象称为极移运动,简称极移。国际时间局(BIH)定期向外公布地极的瞬间位置。WGS—84 坐标系是由美国国防部以 BIH1984 年首次公布的瞬时地极(BIH 1984.0)作为基准建立并于 1984 年公布的空间三维直角坐标系,为世界通用的世界大地坐标系统(World Geodetic System,1984),简称 WGS—84 坐标系。GPS 卫星测量获得的是地心空间直角坐标,属于 WGS—84 坐标系。我国国家大地坐标系、城市坐标系、独立平面直角坐标系与 WGS—84 坐标系之间存在相互转换关系。

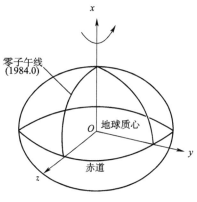

图 3-7 WGS—84 坐标系统

5. 地面点高程系统

地面某点到大地水准面的铅垂距离,称为该点的绝对高程或海拔,简称高程。地面点的高程是表示地面点空间位置的重要参数之一,它与地面点的平面坐标共同确定地面点的空间位置。如图 3-8 中 A、B 两点高程分别为 H_A、H_B。

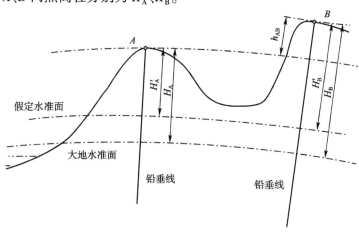

图 3-8 地面点的高程系统

国家高程系统的建立,通常是在海边设立验潮站,经过长期观测推算出平均海水面的高度,并以此为基准在陆地上设置稳定的国家水准原点。我国曾采用青岛验潮站 1950～1956 年的观测资料推算出黄海的平均海水面作为国家高程基准面,称之为"1956 黄海高程系"。并在青岛观象山的一个山洞里建立了国家水准原点,其高程为 72.289m。在 1987 年启用了"1985 国家高程基准",采用 1952～1979 年青岛大港验潮站的观测资料计算的平均海水面,推算出国家水准原点的高程为 72.260m。

有时在局部地区进行高程测量时,可以假定一个水准面作为高程的起算面。地面点沿铅垂线方向到假定水准面的距离称之为假定高程或相对高程。在图 3-8 中,A、B 两点的相对高程分别为 H'_A、H'_B。

地面两点之间的高程之差称为两点间的高差。

$$h_{AB} = H_B - H_A = H'_B - H'_A \tag{3-5}$$

工作任务 2　角度测量原理

学习目标

理解水平角测量原理；
理解竖直角测量原理。

相关知识

角度测量是工程测量的基本工作之一。角度测量包括水平角测量和竖直角测量。

一、水平角测量原理

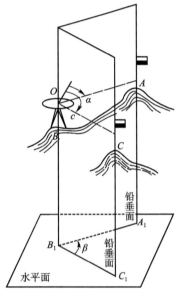

图3-9　水平角测量原理

水平角：是指地面上一点到两个目标点的连线在水平面上投影的夹角，或者说水平角是过两条方向线的铅垂面所夹的两面角。

如图 3-9 所示，β 角就是从地面点 B 到目标点 A、C 所形成水平角，B 点也称为测站点。水平角的取值范围是从 $0°\sim 360°$ 的闭区间。

那么我们如何测得水平角 β 的大小呢？我们可以想象，在 B 点的上方水平安置一个有分划（或者说有刻度）的圆盘，圆盘的中心刚好在过 B 点的铅垂线上。然后在圆盘的上方安装一个望远镜，望远镜能够在水平面内和铅垂面内旋转，这样就可以瞄准不同方向和不同高度的目标。另外为了测出水平角的大小，还要有一个用于读数的指标，当望远镜转动的时候指标也一起转动。当望远镜瞄准 A 点的时候，指标就指向水平圆盘上的分划 a，当望远镜瞄准 C 点的时候，指标就指向水平圆盘上的分划 c，假如圆盘的分划是顺时针的，则水平角 $\beta = c - a$。

二、竖直角测量原理

竖直角：在同一竖直平面内，目标方向线与水平方向线之间的夹角成为竖直角。如图 3-10 所示，当目标方向线高于水平方向线时，称仰角，取正号；反之为俯角，取负号。竖直角取值范围 $0°\sim \pm 90°$。

那么如何测竖直角呢？我们可以想象在过测站与目标的方向线的竖直面内竖直安置一个有分划的圆盘，同样为了瞄准目标也需要一个望远镜，望远镜与竖直的圆盘固连在一起，当望远镜在竖直面内转动时，也会带动圆盘一起转动。为了能够读数还需要一个指标，指标并不随望远镜转动。当望远镜视线水平的时候，指标会指向竖直圆盘上某一个固定的分划，如 90°（图3-10）。当望远镜瞄准目标时，竖直圆盘随望远镜一起转动，指标指向圆盘上的另一个分划。则这两个分划之间的差值就是我们要测量的竖直角。

根据水平角和竖直角测量原理，要制造一台既能够观测水平角又能观测竖直角的仪器，它必须要满足以下几个必要条件：

（1）仪器的中心必须位于过测站点的铅垂线上。
（2）照准部设备（望远镜）要能上下、左右转动，上下转动时所形成的是竖直面。
（3）要具有能安置成水平位置和竖直位置并有刻划的圆盘。
（4）要有能指示度盘上读数的指标。
采用能同时满足这几个必要条件的用于角度测量的仪器。

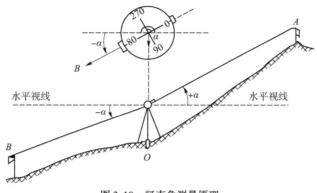

图 3-10　竖直角测量原理

工作任务 3　光学经纬仪的认识及其技术操作

学习目标

了解光学经纬仪的构造；
掌握经纬仪的使用方法与操作步骤。

相关知识

一、光学经纬仪的构造及各部件的作用

光学经纬仪的种类很多，基本构造大致相似。普通经纬仪按读数设备分为游标经纬仪和光学经纬仪；按轴系结构分为复测经纬仪和方向经纬仪。不论哪一类经纬仪，一般都包括基座，水平度盘和照准部三个部分。图 3-11 为国产 J_6 型光学经纬仪的结构图，还配置有控制仪器及望远镜旋转的制动和微动设备，以及测角时读取方向值的读数设备等。制动和微动的关系是：先制动后微动。

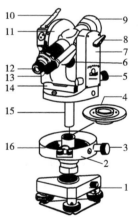

图 3-11　J_6 型光学经纬仪
1-基座部分；2-水平度盘部分；3-水平微动螺旋；4-玻璃度盘；5-望远镜微动螺旋；6-竖盘指标水准管微动螺旋；7-照准部分；8-望远镜制动螺旋；9-物镜；10-竖盘水准管反光镜；11-竖直度盘；12-目镜；13-读数显微镜；14-照准部水准管；15-竖轴；16-复测扳手

1．基座
基座的构造和作用与水准仪的基座相似。

2．水平度盘
水平度盘简称度盘又称下盘，它装在仪器的旋转轴（竖轴）上，插在基座的轴套内。测角时，水平度盘一般是不动的。光学经纬仪的度盘是玻璃制成的圆环。圆环上刻有间隔相等的分划线，两相邻分划线间弧长所对圆心角值，称为度盘分划值，通常有 20′、30′、60′等几种。光学经纬仪每 1°注记一数字。

3.照准部

经纬仪的照准部也是仪器上部能绕竖轴转动的部分。其中有支架、竖直度盘、望远镜和管水准器等。竖直度盘、望远镜和横轴(又称望远镜旋转轴,水平轴)固连在一起,横轴装在支架上。

经纬仪望远镜的构造与水准仪相同,它不仅可以随照准部在水平方向旋转,而且可以绕横轴在竖直面内旋转。

4.制动及微动设备

一般经纬仪有两套制动及微动设备,一套是控制望远镜绕横轴旋转的叫望远镜制动和微动螺旋,一套是控制照准部绕竖轴旋转的水平制动及微动螺旋。微动螺旋只有在制动螺旋制动情况下才起作用且移动范围有限。

5.读数设备

读数设备主要包括度盘和指标,为了读取度盘上不足一格的小角值,读数设备中都设置了测微装置。另外,为了缩小仪器体积而又能提高读数精度,通常均采用放大或显微装置进行读数。

根据测微装置的不同,经纬仪的读数设备和读数方法也不同。

(1)分划尺读数装置和读数方法

图 3-12 为 DJ₆ 型经纬仪分微尺读数系统的光路图。外来光线经棱镜 1 的折射(折射 90°),再通过水平度盘,由棱镜 2、3 的几次折射,到达刻有分微尺的指标镜 4,通过棱镜 5,在读数显微镜内能看到水平度盘分划和分微尺。见图 3-13a)。

外来光线经过棱镜 6 的折射,穿过竖直度盘,再经透镜组 7 及棱镜 8 到达分微尺指标镜。最后经过棱镜 5 折射,同样在读数显微镜内可以看到竖盘分划和另一个分微尺。见图 3-13b)。

(2)单平板玻璃测微器及其读数方法

单平板玻璃测微器是利用平板玻璃的转动,能使通过它的光线产生平行位移的特点而制成的。由读数显微目镜处所看到的度盘影像如图 3-14 所示,三个窗口中,上小窗为测微分划窗;下窗为水平度盘读数窗,见图 3-14a);中窗为竖直度盘读数窗,见图 3-14b)。度盘分划间隔为 30′,每度注字。测微分划共有 30 个大格,每大格代表 1′,每大格又分为三个小格,每小格代表 20″。转动测微手轮,测微分划从 0′ 移到 30′,度盘分划影像恰好移动一格,即 30′。

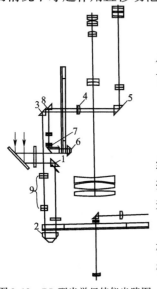

图 3-12 DJ₆ 型光学经纬仪光路图
1、2、3-棱镜;4-介微尺指标镜;5-棱镜;6-棱镜;7、9-透镜组;8-棱镜

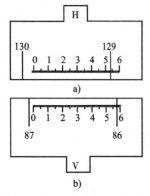

图 3-13 DJ₆ 型光学经纬仪读数窗

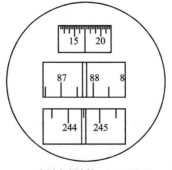

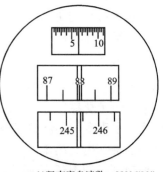

a)水平度盘读数:244°47′00″   b)竖直度盘读数:88°06′20″

图 3-14 单平板玻璃测微器读数窗

读数时,先转动测微手轮,使离指标线最近的一条度盘分划线移至双指标线的中央(注

意:转动测微手轮时,测微分划窗中的分划也随之移动),然后先读大窗度盘读数(即双指标线所夹度盘分划的度盘读数),再读测微窗中单指标所指分、秒数,最后对不足一小格按四分之一估读,三者相加即为度盘读数。

二、经纬仪的技术操作

经纬仪的使用包括安置、瞄准、读数三步基本操作。

1. 经纬仪的安置

1) 内容及要求

(1) 对中:小于 ±3mm。

(2) 整平:小于 1 格。

2) 垂球对中、整平法步骤

(1) 移动或伸缩三脚架(粗略对中)。

(2) 脚架头上移动仪器(精确对中)。

(3) 旋转脚螺旋使水准管气泡居中(整平)。

(4) 反复(2)、(3)两步。

3) 光学对中、整平法步骤如图 3-15 所示

(1) 大致水平大致对中。眼睛看着对中器,拖动三脚架 2 个脚,使仪器大致对中,并保持"架头"大致水平。

(2) 伸缩脚架粗平。根据气泡位置,伸缩三脚架 2 个脚,使圆水准气泡居中。

(3) 旋转三个脚螺旋精平。按"左手大拇指法则"旋转三个脚螺旋,使水准管气泡居中。

① 转动仪器,使水准管与1、2 脚螺旋连线平行;

② 根据气泡位置运用法则,对向旋转 1、2 脚螺旋;

③ 转动仪器 90°,运用法则,旋转 3 脚螺旋。

(4) 架头上移动仪器,精确对中。

(5) 脚螺旋精平。

(6) 反复(4)、(5)两步。

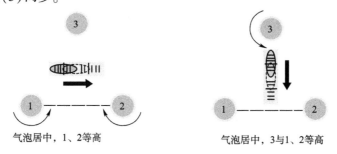

图 3-15　精确整平

2. 瞄准

(1) 步骤:粗瞄→制动→调焦→微动精瞄。

(2) 两个基本概念:盘左(正镜)、盘右(倒镜)。

3. 读数

调节反光镜及读数显微镜目镜,使度盘和测微尺影像清晰,亮度适中,根据仪器的读数设备进行读数。

工作任务 4　经纬仪测角

掌握水平角测量方法与步骤；
掌握竖直角测量方法与步骤。

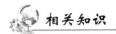

一、水平角测量

水平角观测的方法常用的有测回法和方向观测法。

1. 测回法

测回法适用于观测只有两个方向的单角。如图 3-16 所示，经纬仪安置在测站 O 上，对中整平后即可开始观测。

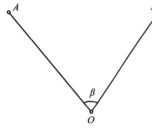

图 3-16　测回法测水平角

（1）盘左位置（上半测回）

所谓盘左，即观测者对着望远镜的目镜，竖直度盘处于望远镜左侧时的位置，或者叫做正镜位置，也称上半测回。

①松开照准部和望远镜制动螺旋（或扳手），转动照准部，由望远镜外通过准星观察，大致照准左目标 A，拧紧照准部和望远镜制动螺旋。然后从望远镜中观察，仔细对光。调节照准部和望远镜微动螺旋，精确瞄准目标 A，读取水平度盘读数，设为 $a_左$，记入观测手簿（表 3-1）。

②松开照准部和望远镜制动螺旋，顺时针方向转动照准部，由望远镜外观察，大致照准右目标 B，拧紧照准部和望远镜制动螺旋。然后从望远镜中观察，仔细对光。调节照准部和望远镜微动螺旋，精确瞄准目标 B，读水平度盘读数，设为 $b_左$，记入观测手簿。至此，上半测回观测完毕。

③盘左时测得水平角为：

$$\beta_左 = b_左 - a_左 \tag{3-6}$$

$\beta_左$ 叫做上半测回或前半测回角值。

（2）盘右位置（下半测回）

所谓盘右，即观测者对着望远镜的目镜，竖直度盘处于望远镜右侧时的位置，或者叫做倒镜位置，也称下半测回。

①精确瞄准目标 B，读数 $b_右$，并记入观测手簿。

②松开照准部和望远镜制动螺旋，仍按顺时针方向转动照准部，精确瞄准目标 A，读数 $a_右$，记入观测手簿。

③盘右时测得水平角为：

$$\beta_右 = b_右 - a_右 \tag{3-7}$$

$\beta_{右}$叫做下半测回或后半测回角值。

上、下两个"半测回"合起来叫做一个测回。

(3) 测回法角值计算

上、下两个"半测回"角值的较差应符合有关规定。例如，使用 J6 级光学经纬仪测角，一般规定应小于或等于 ±40″。满足要求后方可按下式计算一个测回的角值：

$$\beta = \frac{1}{2}(\beta_{左} + \beta_{右}) \tag{3-8}$$

即一个测回的角值就是上、下两个"半测回"角值的算术平均值。野外作业时，常把这些计算记录在表格中，见表 3-1。

测回法测水平角记录　　表 3-1

测站	盘位	目标	水平度盘读数	半测回角值	平均角值
O	左	A B	$a_{左}$ $b_{左}$	$\beta_{左} = b_{左} - a_{左}$	$\beta = \frac{1}{2}(\beta_{左} + \beta_{右})$
	右	A B	$a_{右}$ $b_{右}$	$\beta_{右} = b_{右} - a_{右}$	
O	左	A B	000°03′30″ 049°20′36″	49°17′06″	49°17′09″
	右	A B	180°03′42″ 229°20′54″	49°17′12″	

2. 方向观测法

方向观测法适用于一个测站有两个以上观测方向，需要测量多个角度的情况。如图 3-17 所示，测站 O 上有四个方向，即 OA、OB、OC、OD。

(1) 盘左位置（上半测回）

将水平度盘安置在 0°或稍大些的读数位置。先选择一个明显目标（距离适中，成像清晰）作为起始方向（又叫零方向）。例如以 A 为起始方向。然后按顺时针方向依次观测 B、C、D 各目标，并将各方向的水平度盘读数依次记入观测手簿（表 3-2）。为了检核，照准部还应继续沿顺时针方向转动，照准起始方向 A，再读一次 A 方向水平度盘读数并记入观测手簿（表 3-2）。该次观测叫做"归零"。

以上观测叫做上半测回或前半测回。

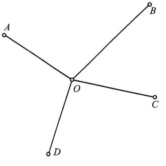

图 3-17　方向观测法测水平角

(2) 盘右位置（下半测回）

倒转望远镜变为盘右位置，首先瞄准起始方向 A 并读取水平度盘读数记入观测手簿。然后，按逆时针方向依次观测 D、C、B 各目标，最后再回到起始方向 A，将各方向的水平度盘读数依次记入观测手簿，这一观测过程叫做下半测回或后半测回。

上、下两个"半测回"合起来叫做一个测回。

野外作业时，常把这些计算记录在表格中，见表 3-2。

方向观测法测水平角记录　　　　　表 3-2

目标	水平度盘读数		两倍视准轴误差 $2c(″)$	半测回方向 (° ′ ″)	一测回平均方向 (° ′ ″)	各测回平均方向 (° ′ ″)
	盘左 (° ′ ″)	盘右 (° ′ ″)				
	000 00 12	000 00 18				
A	000 01 00	180 01 18	−18	000 00 00	000 00 00	
B	091 54 06	271 54 20	−14	091 52 54	091 52 58	
				53 02		
C	153 32 48	333 32 48	0	153 31 36	153 31 33	
				31 30		
D	214 06 12	034 06 06	+6	214 05 00	214 04 54	
				04 48		
A	000 01 24	180 01 18	+6″			

其计算步骤如下:

①归零:将零方向前、后半测回两次读数各取其平均值。如表 3-2 中,盘左时,起始方向 A 的两次读数分别为 0°01′00″和 0°01′24″,其平均值为 0°01′12″,将其记录在第一次读数的上面。盘右时,计算方法同盘左。

前后两次读数之差叫做"归零差"。该例盘左时为-24″;盘右为 0″。

②两倍视准轴误差计算: $2c = (盘左读数) - [(盘右读数) \pm 180°]$。

③半测回方向值的计算:为了便于计算和使用,应将前、后半测回零方向的数值均变为 0°00′00″。为此,对盘左,应将各目标的水平度盘读数均减去 0°01′12″;对盘右,应将各目标的水平度盘读数均减去 180°01′18″。

④一测回平均方向的计算:取同一目标方向的盘左、盘右方向值的平均值,分别写入各相应栏内。在表 3-2 中,B 目标方向的平均值为 $\frac{1}{2}(52′54″ + 53′02″) = 52′58″$,在该栏内写入 91°52′58″(度数值一般是不会变的),这些数值也称对应方向的"归零方向值"。

⑤各测回平均方向的计算:取同方向的各测回方向值的平均值,写入各相应栏内。

注意:当水平角需要观测几个测回(如 n 个测回)时,为了减少水平度盘分划误差的影响,在每一测回观测完毕之后,应根据测回数 n,将水平度盘改变 $180°/n$(借助复测扳手完成),再开始下一测回的观测。

方向观测法通常有三项限差规定:一是半测回归零差;二是上、下半测回同一方向的方向值之差;三是各测回同一方向的方向值之差,称为各测回方向差。以上三项限差,根据不同精度的仪器而有不同的规定。

二、竖直角测量

1. 竖直角计算公式的推导

竖直角的计算公式与竖直度盘的注记类型有关。旧式仪器注记类型繁杂,计算公式各异。近年来,我国生产的同类型仪器的注记类型已趋于一致,图 3-18 为全圆式逆时针方向注记。

目前常用的经纬仪或全站仪有如下特点(与图 3-18 不同):

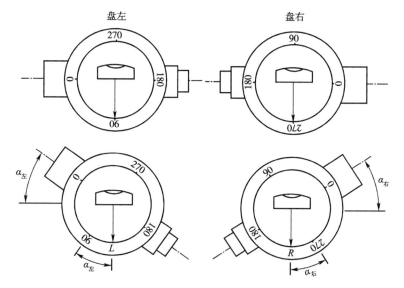

图 3-18 竖盘注记及竖直角的计算

(1) 盘左位置,视线水平,指标水准管气泡居中时,竖直度盘读数为90°,抬高望远镜观测某目标,指标水准管气泡居中时,竖盘读数设为L(变小),则该目标方向的竖直角为:

$$\alpha_左 = 90° - L \tag{3-9}$$

(2) 盘右位置,视线水平,指标水准管气泡居中时,竖盘读数为270°,抬高望远镜仍观测原目标,指标水准管气泡居中时,竖盘读数设为R(变大),则该目标方向的竖直角为:

$$\alpha_右 = R - 270° \tag{3-10}$$

取盘左、盘右两次观测的平均值作为最后结果,即:

$$\alpha = \frac{1}{2}(\alpha_左 + \alpha_右) = \frac{1}{2}(R - L - 180°) \tag{3-11}$$

2. 竖直度盘指标差及其计算公式的推导

上述竖直角计算公式推导的前提是:指标水准管气泡居中,视线水平时,竖盘读数为特殊值。实际上,由于安装或震动等原因,竖盘指标不一定处于正确位置上。当视线水平,指标水准管气泡居中时,指标不是指在特殊值上(90°或270°),而是偏离了一个X值。该值就叫做竖直度盘指标差,简称为指标差。考虑了指标差X后,竖直角计算公式为:

$$盘左位置:\alpha = 90° - L + X \tag{3-12}$$

$$盘右位置:\alpha = R - 270° - X \tag{3-13}$$

将式(3-12)及式(3-13)作为方程组可解得指标差,如下:

$$X = \frac{1}{2}(L + R - 360°) \tag{3-14}$$

求出指标差X后,可按式(3-12)或式(3-13)中之一求得竖直角(实际工作中,人们总可选择一个公式直接用口算)。虽然我们也可得到

$$\alpha = \frac{1}{2}(R - L - 180°) \tag{3-15}$$

但实际应用中还是按式(3-12)或式(3-13)快捷。

可见,尽管竖直度盘读数中包含有指标差,但是,取盘左、盘右角值的平均值之后,仍可得到正确的值。

3. 竖直角测量

竖直角一般按中丝法进行观测,其过程如下:

(1) 在测站上安置好仪器(对中、整平)。

(2) 盘左位置。用望远镜观察目标,固定照准部和望远镜制动螺旋。调节水平微动螺旋,使十字丝纵丝平分目标或与其重合。调节望远镜微动螺旋,使十字丝横丝切于目标某一指定位置。

(3) 调节指标水准管微倾螺旋,使指标水准管气泡居中。

(4) 读取竖直度盘读数。

(5) 盘右位置。同上法瞄准原目标,读取竖直度盘读数。

(6) 按竖直角计算公式,计算该目标方向的竖直角。

竖直角观测的记录计算,如表 3-3 所示。

竖直角观测记录 表 3-3

测 站	目 标	盘 位	竖盘读数 (° ′ ″)	竖直角 (° ′ ″)	平均角值 (° ′ ″)	指标差 (″)
O	P	左	103 05 50	-13 05 50	-13 05 45	+5
		右	256 54 20	-13 05 40		
	Q	左	81 12 35	+8 47 25	+8 47 20	-5
		右	278 47 15	+8 47 15		

4. 竖盘指标自动补偿装置

竖直角测量时,必须调节指标水准器,使其气泡居中后方可读数。这项工作既麻烦,又容易忘记。近年来,已开始在经纬仪竖盘指标上采用自动补偿装置。既简化了操作程序,又提高了测量精度。

工作任务 5 角度测量精度评定

学习目标

掌握角度测量精度的评定方法。

相关知识

在相同的观测条件下,对某一观测量所进行的观测即为等精度观测,等精度观测对应同一种确定的误差分布。若偶然误差较集中于零附近,则说明其误差分布的离散度较小,表明该组观测质量较好,也就是观测值的精度较高;相反,则表明其误差分布的离散度较大,表明该组观测质量较差,也就是观测值的精度较低。因此,所谓精度,实质就是指误差分布的离散度。精度的衡量我们可以采用列表或作直方图的方法来表示,但是比较麻烦。人们常用数字来反映误差的离散程度,这种数字就称为衡量精度的指标。衡量精度的指标有很多种,其中常用的有中误差、相对误差。

1. 中误差

假设在相同的观测条件下,我们对某一量进行了 n 次重复观测,每次观测的真误差用 Δ_i 表示,则中误差 m 为:

$$m = \pm \sqrt{\frac{[\Delta\Delta]}{n}} \qquad (3\text{-}16)$$

但是在实际工作中我们不可能对某个观测量进行无限次观测,而且有的观测量的真实值 X 我们往往也是不知道的,那么我们就不能在利用上式计算观测值的精度,根据偶然误差的特性,实际工作中我们根据观测量的有限个观测值,求出观测量的最或然值——算术平均值 x 代替观测量的真实值 X,并根据观测值和算术平均值求得各个观测值的改正值 v_i 代替真误差 Δ_i。由此得到按观测值的改正值计算的观测值中误差实用公式:

$$m = \pm \sqrt{\frac{[vv]}{n-1}} \tag{3-17}$$

2. 相对误差

当观测量的精度与观测量本身的大小相关时,单靠观测值中误差并不能完全反应其测量结果的好坏,这时我们应用另一种衡量观测值精度的指标即相对误差。相对误差是中误差 m 的绝对值与观测值 l 之比。一般相对误差用 K 来表示,相对误差是一个无量纲的数值,相对误差越小,说明观测值精度越高,相对误差越大,说明观测值精度越低。

$$K = \frac{m}{l} = \frac{1}{\frac{l}{m}} \tag{3-18}$$

在实际测量工作中评定角度测量的精度时,通常使用中误差来计算测角的精度大小。下面举例说明:

设对某一水平角,在相同的观测条件下进行了 5 次观测,试求其算术平均值及观测值的中误差。如表 3-4 所示。

观 察 记 录 表　　　　　　　　表3-4

观测次数	观测值	改正数	vv
1	45°45′30″	+4″	16
2	45°45′33″	+1″	1
3	45°45′35″	−1″	1
4	45°45′37″	−3″	9
5	45°45′38″	−4″	16
6	45°45′31″	+3″	9
Σ		0	52

根据表 3-4 中的观测数据得到观测量的算术平均值为:

$$x = \frac{[l]}{n} = 45°45′34″$$

由式(3-17)求得观测值中误差为: $m = \pm \sqrt{\frac{[vv]}{n-1}} = \pm \sqrt{\frac{52}{5}} = \pm 3.2″$

工作任务6　距离测量和直线定向

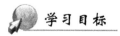
学习目标

掌握距离测量的方法;
理解直线定线的基础知识。

相关知识

距离测量是测量的三项基本工作之一。所谓距离是指地面上两点垂直投影到水平面上的水平距离,是确定地面点位置的三要素之一。如果测得的是倾斜距离,还须改算为水平距离。距离测量按照所使用仪器、工具的不同,又可分为直接测量和间接测量两种。用尺子测距和光电测距仪测距称为直接测量,而视距测量称为间接测量。

一、钢尺量距

丈量距离时,常使用钢尺、皮尺、绳尺等,辅助工具有标杆、测钎和垂球等。

1. 钢尺

钢尺是钢制的带尺,常用钢尺宽 10mm,厚 0.2mm;长度有 20m、30m 及 50m 几种,卷放在圆形盒内或金属架上。钢尺的基本分划为厘米(cm),在每米及每分米处有数字注记。一般钢尺在起点处一分米内刻有毫米分划;有的钢尺,整个尺长内都刻有毫米分划。

由于尺的零点位置的不同,有端点尺和刻线尺的区别。端点尺是以尺的最外端作为尺的零点,当从建筑物墙边开始丈量时使用很方便。刻线尺是以尺前端的一刻线作为尺的零点。如图 3-19 所示。

2. 辅助工具

量具的辅助工具有标杆、测钎、垂球等,如图 3-20 所示。标杆又称花杆,直径 3~4cm,长 2~3m,杆身涂以 20cm 间隔的红、白漆,下端装有锥形铁尖,主要用于标定直线方向;测钎亦称测针,用直径 5mm 左右的粗钢丝制成,长 30~40cm,上端弯成环行,下端磨尖,一般以 11 根为一组,穿在铁环中,用来标定尺的端点位置和计算整尺段数;垂球用于在不平坦地面丈量时将钢尺的端点垂直投影到地面。此外还有弹簧秤和温度计,以控制拉力和测定温度。

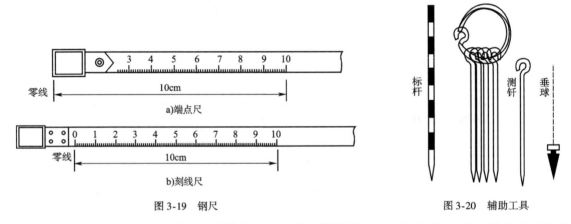

图 3-19 钢尺　　　　　图 3-20 辅助工具

当进行精密量距时,还需配备弹簧秤和温度计,弹簧秤用于对钢尺施加规定的拉力,温度计用于测定钢尺量距时的温度,以便对钢尺丈量的距离施加温度改正。

3. 直线定线

当地面两点之间的距离大于钢尺的一个尺段或地势起伏较大时,为方便量距工作,需分成若干尺段进行丈量,这就需要在直线的方向上插上一些标杆或测钎,在同一直线上定出若干点,这项工作被称为直线定线,其方法有以下几种。

1）两点间目测定线

目测定线适用于钢尺量矩的一般方法。如图3-21所示。设 A 和 B 为地面上相互通视、待测距离的两点。现要在直线 AB 上定出1、2等分段点。先在 A、B 两点上竖立花杆，甲站在 A 杆后约1m处，指挥乙左右移动花杆，直到甲在 A 点沿标杆的同一侧看见 A、1、B 三点处的花杆在同一直线上。用同样方法可定出2点。直线定线一般应由远到近，即先定1站立在直线方向的左侧或右侧。

2）逐渐趋近定线

逐渐趋近定线适用于 A、B 两点在高地两侧，互不通视的量距。如图3-22所示，欲在 A、B 两点间标定直线，可采用逐渐趋近法。先在 A、B 两点上竖立标杆，甲、乙两人各持标杆分别选择在 C_1 和 D_1 处站立，要求 B、D_1、C_1 位于同一直线上，且甲能看到 B 点，乙能看到 A 点。可先由甲站在 C_1 处指挥乙移动至 BC_1 直线上的 D_1 处。然后，由站在 D_1 处的乙指挥甲移动至 AD_1 直线上的 C_2 处，要求甲站在 C_2 处能看到 B 点，接着再由站在 C_2 处的甲指挥乙移至能看到 A 点的 D_2 处，这样逐渐趋近，直到 C、D、B 在一直线上，同时 A、C、D 也在一直线上，这时说明 A、C、D、B 均在同一直线上。

这种方法也可用于分别位于两座建筑物上的 A、B 两点间的定线。

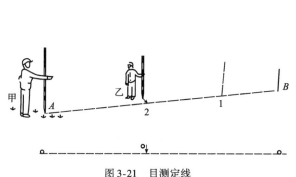

图3-21　目测定线

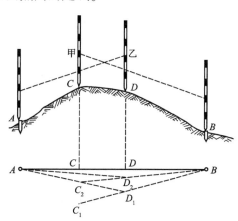

图3-22　逐渐趋近定线

3）经纬仪定线

当直线定线精度要求较高时，可用经纬仪定线。如图3-23所示，欲在 AB 直线上确定出1、2、3点的位置，可将经纬仪安置于 A 点，用望远镜照准 B 点，固定照准部制动螺旋，然后将望远镜向下俯视，将十字丝交点投测到木桩上，并钉小钉以确定出1点的位置。同法标定出2、3点的位置。

4.钢尺量距的一般方法

1）平坦地面的距离丈量

丈量工作一般由两人进行。如图3-24所示，沿地

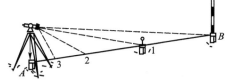

图3-23　经纬仪定线

面直接丈量水平距离时，可先在地面上定出直线方向，丈量时后尺手持钢尺零点一端，前尺手持钢尺末端和一组测钎沿 A、B 方向前进，行至一尺段处停下，后尺手指挥前尺手将钢尺拉在 A、B 直线上，后尺手将钢尺的零点对准 A 点，当两人同时把钢尺拉紧后，前尺手在钢尺末端的整尺段长分划处竖直插下一根测钎得到1点，即量完一个尺段。前、后尺手抬尺前进，当后尺

手到达插测钎处时停住,再重复上述操作,量完第二尺段。后尺手拔起地上的测钎,依次前进,直到量完 AB 直线上的最后一段为止。

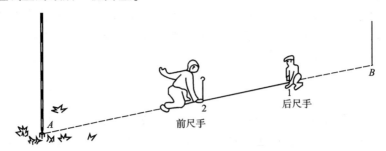

图 3-24　平坦地面的距离丈量

丈量时应注意沿着直线方向进行,钢尺必须拉紧伸直且无卷曲。直线丈量时尽量以整尺段丈量,最后丈量余长,以方便计算。丈量时应记清楚整尺段数,或用测钎数表示整尺段数。然后逐段丈量,则直线的水平距离 D 按下式计算：

$$D = nl + q \tag{3-19}$$

式中：l——钢尺的一整尺段长；

n——整尺段数；

q——不足一整尺的零尺段长。

为了防止丈量中发生错误并提高量距精度,需要进行往返丈量,若合乎要求,取往返平均数作为丈量的最后结果,丈量精度用相对误差 K 表示,即

$$K = \frac{|D_{往} - D_{返}|}{D_{平均}} = \frac{1}{D_{平均}/|D_{往} - D_{返}|} \tag{3-20}$$

2）倾斜地面的距离丈量

（1）平量法

如果地面高低起伏不平,可将钢尺拉平丈量。丈量由 A 向 B 进行,后尺手将尺的零端对准 A 点,前尺手将尺抬高,并且目估使尺子水平,用垂球尖将尺段的末端投于 AB 方向线的地面上,再插以测钎,依次进行丈量 AB 的水平距离。如图 3-25 所示。

（2）斜量法

当倾斜地面的坡度比较均匀时,可沿斜面直接丈量出 AB 的倾斜距离 D',测出地面倾斜角 α 或 AB 两点间的高差 h,按下式计算 AB 的水平距离 D。如图 3-26 所示。

$$D = D'\cos\alpha \tag{3-21}$$

$$或 D = \sqrt{D'^2 - h^2} \tag{3-22}$$

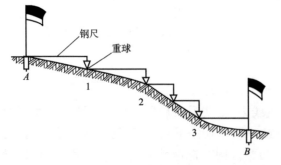

图 3-25　平量法

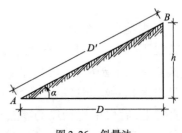

图 3-26　斜量法

5. 钢尺的精密量距方法

当用钢尺进行精密量距时,钢尺必须经过检定并得出在检定时的拉力与温度条件下应有的尺长方程式。丈量前应先用经纬仪定线。如地势平坦或坡度均匀,可将测得的直线两端点高差作为倾斜改正的依据;若沿线地面坡度有起伏变化,标定木桩时应注意在坡度变化处两根木桩间距离略短于钢尺全长,木桩顶高出地面 2~3cm,桩顶用"十"来标示点的位置,用水准仪测定各坡度变换点木桩桩顶间的高差,作为分段倾斜改正的依据。丈量时钢尺两端都对准尺段端点进行读数,如钢尺仅零点端有毫米分划,则须以尺末端某分米分划对准尺段一端以便零点端读出毫米数。每尺段丈量三次,以尺子的不同位置对准端点,其移动量一般在 1dm 以内。三次读数所得尺段长度之差视不同要求而定,一般不超过 2~5mm,若超限,须进行第四次丈量。丈量完成后还须进行成果整理,即改正数计算,最后得到精度较高的丈量成果。

1) 尺长改正 Δl_1

由于钢尺的名义长度和实际长度不一致,丈量时就产生误差。设钢尺在标准温度、标准拉力下的实际长度为 l,名义长度为 l_0,则一整尺的尺长改正数为:

$$\Delta l = l - l_0$$

每量一米的尺长改正数为:

$$\Delta l_\text{米} = \frac{l - l_0}{l_0}$$

则丈量 D' 距离的尺长改正数为:

$$\Delta l = \frac{l - l_0}{l_0} D' \tag{3-23}$$

钢尺的实长大于名义长度时,尺长改正数为正,反之为负。

2) 温度改正 Δl_t

丈量距离都是在一定的环境条件下进行的,温度的变化对距离将产生一定的影响。设钢尺检定时温度为 t_0,丈量时温度为 t,钢尺的线膨胀系数 α 一般为 $1.25 \times 10^{-5}/℃$,则丈量一段距离 D' 的温度改正数 Δl_t 为:

$$\Delta l_t = \alpha(t - t_0)D' \tag{3-24}$$

若丈量时温度大于检定时温度,改正数 Δl_t 为正;反之为负。

3) 倾斜改正 Δl_h

设量得的倾斜距离为 D',两点间测得高差为 h,将 D' 改算成水平距离 D 需加倾斜改正 Δl_h,一般用下式计算:

$$\Delta l_h = -\frac{h^2}{2D'} \tag{3-25}$$

倾斜改正数 Δl_h 永远为负值。

4) 全长计算

将测得的结果加上上述三项改正值,即得:

$$D = D' + \Delta l_1 + \Delta l_t + \Delta l_h \tag{3-26}$$

5) 相对误差计算

相对误差 $K = \frac{|D_\text{往} - D_\text{返}|}{D_\text{平均}}$ 在限差范围之内,取平均值为丈量的结果,如相对误差超限,应重测。钢尺量距记录计算手簿见表 3-5。

钢尺量距记录计算手簿

表 3-5

钢尺号：NO.099　钢尺线膨胀系数：0.0000125m/℃　检定温度：20℃　计算者：李阳
名义尺长：30m　钢尺检定长度：30.0015m　检定拉力：10kg　日期：2006年9月9日

尺段	丈量次数	前尺读数(m)	后尺读数(m)	尺段长度(m)	温度(℃)	高差(m)	温度改正(mm)	高差改正(mm)	尺长改正(mm)	改正后尺段长(m)
1	2	3	4	5	6	7	8	9	10	11
A-1	1	29.9910	0.0700	29.9210	25.5	-0.152	+2.0	-0.4	+1.5	29.9249
	2	29.9920	0.0695	29.9225						
	3	29.9910	0.0690	29.9220						
	平均			29.9218						
1-2	1	29.8710	0.0510	29.8200	25.4	-0.071	+1.9	-0.08	+1.5	29.8228
	2	29.8705	0.0515	29.8190						
	3	29.8715	0.0520	29.8195						
	平均			29.8195						
2-B	1	24.1610	0.0515	24.1095	25.7	-0.210	+1.6	-0.9	+1.2	24.1121
	2	24.1625	0.0505	24.1120						
	3	24.1615	0.0524	24.1091						
	平均			24.1102						
总和										83.8598

对表 3-5 中 $A-1$ 段距离进行三项改正计算。

尺长改正 $\Delta l_1 = \dfrac{30.0015 - 30}{30} \times 29.9218 = 0.0015\text{m}$

温度改正 $\Delta l_t = 0.0000125 \times (25.5 - 20) \times 29.9218 = 0.0020\text{m}$

倾斜改正 $\Delta l_h = \dfrac{(-0.152)^2}{2 \times 29.9218} = -0.0004\text{m}$

经上述三项改正后的 $A-1$ 段的水平距离为

$D_{A-1} = 29.9218 + 0.020 + (-0.0004) + 0.0015 = 29.9249\text{m}$

其余各段改正计算与 $A-1$ 段相同，然后将各段相加为 83.8598m。如表 3-5 中，设返测的总长度为 83.8524m，可以求出相对误差，用来检查量距的精度

$$相对误差\ K = \dfrac{|D_{往} - D_{返}|}{D_{平均}} = \dfrac{0.0074}{83.8561} = \dfrac{1}{11332}$$

符合精度要求，则取往返测的平均值 83.8561m 为最终丈量结果。

6）距离丈量的误差分析及注意事项

（1）钢尺量距的误差分析

影响钢尺量距精度的因素很多，下面简要分析产生误差的主要来源和注意事项。

①尺长误差。钢尺的名义长度与实际长度不符，就产生尺长误差，用该钢尺所量距离越长，则误差累积越大。因此，新购的钢尺必须进行检定，以求得尺长改正值。

②温度误差。钢尺丈量的温度与钢尺检定时的温度不同，将产生温度误差。按照钢的线膨胀系数计算，温度每变化 1℃，丈量距离为 30m 时对距离的影响为 0.4mm。在一般量距时，

丈量温度与标准温度之差不超过±8.5℃时,可不考虑温度误差。但精密量距时,必须进行温度改正。

③拉力误差。钢尺在丈量时的拉力与检定时的拉力不同而产生误差。拉力变化68.6N,尺长将改变1/10000。以30m的钢尺来说,当拉力改变30~50N时,引起的尺长误差将有1~1.8mm。如果能保持拉力的变化在30N范围之内,这对于一般精度的丈量工作是足够的。对于精确的距离丈量,应使用弹簧秤,以保持钢尺的拉力是检定时的拉力,通常30m钢尺施力100N,50m钢尺施力150N。

④钢尺倾斜和垂曲误差。量距时钢尺两端不水平或中间下垂成曲线时,都会产生误差。因此丈量时必须注意保持尺子水平,整尺段悬空时,中间应有人托住钢尺,精密量距时须用水准仪测定两端点高差,以便进行高差改正。

⑤定线误差。由于定线不准确,所量得的距离是一组折线而产生的误差称为定线误差。丈量30m的距离,若要求定线误差不大于1/2000,则钢尺尺端偏离方向线的距离就不应超过0.47m;若要求定线误差不大于1/10000,则钢尺的方向偏差不应超过0.21m。在一般量距中,用标杆目估定线能满足要求。但精密量距时需用经纬仪定线。

⑥丈量误差。丈量时插测钎或垂球落点不准,前、后尺手配合不好以及读数不准等产生的误差均属于丈量误差。这种误差对丈量结果影响可正可负,大小不定。因此,在操作时应认真仔细、配合默契,以尽量减少误差。

(2)量距时的注意事项

①伸展钢卷尺时,要小心慢拉,钢尺不可卷扭、打结。若发现有扭曲、打结情况,应细心解开,不能用力抖动,否则容易造成折断。

②丈量前,应辨认清钢尺的零端和末端。丈量时,钢尺应逐渐用力拉平、拉直、拉紧,不能突然猛拉。丈量过程中,钢尺的拉力应始终保持鉴定时的拉力。

③转移尺段时,前、后拉尺员应将钢尺提高,不应在地面上拖拉摩擦。以免磨损尺面分划,钢尺伸展开后,不能让车辆从钢尺上通过,否则极易损坏钢尺。

④测钎应对准钢尺的分划并插直。如插入土中有困难,可在地面上标志一明显记号,并把测钎尖端对准记号。

⑤单程丈量完毕后,前、后尺手应检查各自手中的测钎数目,避免加错或算错整尺段数。一测回丈量完毕,应立即检查限差是否合乎要求。不合乎要求时,应重测。

⑥丈量工作结束后,要用软布擦干净尺上的泥和水。然后涂上机油,以防生锈。

二、电磁波测距

1. 概述

建立高精度的平面控制网,需要测定控制网的边长。过去精密距离测量,都是用因瓦基线尺直接丈量待测边的长度,虽然可以达到很高的精度,但丈量工作受地形条件的限制,速度慢,效率低。从20世纪60年代起,由于电磁波测距仪不断更新、完善和愈益精密,它以速度快,效率高取代了因瓦基线尺,广泛用于水平控制网和工程测量的精密距离测量中。

随着近代光学、电子学的发展和各种新颖光源(激光、红外光等)相继出现,电磁波测距技术得到迅速的发展,出现了以激光、红外光和其他光源为载波的光电测距仪和以微波为载波的微波测距仪。因为光波和微波均属于电磁波的范畴,故它们又统称为电磁波测距仪。

由于光电测距仪不断地向自动化、数字化和小型轻便化方向发展,大大地减轻了测量工作者的劳动强度，加快了工作速度，所以在工程控制网和各种工程测量中，多使用各种类型的光电测距仪。

光电测距仪按仪器测程大体分为以下三大类：

(1) 短程光电测距仪。测程在 3km 以内，测距精度一般在 1cm 左右。这种仪器可用来测量三等以下的三角锁网的起始边，以及相应等级的精密导线和三边网的边长，适用于工程测量和矿山测量。这类测程的仪器很多，如瑞士的 ME3000，精度可达 $\pm(0.2mm + 0.5 \times 10^{-6}D)$；DM 502、DI3S、DI$_4$、瑞典的 AGA-112、AGA-116，美国的 HP3820A，英国的 CD6，日本的 RED2、SDM3E，原西德的 ELTA2、ELDI2 等，精度均可达 $\pm(5mm + 5 \times 10^{-6}D)$；原东德的 EOT 2000，我国的 HGC-1、DCH-2、DCH3、DCH-05 等。

短程光电测距仪，多采用砷化镓（GaAs 或 GaAlAs）发光二极管作为光源（发出红外荧光），少数仪器也用氦-氖（He-Ne）气体激光器作为光源。砷化镓发光二极管是一种能直接发射调制光的器件，即通过改变砷化镓发光二极管的电流密度来改变其发射的光强。

(2) 中程光电测距仪。测程在 3～15km 的仪器称为中程光电测距仪，这类仪器适用于二、三、四等控制网的边长测量。如我国的 JCY-2、DCS-1，精度可达 $\pm(10mm + 1 \times 10^{-6}D)$，瑞士的 ME5000 精度可达 $\pm(0.2mm + 0.2 \times 10^{-6}D)$，D15、D120，瑞典的 AGA-6、AGA-14A 等精度均可达到 $\pm(5mm + 5PPm)$。

(3) 远程激光测距仪。测程在 15km 以上的光电测距仪，精度一般可达 $\pm(5mm + 1 \times 10^{-6}D)$，能满足国家一、二等控制网的边长测量。如瑞典的 AGA-8、AGA-600，美国的 Range master，我国研制成功的 JCY-3 型等。

中、远程光电测距仪，多采用氦-氖（He-Ne）气体激光器作为光源，也有采用砷化镓激光二极管作为光源，还有其他光源的，如二氧化碳（CO_2）激光器等。由于激光器发射激光具有方向性强、亮度高、单色性好等特点，其发射的瞬时功率大，所以，在中、远程测距仪中多用激光作载波，称为激光测距仪。

根据测距仪出厂的标称精度的绝对值，按 1km 的测距中误差，测距仪的精度分为三级，如表 3-6 所示。

电磁波测距是通过测定电磁波束，在待测距离上往返传播的时间 t_{2D} 来计算待测距离 D 的，如图 3-27 所示，电磁波测距的基本公式为

$$D = \frac{1}{2}ct_{2D} \qquad (3-27)$$

式中：c——电磁波在大气中的传播速度。

测距仪的精度分级　　　　表 3-6

测距中误差(mm)	测距仪精度等级
小于 5	Ⅰ
5～10	Ⅱ
11～20	Ⅲ

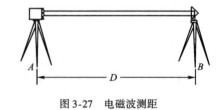

图 3-27　电磁波测距

电磁波在测线上的往返传播时间 t_{2D}，可以直接测定，也可以间接测定。直接测定电磁波传播时间是用一种脉冲波，它是由仪器的发送设备发射出去，被目标反射回来，再由仪器接收器接收，最后由仪器的显示系统显示出脉冲在测线上往返传播的时间 t_{2D} 或直接显示出测线的斜距，这种测距仪称为脉冲式测距仪。间接测定电磁波传播时间是采用一种连续调制波，它由

仪器发射出去,被反射回来后进入仪器接收器,通过发射信号与返回信号的相位比较,即可测定调制波往返于测线的迟后相位差中小于 2π 的尾数。用 n 个不同调制波的测相结果,便可间接推算出传播时间 t_{2D},并计算(或直接显示)出测线的倾斜距离。这种测距仪器称为相位式测距仪。目前这种仪器的计时精度达 10^{-10}s 以上,从而使测距精度提高到 1cm 左右,可基本满足精密测距的要求。现今用于精密测距的测距仪多属于这种相位式测距仪,我们将讨论用于控制测量的相位式光电测距仪。

2. 相位式光电测距仪的基本公式

如图 3-28a)所示,测定 A、B 两点的距离 D,将相位式光电测距仪整置于 A 点(称测站),反射器整置于另一点 B(称镜站)。测距仪发射出连续的调制光波,调制波通过测线到达反射器,经反射后被仪器接收器接收,如图 3-28b)所示。调制波在经过往返距离 $2D$ 后,相位延迟了 Φ。我们将 A、B 两点之间调制光的往程和返程展开在一直线上,用波形示意图将发射波与接收波的相位差表示出来,如图 3-28c)所示。

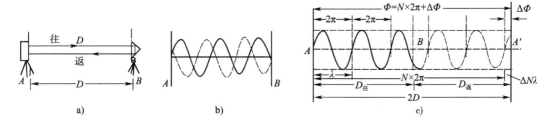

图 3-28 相位式光电测距

设调制波的调制频率为 f,它的周期 $T=1/f$,相应的调制波长 $\lambda=cT=c/f$。由图 3-28c)可知,调制波往返于测线传播过程所产生的总相位变化 Φ 中,包括 N 个整周变化 $N\times2\pi$ 和不足一周的相位尾数 $\Delta\Phi$,即

$$\Phi = N\times 2\pi + \Delta\Phi \tag{3-28}$$

根据相位 Φ 和时间 t_{2D} 的关系式 $\Phi = wt_{2D}$,其中 w 为角频率,则

$$t_{2D} = \Phi/w = \frac{1}{2\pi f}(N\times 2\pi + \Delta\Phi)$$

将上式代入式(3-27)中,得

$$D = \frac{c}{2f}(N+\Delta\Phi/2\pi) = L(N+\Delta N) \tag{3-29}$$

式中：L——测尺长度,$L = c/2f = \lambda/2$;

N——整周数;

ΔN——不足一周的尾数,$\Delta N = \Delta\Phi/2\pi$。

式(3-29)为相位式光电测距的基本公式。由此可以看出,这种测距方法同钢尺量距相类似,用一把长度为 $\lambda/2$ 的"尺子"来丈量距离,式中 N 为整尺段数,而 $\Delta N \times \frac{\lambda}{2}$ 等于 ΔL 为不足一尺段的余长。则

$$D = NL + \Delta L \tag{3-30}$$

式中： c、f、L——已知值;

$\Delta\Phi$、ΔN 或 ΔL——测定值。

由于测相器只能测定 $\Delta\Phi$,而不能测出整周数 N,因此使相位式测距公式(3-29)或

式(3-30)产生多值解。可借助于若干个调制波的测量结果(ΔN_1、ΔN_2…或ΔL_1、ΔL_2…)推算出N值,从而计算出待测距离D。

ΔL 或 ΔN 和 N 的测算方法有可变频率法和固定频率法。可变频率法是在可变频带的两端取测尺频率 f_1 和 f_2,使 ΔL_1 或 ΔN_1 和 ΔL_2 或 ΔN_2 等于零,亦即 $\Delta \Phi_1$ 和 $\Delta \Phi_2$ 均等于零。这时在往返测线上恰好包括 N_1 个整波长 λ_1 和 N_2 个整波长 λ_2,同时记录出从 f_1 变至 f_2 时出现的信号强度作周期性变化的次数,即整波数差 $(N_2 - N_1)$。于是由式(3-30),考虑 $L_1 = \lambda_1/2$,$L_2 = \lambda_2/2$ 和 $\Delta L_1 = \Delta L_2 = 0$;则有

$$D = \frac{1}{2}N_1\lambda_1 = \frac{1}{2}N_2\lambda_2 \tag{3-31}$$

解算上式,可得

$$N_1 = \frac{N_2 - N_1}{\lambda_1 - \lambda_2}\lambda_1$$

$$N_2 = \frac{N_2 - N_1}{\lambda_1 - \lambda_2}\lambda_2$$

按上式算出 N_1 或 N_2,将其代入式(3-31)便可求得距离 D,按这种方法设计的测距仪称为可变频率式光电测距仪。

固定频率法是采用两个以上的固定频率为测尺的频率,不同的测尺频率的 ΔL 或 ΔN 由仪器的测相器分别测定出来,然后按一定计算方法求得待测距离 D。这种测距仪称为固定频率式测距仪。现今的激光测距仪和微波测距仪大多属于固定频率式测距仪。

3. 测尺频率的选择

如前所述,由于在相位式测距仪中存在 N 的多值性问题,只有当被测距离 D 小于测尺长度 $\lambda/2$ 时(即整尺段数 $N=0$),才可以根据 $\Delta \Phi$ 求得唯一确定的距离值,即

$$D = \frac{\lambda}{2} \times \frac{\Delta \Phi}{2\pi} = L \times \Delta N$$

如只用一个测尺频率 $f_1 = 15\text{MHz}$ 时,我们只能测出不足一个测尺长度 $L_1\left(L_1 = \frac{c}{2f_1} = 10\text{m}\right)$ 的尾数,若距离 D 超过 $L_1(10\text{m})$ 的整尺段,就无法知道该距离的确切值,而只能测定不足一整尺的尾数值 $\Delta L_1 = L_1 \times \Delta N_1 = \Delta D$,如图 3-29 所示。若要测出该距离的确切值,必须再选一把大于距离 D 的测尺 L_2,其相应测尺频率 f_2,测得不足一周的相位差 $\Delta \Phi_2$,求得距离的概略值 D' 为

$$D' = L_2 \times \Delta \Phi_2 / 2\pi = L_2 \times \Delta N_2$$

将两把测尺频率的测尺 L_1 和 L_2 测得的距离尾数 ΔD 和距离的概略值 D',组合使用得到该距离的确切值为

$$D = D' + \Delta D \tag{3-32}$$

综上所述,当待测距离较长时,为了既保证必需的测距精度,又满足测程的要求,在考虑到仪器的测相精度为千分之一情况下,我们可以在测距仪中设置几把不同的测尺频率,即相当于设置了几把长度不同、最小分划值也不相同的"尺子",用它们同测某段距离,然后将各自所测的结果组合起来,就可得到单一的、精确的距离值。

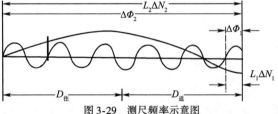

图 3-29 测尺频率示意图

(1) 直接测尺频率方式

短、中程测距仪(激光或红外测距仪),常采用直接测尺频率方式,一般用两个或三个测尺频率,其中一个精测尺频率,用它测定待测距离的尾数部分,保证测距精度。其余的为粗测尺频率,用它测定距离的概值,满足测程要求。例如,AGA—116 型红外短程测距仪使用两个测尺频率,精测尺频率 15MHz,测尺长度为 10m;粗测尺频率为 150kHz,测尺长为 1000m。由于仪器的测定相位精度通常为千分之一,即测相结果具有三位有效数字,它对测距精度的影响,随测尺长度的增大而增大,则精测尺可测量出厘米、分米和米位的数值;粗测尺可测量出米、十米和百米的数值。这两把测尺交替使用,将它们的测量结果组合起来,就可得出待测距离的全长。如果用这两把尺子来测定一段距离,则用 10m 的精测尺测得 5.82m,用 1000m 的粗测尺测得 785m,二者组合起来得出 785.82m。这种直接使用各测尺频率的测量结果组合成待测距离的方式,称为"直接测尺频率"的方式。

(2) 间接测尺频率方式

在测相精度一定的条件下,如要扩大测程,同时又保持测距精度不变,就必须增加测尺频率,见表 3-7。

表 3-7

测尺频率(f)	15MHz	1.5MHz	150kHz	15kHz	1.5kHz
测尺长度(L)	10m	100m	1km	10km	100km
精度	1cm	1dm	1m	10m	100m

由表 3-7 看出,各直接测尺频率彼此相差较大。而且测程越长时,测尺频率相差越悬殊,此时最高测尺频率和最低测尺频率之间相差达万倍。使得电路中放大器和调制器难以对各种测尺频率具有相同的增益和相移稳定性。于是,有些远程测相位式测距仪改用一组数值上比较接近的测尺频率,利用其差频频率作为间接测尺频率,可得到与直接测尺频率方式同样的效果。其工作原理如下:

设用二个测尺频率 f_1 和 f_i 分别测量同一距离 D,按式(3-27)可写出

$$D = c(N_1 + \Delta N_1)/2f_1$$
$$D = c(N_i + \Delta N_i)/2f_i$$

两式相减并移项后得

$$D = \frac{c}{2(f_1 - f_i)}[(N_1 - N_i) + (\Delta N_1 - \Delta N_i)] \tag{3-33}$$

令 $(f_1 - f_i) = f_{1i}$ 称为间接测尺频率,$N_1 - N_i = N_{1i}$ 为间接测尺的整波数,$\Delta N_1 - \Delta N_i = \Delta N_{1i}$ 称为间接测尺的余波数。则上式可改写为

$$D = \frac{c}{2f_{1i}}(N_{1i} + \Delta N_{1i}) = L_{1i}(N_{1i} + \Delta N_{1i}) \tag{3-34}$$

式中:L_{1i}——间接测尺长度,$L_{1i} = \frac{c}{2f_{1i}}$。

上式表明,同一距离上用两个测尺频率测得不足一整周的尾数 ΔN_1 和 ΔN_i,其差数($\Delta N_1 - \Delta N_i$)与直接用差频 f_{1i} 测得的尾数 ΔN_{1i},是一致的。于是,我们可以选择一组相近的测尺频率 f_1、f_2、f_3…(见表 3-8 第一栏)进行测量,测得各自的尾数为 ΔN_1、ΔN_2、ΔN_3…。若取 f_1 为精测尺频率,取 f_{12}、f_{13}…为间接测尺频率,其尾数 ΔN_{12}、ΔN_{13}…可按 $\Delta N_{1i} = \Delta N_1 - \Delta N_i (i = 2、3、\cdots)$ 间接算得,则适当选取测尺频率 f_1、f_2、f_3…的大小,就可形成一套测尺长度 L 为十进制的测尺

系统,如表3-8所示。这种用差频作为测尺频率进行测距的方式称为"间接测尺频率"的方式。

表3-8

精尺和粗尺频率 f_i	精尺和间接测尺频率 f_1 和 f_i	测尺长度 $L=\frac{1}{2}\lambda$	精度
$f_1=15\text{MHz}$	$f_1=15\text{MHz}$	10m	1cm
$f_2=0.9f_1$	$f_{12}=f_1-f_2=1.5\text{MHz}$	100m	10cm
$f_3=0.99f_1$	$f_{13}=f_1-f_3=150\text{kHz}$	1km	1m
$f_4=0.999f_1$	$f_{14}=f_1-f_4=15\text{kHz}$	10km	10m
$f_5=0.9999f_1$	$f_{15}=f_1-f_5=1.5\text{kHz}$	100km	100m

从表3-8中可以看出,采用间接测尺频率方式,各频率(f_1、f_2、…、f_5)非常接近,最高与最低频率之差仅 1.5MHz,这样设计的远程测距仪,仍能使放大器对各侧尺频率保持一致的增益和相移稳定性。我国研制的 JCY—2 型激光测距仪和国外的 AGA—8 型激光测距仪、EOK2000 红外测距仪等就是采用这种间接测尺频率方式。

(3)测尺频率的确定

测尺频率方式选定之后,就必须解决各测尺长度及测尺频率的确定问题。一般将用于决定仪器测距精度的测尺频率称精测尺频率;而将用于扩展测程的测尺频率称为粗测尺频率。

对于采用直接测尺频率方式的测距仪,精测尺频率的确定,依据测相精度,主要考虑仪器的测程和测量结果的准确衔接,还要使确定的测尺长度便于计算。例如我国的 HGC—1 型及长征 DCH—1 型红外测距仪,确定精测尺长 $L_1=10\text{m}$ 和粗测尺长 $L_2=1000\text{m}$ 的精测尺频率和粗测尺频率。

测尺频率可按下式确定

$$f_i=\frac{c}{2L_{1i}}=\frac{c_0}{2nL_i} \tag{3-35}$$

式中:c——光波在大气中的传播速度;

n——大气折射率;

c_0——光波在真空中的传播速度;

f_i——调制频率(测尺频率)。

电磁波在真空中的传播速度 c_0,即光速,是自然界一个重要的物理常数。20 世纪以来,许多物理学家和大地测量学家用各种可能的方法,多次进行了光速值的测量。1957 年国际大地测量及地球物理联合会同意采用新的光速暂定值,建议在一切精密测量中使用,这个光速暂定值为

$$c_0=299792458(\pm1.2)\text{m/s},\frac{\partial c_0}{c_0}\approx4\times10^{-9}$$

1960 年国际权度会议正式决定,规定长度 1m 等于光波速值的倒数,即 $1\text{m}=\frac{1}{c_0}\text{s}$。

由物理学知,光波在大气中传播时的折射率 n,取决于所使用的波长和在传播路径上的气象因素(温度 t、气压 p 和水汽压 e)。光波折射率随波长而改变的现象称为色散,也就是说,不同波长的单色光,在大气中具有不同的传播速度(相速)。在标准气象情况下(温度为 0℃,气压为 101325Pa,湿度为 0Pa 和含 0.03% 二氧化碳),单色光在大气中的折射率 n_λ 与波长 λ 的关系式,由巴雷尔—塞尔斯公式给出

$$n_\lambda = 1 + (287.604 + \frac{1.6288}{\lambda^2} + \frac{0.0136}{\lambda^4}) \times 10^{-6} \tag{3-36}$$

式中：λ——群波中各单色波波长的平均值(μm)。

但是，光电测距仪中使用的光不是单色光波，而是由很多个频率相近的单色波叠加而成的群波，由于大气存在着色散的特性，各个单色波都以不同的速度(相速)传播着，因此群波的传播速度c_g(群速)和各单色波的相速是不相同的。根据国际大地测量协会的决定，对调制光一律采用群速c_g

$$c_g = \frac{c_0}{n_g}$$

在标准气象条件下，相应于群速c_g的调制光的大气折射率n_g^0和n有如下关系式

$$n_g^0 = n_\lambda - \frac{dn_\lambda}{d\lambda}\lambda \tag{3-37}$$

将式(3-34)及它的微分式代入式(3-37)得

$$n_g^0 = 1 + (287.604 + \frac{4.8864}{\lambda^2} + \frac{0.0680}{\lambda^4}) \times 10^{-6} \tag{3-38}$$

由式(3-38)计算标准气象条件下调制光的折射率n_g^0。

在一般的大气条件下，群波的折射率n_g受气温、气压和湿度的影响，这时实际气象条件下的调制光的折射率n_g在我国一般采用柯尔若希公式

$$n_g = 1 + \frac{n_g^0 - 1}{1 + \alpha t} \times \frac{p}{101325} - \frac{4.1 \times 10^{-10}}{1 + \alpha t} \times e \tag{3-39}$$

式中：t——大气摄氏温度；

p——大气压力(Pa)；

e——大气中水汽压力(湿度)(Pa)；

α——气体膨胀系数，$\alpha = \frac{1}{273.16}$。

若测距仪选定的参考气象条件为$t = 15℃$，$p = 101325Pa$，$e = 0Pa$，代入式(3-39)，即可求出在仪器选定的参考气象条件下的调制光折射率n'_g，若以仪器选定参考气象条件为准，则测量时的调制光折射率公式又可以写成

$$n_g = 1 + \frac{(n'_g - 1)}{1 + \alpha t} \times \frac{p}{101325} - \frac{4.1 \times 10^{-10}}{1 + \alpha t} e \tag{3-40}$$

式中：t、p、e——测距时测得的气象数据。

例如某台短程红外测距仪采用的半导体GaAs发光二极管发出的光波长为$0.93\mu m$。在标准气象条件下求出10m长的精测尺和1000m长的粗测尺的测尺频率值。

由式(3-38)求得$n_g^0 = 1.00029334$，再利用式(3-35)即可求得精测尺频率及粗测尺频率

$$f_1 = \frac{c_0}{2n_g^0 L_1} = 14.985520 MHz$$

$$f_2 = \frac{c_0}{2n_g^0 L_2} = 149.85520 kHz$$

若该仪器设计的参考气象条件为$t = 15℃$，$p = 101325Pa$，$e = 0Pa$时，求其测尺频率值。这时除按式(3-38)求得n_g^0外，还应按式(3-39)再求参考气象条件的$n'_g = 1.00027807$，然后由式(3-35)求得其相应测尺频率值

$$f_1 = \frac{c_0}{2n'_g L_1} = 14.985460\text{MHz}$$

$$f_2 = \frac{c_0}{2n'_g L_2} = 149.855\text{kHz}$$

三、视距测量

视距测量是用望远镜内视距丝装置,根据几何光学原理同时测定距离和高差的一种方法。这种方法具有操作方便、速度快,不受地面高低起伏限制等优点,但测距精度较低,一般相对误差为 1/300~1/200。虽然精度较低,但能满足测定碎部点位置的精度要求,因此被广泛应用于碎部测量中。视距测量所用的主要仪器和工具是经纬仪及视距尺。

1. 视距测量原理

1) 视线水平时的距离与高差公式

欲测定 A、B 两点间的水平距离 D 及高差 h,可在 A 点安置经纬仪,B 点立视距尺,设望远镜视线水平,瞄准 B 点视距尺,此时视线与视距尺垂直。如图 3-30 所示。

视距读数如图 3-31 所示,读出上视距丝读数 a,下视距丝读数 b。上、下丝读数之差称为视距间隔或尺间隔,为 $l = a - b$。则水平距离计算公式为

$$D = Kl \tag{3-41}$$

式中:K——视距常数,在仪器制造时常使 $K = 100$。

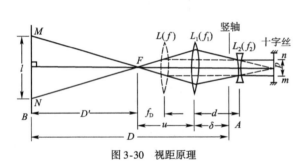

图 3-30 视距原理　　　　图 3-31 视距丝读数

如图 3-32 所示,量取仪器高 i,读取中丝读数 v,可以计算出两点间的高差

$$h = i - v \tag{3-42}$$

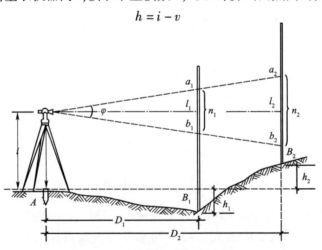

图 3-32 视线水平时的视距测量

2)视线倾斜时的距离与高差公式

在地面起伏较大的地区进行视距测量的,必须使视线倾斜才能读取视距间隔。由于视线不垂直于视距尺,故不能直接应用上述公式。

设想将目标尺以中丝读数 l 这一点为中心,转动一个 α 角,使目标尺与视准轴垂直,由图 3-33 可推算出视线倾斜时的视距测量计算公式

$$D = Kl \cdot \cos^2\alpha \tag{3-43}$$

$$h = \frac{1}{2}Kl\sin2\alpha + i - v \tag{3-44}$$

式中:K——视距常数;

　　α——竖直角;

　　i——仪器高;

　　v——中丝读数,即目高程。

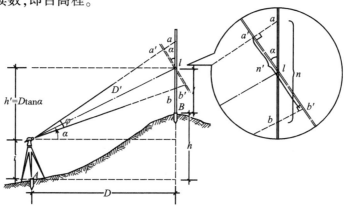

图 3-33　视线倾斜时的视距测量

2. 视距测量的观测与计算

施测时,安置仪器于 A 点,量出仪器高 i,转动照准部瞄准 B 点视距尺,分别读取上、下、中三丝的读数,计算视距间隔。再使竖盘指标水准管气泡居中(如为竖盘指标自动补偿装置的经纬仪则无此项操作),读取竖盘读数,并计算竖直角。利用上述介绍视距计算公式计算出水平距离和高差。

3. 视距测量误差及注意事项

视距测量的精度较低,在较好的条件下,测距测量所测平距的相对误差约为 1/300 ~ 1/200。

1)视距测量的误差

(1)读数误差用视距丝在视距尺上读数的误差,与尺子最小分划的宽度、水平距离的远近和望远镜放大倍率等因素有关,因此读数误差的大小,视使用的仪器,作业条件而定。

(2)垂直折光影响视距尺不同部分的光线是通过不同密度的空气层到达望远镜的,越接近地面的光线受折光影响越显著。经验证明,当视线接近地面在视距尺上读数时,垂直折光引起的误差较大,并且这种误差与距离的平方成比例地增加。

(3)视距尺倾斜所引起的误差视距尺倾斜误差的影响与竖直角有关,尺身倾斜对视距精度的影响很大。

2)注意事项

(1)为减少垂直折光的影响,观测时应尽可能使视线离地面1m以上;

(2)作业时,要将视距尺竖直,并尽量采用带有水准器的视距尺;

(3)要严格测定视距常数 K,K 值应在 100 ± 0.1 之内,否则应加以改正;

(4)视距尺一般应是以厘米刻划的整体尺。如果使用塔尺应注意检查各节尺的接头是否准确;

(5)要在成像稳定的情况下进行观测。

四、直线定向

直线定向:确定一条直线与标准方向之间的角度关系,称为直线定向。

1. 标准方向的种类

(1)真子午线方向(真北方向)

地球表面某点与地球旋转轴所构成的平面与地球表面的交线称为该点的真子午线,真子午线在该点的切线方向称为该点的真子午线方向。

(2)磁子午线方向(磁北方向)

地球表面某点与地球磁场南北极连线所构成的平面与地球表面的交线称为该点的磁子午线。磁子午线在该点的切线方向称为该点的磁子午线方向,一般是以磁针在该点自由静止时所指的方向。

(3)轴子午线方向(坐标北方向)

由于地球上各点的子午线互相不平行,而是向两极收敛,为测量、计算工作的方便,常以平面直角坐标系的纵坐标轴为标准方向,即是指高斯投影带中的中央子午线方向。在工程中常用坐标纵轴方向为标准方向,即指北方向。

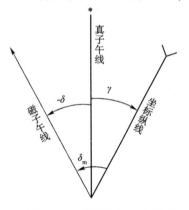

图 3-34 三种标准方向之间关系

(4)"三北"方向的关系

如图 3-34 所示。

①磁偏角

磁偏角:真子午线与磁子午线之间的夹角,叫磁偏角 δ。

东偏(正):磁子午线偏真子午线以东为东偏。

西偏(负):磁子午线偏真子午线以西为西偏。

②子午线收敛角

子午线收敛角:真子午线与坐标纵线之间的夹角,叫子午线收敛角 γ。

东偏(正):轴子午线偏真子午线以东为东偏。

西偏(负):轴子午线偏真子午线以西为西偏。

2. 直线方向的表示方法

通常用方位角和象限角来表示直线的方向。

(1)方位角

从标准方向北端起,顺时针方向量到某直线的夹角称为方位角。用 α 来表示,角值范围 $0° \sim 360°$。因标准方向的不同又可分为真方位角、磁方位角和坐标方位角(简称方位角)。如图 3-35 所示。

(2)正、反坐标方位角

一条直线有正、反两个方向,通常以直线前进的方向为正方

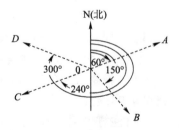

图 3-35 坐标方位角

向。由图 3-36 中可以看出一条直线正反方位角的数值相差 180°，即

$$\alpha_{正} = \alpha_{反} \pm 180° \quad (3-45)$$

（3）象限角

测量上有时用象限角来确定直线的方向。所谓象限角，就是由标准方向的北端或南端起量至某直线所夹的锐角，常用 R 表示，角值范围 0°~90°。

（4）坐标方位角和象限角的换算关系

坐标方位角和象限角均是表示直线方向的方法，它们之间既有区别又有联系。在实际测量中经常用到它们之间的互换，由图 3-37 可以推算出它们之间的互换关系，见表 3-9。

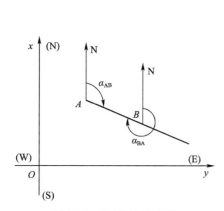

图 3-36　正、反坐标方位角

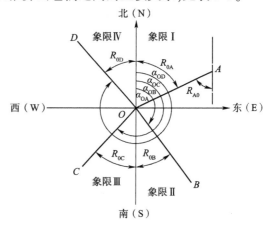

图 3-37　坐标方位角与象限角

坐标方位角和象限角的换算　　表 3-9

直线方向	由坐标方位角 α 求象限角 R	由象限角 R 求坐标方位角 α
第Ⅰ象限（北东）	$R = \alpha$	$\alpha = R$
第Ⅱ象限（南东）	$R = 180° - \alpha$	$\alpha = 180° - R$
第Ⅲ象限（南西）	$R = \alpha - 180°$	$\alpha = 180° + R$
第Ⅳ象限（北西）	$R = 360° - \alpha$	$\alpha = 360° - R$

【例】　某直线 AB，已知正坐标方位角 $\alpha_{AB} = 334°31'48''$，试求 α_{BA}、R_{AB}、R_{BA}。

解：$\alpha_{BA} = 334°31'48'' - 180° = 154°31'48''$

$R_{AB} = 360° - 334°31'48'' = 25°28'12''$（NW）

$R_{BA} = 180° - 154°31'48'' = 25°28'12''$（SE）

3. 罗盘仪使用

罗盘仪是主要用来测量直线的磁方位角的仪器，也可以粗略地测量水平角和竖直角，还可以进行视距测量。

1）罗盘仪的构造

主要由刻度盘、望远镜和磁针三部分组成，如图 3-38 所示。

2）直线磁方位角的测量

（1）将仪器搬到测线的一端，并在测线另一端插上花杆。

（2）安置仪器。

①对中：将仪器装于三脚架上，并挂上锤球后，移动三脚架，使垂球尖对准测站点，此时仪器中心与地面点处于同一条铅垂线上。

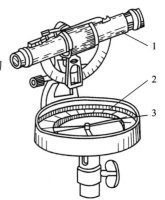

图 3-38　罗盘仪

1-望远镜；2-刻度盘；3-磁针

②整平:松开仪器球形支柱上的螺旋,调整上、下俯仰度盘位置,使度盘上的两个水准气泡同时居中,旋紧螺旋,固定度盘,此时罗盘仪主盘处于水平位置。

(3)瞄准读数。

①转动目镜调焦螺旋,使十字丝清晰。

②转动罗盘仪,使望远镜对准测线另一端的目标,调节调焦螺旋,使目标成像清晰稳定,再转动望远镜,使十字丝对准立于测点上的花杆的最底部。

③松开磁针制动螺旋,等磁针静止后,从正上方向下读取磁针指北端所指的读数,即为测线的磁方位角。

④读数完毕后,旋紧磁针制动螺旋,将磁针顶起以防止磁针磨损。

3)使用罗盘仪注意事项

(1)在磁铁矿区或离高压线、无线电天线、电视转播台等较近的地方不宜使用罗盘仪,有电磁干扰现象。

(2)观测时一切铁器等物体,如斧头、钢尺、测钎等不要接近仪器。

(3)读数时,眼睛的视线方向与磁针应在同一竖直面内,以减小读数误差。

(4)观测完毕后,搬动仪器应拧紧磁针制动螺旋,固定好磁针以防损坏磁针。

工作任务7　距离测量精度评定

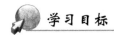

学习目标

掌握距离测量精度的评定方法。

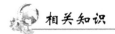

相关知识

根据工作任务5中的基本知识,我们知道衡量观测值精度的指标有多种,我们在距离测量中是否可以用中误差来衡量观测值的精度。

一、用中误差衡量观测值的精度

例如:使用钢尺分别丈量 L_1 和 L_2 两段距离,每段距离分别丈量五次结果如表3-10所示。

表3-10

观测次数	观测值 L_1(m)	观测次数	观测值 L_2(m)
1	99.992	1	200.005
2	99.994	2	200.006
3	100.005	3	199.994
4	100.003	4	199.997
5	100.006	5	199.992

(1)根据表3-10,求解两组观测值的算术平均值分别为:

$$L_1 = \frac{[l]_1}{n} = 100 \text{m}$$

$$L_2 = \frac{[l]_2}{n} = 200\text{m}$$

（2）根据表 3-10 分别求出两组观测值改正数的平方和分别为：
$$[vv]_1 = 170$$
$$[vv]_2 = 170$$

（3）利用式（3-15）分别求得两组观测值得中误差为：
$$m_1 = \pm\sqrt{\frac{[vv]_1}{n-1}} = \pm\sqrt{\frac{170}{4}} = \pm 6.25\text{mm}$$
$$m_2 = \pm\sqrt{\frac{[vv]_2}{n-1}} = \pm\sqrt{\frac{170}{4}} = \pm 6.25\text{mm}$$

从上述结果可以看出，对距离 L_1 和 L_2 分别进行的两组观测，观测值的中误差是相等的，我们是否可以认为这两组的观测精度是相同的呢？当然是不行的，虽然二者的中误差相等，但不能简单地认为它们的精度一样，因为量距误差与测量的长度有关，以此，当观测量的精度与观测量自身的大小相关时，我们应用相对误差来衡量观测值的精度。

二、用相对误差衡量观测值的精度

利用式（3-16），分别求出二者的相对误差：

$$K_1 = \frac{m_1}{l_1} = \frac{0.00625}{100} = \frac{1}{16000}$$

$$K_2 = \frac{m_2}{l_2} = \frac{0.00625}{200} = \frac{1}{32000}$$

从上述结果明显看出后者精度明显高于前者。

工作任务 8　地面点坐标计算

学习目标

掌握坐标方位角的推算方法；
掌握坐标正反算。

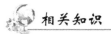

相关知识

在工作任务 6 中学习了直线定向的基本知识，在测量中使用坐标方位角来表示直线的方向，在高斯平面直角坐标系中，根据已知的起算数据计算待定点坐标是测量计算的主要工作之一。

一、坐标方位角的推算

如图 3-39 所示，α_{AB} 为起始边方位角，β_B 为左角，推算 B1 边的方位角：
$$\alpha_{B1} = \alpha_{AB} + \beta_B - 180° \tag{3-46}$$
若 β_B 为右角，如图 3-40 所示，则 B1 边的方位角：
$$\alpha_{B1} = \alpha_{AB} - \beta_B + 180° \tag{3-47}$$

当根据式(3-46)或式(3-47)推算出的方位角,应在0°~360°之间,若方位角大于360°,则应减去360°,若方位角为负值时,则应加上360°。

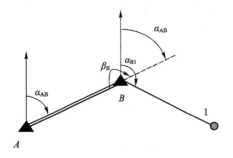
图3-39 β_B 为左角

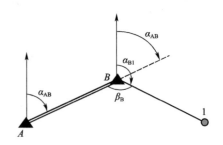
图3-40 β_B 为右角

二、坐标正算

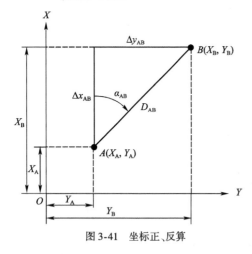

图3-41 坐标正、反算

根据已知点坐标、边长及坐标方位角计算未知点的坐标,称为坐标正算。

如图3-41所示,已知 A 点坐标为(X_A, Y_A),AB 边的边长为 D_{AB},AB 边的方位角为 α_{AB},B 为未知点,求 B 点坐标(X_B, Y_B)。

$$\Delta x_{AB} = X_B - X_A = D_{AB}\cos\alpha_{AB} \quad (3\text{-}48)$$

$$\Delta y_{AB} = Y_B - Y_A = D_{AB}\sin\alpha_{AB} \quad (3\text{-}49)$$

则可以得到 B 点坐标为:

$$X_B = X_A + \Delta x_{AB} = X_A + D_{AB}\cos\alpha_{AB} \quad (3\text{-}50)$$

$$Y_B = Y_A + \Delta y_{AB} = Y_A + D_{AB}\sin\alpha_{AB} \quad (3\text{-}51)$$

上述各式中,Δx_{AB}、Δy_{AB} 分别为纵、横坐标增量。

三、坐标反算

已知两点坐标,求两点之间的距离与该边的方位角,称为坐标反算。

如图3-41所示,已知 A 点坐标为(X_A, Y_A),B 点坐标为(X_B, Y_B),求 AB 边的边长 D_{AB},AB 边的方位角 α_{AB}。

$$D_{AB} = \sqrt{(X_B - X_A)^2 + (Y_B - Y_A)^2} \quad (3\text{-}52)$$

$$\alpha_{AB} = \arctan(\Delta y_{AB}/\Delta x_{AB}) \quad (3\text{-}53)$$

在利用坐标反算公式(3-53)计算 AB 边的方位角 α_{AB} 时,应根据 Δx_{AB}、Δy_{AB} 的正负,判断其所在的象限。直线 AB 的方位角 α_{AB} 与 Δx_{AB}、Δy_{AB} 的正负及象限的关系如下:

(1)若 $\Delta x_{AB} > 0$;$\Delta y_{AB} > 0$,则 α_{AB} 位于第一象限,$\alpha_{AB} = \arctan(\Delta y_{AB}/\Delta x_{AB})$。

(2)若 $\Delta x_{AB} < 0$;$\Delta y_{AB} > 0$,则 α_{AB} 位于第二象限,$\alpha_{AB} = 180° - \arctan(\Delta y_{AB}/\Delta x_{AB})$。

(3)若 $\Delta x_{AB} < 0$;$\Delta y_{AB} < 0$,则 α_{AB} 位于第三象限,$\alpha_{AB} = 180° + \arctan(\Delta y_{AB}/\Delta x_{AB})$。

(4)若 $\Delta x_{AB} > 0$;$\Delta y_{AB} < 0$,则 α_{AB} 位于第四象限,$\alpha_{AB} = 360° - \arctan(\Delta y_{AB}/\Delta x_{AB})$。

(5)若 $\Delta x_{AB} > 0$;$\Delta y_{AB} = 0$,则 $\alpha_{AB} = 0°$或$360°$。

(6)若 $\Delta x_{AB} = 0$;$\Delta y_{AB} > 0$,则 $\alpha_{AB} = 90°$。

(7)若 $\Delta x_{AB}<0;\Delta y_{AB}=0$,则 $\alpha_{AB}=180°$。

(8)若 $\Delta x_{AB}=0;\Delta y_{AB}<0$,则 $\alpha_{AB}=270°$。

工作任务9　全站仪技术操作

了解全站仪的工作原理；

掌握全站仪的使用方法和操作步骤；

熟悉全站仪的各项功能。

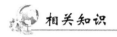

一、全站仪概述

全站仪的全称为全站型电子速测仪,它是由光电测距仪、电子经纬仪和数据处理系统组合而成,集机械、光学、电子等多方面技术而成的一种测量仪器。由于只要一次安置,仪器便可以完成在该测站上所有的测量工作,故被称为"全站仪"。

全站仪发展的初期阶段,是将电子经纬仪与光电测距仪装置在一起,并可以拆卸,分离成经纬仪和测距仪两个独立的部分,称为积木式全站仪。后来又改为将光电测距仪的光波发射、接收系统的光轴和经纬仪的视准轴组合为同轴的整体式全站仪,并且配置了电子计算机的中央处理单元(CPU)、储存单元和输入输出设备(I/O),能根据外业观测数据(角度、距离),实时计算并显示出所需要的测量成果:点与点之间的方位角、平距、高差或点的三维坐标等。通过输入、输出设备,可以与计算机交互通信,使测量数据直接进入计算机,进行计算、编辑和绘图。测量作业所需要的已知数据也可以由计算机输入全站仪。

全站仪既可以同时进行角度(水平角、垂直角)测量和距离(斜距、平距、高差)测量,也可以进行各种放样元素(平距、高差、高程、坐标等)的放样工作。同时,还具有一般常用测量参数设置、数据处理等功能。因此,它具有多功能、高精度、自动化等方面的优点,是其他常规测量仪器无法比拟的。借助于全站仪,人们不仅可使测量的外业工作高效化,而且可以实现整个测量作业的高度自动化。

20世纪初,经纬仪经历了从游标经纬仪到光学经纬仪的发展,其中光学度盘替代了游标盘;光学测微器替代了游标读数;望远镜由外调焦倒像发展为内调焦正像。40年代末,精密电磁波测距技术有了突破性进展,光电测距仪、激光测距仪相继问世,并用于生产。但由于体积大,仪器笨重,耗电量大,故难以推广。到20世纪60年代末期,以半导体发光管为光源的小型红外测距仪问世。70～80年代,电磁波红外测距技术得到迅速发展和普及应用,它几乎取代了钢尺量距。90年代初,红外测距仪的发展已趋于稳定,并形成了各档次的系列产品。测距精度已有 $\pm(5mm+5\times D\times 10^{-6})$、$\pm(3mm+2\times D\times 10^{-6})$、$\pm(2mm+2\times D\times 10^{-6})$、$\pm(1mm+1\times D\times 10^{-6})$($D$以km为单位)等。测距仪因其体积小、重量轻、测程长、精度高而得到了广泛应用。

在电磁波测距技术发展的同时,人们就在不停地探索地面测量自动化的道路,角度测量自动化的思想也应运而生。其实质是将光学度盘改造为光电扫描度盘,将人工光学测微读数改造为光电自动记数和显示记数,即将目视读数发展为自动显示和自动记录,由此导致了电子经纬仪的发展。电子经纬仪与测距仪的结合,称为电子速测仪。再配以电子记录装置,称为全站型电子速测仪(Electronic Theometer Total Station),简称全站仪。1968年联邦德国OPTON厂最早将电子经纬仪与电磁波测距仪设计为一体,研制了Reg Elda 14全站型电子速测仪。由于受到当时电子元器件的限制,仪器体积较大,且较重。以后瑞典AGA厂研制的AGA 700 Geodimeter 激光电子速测仪,其光源为氦氖激光器,测距精度可达$\pm(5mm+1\times D\times 10^{-6})$,测角精度为$\pm 2''$,垂直角精度为$\pm 10''$。目前,整体式全站仪已成为全站仪产品的主流,其产品已有几十种型号,且其精度、测程、重量、体积各项指标都稳步提高,以满足各种工程的需要。各等级仪器的测角精度有$0.5''$、$1''$、$2''$、$3''$、$5''$、$10''$等。

全站仪因能在测站上同时测量、显示、记录水平角、竖直角、水平距离、斜距、高差、高程、坐标等全部内容而受到测绘工作者青睐,如果将全站仪再配以电子平板等测图系统,则可自动(现场)成图,这套系统又称为全站仪(综合)测绘系统。这正是野外测量自动化的模式。

全站型电子速测仪的优势就在于它采集的全部测量数据能自动传输给记录卡、电子手簿(以便室内成图);或传输给电子平板,在现场自动成图,再经过室内一定的编辑,即可由电子平板(或台式计算机)控制绘图仪出图。因此,如果将全站型电子速测仪分别当作测距仪和电子经纬仪来使用,将是对全站仪的极大浪费。全站仪测绘系统在测量工作自动化的进程中起着重要的作用,也将成为地理信息系统(GIS)数据更新的重要手段,随着全站仪硬件设备及软件的日臻成熟,全站仪在我国经济建设、国防建设和科学技术诸方面发挥着越来越大的作用,因此,掌握全站仪及其有关的一些基础知识是非常重要的,也是必不可少的。

二、全站仪工作原理

全站仪将测距仪与电子经纬仪组合在一起,除可自动显示角度、距离的数据外,还可通过仪器内部的微处理机,直接得到地面点的空间坐标。因此,全站仪的工作原理就是利用激光或红外光进行光电测距,利用电子经纬仪测量竖直角及水平角,再通过自身所带的应用程序计算出空间坐标,并显示和储存角度、距离、坐标数据。

1. 红外测距

目前红外测距均采用相位法测距。设用测距仪测定A、B两点间的距离D,在A点安置测距仪,在B点安置反射镜。由测距仪发射调制光波,经过距离D到达反射镜,再经反射回到仪器接收系统。如果能测出调制光波在距离D上往返传播的时间t,则距离D,即可按下式求得:

$$D = \frac{1}{2}ct \tag{3-54}$$

式中:c——调制光波在大气中的传播速度。

2. 电子经纬仪测角

电子经纬仪与光学经纬仪具有类似的外形和结构特征,因此使用方法也有许多相通的地方。最主要的区别在于读数系统。光学经纬仪的度盘是在360°的全圆上均匀地刻上度、分刻划并标有注记,利用光学测微器读出角度秒值。电子经纬仪则采用光电扫描度盘和自动显示系统。目前,电子经纬仪采用的光电扫描测角系统大致有3类:编码盘测角系统、光栅盘测角系统和动态(光栅盘)测角系统。电子经纬仪的工作原理框图见图3-42。

1)绝对式编码度盘测角原理

编码度盘为绝对式光电扫描度盘,即在编码度盘的每一个位置上都可以直接读出度、分、

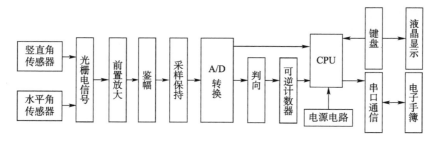

图 3-42 电子经纬仪工作原理框图

秒的数值,故编码测角原理又称绝对式测角原理。

2) 增量式光栅测角原理

均匀地刻有许多一定间隔(一般为相等间隔)细线的直尺或圆盘称为光栅尺或光栅盘。刻在直尺上用于直线测量的为直线光栅,如图3-43a);刻在圆盘上的等角距的光栅称为径向光栅,如图3-43c)。光栅的基本参数是刻线的密度(刻线条数/mm)和栅距(相邻两刻线之间的距离)。图3-43a)中,光栅的栅线宽度为a,缝隙宽度为b,通常$a=b$,栅距$d=a+b$,它们都对应某一角度值。栅线为不透光区,缝隙为透光区,在光栅盘的上下对应位置上装有光源、指示光栅和接收器(光电二极管),称为读数头,可随照准部相对于光栅盘转动。由计数器累计读数头所转动的栅距数,从而求得所转动的角度值。因为光栅盘上没有绝对度数,只是累计移动光栅的条数计数,故称为增量式光栅度盘,其读数系统为增量式读数系统。

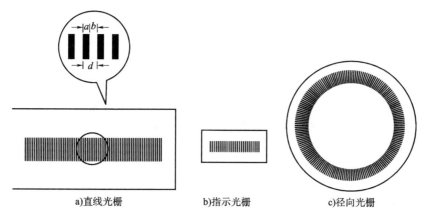

a)直线光栅　　　　b)指示光栅　　　　c)径向光栅

图 3-43 光栅度盘

一般光栅的栅距很小,但其分划值却仍然较大,如80mm直径的度盘上刻有12500条线(刻线密度为50线/mm),其栅距分划值为$1'44''$。为提高测角精度,必须提高光栅固有的分辨率,即必须对光栅距进行细分。但直接对这样小的栅距进行细分也很困难,要设法将栅距放大,常采用莫尔条纹技术进行放大。

三、全站仪的使用

目前,各单位所使用的全站仪品牌很多,但操作要领大同小异,由于徕卡全站仪不但具有良好的电子系统,而且光学系统也极好,成像清晰、稳定,是工程单位使用较为普遍的电子全站仪之一。以下就徕卡系列全站仪的结构特征、操作要领及作业程序的应用等方面进行介绍。

1. 徕卡 TC300 系列全站仪概述

徕卡 TC300 系列全站仪在工程测量和放样工作中较为适用,其主要部件见图3-44。

(1) TC300 的主要特点

①拥有人机对话键盘;清晰的 LCD 大屏幕彩色显示屏。
②TCR 为内装有可见光束激光测距仪,可实现无棱镜测距。
③仪器侧面装有热键(快捷键),使用方便。
④无限位垂直、水平微动螺旋。
⑤装有激光对中器。

(2) 徕卡 TC300 系列全站仪组成

主要部件见图 3-44。

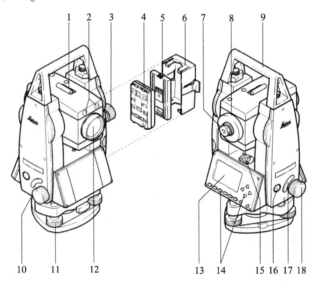

图 3-44　徕卡 TC300 系列全站仪主要部件

1-粗瞄器;2-内装导向光装置(选件);3-垂直微动螺旋;4-电池;5-GEB111 电池盒垫块;6-电池盒;7-望远镜目镜;8-调焦环;9-仪器提把;10-RS232 串行接口;11-脚螺旋;12-望远镜物镜;13-显示屏;14-键盘;15-圆水准器;16-电源开关键;17-热键;18-水平微动螺旋

2. 全站仪的辅助设备

(1) 反射棱镜

在用全站仪进行除角度测量之外的所有测量工作时,反射棱镜是必不可少的合作目标。构成反射棱镜的光学部分是直角光学玻璃锥体。它如同在正方体玻璃上切下的一角,透射面呈等边三角形,反射面呈等腰直角三角形。反射面镀银,面与面之间相互垂直。由于这种结构的棱镜,无论光线从哪个方向入射透射面,棱镜都将入射光线反射回入射光的发射方向,因此测量时,只要棱镜的透射面大致垂直于测线方向,仪器便会得到回光信号。由于光在玻璃中的折射率为 1.5~1.6,而光在空气中的折射率近似等于 1,也就是说,光在玻璃中的传播要比空气中慢,因此光在反射棱镜中传播所用的超量时间会使所测距离增大某一数值,通常我们称作棱镜常数。棱镜常数的大小与棱镜直角玻璃锥体的尺寸和玻璃的类型有关。

(2) 键盘

全站仪的键盘为测量时的操作指令和数据输入的部件,键盘上的键分为硬键和软件键(简称软键)两种。每一个硬键有一固定的功能,或兼有第二、第三功能;软键与屏幕最下一行显示的功能菜单或子菜单相配合,使一个软键在不同的功能菜单下有许多种功能。

键盘不仅可以设置及调用相关程序,而且还可以显示角度、距离、坐标等数据以及系统整平等情况。

整平情况可借助于双轴倾斜传感器指示。从发光二极管发出的光透射玻璃圆水准器,射在水准气泡上的光被反射或折射掉,其余直射到接收基板上,基板上装有4只彼此相距90°的光敏二极管。当仪器完全整平时,气泡的投影位于接收基板的中央;若仪器稍有一点倾斜时,气泡就相应移动,光敏二极管接收的光能量就起变化,通过各二极管上光能量之比,即可得到纵轴倾角(以铅垂线方向为零)。

纵轴倾斜可以发生在任何方向。所谓"双轴",是指定仪器的视准轴的水平投影方向为 X 轴,仪器的横轴方向为 Y 轴。由传感器测定的纵轴倾斜分别以 X 轴和 Y 轴方向的倾斜角度处理器自动按倾角改正水平度盘的读数显示,即所谓纵轴倾斜的自动补偿。水平度盘读数改正所依据的公式为:

$$R = R' + i \cdot \tan\alpha \tag{3-55}$$

式中:R'——原水平度盘读数;

i——纵轴在 Y 轴方向的倾角(左倾为正,右倾为负);

α——瞄准目标时视线的垂直角;

R——经过改正后所显示的水平度盘读数。

(3)存储器

把测量数据先在仪器内存储起来,然后传送到外围设备(电子记录手簿和计算机),这是全站仪的基本功能之一。全站仪的存储器有机内存储器和存储卡两种。

(4)通信接口

全站仪可以将内存中的存储数据通过 RS-232C 接口和通信电缆传输给计算机,也可以接收由计算机传输来的测量数据及其他信息,称为数据通信。

3. 观测前准备工作

(1)电池装入

测量时将电池装上使用,测量结束后应卸下。在测量前首先应检查内部电池充电情况,如电力不足,要及时充电,避免由于电池的原因影响测量作业的进度。

(2)安置仪器

开启电源,显示屏显示仪器型号、编号和软件版本,数秒后,仪器自动转入自检,并显示电池电量情况。同时提醒操作员仪器需要整平,接下来进行仪器的安置,包括对中和整平两项工作。徕卡 TC300 全站仪采用激光对中器和电子水准管,故必须先开启电源才能进行对中、整平操作。

(3)设置作业及参数

仪器对中整平以后,应该根据项目的情况设置作业。在设置作业时,一个完整的作业包括作业名、操作员、作业时间、气象参数、大气压(或海拔高)等设置。当参数设置完成后,才能开始相应任务的作业。

(4)开始测量

根据作业任务选择相应程序,并进行设站,定向完成后便可开始测量。

4. 仪器的使用

电子全站仪的使用可分为:观测前的准备工作、角度测量、距离(斜距、平距、高差)测量、常规(坐标)测量、导线测量、交会定点测量和放样测量等。角度测量和距离测量属于基本测量工作,导线测量等有专用的软件(程序)控制。应用这些软件,配合基本测量工作,就可以获得测量的成果。不同型号的全站仪的使用方法基本相同,但也有一些差别。

用徕卡全站仪进行基本测量工作的操作方法如下。

(1)角度测量

设 A、B、C 三点中测站为 B,需要测定相对于 A、C 的水平角,瞄准左边的目标 A(第一目标)后,按 PAGE DOWN 键使显示主菜单第二页,按"归零"软键,使水平度盘读数为零,垂直度盘则按视线倾角显示相应的天顶距读数。瞄准右边目标 C(第二目标),水平度盘显示读数即为水平角。水平角和垂直角可以同时测得。如图 3-45 所示。

(2)方位角测设

当在已知点上设站瞄准另一已知点时,则该方向的坐标方位角为已知值,此时,可设置水平度盘读数为已知方位角值,称为水平度盘定向。此后,瞄准其他方向时,水平度盘显示读数即为该方向的方位角值。此法常用于极坐标法的点位坐标测定。

在图 3-45 中,HZ 代表水平角,V 代表竖直角,水平角即为相应方位角。其实,当定向完成后,随着旋转照准部,相应方位角也随之改变并显示出来。

(3)测距参数设置

徕卡 TC300 测距参数设置的界面如图 3-46 所示。其中,Laser Pointer 指的是激光投点,后面的 on 代表打开可以投射到目标点上的可见的红色激光束;Prism Const 指的是棱镜常数;Round 代表加入该常数,在"prisme"中设置(徕卡 TC300 全站仪的参数:+34.4mm。如果量得棱镜常数 =14mm 则输入" -14 +34.4 =20.4")。

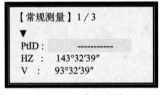
图 3-45 常规测量

图 3-46 测距设置

参数设置完毕,按 ↵ 键保存当前设置并返回到测量屏幕(测量程序)。所选取的参数会自动存储,一直到再次被更改为止,所以不需要每次测距都重新设置,必要时可查看。

(4)气象改正

光在大气中的传播速度受气温和气压的影响,因此,在用全站仪测量时,需要进行气象改正。气象改正值的比例改正系数按下列公式计算:

$$\text{ppm} = 278.96 - \frac{0.2904p}{1 + 0.003661t} \tag{3-56}$$

式中:p——气压值(hPa);

t——测量环境的气温(℃)。

徕卡 TC300 全站仪只需设置气象参数,系统就会根据该参数进行自动改正,气压参数的设置可以是直接输入气压值,也可输入海拔高,系统会自动根据海拔高换算出相应的气压值。

徕卡 TC300 全站仪按照以下公式计算斜距、平距和高差,并自动加入球气差。平距计算是相对测站高程而言的,并不是镜站高程。

计算斜距的公式:

$$D = D_0(1 + \text{ppm} \times 10^{-6}) + M \tag{3-57}$$

计算平距的公式:

$$S = D \cdot \cos\alpha \tag{3-58}$$

计算高差的公式：
$$h = S \cdot \tan\alpha + i - v + f \tag{3-59}$$

式中：D——仪器显示的斜距；

D_0——未加改正的距离；

ppm——比例改正系数，其计算公式为式(3-56)；

M——棱镜常数；

S——测站平均高程面上的平距；

α——竖直角；

i——仪器高；

v——目高程；

f——球气差，$f = 0.42\dfrac{S^2}{R}$。

(5) 距离测量

距离测量是与角度(水平角、垂直角)测量同时进行的，测量时，望远镜的十字丝中心瞄准棱镜中心。距离测量的三种显示方式(斜距、平距或高差)是预先设置参数时决定的，其中，斜距是光电测距单元的原始观测值，平距和高差是根据垂直角传感器由斜距计算而得。

瞄准目标棱镜后，按 DIST 键只显示不储存数据，但按 ALL 键数据自动存储，等同于快捷键，如果事前设置为单次测距，则距离显示后自动停止测量；如果设置为跟踪测距，则重复测量和显示；也可设置测距次数，重复观测至所设置的观测次数为止，并显示距离平均数。

四、全站仪程序功能及其应用

电子全站仪除了能测定地面点之间的水平角、垂直角、斜距、平距、高差等直接观测值以及进行有关这些观测值的改正(例如水平度盘读数的纵轴倾斜改正、垂直角的指标差改正、距离测量的气象改正)外，一般还设置一些简单的计算程序(软件)，能在测量现场实时计算出待定点的三维坐标[平面坐标(X,Y)和高程 H]、点与点之间的平距、高差和方位角，或根据已知的设计坐标计算出放样数据。这些软件具体为：控制测量、常规测量、放样测量、悬高测量、面积测量等。

1. 控制测量

数字测量的图根控制可采用"一步法"测量，即图根控制测量与碎步测量同步进行。但对于高等级的数字测量，还是必须先进行控制测量，建立测量控制网，然后在控制网的基础上，开始图根控制和细部测图工作。所谓控制网是指由在测区内选定的若干个控制点构成的几何图形。

传统的控制网可划分为三角网、导线网、测边网、边角网、水准网、三角高程网等等，种类繁多，形式各异，控制网处理中要求对数据编辑、概算、观测质量评价、平差和精度分析等。有时还必须对控制网结构进行拓扑分析。

随着计算机的发展，全站仪观测精度的不断提高，控制网自动平差、优化等自动化软件也不断完善，利用全站仪作控制也就越来越普遍。

(1) 导线测量

如果需要测定待定点的坐标，根据已知两点或多点测量其余各点并将所测点连成一条线路，依次用三维坐标测量的方法测定前进方向的点的坐标，实质上就是支导线测量，可以采用方位角设置法或者是坐标设置法。

导线测量的具体操作方法如下：

①在起始的测站点按常规坐标测量方法测定目标点的坐标后，关闭电源，将仪器安置于目标点，原测站点安置棱镜作为后视点，测量时注意量取仪器高及棱镜高并输入仪器。

②瞄准后视点，测量方位角、垂直角、距离。

③在前视目标点设置棱镜，量目标点高程并输入仪器。

④瞄准前视目标点，按坐标测量键，测定该点的坐标。

⑤重复以上操作，完成下一点的测量。

如果为符合或闭合导线可以利用相应平差程序进行平差处理。全站仪都有坐标数据储存的功能，储存时可以输入点号，以此区别，且控制测量数据可存储在控制成果数据管理区。

(2)交会测量

交会法一般分为前方交会、后方交会和边长交会。在某一待定点上，通过观测2个以上的已知点，以求得待定点的坐标，在全站仪测量中称为后方交会。如果对已知点仅观测水平方向，则至少应观测3个已知点，这符合经典后方交会的定义。由于全站仪瞄准目标后可以边、角同测，因此，如果对2个已知点观测距离已构成测边交会，即边长交会，已能计算测站点的坐标。而测距时必定同时观测水平角，有了多余观测，要进行闭合差的调整后才计算坐标。在后方交会软件中，可以处理这样的多余观测。

后方交会的具体操作方法如下：

①安置全站仪于待定点上后，输入仪器高。

②按程序(PROG)调用键选择后方交会软件，按屏幕提示输入各已知点的三维坐标、目标高程等信息后便可开始测量。

③当观测方案已具备计算的条件时，即能够满足交会条件时，便可开始测量。

④依次瞄准各已知点，按测量键。

⑤各点观测完毕，经过软件计算，输出测站点的三维坐标。

2. 常规测量

常规测量也叫三维坐标测量，是用极坐标法(支点法)测定点的平面坐标(x,y)，用三角高程法测定点的高程H。

三维坐标测量的操作方法如下：

(1)测站上安置全站仪，用小钢尺量取仪器高，后视点安置棱镜，按"设站"输入测站点点名及测站点的三维坐标，同时输入仪器高i。

(2)按"定向"软键，系统会提示输入后视点即定向点，如果系统找到该点，则直接调用；若没找到，系统将提示操作员输入该点坐标，瞄准后视点，按↵键完成定向，并自动保存定向数据和换算出方位角。

(3)目标点安置棱镜三脚架或棱镜杆，量取目标点高程，通知测站，测站操作员输入目标点高程。

(4)瞄准目标点棱镜中心，按DIST键是只测量不保存，键盘上将显示系统自动计算过的目标方位角、目标点三维坐标、距离等信息，如果要保存测量数据，按全功能键ALL。测量并保存可以直接按快捷键，或者是ALL键。

在一个测站上，可以测定许多目标点的三维坐标。如果目标点高程不变(例如，采用固定高度的棱镜杆)，则观测各目标点时，仅需重复上述第4步操作，即当棱镜高发生改变时，需要输入改变后的棱镜高。

3. 放样测量

放样测量具体可以采用极坐标法放样、正交法放样、增量法放样等方法进行。放样就是根据在大比例尺地形图所设计的点的坐标,将全站仪置于实地布设的导线点上,把各设计点直接测设在实地上,再根据各点的位置定出相应线的位置。

在具体作业时,一般是在开测前先将所要放样点及导线点的坐标输入全站仪,再进行实地放样。随着全站仪各种配套软件的发展,坐标数据的传输可以实现直接从电脑导入全站仪,但目前由于各种全站仪的数据接口不一致,为数据的直接导入带来了不便。

4. 悬高测量

测量棱镜不能到达的点(如高压电线、桥梁桁架等),可先直接瞄准其上方或下方的基准点上的棱镜,测量斜距,然后瞄准悬高点,测出高差,称为悬高测量,或称遥测高程。

如图 3-47 所示,设测站为 A,目标 T 为高压电线的垂曲最低点,显然该点不可能到达。在其底下地面安置反光棱镜 P,量取棱镜高 v,瞄准棱镜中心 P,测定斜距 S 及天顶距 Z_P;瞄准 T 点,测定天顶距 Z_T,则 T 点离地面的高度为悬高。具体的操作方法如下:

(1)测站上安置全站仪,目标下方(或上方)安置棱镜,量棱镜高 v 并输入仪器。

(2)瞄准棱镜,按距离测量键,显示斜距及棱镜天顶距。

(3)瞄准目标点,按悬高测量键,显示目标点离地面高度 H。悬高计算的公式为:

$$H = v + \frac{S \cdot \sin Z_P}{\tan Z_T} - S \cdot \cos Z_P \qquad (3-60)$$

式中:H——目标点沿铅垂线到地面的高度;

　　　v——棱镜高;

　　　S——全站仪中心至棱镜中心的(显示)斜距;

　　　Z_P——棱镜中心的天顶距;

　　　Z_T——目标点(悬高点)的天顶距。

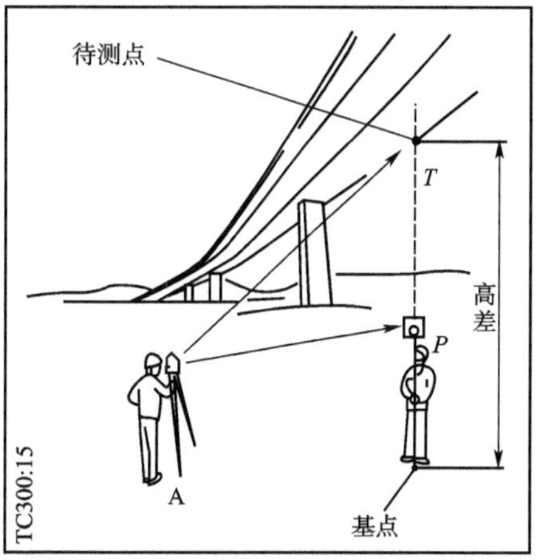

图 3-47 悬高测量

5. 面积测量

直接调用徕卡 TC300 面积测量程序,顺序观测多边形的各顶点,测量测站至各顶点的距离及相应夹角,程序就会自动计算所围多边形面积并显示所测点的数量、所围区域面积及边长等。利用全站仪进行面积测量,可以实时获得多边形的面积。

如图 3-48 所示,用面积测量程序,可以实时测量目标 1 到目标 5 所围区域的面积。该程序对测量的目标点数没有限制。只要测量三个点就能实时计算出所围面积。

测量完成后,启动"结果",仪器马上显示出所测点的数量、计算的面积及边长,如图 3-49 所示。

注意:测量面积时,只能按一个方向顺序测量各顶点,最后必须闭合。如图 3-48 所示,按 1-2-3-4-5-1 顺序观测。

6. 数据的存储管理

已知点的三维坐标数据可以存入存储器中,以便作为测站点坐标、后视点坐标或放样点坐标调用。下面以徕卡 TC300 全站仪为例说明存放方法。

直接调用全站仪的数据管理器,如图图 3-50 所示,包括编辑数据、初始化、数据下载、数据统计四个子程序。

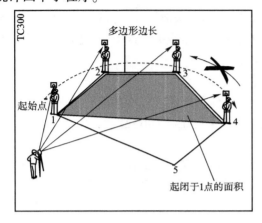

图 3-48　面积测量

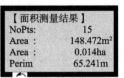

图 3-49　测量结果

图 3-50　数据管理

(1)编辑数据

编辑、新建、查看和删除作业、测量数据、已知点数据和编码表等。

(2)初始化

完全删除内存的内容,包括单独的作业或全部数据区(例如:已知点,测量数据)。

(3)数据下载

把所选择的数据组按无协议方式传输到接口和测试的过程。

(4)数据统计

关于作业和内存分配的统计信息。附:作业是一个不同类型数据的集合,例如已知点,测量数据、编码、计算结果等。作业的定义包括输入作业的名称和使用者。此外,系统自动还会产生当时或建立作业时的日期和时间。

五、全站仪使用的注意事项及其使用要点

全站仪使用的注意事项及其使用要点如下:

(1)新购置的仪器,应结合仪器认真阅读仪器使用说明书,电池第一次充电时间应在 24 小时以上。

(2)仪器由专人保管,专业人员使用。

(3)仪器安置在三脚架上之前,应检查三脚架的三个伸缩螺旋是否已旋紧,只有在用连接螺旋将仪器固定在三脚架上之后才能放开仪器。搬站、装箱时应该握住仪器的支架,而不能握住镜筒,旋转照准部时应匀速旋转,切忌急速转动。

(4)望远镜不应直接照准太阳,当阳光强烈时,应该使用滤光片,防止损坏内部电子元件。

(5)高温天气时仪器应该撑伞作业,以免仪器内部温度升高,从而缩短使用寿命。高精度测量时,一般都要给仪器遮挡直射的阳光,同时注意仪器对环境温度的要求。

(6)仪器装箱时,应先将电源关闭。长途运输仪器时应有防震垫,以防震动和冲撞。

(7)长期不用仪器时应定期通电,具体按说明书建议进行操作。

(8)清洁镜头时先用毛刷刷去尘土,然后用洁净的浸有无水酒精(乙醚)的棉布擦拭。

(9)清除箱中尘土时不要使用汽油或稀释剂,应用浸有中性洗涤剂的清洁布擦洗。

(10)其他使用要点同光学经纬仪。

工作任务10　平面控制测量

学习目标

了解控制测量的基本概念；
掌握导线测量的外业工作程序和具体实施步骤；
掌握导线测量的内业计算方法与步骤。

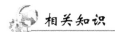

相关知识

一、平面控制测量概述

在测量工作中，为了限制误差的积累与传递，保证整个测区的精度均匀，满足地形测图与工程施工的精度需要，必须遵循测量工作的基本原则，即"从整体到局部"、"由高级到低级"、"先控制后碎部"。实质上就是在测量工作开始时，首先在整个测区进行整体的控制测量，然后在根据控制网进行加密控制点或进行碎部测量和测设。所谓控制测量，就是在整个测区范围内，选定若干个具有控制作用的点（称为控制点），构成一定的几何图形（称为控制网），使用精密的测量仪器和工具，进行外业施测，获得满足技术要求的外业数据，而后进行内业计算，对外业观测数据进行平差计算，求出控制点的平面坐标和高程。

控制测量分为平面控制测量和高程控制测量。本工作任务主要讲述平面控制测量。

1. 平面控制测量

用较高精度测量控制点平面坐标(x,y)的测量工作称为平面控制测量。传统的平面控制测量主要为三角测量，随着全站仪和GPS定位技术的出现，现在平面控制测量多采用导线测量和GPS静态测量。

2. 平面控制网的分类

（1）国家平面控制网

在全国范围内布设的平面控制网，称为国家平面控制网。国家平面控制网建立的方法有三角网、导线网和GPS网，它们的精度分级国家测量规范、规程都有详细介绍。国家平面控制网采用分级布设、逐级控制的原则。

（2）城市平面控制网

根据工程建设的需要，在国家平面控制网基础上，建立的用以满足地形测图和工程施工放样的不同等级的控制网，称为城市平面控制网。城市平面控制网精度等级的划分都有相应的国家测量规范、规程。

（3）小区域平面控制网

在较小区域范围内建立的平面控制网，称为小区域平面控制网。用于工程建设的平面控制一般都是建立小区域平面控制网，根据测区面积的大小和工程建设的实际需要，小区域平面控制网需要按精度要求分级布网。在整个测区范围内建立的精度最高的平面控制网，称为首级平面控制网。直接为测图建立的平面控制网，称为图根控制网。组成图根控制网的点，称为图根控制点。

目前，在工程建设中建立小区域平面控制网的普遍采用的方法为导线测量和GPS测量。本工作任务主要介绍在带状工程中利用导线测量建立小区域平面控制网。

二、导线测量

导线就是由测区内选定的控制点组成的连续折线，如图3-51所示。这些转折点（A、B、1、2、3、C、D）称为导线点；相邻两点之间的连线（AB、$B1$、12、23、$3C$、CD）称为导线边；相邻两点之间的水平距离（D_{AB}、D_{B1}、D_{12}、D_{23}、D_{3C}、D_{CD}）称为导线边长；相邻导线边之间的水平角（β_B、β_1、β_2、β_3、β_C）称为转折角，其中当转折角β在导线前进方向的左侧，叫做左角，转折角β在导线前进方向的右侧，叫做右角；α_{AB}称为起始边AB的坐标方位角。导线测量实质是测定各导线边的边长和各转折角，然后根据起始点的已知坐标和起始边的坐标方位角，计算各导线点的坐标。

1. 导线的布设形式

根据测区的情况和要求，导线可以布设成以下几种常用形式：

（1）闭合导线

如图3-52所示，由某一已知控制点出发最后又回到该点，组成一个闭合多边形。它适用于面积较宽阔的独立地区作测图控制。

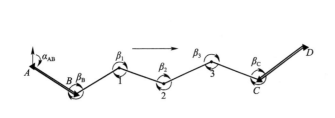

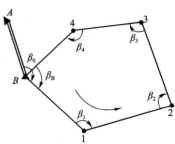

图3-51　导线示意图　　　　　　　　　　图3-52　闭合导线示意图

（2）附合导线

如图3-53所示，自某一已知控制点出发最后附合到另一高级控制点上的导线，它适用于带状地区的测图控制，此外也广泛用于公路、铁路、管道、河道等工程的勘测与施工控制点的建立。

（3）支导线

如图3-54所示，从一已知控制点出发，即不闭合也不附合于另一控制点上的单一导线，这种导线没有已知点进行校核，错误不易发现，所以导线的点数不得超过2~3个。

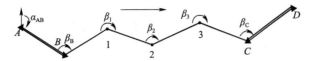

图3-53　附合导线示意图　　　　　　　　图3-54　支导线示意图

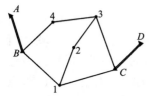

图3-55　导线网示意图

（4）导线网

如图3-55所示从若干个已知控制点开始的导线在一个或几个共同点上交叉或汇合，所构成的网状图形称为导线网。

2. 导线测量的技术要求

工程测量中各级导线的主要技术指标要求参见表3-11。

导线测量主要技术要求　　　　　　　表 3-11

等级	导线长度（km）	平均边长（km）	测距中误差(mm)	测距相对中误差	测角中误差(″)	导线全长相对闭合差	方位角闭合差(″)	测回数		
								DJ$_1$	DJ$_2$	DJ$_6$
三等	14	3	20	1/150000	1.8	1/55000	$\pm 3.6\sqrt{n}$	6	10	—
四等	9	1.5	18	1/80000	2.5	1/35000	$\pm 5\sqrt{n}$	4	6	—
一级	4	0.5	15	1/30000	5	1/15000	$\pm 10\sqrt{n}$	—	2	4
二级	2.4	0.25	15	1/14000	8	1/10000	$\pm 16\sqrt{n}$	—	1	3
三级	1.2	0.1	15	1/7000	12	1/5000	$\pm 24\sqrt{n}$	—	1	2

注：1. 表中 n 为测站数。

2. 当测区测图的最大比例尺为 1:1000 时，一、二、三级导线的导线长度、平均边长可适当放宽，但最大长度不应大于表中规定相应长度的 2 倍。

3. 导线测量的外业工作

导线测量工作分外业和内业。外业工作一般包括准备工作、踏勘选点、建立标志、测角、量边和联测；内业工作是根据外业的观测成果经过计算，最后求得各导线点的平面直角坐标。下面是外业中的几项工作。

（1）准备工作

在进行导线测量之前，要先做好准备工作，准备工作分为两部分：一是人员、仪器的准备；二是资料的准备。

（2）踏勘选点

根据收集的资料，在中比例尺地形图上进行控制网设计并确定联测方案。在布网方案初步确定后，可对控制网进行精度估算，必要时需对初定控制点进行调整。然后到野外实地踏勘、核对、修改和落实点位。

根据已知点的分布情况并结合测区地形，确定导线的布设形式，依据导线测量的选点原则在野外进行选点。实地选点时应注意以下几点：

①导线点应选在地势较高、视野开阔的地点，便于施测周围地形；

②相邻两导线点间要互相通视，便于测量水平角；

③导线应沿着平坦、土质坚实的地面设置，以便于丈量距离；

④导线边长要选得大致相等，相邻边长不应悬殊过大；

⑤导线点位置须能安置仪器，便于保存；

⑥导线点应尽量靠近路线位置。

（3）埋设标志

野外选点结束后，根据实际情况对选好的导线点进行埋石建标，并按一定的顺序进行编号。为了便于日后寻找使用，最好将重要的导线点及其附近的地物绘成草图，并注明尺寸。如图 3-56 所示，做好"点之记"。

（4）水平角测量

观测导线转折角时一般采用测回法进行观测，导线的转折角有左角和右角之分，这是相对于导线前进的方向确定的。在导线前进方向左侧的角称为左角，在导线前进方向右侧的角称为右角。

草　图	导线点	相关位置	
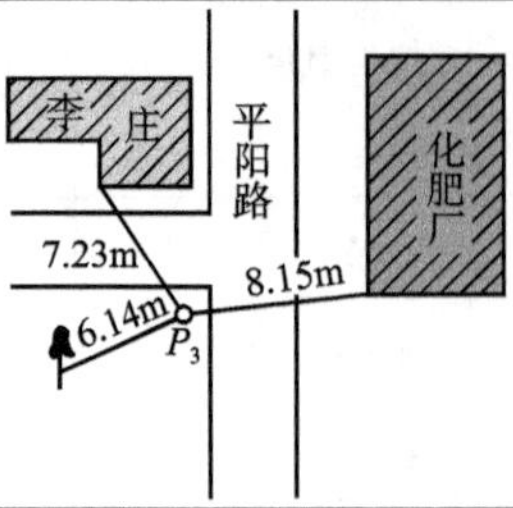		李庄房角	7.23m
	$K1$	化肥厂房角	8.15m
		独立树	6.14m

图 3-56　导线点之标记图

对导线各转折角进行测量的过程中,一定要注意画出导线草图,标注导线前进方向,记录清楚所测的转折角是左角还是右角。

(5)水平距离测量

距离测量同水平角测量一样是导线测量的基本工作之一。对于一级以上的导线应采用光电测距仪进行测量,一级以下的导线也可以采用普通钢尺量距。

(6)联测

导线联测就是将新布设的导线与测区周围高等级的控制点联系起来,已取得导线计算的起算数据(起算点的坐标和起算边的方位角)如图 3-57 所示,β_0 为该闭合导线的连接角。

(7)数据检查、绘制导线图和计算表格

导线测量外业工作完成之后,即可进行内业计算。在内业计算之前应全面检查导线测量的外业记录,检查数据是否齐全,有无错误,测角、量边是否符合精度要求,起算数据是否准确无误。根据外业草图绘制导线图并把外业测量数据标注在图中对应的位置,如图 3-58 所示。

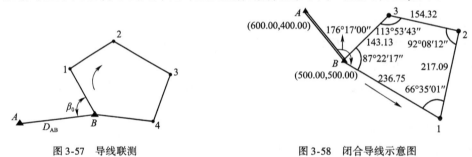

图 3-57　导线联测　　　　　图 3-58　闭合导线示意图

(8)导线的内业计算与精度评定

导线的内业计算实质是根据起算数据和外业观测成果,通过平差计算对测量误差进行必要的调整,推算出各导线边的方位角,计算出各导线边的坐标增量,最后求得各导线点的平面坐标。

三、闭合导线的内业计算

如图 3-58 所示的闭合导线,已知 A、B 为已知控制点,且坐标分别为 $A(600.00,400.00)$、$B(500.00,500.00)$,图中 1、2、3 为待求导线点,外业观测数据如图中所示,试求各导线点坐标。

1. 角度闭合差的计算与调整

闭合导线从几何上看,是一多边形。其内角和在理论上应满足下列关系:

$$\sum \beta_{理} = (n-2) \times 180° \tag{3-61}$$

(1)计算角度闭合差

但由于测角时不可避免地存在误差，使实测得内角之和不等于理论值之和，这样就产生了角度闭合差，以 f_β 来表示，则：

$$f_\beta = \Sigma\beta_{理} - \Sigma\beta_{测} \tag{3-62}$$

（2）计算角度闭合差容许值

不同级别的导线其角度闭合差的允许值是不同的，对于图根导线：

$$f_{\beta容} = \pm 40''\sqrt{n} \ (n \text{ 为多边形内角个数}) \tag{3-63}$$

（3）计算改正数

计算出角度闭合差 f_β 和容许值 $f_{\beta容}$ 之后，需要判断 f_β 与 $f_{\beta容}$ 的大小，如果 $f_\beta > f_{\beta容}$，说明误差超限，应进行检查分析原因；若 $f_\beta \leqslant f_{\beta容}$，说明角度观测符合要求，即可进行角度闭合差的调整，使调整后的角值满足理论上的要求。

由于导线的各内角是采用相同的仪器和方法，在相同的条件下观测的，所以对于每一个角度来讲，可以认为它们产生的误差大致相同，因此在调整角度闭合差时，可将闭合差按相反的符号平均分配于每个观测内角中。设以 V_β 表示各观测角的改正数，则改正数 V_β 为：

$$V_\beta = -\frac{f_\beta}{n} \tag{3-64}$$

当不能均分时；则可将余数凑整到导线短边夹角或邻角上，这是因为在短边测角时由于仪器对中、照准所引起的误差较大。各内角的改正数之和与角度闭合差绝对值相等，但符号相反，即 $\Sigma V_\beta = -f_\beta$。

（4）计算改正后的角度值

$$\bar{\beta}_i = \beta_i + V_\beta \tag{3-65}$$

改正后的各内角值之和应等于理论值，即 $\Sigma\bar{\beta}_i = (n-2) \times 180° = \Sigma\beta_{理}$。

2. 导线各边坐标方位角的推算

外业观测角度经过调整后，即可开始计算导线各边的坐标方位角，坐标方位角的计算见工作任务 8。

3. 坐标增量的计算

坐标增量实质是相邻两导线点坐标 (x, y) 的差值，也就是纵、横坐标的增量，用 ΔX 和 ΔY 表示，坐标增量的计算用导线各边的方位角和对应的导线边长进行计算。

4. 坐标增量闭合差的计算与调整

（1）坐标增量闭合差的计算

如图 3-59 所示，导线边的坐标增量可以看成是在坐标轴上的投影线段。从理论上讲，闭合多边形各边在 X 轴上的投影，其 $+\Delta X$ 的总和与 $-\Delta X$ 的总和应相等，即各边纵坐标增量的代数和应等于零。同样在 Y 轴上的投影，其 $+\Delta Y$ 的总和与 $-\Delta Y$ 的总和也应相等，即各边横坐标量的代数和也应等于零。也就是说闭合导线的纵、横坐标增量之和在理论上应满足下述关系：

$$\left.\begin{array}{l}\Sigma\Delta X_{理} = 0 \\ \Sigma\Delta Y_{理} = 0\end{array}\right\} \tag{3-66}$$

但因测角和量距都不可避免地有误差存在，因此根据观测结果计算的 $\Sigma\Delta X_{测}$、$\Sigma\Delta Y_{测}$ 都不等于零，我们把纵、横坐标增量计算值的和与理论值的和之差，分别称为纵、横坐标增量闭合差 (f_x, f_y)，即

$$f_x = \sum \Delta X_{测} - \sum \Delta X_{理} \\ f_y = \sum \Delta Y_{测} - \sum \Delta Y_{理}\} \quad (3\text{-}67)$$

式中：f_x——纵坐标增量闭合差；

f_y——横坐标增量闭合差。

从图 3-60 中可以看出 f_x 和 f_y 的几何意义。由于 f_x 和 f_y 的存在，就使得闭合多边形出现了一个缺口，起点 A 和终点 A' 没有重合，设 AA' 的长度为 f_D，称为导线的全长闭合差，而 f_x 和 f_y 正好是 f_D 在纵、横坐标轴上的投影长度，所以

$$f_D = \sqrt{f_x^2 + f_y^2} \quad (3\text{-}68)$$

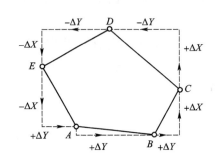
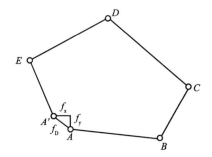

图 3-59　闭合导线坐标增量示意图　　　图 3-60　闭合导线坐标增量闭合差示意图

(2) 导线精度的衡量

导线全长闭合差 f_D 的产生，是由于测角和量距中有误差存在的缘故，所以一般用它来衡量导线的观测精度。可是导线全长闭合差是一个绝对闭合差，且导线越长，所量的边数与所测的转折角数就越多，影响全长闭合差的值也就越大，因此，须采用相对闭合差来衡量导线的精度。设导线的总长为 $\sum D$，则导线全长相对闭合差 K 为：

$$K = \frac{f_D}{\sum D} = \frac{1}{\sum D / f_D} \quad (3\text{-}69)$$

若 $K \leq K_{容}$，则表明导线的精度符合要求，否则应查明原因进行补测或重测。

(3) 坐标增量闭合差的调整

如果导线的精度符合要求，即可将增量闭合差进行调整，使改正后的坐标增量满足理论上的要求。由于是等精度观测，所以增量闭合差的调整原则是将它们以相反的符号按与边长成正比例分配在各边的坐标增量中。设 $V_{\Delta Xi}, V_{\Delta Yi}$ 分别为纵、横坐标增量的改正数，即

$$V_{\Delta Xi} = -\frac{f_x}{\sum D} D_i \\ V_{\Delta Yi} = -\frac{f_y}{\sum D} D_i\} \quad (3\text{-}70)$$

式中：$\sum D$——导线边长总和；

D_i——导线某边长 ($i = 1、2、\cdots、n$)。

所有坐标增量改正数的总和，其数值应等于坐标增量闭合差，而符号相反，即

$$\sum V_{\Delta Xi} = V_{\Delta X1} + V_{\Delta X2} + \cdots + V_{\Delta Xn} = -f_x \\ \sum V_{\Delta Yi} = V_{\Delta Y1} + V_{\Delta Y2} + \cdots + V_{\Delta Yn} = -f_y\} \quad (3\text{-}71)$$

改正后的坐标增量应为：

$$\left.\begin{array}{l}\Delta \bar{X}_i = \Delta X_{i_i} + V_{\Delta X_{i_i}} \\ \Delta \bar{Y}_i = \Delta Y_{i_i} + V_{\Delta Y_{i_i}}\end{array}\right\} \quad (3\text{-}72)$$

5. 坐标推算

用改正后的坐标增量，就可以根据导线起点的已知坐标依次推算其他导线点的坐标，即

$$\left.\begin{array}{l}X_i = X_{i-1_i} + \Delta \bar{X}_i \\ Y_i = Y_{i-1_i} + \Delta \bar{Y}_i\end{array}\right\} \quad (3\text{-}73)$$

四、附合导线的内业平差计算

附合导线的内业计算步骤合闭合导线的计算步骤基本相同，附合导线的两端都有已知点相连接，所以附合导线在计算角度闭合差、坐标增量闭合差与闭合导线计算方法不太一样。

1. 附合导线角度闭合差的计算

如图 3-61 所示，由于附合导线两端分别连接一条起算边，假设 A、B、C、D 四点坐标已知，则可分别求出 AB 和 CD 两条边的边长和方位角，AB、CD 称为附合导线的始边和终边，根据外业测得导线各转折角的值，可以根据起始边 AB 的方位角，推算出 CD 边的方位角 α'_{CD}，而 CD 边的坐标方位角是已知的 α_{CD}，由于测角误差的存在，二者的值不相等，二者之差称为附合导线的角度闭合差 f_β，即

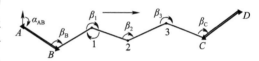

图 3-61 闭合导线示意图

$$\left.\begin{array}{l}f_\beta = \alpha'_{CD} - \alpha_{CD} = (\alpha_{始} - \alpha_{终}) + \sum\beta_{左} - n \times 180° \\ f_\beta = \alpha'_{CD} - \alpha_{CD} = (\alpha_{始} - \alpha_{终}) - \sum\beta_{右} + n \times 180°\end{array}\right\} \quad (3\text{-}74)$$

注意：对附合导线的角度闭合差进行调整时，若观测角 β 为左角时和闭合导线一样分配，若 β 为右角则与闭合差同号平均分配。

2. 附合导线坐标增量闭合差的计算

如图 3-61 所示，B 点和 C 点称为导线的起点和终点，二者均为已知的控制点。附和导线纵、横坐标增量的代数和，理论上应等于终点与起点的纵、横坐标差值，即

$$\left.\begin{array}{l}\sum\Delta X_{理} = X_{终} - X_{始} \\ \sum\Delta Y_{理} = Y_{终} - Y_{始}\end{array}\right\} \quad (3\text{-}75)$$

但是由于量边和测角误差的存在，依据观测值推算出来的纵、横坐标增量的代数和 $\sum\Delta X_{测}$、$\sum\Delta Y_{测}$ 与上式的理论值通常是不相等的，二者之差即为纵、横坐标增量闭合差：

$$\left.\begin{array}{l}f_x = \sum\Delta X_{测} - \sum\Delta X_{理} = \sum\Delta X_{测} - (X_{终} - X_{始}) \\ f_y = \sum\Delta Y_{测} - \sum\Delta Y_{理} = \sum\Delta Y_{测} - (Y_{终} - Y_{始})\end{array}\right\} \quad (3\text{-}76)$$

坐标增量闭合差的调整，导线精度计算与闭合导线相似。

五、闭合导线计算实例

如表 3-12 中所示的闭合导线，已知 1 点坐标为 $(500.00, 500.00)$，1—2 边的方位角 $\alpha_{12} = 130°17'00''$，外业观测数据如图中所示，试推算 2、3、4 点坐标并填入计算表格。

1. 绘制计算草图

在图上填写已知数据和观测数据,如表 3-12 所示。

2. 角度闭合差的计算和调整

闭合导线从几何上看,是一多边形,其内角和在理论上应满足下列关系:

$$\sum\beta_{理} = 180 \cdot (n-2)$$

由于测角时不可避免地存在误差,使测得内角和不等于理论值,这样就产生了角度闭合差,以 f_β 来表示,则:

$$f_\beta = \sum\beta_{测} - \sum\beta_{理} \quad \text{或} \quad f_\beta = \sum\beta_{测} - (n-2) \cdot 180$$

在表 3-12 中,$f_\beta = \sum\beta_{理} - \sum\beta_{测} = -45''$。

求出角度闭合差后应根据所测导线的等级按技术上所规定的允许角度闭合差公式计算角度的允许误差 $f_{\beta允}$。如果 f_β 值不超过允许误差的限度,说明角度观测符合规范要求,可进行角度闭合差的调整,使调整后的角值满足理论上的要求。

由于导线的各内角是采用相同的仪器和方法,在相同的条件下观测的,所以对于每一个角度来讲,可以认为它们产生的误差大致相同,因此在调整角度闭合差时,可将闭合差按相反的符号平均分配于每一个观测内角中,设以 $V_{\beta i}$ 表示各观测角的改正数,β_i' 表示观测角,β_i 表示改正后的观测角值,则:$V_{\beta i} = -f_\beta/n$

$$\beta_i = \beta_i' + V_{\beta i} \quad (i = 1、2、\cdots、n)$$

当上式不能被整除时,可将余数凑整到导线的短边相邻的角中去,这是因在短边测角时由于仪器对中、照准所引起的误差较大。

3. 坐标方位角推算

根据起始边的坐标方位角及改正后的内角值,依次推算各边的坐标方位角。

$$\alpha_{前} = \alpha_{后} + \beta_{左} - 180° \text{ 或 } \alpha_{前} = \alpha_{后} - \beta_{右} + 180°$$

4. 坐标增量的计算

平面直角坐标系中,两点坐标相应的坐标差称为坐标增量,分别以 ΔX 和 ΔY 表示,则:

$$X_i - X_{i-1} = \Delta X_{i-1,i}$$
$$Y_i - Y_{i-1} = \Delta Y_{i-1,i}$$

导线边的距离为 $D_{i-1,i}$,其方位角为 $\alpha_{i-1,i}$,则:

$$\Delta X_{i-1,i} = D_{i-1,i} \cdot \cos\alpha_{i-1,i}$$
$$\Delta Y_{i-1,i} = D_{i-1,i} \cdot \sin\alpha_{i-1,i}$$

该例题中:

$$\Delta X_{12} = D_{12} \cdot \cos\alpha_{12} = 236.75 \times \cos131°17'00'' = -156.20$$
$$\Delta Y_{12} = D_{12} \cdot \sin\alpha_{12} = 236.75 \times \sin131°17'00'' = 177.91$$
$$\Delta X_{23} = D_{23} \cdot \cos\alpha_{23} = 217.09 \times \cos17°52'12'' = 206.62$$
$$\Delta Y_{23} = D_{23} \cdot \sin\alpha_{23} = 217.09 \times \sin17°52'12'' = 66.62$$
$$\Delta X_{34} = D_{34} \cdot \cos\alpha_{34} = 154.32 \times \cos290°00'35'' = 52.80$$
$$\Delta Y_{34} = D_{34} \cdot \sin\alpha_{34} = 154.32 \times \sin290°00'35'' = -145.00$$
$$\Delta X_{41} = D_{41} \cdot \cos\alpha_{41} = 143.13 \times \cos223°54'32'' = -103.12$$
$$\Delta Y_{41} = D_{41} \cdot \sin\alpha_{41} = 143.13 \times \sin223°54'32'' = -99.26$$

5. 坐标增量闭合差的计算和调整

(1) 坐标增量闭合差的计算

表 3-12

闭合导线平差计算表

点号	转折角观测值 (° ′ ″)	角度改正数 (″)	改正后角值 (° ′ ″)	坐标方位角 (° ′ ″)	边长 (m)	纵坐标增量 计算值 (m)	纵坐标增量 改正数 (cm)	纵坐标增量 改正后值 (m)	横坐标增量 计算值 (m)	横坐标增量 改正数 (cm)	横坐标增量 改正后值 (m)	纵坐标 x(m)	横坐标 y(m)	点号
1	2	3	4	5	6	7	8	9	10	11	12	13	14	15
1				131 17 00								500.00	500.00	1
2	66 35 01	+11	66 35 12		236.75	−156.20	−3	−156.23	+177.91	−8	+177.83	343.77	677.83	2
3	92 08 12	+11	92 08 23	17 52 12	217.09	+206.62	−3	+206.59	+66.62	−8	+66.54	550.36	744.37	3
4	113 53 45	+12	113 53 57	290 00 35	154.32	+52.80	−2	+52.78	−145.00	−6	−145.06	603.14	599.31	4
1	87 22 17	+11	87 22 28	223 54 32	143.13	−103.12	−2	−103.14	−99.26	−5	−99.31	500.00	500.00	1
2				131 17 00										2
Σ	359 59 15	+45	360 00 00		751.29	+0.10	−10	0.00	+0.27	−27	0.00			

辅助计算：

$f_\beta = \Sigma\beta_{测} - \Sigma\beta_{理}$
$\quad =359°59'15''-360°00'00''$
$\quad =-45''$
$f_{\beta容}=\pm 60''\sqrt{4}=\pm 120''$
$f_\beta<f_{\beta容}$
$v_\beta=-\dfrac{f_\beta}{n}$

$f_x=\Sigma\Delta x=+0.10\text{m}$
$f_x=\Sigma\Delta x=+0.27\text{m}$
$f_D=\sqrt{f_x^2+f_y^2}=0.29\text{m}$
$K=\dfrac{1}{\Sigma D/f_D}=\dfrac{1}{751.29/0.29}\approx\dfrac{1}{2500}$
$K_容=\dfrac{1}{2000}, K<K_容$
$v_{\Delta x}=-\dfrac{f_x}{\Sigma D}\cdot D, v_{\Delta y}=-\dfrac{f_x}{\Sigma D}\cdot D$

$$f_x = \sum \Delta X = 0.10\text{m}, f_y = \sum \Delta Y = -0.27\text{m}$$
$$f_D = \sqrt{f_x^2 + f_y^2} = 0.29\text{m}$$

(2) 导线精度的衡量

导线全长闭合差的产生,是由于测角和量距中有误差存在的缘故,所以一般用它来衡量导线的观测精度,可是导线全长闭合差是一个绝对闭合差,且导线越长,所量的边数与所量的转折角就越多,影响全长闭合差的值也越大,因此,须采用相对闭合差来衡量导线的精度,设导线的总长为 $\sum D$,则导线全长相对闭合差 K 为:

$$K = 1/(\sum D/f_D)$$
$$K = f_D/\sum D = 0.29/751.29 \approx 1/2500$$

若 $K \leqslant K_{允}$,则表明导线的精度符合要求,否则,应查明原因进行补测或重测。

(3) 坐标增量闭合差的调整

如果导线的精度符合要求,即可将增量闭合差进行调整,使改正后的坐标增量满足理论上的要求。由于是等精度观测,所以增量闭合差的调整原则是将它们以相反的符号按与边长成正分配在各边的坐标增量中,设分别为 $V_{\Delta Xi}$、$V_{\Delta Yi}$ 纵、横坐标增量的改正数。

$$V_{\Delta Xi} = -\frac{f_x}{\sum D}D_i ; V_{\Delta Yi} = -\frac{f_y}{\sum D}D_i$$

改正后的坐标增量应为:

$$\Delta X_i = \Delta x_{i前} + V_{\Delta Xi}$$
$$\Delta Y_i = \Delta y_{i前} + V_{\Delta Yi}$$
$$\Delta X_1 = \Delta x_1 + V_{\Delta X1} = -3$$
$$\Delta Y_1 = \Delta y_1 + V_{\Delta Y1} = -8$$
$$\Delta X_2 = \Delta x_2 + V_{\Delta X2} = -3$$
$$\Delta Y_2 = \Delta y_2 + V_{\Delta Y2} = -8$$
$$\Delta X_3 = \Delta x_3 + V_{\Delta X3} = -2$$
$$\Delta Y_3 = \Delta y_3 + V_{\Delta Y3} = -6$$
$$\Delta X_4 = \Delta x_4 + V_{\Delta X4} = -2$$
$$\Delta Y_4 = \Delta y_4 + V_{\Delta Y4} = -5$$

6. 坐标推算

用改正后的坐标增量,就可从导线起点的已知坐标以此推算其他导线点的坐标,即

$$X_i = X_{i-1} + \Delta X_{i-1,i}$$
$$Y_i = Y_{i-1} + \Delta Y_{i-1,i}$$

如表 3-12 中:

$$X_2 = X_1 + \Delta X_{12} = 500 - 156.23 = 343.77$$
$$Y_2 = Y_1 + \Delta Y_{12} = 500 + 177.83 = 677.83$$
$$X_3 = X_2 + \Delta X_{23} = 343.77 + 206.59 = 550.36$$
$$Y_3 = Y_2 + \Delta Y_{23} = 677.83 + 66.54 = 744.37$$
$$X_4 = X_3 + \Delta X_{34} = 550.36 + 52.80 = 603.14$$
$$Y_4 = Y_3 + \Delta Y_{34} = 744.37 - 145.06 = 599.31$$
$$X_1 = X_4 + \Delta X_{41} = 603.14 - 103.14 = 500.00$$
$$Y_1 = Y_4 + \Delta Y_{41} = 599.31 - 99.31 = 500.00$$

根据 X_1、Y_1 依次推出 2、3、4 点坐标,再根据 4 点坐标推求 1 点坐标,检核坐标推算过程。

案例 7　中 线 复 测

1. 道路中线的恢复测量的主要任务

路线中线恢复测量的任务是根据设计文件提供的路线平面图和路线中线逐桩坐标、点之记、固定桩以及已经恢复的交点桩和转点桩等有关资料,按照施工要求的加桩密度,在实地测定设计的公路中线施工控制桩的位置,作为路基施工的依据。

2. 道路中线恢复测量的方法

在进行公路中线勘测设计时,根据公路的等级不同,设计文件提供的设计资料是不一样的。对于高等级公路如高速公路、一级公路和部分二级公路,设计文件中包括路线中线逐桩坐标表,可用坐标法进行放样;对于低等级公路,设计文件中没有路线中线逐桩坐标表,可利用路线导线上的控制点如转点和交点通过距离和角度的放样进行直线段测设,对于曲线段可以建立局部计算坐标系,计算曲线段上各施工控制桩的坐标利用坐标法进行放样。因此进行中线放样时,根据设计资料不同所采用的放样方法也是不一样的。但是坐标法已经成为目前放样的基本方法。

(1) 中线恢复测量的资料

公路平面设计文件和资料主要包括:①路线平面图;②路线交点和转点固定桩资料;③路线交点和转点之记;④计算各曲线段施工控制桩在局部坐标系中的坐标。

(2) 中线上直线段施工控制桩的恢复

恢复施工控制桩根据已经标定在实地上的交点桩和转点桩的位置和桩号,可分段进行恢复,按照施工要求确定加桩桩距,先恢复中线直线段,再恢复中线曲线段,曲线段先测设主点桩,再按桩距测设加桩。

如图 3-62 所示,ZD_1、ZD_2 为某一段路线导线上相邻的两个路线导线控制桩,要求放出 ZD_1、ZD_2 之间桩号为 10 米整数倍的中线施工控制桩。测设方法如下:

安置全站仪于 ZD_1 瞄准 ZD_2,水平制动,计算放样点距 ZD_1 的水平距离(桩号差),沿此方向线每隔 10m 立棱镜,观测者指挥立镜者前后左右移动棱镜,使棱镜处于望远镜的视线方向上同时按距离放样方法使测站点至放样点的距离等于其桩距差。按此方法每隔 10m 设桩。

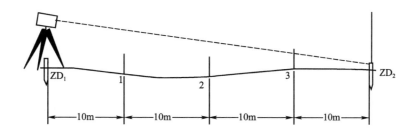

图 3-62　道路直线段控制桩恢复

(3) 曲线段施工控制桩的恢复

对于公路由于平面线形标准低,所以在交点处的平曲线线形在受地形限制时,平曲线的线形形式较多。在采用坐标法放样时曲线上施工控制桩的坐标计算有不同的特点。

案例8　涵洞平面放样

根据涵洞设计图,在实地上把涵洞的中心线先确定下来。根据涵洞设计尺寸,把涵洞的基础、涵身、洞口基础、洞口墙身在实地上放样出来,用桩做标记,并用白灰画线。

一、涵洞中心线的确定

仪器立在涵洞中桩,根据设计的斜交角度,旋转水平度盘至涵洞中心线方向,在该方向上定出涵洞 $L_上$ 和 $L_下$ 的长度,定桩。在远离涵长的该方向上确定4个方向桩(A、B、C、D),上下游各两个,注意在定桩时应该使桩相对固定,如图3-63所示。

二、涵身基础的放样

涵身基础的放样是依据涵洞中线与涵洞设计图里的基础尺寸,利用经纬仪和钢尺在实地上确定基础的轮廓线。

如图3-64,基础放样的步骤如下:

(1)立仪于 O 点,瞄准线路方向,拨转涵洞角度,量取距离 $L/2$,定出涵洞上游长度 A 点,同理定出 B 点。

(2)立仪于 A 点,瞄准 O 点,旋转90°方向,量取 $l/2$,定出台基内侧边缘点1。

(3)从1点在该方向上量取 a,定出2点。同理定出3、4点。

(4)在1、2、3、4点定桩并用白灰把四点连线,涵身的基础线则放样完毕。

(5)同理可以放出另一侧的涵身基础线。

三、台身的放样

如图3-64所示,在基础样放完后,在基础线内量取台身的尺寸并划线。

四、洞口放样

如图3-65所示,洞口为八字翼墙的放样方法。

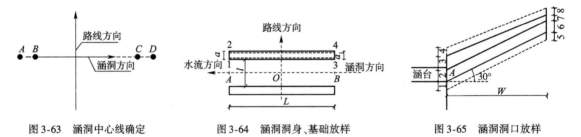

图3-63　涵洞中心线确定　　图3-64　涵洞洞身、基础放样　　图3-65　涵洞洞口放样

步骤:

(1)立经纬仪于 A 点,对中、整平。

(2)瞄准涵台台身内侧方向,倒镜180°,拨转30°为翼墙方向,在该方向上量取设计图尺寸 $\frac{W}{\cos 30°}$,得墙身顶端内侧边缘点。

(3)继续旋转水平度盘60°,从 A 点量取距离2,再量距离3,再量距离4,倒镜180°,从 A 量取距离1。

(4)同理,可以得出洞口端部的5个点。

(5)最外的两条线为基础轮廓线,靠近的两条为墙身底部线,中间等宽的部位为墙顶线。用桩定设,划白灰线。

涵洞的各构造物的端点坐标计算出后也可以直接利用全站仪进行坐标放样。

案例9 桩位放样

在具体的施工过程中放样桩位的方法有许多种,现代多采用全站仪继续桩位的坐标放样。

由于全站仪的不同型号其操作方法有一定的区别,我们仅以徕卡 TC1610 全站仪为例说明坐标放样的方法,对于其他型号的全站仪可参照其说明书。

1. 坐标放样的基本原理

如图3-66所示,已知 O、B、P 三点坐标为 (E_0,N_0,H_0)、(E_B,N_B,H_B)、(E_P,N_P,H_P),其中 O、B 两点在地面上的位置为确定,P 点的地面位置为待定。O 点为测站点,B 点为后视点,P 点为放样点。安置全站仪于 O 点后视 B 点,计算 OB 直线的坐标方位角 α_{OB}:

$$\alpha = \arctan^{-1}\frac{|E_B - E_O|}{|N_B - N_O|} \tag{3-77}$$

同理可计算 OP 直线坐标方位角 α_{OP}。

则:
$$\angle BOP = \alpha_{OP} - \alpha_{OB}$$
$$D_{OP} = \sqrt{\Delta E_{OP}^2 + \Delta N_{OP}^2}$$

输入后视方向 OB 的坐标方位角和放样点 P 的坐标后,仪器自动计算并显示放样的角度 $\angle BOP$ 和放样的距离 D_{OP}、高差。

上述计算实际上是通过全站仪内部的软件计算的,放样时非常方便。

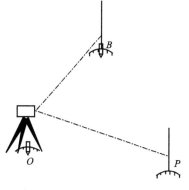

图3-66 全站仪坐标放样示意图

2. 坐标放样以前的基本设置工作

(1)测量模式的选择和棱镜常数的设置;

(2)仪器高和目高程的输入;

(3)测站点坐标和高程的输入;

(4)已知测站点至定向点坐标方位角的设置或者输入定向点的坐标;

(5)大气改正数的输入。

设置工作完成之后即可进行坐标放样。

3. 坐标放样基本操作步骤

(1)安置仪器于测站点 O 点,进行对中、整平等基本操作,对仪器进行基本设置,包括棱镜常数、仪器高、棱镜高、角度单位、距离单位、显示格式、测站坐标;

(2)按【PROG】键调用仪器内部点位放样程序 SETTING OUT,屏幕显示如图3-67。

调用此程序的方法有两种:

①输入用行号末尾给出的号码直接调用;

②用【↑】键或者【↓】键使箭头指向所要的程序行,并按【CONT】键确认即可,确认后显示屏显示如图3-68。

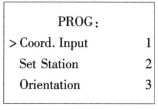

图 3-67

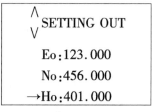

图 3-68

(3)检查输入的测站点坐标,在放样状态只能对前面设置的测站坐标、仪器高、棱镜高等参数进行检核,不能修改。如检查发现参数输入错误,可退出放样程序回到基本测量模式重新输入,检查无误确认后按【CONT】键显示如图3-69。

(4)按【↓】键使箭头指在hr行,如果目高程(棱镜高)为2.2m,则按【↓】键使箭头指在offs行。否则用数字键输入棱镜高hr值,按【ENTER】键,使箭头指向offs行。

(5)offs值为竖直方向偏距,输入"0",按【ENTER】键(如果offs值已经等于0,可按【↓】键),显示屏显示如图3-70。

```
∧
∨  SETTING OUT

→PrNr:    91
  hr:   2.200
```
图 3-69

```
∧ SETTING OUT

  hr:2.200
  offs:0.000
→Get CORD > Modul
```
图 3-70

(6)由于采用键盘输入按【←】键或者【→】键,使显示Keyb,按【CONT】键确认并显示如图3-71。

(7)输入放样点的坐标。设放样点坐标为:$E=223, N=666, H=408$。用数字键输入223,按【ENTER】键;用数字键输入666,按【ENTER】键确认;用数字键输入408,按【ENTER】键确认。检查无误后,按【CONT】键确认后显示屏显示如图3-72。

```
∨ SETTING OUT
   E : ⋯
   N : ⋯
 →H : ⋯
```
图 3-71

```
SETTING OUT     1
PtNr:          91
ΔHZ:      -4.3310
ΔD:         ……
```
图 3-72

(8)松开水平制动螺旋,转动仪器照准部,使"ΔHZ"的值接近于0°,然后水平制动,再调节水平微动螺旋使"ΔHZ"的值等于00′00″。

(9)保持望远镜视线水平方向不变,指挥持棱镜者将棱镜置于此水平方向上,并且使棱镜至测站的距离大致等于放样点的距离。按【DIST】键,显示屏显示如图3-73。

(10)沿此视线方向"向远"移动棱镜(ΔD为正值,"向远"移动棱镜;ΔD为负值"向近"移动棱镜),直至ΔD等于0。此时立棱镜点即为放样点的平面位置。

(11)按【DSP】键显示屏显示如图3-74。

```
SETTING OUT     1
PtNr:          91
ΔHZ:       0.000
ΔD:        2.966
```
图 3-73

```
SETTING OUT     1
PtNr:          91
ΔH:         0.870
H:        407.130
```
图 3-74

(12)保持放样点的平面位置不变,钉设标志,在标志处上下移动棱镜(ΔH为正向上移动棱镜;ΔH为负向下移动棱镜),使测出的ΔH等于0,此时H等于408m(本例)最后定出放样点。

项目 4 GPS 测 量

假设有一测区如图 4-1 所示,现需要进行测区的地形图测量。由前面内容可知,在进行传统测量时,需要先在目标测区内选取控制点进行控制测量,然后结合地物、地貌的特征进行碎步测量。在这个过程中,容易遇到点与点之间必须通视、误差容易累积、工作量大等问题。近年来,随着 GPS 测量技术的发展,测绘领域的作业方法发生了历史性的变革。GPS 测量是通过接收卫星发射的信号并进行数据处理,从而求定测量点的空间位置。GPS 相对于其他的传统测量方法而言,GPS 有其独有的技术优势:测量的精度大大高于常规测量;不要求测站之间相互通视;自动化程度很高,操作十分简便;可以全天候作业;测量时间短等,可大大提高工作效率。正因为上述优点,使 GPS 接收机成为当今最主要的测量仪器之一。GPS 测量是怎么在满足精度的基础上能快速测量出点的坐标呢?

图 4-1 测区示意图

工作任务 1 GPS 测量原理

学习目标

理解 GPS 测量原理。

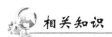

相关知识

在使用 GPS 系统进行测量之前,有必要先来了解它是怎样快速、准确地测量地面点的空间位置的。全球卫星定位系统(简称 GPS)是一种结合卫星及通信发展的技术,利用导航卫星进行测时和测距。

GPS 系统包括三大部分:卫星、地面监控站和接收机,如图 4-2 所示。监控站的主要目的是监测和维护卫星。对用户来说,无须对监控站有过多了解,只要知道它们的功能是保障卫星的正常运转就行了。

卫星是 GPS 的第二个主要部分,到 1994 年,全球覆盖率高达 98% 的 24 颗 GPS 卫星星座布设完成,如图4-3所示。每颗卫星都装备有原子钟、无线电收发机及其他设备。收发机从监控站取得并传输有关卫星身份、位置和时间等的信息和指令。每颗卫星可用L_1和L_2两个不同频率进行传输。与监控站不同,用户必须了解数据采集期间可用卫星的位置、几何分布状态和数量。这些重要因素将影响GPS测量的可靠性和精确度。

GPS接收机的功能为接收和存储来自GPS卫星的信号。除了接收和存储来自GPS卫星的信号外,有些接收机还可行使诸如计算点位坐标并以多种定位基准和直角坐标系加以显示、通过串行端口输出原始数据和计算所得位置坐标及显示卫星可用性信息等附加功能。更高级的接收机可以从另一个正在同步采集数据的GPS接收机那里接收原始数据,并将此数据与其本身数据结合,实时地计算出自己的精确位置。

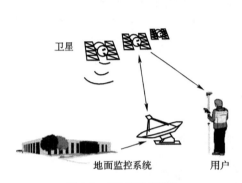
图4-2　GPS系统的组成

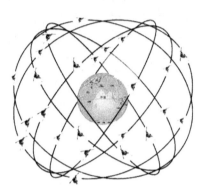
图4-3　GPS卫星星座

利用GPS进行绝对定位的基本原理为:以GPS卫星与用户接收机天线之间的几何距离观测量ρ为基础,并根据卫星的瞬时坐标(X_i,Y_i,Z_i),以确定用户接收机天线所对应的点位,即观测站的位置,如图4-4所示。

设接收机天线的相位中心坐标为(X,Y,Z),则有

$$\rho = \sqrt{(X_i-X)^2+(Y_i-Y)^2+(Z_i-Z)^2} \tag{4-1}$$

在卫星钟与接收机钟完全同步,并且忽略大气折射影响的情况下,所测卫星至观测站间的几何距离为

$$\rho = C \cdot \Delta t \tag{4-2}$$

式中:C——光速;

Δt——GPS卫星发射的信号到达用户接收机的传播时间,即时间延迟。

卫星的瞬时坐标(X_i,Y_i,Z_i)可以根据收到的导航电文求得,所以式(4-1)中只有X、Y、Z是未知量,只要同时接收3颗GPS卫星,联立方程组即可解出测站点坐标(X,Y,Z)。

但是由于GPS采用了单程测距原理,而卫星钟和用户接收机钟又难以保持严格同步,因此,实际观测的星、站距离ρ含有卫星钟与接收机钟同步差的影响,故为伪距。卫星钟差可以通过导航电文中所给的有关参数加以修正,但接收机的钟差一般却难以预先准确知道。所以,通常把它作为一个未知数,与测站点坐标一起在数据处理中进行解算,即在一个测站上要实时解出4个未知量。也就是至少要同时观测4颗卫星。

由于GPS绝对定位受到卫星轨道误差、钟差及信号传播误差等因素的影响,因而精度较低,不能满足一般工程定位测量的要求。GPS相对定位,也称差分GPS定位,是目前GPS定位中精度最高的一种定位方法。如图4-5所示,相对定位是指在两个或若干个观测站上安置GPS接收机,同步观测相同的GPS卫星,测定接收机之间相对位置(坐标差)的定位方法。两

点间的相对位置可以用一条基线向量来表示,故相对定位亦被称为测定基线向量或基线测量。

在两个或多个观测站同步观测相同卫星的情况下,卫星的轨道误差、卫星钟差、接收机钟差以及大气折射误差等对观测量的影响具有一定的相关性,因此利用这些观测量的不同组合进行相对定位,即可有效地消除或减弱上述误差的影响,从而提高相对定位的精度。

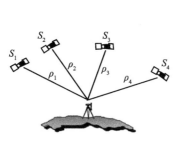 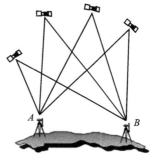

图 4-4 GPS 绝对定位　　　　　图 4-5 GPS 相对定位

工作任务 2　GPS 静态测量

 学习目标

掌握 GPS 控制网的布网方法;
能够进行 GPS 静态测量;
理解 GPS 网的基线解算以及网平差计算。

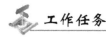 工作任务

任务内容

对图 4-1 所示区域进行控制测量。要求布设 7 个 GPS 控制点,用静态相对定位方法施测并布设一个 D 级 GPS 控制网。

测量依据

《全球定位系统(GPS)测量规范》(GB/T 18314—2009);
《卫星定位城市测量技术规范》(CJJ/T 73—2010);
《城市测量规范》(CJJ/T 8—2011)。

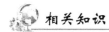 相关知识

目前 GPS 静态定位被广泛地用于大地测量、工程测量、地籍测量、物探测量及各种类型的变形监测等。在以上这些应用中,其主要还是用于建立各种级别不同用途的控制网。下面重点介绍 GPS 静态定位在控制测量中的应用。

静态定位模式就是将接收机安置在基线端点上,观测中保持接收机固定不动,以便能通过重复观测取得足够的多余观测数据,以提高定位的精度。这种作业模式一般是采用两套或两套以上 GPS 接收设备,分别安置在一条或数条基线端点上,同步观测 4 颗及以上卫星。

前面内容介绍过,控制测量是指在整个测区范围内,选定若干个控制点,组成一定的几何图形(控制网),然后用测量仪器和工具进行外业测量获得相应的外业资料,并根据一定的计算方法,确定控制点的平面位置和高程的工作。GPS 控制测量也是遵循这一过程来进行的。

GPS 控制网的布设包括测前、测中和测后三个工作阶段。

一、测前工作

1. 项目的提出(测量任务书/测量合同)

一项 GPS 测量工程项目往往是由工程发包方、上级主管部门或其他单位或部门提出,由 GPS 测量队伍具体实施。对于一项 GPS 测量工程项目,一般有如下要求:

(1)测区位置及其范围。测区的地理位置、范围、控制网的控制面积。

(2)用途和精度等级。控制网将用于何种目的,其精度要求是多少,要求达到何种等级。

(3)点位分布及点的数量。控制网的点位分布,点的数量及密度要求,是否有对点位分布有特殊要求的区域。

(4)提交成果的内容。用户需要提交哪些成果,所提交的坐标成果分别属于哪些坐标系,所提交的高程成果分别属于哪些高程系统,除了提交最终的结果外是否还需要提交原始数据或中间数据等。

(5)时限要求。对提交成果的时限要求,即何时是提交成果的最后期限。

(6)投资经费。对工程的经费投入数量。

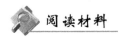
阅读材料

GPS 控制网的等级

《全球定位系统(GPS)测量规范》(GB/T 18314—2009)中按照精度和用途将 GPS 测量分为 A、B、C、D、E 五级。B、C、D、E 级精度不应低于表 4-1 的要求。

不同级别 GPS 网的精度标准　　　　表 4-1

级 别	相邻点基线分量中误差		相邻点间平均距离(km)
	水平分量(mm)	垂直分量(mm)	
B	5	10	50
C	10	20	20
D	20	40	5
E	20	40	3

规范还要求用于建立三等大地控制网,以及建立区域、城市及工程测量的基本控制网等的 GPS 测量应满足 C 级 GPS 测量的精度要求;用于建立四等大地控制网的 GPS 测量应满足 D 级 GPS 测量的精度要求;用于中小城市、城镇以及测图、房产、建筑施工等的控制测量等的 GPS 测量,应满足 D、E 级 GPS 测量的精度要求。

在 GPS 网总体设计中,精度指标是比较重要的参数,它的数值将直接影响 GPS 网的布设方案、观测数据的处理以及作业的时间和经费。在实际设计工作中,用户可根据所作控制的实际需要合理制定。既不能制定过低而影响网的精度,也不必要盲目追求过高的精度造成不必要的支出。

GPS 定位的坐标系统

为了描述卫星运动,处理观测数据和表示测站位置,需要建立坐标系统。GPS 采用的是 WGS—84 世界大地坐标系,系地心坐标系。其原点是地球的质心,Z 轴指向 $BIH_{1984.0}$ 定义的

CTP 方向,X 轴指向 $BIH_{1984.0}$ 定义的零度子午面和 CTP 赤道的交点,Y 轴和 Z、X 轴构成右手坐标系。见图 4-6。

虽然对于各种先进的空间大地测量技术均采用地心坐标系,然而极大多数国家仍采用各自的参心大地坐标系作为测制各种大、中比例尺地形图的控制。即地面点的空间位置用大地经度 L、大地纬度 B 和大地高 H 表示。为了满足工程测量和大、中比例尺地形图制图的需要,根据地图投影的理论,参心大地坐标系可通过某种投影转化为某投影面上的平面坐标。在我国采用高斯—克吕格投影,简称高斯投影。由于所采用的地球椭球的不同,或地球椭球虽相同,但椭球定

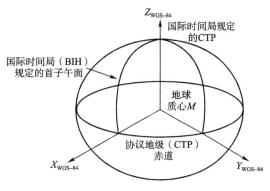

图 4-6　WGS—84 坐标系

位和定向不同,目前我国存在 1980 年国家大地坐标系、1954 年北京坐标系、新 1954 年北京坐标系及各种地方独立坐标系等。

2. 技术设计

负责 GPS 测量的单位在获得了测量任务后,需要根据项目要求和相关技术规范进行测量工程的技术设计。一个完整的技术设计主要应包含如下内容:

(1)项目来源。介绍项目的来源、性质。即项目由何单位、部门下达、发包,属于何种性质的项目等。

(2)测区概况。介绍测区的地理位置、气候、人文、经济发展状况、交通条件、通信条件等。这可为今后工程施测工作的开展提供必要的信息。如在施测时作业时间、交通工具的安排,电力设备使用,通信设备的使用等。

(3)工程概况。介绍工程的目的、作用、要求、GPS 网等级(精度)、完成时间、有无特殊要求等在进行技术设计、实际作业和数据处理中所必须要了解的信息。

(4)技术依据。介绍工程所依据的测量规范、工程规范、行业标准及相关的技术要求等。

(5)现有测绘成果。介绍测区内及与测区相关地区的现有测绘成果的情况。如已知点、测区地形图等。

(6)施测方案。介绍测量采用的仪器设备的种类、采取的布网方法、工作的推进等。

(7)作业要求。规定选点与埋石的要求、外业观测时的具体操作规程、技术要求等。

(8)观测质量控制。介绍外业观测的质量要求,包括质量控制方法及各项限差要求等。

(9)数据处理方案。详细的数据处理方案,包括基线解算和网平差处理所采用的软件和处理方法等内容。

(10)提交成果要求。规定提交成果的类型及形式;若国家技术质量监督总局或行业发布新的技术设计规定,应参照编写。

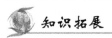知识拓展

GPS 控制网的实施方案

1. 同步网实施方案

当投入作业的接收机数目多于 2 台时,就可以在同一时段内,几个测站上的接收机同步观

测。此时,由同步观测边所构成的几何图形,称为同步网,或称作同步环路。

不过在 m 台接收机同时观测,S 条同步基线中,只有 $m-1$ 条独立基线,其余基线均可推算而得,属于非独立基线。同一条基线,其直接解算结果与独立基线推算所得结果之差,就产生了所谓坐标闭合差条件,用它可评判同步网的观测质量。

2. 异步网实施方案

由多个同步网相互连接的 GPS 网,称作异步网。其中各同步网之间的连接方式有点连式、边连式、网连式和混连式 4 种。

(1) 点连式。如图 4-7 所示,点连式就是在观测作业时,相邻的同步图形间只通过一个公共点相连。这样,当有 m 台仪器共同作业时,每观测一个时段,就可以测得 $m-1$ 个新点,当这些仪器观测了 s 个时段后,就可以测得 $1+s(m-1)$ 个点。点连式观测作业方式的优点是作业效率高,图形扩展迅速;它的缺点是图形强度低,如果连接点发生问题,将影响到后面的同步图形。

(2) 边连式。如图 4-8 所示,边连式就是在观测作业时,相邻的同步图形间有一条边(即两个公共点)相连。这样,当有 m 台仪器共同作业时,每观测一个时段,就可以测得 $m-2$ 个新点,当这些仪器观测了 s 个时段后,就可以测得 $2+s(m-2)$ 个点。边连式观测作业方式具有较好的图形强度和较高的作业效率。

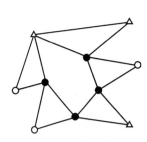
图 4-7 点连式

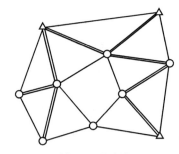
图 4-8 边连式

(3) 网连式。网连式就是在作业时,相邻的同步图形间有 3 个(含 3 个)以上的公共点相连。这样,当有 m 台仪器共同作业时,每观测一个时段,就可以测得 $m-k$ 个新点,当这些仪器观测了 s 个时段后,就可以测得 $k+s(m-k)$ 个点。采用网连式观测作业方式所测设的 GPS 网具有很强的图形强度,但网连式观测作业方式的作业效率很低。

(4) 混连式。在实际的 GPS 作业中,可以根据具体情况,有选择地灵活采用这几种方式作业,这样一种观测作业方式就是所谓的混连式。混连式观测作业方式是我们实际作业中最常用的作业方式,它实际上是点连式、边连式和网连式的一个结合体。

3. 测绘资料的搜集与整理

在开始进行外业测量之前,现有测绘资料的搜集与整理也是一项极其重要的工作。需要搜集整理的资料主要包括:测区及周边地区可利用的已知点的相关资料(点之记、坐标等)和测区的地形图等。

4. 仪器的检验

对将用于测量的各种仪器,包括 GPS 接收机及相关设备等进行检验,以确保它们能够正常工作。

5. 踏勘、选点、埋石

在完成技术设计和测绘资料的搜集与整理后,需要根据技术设计的要求对测区进行踏勘,并进行选点、埋石工作。

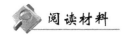

GPS 点点位的选取

由于 GPS 测量观测站之间不必相互通视,而且网的图形选择也比较灵活,所以选点工作较一般控制测量的选点工作简便。选点人员在实地选点前,应搜集有关资料,包括测区 1:50000 或更大比例尺地形图、已有各类控制点、卫星定位连续运行基准站的资料等。还应充分了解和研究测区情况,特别是交通、通信、供电、气象、地质及大地点等情况。

各级 GPS 点点位的基本要求如下:

(1) 为便于安置接收设备和操作,视野开阔,视场内障碍物的高度角不宜超过 15°。

(2) 为减少各种电磁波对 GPS 卫星信号的干扰,在测站周围约 200m 的范围内不能有大功率无线电发射源(如电视台、电台、微波站等);远离高压输电线和微波无线电信号传送通道,距离不应小于 50m。

(3) 为避免或减少多路径效应的发生,测站应远离对电磁波信号反射强烈的地形、地物,如高层建筑、成片水域等。

(4) 为便于观测作业和今后的应用,测站应选在交通便利,上点方便的地方。

(5) 测站应选择在易于保存的地方。

(6) 充分利用符合要求的已有控制点。

为了固定点位,以便长期利用 GPS 测量成果和进行重复观测,选点人员按要求在选定点位后,各级 GPS 点均应埋设固定的标石或标志。点的标石和标志必须稳定、坚固以利长久保存和利用。在基岩露头地区,也可直接在基岩上嵌入金属标志。国标中对标石的类型和适用级别作了具体规定。各类标石均设有中心标志,以精确定位。

每个点位标石埋设结束后,应该做好相应的点位记录。在埋石工作完成后要提供 GPS 网选点网图、点之记、土地占用批准文件和点位标准托管书和选点与埋石技术总结。

二、测量实施

1. 实地了解测区情况

实地了解测区的情况包括点位情况(点的位置、上点的难度等)、测区内经济发展状况、民风民俗、交通状况、测量人员生活安排等。

2. 卫星状况预报

需要评估障碍物对 GPS 观测可能产生的不良影响。

3. 确定作业方案

根据卫星状况、测量作业的进展情况及测区的实际情况,确定出具体的布网和作业方案。

4. 外业观测

观测作业的主要任务是捕获 GPS 卫星信号,并对其进行跟踪、处理和量测,以获得所需要的定位信息和观测数据。各 GPS 观测小组在得到作业指挥员所下达的作业指令后,应严格按照作业指令的要求进行外业观测。在进行外业观测时,外业观测人员除了严格按照作业规范作业指令进行操作外,还要根据一些特殊情况灵活地采取应对措施。

5. 数据传输与转储

在一段外业观测结束后,应及时地将观测数据传输到计算机中,并根据要求进行备份。在数据传输时,需要对照外业观测记录手簿检查所输入的记录是否正确,数据传输与转储应根据条件及时进行。

6. 基线处理与质量评估

对所获得的外业数据及时地进行处理,解算出基线向量并对解算结果进行质量评估。

三、测后工作

1. 结果分析

对外业观测所得到的基线向量进行质量检验,并对由合格的基线向量所构建成的 GPS 基线向量网进行平差,解算得出网中各点的坐标成果。

2. 技术总结

根据整个 GPS 网的布设及数据处理情况进行全面的技术总结。

3. 成果验收

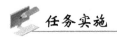任务实施

一、GPS 控制网的实施方案

如图 4-9 所示,实地踏勘目标测区,根据要求设置 7 个控制点,结合接收机台数,3 个点构成一个同步环,同步环连接形成异步网。

图 4-9 异步网示意图

二、观测作业

观测作业的主要任务是捕获 GPS 卫星信号,并对其进行跟踪、处理和量测,以获得所需要的定位信息和观测数据。下面以中海达 HD8200X 静态接收机为例介绍观测作业的过程。

1. 接收机的认识和操作

HD8200X 静态接收机主机面板有按键 2 个,F 功能键和电源开关键;指示灯 3 个,分别为电源灯、卫星灯和状态灯。如图 4-10 所示。

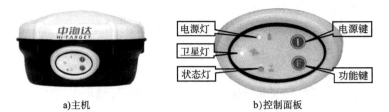

图 4-10 中海达 HD8200X 静态接收机

按住【电源键】1s 开机(开机后,若连续"嘀嘀"响 10s,则表示内存不足 5M,请及时清除机内不需要的文件;若内存不足 2M,则状态灯一直闪烁且主机不再记录文件)。长按【电源键】3s 则关机。

双击【功能键】0.1s < 间隔 < 1.2s,进入"采样间隔"设置,再单击【功能键】有 1s、5s、10s、15s 循环选择,按【电源键】确定。若超过 10s 未按确定,则自动确定。

长按【功能键】大于3s,进入"卫星截止角"设置,再单击【功能键】有5°、10°、15°、20°循环选择,按【电源键】确定。若超过10s未按确定,则自动确定。

单击【功能键】,当未进入文件记录状态时,语音提示当前卫星数、采样间隔和卫星截止角。若已经进入文件记录状态,则仅卫星灯闪烁,闪烁次数表示当前卫星颗数。

在同时按下【功能键】和【电源键】,会恢复到出厂初始设置,采样间隔5s,卫星截止角度10°,并重新建立文件采集。

2. 外业操作步骤

(1)在测量点架设仪器,对点器严格对中、整平。

(2)量取仪器高三次,各次间差值不超过3mm,取中数。仪器高应由测量点标石中心量至仪器上盖与下盖结合处的防水橡胶圈中线位置。HD8200X静态机主机天线半径0.099m,相位中心高0.04m。

(3)记录点名,仪器号,仪器高(注明斜高还是垂直高),开始记录时间。

(4)开机,卫星灯闪烁表示正在搜索卫星。卫星灯由闪烁转入长亮状态表示已锁定卫星。状态灯每隔数秒采集,间隔默认是5s闪一下,表示采集了一个历元。

(5)测量完成后关机,记录关机时间。

(6)下载、处理数据。

3. 观测记录

在外业观测过程中,所有的观测数据和资料均需完整记录。记录可通过以下两种途径完成:

(1)自动记录

观测记录由接收设备自动形成,记录在存储介质(如数据存储卡)上,其内容包括:

①载波相位观测值及相应的观测历元;

②同一历元的测码伪距观测值;

③GPS卫星星历及卫星钟差参数;

④实时绝对定位结果;

⑤测站控制信息及接收机工作状态信息。

(2)手动记录

手动记录是指在接收机启动及观测过程中,有操作者随时填写的测量手簿,如表4-2所示。其中,观测记事栏应记载观测过程中发生的重要问题,问题出现的时间及处理方式。为保证记录的准确性,测量手簿必须在作业过程中随时填写,不得事后补记。观测记录都是GPS精密定位的依据,必须妥善保存。

三、数据处理

《全球定位系统(GPS)测量规范》(GB/T 18314—2009)第12.1.1条规定:C、D、E级GPS网基线结算可采用随接收机配备的商用软件。静态GPS测量外业结束以后需要进行数据处理,这里我们结合中海达HDS2003数据后处理软件的使用来介绍解算GPS静态后差分数据的一般过程。

1. 新建项目

打开安装在计算机上的"HDS2003数据处理软件包",启动后处理软件。

GPS 外业观测手簿 表 4-2

点号		点名		图幅编号	
观测记录员		观测日期		时段号	
接收机型号及编号		天线类型及其编号		存储介质类型及编号	
原始观测数据文件名		Rinex 格式数据文件名		备份存储介质类型及编号	
近似纬度	° ′ ″ N	近似经度	° ′ ″ E	近似高程	m
采样间隔	s	开始记录时间	h min	结束记录时间	h min
天线高测定		天线高测定方法及略图		点位略图	
测前： 测后： 测定值＿＿m ＿＿m 修正值＿＿m ＿＿m 天线高＿＿m ＿＿m 平均高＿＿m ＿＿m					
时间(UTC)		跟踪卫星数		PDOP	
记事					

　　选择【项目】→【新建项目】进入任务设置窗口。在"项目名称"中输入项目名称,可以选择项目存放的文件夹,"项目文件"中显示的是现有项目文件的路径,点击【确定】完成新项目的创建工作。如图 4-11 和图 4-12 所示。

　　系统将弹出项目属性设置对话框,用户可以设置项目的细节、控制网等级。如图 4-13 所示。

　　2. 导入数据

　　任务建完后,开始加载 GPS 数据观测文件。选择【项目】→【导入】,在弹出的对话框中选择需要加载的数据类型,点击【确定】或者双击选择进入文件选择对话框,见图 4-14。导入数据后的窗口如图 4-15 所示。

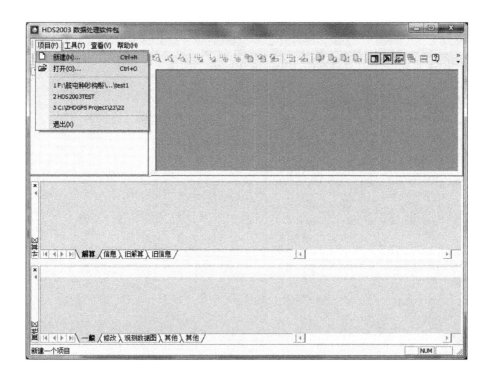

图 4-11　选择项目

图 4-12　新建项目

图 4-13　项目属性设置

3. 处理基线

当数据加载完成后,系统会显示所有的 GPS 基线向量,各条基线的有相关信息暂时为空。同时,综合网图会显示整个 GPS 网的情况。

进行基线处理:单击菜单【静态基线】→【处理全部基线】,系统将采用默认的基线处理设置,处理所有的基线向量。见图 4-16。

处理过程中,会显示整个基线处理过程的进度。从中也可以看出每条基线的处理情况。见图 4-17。

基线解算的时间由基线的数目、基线观测时间的长短、基线处理设置的情况,以及计算机的速度决定。处理全部基线向量后,基线列表窗口中会列出所有基线解的情况,网图中原来未解算的基线也由原来的浅色改变为深色。见图 4-18。

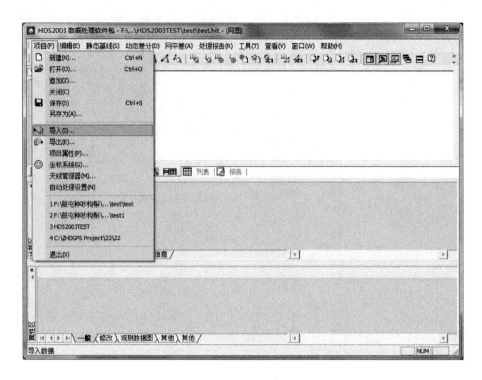

图 4-14　导入数据

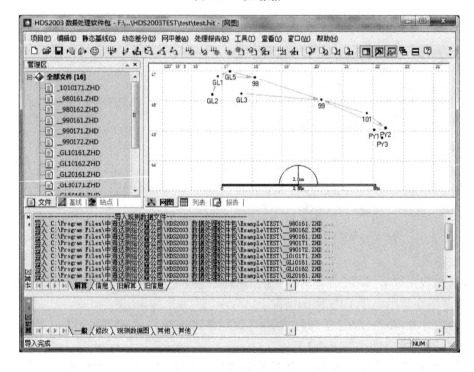

图 4-15　数据处理

4. 平差前的设置

首先在管理区中切换到"站点",在树形视图右边双击【观测站点】中的已知点,再在属性区中选择"修改"标签,进入测站坐标设置,如果是采用二维平差,则固定方式采用 x、y 或 x、y、

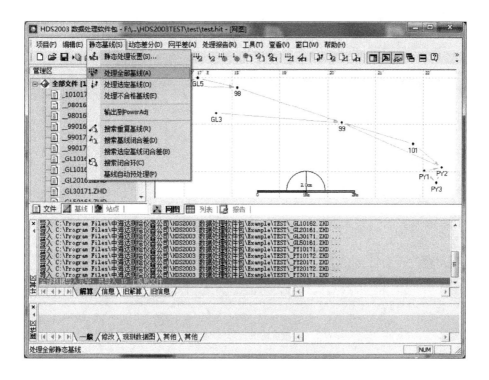

图 4-16 处理基线

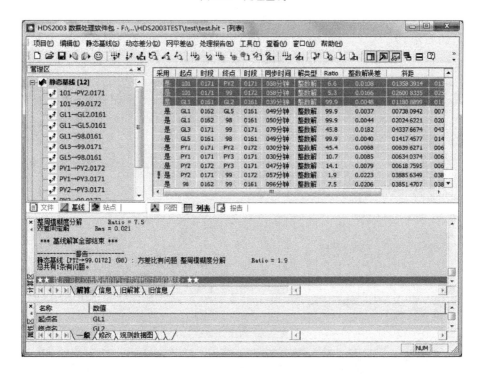

图 4-17 基线处理过程及进度显示

H 方式输入;如果是三维平差,则选中 B、L 或 B、L、H 方式输入。如果只做高程拟合,则选择 H,选择好后在对应的格中输入已知的坐标值,相应的精度可以填在后面,并将是否固定中选

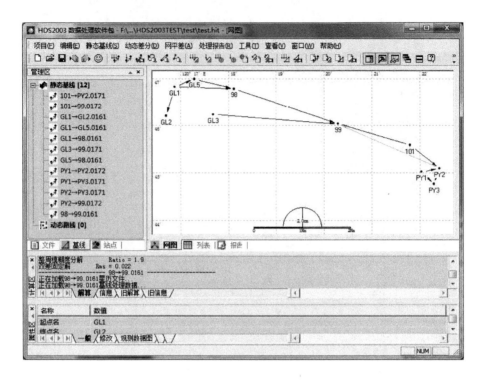

图 4-18　基线解算的情况显示

择是(不选择表示固定坐标不能生效,网平差时将不使用)。同样方法把所有的已知点坐标都输入完毕。如图 4-19。

图 4-19　平差前的设置

基线平差

GPS 基线向量表示了各测站间的一种位置关系,即测站与测站间的坐标增量。GPS 基线向量则具有长度、水平方位和垂直方位等三项属性。GPS 基线向量是 GPS 同步观测的直接结果,也是进行 GPS 网平差获取最终点位的观测值。GPS 基线解算就是利用 GPS 观测值,通过数据处理,得到测站的坐标或测站间的基线向量值。基线解算的过程实际上主要是一个平差的过程。GPS 网平差的类型有多种,根据平差所进行的坐标空间,可将 GPS 网平差分为三维平差和二维平差。

(1) 三维平差。三维平差是指平差在三维空间坐标系中进行,观测值为三维空间中的观测值,解算出的结果为点的三维空间坐标。GPS 网的三维平差,一般在三维空间直角坐标系或三维空间大地坐标系下进行。

(2) 二维平差。二维平差是指平差在二维平面坐标系下进行,观测值为二维观测值,解算出的结果为点的二维平面坐标。二维平差一般适合于小范围 GPS 网的平差。

(3) 高程拟合。所谓高程拟合就是利用在范围不大的区域中,高程异常具有一定的几何相关性这一原理,采用数学方法,求解正高、正常高或高程异常。由于采用 GPS 观测所得到的是大地高,为了确定出正高或正常高,需要有大地水准面差距或高程异常数据。其中大地水准面差距是指大地水准面到参考椭球面的距离;高程异常是指似大地水准面到参考椭球面的距离。高程拟合的方法属于一种纯几何的方法,一般仅适用于高程异常变化较为平缓的地区(如平原地区),其拟合的准确度可达到 1dm 以内。对于高程异常变化剧烈的地区(如山区),这种方法的准确度有限,这主要是因为在这些地区,高程异常的已知点很难将高程异常的特征表示出来。高程异常的已知点的高程异常值一般是通过水准测量测定正常高、通过 GPS 测量测定大地高后获得的。在实际工作中,一般采用在水准点上布设 GPS 点或对 GPS 点进行水准联测的方法来实现,为了获得好的拟合结果要求采用数量尽量多的已知点,它们应均匀分布,并且最好能够将整个 GPS 网包围起来。

选择菜单【网平差】→【网平差设置】,进入"网平差设置"窗口,确认选择了"二维平差"选项,若需要进行高程拟合,则需确认选择"水准高程拟合"。如图 4-20 所示。

5. 进行网平差

执行菜单【网平差】下的【进行网平差】,软件会按照上一步的设置进行平差或高程拟合。"观测站点"窗口下对应的每一个观测站点中,"自由误差"为自由网平差结果误差,"二维误差"为二维平差结果误差,"三维误差"为三维平差结果误差,"拟合误差"为水准高程拟合结果误差。如图 4-21 所示。

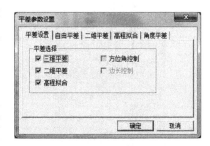

图 4-20 平差参数设置

6. 成果输出

假定这样的网平差结果是满足用户要求的,因此我们将它打印输出,并作为成果提交。

执行【处理报告】菜单下的【生成网平差报告】。如图 4-22 所示。

平差结果中的全部内容输出成一个 HTML 报告形式。如图 4-23 所示。

图 4-21　进行网平差

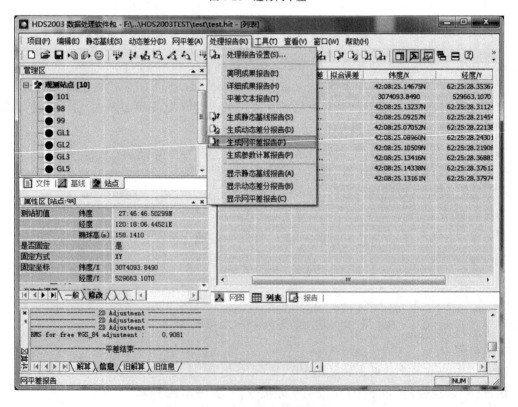

图 4-22　生成网平差报告

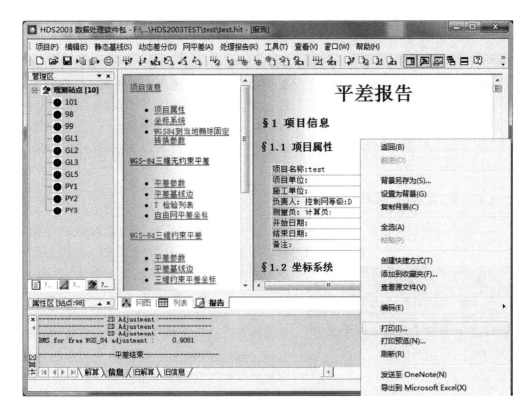

图 4-23 平差报告显示

工作任务 3　　GPS-RTK 测量

学习目标

理解 GPS-RTK 的测量原理；
能够进行 GPS-RTK 测量和放样。

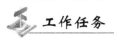工作任务

任务内容

目标区域如图 4-1 所示，在已有的 D 级 GPS 控制网的基础上采用 GPS-RTK 技术进行碎部测量。

测量依据

《全球定位系统(GPS)测量规范》(GB/T 18314—2009)；
《城市测量规范》(CJJ/T 8—2011)。

相关知识

当目标区域控制测量完成后，若需要进行碎部测量，根据前面内容关于传统测量的介绍知道，首先需要结合地物、地貌的特征进行碎部点的选择。当碎部点选择之后，怎样能利用 GPS 测量来解决若干碎部点的空间位置呢？

若使用 GPS 静态测量来进行碎部测量，用户在一个测站点要停留 1～3h 或更久。如果时间允许,它才会在数据采集结束后,转去下一个测站点。随后数据汇集在一起才能进行后处理。数据处理完成,方可得到测量结果。这样就满足不了碎部测量和工程放样的要求。

目前,GPS 测量开始向动态方向发展,设备体积更小,便于携带。由于 GPS 移动站与基准站之间的数据采用无线电链接,在数据采集的同时,即可对其进行实时处理。数据处理的新技术使得在数秒钟之内测定精确位置成为可能。这些技术进步允许用户在测区往来行走,迅速确定有关目标的位置,即刻见到自己的劳动成果。这就是实时动态测量,即 RTK 定位技术。该技术保留了 GPS 测量的高精度,又具有实时性。故也将具有 RTK 性能的 GPS 形象地称为 GPS 全站仪。

一、GPS-RTK 的测量原理

GPS-RTK 测量模式要求至少两台同时工作的 GPS 接收机。在两台套接收机组成的 GPS 实时动态测量系统中,其中一台接收机被指定为基准站,另外一台为流动站。如图 4-24 所示。

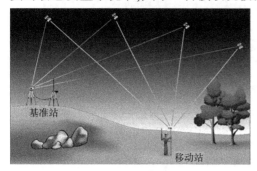

图 4-24 GPS-RTK 测量

基准站接收机通常置于一个已知点上。实际操作中,基准站系统采集来自可用卫星的原始数据。该原始数据经包装后,由串行端口送往待命的无线电发射机。发射机对包装后的原始数据进行广播,任何接收机都可以接收。这就是 RTK 系统中基准站接收机的工作原理。

移动站接收机是系统的实用部分。移动站通常可放置于背包中,携带方便。使用者通过掌上电脑(电子手簿)或数据采集器与接收机交换数据。实际操作中,移动站电台接收基准站发来的,包含基准站接收 GPS 原始数据的信息。电台将收到的基准站原始数据经由串口转往移动站接收机。与此同时,移动站 GPS 接收机会在其当前位置采集本机的原始数据。来自基准站 GPS 接收机与移动站 GPS 接收机的原始数据汇集在移动站接收机中处理,以计算出两个接收机之间精确到厘米级的基线向量。最后,移动站接收机利用已知基准站位置和基线向量来计算移动站位置坐标。这就是 RTK 系统中移动站接收机的工作原理。

根据以上所述基准站和移动站的运作,用户可携带移动站系统在测区往来行走,又快又准地进行定位测量和放样测设工作。由于即时计算点位坐标,用户对系统的正常工作可实时监察、心中有数。基准站传输原始数据时并不限制接受对象,所以适配某一基准站工作的移动站数量不受限制。

二、RTK 测量的实施

GPS-RTK 野外作业的过程可简单分为几步:设置基准站、求解坐标转换参数、碎部测量(点放样、线放样)。下面结合实际工作中容易遇到的几种情况来介绍 GPS-RTK 测量的工作流程。

1. WGS—84 坐标和平面坐标都具备的情况

即有三个或者三个以上的具有 WGS—84 和平面坐标的控制点。先到目标测区实地踏勘,了解已知点的周边状况和环境情况,挑出其中最适合架设基准站的点架设基准站。架设好基准站后设置移动站,连通之后可以直接进行坐标转换了,因为已经有 WGS—84 的坐标了,可以

省掉控制点联测的步骤,下面就可以进行测量、放样等工作了。实施步骤如下:

(1)新建一个项目,输入项目名称等参数。

(2)把基准站架设在选定的控制点上,设置基准站。输入控制点的WGS—84的坐标和平面坐标。

(3)设置移动站。

(4)进行参数计算。如果有多余的控制点的话可以在点上进行检核。

(5)进行实际工作,测量、放样等。

阅读材料

GPS 坐标转换

由于GPS定位成果属于WGS—84协议地心坐标系,而在区域性的测量工作中,常常采用的是北京54、西安80坐标系或者区域性的地方坐标系。往往需要将GPS测量成果换算到用户使用的坐标系,即需要进行GPS坐标转换。

两个不同的三维空间直角坐标系之间转换时,例如,北京54、全国80及WGS—84坐标系的相互转换,这三个坐标系统是当前国内较为常用的,由于采用不一样的椭球基准,所以转换是不严密的,全国各个地方的转换参数也不一致。

对于这样的转换一般选用七参数法,使用七参数模型(数学方程组),在该模型中有七个未知参数。

(1)三个坐标平移量($\Delta X,\Delta Y,\Delta Z$),即两个空间坐标系的坐标原点之间坐标差值;

(2)三个坐标轴的旋转角度($\Delta \alpha,\Delta \beta,\Delta \gamma$),通过按顺序旋转三个坐标轴指定角度,可以使两个空间直角坐标系的X、Y、Z轴重合在一起;

(3)尺度因子K,即两个空间坐标系内的同一段直线的长度比值,实现尺度的比例转换。

通常至少需要三个公共已知点,才能推算出这七个未知参数。计算出了这七个参数,就可以通过七参数方程组,将一个空间直角坐标系下一个点的X、Y、Z坐标值转换为另一个空间直角坐标系下的X、Y、Z坐标值。如果区域范围不大,这可以用三参数法,即X平移、Y平移、Z平移,而将X旋转、Y旋转、Z旋转,尺度变化K均视为0,所以三参数只是七参数的一种特例。一个已知点即可求解。

两个不同的二维平面直角坐标系之间转换时,比如将北京1954坐标转换为某一地方坐标。该类型的转换为同一个椭球系统的不同坐标系中的转换,通常使用四参数模型(数学方程组)。在该模型中有四个未知参数。

(1)两个坐标平移量($\Delta X,\Delta Y$),即两个平面坐标系的坐标原点之间的坐标差值;

(2)平面坐标轴的旋转角度α,通过旋转一个角度,可以使两个坐标系的X和Y轴重合在一起;

(3)尺度因子K,即两个坐标系内的同一段直线的长度比值,实现尺度的比例转换。

通常至少需要两个公共已知点,才能推算出这四个未知参数,计算出了这四个参数,就可以通过四参数方程组,将一个平面直角坐标系下一个点的X、Y坐标值转换为另一个平面直角坐标系下的X、Y坐标值。

2. 只有平面坐标的情况

这种情况是在测量中最常遇到的,即有三个或者三个以上的有平面坐标的控制点。这个时候我们要先了解测区的概况,在测区的中央选择合适的地方架设基准站,架设好基准站后设置移动站,连通之后可以去已知点上做控制点的联测,联测结束之后在手簿上进行坐标转换,得出转换参数,检查转换参数符合要求后,就可以进行测量、放样等工作了。实施步骤如下:

(1)新建一个项目,输入项目名称等参数。

(2)把基准站架设在测区中央的开阔处,设置基准站。

(3)设置移动站。

(4)输入控制点的平面坐标,在控制点上测量 WGS—84 坐标并保存。到 3 个控制点上做这样的工作。

(5)进行参数计算。如果有多余的控制点的话可以在点上进行检核。

(6)进行实际工作,测量、放样等。

3.只有 WGS—84 坐标的情况

这种情况在实际工作中遇到的机会比较少。一般的情况下,用 GPS 测量的点还要用于常规的测量,真正出成果的时候一般不会只有 WGS—84 的坐标。一般只有在检核仪器精度的时候会用到。施测步骤如下:

(1)在一观测条件较好的控制点上架设基站;

(2)设置移动站;

(3)到一控制点上检核;

(4)测量或放样。

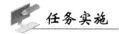

任务实施

下面我们结合中海达 V8 GNSS RTK 系统的使用来介绍 GPS-RTK 测量的实施。

一、GPS-RTK 数据接收机的认识与操作

如前所述,基准站 GPS 接收机必须向移动站 GPS 接收机传输原始数据,移动站 GPS 接收机才能通过差分计算出基准站和移动站之间的基线向量。V8 GNSS RTK 系统中基准站和移动站的数据接收机可以通过无线数据传播模式或电台模式进行通信联系。无线数据传播是指基准站和移动站的 GPS 接收机通过通信运营商的无线网络进行通信联系,每个设备中有一张移动或联通的 SIM 卡,GPS 设备中的 GPS 模块在与卫星进行通信并采集到位置数据后,通过设备中的通信模块(GPRS 或 CDMA)通过 SIM 卡为介质,利用运营商无线网络传输到运营商服务器上,再由运营商服务器通过互联网传输到企业服务器。电台传播是指基准站和移动站的 GPS 接收机通过电台进行通信联系,基准站系统和移动站系统都包括电台部件。如图 4-25 所示。

中海达 V8 GPS 接收机主机控制面板有按键两个:F 键(功能键)和电源键;指示灯 3 个,分别为电源、卫星、状态。按键功能见表 4-3。

按 键 功 能 说 明　　　　　　　　　　　　表 4-3

功　能	按 键 操 作	内　　容
工作模式	双击功能键	进入"基准站"、"移动台"、"静态"工作模式选择
数据链	长按功能键	进入"GSM"/"CDMA"、"UHF"/"GSM"/"CDMA"模块、"外挂"数据链模式选择
UHF 模式	单击功能键	进入"UHF 电台频道"设置

续上表

功　能	按键操作	内　容
设置确定	单击电源键	语音提示当前工作模式、数据链方式和电台频率、频道,同时电源灯显示电源电量
自动设置基站	按电源键+功能键开机	先按功能键,再按电源键开机,直到听见"叮咚"声再松开功能键,然后有语音提示确定、当前接收机状态
复位接收机	长按功能键	复位主板

a)GPRS数据链基准站　　　　b)电台基准站　　　　c)移动站

图 4-25　基准站和移动站

二、GPS-RTK 作业

1. 架设基准站

基准站可架设在已知点或未知点上,对中、整平。若使用外挂电台作业,将基准站主机、电台、发射天线、电池组以相应电缆连接。选择一个无干扰的信道,使外挂电台和移动站内置的 UHF 电台信道一致。使用内置 GPRS 数据链作业时,架设前给基准站和移动站主机安装 SIM 卡。

打开 GPS 主机电源,在 GPS 主机的面板上操作,选择数据链模式并设置 GPS 接收机为基准站模式。

基准站架设点必须满足以下要求:

(1)高度角在 15°以上开阔,无大型遮挡物;

(2)无电磁波干扰(200m 内没有微波站、雷达站、手机信号站等,50m 内无高压线);

(3)在用电台作业时,位置比较高,基准站到移动站之间最好无大型遮挡物。

2. 打开手簿主程序

点击手簿桌面的"Hi-RTK Road.exe"快捷图标,打开手簿程序。

3. 新建项目

通常情况,每做一个工程都需要新建一个项目。

(1)点击【项目】→【新建】→输入项目名→【√】,如图 4-26、图 4-27 所示;

(2)点击左上角下拉菜单【坐标系统】设置坐标系统参数。

"文件"输入坐标系统文件名称,默认和项目名称一致,用于保存下方的测量参数。如图 4-28。

"椭球"源椭球一般为 WGS—84,目标椭球和已知点的坐标系统一致,如果目标坐标为自定义坐标系,则可以不更改此项选择,设置为默认值:"北京 54"。

"投影"选择投影方法,输入投影参数。中国用户投影方法,一般选择"高斯自定义",输入"中央子午线经度",通常需要更改的只有中央子午线经度,中央子午线经度是指测区已知点的中央子午线;若自定义坐标系,则输入该测区的平均经度,经度误差一般要求小于 30′。如图 4-29 所示。

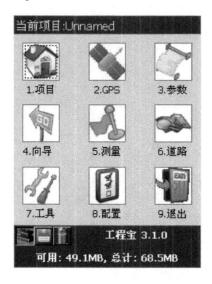

图 4-26 新建项目

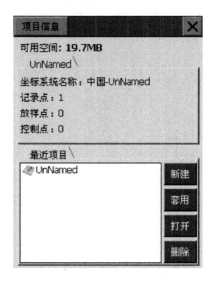

图 4-27 输入项目名称

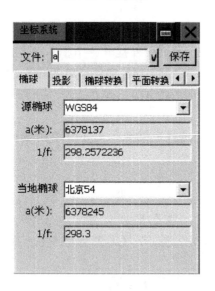

图 4-28 输入文件名

图 4-29 坐标系统

(3)点击右上角的【保存】按钮,保存设置好的参数。

4. GPS 和基准站主机连接

点击【GPS】→左上角下拉菜单→"连接 GPS",设置手簿型号、连接方式、端口、波特率、GPS 类型,点击【连接】,点击【搜索】出现机号后,选择机号,点击【连接】,如果连接成功会在接收机信息窗口显示连接 GPS 的机号。

"手簿"根据说明选择好使用的手簿类型。如图 4-30 所示。右边的问号是在进行选择时的提示信息,下同。

"连接"包括串口、蓝牙、网络等连接方式,可根据需要进行选择。

"端口"软件会根据手簿类型自动选择端口,只有手簿类型选择 General 时,串口才需要手工选择。

"波特率"选择波特率,通常连接中海达设备使用 19200。

"GPS 类型"中海达型号和主板型号。

【搜索】搜索接收机号,如有接收机号则可以不搜索。如图 4-31 所示。

【停止】当搜索到想要连接的接收机号后点击停止。

【连接】点击连接,连接想要设置的接收机。

【退出】退出蓝牙搜索界面。

"自动重连"当蓝牙断开时间很短时,手簿会重新连接主机。

"保存已有"记忆上次搜索到的接收机号,第二次连接时可直接连接,而不用搜索。

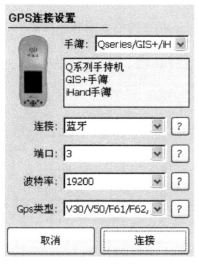

图 4-30　手簿类型

图 4-31　搜索接收机号

5. 设置基准站

(1)点击左上角下拉菜单,点击【基准站设置】。

(2)输入基准站点名,基准站仪器高。如图 4-32 所示。

(3)点击【平滑】(即单点定位求平均数,平滑次数默认为 10 次),平滑完成后点击右上角【√】。如图 4-33 所示。

如果基准站架设在已知点上,且知道转换参数,则可不点击平滑,直接输入该点的 WGS—84 的 B、L、H 坐标,或事先打开转换参数,输入该点的当地 X、Y、H 坐标,这样基准站就以该点的 WGS—84 的 B、L、H 坐标为参考,发射差分数据。

(4)点击【数据链】,选择数据链类型,输入相关参数。

基准站数据链用于设置基准站和移动站之间的通信模式及参数,包括"内置电台"、"内置网络"、"外部数据链"等。

①如图 4-34 所示,基准站使用内置电台功能时,只需设置数据链为内置电台、设置频道。

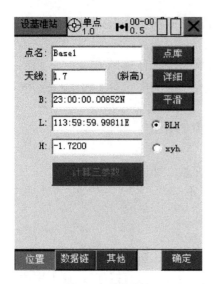

图 4-32 设基准站　　　　　图 4-33 平滑

②如图 4-35 所示，基准站使用内置网络功能时，点击右端网络模式选择菜单选择网络类型（GPRS、CDMA、GSM 其中一种）。

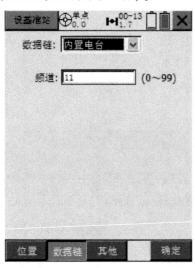

图 4-34 设置数据链　　　　　图 4-35 选择网络类型

"运营商"用 GPRS 时输入"CMNET"，用 CDMA 时输入"card,card"。

"服务器 IP"手工输入服务器 IP，端口号，也可以从"文件"提取，弹出服务器地址列表，可以从列表中选取所需要的服务器。如图 4-36 所示。

"网络"包括 ZHD 和 CORS。

a. 如果使用中海达服务器时，使用 ZHD；"分组号和小组号"分别为 7 位数和 3 位数，小组号要求小于 255，基准站和移动站需要设成一致才能正常工作。如图 4-37 所示。

b. 接入 CORS 网络时，选择 CORS。如图 4-38 所示。输入 CORS 的 IP、端口号，也可以点击【文件】提取，点击右边的【设置】按钮，弹出"CORS 连接参数"界面，点击【节点】可获取 CORS 源列表，选择"源列表"，输入"用户名"、"密码"，测试是指测试是否能接收到 CORS 信号，如果接收到数据，点击右上角【√】。如图 4-39 所示。点击【其他】，选择差分电文格式，当连接 CORS 网络时,需要将移动站位置报告给计算主机,以进行插值获得差分数据,若正在使用此类网络,应该根据需要,选择"发送 GGA",后面选择发送间隔,时间一般默认为"1"秒。

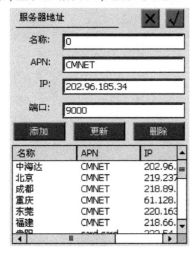

图 4-36 服务器地址

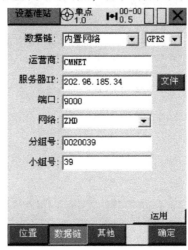

图 4-37 设置分组号、小组号

图 4-38 输入用户名及密码

图 4-39 连接参数

③基准站使用外部数据链功能时:可接外挂电台,进行直通模式试验。如图 4-40 所示。

(5)点击【其他】,选择差分模式、电文格式(默认为 RTK、CMR,不需要改动)。如图 4-41 所示。

(6)点击右下角【确定】,软件提示"设置成功"。

(7)查看主机差分灯是否每秒闪一次黄灯,如果用电台时,电台收发灯每秒闪一次,如果正常,则基准站设置成功。

(8)点击左上角菜单,点击【断开 GPS】,断开手簿与基准站 GPS 主机的连接。

6. GPS 和移动站主机连接

(1)连接手簿与移动站 GPS 主机

使用 UHF 电台时,将差分天线与移动站 GPS 主机连接好;使用 GPRS/CDMA 时,不需要差分天线。打开移动站 GPS 主机电源,调节好仪器工作模式,等待移动站锁定卫星。按左上角下拉菜单→【连接 GPS】,将手簿与移动站 GPS 主机连接。当手簿与 GPS 主机连接成功时会在

"接收机信息"窗口显示连接 GPS 的机号,连接方法和基准站类似。

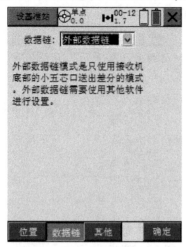

图 4-40 外部数据链功能　　　　　图 4-41 差分模式

(2) 移动站设置

使用菜单【移动站设置】,弹出的"设置移动站"对话框。在【数据链】界面,选择、输入的参数和基准站一致。按右下角【确定】按钮,软件提示移动站设置成功,点击右上角按钮【×】,回退到软件主界面。

7. 采集控制点源坐标

点击主界面上的【测量】,进入碎部测量界面。如图 4-42 所示。

查看屏幕上方的解状态,在 GPS 达到 RTK 固定解后,在需要采集点的控制点上,对中、整平 GPS 天线,点击右下角的 。在弹出"设置记录点属性"对话框内,输入"点名"和"天线高",如图 4-43 所示。下一点采集时,点名序号会自动累加,而天线高与上一点保持相同。确认,此点坐标将存入记录点坐标库中。在至少两个已知控制点上保存两个已知点的源坐标到记录点库。

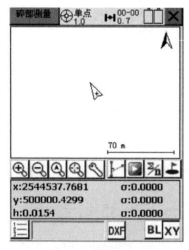
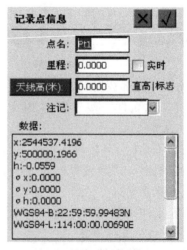

图 4-42 碎部测量界面　　　　　图 4-43 输入点名

点击软件界面左上方的 ,可快速进入位置视图。显示当前点的位置信息,包括位置、速度、解状态、时间等信息。"解状态"主要分为以下几种模式(除固定坐标外,精度从高至低排列):已固定表示固定坐标(基准站)→RTK 固定解→RTK 浮动解→伪距解→单点定位→未知数据类型(表示没有 GPS 数据)。"1.0"表示差分龄期,指移动站收到基准站信号进行解算的时间,当使用电台通信时,一般 1 为最好;用 GPRS 通信时,2 为最好。

点击软件界面右上方的 ⊨⊣$_{0.7}^{00-00}$,可快速进入卫星信息视图,除卫星分布图、卫星信噪比图外,还有"质量"视图界面显示用于查看 GPS 卫星分布状态、卫星信噪比、设置高度截止角、接收何种卫星信号。"00-00"的前端数据表示公用卫星数,后端数据表示收到卫星数;"0.5"表示 PDOP 值,即卫星分布几何强度因子,归因于卫星的几何分布,数值越小定位精度越高,一般小于 3 为比较理想状态。

8. 参数计算

回到软件主界面,点击【参数】→"左上角下拉菜单"→【参数计算】,进入"参数计算"界面。如图 4-44 所示。

选择参数"计算类型",包括"七参数"、"一步法"、"四参数+高程拟合"、"三参数"。

如果使用"转换参数+高程拟合"需要选择"高程拟合模型"。小于 3 个已知点,高程只能作固定差改正(接收机测到的高程加上固定常数作为使用高程,常数可以为负数);大于或等于 3 个已知点,则可作平面拟合(对应于多个水准点处的高程异常,生成一个最佳的拟合平面,当此平面平行于水平面时,平面拟合等同于固定差改正);大于或等于 6 个已知点,则可作曲面拟合(对应于多个水准点处的高程异常,生成一个最佳的拟合抛物面。曲面拟合对起算数据要求比较高,如果拟合程度太差,可能造成工作区域中的高程改正值发散)。而作平面拟合或曲面拟合时,必须在求转换参数前预先进入【参数】→【高程拟合】菜单进行设置。

【添加】添加点的源坐标和目标坐标,源坐标可手工输入或从 GPS、点库、图上获取,目标点可手工输入,或从点库中获取,输入后点击【保存】。如图 4-45 所示。

图 4-44 选择计算类型

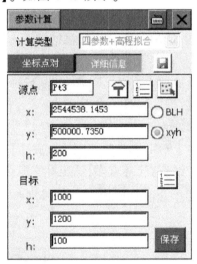

图 4-45 添加坐标

【编辑】对选中的点坐标进行编辑。

【解算】解算从源坐标到目标坐标的转换参数。软件会自动计算出各点的残差值:HRMS(当前点的平面中误差)、VRMS(当前点的高程中误差),一般残差值小于 3cm,认为点的精度可靠。平面中误差、高程中误差表示点的平面和高程残差值,如果超过要求的精度限定值,说明测量点的原始坐标或当地坐标不准确,残差大的控制点,不选中点前方的小勾,不让其参与解算,这对测量结果的精度有决定性的影响。如图 4-46 所示。

【运用】会将当前计算结果保存,并更新当前项目参数。同时,弹出更新过数据后的坐标系统页面,供用户确认。如图4-47所示。使用四参数时:尺度参数一般都非常接近1,约为1.000x或0.999x;使用三参数时:三个参数一般都要求小于120;使用七参数时:七个参数都要求比较小,最好不超过1000。确认无误后,点击右上角【保存】,再点击右上角【×】,回退到软件主界面。

【取消】取消参数计算结果,回退到参数计算界面。

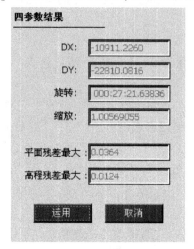 

图4-46 计算残差值　　　　　　　图4-47 更新坐标系统

9. 碎部测量和点放样

(1) 碎部测量

点击主界面上的【测量】,进入"碎部测量"界面。如图4-48所示。到达需要采集点的碎部点上,对中、整平GPS天线,根据界面上显示的测量坐标及其精度、解状态,决定是否进行采集点,一般在RTK固定解,点击 手动记录点,软件先进行精度检查,若不符合精度要求,会提示是否继续保存。点击【√】保存,随后弹出详细信息界面,可检查点的可靠性。点击【×】取消,不保存数据。如图4-49所示。

(2) 点放样

点击左上角下拉菜单,点击【点放样】,弹出界面,点击左下角 （表示放样下一点）,输入放样点的坐标或点击【点库】从坐标库取点进行放样。如图4-50所示。

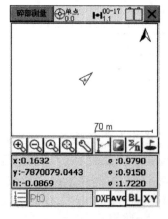 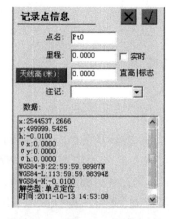 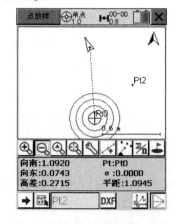

图4-48 碎部测量　　　　图4-49 精度检查保存数据　　　　图4-50 点放样

项目 5 地形图测绘

在线路勘测工作的最初阶段,必须搜集有关设计线路的各种比例尺的地形图和各种勘测设计资料,作为方案研究的依据。方案研究的工作是利用已掌握的资料,在 1∶50000 或 1∶100000 的地形图上选出几种可能的线路方案,经过全面的分析比较,提出对主要方案的初步意见。方案基本确定以后,要进行初测,所谓初测是对方案研究中认为可行的几条线路或一条主要线路,结合现场的实际情况,进行选点、标出线路方向。然后根据实地上选定的点进行控制测量,测出各点的平面位置和高程,再以这些控制点为图根控制,测绘比例尺为 1∶500 ~ 1∶2000 的带状地形图,以供编制初步设计使用。

在施工阶段,为利于施工技术人员的施工和测量,需要能识读道路工程地形图,因此掌握地形图的测绘是非常重要的。

工作任务 1 地形图的基本知识

学习目标

掌握地形图的有关概念;
了解地形图的表示方法。

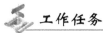
工作任务

任务内容

由于地形图能够客观地反映地物和地貌的变化情况,为分析、研究和处理问题提供了许多依据。因此通过对地形图有关知识的学习,必须能够识读地形图,了解地形图上符号表示的意义和作用。

测量依据

《国家基本比例尺地图图式 第 1 部分:1∶500 1∶1000 1∶2000 地形图图式》(GB/T 20257.1—2007);

《国家基本比例尺地形图分幅和编号》(GB/T 13989—2012)。

相关知识

一、概述

在测量中常把地形分为地物和地貌两大类。对于地球表面上相对固定(天然形成和人工建造)的各种物体,如房屋、道路、桥梁、水系等,称为地物;而将地球表面高低起伏的形态,统称为地貌,如高山、平原、盆地等。

地形图的测绘就是将地球表面某区域内的地物和地貌,按一定的比例尺和规定的图式符号,用正射投影的方法测绘在图纸上。

二、地形图比例尺

地形图的比例尺是指地形图上某线段的长度 d 与地面上相应线段水平距离 D 之比。比例尺按表示方法可分为数字比例尺和图示比例尺。

1. 比例尺的表示方法

(1) 数字比例尺

数字比例尺通常用分子为1,分母为整数的分数来表示。即:

$$d/D = 1/M = 1:M \tag{5-1}$$

式中,M 为比例尺的分母。M 越大,比例尺就越小;M 越小,比例尺就越大。地形图的数字比例尺注记在图廓外图幅下方正中央,如图 5-1 所示。

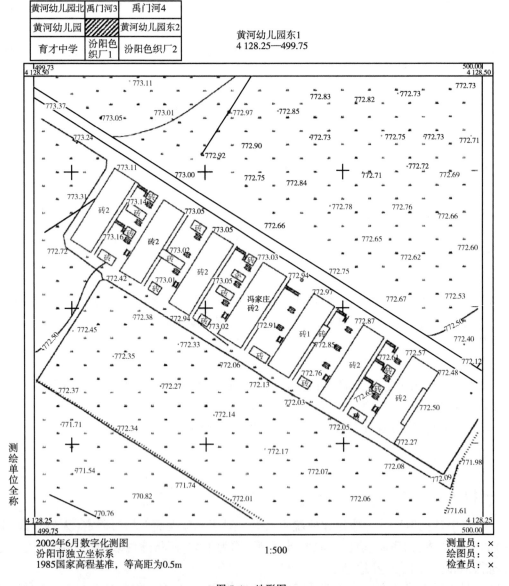

图 5-1 地形图

(2)图示比例尺

如图 5-2 所示,在图纸的下方绘制与图纸比例尺相一致的图示比例尺,便于用分规在图上直接量取直线段的水平距离。其优点在于可减少因图纸伸缩变形引起的误差。

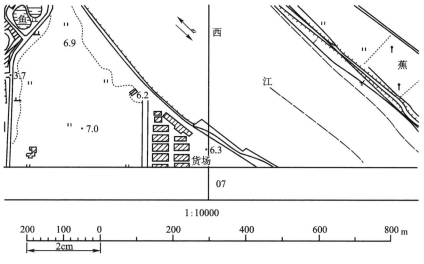

图 5-2 图示比例尺

2. 比例尺的分类

我国按照比例尺分母的大小,把地形图分为三类:

(1)大比例尺地形图。比例尺为 1:500、1:1000、1:2000、1:5000 的地形图。它常用经纬仪和平板仪或全站仪、光电测距仪等方法测得,被广泛应用于公路、铁路、城市规划等工程建设方面。

(2)中比例尺地形图。比例尺为 1:1 万、1:2.5 万、1:5 万、1:10 万的地形图。它常用航空摄影测量方法测得。

(3)小比例尺地形图。比例尺为 1:25 万、1:50 万、1:100 万的地形图。它常在大比例尺地形图的基础上采用编绘的方法完成。

我国规定:1:1 万、1:2.5 万、1:5 万、1:10 万、1:25 万、1:50 万、1:100 万七种比例尺的地形图为国家基本比例尺地形图。

3. 比例尺精度

人用肉眼在图纸上能分辨出的最小距离为 0.1mm。我们将地形图上 0.1mm 所代表的实地水平距离称为比例尺的精度。根据比例尺的精度,不但可以按照比例尺知道地面量距的精确程度,也可按照量距的规定精度来确定测图比例尺的大小。例如:测绘 1:1000 比例尺的地形图时,测量距离的精度只需 0.1m,因为小于 0.1m 的距离在地形图上也表示不出来。又如,某项设计要求在图上能反映出实地 0.1m 的距离,则根据比例尺的定义可求出所选地形图的比例尺不能小于 1:1000。

三、地形图图外信息

除比例尺外,标准地形图在图廓外注有图名、图号、接合图表、图廓、三北方向线、坡度比例尺,见图 5-1。

(1)图名。图名即本幅地形图的名称,一般用图幅中最具有代表性的地名、居民地或企事业单位的名称命名。

(2)图号。图号是该图幅相应分幅方法的编号,图号和图名注记在本幅图的北图廓外上方正中,图号位于图名的下方。

(3)接合图表。注明本幅图与相邻图幅之间的关系,便于索取相邻图幅,位于图幅左上角,阴影线部分表示本图位置。

(4)图廓。图廓是地形图的边界线,有内、外图廓线之分。内图廓是图幅的边界线,用 0.1mm 细线绘出。在内图廓线内侧,每隔 10cm 绘出 5mm 的短线,表示坐标格网线的位置。外图廓线为图幅的最外围边线,用 0.5mm 粗线绘出。内、外图廓线相距 12mm,在内外图廓线之间注记坐标格网线坐标值。

(5)三北方向线。三北方向线是指真子午线、磁子午线和坐标纵轴线,三线之间的关系如图 5-3 所示。

(6)坡度比例尺。对于梯形图幅在其下图廓偏左处,绘有坡度比例尺,用以图解地面坡度和倾角,如图 5-4 所示。它是按式(5-2)制成。

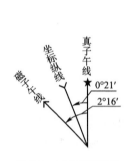

图 5-3　三北方向线图

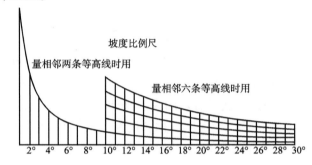

图 5-4　坡度比例尺

$$i = \tan\alpha = \frac{h}{dM} \tag{5-2}$$

式中：i——地面坡度；

α——地面倾角；

h——两点间的高差；

d——两点间的水平距离；

M——比例尺分母。

使用时利用分规量出相邻等高线间的水平距离,在坡度比例尺上即可读取地面坡度。

除上述注记外,在地形图上还注记有坐标系统、高程系统、等高距、测图日期、测绘单位、测量员、绘图员和检查员等内容。

四、地形图的分幅与编号

地形图的分幅和编号方法有两种:一种是按经纬线分幅的梯形分幅并编号;另一种是按坐标格网分幅的矩形分幅并编号。前者用于中小比例尺地图的分幅,后者用于城市和工程建设上大比例尺地图的分幅。

1.梯形分幅与编号

(1)1∶100 万比例尺地图的分幅与编号

按国际上的规定,1∶100 万的世界地图实行统一的分幅和编号,即自赤道向南北极分别按纬差 4°分成横列,各列依次用 A、B、…、V 表示。自经度 180°开始起算,自西向东按经差 6°分成纵行,各行依次用 1、2、…、60 表示。每一幅图的编号由其所在的"横行—纵列"的代号组成。图 5-5 为东半球北纬 1∶100 万地图的国际分幅和编号。例如北京某地的位置为东经 117°54′18″,北纬 39°56′12″,则其所在的 1∶100 万比例尺图的图号为 J—50。

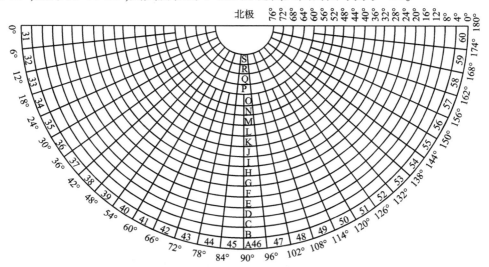

图 5-5 东半球北纬 1∶100 万地图的国际分幅和编号

(2) 1∶50 万、1∶20 万、1∶10 万比例尺地图的分幅和编号

在 1∶100 万的基础上,按经差 3°、纬差 2°将一幅地形图分成四幅 1∶50 万地形图,依次用 A、B、C、D 表示。如北京某处所在的 1∶50 万的图的编号为 J-50-A,见图 5-6a) 所示。

将一幅 1∶100 万的地形图按照经差 1°30′、纬差 1°分成 16 幅 1∶25 万地形图,依次用 [1]、[2]、…、[16] 表示。如北京某处所在的 1∶25 万图的编号为 J-50-[2],见图 5-6a) 中有阴影线的图幅。

将一幅 1∶100 万的图,按经差 30′、纬差 20′分为 144 幅 1∶10 万的图,依次用 1、2、…、144 表示。如北京某处所在的 1∶10 万图的编号为 J-50-5,见图 5-6b) 中有阴影线的图幅。

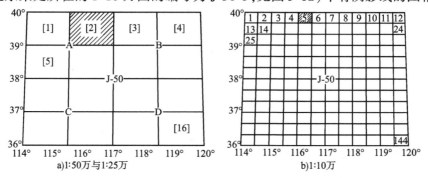

图 5-6 1∶50 万、1∶25 万、1∶10 万地图的分幅和编号

(3) 1∶5 万、1∶2.5 万和 1∶1 万比例尺地图的分幅和编号

这两种比例尺图的分幅编号都是以 1∶10 万比例尺图为基础的,每幅 1∶10 万的图,划分成 4 幅 1∶5 万的图,分别在 1∶10 万的图号后写上各自的代号 A、B、C、D。如北京某处所在的 1∶5 万的图幅为 J-50-5-B,如图 5-7a) 所示。

再将每幅 1∶5 万的图又可分为 4 幅 1∶2.5 万的图,分别以 1、2、3、4 编号。如北京某处所在的1:2.5万的图幅编号为J-50-5-B-2,见图5-7a)中有阴影线的图幅。

每幅1:10万的图分为64幅1:1万的图,分别以(1)、(2)、…、(64)表示。如北京某处所在的1:1万的图幅为J-50-5-(15),见图5-7b)中有阴影线的图幅。

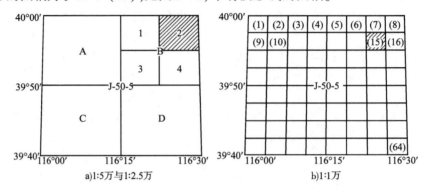

图5-7 1:5万、1:2.5万、1:1万地图的分幅和编号

(4)1:5000比例尺地图的分幅编号

1:5000比例尺图的分幅编号是在1:1万比例尺图的基础上进行的。每幅1:1万的图分为4幅1:5000的图,并分别在1:1万的图号后面写上各自的代号a、b、c、d。如北京某处所在的1:5000的图幅编号为J-50-5-(15)-a,见图5-8中有阴影线的图幅。

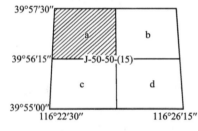

图5-8 1:5000地图的分幅和编号

2. 矩形分幅与编号

大比例尺地形图大多采用矩形或正方形分幅,图幅一般为50cm×50cm或40cm×50cm,它是按统一的直角坐标格网划分的。采用矩形分幅时,大比例尺地形图的编号,一般采用图幅西南角坐标公里数编号法,也可用流水编号法或行列编号法等。用图幅西南角坐标公里数编号时,x坐标在前,y坐标在后。比例尺为1:500地形图,坐标值取至0.01km,如某幅图的编号为10.40—21.75。而1:1000、1:2000地形图取至0.1km,1:5000地形图取至1km。带状测区或小面积测区,可按测区统一顺序编号,从左→右,从上→下用数字1、2、3、4、…编定。

工作任务2 地形图的测绘

学习目标

了解地形图碎部测量特征点的选择;
掌握经纬仪传统测图方法;
掌握全站仪、GPS数字化测图方法。

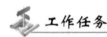

任务内容

地形图是道路设计文件中主要的图纸之一,在线路的勘测设计中,地形测量的任务就是根据设计的需要,按一定的比例测绘出道路沿线一定宽度范围内的带状地形图(或局部范围

的专用地形图),供设计和施工使用。

测量依据

《工程测量规范》(GB 50026—2007);

《1∶500 1∶1000 1∶2000 地形图平板仪测量规范》(GB/T 16819—2012);

《1∶500 1∶1000 1∶2000 外业数字测图技术规程》(GB/T 14912—2005);

《1∶500 1∶1000 1∶2000 地形图数字化规范》(GB/T 17160—2008)。

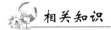

地形图的测绘应遵循"从整体到局部、先控制后碎部、由高级到低级"的原则。大比例尺地形图的测绘,是根据测图的目的及测区的具体情况,在完成控制测量工作之后,在控制点上安置仪器,进行地物和地貌的碎部测量。根据测图所采用仪器的不同,大比例尺地形图测绘的方法主要有经纬仪测图法、全站仪数字化测图法、GPS数字化测图法,传统的测图方法——平板仪测图,逐渐被以上方法所取代。

一、测图前的准备工作

1. 资料的准备

对测区进行全面的了解,整理出测区内所有控制点的资料,根据用图要求拟定测图方案和测图比例尺。

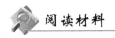

地形图比例尺的选择

比例尺越大,表示地形变化的状况越详细,精度就越高。反之,比例尺越小,表示地形变化就越简略,精度就越低。对同一测区,采用较大比例尺进行测图,工作量和投资将成倍增加。因此,在工程规划和设计时采用哪一种比例尺地形图,应从实际需要出发,确定合适的比例尺,如表5-1所示。

地形图比例尺的选用　　　　　　　　　　　表5-1

比　例　尺	用　　途
1∶10000	城市总体规划、厂址选择、区域布置、方案比较
1∶5000	
1∶2000	城市详细规划及工程项目初步设计
1∶1000	建筑设计、城市详细规划、工程施工设计、竣工图
1∶500	

2. 仪器的准备

(1)经纬仪测图法的仪器准备

经纬仪、标尺、图板、量角器、图纸、记录手簿等。

图纸应采用聚酯薄膜纸,并在图纸上精确绘制10cm×10cm的直角坐标格网,然后根据测区内控制点的坐标值在坐标格网上展绘控制点。使用时只需要用透明胶带纸固定在图板上即可测图。

（2）数字化测图法的仪器准备

全站仪或 GPS RTK、记录手簿、计算机、数字成图软件等。

展绘控制点

图纸上的方格网经检查合格后，即可根据测区内控制网各控制点的坐标值，展绘控制点。展绘控制点的原则是尽量把控制点展绘在图纸中间。

如图 5-9 所示，展绘控制点前，先按图的分幅位置将坐标格网线的坐标值注在相应方格网边线的外侧。展点时，首先根据控制点的坐标值，确定控制点所在的方格。然后计算出对应方格网的坐标差 Δx 和 Δy，再按比例在格网的纵、横边上截取与此坐标差相等的距离，对应连接相交，交点即为所要展绘的控制点。

控制点展绘好后，用比例尺量取相邻两控制点之间的距离，它与实测距离进行比较，其允许差值在图纸上的长度不应超过 $\pm 0.3\mathrm{mm}$，合格后便可以进行测图。

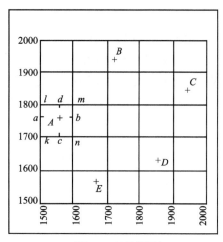

图 5-9　展绘控制点

二、碎部测量

1. 特征点的选择

测绘地形图的关键在于找出地物、地貌的特征点进行测绘。地物特征点是指能反映地物的轮廓范围、形状大小的点，如房屋轮廓的转折点，河流、池塘、湖泊边线的转弯点，道路的交叉点和转弯点等。地貌特征点是指对地形的高低起伏、转折变化具有特殊又有代表性的点，可通过选择山顶、山脚、鞍部、山脊线或山谷线上坡度变化处或地形走向转折处等作为特征点。地物特征点和地貌特征点统称为碎部点，测定碎部点平面位置和高程的工作称为碎部测量。

不同的测绘比例尺，所对应的地物点、地形点视距和测距的最大长度见表 5-2。

地物点、地形点视距和测距的最大长度（单位：m）　　　　　　表 5-2

测图比例尺	视距最大长度		测距最大长度	
	地物点	地形点	地物点	地形点
1∶500	—	70	80	150
1∶1000	80	120	160	250
1∶2000	150	200	300	400

2. 地形图的测绘方法

1）经纬仪测绘法

图 5-10 所示为经纬仪测图法原理，图中 A、B、C 为已知控制点，测绘碎部点的步骤如下：

（1）安置仪器

在已知控制点 A 上安置经纬仪，对中整平，并量取仪器高 i，在经纬仪旁架设小平板。

(2)定向

用望远镜照准 B 点标志,将水平度盘读数配置为零。用直尺和铅笔在图纸上绘出直线 AB,作为量角器的零方向线,用大头针将量角器的中心固定在图纸上的 A 点。

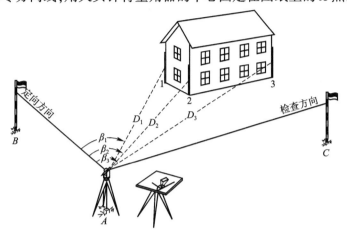

图 5-10 经纬仪测图法原理

(3)碎部观测

在碎部点 1 竖立标尺,用望远镜瞄准碎部点 1 的标尺,读取水平盘读数 β_1,竖盘读数 L_1(计算竖直角 α),上、下丝读数(计算尺间隔 l),中丝读数 v,根据视距测量原理计算出 A、1 两点间的距离和高差。

$$\left. \begin{array}{l} D_{A1} = 100l\cos^2\alpha \\ H_1 = H_A + D_{A1}\tan\alpha + i - v \end{array} \right\} \quad (5\text{-}3)$$

(4)展绘碎部点

以图纸上 A、B 两点连线为零方向线,使量角器上的 β_1 角位置对准零方向,此时量角器的零方向便是碎部点 1 的方向。按测得的水平距离和测图比例尺在该方向上定出 1 点的位置,并在该点右侧注明其高程。同法可以测绘出其他碎部点在图纸上的位置,如图 5-11 所示。

2)全站仪数字化测图

由于全站仪能同时测量水平角、竖直角和距离,加之全站仪内置程序模块可以直接进行计算,这样全站仪在测站就能同时通过测量计算出点的三维坐标(X,Y,H) 或 (N,E,Z)。如图 5-12 所示。野外测图一般采用草图测记法。具体步骤如下:

(1)设置测站

开始坐标测量之前,观测员先在控制点上安置仪器、对中、整平,量取仪器高,然后开机,建立存储测量坐标的文件夹,输入测站点坐标、仪器高和目高程。

(2)设置后视方位角(定向)

①输入后视坐标定向。后视方位角可通过

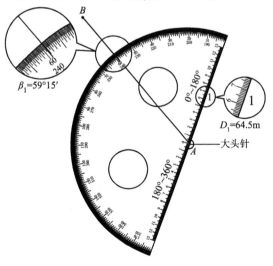

图 5-11 使用量角器展会碎部点

输入后视坐标来设置,系统根据输入的测站点和后视点坐标计算出方位角。照准后视点,通过按键操作,仪器便根据测站点和后视点的坐标,自动完成后视方向方位角的设置。这样全站仪就找到了坐标北方向,从而建立坐标系,将后面所测的点都置于同一坐标系中。

②输入后视方位角定向。后视方位角的设置也可通过直接输入方位角来设置。

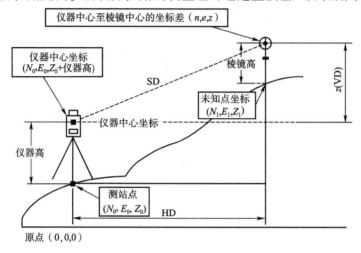

图 5-12　全站仪测图法原理

(3)坐标测量

在完成了测站数据的输入和后视方位角的设置后,瞄准跑尺员在碎部特征点上竖立的照准目标,通过坐标测量功能即可确定特征点的坐标。同时,领图员绘制碎部点构成的地物形状和类型的草图并记录碎部点点号(应与全站仪自动记录的点号一致)。

3)GPS 数字化测图

高等级公路选线多是在大比例尺(通常是 1∶2000 或 1∶1000)带状地形图上进行,用传统方法测图,先要建立控制网,然后进行碎部测量,绘制成大比例尺地形图其工作量大速度慢,花费时间长。

GPS-RTK 具有全天候、无需通视、定位精度高、测量时间短等优点。如果用实时 GPS 动态测量,可以省去建立图根控制这个中间环节,构成碎部点的数据,在室内即可由绘图软件成图,由于只需要采集碎部点的坐标和输入其属性信息,而且采集速度快,大大降低了测图的难度,既省时又省力。GPS-RTK 测量的作业步骤在项目 4 中已详细介绍,这里不再赘述。

工作任务 3　地形图的绘制

 学习目标

掌握经纬仪测绘法地形图的绘制方法;
掌握数字化绘图方法;
能进行地形图的拼接、整饰和检查。

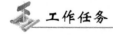 工作任务

任务内容

在根据线路设计的需要,按一定的比例测定出道路沿线一定宽度范围内的地物、地貌之

后，需要根据所测特征点的空间位置，描绘出地物和地貌。然后根据相关要求，完成地形图的拼接、检查和整饰。最后完成地形图的测绘。

测量依据

《1∶500 1∶1000 1∶2000 地形图平板仪测量规范》（GB/T 16819—2012）；

《1∶500 1∶1000 1∶2000 地形图数字化规范》（GB/T 17160—2008）；

《国家基本比例尺地图图式 第1部分：1∶500 1∶1000 1∶2000 地形图图式》（GB/T 20257.1—2007）；

《工程测量规范》（GB 50026—2007）。

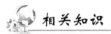
相关知识

地形图要求清晰、准确、完整地显示测区内的地物和地貌。为了便于测图和读图，所有实地的地物、地貌在图上都是用各种简明、准确、易于判断的图形或符号表示出来的。这些符号统称为地形图图式，分为：地物符号、地貌符号，其中表示地物的称地物符号，表示地貌的称地貌符号。表5-3列出了部分常用地物和地貌的图式。

常用地物、注记和地貌符号　　　　　　　　　　表5-3

编号	符号名称	1∶500 1∶1000 1∶2000	编号	符号名称	1∶500 1∶1000 1∶2000
1	一般房屋 混-房屋结构 3-房屋层数		12	高速公路 a. 收费站 0-技术等级代码	
2	简单房屋		13	高速公路2-技术等级代码 （G325）-技术等级代码	
3	建筑中的房屋		14	乡村路 a. 依比例尺的 b. 不依比例尺的	
4	破坏房屋				
5	栅房				
6	架空房屋		15	小路	
7	廊房		16	内部道路	
8	台阶		17	阶梯路	
9	无看台的露天体育场		18	打谷场、球场	
10	游泳池		19	旱地	
11	过街天桥				

续上表

编号	符号名称	1:500 1:1000	1:2000	编号	符号名称	1:500 1:1000	1:2000
20	花圃			32	不埋石图根点 25-点号 62.74-高程	1.6 :: 25/62.74	
21	林地			33	水准点 Ⅱ京石5-等级、点名、点号 32.804-高程	2.0 ⊗ Ⅱ京石5/32.804	
22	人工草地			34	加油站		
23	稻田			35	路灯		
24	常年湖	青湖		36	独立树 a.阔叶 b.针叶 c.果树 d.棕榈、椰子、槟榔		
25	池塘	塘 塘					
26	常年河 a.水涯线 b.高水界 c.流向 d.潮流向 ←涨潮 →落潮			37	独立树 棕榈、椰子、槟榔		
				38	上水检修井	⊖ :: 2.0	
				39	下水（污水）、雨水检修井	⊕ :: 2.0	
				40	下水暗井	⊖ :: 2.0	
				41	煤气、天然气检修井	⊙ :: 2.0	
27	喷水池			42	热力检修井	⊕ :: 2.0	
28	GPS控制点	△ B 14/495.267 3.0		43	电信检修井 a.电信入孔 b.电信手孔	a ⊙ 2.0 b ▫ 2.0	
29	三角点 凤凰山-点中 39.468-高程	△ 凤凰山/39.468 3.0		44	电力检修井	⊚ 2.0	
30	导线点 116-点号 84.46-高程	2.0 ▫ 116/84.46		45	地面下的管道		
31	埋石图根点 16-点号 84.46-高程	1.6 ⊙ 16/84.46 2.6		46	围墙 a.依比例尺的 b.不依比例尺的		

续上表

编号	符号名称	1:500 1:1000 1:2000	编号	符号名称	1:500 1:1000 1:2000
47	挡土墙		57	一般调和点及注记 a.一般调和点 b.独立性地物的高程	a 0.5…163.2 b 75.4
48	栅栏、栏杆				
49	篱笆		58	名称说明注记	友谊路 中等线体4.0（18k） 团结路 中等线体3.5（15k） 胜利路 中等线体2.75（12k）
50	活树篱笆				
51	铁丝网		59	等高线 a.首曲线 b.计曲线 c.间曲线	
52	通信线 地面上的				
53	电线架				
54	配电线 地面上的		60	等高线注记	25
55	陡坎 a.加固的 b.未加固的		61	示坡线	0.8
56	散树、行树 a.散树 b.行树		62	梯田坎	54.4 1.2

1）地物符号

地物符号分为比例符号、半比例符号、非比例符号和注记符号。

（1）比例符号

可按比例尺缩小后，用规定的符号在地形图上绘出的地物符号称为比例符号。如地面上的房屋、田地、湖泊等，这类符号的形状、大小和位置均表示了地物的实际情况。

（2）半比例符号

对于某些线状延伸的地物，如铁路、通信线、小路、管道、栅栏等，在宽度上难以用比例表示，但在长度方向可以按比例表示的符号称为半比例符号。其符号中心线即为实地地物中心线的图上位置。

（3）非比例符号

对某些轮廓较小的地物，如三角点、导线点、消火栓、独立树、路灯、检修井等，无法按比例尺在图上绘出其形状和大小，只能用特定的符号来表示，这种符号称为非比例符号。这类符号的定位点，才是实地地物中心在图上的位置。随地物的不同，其符号的定位点也有所不同，一般应遵循以下规定：

①规则的几何图形符号。其符号的几何中心点为定位点，如导线点、三角点等。

②底部为直角的符号。以符号的直角顶点为定位点,如独立树、路标等。

③底宽符号以符号底线的中点为定位点,如烟囱、岗亭等。

④几种图形组合符号。以下方图形的几何中心或交叉点为定位点,如路灯、消火栓等。

⑤下方无底线的符号。以符号下方两端点连线的中心为定位点,如窑洞、山洞等。

(4)注记符号

地形图上,仅用地物符号有时还无法表示清楚地物的某些特定性质和名称,如城镇、学校、河流、路名、房屋的结构和层数等,只能用文字和数字加以说明,这些均称为注记符号。

因为测图比例尺影响地物缩小的程度,所以同一地物在不同比例尺下运用符号就不同。例如,一个直径为6m的水塔和路宽为2.5m的大车路,在1:1000的图上可用比例符号表示,但在1:5000的图上只能用非比例符号和半比例符号表示。

2)地貌符号

在地形图上表示地貌的主要方法是等高线,但对梯田、峭壁、冲沟等特殊的地貌,不便用等高线表示时,可根据"地形图图式"绘制相应的符号。

(1)等高线

等高线是指地面上高程相等的相邻各点连接的闭合曲线。如图5-13所示,设有一小岛立于平静湖水中,湖水水面与小岛就有一条交线,而且是闭合曲线,曲线上各点的高程是相等的。假设开始时湖水水面高程为70m,这条交线就是高程为70m的等高线,随后水位上升至80m、90m,小岛与水面的条交线,就是高程为80m、90m的等高线,需要说明的是等高线的起算高程面为大地水准面。把这组实地上高程相等曲线沿铅垂方向投影到水平面上,并按规定的比例尺缩绘到图纸上,就得到与实地形状相似的等高线图。因此,用等高线可以真实地反映地貌的形态和地面的高低起伏情况。

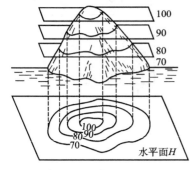

图5-13 等高线的绘制原理

(2)等高距和等高线平距

地形图上相邻等高线之间的高差称为等高距,常用h表示。图5-13中的等高距为10m。在同一幅地形图上,等高距h是相等的。用等高线表示地貌时,等高距越小,显示地貌就越详尽;等高距越大,显示地貌就越简略。但等高距过小,会导致等高线过于密集,从而影响图面的清晰度。因此,在测绘地形图时,应根据测图比例尺与测区地形情况,按照国家规范来选择合适的等高距,见表5-4。

地形图的基本等高距(单位:m) 表5-4

比例尺 地形类别	1:500	1:1000	1:2000	1:5000
平坦地	0.5	0.5	1	2
丘陵	0.5	1	2	5
山地	1	1	2	5
高山地	1	2	2	5

相邻等高线之间的水平距离称为等高线平距,常以d表示。h与d的比值就是地面坡度i,即

$$i = \frac{h}{dM} \qquad (5-4)$$

式中：M——比例尺分母；

i——坡度，一般以百分数表示，上坡为正、下坡为负。

同一幅地形图内等高距 h 相同，等高线平距随地面坡度的变化而改变。即等高线平距越小，地面坡度越大，等高线越密集；等高线平距越大，地面坡度越小，等高线越稀疏；平距相等，坡度相同，等高线均匀。因此，可以根据地形图上等高线的疏密来判定地面坡度的缓陡。

(3) 等高线的分类

①首曲线。在同一幅图上，按规定的基本等高距描绘的等高线称为首曲线，也称基本等高线，用 0.15 mm 宽的细实线描绘（如表 5-3 编号 59a 所示）。

②计曲线。自高程起算面起，每隔 4 条首曲线加粗的一条等高线，称为计曲线。它用 0.3 mm 宽的粗实线描绘，并在适当位置注记高程，字头朝向高处（如表 5-3 编号 59b 所示）。

③间曲线。对于坡度很小的地方，当基本等高线不足以显示局部地貌的特征时，按 1/2 基本等高距加绘的等高线称为间曲线，在图上用 0.15 mm 宽的长虚线表示，可不闭合（如表 5-3 编号 59c 所示）。

④助曲线。当间曲线仍不能显示局部地貌时，按 1/4 基本等高距加绘的等高线，称为助曲线，用 0.15 mm 宽的短虚线表示。

(4) 典型地貌及其等高线

虽然地球表面高低起伏的形态变化复杂，但一般可归纳为：山头和洼地、山脊和山谷、鞍部、陡崖和悬崖等几种典型地貌构成，如图 5-14 所示。

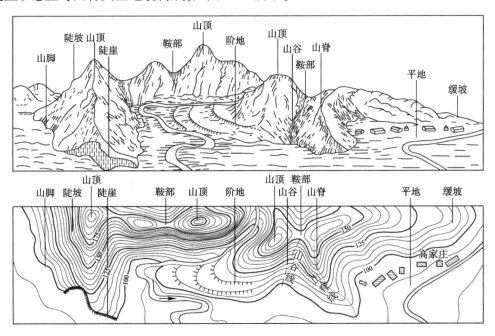

图 5-14　典型地貌及等高线的表示

①山头和洼地。地貌中地表隆起并高于四周的地形称为山地，其最高处为山头。四周高中间低的地形称为洼地。如图 5-15 所示。山头等高线由外圈向内圈高程逐渐增加，洼地等高线由外圈向内圈高程逐渐减小，可用高程注记区分，或用示坡线表示，示坡线方向指向低处。

②山脊和山谷。由山顶延伸到山脚的凸棱称为山脊，山脊最高的棱线称为山脊线（或分

水线),两山脊之间的凹部称为山谷,山谷最低点连线称为山谷线(又称集水线)。山脊的等高线为一组凸向低处的曲线,山谷的等高线为一组凸向高处的曲线,如图 5-16 所示。

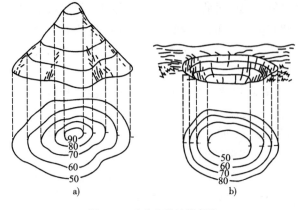

图 5-15 山头和洼地等高线　　　　　　　图 5-16 山脊与山谷的等高线

③鞍部。两个山顶之间呈马鞍形的低洼部位称为鞍部或垭口。鞍部是山区道路选线的重要位置。鞍部的等高线为一组大的闭合曲线里面套两组小的闭合曲线,如图 5-17 所示。

④陡崖和悬崖。坡度大于 70°的山坡称为陡崖,有石质和土质之分。陡崖处的等高线非常密集甚至重合,因此用陡崖符号来表示,如图 5-18a)、b)所示。下部凹进的陡崖称为悬崖。悬崖上部的等高线投影到水平面上时,与下部的等高线相交,下部凹进等高线用虚线表示,如图 5-18c)所示。

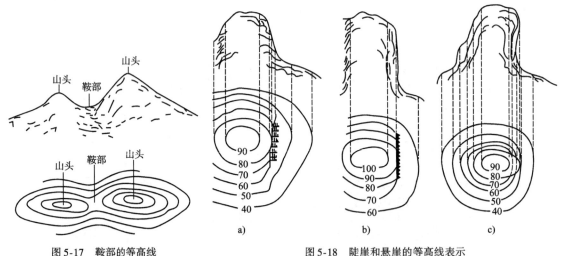

图 5-17 鞍部的等高线　　　　　　　图 5-18 陡崖和悬崖的等高线表示

(5)等高线的特性

①同一条等高线上各点的高程都相等,简称等高性。

②等高线都是闭合的曲线。如果不在本幅图内闭合,则必在相邻的其他图幅闭合。

③除在陡崖和悬崖处外,等高线在图上不能相交,也不能重合,简称非交性。

④等高线与山脊线、山谷线成正交,简称正交性。

⑤同一幅图上等高距相等。等高线平距越小,等高线越密,坡度越陡;平距越大,等高线越疏,坡度越缓;平距相同,则坡度相等,简称反比性。

(6)高程注记

地形图上仅用等高线及特殊地貌符号还不能清楚地表示地表的高低,还应该用数字来说明等高线及某些特殊点位的高程。高程注记分等高线高程注记和高程点高程注记两种,前者沿等高线排列,注记在计曲线上,字头朝向高处,后者一般在相应点位右侧直立注记,以不压盖其他符号为原则,若点位右侧不便注写时,亦可注写在点位的左侧。

一、地形图的传统绘制方法

外业工作中,当展绘一定数量的碎部点之后,就应对照实际地形地物,着手勾绘地形图。

1. 地物的绘制

对于地物点,应按地形图图式规定符号表示。房屋轮廓需用直线将相邻的房角点用直线连接,道路、河流弯曲部分应逐点连成光滑曲线,不能依比例描绘的地物,如:电杆、烟囱、水井等,应按规定非比例符号表示。

2. 等高线的绘制

勾绘等高线时,首先必须把同一山脊上或同一山谷上的点,用铅笔连接起来构成地性线,然后再根据碎部点的高程内插勾绘出等高线。

由于地形特征点是选在地面坡度变化处,因此两相邻地形点之间可视为均匀坡度。在相邻碎部点的连线上,其高差与平距成正比关系,内插出两点间各条等高线通过的位置。如图5-19a)所示,点 C 和 A 为同坡度上的两个地形点,其高程分别为202.8m和207.4m,则当等高距 $h=1$m 时,就有203m、204m、205m、206m 及207m 五条等高线通过;依平距与等高线成比例关系,先目估定出高程为203m 的 m 点和高程为207m 的 q 点,然后将该两点之间四等分,定出高程为204m、205m、206m 的 n、o、p 点。同样可以求出其他相邻地形点之间的等高线通过点,根据地性线,将高程相同的相邻点连成光滑的曲线,正确描绘出等高线,如图5-19b)所示。

勾绘等高线时,应对照实地情况,先画计曲线,再画首曲线,并注意等高线通过山脊线和山谷线的走向。

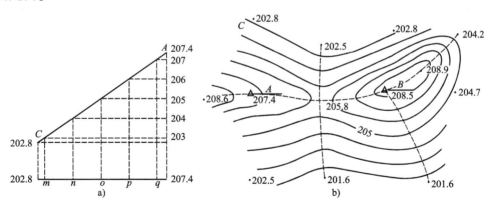

图 5-19 等高线的勾绘

3. 地形图的拼接、检查和整饰

(1) 地形图的拼接

如果测区面积较大,要将整个图幅划分为若干图幅分别进行施测。受测量误差和绘图误差影响,相邻图幅边界连接处的地物轮廓线与等高线不能完全吻合。如图5-20所示为相邻两图幅边界上地物、地貌所存在的接边差。若接边差小于表 5-5 规定的平面、高程中误差的 $2\sqrt{2}$ 倍时,可平均配赋,据此改正相邻图幅的地物、地貌位置,但应注意保持地物、地貌相互位置和走向的正确性。超过限差时则应到实地检查纠正。

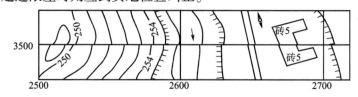

图 5-20 地形图的拼接

地物点、地形点平面和高程中误差 表 5-5

地区分类	点位中误差（图上 mm）	临近地物点间距中误差（图上 mm）	等高线高程中误差			
			平地	丘陵地	山地	高山地
城市建筑区和平地、丘陵地	≤0.5	≤±0.4	≤1/3	≤1/2	≤2/3	≤1
山地、高山地和设站施测困难的街坊内部	≤0.75	≤±0.6				

(2) 地形图的检查

地形图的检查是为了确保地形图的质量,除在实测过程中加强检查外,在地形图测绘完成后应对成果资料作全面的检查。地形图检查的内容包括内业检查和外业检查。

①内业检查。图根控制点密度符合要求,位置与分布恰当;各项较差、闭合差在规定范围内;原始记录和计算成果应正确,项目填写齐全。图廓、方格网、控制点展绘精度应符合要求;测站点密度和精度应符合规定;地物、地貌各要素测绘正确、齐全,取舍恰当,图式符号运用正确;接边精度符合要求;图历表填写完整清楚,各项资料齐全。

②外业检查。根据内业检查情况,有计划地确定巡视路线,实地对照查看,检查地物、地貌有无遗漏;等高线是否逼真合理,符号、注记是否正确等。再根据内业检查和巡视检查发现的问题,到野外设站检查,发现的问题进行修正和补测,还应对本测站所测地形进行检查,察看原图是否符合要求。仪器检查量为每幅图内容的 10% 左右,如发现问题应当场修正。

(3) 地形图的整饰

所测地形图经检查、拼接合格后。即可进行整饰。整饰的顺序是先图内后图外,先地物后地貌,先注记后符号。整饰应一片一片地进行,耐心细致。最后再绘制内外图廓线,图幅接合表,并写上图名、图号、比例尺、坐标系统、高程系统、测图单位、日期、测量员、绘图员、审核者等等。同时,注意等高线不能通过符号、注记和地物。

二、数字化成图

随着计算机科学的飞速发展,测绘科学技术产生了极大的变革。现代地形图大量艰巨的绘图工作也已由传统的野外纸质绘图转向室内全数字化、自动化测图。目前国内有多种较为成熟的数字测图软件,本工作任务我们只介绍南方测绘的 CASS 软件。

1. CASS 操作界面简介

双击桌面上 CASS7.0 图标,即可启动 CASS。图 5-21 是在 AutoCAD 2006 上安装的 CASS7.0 界面。

图 5-21 CASS7.0 界面

CASS7.0 命令与 AutoCAD 2006 的界面和操作方法基本相同,二者的区别在于下拉菜单和屏幕菜单内容的不同,各区的功能如下:

(1)下拉菜单:执行主要测量功能;

(2)屏幕菜单:绘制各种类别的地物,操作比较频繁的地方;

(3)图形区:主要工作区,显示图形与操作;

(4)工具栏:各种 AutoCAD 命令、测量功能的快捷工具;

(5)命令提示区:命令记录区,提示用户操作。

2. 数据导入

在内业,将全站仪内存碎部点三维坐标下传到 PC 机数据文件,并形成 CASS7.0 专用格式的坐标数据文件。

数据线连接全站仪与 PC 机 COM 口(或 USB 口),设置全站仪通信参数,在 CASS7.0 的下拉菜单中执行"数据/读取全站仪数据"命令,弹出"全站仪内存数据转换"对话框,如图 5-22 所示。

(1)在"仪器"下拉列表中选全站仪类型,CASS7.0 支持的仪器类型及数据格式如图 5-23 所示。

(2)设置与全站仪相同通信参数,包括通信口、波特率、数据位、停止位和校检等。勾选【联机】复选框,在"CASS 坐标文件"文本框输入保存数据的文件名和路径。

(3)单击【转换】按钮,按提示操作全站仪发送数据,单击对话框【确定】按钮,将发送数据保存到设定坐标数据文件中。

也可用全站仪通信软件下传坐标并存储为坐标数据文件。

3. 展碎部点

将坐标数据文件中点的三维坐标展绘在绘图区,并在点位右边注记点号,结合野外草图描绘地物,其创建的点位与点号对象位于"ZDH"(意为展点号)图层,其中点位对象是 AutoCAD 的"Point"对象,用户可执行 Ddptype 命令修改点样式。

 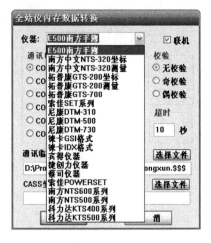

图 5-22　读全站仪数据命令对话框　　　　图 5-23　仪器类型选择下拉列表

执行"绘图处理\展野外测点点号"命令,在弹出文件选择对话框中选择一个坐标数据文件,单击【打开】按钮,根据命令行提示操作即可在屏幕上展出野外测点的点号,如图 5-24 所示。

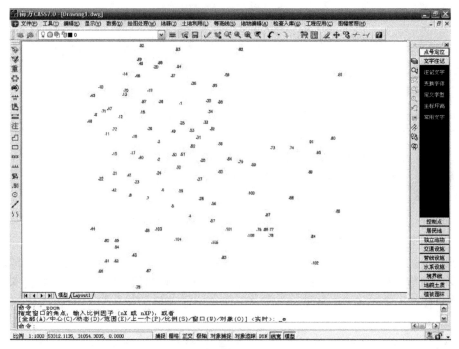

图 5-24　展碎部点

4. 地物的绘制

根据野外草图,操作 CASS 右侧屏幕菜单来描绘地物与地貌。同时可使用工具栏中的缩放工具进行局部放大以方便编图。

假设根据草图,33、34、35 号点为一栋简单房屋的三个角点,4、5、6、7、8 号点为一条小路的五个点,25 号为一导线点。

(1) 绘制简单房屋

选择右侧屏幕菜单的【居民地/一般房屋】选项,在弹出图 5-25 所示的对话框中选择"四点一般房屋",单击【确定】按钮。

命令区提示如下:

已知三点/2.已知两点及宽度/3.已知四点<1>:

第一点:(节点捕捉33号点)

第二点:(节点捕捉34号点)

第三点:(节点捕捉35号点)

此时软件自动生成四点一般房屋。

(2)绘制一条小路

选择右侧屏幕菜单的"交通设施/其他道路"选项,在弹出的对话框中选择"小路",单击【确定】按钮。根据命令行的提示分别捕捉4、5、6、7、8五个点位后按回车键结束指定点位操作,命令行最后提示如下:

图5-25　一般房屋对话框

拟合线<N>? y

一般选择拟合,键入 y,回车,完成小路的绘制。

(3)绘制导线点

选择右侧屏幕菜单的【控制点/平面控制点】选项,在弹出的对话框中选择【导线点】,单击【确定】按钮。点击25号点位后完成导线点的绘制。

结果如图5-26所示。

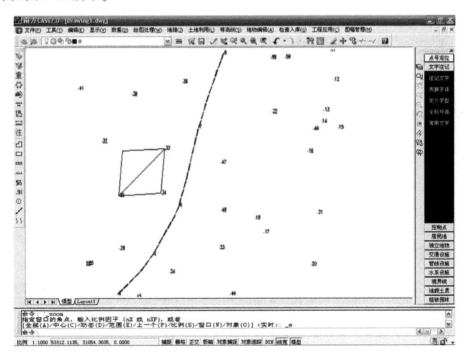

图5-26　绘制完成的简单房屋、小路、导线点

5.地貌的绘制

等高线是在操作CASS创建数字地面模型DTM后自动生成的,DTM是指在一定区域范围内规则格网点或三角形点的平面坐标和其他地形属性的数据集合。如果该地形属性是点的高程,则该数字地面模型又称为数字高程模型DEM。

以 CASS7.0 自带地形点坐标文件 dgx.dat 为例介绍等高线的绘制过程。

(1) 建立 DTM

执行下拉菜单【等高线\建立 DTM】命令,在【建立 DTM】对话框中勾选【由数据文件生成】,选择坐标数据文件 dgx.dat,其余设置见图 5-27a)。点击【确定】,屏幕显示如图 5-27b)所示的三角网,它位于"SJW"图层。

a)

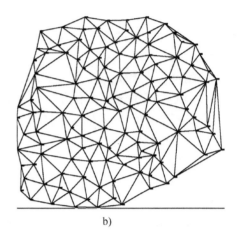
b)

图 5-27 建立 DTM 对话框及三角网的生成

(2) 绘制等高线

在下拉菜单中执行【等高线\绘制等高线】命令,在弹出图 5-28 所示的【绘制等高线】对话框下,完成对话框设置,然后单击【确定】按钮,CASS 自动绘制等高线,其得到的等高线文件见图 5-29。再选择【等高线】菜单下的【删三角网】将生成的三角网删除。

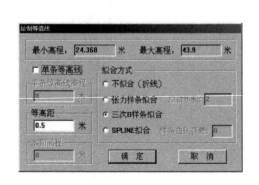

图 5-28 绘制等高线的设置

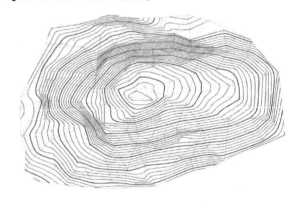

图 5-29 利用坐标数据文件绘制的等高线

(3) 等高线修饰

①注记等高线。位于下拉菜单【等高线\等高线注记】,分 4 种注记等高线的方法,见图 5-30a)。当批量注记等高线时,一般选【沿直线高程注记】,它要求用户先执行 Line 命令绘制一条垂直于等高线的辅助直线,直线方向应为注记高程字符字头朝向。执行【沿直线高程注记】命令后,CASS 自动删除辅助直线,注记字符自动放置在 DGX(等高线)图层。

②等高线修剪。位于下拉菜单【等高线\等高线修剪】下见图 5-30b)。用鼠标左键点取【批量修剪等高线】,软件将自动搜寻穿过建筑物、围墙、注记、符号、坡坎的等高线并将其进行整饰。点取【切除指定二线间等高线】,按提示依次用鼠标左键选取两条线,CASS7.0 将自动

切除等高线穿过这两线间的部分……

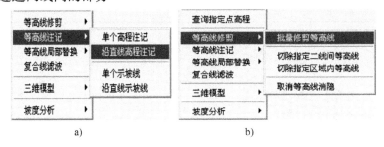

图 5-30　等高线注记与修剪

6. 地形图的整饰

（1）加注记

为道路加上路名"迎宾路"的方法如图 5-31a）。单击屏幕菜单【文字注记\注记文字】按钮，弹出"文字注记信息"对话框，设置后单击【确定】按钮完成文字注记，如图 5-31b）所示。

（2）加图框

加图框命令在下拉菜单【绘图处理】下。用鼠标左键点击【绘图处理】菜单下的【标准图幅（50×40）】，弹出如图 5-32 的界面。在相应的栏中填入内容进行设置，在【删除图框外实体】栏前打勾，然后按【确定】按钮。所得结果见图 5-33 所示。

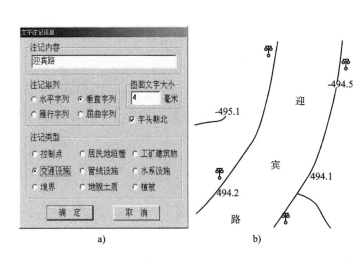

图 5-31　道路注记

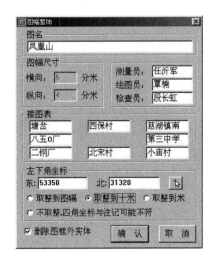

图 5-32　图幅整饰对话框

7. 绘图输出

用鼠标左键点取【文件】菜单下的【用绘图输出】，进行打印。

三、地形测图全部工作结束后应提交的资料

（1）图根点展点图、水准路线图、埋石点点之记、测有坐标地物点位置图、观测与计算手簿、成果表。

（2）地形原图、图例簿、接合表、按版测图接边纸。

（3）技术设计书、质量检查验收报告及精度统计表、技术总结等。

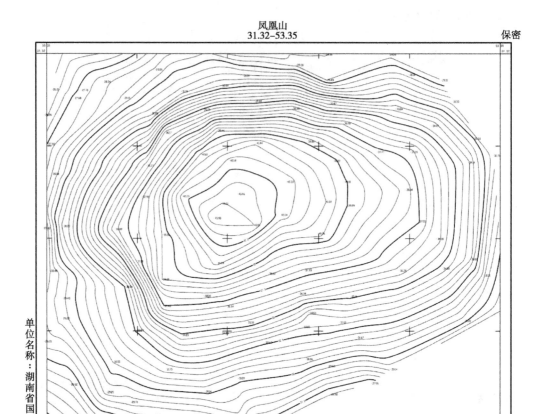

图 5-33　坐标数据文件绘制的等高线加图框后的效果

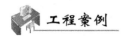

案例10　小区域数字测图

CASS7.0 安装之后,我们就开始学习如何做一幅简单的地形图。本工作任务以一个简单的例子来介绍地形图的成图过程;CASS7.0 成图模式有多种,这里主要介绍"点号定位"的成图模式。例图 5-34 的路径为 C:\cass70\demo\study.dwg(以安装在 C:盘为例)。初学者可依照下面的步骤来练习,可以在短时间内学会作图。

一、定显示区

定显示区就是通过坐标数据文件中的最大、最小坐标定出屏幕窗口的显示范围。

进入 CASS7.0 主界面,鼠标单击"绘图处理"项,即出现如图 5-35 所示下拉菜单。然后移至"定显示区"项,使之以高亮显示,按左键,即出现一个对话窗,如图 5-36 所示。这时,需要输入坐标数据文件名。可参考 WINDOWS 选择打开文件的方法操作,也可直接通过键盘输入,在"文件名(N):"(即光标闪烁处)输入 C:\CASS70\DEMO\STUDY.DAT,再移动鼠标至"打开(O)"处,按左键。这时,命令区显示:

最小坐标(米):$X=31056.221,Y=53097.691$

最大坐标(米):$X=31237.455,Y=53286.090$

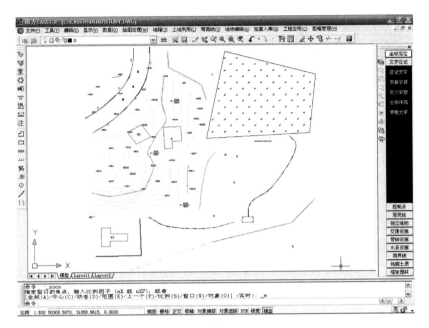

图 5-34 例图 study.dwg

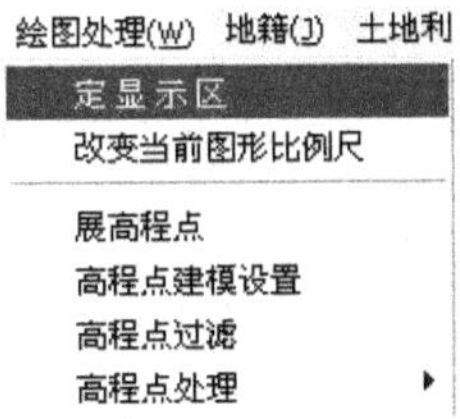

二、选择测点点号定位成图法

移动鼠标至屏幕右侧菜单区之"测点点号"项,按左键,即出现图 5-37 所示的对话框。输入点号坐标数据文件名 C:\CASS7.0\DEMO\STUDY.DAT 后,命令区提示:读点完成!共读入 106 个点。

三、展点

先移动鼠标至屏幕的顶部菜单【绘图处理】项按左键,这时系统弹出一个下拉菜单。再移动鼠标选择【绘图处理】下的【展野外测点点号】项,如图 5-38 所示。按左键后,便出现如图 5-36 所示的对话框。

图 5-35 "定显示区"菜单

图 5-36 选择"定显示区"数据文件

图 5-37 选择"点号定位"数据文件

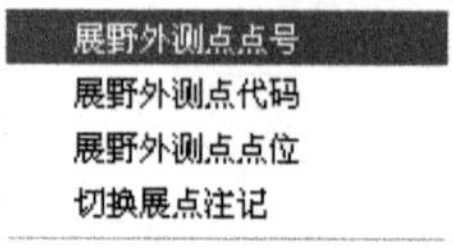

输入对应的坐标数据文件名 C：\CASS70\DEMO\STUDY.DAT 后，便可在屏幕上展出野外测点的点号，如图 5-39 所示。

图 5-38 选择"展野外测点点号"

四、绘平面图

（1）下面可以灵活使用工具栏中的缩放工具进行局部放大以

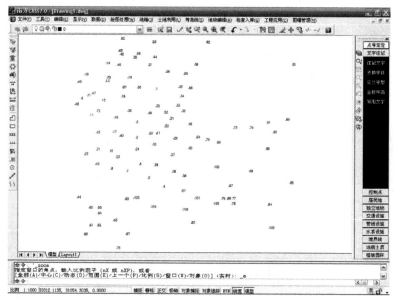

图 5-39 STUDY.DAT 展点图

方便编图。我们先把左上角放大，选择右侧屏幕菜单的【交通设施/公路】按钮，弹出如图 5-40 所示的界面。

找到"平行等外公路"并选中，再点击【OK】，命令区提示：

绘图比例尺 1： 　输入 500，回车。

点 P/<点号> 　输入 92，回车。

点 P/<点号> 　输入 45，回车。

点 P/<点号> 　输入 46，回车。

点 P/<点号> 　输入 13，回车。

点 P/<点号> 　输入 47，回车。

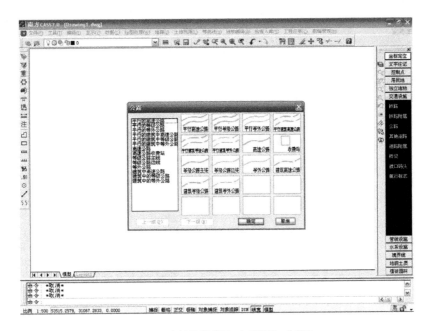

图 5-40 选择屏幕菜单"交通设施/公路"

点 P/<点号> 输入 48,回车。

点 P/<点号>回车

拟合线<N>? 输入 Y,回车。

说明:输入 Y,将该边拟合成光滑曲线;输入 N(缺省为 N),则不拟合该线。

边点式/2.边宽式<1>: 回车(默认1)

说明:选1(缺省为1),将要求输入公路对边上的一个测点;选2,要求输入公路宽度。

对面一点 P/<点号> 输入 19,回车。

这时平行等外公路就完成了。如图 5-41 所示。

下面作一个多点房屋。选择右侧屏幕菜单的"居民地/一般房屋"选项,弹出如图 5-42 界面。

先用鼠标左键选择【多点砼房屋】,再点击【OK】按钮。命令区提示:

第一点:

点 P/<点号> 输入 49,回车。

指定点:

点 P/<点号> 输入 50,回车。

闭合 C/隔一闭合 G/隔一点 J/微导线 A/曲线 Q/边长交会 B/回退 U/点 P/<点号> 输入 51,回车。

闭合 C/隔一闭合 G/隔一点 J/微导线 A/曲线 Q/边长交会 B/回退 U/点 P/<点号> 输入 J,回车。

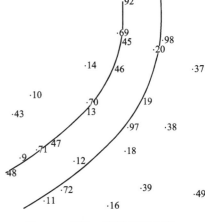

图 5-41 做好一条平行等外公路

点 P/<点号>输入 52,回车。

闭合 C/隔一闭合 G/隔一点 J/微导线 A/曲线 Q/边长交会 B/回退 U/点 P/<点号> 输入 53,回车。

闭合 C/隔一闭合 G/隔一点 J/微导线 A/曲线 Q/边长交会 B/回退 U/点 P/<点号> 输

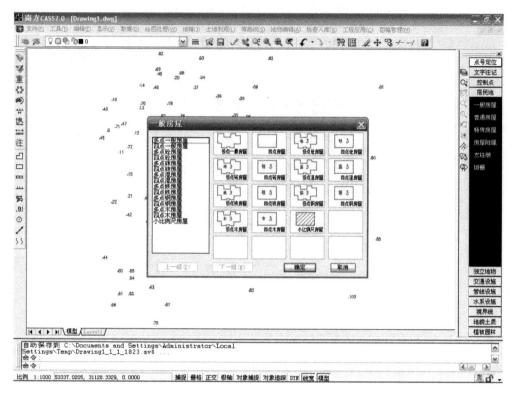

图 5-42 选择屏幕菜单"居民地/一般房屋"

入 C,回车。

输入层数:<1> 回车(默认输 1 层)。

说明:选择多点混凝土房屋后自动读取地物编码,用户不必逐个记忆。从第三点起弹出许多选项,这里以"隔一点"功能为例,输入 J,输入一点后系统自动算出一点,使该点与前一点及输入点的连线构成直角。输入 C 时,表示闭合。

(3)作一个多点混凝土房,熟悉一下操作过程。命令区提示:

Command: dd

输入地物编码:<141111> 141111

第一点:点 P/<点号> 输入 60,回车。

指定点:

点 P/<点号> 输入 61,回车。

闭合 C/隔一闭合 G/隔一点 J/微导线 A/曲线 Q/边长交会 B/回退 U/点 P/<点号> 输入 62,回车。

闭合 C/隔一闭合 G/隔一点 J/微导线 A/曲线 Q/边长交会 B/回退 U/点 P/<点号> 输入 a,回车。

微导线 - 键盘输入角度(K)/<指定方向点(只确定平行和垂直方向)> 用鼠标左键在 62 点上侧一定距离处点一下。

距离<m>: 输入 4.5,回车。

闭合 C/隔一闭合 G/隔一点 J/微导线 A/曲线 Q/边长交会 B/回退 U/点 P/<点号> 输入 63,回车。

闭合 C/隔一闭合 G/隔一点 J/微导线 A/曲线 Q/边长交会 B/回退 U/点 P/<点号> 输

入 j,回车。

点 P/＜点号＞　输入 64,回车。

闭合 C/隔一闭合 G/隔一点 J/微导线 A/曲线 Q/边长交会 B/回退 U/点 P/＜点号＞　输入 65,回车。

闭合 C/隔一闭合 G/隔一点 J/微导线 A/曲线 Q/边长交会 B/回退 U/点 P/＜点号＞　输入 C,回车。

输入层数：　＜1＞输入 2,回车。

说明："微导线"功能由用户输入当前点至下一点的左角(度)和距离(米),输入后软件将计算出该点并连线。要求输入角度时,若输入 K,则可直接输入左向转角;若直接用鼠标点击,只可确定垂直和平行方向。此功能特别适合知道角度和距离但看不到点的位置的情况,如房角点被树或路灯等障碍物遮挡时。

两栋房子和平行等外公路"建"好后,效果如图 5-43 所示。

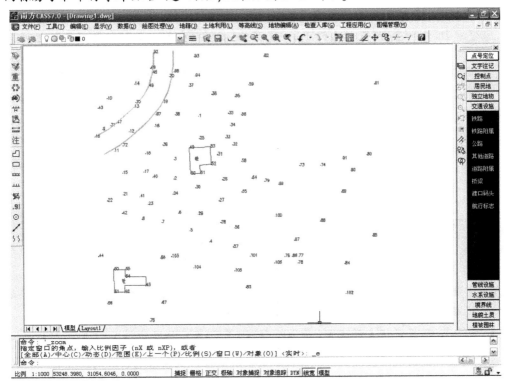

图 5-43　"建"好两栋房子和平行等外公路

(4)类似以上操作,分别利用右侧屏幕菜单绘制其他地物。

在"居民地"菜单中,用 3、39、16 三点完成利用三点绘制 2 层砖结构的四点房;用 68、67、66 绘制不拟合的依比例围墙;用 76、77、78 绘制四点棚房。

在"交通设施"菜单中,用 86、87、88、89、90、91 绘制拟合的小路;用 103、104、105、106 绘制拟合的不依比例乡村路。

在"地貌土质"菜单中,用 54、55、56、57 绘制拟合的坎高为 1m 的陡坎;用 93、94、95、96 绘制不拟合的坎高为 1m 的加固陡坎。

在"独立地物"菜单中,用 69、70、71、72、97、98 分别绘制路灯;用 73、74 绘制宣传橱窗;用 59 绘制不依比例肥气池。

在"水系设施"菜单中,用79绘制水井。

在"管线设施"菜单中,用75、83、84、85绘制地面上输电线。

在"植被园林"菜单中,用99、100、101、102分别绘制果树独立树;用58、80、81、82绘制菜地(第82号点之后仍要求输入点号时直接回车),要求边界不拟合,并且保留边界。

在"控制点"菜单中,用1、2、4分别生成埋石图根点,在提问"点名.等级"时分别输入D121、D123、D135。

(5)最后选取"编辑"菜单下的"删除"二级菜单下的"删除实体所在图层",鼠标符号变成了一个小方框,用左键点取任何一个点号的数字注记,所展点的注记将被删除。

平面图做好后效果如图5-44所示。

五、绘等高线

(1)展高程点:用鼠标左键点取"绘图处理"菜单下的【展高程点】,将会弹出数据文件的对话框,找到C:\CASS70\DEMO\STUDY.DAT,点击【确定】,命令区提示"注记高程点的距离(米)":直接回车,表示不对高程点注记进行取舍,全部展出来。

(2)建立DTM模型:用鼠标左键点取"等高线"菜单下【建立DTM】,弹出如图5-45所示的对话框。

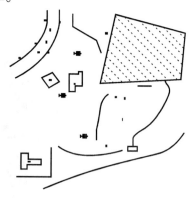

图5-44 STUDY的平面图

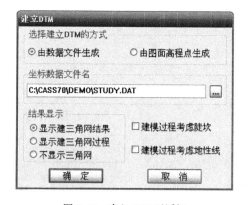

图5-45 建立DTM对话框

根据需要选择建立DTM的方式和坐标数据文件名,然后选择建模过程是否考虑陡坎和地性线,点击【确定】,生成如图5-46所示的DTM模型。

(3)绘等高线:用鼠标左键点取【等高线/绘制等高线】,弹出如图5-47所示对话框。

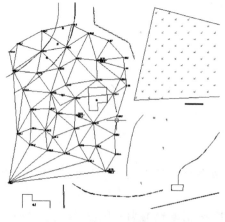

图5-46 建立DTM模型

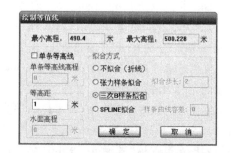

图5-47 绘制等高线对话框

输入等高距后选择拟合方式后点击【确定】。则系统马上绘制出等高线。再选择【等高线】菜单下的【删三角网】,这时屏幕显示如图 5-48。

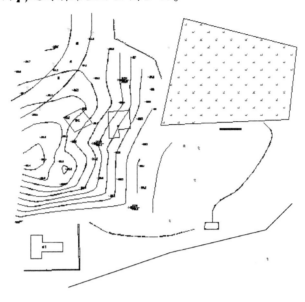

图 5-48 绘制等高线

(4)等高线的修剪:利用"等高线"菜单下的"等高线修剪"二级菜单,如图 5-49。

用鼠标左键点取【切除穿建筑物等高线】,软件将自动搜寻穿过建筑物的等高线并将其进行整饰。点取【切除指定二线间等高线】,依提示依次用鼠标左键选取左上角的道路两边,CASS7.0 将自动切除等高线穿过道路的部分。点取【切除穿高程注记等高线】,CASS7.0 将自动搜寻,把等高线穿过注记的部分切除。

图 5-49 "等高线修剪"菜单

六、加注记

图 5-50 弹出文字注记对话框

下面介绍在平行等外公路上加"经纬路"三个字。

用鼠标左键点取右侧屏幕菜单的"文字注记"项,弹出如图 5-50 所示的界面。

首先在需要添加文字注记的位置绘制一条拟合的多功能复合线,然后在注记内容中输入"经纬路"并选择注记排列和注记类型,输入文字大小确定后选择绘制的拟合的多功能复合线即可完成注记。

经过以上各步,生成图,如图 5-34 所示。

七、加图框

用鼠标左键点击"绘图处理"菜单下的"标准图幅(50×40)",弹出如图 5-51 的界面。

在"图名"栏里,输入"建设新村";在"测量员"、"绘图员"、"检查员"各栏里分别输入"×××"、"×××"、"×××";在"左下角坐标"的"东"、"北"栏内分别输入"53073"、"31050";在"删除图框外实体"栏前打勾,然后点击【确认】。这样这幅图就做好了,如图 5-52 所示。

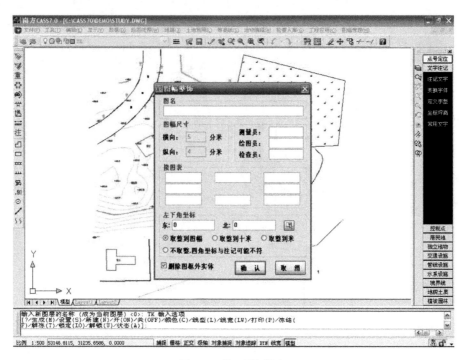

图 5-51 输入图幅信息

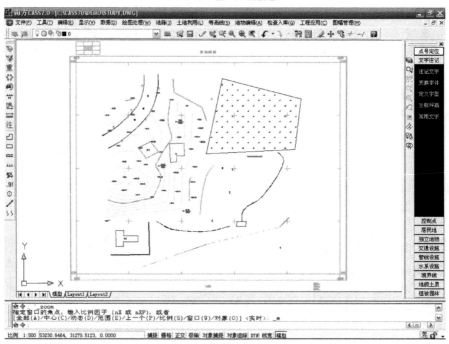

图 5-52 加图框

另外,可以将图框左下角的图幅信息更改成符合需要的字样。

八、绘图

(1)用鼠标左键点取"文件"菜单下的【用绘图仪或打印机出图】,进行绘图。

(2)选好图纸尺寸、图纸方向之后,用鼠标左键点击【窗选】按钮,用鼠标圈定绘图范围。将"打印比例"一项选为"2∶1"(表示满足1∶500比例尺的打印要求),通过"部分预览"和"全部预览"可以查看出图效果,满意后就可单击【确定】按钮进行绘图了。如图 5-53 所示。

图 5-53　用绘图仪出图

九、操作过程中注意事项

(1)存盘(其实在操作过程中也要不断地进行存盘,以防操作不慎导致丢失)。正式工作时,最好不要把数据文件或图形保存在 CASS7.0 或其子目录下,应该创建工作目录。比如在 C 盘根目录下创建 DATA 目录存放数据文件,在 C 盘根目录下创建 DWG 目录存放图形文件。

(2)在执行各项命令时,每一步都要注意看下面命令区的提示,当出现"命令:"提示时,要求输入新的命令,出现"选择对象:"提示时,要求选择对象,等等。当一个命令没执行完时最好不要执行另一个命令,若要强行终止,可按键盘左上角的【Esc】键或按【Ctrl】的同时按下【C】键,直到出现"命令:"提示为止。

(3)在作图的过程中,要常常用到一些编辑功能,例如删除、移动、复制、回退等,具体操作要熟练掌握。

(4)有些命令有多种执行途径,可根据自己的喜好灵活选用快捷工具按钮、下拉菜单或在命令区输入命令。

项目6　测 量 误 差

测量工作中,尽管观测者按照规定的操作要求认真进行观测,但在同一量的各观测值之间,或在各观测值与其理论值之间仍存在差异,这种差异称为测量误差(或观测误差)。例如,对某一三角形的三个内角进行观测,其和不等于180°,这说明观测值中包含有观测误差。

研究测量误差的来源、性质及其产生和传播的规律,就可以采取各种措施消除或减小其误差影响,这是测量工作者的一项主要任务。

工作任务1　测量误差的基本知识

了解测量误差的来源;
掌握测量误差的分类和偶然误差的特性;
知道算术平均值。

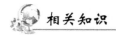

一、测量误差产生的原因

测量误差的产生是多方面的,概括起来主要有以下三个方面:

1. 仪器误差

每种仪器有一定限度的精密程度,因而观测值的精确度也必然受到一定的限度。同时仪器本身在设计、制造、安装、校正等方面也存在一定的误差,如钢尺的刻划误差、度盘的偏心误差等。

2. 观测误差

由于观测者感觉器官鉴别能力和技术水平的差异,因此在仪器安置、照准、整平、读数等方面都会产生误差。

3. 外界条件的影响

观测时所处的外界条件,如温度、湿度、气压、大气折光等因素都会对观测结果产生一定的影响。外界条件发生变化,观测成果将随之变化。

上述三方面的因素是引起观测误差的主要来源,因此把这三方面因素综合起来称为观测条件。观测条件的好坏与观测成果的质量有着密切的联系,观测条件相同的各次观测,称为等精度观测;观测条件不同的各次观测,称为非等精度观测。

二、测量误差的分类

观测误差按其对观测成果的影响性质,可分为系统误差和偶然误差两种。

1. **系统误差**

在相同的观测条件下,对某量作一系列的观测,若误差出现的大小和符号相同,或按一定的规律变化,那么这类误差称为系统误差。

例如,用一把名义长度为50m的钢尺去量距,经检定钢尺的实际长度为50.005m,则每量一尺段就要少量0.005m,丈量的尺段越多,所产生的误差越大。所以这种误差与所丈量的距离成正比。再如,在水准测量时,当视准轴与水准管轴不平行时,对水准尺的读数所产生的误差与水准仪至水准尺之间的距离成正比,所以这种误差按某种规律变化。

系统误差具有明显的规律性和累积性,对测量结果的影响很大。但是由于系统误差的大小和符号有一定的规律,所以可以采取措施加以消除或减少其影响。其常用的处理方法有:

(1)检校仪器,把系统误差降低到最小程度。

(2)加改正数,在观测结果中加入系统误差改正数,如尺长改正等。

(3)采用适当的观测方法,使系统误差相互抵消或减弱。如:在水准测量中,保持前视和后视距离相等,来消除视准轴与水准管轴不平行所产生的误差;在测水平角时,采取盘左和盘右观测取其平均值,以消除视准轴与横轴不垂直所引起的误差。

2. **偶然误差**

在相同的观测条件下,对某量作一系列的观测,若误差在符号和大小都没有表现出一致的倾向,即从单个误差来看,该误差的大小及符号没有规律,这类误差称为偶然误差或随机误差。

例如,用经纬仪测角时的照准误差,钢尺量距时的读数误差等,都属于偶然误差。

在测量的成果中,系统误差能够加以改正,而偶然误差是不可避免的,它在测量成果中占主导地位,所以测量误差理论主要是处理偶然误差的影响。从单个误差来看,其大小和符号没有一定的规律性,但对大量的偶然误差进行统计分析,却呈现出一定的规律性,称为统计规律。而且,随着观测次数的增加,偶然误差的规律性表现得更加明显。

例如:在相同的观测条件下,观测了217个三角形的全部内角。三角形内角观测值之和 l 不等于真值180°,其差值 Δ 称为真误差,可由下式计算,式中 X 表示真值。

$$\Delta = l - X \tag{6-1}$$

由式(6-1)计算可得217个内角和的真误差,按其大小和一定的区间(本例为 $d\Delta = 3''$),分别统计在各区间正负误差出现的个数 k 及其出现的频率 k/n ($n=217$),列于表6-1中。

三角形内角和真误差统计表　　　　　　表6-1

误差区间 $d\Delta$	正误差		负误差		合计	
	个数 k	频率 k/n	个数 k	频率 k/n	个数 k	频率 k/n
0″~3″	30	0.138	29	0.134	59	0.272
3″~6″	21	0.097	20	0.092	41	0.189
6″~9″	15	0.069	18	0.083	33	0.152
9″~12″	14	0.065	16	0.073	30	0.138
12″~15″	12	0.055	10	0.046	22	0.101
15″~18″	8	0.037	8	0.037	16	0.074
18″~21″	5	0.023	6	0.028	11	0.051
21″~24″	2	0.009	2	0.009	4	0.018
24″~27″	1	0.005	0	0	1	0.005
27″以上	0	0	0	0	0	0
合计	108	0.498	109	0.502	217	1.000

从表6-1中可以看出,偶然误差分布具有以下特性。
(1)在一定的观测条件下,偶然误差的绝对值不会超过一定的限值;
(2)绝对值小的误差比绝对值大的误差出现的概率大;
(3)绝对值相等的正、负误差出现的概率相等;
(4)对同一量的等精度观测,其偶然误差的算术平均值,随着观测次数的无限增大而趋于零。

$$\lim_{n\to\infty} = \frac{[\Delta]}{n} = 0 \tag{6-2}$$

式中,$[\Delta] = \Delta_1 + \Delta_2 + \cdots + \Delta_n = \sum_{i=1}^{n}\Delta_i$。

为了更直观地表现误差的分布,可将表6-1的数据用较直观的频率直方图来表示。以真误差的大小为横坐标,以各区间内误差出现的频率 k/n 与区间 $d\Delta$ 的比值为纵坐标,在每一区间上根据相应的纵坐标值画出一矩形,则各矩形的面积等于误差出现在该区间内的频率 k/n。如图6-1中有斜线的矩形面积,表示误差出现在 $+6''\sim+9''$ 之间的频率,等于0.069。显然,所有矩形面积的总和等于1。

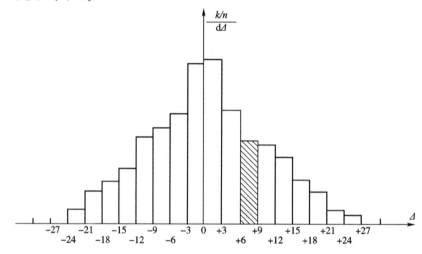

图6-1 误差分布频率直方图

可以设想,如果在相同的条件下,所观测的三角形个数不断增加,并无限缩小误差区间,即 $d\Delta\to 0$,则图6-1各矩形的上部折线,就趋向于一条以纵轴为对称轴的光滑曲线(如图6-2所示),称为误差概率分布曲线,简称误差分布曲线。

在数理统计中,它服从于正态分布,该曲线的方程式为:

$$f(\Delta) = \frac{1}{\sigma\sqrt{2\pi}}e^{-\frac{\Delta^2}{2\sigma^2}} \tag{6-3}$$

式中:Δ——偶然误差;

σ——误差分布的标准差,是与观测条件有关的参数,其值大于0,它的大小可以反映观测精度的高低。其定义为:

$$\Delta = \lim_{n\to\infty}\sqrt{\frac{[\Delta\Delta]}{n}} \tag{6-4}$$

在图6-1中各矩形的面积是频率 k/n。由概率统计原理可知,频率即误差出现在区间 $d\Delta$ 上的概率 $P(\Delta)$,记为:

$$P(\Delta) = \frac{k/n}{d\Delta}d\Delta = f(\Delta)d\Delta \tag{6-5}$$

图 6-2 中的误差分布曲线,是对应着某一观测条件的,当观测条件不同时,其相应误差分布曲线的形状也将随之改变。如图 6-3 中,曲线Ⅰ、Ⅱ为对应着两组不同观测条件得出的两组误差分布曲线,它们均属于正态分布,但从两曲线的形状中可以看出两组观测的差异。当 $\Delta = 0$ 时,$f_1(\Delta) = \dfrac{1}{\sigma_1\sqrt{2\pi}}$,$f_2(\Delta) = \dfrac{1}{\sigma_2\sqrt{2\pi}}$。$\dfrac{1}{\sigma_1\sqrt{2\pi}}$、$\dfrac{1}{\sigma_2\sqrt{2\pi}}$ 是这两误差分布曲线的峰值,其中曲线Ⅰ的峰值较曲线Ⅱ的高,即 $\sigma_1 < \sigma_2$,故第Ⅰ组观测小误差出现的概率较第Ⅱ组的大。由于误差分布曲线到横坐标轴之间的面积恒等于1,所以当小误差出现的概率较大时,大误差出现的概率必然要小。因此,曲线Ⅰ表现为较陡峭,即分布比较集中,或称离散度较小,因而观测精度较高。而曲线Ⅱ相对来说较为平缓,即离散度较大,因而观测精度较低。

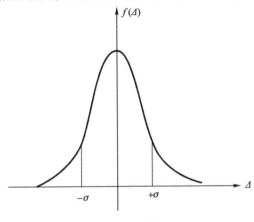

图 6-2　误差分布曲线　　　　图 6-3　不同精度的误差分布曲线

除上述两类误差之外,还可能发生错误,也称粗差。如大数读错、读数被记录员记错、照错了目标等;也可能是仪器自身或受外界干扰发生故障引起的。一般粗差值大大超过系统误差或偶然误差。粗差对观测成果的影响极大,所以在测量成果中绝对不允许有错误存在。发现错误的方法是:进行必要的重复观测,通过多余观测条件,进行检核验算;严格按照国家有关部门制定的各种测量规范进行作业等。

知识拓展

算数平均值

设对某未知量进行了一组等精度观测,其观测值分别为 l_1、l_2、$\cdots$、l_n,该量的真值设为 X,各观测值的算术平均值为

$$x = \frac{l_1 + l_2 + \cdots + l_n}{n} = \frac{[l]}{n} \tag{6-6}$$

观测值的真误差公式为

$$\Delta_i = l_i - X \quad (i = 1、2、\cdots、n)$$

将上式相加后,得

$$[\Delta] = [l] - nX$$

上式等号两端除以 n,得

$$\frac{[\Delta]}{n} = \frac{[l]}{n} - X$$

将式(6-6)代入,得

$$\frac{[\Delta]}{n} = x - X$$

上式右边第一项是真误差的算术平均值。由偶然误差的第四特性可知,当观测次数 n 无限增多时,$\frac{[\Delta]}{n} \to 0$,则 $x \to X$。由此可见,当观测次数 n 趋近于无穷大时,算术平均值就趋向于未知量的真值。当 n 为有限值时,算术平均值最接近于真值,故算术平均值是观测量的最可靠值,通常也称为最或是值。

工作任务 2 衡量精度的标准

了解衡量精度的标准;
分析衡量精度的三大标准适用的情况;
正确计算中误差、容许误差、相对误差。

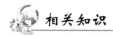

所谓精度就是误差分布的密集或离散的程度,在测量工作中常采用中误差、容许误差和相对误差作为衡量观测值精度的标准。

一、中误差

由上节可知式(6-4)定义的标准差是衡量精度的一种指标,但那是理论上的表达式。在测量实践中观测次数不可能无限多,因此实际应用中,以有限次观测个数 n 计算出标准差的估值定义为中误差 m,作为衡量精度的一种标准,计算公式为

$$m = \pm \hat{\sigma} = \pm \sqrt{\frac{[\Delta\Delta]}{n}} \tag{6-7}$$

【例】 有甲、乙两组各自用相同的条件观测了六个三角形的内角,得三角形的闭合差(即三角形内角和的真误差)分别为:

甲:$+3''$、$+1''$、$-2''$、$-1''$、$0''$、$-3''$。
乙:$+6''$、$-5''$、$+1''$、$-4''$、$-3''$、$+5''$。
试分析两组的观测精度。

解:用中误差公式(6-6)计算得:

$$m_{甲} = \pm\sqrt{\frac{[\Delta\Delta]}{n}} = \pm\sqrt{\frac{3^2+1^2+(-2)^2+(-1)^2+0^2+(-3)^2}{6}} = \pm 2.0''$$

$$m_{乙} = \pm\sqrt{\frac{[\Delta\Delta]}{n}} = \pm\sqrt{\frac{6^2+(-5)^2+1^2+(-4)^2+(-3)^2+5^2}{6}} = \pm 4.3''$$

从上述两组结果中可以看出,甲组的中误差较小,所以观测精度高于乙组。而直接从观测误差的分布来看,也可看出甲组观测的小误差比较集中,离散度较小,因而观测精度高于乙组。所以在测量工作中,普遍采用中误差来评定测量成果的精度。

注意:在一组同精度的观测值中,尽管各观测值的真误差出现的大小和符号各异,而观测

值的中误差却是相同的,因为中误差反映观测的精度,只要观测条件相同,则中误差不变。

在实际工作中,观测量的真值除少数情况外一般是不易求得的。因此在多数情况下,我们只能按观测值的最或然值来求观测值的中误差。

(1)改正数及其特征

最或然值 x 与各观测值 L_i 之差称为观测值的改正数,其表达式为

$$v_i = l_i - x \quad (i = 1、2、\cdots、n) \tag{6-8}$$

在等精度直接观测中,最或然值 x 即是各观测值的算术平均值。即

$$x = \frac{[l]}{n}$$

显然

$$[v] = \sum_{i=1}^{n}(l_i - x) = [l] - nx = 0 \tag{6-9}$$

(2)公式推导

已知 $\Delta_i = l_i - X$,将此式与式(6-7)相减,得

$$\Delta_i - v_i = x - X$$

令 $x - X = \delta$,则

$$\Delta_i = v_i + \delta$$

对上面各式两端取平方,再求和

$$[\Delta\Delta] = [vv] + 2\delta[v] + n\delta^2$$

由于 $[v] = 0$,故

$$[\Delta\Delta] = [vv] + n\delta^2$$

而

$$\delta = x - X = \frac{[l]}{n} - X = \frac{[l-X]}{n} = \frac{[\Delta]}{n},$$

$$\delta^2 = \frac{[\Delta]^2}{n^2} = \frac{1}{n^2}(\Delta_1^2 + \Delta_2^2 + \cdots + \Delta_n^2 + 2\Delta_1\Delta_2 + 2\Delta_2\Delta_3 + \cdots + 2\Delta_{n-1}\Delta_n)$$

$$= \frac{[\Delta\Delta]}{n^2} + \frac{2(\Delta_1\Delta_2 + \Delta_2\Delta_3 + \cdots + \Delta_{n-1}\Delta_n)}{n^2}$$

根据偶然误差的特性,当 $n \to \infty$ 时,上式的第二项趋近于零;当 n 为较大的有限值时,其值远比第一项小,可忽略不计。故

$$\delta^2 = \frac{[\Delta\Delta]}{n^2}$$

代入 $[\Delta\Delta] = [vv] + n\delta^2$ 中,得

$$[\Delta\Delta] = [vv] + \frac{[\Delta\Delta]}{n}, 即 \frac{[\Delta\Delta]}{n} = \frac{[vv]}{n-1}$$

则

$$m = \pm\sqrt{\frac{[vv]}{n-1}} \tag{6-10}$$

上式即是等精度观测用改正数计算观测值中误差的公式,又称"白塞尔公式"。

二、极限误差和容许误差

1. 极限误差

由偶然误差的特性一可知,在一定的观测条件下,偶然误差的绝对值不会超过一定的限

值。这个限值就是极限误差。我们知道，标准差或中误差是衡量观测精度的一种指标，它不能代表个别观测值真误差的大小，但从统计意义上来讲，它们却存在着一定的联系。

根据式(6-3)和式(6-5)有

$$P(-\sigma<\Delta<\sigma)=\int_{-\sigma}^{+\sigma}f(\Delta)\mathrm{d}\Delta=\frac{1}{\sigma\sqrt{2\pi}}\int_{-\sigma}^{+\sigma}e^{-\frac{\Delta^2}{2\sigma^2}}\mathrm{d}\Delta\approx 0.683$$

$$P(-2\sigma<\Delta<2\sigma)=\int_{-2\sigma}^{+2\sigma}f(\Delta)\mathrm{d}\Delta=\frac{1}{\sigma\sqrt{2\pi}}\int_{-2\sigma}^{+2\sigma}e^{-\frac{\Delta^2}{2\sigma^2}}\mathrm{d}\Delta\approx 0.955$$

$$P(-3\sigma<\Delta<3\sigma)=\int_{-3\sigma}^{+3\sigma}f(\Delta)\mathrm{d}\Delta=\frac{1}{\sigma\sqrt{2\pi}}\int_{-3\sigma}^{+3\sigma}e^{-\frac{\Delta^2}{2\sigma^2}}\mathrm{d}\Delta\approx 0.997$$

上列三式的概率含义是：在一组等精度观测值中，偶然误差出现在区间$(-\sigma,+\sigma)$、$(-2\sigma,+2\sigma)$、$(-3\sigma,+3\sigma)$内的概率分别为68.3%、95.5%、99.7%。

在测量工作中，要求对观测误差有一定的限值。若以m作为观测误差的限值，则将有近32%的观测会超过限值而被认为不合格，显然这样要求过分苛刻。而大于$3m$的误差出现的机会只有0.3%，在有限的观测次数中，实际上不大可能出现。所以可取$3m$作为偶然误差的极限值，称极限误差，$\Delta_{极}=3m$。

2. 容许误差

在实际工作中，测量规范要求观测中不容许存在较大的误差，可由极限误差来确定测量误差的容许值，称为容许误差，即$\Delta_{容}=3m$。

当要求严格时，也可取两倍的中误差作为容许误差，即$\Delta_{容}=2m$。

如果观测值中出现了大于所规定的容许误差的偶然误差，则认为该观测值不可靠，应舍去不用或重测。

三、相对误差

真误差和中误差都有符号，并且有与观测值相同的单位，它们被称为"绝对误差"。绝对误差可用于衡量那些诸如角度、方向等其误差与观测值大小无关的观测值的精度。但在某些测量工作中，绝对误差不能完全反映出观测的质量。例如，用钢尺丈量长度分别为100m和200m的两段距离，若观测值的中误差都是±2cm，不能认为两者的精度相等，显然后者要比前者的精度高，这时采用相对误差就比较合理。相对误差K等于误差的绝对值与相应观测值的比值。它是一个无名数，常用分子为1的分式表示，即

$$相对误差=\frac{误差的绝对值}{观测值}=\frac{1}{N}$$

当误差的绝对值为中误差m的绝对值时，K称为相对中误差。即

$$K=\frac{|m|}{D}=\frac{1}{\dfrac{D}{|m|}} \tag{6-11}$$

在上例中用相对误差来衡量，则两段距离的相对误差分别为1/5000和1/10000，后者精度较高。在距离测量中还常用往返测量结果的相对较差来进行检核。计算公式为

$$K=\frac{|D_{往}-D_{返}|}{D_{平均}}=\frac{|\Delta D|}{D_{平均}}=\frac{1}{\dfrac{D_{平均}}{|\Delta D|}} \tag{6-12}$$

项目7　测量仪器的检验与校正

在施工工地,环境条件复杂,道路条件差。在施工过程中,仪器要经常搬动,在此过程中,经检校的仪器各部件会发生相互移位,各轴线应满足的几何条件在移动过程中会发生变化,所以每次使用仪器前应对所用仪器进行检验和校正,以满足工程测量精度的要求。如果测量技术人员不熟悉仪器的检校,势必会影响测量工作的进度。因此,在一个工程项目中负责施工测量的技术人员应掌握常规测量仪器的检验和校正,以保证各项测量工作的正常进行。自检周期根据使用情况确定,一般为半年。仪器经长途运输后也应进行自检。

工作任务1　经纬仪的检验与校正

熟悉经纬仪各主要主线之间应该满足的几何条件;
掌握光学经纬仪检验与校正的操作方法。

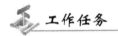

任务内容
经纬仪的几何关系在出厂时一般都能满足精度要求,但由于长期的使用、搬运或者外界环境的影响,各项条件往往会发生变化,因此在使用前,必须对经纬仪进行检验与校正。

测量依据
《光学经纬仪》(JJG 414—2011)。

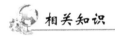

如图7-1所示,经纬仪主要轴线有视准轴 CC、横轴(望远镜的旋转轴)HH、水准管轴 LL、及竖轴(仪器的旋转轴)VV。

为了使经纬仪正确工作,其应满足的条件应该有:
(1)水准管轴垂直于竖轴,即 $LL \perp VV$;
(2)十字丝分划板的竖丝应垂直于横轴,即竖丝 $\perp HH$;
(3)视准轴垂直于横轴,即 $CC \perp HH$;
(4)横轴垂直于竖轴,即 $HH \perp VV$;
(5)竖盘指标差 x 应为零;
(6)光学对中器的视准轴与竖轴重合。

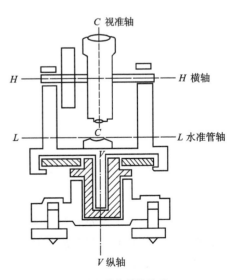

图7-1　经纬仪轴线关系

一、水准管轴垂直于竖轴的检验与校正

1. 检验方法

先将仪器初步整平,然后转动照准部,使水准管轴平行于一对脚螺旋,转动这对脚螺旋使水准管气泡居中。然后,将照准部旋转180°,若气泡仍然居中,说明水准管轴垂直于竖轴;如果气泡不再居中,就说明水准管轴不垂直于竖轴,需要校正。如图7-2a)和图7-2b)所示。

2. 校正方法

为什么气泡偏离水准管中点说明水准管轴不垂直于竖轴呢?

设水准管轴不垂直于竖轴,偏离 α 角,也就是说水准管轴与水平度盘成一夹角 α,当转动脚螺旋使气泡居中时,如图7-2a)所示,即气泡居中,水准管轴水平,竖轴偏离铅垂线方向 α 角,水平度盘与水平面也有一个夹角 α。

当仪器绕竖轴旋转180°后,如图7-2b)所示,竖轴仍偏离沿垂线方向 α 角,而水准管支架的高低两端却左右交换了位置,使水准管轴与水平面的夹角变成 2α,气泡不再居中了,在这种情况下,需要进行校正。

校正时,用校正针拨动水准管一端的校正螺旋,使气泡退回偏离格数的一半,如图7-2c)所示,此时,水准管轴已垂直于竖轴。但水准管轴仍倾斜 α 角,旋转脚螺旋,使气泡居中,这时竖轴已处于铅垂线位置,如图7-2d)所示。

此项检验与校正必须反复进行几次,直至仪器整平时,在任何位置气泡偏离中点均不大于一格为止。

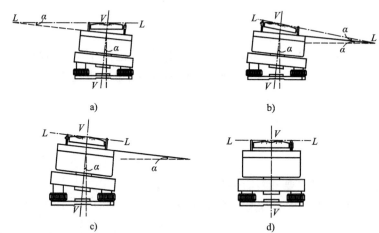

图7-2 水准管轴检验和校正

二、十字丝的竖丝垂直于横轴的检验与校正

1. 检验方法

以十字丝交点瞄准远处一清晰的目标点 P,左旋或右旋望远镜微动螺旋,如 P 点移动的轨迹明显地偏离十字丝的横丝,如图7-3a)所示虚线,则需校正。

2. 校正方法

校正时,卸下目镜处的外罩,微微旋松十字丝环的四个压环螺钉,缓慢转动十字丝环,直到

照准部水平微动时,P 点始终沿横丝移动为止。最后拧紧压环螺钉,见图 7-3b)。有些经纬仪没有十字丝环压环螺钉,而是利用十字丝校正螺钉把十字丝环与望远镜筒相连接,这时可旋松相邻两个十字丝校正螺钉,即可转动十字丝环,直至 P 点始终沿横丝移动为止。校正好以后,再拧紧松开的螺钉。

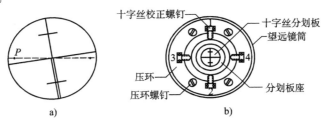

图 7-3 十字丝竖丝垂直于横轴的检验与校正

三、视准轴垂直于横轴的检验与校正

视准轴不垂直于横轴时,其偏离垂直位置的角值 c 称为视准轴误差或照准误差。它是由于十字丝分划板位置不正确而产生的。具有视准轴误差的望远镜绕横轴旋转时,视准轴扫出的面不是一个竖直面,而是一个圆锥面。因此,当望远镜瞄准同一竖直面内不同高度的点时,它们的水平度盘读数各不相同,从而产生水平角的测量误差。

1. 检验方法

如图 7-4 所示,在一平坦场地上,选相距约 100m 的 A、B 两点,仪器安置于 A、B 连线中点 O,在 A 点设置与仪器等高的标志,B 点设置与仪器等高的刻有毫米分划的水平标尺,垂直于视线 OB。盘左瞄 A 点,固定照准部,倒转望远镜,瞄 B 尺读数为 B_1,如图 7-4a)所示,旋转照准部以盘右瞄 A 点,固定照准部,倒转望远镜,瞄 B 尺读数为 B_2,如图 7-4b)所示。

如果 B_2 与 B_1 重合,表明视准轴垂直于横轴,无视准轴误差。否则应进行校正。

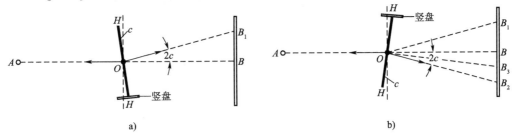

图 7-4 视准轴垂直于横轴的检验与校正

2. 校正方法

当视准轴与横轴不垂直时,视准轴与横轴之间的夹角为 $90°-c$(或 $90°+c$)。两次分别倒镜后,横轴位置不变,视准轴与横轴之间关系也未改变。因此倒镜后的视准轴方向(OB_1 或 OB_2)与倒镜前视准轴 OA 的延长方向 OB 之间的夹角为两倍的视准轴误差($2c$),如图 7-4 所示。由图 7-4b)可看出,B_1B_2 是四倍视准轴误差在 B 处的反映,因此,校正时只改正其四分之一。

校正时,让仪器仍处于盘右位置,十字丝交点对准 B_2,在 B 处的标尺上由 B_2 向 B_1 量取 $B_2B_1/4$ 的距离定出 B_3 点,此时 OB_3 垂直于横轴 HH,如图 7-4b)所示。旋出望远镜十字丝护盖后,先用校正针调节左右两个校正螺钉,调节时注意先松一个,后拧紧另一个,使十字丝交点对准 B_3。

校正后应重新检验,如投点不符合要求,应按上述方法重新校正,直至 $c \leq 60''$ 为止。

四、横轴垂直于竖轴检验与校正

横轴不垂直于竖轴是由于横轴两端在支架上不等高造成的。当望远镜绕横轴旋转时,由于视准轴扫出的是一个倾斜面而非竖直面,固望远镜瞄准同一竖直面内不同高度的点,将得到不同的水平度盘读数,从而影响测角精度。

1. 检验方法

如图 7-5 所示,在距墙壁 20~30m 处安置经纬仪,在高墙上固定清晰照准标志 P。

图 7-5 横轴垂直于竖轴的检验

(1)盘左位置:望远镜先瞄准高处明显目标点 P,固定照准部,望远镜视准轴水平,墙面定出 P_1 点。

(2)盘右位置:望远镜再瞄准高处明显目标点 P,固定照准部,望远镜视准轴水平,墙面上定出 P_2 点。如果 P_1、P_2 两点重合,则表明横轴与竖轴垂直,该项关系满足要求;如果不重合,则表明横轴与竖轴不垂直,该项关系不满足。横轴与竖轴不垂直的误差 i 叫做横轴误差。

2. 校正方法

打开仪器的支架护盖,调整偏心轴承环,抬高或降低横轴的一端使 $i=0$。需要在无尘的室内环境中,专用平行光管操作,用户不具备条件时,交专业维修部门校正。

五、竖盘指标差的检验与校正

1. 检验方法

安置好仪器后,盘左、盘右观测某清晰目标 P,调整竖盘指标水准管气泡居中后,读取竖盘读数 L 和 R,按照公式计算指标差 x。

2. 校正方法

保持望远镜盘右观测某清晰目标 P 不变,计算消除指标差后的盘右竖盘正确读数为 $R-x$,旋转竖盘指标管水准器微动螺旋,使竖盘读数为 $R-x$,此时,竖盘指标管水准气泡必然不再居中,用校正针拨动竖盘指标管水准器校正螺钉,使气泡中。该校正需反复进行,直至 $x \leq 1'$ 为止。

六、光学对中器的视准轴与竖轴重合的检验与校正

1. 检验方法

安置仪器于平坦地面,地面上放置一张白纸,白纸上画十字形标志,以标志点 P 为对中标

志安置仪器,旋转照准部180°,如果 P 点的像偏离对中器分划板中心而对准了另外一点 P'时,则表明对中器视准轴与竖轴不重合,需校正。

2. 校正方法

在白纸上定出 P'与 P 点的中点 O,转动对中器校正螺钉使对中器分划板中心对准 O 点。光对准中器的校正随仪器型号而定,有的调整转向棱镜的位置,有的调整分划板的位置。此项需要反复进行,直至达到标准为止。

工作任务2 水准仪的检验与校正

学习目标

熟悉微倾式水准仪各主要主线之间应该满足的几何条件;
掌握水准仪检验与校正的操作方法。

工作任务

任务内容

仪器在出厂时经检验都是合格的,但由于长期的使用或运输过程中的振动等客观因素的影响,各部分间的几何关系会逐渐有所变化,因此在正式作业前,必须对仪器进行检验与校正。

测量依据

《水准仪检定规程》(JJG 425—2003)。

相关知识

如图7-6所示,水准仪主要轴线有视准轴 CC、水准管轴 LL、圆水准器轴 $L'L'$ 及仪器竖轴 VV。

根据水准测量原理,其应满足的条件有:
(1)圆水准轴平行于竖轴,即 $L'L'//VV$;
(2)十字丝分划板的横丝应垂直于竖轴;
(3)水准管轴平行于视准轴,即 $LL//CC$。

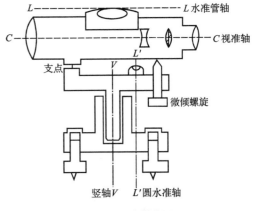

图7-6 水准仪轴线图

任务实施

在水准仪检校之前,应进行一般性的检查,包括望远镜的成像是否清晰、制动和微动螺旋以及望远镜的物镜目镜对光螺旋转动是否灵活,水准管和水准盒的气泡运动是否正常等。如发现有故障,应及时修理。然后进行轴线关系的检查。

一、圆水准器轴平行于竖轴的检验和校正

1. 检验方法

安置仪器后,旋转脚螺旋,使圆水准器气泡居中,如图7-7a)所示,然后将仪器绕竖轴旋转180°,如果气泡仍居中,说明圆水准器轴平行于竖轴,如果气泡偏离零点,如图7-7b)所示,说明两者不平行,需要校正。

2. 校正方法

旋转脚螺旋使气泡向中心移动偏距的一半,如图 7-7c)所示,此时竖轴处于铅垂位置,而圆水准器轴仍偏离铅垂线,然后用校正针拨圆水器底下的三个校正螺钉使气泡居中,如图 7-7d)所示。在圆水准器底部除了有三个校正螺钉以外,中间还有一个固定螺钉,如图 7-8 所示。在拨动各个校正螺钉以前,应先稍微松一下固定螺钉。这样,拨校正螺钉时气泡才能移动,校正完毕后勿忘把固定螺钉再旋紧。

检验和校正应反复进行,直到仪器转到任何方向气泡仍然居中为止。

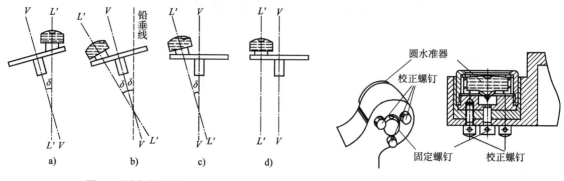

图 7-7 圆水准器的检验与校正　　图 7-8 校正螺钉与固定螺钉

二、十字丝横丝垂直于竖轴的检验和校正

1. 检验方法

整平仪器后,用十字丝横丝一端瞄准远处一个明显点 P,拧紧制动螺旋,转动微动螺旋,如果 P 点始终在横丝上移动,说明横丝垂直于竖轴,否则,需要校正,如图 7-9a)所示。

2. 校正方法

旋下十字丝分划板的护罩,松开十字丝环的四个压环螺钉,如图 7-9b)所示,按十字丝横丝倾斜方向的反方向微微转动十字丝环,直到满足要求,最后旋紧四个压环螺钉,旋上护罩。

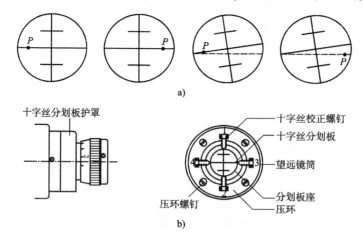

图 7-9 横丝的检验与校正

三、水准管轴平行于视准轴的检验和校正

如果水准管轴不平行于视准轴,说明两轴存在一个夹角 i。

1.检验方法

如图 7-10 所示,在平坦的场地上选择相距约 80m 的 A、B 两点,打下木桩标定两点并立上水准尺。在中点 C 处架设仪器,用双仪器高法两次测定 A、B 的高差。若两次高差的较差不超过 3mm,取两次高差的平均值 h_{AB},此时由于测站距离两把水准尺的距离相等,所以 i 角引起的前后视尺的读数误差 x(也称视准轴误差)相等,可以在计算中抵消,故 h_{AB} 不受 i 角误差的影响。

距 B 点 $2\sim 3m$ 安置水准仪,分别读取读数 a_2、b_2,观测高差 $h'_{AB}=a_2-b_2$,两次设站观测的高差之差为

$$\Delta h = h'_{AB} - h_{AB} \tag{7-1}$$

若 $h'_{AB} \neq h_{AB}$,则水准管轴不平行于视准轴,存在 i 角误差。

由图 7-10 可知,i 角的计算公式为

$$i'' = \frac{\Delta h}{S_{AB}} \rho'' \tag{7-2}$$

式中:ρ''——弧秒值,$\rho'' = 206265$。

对于 DS_3 水准仪,i'' 应小于 $20''$,否则应校正。

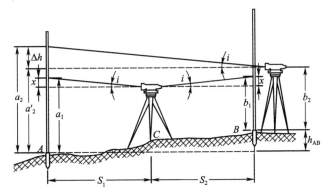

图 7-10 水准管轴平行于视准轴的检验

2.校正方法

根据图 7-10,先计算视准轴水平时在 A 尺上的正确读数 a'_2,即 $a'_2 = b_2 + h_{AB}$。为了使 $LL // CC$,一般是校正水准管以改变水准管轴位置,但也可以较正十字丝以改变视准轴位置。

(1)校正水准管。转动微倾螺旋,使横丝在 A 尺上的读数从 a_2 移到 a'_2,这时视准轴已呈水平,但水准管气泡必不居中,用校正针拨动水准管上、下校正螺钉,如图 7-11 所示,使气泡回复居中。

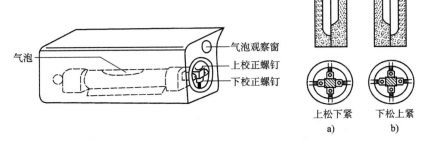

图 7-11 管水准器的校正

校正水准管前,应先弄清楚需要抬高还是降低水准管带校正螺钉的一端,以决定螺钉的转动方向。如图 7-11a)所示符合气泡的情况,表示目镜端需抬高,这时应先旋进上面的校正螺钉,让出一定空隙,然后旋出下面校正螺钉,则气泡的像相对移动,达到两端符合。图 7-11b)所示情况校正时与上述情况相反。

(2)校正十字丝。卸下目镜处外罩,用校正针拨动十字丝的上、下两校正螺钉,使横丝对准 A 尺上的正确读数 a'_2,这时要保持水准管气泡居中。

总之,拨动校正螺钉前,应遵守"先松后紧"的原则。

校正后的仪器必须再进行高差检测,直至 $i'' \leqslant 20''$,否则再进行校正。

工作任务 3　全站仪的检验与校正

了解和分析全站仪的误差;
了解全站仪通常需要检验的项目;
根据仪器自带的说明书掌握校正的基本方法。

任务内容

在仪器第一次使用之前、精密测量之前、长途运输之后、长期使用前后或温度变化超过 10℃ 时,都应该测定全站仪误差。另外,仪器在使用过程中,由于其内部的电子元件和光学部件的老化及变位,或运输过程中的振动等原因,会引起仪器性能指标发生变化,以至影响测量成果的质量,因此也必须进行定期的检验。

测量依据

《全站型电子速测仪检定规程》(JJG 100—2003);
《中、短程光电测距规范》(GB/T 16818—2008);
《光电测距仪检定规范》(JJG 703—2003)。

一、概述

总的说来,全站仪的误差由测距误差和测角误差两部分组成。在分析误差和检验时,两部分是分开进行的。只有个别项目,两者之间有关联,譬如测距部的发射光轴与测角部望远镜的视准轴一致性的问题。

二、仪器误差

1. 测距误差

测距误差可分为两类:一类是与距离远近无关的误差,即测相误差和仪器加常数误差;仪器和棱镜的对中误差以及周期误差等,它们合称为固定误差;另一类是与距离成比例的误差,即真空光速值的测定误差、频率误差和大气折射率误差,它们合称为比例误差。

(1) 固定误差

测相误差就是测定相位差的误差。主要包括：测相系统本身的误差，照准误差，幅相误差，由噪声引起的误差等。

仪器的加常数 K 是一个与所测距离无关的常数。通常是将它测定出来，预置在仪器中，对所测的距离 D' 自动进行改正以便得到改正后的距离 D，即

$$D = D' + K \tag{7-3}$$

仪器和棱镜的对中误差。用光学对中器对中，对中误差一般小于 1mm；对中杆和垂球对中，一般可小于 2mm。对于精密测距，要求测前对光学对中器进行严格校正，观测时应仔细对中，不要使用对中杆。

周期误差是以一定距离为周期重复出现的误差，它的周期一般是精测波长的 1/2，但也有例外。周期误差主要是由于仪器内部电信号的串扰而产生的。

(2) 比例误差

由于目前真空光速值的测定精度已相当高，故真空光速值的测定误差的影响可以忽略不计。

频率误差的产生主要有两方面的原因：一是振荡器设置的调制频率有误差，即频率的准确度问题；二是在使用过程中，由于晶体老化、温度变化、电源及电子电路的影响，振荡器的频率发生漂移，即频率的稳定度问题。

大气折射率误差的来源主要是测定气温和气压的误差，这就要求所测定气温及气压应能准确地代表测线的气象条件。

2. 测角误差

全站仪的测角部实质上就是一台电子经纬仪，它的测角误差与光学经纬仪基本相同。主要是轴系误差，包括视准轴误差；横轴误差和竖轴误差。还有水平度盘偏心差，竖直度盘偏心差、竖盘指标差以及光学对中器的误差等。

在实际应用中，主要是注意视准轴误差和竖盘指标差。

视准轴误差是由于横轴与视准轴不垂直造成的，视准轴误差对水平方向观测值的影响随竖直角的增大而增大，具体计算公式如下

$$x_c = \frac{c}{\cos\alpha} \tag{7-4}$$

式中：c——照准误差；

α——竖直角。

当视线处于水平方向时，盘左竖直度盘精确读数应该是 90°。实际读数可能比 90°大，也可能比 90°小，其差值就是竖盘指标差。

三、检验项目

1. 光电测距系统的检验

外观检视；发射、接收、照准三轴正确性的检验；棱镜光学对中器的检验；气象仪表的外观检验；棱镜常数的检验。

2. 电子测角系统（或电子经纬仪）的检验

外观及键盘功能；水准管轴与竖轴的垂直度；照准部旋转正确性；照准误差 c、横轴误差 i、竖盘指标差 x 的检验；照准部旋转时仪器基座的稳定度；测距轴与视准轴的重合性；光学对中器视轴与竖轴重合度。

3. 数据采集系统的检验

存储卡的初始化;存储卡容量检查;文件创建与删除;测量与数据记录;数据查阅;数据传输;设置与保护;解除与保护。

4. 自动瞄准及跟踪系统的检验

对于具有自动瞄准及跟踪功能的全站仪及电子经纬仪,应根据仪器使用说明书的有关规定对仪器的自动瞄准精度进行检验。

有关校正的方法参照仪器使用说明书中的相关内容。

项目8 道路测量

道路测量是指道路工程在勘测设计和施工、管理阶段所进行的测量工作的总称。

道路测量的目的是确定道路线路的空间位置,在勘测设计阶段主要是为工程设计提供充分、详细的地形资料;在施工建造阶段是将道路中线(包括直线和曲线)及其构筑物按设计要求的位置、形状和规格,准确测设于地面;在运营管理阶段,是检查、监测道路的运营状态,并为道路上各种构筑物的维修、养护、改建、扩建提供资料。

工作任务1 道路测量概述

了解道路测量的任务和基本过程。

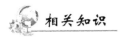

一、道路测量的任务和内容

整个道路测量工作包括下列内容:

(1)收集规划设计区域内各种比例尺地形图、平面图和断面图资料,收集沿线水文、地质以及控制点等有关资料。

(2)根据工程要求,利用已有地形图,结合现场勘察,在中小比例尺图上确定规划路线走向,编制比较方案等初步设计。

(3)根据设计方案在实地标出线路的基本走向,沿着基本走向进行控制测量,包括平面控制测量和高程控制测量。

(4)结合线路工程的需要,沿着基本走向测绘带状地形图。测图比例尺根据不同工程的实际要求参考相应的设计及施工规范选定。

(5)根据设计图纸把线路中心线上的各类点位测设到地面上,称为中线测量。中线测量包括线路起止点、转折点、曲线主点和线路中心里程桩、加桩等。

(6)根据工程需要测绘线路纵断面图和横断面图。比例尺则依据不同工程的实际要求选定。

(7)根据线路工程的详细设计进行施工测量。

(8)工程竣工后,按照工程实际现状测绘竣工平面图和断面图。

二、道路测量的基本过程

道路测量的基本过程包括路线勘测设计测量和道路施工测量。

1. 路线勘测设计测量

路线勘测设计一般分为初测和定测两个阶段。

(1)初测阶段的任务是:沿路线可能经过的范围内布设导线,测量路线带状地形图和纵断面图,收集沿线地质、水文等资料,作纸上定线或现场定线,编制比较方案,为初步设计提供依据。

(2)定测阶段的任务是:在选定设计方案的路线上进行路线中线、高程、横断面、纵断面、桥涵、路线交叉、沿线设施、环境保护等测量和资料调查,为施工图设计提供资料。高速公路、一级公路采用分离式路基时,应按各自的中线分别进行定测。

2.道路施工测量

道路设计完成后,需要按照设计图纸测设或恢复道路中线、测设路基边桩和竖曲线;工程逐项完工后进行竣工验收测量,为工程竣工后的使用和养护提供基础资料。

工作任务2 道路中线的直线测量

掌握路线交点和转点的测设方法;
会进行路线转角的测定和计算;
熟悉里程桩的设置。

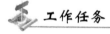

任务内容

在地面上测设路线中线的直线部分,只需定出直线上若干点,即可确定这一直线的位置,中线的直线测量主要工作是:测设中线交点JD和转点ZD,量距和钉桩,测量线路各转角α等。

测量依据

《公路勘测规范》(JTG C10—2007)。

相关知识

道路是一个空间三维的工程结构物。它的中线是一条空间曲线,其中线在水平面的投影就是平面线形。由于受到地形、水文、地质等因素的影响,路线前进的方向必然发生改变。为了满足行车要求,需要用适当的曲线把前、后直线连接起来,这种曲线称之为平曲线。平曲线包括圆曲线和缓和曲线。道路平面线形是由直线、圆曲线、缓和曲线三要素组成。圆曲线是具有一定曲率半径的圆弧。缓和曲线(回旋线)是在直线与圆曲线之间或两不同半径的圆曲线之间设置的曲率连续变化的曲线。我国公路缓和曲线的形式采用回旋线。如图8-1所示。

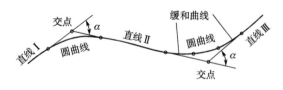

图8-1 道路平面线形的组成

任务实施

道路中线测量是实地测设道路中线的平面位置,并标定出其里程,供设计和施工之用。道路中线测量也叫中桩放样,是道路工程测量的主要内容。

中线测量主要工作是:测设中线交点JD和转点ZD,量距和钉桩,测量线路各转角Δ,测设曲线等。其中(JD)和(ZD)为公路测量符号。《公路勘测规范》(JTG C10—2007)对公路测量符号有统一规定。常用符号见表8-1。

公路桩位汉语拼音缩写 表8-1

标志名称	简称	汉语拼音缩写	英语缩写
交点	—	JD	IP
转点	—	ZD	TP
圆曲线起点	直圆点	ZY	BC
圆曲线中点	曲中点	QZ	MC
圆曲线终点	圆直点	YZ	EC
复曲线公切点	公切点	GQ	CP
第一缓和曲线起点	直缓点	ZH	TS
第一缓和曲线终点	缓圆点	HY	SC
第二缓和曲线起点	圆缓点	YH	CS
第二缓和曲线终点	缓直点	HZ	ST

一、路线交点和转点的测设

两相邻直线方向的交点，即线路的转折点，也叫转向点（JD 点）。路线的各交点（包括起点和终点）是布设线路、详细测设直线和曲线的基本控制点。

对于低等级公路一般采用现场标定的方法。对于高等级公路一般先在初测的带状地形图上进行纸上定线，然后将图上确定的交点位置标定在实地。

定线测量中，当相邻两交点互不通视或直线较长时，需要在其连线上测定一个或几个转点，以便在交点测量转折角和直线量距时作为照准和定线的目标。直线上一般每隔 200~300m 设一转点，另外在路线和其他道路交叉处，以及路线上需设置桥、涵等构筑物处也要设置转点。

1. 交点的测设

1) 根据与地物的关系测设交点

如图 8-2 所示，JD_{12} 的位置已在地形图上选定，可先在图上量出 JD_{12} 到两房角和电杆的距离，在现场根据相应的地物，用距离交会法测设出 JD_{12}。

2) 根据导线点和交点的设计坐标测设交点

根据附近导线点和交点的设计坐标，反算出有关测设数据，按极坐标法、角度交会法或距离交会法测设出交点。如图 8-3 所示，根据导线点 6、7 和 JD_1 三点的坐标，反算出方位角进而求出 β，再根据反算出的 6 点到 JD_1 之间的距离 D，按极坐标法测设 JD_1。

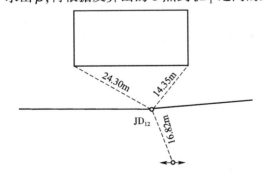

图 8-2 根据地物测设交点图

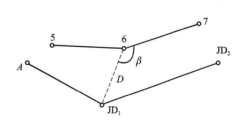

图 8-3 按坐标测设交点

按上述方法依次测设各交点时,由于测量和绘图都带有误差,测设交点越多,距离越远,误差积累就越大。因此,在测设一定里程后,应和附近导线点联测。联测闭合差限差与初测导线相同。限差符合要求后,应进行闭合差的调整。

3)穿线交点法测设交点

穿线交点法是利用图上就近的导线点或地物点与纸上定线的直线段之间的角度和距离关系,用图解法求出测设数据,通过实地的导线点或地物点,把中线的直线段独立地测设到地面上,然后将相邻直线延长相交,定出地面交点桩的位置。其程序是:放点、穿线、交点。

(1)放点

放点常用的方法有极坐标法和支距法。

①极坐标法。P_1、P_2、P_3、P_4为纸上定线的某直线段欲放的临时点。在图上以附近的导线点4、5为依据,用量角器和比例尺分别量出放样数据。实地放点时,可用经纬仪和皮尺分别在4、5点按极坐标法定出各临时点的位置,如图8-4所示。

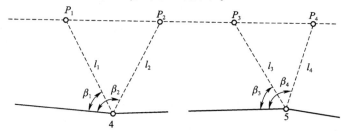

图8-4 极坐标法放点

②支距法。按支距法放出中线上的各临时点P_1、P_2、P_3、P_4。即在图上从导线点14、15、16、17作导线边的垂线,分别与中线相交得各临时点,用比例尺量取各相应的支距。在现场以相应导线点为垂足,用方向架标定垂线方向,按支距测设出相应的各临时点,如图8-5所示。

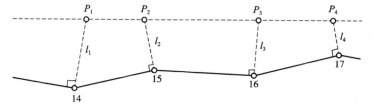

图8-5 支距法放点

(2)穿线

放出的临时各点理论上应在一条直线上,由于图解数据和测设工作均存在误差,实际上并不严格在一条直线上。在这种情况下可根据现场实际情况,采用目估法穿线或经纬仪视准法穿线,通过比较和选择,定出一条尽可能多的穿过或靠近临时点的直线AB,如图8-6所示。最后在A、B或其方向上打下两个以上的转点桩,取消临时点桩。

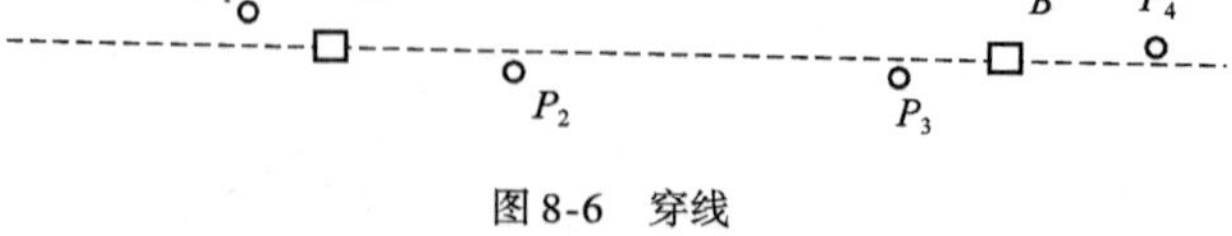

图8-6 穿线

(3)交点

当两条相交的直线AB、CD在地面上确定后,可进行交点。将经纬仪置于B点瞄准A点,倒镜,在视线上接近交点JD的概略位置前后打下两桩(骑马桩)。采用正倒镜分中法在该两

桩上定出 a、b 两点,并钉以小钉,挂上细线。仪器搬至 C 点,同法定出 c、d 点,挂上细线,两细线的相交处打下木桩,并钉以小钉,得到 JD 点,如图 8-7 所示。

2. 转点的测设

当两交点间距离较远但尚能通视或已有转点需加密时,需要在其连线上,测设一点或数点,以供交点、测转折点、量距或延长直线时瞄准之用。这样的点称为转点(ZD)。其测设方法可采用经纬仪直接定线或经纬仪正倒镜分中法测设转点。当相邻两交点互不通视时,可用下述方法测设转点。

(1) 两交点间设转点

如图 8-8 所示,JD_5、JD_6 为相邻而互不通视的两个交点,ZD' 为初定转点。将经纬仪置于 ZD',用正倒镜分中法延长直线 $JD_5 - ZD'$ 至 JD'_6。设 JD'_6 与 JD_6 的偏差为 f,用视距法测定 a、b,则 ZD' 应横向移动的距离 e 可按下式计算

$$e = \frac{a}{a+b} f \tag{8-1}$$

将 ZD' 按 e 值移至 ZD,在 ZD 上安置经纬仪,按上述方法逐渐趋近,直至符合要求为止。

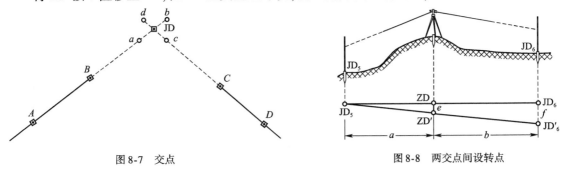

图 8-7 交点　　　　　图 8-8 两交点间设转点

(2) 延长线上设转点

在图 8-9 中,JD_8、JD_9 互不通视,可在其延长线上初定转点 ZD'。将经纬仪置于 ZD',用正倒镜照准 JD_8,分别以相同水平度盘位置俯视 JD_9,在 JD_9 点附近得两点后取其中点得 JD'_9。若 JD'_9 与 JD_9 重合或偏差值 e 在容许范围之内,即可将 ZD' 作为转点。否则应重设转点,量出 e 值,用视距法测出 a、b,则 ZD' 应横向移动的距离 f 可按下式计算

$$e = \frac{a}{a-b} f \tag{8-2}$$

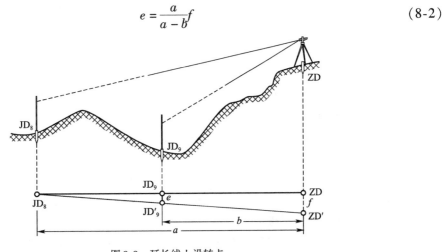

图 8-9 延长线上设转点

将 ZD′ 按 e 值移至 ZD。重复上述方法,直至符合要求为止。

二、路线转角的测定

在路线转折处,为了测设曲线,需要测定转角。转角又称偏角,是路线由一个方向偏转至另一方向时,偏转后的方向与原方向间的夹角,常用 α 表示,见图 8-10。转角有左右之分,偏转后方向位于原方向左侧的,称左偏角 $α_L$,位于原方向右侧的称右偏角 $α_R$。在路线测量中,通常是观测路线的右角 β,由图 8-10 可知,当 β<180° 时为右转角,表示路线向右偏转;当 β>180° 时为左转角,表示路线向左偏转,计算转角的公式为

$$\left. \begin{array}{l} α_R = 180° - β \\ α_L = β - 180° \end{array} \right\} \quad (8\text{-}3)$$

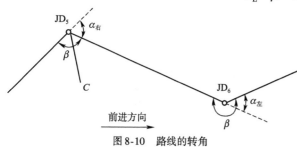

图 8-10 路线的转角

《公路勘测规范》(JTG C10—2007)规定,右角的观测通常用经纬仪测回法观测一测回,两半测回间应变动度盘位置,高速公路、一级公路角值相差 < ±20″ 时取平均,取位至 1″;二级及二级以下公路角值相差 < ±60″ 取平均,取位至 30″。

根据曲线测设的需要,在右角测定后,要求在不变动水平度盘位置的情况下,定出 β 角的分角线方向,图 8-10 中以 C 点标定,以便将来测设曲线中点。设测角时,后视方向的水平度盘读数为 a,前视方向的读数为 b,分角线方向的水平度盘读数为 c。则

$$c = (a + b)/2 \quad (8\text{-}4)$$

此外,在角度观测后,还须用测距仪测定相邻交点间的距离,以供中桩量距人员检核之用。

三、里程桩的设置

在路线交点、转点及转角测定之后,即可进行实地量距、标定中线位置、设置里程桩。里程桩的设置,主要工作是定线、量距、打桩。丈量工具视道路等级而定,等级高的公路,宜用测距仪或钢尺;简易公路,可用皮尺或绳尺。

里程桩分为整桩和加桩两种,每个桩的桩号表示该桩距路线起点的里程。如某加桩距路线起点的距离为 5146.70m,其桩号为 K5+146.70。

整桩是由路线起点开始,每隔 20m 或 50m 设置一桩。百米桩与公里桩均属整桩。

加桩分为地形加桩、地物加桩、曲线加桩和关系加桩,见图 8-11。地形加桩是指沿中线地面起伏变化、横向坡度变化处,以及天然河沟处所设置的里程桩;地物加桩是指沿中线有人工构筑物的地方,如桥梁、涵洞处,路线与其他公路、铁路、渠道、高压线等交叉处,拆迁建筑物处,以及土壤地质变化处加设的里程桩;曲线加桩是指曲线上设置的主点桩,如圆曲线起点(ZY)、圆曲线中点(QZ)、圆曲线终点(YZ);关系加桩,是指路线上的转点(ZD)桩和交点(JD)桩。

钉桩时,对于交点桩、转点桩、曲线主点桩、重要地物加桩(如桥、隧位置桩),均打下断面为 6cm×6cm 的方桩,见图 8-11,桩顶钉以中心钉,桩顶露出地面约 2cm,在其旁钉 2.5cm×6cm 的指示桩。交点的指示桩应钉在圆心和交点连线处约 20cm 处,字面朝向交点。曲线主点的指示桩字面朝向圆心。其余里程桩一般使用板桩,一半露出地面,以便书写桩号,桩号要面向路线起点方向。

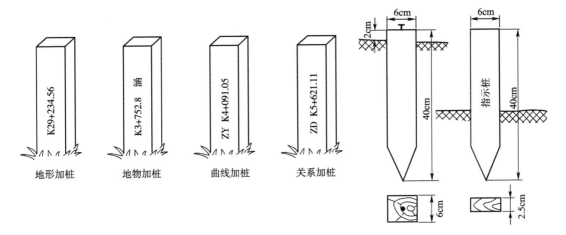

图 8-11 里程桩

工作任务 3　圆曲线及其测设

叙述圆曲线测设的方法和计算步骤；
会进行圆曲线主点测设要素的计算和主点里程的计算；
能进行完整的圆曲线测设。

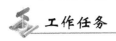

任务内容

当路线由一个方向转向另一个方向时，应用曲线连接。其中圆曲线是路线转向常用的一种曲线形式，它是一定半径的圆弧构成的曲线。

圆曲线的测设一般分两步进行：

第一步，先定出曲线上起控制作用的点，称为曲线的主点测设。即测设曲线的起点（ZY）、中点（QZ）、终点（YZ）；

第二步，在已测定的主点之间加密，按规定的桩距定出曲线上的其他各点，完整地标定出圆曲线的位置，称为圆曲线的详细测设。

测量依据

《公路勘测规范》（JTG C10—2007）。

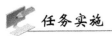

一、圆曲线主点测设

1. 主点测设元素的计算

如图 8-12 所示，圆曲线的起点 ZY、曲线的中点 QZ、圆曲线的终点 YZ 总称为圆曲线的主点。可根据图上标注的偏角 α 和设计曲线半径 R，用式（8-5）计算圆曲线的切线长 T、曲线长 L、外距 E 及切曲差 D。

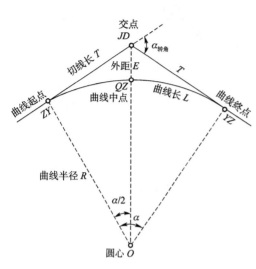

图 8-12 圆曲线测设元素

$$切线长 \quad T = R\tan\frac{\alpha}{2}$$

$$曲线长 \quad L = R\alpha\frac{\pi}{180}$$

$$外距 \quad E = R\left(\sec\frac{\alpha}{2} - 1\right)$$

$$切曲差 \quad D = 2T - L$$

(8-5)

2. 主点桩号的计算

曲线主点 ZY、QZ、YZ 的桩号根据 JD 桩号和曲线测设元素计算,计算公式为

$$ZY 桩号 = JD 桩号 - T$$
$$YZ 桩号 = ZY 桩号 + L$$
$$QZ 桩号 = YZ 桩号 - \frac{L}{2}$$
$$JD 桩号 = QZ 桩号 + \frac{D}{2}$$

(8-6)

【例 8-1】 设 JD 的桩号为 K3+182.76m,若 $\alpha_R = 25°48'10''$,设计曲线半径为 $R = 300$m,求曲线测设元素及圆曲线起点 ZY、曲线中点 QZ 和圆曲线终点 YZ 的桩号。

解:按式(8-5)计算得

$$T = 300 \times \tan\frac{25°48'10''}{2} = 68.717\text{m}$$

$$L = 300 \times 25°48'10'' \times \frac{\pi}{180} = 135.103\text{m}$$

$$E = 300 \times \left(\sec\frac{25°48'10''}{2} - 1\right) = 7.769\text{m}$$

$$D = 2 \times 68.717 - 135.103 = 2.331\text{m}$$

圆曲线起点 ZY 桩号 = K3+182.76 - 68.717 = K3+114.043
圆曲线终点 YZ 的桩号 = K3+114.043 + 135.103 = K3+249.146
圆曲线中点 QZ 桩号 = K3+249.146 - 135.103/2 = K3+181.595
JZ 桩号 = K3+181.595 + 2.331/2 = K3+182.760(检核无误)

3. 主点的测设

(1)测设曲线起点

置经纬仪于 JD,照准后一方向线的交点或转点,沿此方向测设切线长 T,得曲线起点桩 ZY,插一测钎。丈量 ZY 至最近一个直线桩的距离,如两桩号之差在相应的容许范围内,可用方桩在测钎处打下 ZY 桩。

(2)测设曲线终点

将望远镜照准前一方向线相邻的交点或转点,沿此方向测设切线长 T,得曲线终点,打下 YZ 桩。

(3)测设曲线中点

沿测定路线转角时所定的分角线方向,量取外距 E,打下曲线中点桩 QZ。

二、圆曲线的详细测设

在圆曲线的主点测设后,即可进行圆曲线的详细测设。

1. 切线支距法

切线支距法是以曲线起点(ZY)或终点(YZ)为原点,切线为 x 轴,过原点的半径方向为 y 轴,根据坐标 x、y 来测设曲线上各桩点 P_j,如图 8-13 所示。测设时分别从曲线的起点和终点向中点各测设曲线的一半。

一般采用整桩号法设桩,即将曲线上靠近原点的第一个桩的桩号凑整成为整桩号。然后按规定的桩距 l_0 连续向曲线中点设桩。这样设置的桩的桩号均为整数。

(1)计算公式

如图 8-13 所示,设 P_j 为曲线上欲测设得点位,则其坐标按下式计算

$$\left.\begin{array}{l}x_j = R\sin\varphi_j \\ y_j = R(1-\cos\varphi_j)\end{array}\right\} \quad (8-7)$$

式中:φ_j——l_j 所对的圆心角,$\varphi_j = \dfrac{l_j 180°}{R\pi}$;

l_j——各点至原点的弧长(里程)。

【例 8-2】在例 8-1 中,若采用切线支距法,并按整桩号设桩,试计算各桩坐标。在例 8-1 中以计算出圆曲线的主点里程,再在此基础上按整桩号法列出详细测设的桩号,并计算其坐标。具体计算见表 8-2。

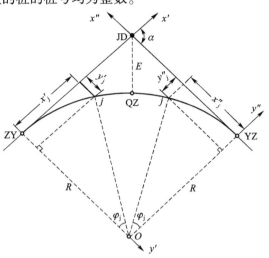

图 8-13 切线支距法测设圆曲线

切线支距法坐标计算表　　　　　　　　　表 8-2

曲线桩号 (m)	ZY 或 YZ 至桩曲线长 (m)	圆心角 (°)	x 坐标 (m)	y 坐标 (m)
ZY　K3+114.043	0.000	0	0.000	0.000
K3+120.000	5.957	1.1376700	5.956	0.059
K3+140.000	25.957	4.9573886	25.924	1.122
K3+160.000	45.957	8.7771072	45.777	3.513
K3+180.000	65.957	12.5968259	65.427	7.221
QZ　K3+181.595	67.552	12.9013889	66.982	7.573
K3+200.000	49.146	9.3862333	48.927	4.017
K3+220.000	29.146	5.5665146	29.100	1.415
K3+240.000	9.146	1.7467960	9.145	0.139
YZ　K3+249.146	0.000	0	0.000	0.000

(2)施测步骤

①从 ZY(或 YZ)点开始用钢尺沿切线方向量取 P_j 点的横坐标 x_j,得垂足点,用测钎作标记。

②在各垂足点上用方向架或经纬仪定出切线的垂直方向,沿垂线方向量出纵坐标 y_j,定出曲线点 P_j。

③直至测设至 QZ 点,用此法测得的 QZ 点位应与预先测定的 QZ 点相符,作为检核。同时应量取相邻各桩之间的距离,并与相应的桩号之差作比较,若闭合差均在限差之内,则曲线测

设合格;否则应查明原因,予以纠正。

2. 偏角法

偏角法是一种类似于极坐标法的测设曲线上点位的方法。它的原理是以曲线起点或终点至曲线上任一点 P_i 的弦线与切线 T 之间的弦切角 Δ_i(偏角)和弦长 c 来确定 P_i 点的位置,见图 8-14。

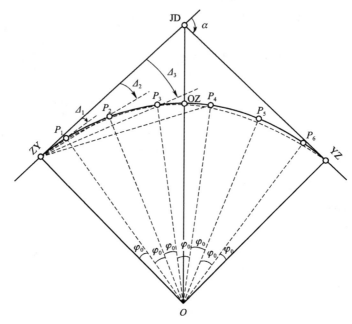

图 8-14 偏角法测设圆曲线

(1)计算公式:

根据几何原理,偏角 Δ 应等于相应弧长 l 或弦长 c 所对的圆心角 φ 的一半,Δ、l、c 和曲线半径 R 的关系为

$$\Delta = \frac{\varphi}{2} = \frac{l}{2R}\rho'' \tag{8-8}$$

$$c = 2R\sin\Delta \tag{8-9}$$

偏角法测设曲线,一般采用整桩号法,按规定的弧长 l_0 设桩。由于曲线起、终点多为非整桩号,除首、尾段的弧长小于 l_0 外,其余桩距均为 l_0。

【例 8-3】在例 8-1 中,若采用偏角法,并按整桩号设桩,计算各桩的偏角和弦长。设曲线由 ZY 向 YZ 点测设,具体计算见表 8-3。

偏角法坐标计算表　　　　表 8-3

曲线桩号 (m)	ZY 至桩的曲线长 (m)	偏 角 (°)	弦 长 (m)	相邻桩间弦长 (m)
ZY　K3+114.043	0.000	0	0.000	—
K3+120.000	5.957	0.568835	5.957	5.957
K3+140.000	25.957	2.4786943	25.949	19.996
K3+160.000	45.957	4.3885536	45.912	19.996
K3+180.000	65.957	6.2984129	65.824	19.996

续上表

曲线桩号 (m)	ZY 至桩的曲线长 (m)	偏 角 (°)	弦 长 (m)	相邻桩间弦长 (m)
QZ K3+181.595	67.552	6.4506944	67.409	—
K3+200.000	85.957	8.2082722	85.663	19.996
K3+220.000	105.957	10.118132	105.407	19.996
K3+240.000	125.957	12.027991	125.034	19.996
YZ K3+249.146	135.103	12.901389	133.964	9.146

(2)测设步骤

①经纬仪置于 ZY 点,盘左时照准 JD,使水平度盘读数为 0°00′00″。

②转动照准部,正拨(顺时针方向转动)使水平度盘读数为 Δ_1,沿此方向从 ZY 点量弧长 l_1 所对应的弦长 c_1,定曲线上第一个整桩 P_1。

③转动照准部,正拨度盘读数为 Δ_2,沿此方向从 ZY 点量弧长 l_2 所对应的弦长 c_2,定曲线上第二个整桩 P_2。以此类推,测设出各整桩点。

④直至测设至 YZ 点,使水平度盘读数为 Δ_{YZ},沿此方向从 ZY 点量弧长 l_{YZ} 所对应的弦长 c_{YZ},定出的 YZ 点应与测设曲线主点时定出的 YZ 点相符,如不重合,其闭合差应该符合表 8-4 的规定。

曲线测量闭合差　　　　　　　　表 8-4

公路等级	纵向闭合差		横向闭合差(cm)		曲线偏角 闭合差 (″)
	平原 微丘区	山岭 重丘	平原 微丘区	山岭 重丘	
高速公路、一级公路	1/2000	1/1000	10	10	60
二级及二级以下公路	1/1000	1/500	10	15	120

工作任务 4　缓和曲线及其测设

学习目标

熟悉缓和曲线的测设方法和计算步骤;

会进行缓和曲线主点测设要素和主点里程的计算;

能进行完整的平曲线的测设。

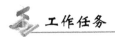

工作任务

任务内容

缓和曲线——连接直线和圆曲线的过渡曲线。缓和曲线的曲率半径是由无穷大逐渐变化为圆曲线的半径。在缓和曲线上任一点的曲率半径与该点至起点的曲线长度成反比。在圆曲线的两端加设等长的缓和曲线后,曲线主点则为:直缓点(ZH)、缓圆点(HY)、曲中点(QZ)、圆缓点(YH)和缓直点(HZ)。当圆曲线半径 R、缓和曲线长 l_s 及转向角 α 已知时,曲线要素切线长 T、外矢矩 E、曲线长 L 和切曲差 D 等数值即可算得,据以测设曲线主点。

测量依据

《公路勘测规范》(JTG C10—2007)。

车辆从直线驶入圆曲线后,会产生离心力,影响车辆行驶的安全。为了减小离心力的影响,曲线上的路面要做成外侧高、内侧低呈单向横坡的形式,即弯道超高。为了符合车辆行驶的轨迹,使超高由零逐渐增加到一定值,在直线与圆曲线间插入一段半径由∞逐渐变化到 R 的曲线,这种曲线称为缓和曲线。

缓和曲线的线型有回旋曲线(亦称辐射螺旋线)、三次抛物线、双曲线等,目前多采用回旋曲线作为缓和曲线。我国交通部颁发的《公路工程技术标准》(JTG B01—2003)中规定:缓和曲线采用回旋曲线,缓和曲线的长度应等于或大于表 8-5 的规定。

缓和曲线最小长度表　　　　　　表 8-5

公路等级	高速公路				一级		二级		三级		四级	
设计速度(km/h)	120	100	80	60	100	80	80	60	60	40	30	20
缓和曲线长度(m)	100	85	70	50	85	70	70	50	50	35	25	20

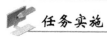

一、回旋型缓和曲线基本公式

1. 主点测设元素的计算

如图 8-15 所示,A 为缓和曲线的起点,设 P 为曲线上任一点,相应的弧长为 l,曲率半径为 ρ。

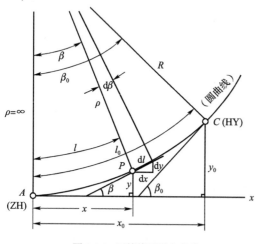

图 8-15　回旋线型缓和曲线

回旋线上任一点的曲率半径与该点至曲线起点的弧长 l 成反比。其基本公式为

$$\rho l = c \tag{8-10}$$

式中:ρ——回旋线上某点曲率半径(m);
　　　l——回旋线上某点到原点的曲线长(m);
　　　c——常数。

由于 ρl 是长度的二次方,故令 $A^2 = c$,A 表征曲率变化的缓急程度,因此在缓和曲线上,ρ 随 l 的变化而变化,在缓和曲线的终点处,$l = l_0$,$\rho = R$,则

$$R l_0 = A^2 \tag{8-11}$$

式中:R——回旋线所连接的圆曲线半径;
　　　l_0——缓和曲线全长。

如图 8-15 所示,回旋线上任一点 P 的切线与 x 轴的夹角称为切线角 β,在 P 点取一微分弧段 dl,所对的中心角为 $d\beta$,于是

$$d\beta = \frac{dl}{\rho} = \frac{l \cdot dl}{A^2}$$

积分得

$$\beta = \frac{l^2}{2A^2} = \frac{l^2}{2Rl_0} \tag{8-12}$$

在缓和曲线的终点处，$l = l_0$，β 用 β_0 表示，则上式可写为

$$\beta_0 = \frac{l_0}{2R} \tag{8-13}$$

式(8-13)表明，当曲线半径 R 一定时，选取的回旋线长 l_0 越大，回旋线偏角 β_0 也越大。

2. 缓和曲线的参数方程

如图 8-15 所示，以缓和曲线的起点为坐标原点，过该点的切线为 x 轴，过原点的半径为 y 轴，任取一点 P 的坐标为 (x, y)，则微分弧长 dl 在坐标轴上的投影为

$$\left.\begin{array}{l} dx = dl \cdot \cos\beta \\ dy = dl \cdot \sin\beta \end{array}\right\} \tag{8-14}$$

将 $\cos\beta$、$\sin\beta$ 按级数展开

$$\cos\beta = 1 - \frac{\beta^2}{2!} + \frac{\beta^4}{4!} - \frac{\beta^6}{6!} + \cdots$$

$$\sin\beta = \beta - \frac{\beta^3}{3!} + \frac{\beta^5}{5!} - \frac{\beta^7}{7!} + \cdots$$

将式(8-12)代入上述展开式，则 dx、dy 可写成

$$dx = \left[1 - \frac{1}{2}\left(\frac{l^2}{2Rl_0}\right)^2 + \frac{1}{24}\left(\frac{l^2}{2Rl_0}\right)^4 + \frac{1}{720}\left(\frac{l^2}{2Rl_0}\right)^6 + \cdots\right]dl$$

$$dy = \left[\frac{l^2}{2Rl_0} - \frac{1}{6}\left(\frac{l^2}{2Rl_0}\right)^3 + \frac{1}{120}\left(\frac{l^2}{2Rl_0}\right)^5 - \frac{1}{5040}\left(\frac{l^2}{2Rl_0}\right)^7 + \cdots\right]dl$$

积分，略去高次项得

$$\left.\begin{array}{l} x = l - \dfrac{l^5}{40R^2l_0^2} \\ y = \dfrac{l^3}{6Rl_0} \end{array}\right\} \tag{8-15}$$

当 $l = l_0$ 时，则缓和曲线终点(HY)的坐标为

$$\left.\begin{array}{l} x_0 = l_0 - \dfrac{l_0^3}{40R^2} \\ y_0 = \dfrac{l_0^2}{6R} \end{array}\right\} \tag{8-16}$$

二、曲线要素计算

1. 内移值 p 与切线增值 q 的计算

如图 8-16 所示，在直线和圆曲线间插入缓和曲线段时，必须将原有的圆曲线向内移动距离 p，才能使缓和曲线起点与直线衔接，这时切线增长 q 值。公路勘测，一般采用圆心不动的平行移动方法，即未设置缓和曲线时的圆曲线为弧 FG、其半径为 $(R+p)$；插入两段缓和曲线弧 AC、BD 时，圆曲线向内移，其保留部分为弧 $CMD = L'$，半径为 R，所对中心角为 $(\alpha - 2\beta_0)$。测设时必须满足的条件为：$2\beta_0 \leq \alpha$，否则，应缩短缓和曲线长度或加大曲线半径，直至满足条件。由图可知

$$p + R = y_0 + R\cos\beta_0, \quad p = y_0 - R(1 - \cos\beta_0)$$

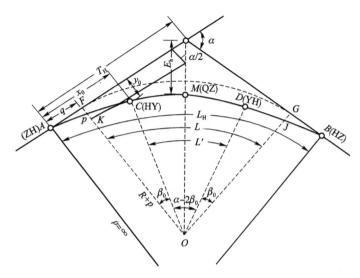

图 8-16 回旋线型缓和曲线

将 $\cos 2\beta_0$ 展开为级数,略去高次项,并按式(8-13)、式(8-16)将 β_0 和 y_0 代入,则

$$p = \frac{l_0^2}{6R} - \frac{l_0^2}{8R} = \frac{l_0^2}{24R} = \frac{1}{4}y_0 \tag{8-17}$$

$q = AF = BG$,且有以下关系式:$q = x_0 - R\sin\beta_0$

将 $\sin\beta_0$ 展开成级数,略去高次项,再按式(8-13)、式(8-16)把 β_0、x_0 代入,则

$$q = l_0 - \frac{l_0^3}{40R^2} - \frac{l_0}{2} + \frac{l_0^3}{48R^2} = \frac{l_0}{2} - \frac{l_0^3}{240R^2} \approx \frac{l_0}{2} \tag{8-18}$$

2. 测设元素的计算

在圆曲线上设置缓和曲线后,将圆曲线和缓和曲线作为一个整体考虑,如图 8-16 所示,具体测设元素如下:

切线长

$$T_H = (R+p)\tan(\alpha/2) + q \tag{8-19}$$

而曲线长

$$\left. \begin{array}{l} L_H = R(\alpha - 2\beta_0)\dfrac{\pi}{180°} + 2l_0 \\[2mm] L = R\alpha\dfrac{\pi}{180°} + l_0 \end{array} \right\} \tag{8-20}$$

外距

$$E_H = (R+p)\sec(\alpha/2) - R \tag{8-21}$$

切曲差(超距)

$$D_H = 2T_H - L_H \tag{8-22}$$

当 α、R 和 l_0 确定后,即可按上述有关公式求出 β_0、p 和 q,再按上列诸式求出曲线元素值。也可从曲线表中查出圆曲线元素 T、L、E、D,再加上表中查出的缓和曲线尾加数 t、l_0、e 和 d,即可得到缓和曲线诸元素。

三、曲线主点测设

根据交点已知里程和曲线的元素值,即可按下列程序先计算出各主点里程:

直缓点	ZH = JD − T_H
缓圆点	HZ = ZH + l_0
曲中点	QZ = HY + $L'/2$
圆缓点	YH = QZ + $L'/2$
缓直点	HZ = YH + l_0
检核	JD = HZ − T_H + D_H

主点 ZH、HZ、QZ 的测设方法同圆曲线主点的测设。HY 及 YH 点通常根据缓和曲线终点坐标值用切线支距法测设。

四、带有缓和曲线的平曲线的详细测设

1. 切线支距法

切线支距法是以缓和曲线起点(ZH)或终点(HZ)为坐标原点,以过原点的切线为 x 轴,过原点的半径为 y 轴,利用缓和曲线和圆曲线段上各点的坐标 x 来设置曲线,如图 8-17 所示。

在缓和曲线段上各点坐标可按式(8-15)求得,即

$$x = l - \frac{l^5}{40R^2 l_0^2}, \quad y = \frac{l^3}{6Rl_0}$$

圆曲线部分各点坐标的计算,因坐标原点是缓和曲线起点,可先按圆曲线公式计算出坐标 x'、y' 再分别加上 q、p 值,即可得到圆曲线上任一点 p 的坐标:

$$\left. \begin{array}{l} x = x' + q = R \cdot \sin\varphi + q \\ y = y' + p = R(1 - \cos\varphi) + p \end{array} \right\} \quad (8\text{-}23)$$

在道路勘测中,缓和曲线和圆曲线段上各点的坐标值,均可在曲线测设用表中查取。其测设方法与圆曲线切线支距法相同。

2. 偏角法

如图 8-18 所示,设缓和曲线上任一点 p 至起点的弧长为 l,偏角为 δ,以弧代弦,则 $\sin\delta = \frac{y}{l}$ 或 $\delta = \frac{y}{l}$(因为 δ 很小,$\delta \approx \sin\delta$)

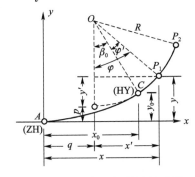

图 8-17 切线支距法测设缓和曲线

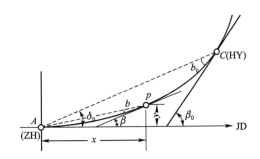

图 8-18 偏角法测设缓和曲线

按式(8-15)将 y 代入

$$\delta = \frac{l^2}{6Rl_0} \quad (8\text{-}24)$$

以 l_0 代 l,总偏角为

$$\delta_0 = \frac{l_0}{6R} \quad (8\text{-}25)$$

根据式(8-12)和式(8-24),则有:
$$\delta = \frac{\beta}{3} \tag{8-26}$$

根据式(8-13)和式(8-25),则有:
$$\delta_0 = \frac{\beta_0}{3} \tag{8-27}$$

由图示可知
$$b = \beta - \delta = 2\delta \tag{8-28}$$
$$b_0 = \beta_0 - \delta_0 = 2\delta_0 \tag{8-29}$$

将式(8-24)除以式(8-25)得
$$\delta = \left(\frac{l}{l_0}\right)^2 \cdot \delta_0 \tag{8-30}$$

式中,当 R、l_0 确定后,δ_0 为定值,由此得出结论:缓和曲线上任一点的偏角,与该点至曲线起点的曲线长之平方成正比。

当用整桩距法测设时,即 $l_2 = 2l_1$,$l_3 = 3l_1 \cdots$,根据式(8-30)可得相应各点的偏角
$$\delta_1 = \left(\frac{l_1}{l_0}\right)^2 \delta_0$$
$$\delta_2 = 4\delta_1$$
$$\delta_3 = 9\delta_1$$
$$\vdots$$
$$\delta_n = n^2 \delta_1 = \delta_0 \tag{8-31}$$

根据给定的已知条件,可通过公式计算或从曲线表中查取相应于不同 l 的偏角值 δ,从而得到测设数据。

测设方法如图 8-18 所示,置经纬仪于 ZH(或 HZ)点,后视交点 JD 或转点 ZD,得切线方向,以切线方向为零方向,先拨出偏角 δ_1,与分段弦长 l 相交定点 1;再依次拨出 δ_2、$\delta_3\cdots$诸偏角值,同时从已测定的点上,量出分段弦长与相应的视线相交定出 2、3$\cdots$各点。直到视线通过 HY(或 YH)点,检验合格为止。

测设圆曲线部分时,如图 8-18 所示,将经纬仪置于 HY 点,先定出 HY 点的切线方向:后视 ZH 点,配置水平度盘读数为 b_0(当路线为右转时,改用 $360° - b_0$),则当水平度盘读数为 $0°00'00''$时的视线方向即是 HY 的切线方向,倒转望远镜即可按圆曲线偏角法测设圆曲线上诸点。

工作任务5　道路纵横断面测量

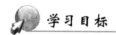
学习目标

知道基平测量、中平测量的方法和施测过程;
能够正确完成某已等级公路的基平和中平测量,并进行成果处理;
理解道路纵断面图的图示内容;
能进行道路横断面测量,会进行道路横断面图的绘制。

工作任务

线路测量中沿某一方向测量地面起伏的工作。一般分为纵断面测量和横断面测量。
纵断面测量亦称为路线水准测量,它是测定道路中线里程桩(即中桩)的高程,绘制成中

线纵断面图,供路线纵坡设计、计算中桩填挖尺寸之用,以解决路线在竖直面上的位置问题。

横断面测量是测定各中桩两侧垂直于中线的地面起伏情况,绘制横断面图,供线路基础设计、计算土石方量及施工时放样边桩之用。

一、路线纵断面测量

为了提高测量精度和便于成果检查,路线测量可分两步进行:首先沿线路方向设置若干水准点,建立高程控制,称为基平测量,然后根据各水准点的高程,分段进行中桩水准测量,称为中平测量。基平测量一般按四等水准的精度要求,中平测量只作单程观测,可按普通水准精度要求。

1. 基平测量

水准点是路线高程测量的控制点,在勘测阶段、施工阶段甚至长期都要使用,应选在地基稳固、易于引测以及施工时不易遭破坏的地方。

水准点分永久性和临时性两种。永久性水准点布设密度应视工程需要而定,在路线起点和终点、大桥两岸、隧道,以及需要长期观测高程的重点工程附近均应布设。永久性水准点要埋设标石,也可设在永久性建筑物上或用金属标志嵌在基岩上。临时性水准点的布设密度,根据地形复杂程度和工程需要来定。在重丘陵和山区,每隔0.5~1km设置一个,在平原和微丘地区,每隔1~2km埋设一个。此外,在中、小桥、涵洞以及停车场等工程集中的地段均应设点。

基平测量时,应将起始水准点与附近国家水准点进行连测,以获得绝对高程。在沿线水准测量中,也应尽可能与附近国家水准点连测,以便获得更多的检核条件。若路线附近没有国家水准点或引测有困难时,可参考地形图上量得的一个高程,作为起始水准点的假定高程。

各级公路及构造物的水准测量等级应按表8-6选定,各等水准测量的精度应符合表8-7的规定。

高程控制测量等级选用 表8-6

高架桥、路线控制测量	多跨桥梁总长 L （m）	单跨桥梁 L_K （m）	隧道贯通长度 L_G （m）	测量等级
—	$L \geq 3000$	$L_K \geq 500$	$L_G \geq 6000$	二等
—	$1000 \leq L < 3000$	$150 \leq L_K < 500$	$3000 \leq L_G < 6000$	三等
高架桥、高速公路、一级公路	$L < 1000$	$L_K < 150$	$L_G < 3000$	四等
二、三、四级公路	—	—	—	五等

水准测量精度要求 表8-7

等级	每千米高差中数中误差（mm）		附合或环线水准路线长度（km）		往返较差、附合或环线闭合差（mm）		检测已测测段高差之差（mm）
	偶然中误差 M_Δ	全中误差 M_W	路线、隧道	桥梁	平原、微丘	山岭、重丘	
二等	±1	±2	600	100	$\leq 4\sqrt{l}$	$\leq 4\sqrt{l}$	$\leq 6\sqrt{L_i}$
三等	±3	±6	60	10	$\leq 12\sqrt{l}$	$\leq 3.5\sqrt{n}$ 或 $\leq 15\sqrt{l}$	$\leq 20\sqrt{L_i}$
四等	±5	±10	25	4	$\leq 20\sqrt{l}$	$\leq 6.0\sqrt{n}$ 或 $\leq 25\sqrt{l}$	$\leq 30\sqrt{L_i}$
五等	±8	±16	10	1.6	$\leq 40\sqrt{l}$	$\leq 12\sqrt{n}$	$\leq 40\sqrt{L_i}$

水准测量的方法和技术要求应符合表 8-8 的规定。

水准测量观测的技术要求 表 8-8

等级	仪器类型	水准尺类型	视线长（m）	前后视距较差（m）	前后视距累积差（m）	视线离地面最低高度（mm）	黑红面读数差（mm）	黑红面高差之差（mm）
二等	DS_{05}	铟瓦	≤50	≤1	≤3	≥0.3	≤0.4	≤0.6
三等	DS_1	铟瓦	≤100	≤3	≤6	≥0.3	≤1.0	≤1.5
三等	DS_2	双面	≤75	≤3	≤6	≥0.3	≤2.0	≤3.0
四等	DS_3	双面	≤100	≤5	≤10	≥0.2	≤3.0	≤5.0
五等	DS_3	单面	≤100	≤10	—	—	—	≤7.0

2. 中平测量

中平测量是以相邻的两个水准点为一测段,从一个水准点出发,逐点测定各中桩的地面高程,附合到下一个水准点上。中桩高程测量数据应取位至厘米,其允许误差见表 8-9 所示。

中桩高程测量精度要求 表 8-9

公路等级	闭合差（mm）	两次测量之差（cm）	公路等级	闭合差（mm）	两次测量之差（cm）
高速公路、一级公路	$\leq 30\sqrt{L}$	≤5	二级及以下公路	$\leq 50\sqrt{L}$	≤10

在进行测量时,将水准仪置于测站上,首先读取后、前两转点(TP)的尺上读数,再读取两转点间所有中桩地面点的尺上读数,这些中桩点称为中间点,中间点的立尺由后视点立尺人员来完成。

由于转点起传递高程的作用,因此转点尺应立在尺垫、稳固的桩顶或坚石上,尺上读数至 mm,视线长一般不应超过120m。中间点尺上读数至 cm(高速公路测设规定读至 mm),要求尺子立在紧靠桩边的地面上。

当路线跨越河流时,还需测出河床断面、洪水位和常水位高程,并注明年、月,以便为桥梁设计提供资料。

如图 8-19 所示,水准仪置于Ⅰ站,后视水准点 BM_1,前视转点 TP_1,将读数记入表 8-10 中"后视"、"前视"栏内,然后观测 BM_1 与 TP_1 间的各个中桩,将后视点 BM_1 上的水准尺依次立于 0+000、+050、…、+140 等各中桩地面上,将读数分别记入"中视"栏。

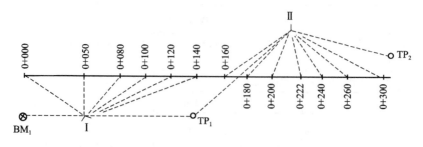

图 8-19 中平测量

仪器搬至Ⅱ站,后视转点 TP_1,前视转点 TP_2,然后观测各中桩地面点。用同法继续向前观测,直至附合到水准点 BM_2,完成一测段的观测工作。

路线纵断面测量记录　　　　　　　　　　　　表 8-10

测　　点	水准尺读数			视线高程（m）	高程（m）	备　　注
	后视	中视	前视			
BM_1	2.292			24.710	22.418	
0+000		1.62			23.09	
+050		1.93			22.78	
+080		1.02			23.69	
+100		0.64			24.07	
+120		0.93			23.78	
+140		0.18			24.53	
TP_1	2.201		1.105	25.806	23.605	
+160		0.47			5.34	基平 BM_2
+180		0.74			25.07	高程31.646
+200		1.33			24.48	
+222		1.02			24.79	
+240		0.93			24.88	
+260		1.43			24.38	
+300		1.67			24.14	
TP_2	2.743		1.266	27.283	24.540	
…	…	…	…	…	…	
K1+260						
BM_2			0.632		31.627	

检核：$f_{h容} = \pm 50\sqrt{1.26} = \pm 56\text{mm}$

　　　　$f_h = 31.627 - 31.646 = -0.019\text{m} = -19\text{mm}$

$H_{BM2} - H_{BM1} = 31.627 - 22.418 = 9.209\text{m}$

$\sum a - \sum b = (2.292 + 2.201 + 2.743 + \cdots) - (1.105 + 1.266 + \cdots + 0.632) = 9.209\text{m}$

每一站的各项计算依次按下列公式进行：

（1）视线高程 = 后视点高程 + 后视读数

（2）转点高程 = 视线高程 - 前视读数

（3）中桩高程 = 视线高程 - 中视读数

各站记录后应立即计算各点高程，直至下一个水准点为止，并计算高差闭合差 f_h，若 $f_h \leqslant f_{h容}$，则符合要求，不进行闭合差的调整，即以原计算的各中桩点地面高程作为绘制纵断面图的数据。否则，应予重测。

3. 绘制纵断面图与施工量计算

纵断面图表示了中线上地面的高低起伏情况，可在其上进行纵坡设计，它是路线设计和施工中的重要资料。

纵断面图是以中桩的里程为横坐标，以中桩的高程为纵坐标而绘制的。常用的里程比例尺有1:2000、1:1000，为了明显地表示地面起伏，一般取高程比例尺为里程比例尺的10倍或

20倍。例如里程比例尺用1:2000,则高程比例尺取1:200或1:100 纵断面图一般自左至右绘制在透明毫米方格纸的背面,这样可防止用橡皮修改时把方格擦掉。

图8-20为道路纵断面图,图的上半部,从左至右绘有贯穿全图的两条线。细折线表示中线方向的地面线,是根据中平测量的中桩地面高程绘制的;粗折线表示纵坡设计线。此外,上部还注有水准点编号、高程和位置;竖曲线示意图及其曲线元素;桥梁的类型、孔径、跨数、长度、里程桩号和设计水位;涵洞的类型、孔径和里程桩号;其他道路、铁路交叉点的位置、里程桩号和有关说明等。图的下部几栏表格,注记有关测量及纵坡设计的资料。

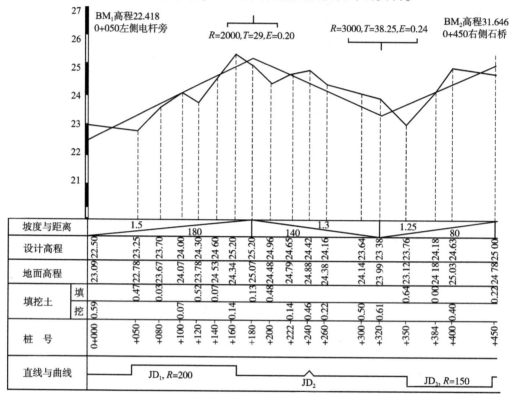

图8-20　路线纵断面图

(1)在图纸左面自下而上填写直线与曲线、桩号、填挖土、地面高程、设计高程、坡度与距离栏。上部纵断面图上的高程按规定的比例尺注记,首先要确定起始高程(如图8-20中0+000桩号的地面高程)在图上的位置,且参考其他中桩的地面高程,以使绘出的地面线处在图纸上适当位置。

(2)在桩号一栏中,自左至右按规定的里程比例尺注上中桩的桩号。

(3)在地面高程一栏中,注上对应于各中桩桩号的地面高程,并在纵断面图上按各中桩的地面高程依次点出其相应的位置,用细直线连接各相邻点位,即得中线方向的地面线。

(4)在直线与曲线一栏中,应按里程桩号标明路线的直线部分和曲线部分。曲线部分用直角折线表示,上凸表示路线右偏,下凹表示路线左偏,并注明交点编号及其桩号和曲线半径,在不设曲线的交点位置,用锐角折线表示。

(5)在上部地面线部分进行纵坡设计。设计时要考虑施工时土石方工程量最小、填挖方尽量平衡及小于限制坡度等道路有关技术规定。

(6)在坡度及距离一栏内,分别用斜线或水平线表示设计坡度的方向,线上方注记坡度数

值(以百分比表示),下方注记坡长,水平线表示平坡。不同的坡段以竖线分开。某段的设计坡度值按下式计算

$$设计坡度 = (终点设计高程 - 起点设计高程)/平距$$

(7)在设计高程一栏内,分别填写相应中桩的设计路基高程。某点的设计高程按下式计算

$$设计高程 = 起点高程 + 设计坡度 \times 起点至该点的平距$$

例如,0+000桩号的设计高程为22.50m,设计坡度为+1.5%(上坡),则桩号0+120的设计高程为

$$22.5 + 1.5 \times 120 \div 100 = 24.30 \text{m}$$

(8)在填挖土一栏内,按下式进行施工量的计算

$$某点的施工量 = 该点地面高程 - 该点设计高程$$

式中求得的施工量,正号为挖土深度,负号为填土高度。地面线与设计线的交点称为不填不挖的"零点",零点也给以桩号,可由图上直接量得,以供施工放样时使用。

二、路线横断面测量

横断面测量,就是测定中线两侧垂直于中线方向地面变坡点间的距离和高差,并绘成横断面图,供路基、边坡、特殊构造物的设计、土石方计算和施工放样之用。横断面测量的宽度,应根据中桩填挖高度、边坡大小以及有关工程的特殊要求而定,一般自中线两侧各测10~30m。高差和距离一般准确到0.05~0.1m即可满足工程要求,故横断面测量多采用简易工具和方法,以提高工效,检测限差应符合表8-11的规定。

横断面检测限差　　　　　　　　　　　　　　表8-11

公路等级	距离(m)	高差(m)	公路等级	距离(m)	高差(m)
高速公路、一级公路	$\pm(L/100+0.1)$	$\pm(h/100+L/200+0.1)$	二级及二级以下公路	$\pm(L/50+0.1)$	$\pm(h/50+L/100+0.1)$

1. 横断面方向的测定

(1)直线段横断面方向的测定

直线段横断面方向一般采用方向架测定。方向架如图8-21,将方向架置于桩点上,以其中一方向对准路线前方(或后方)某一中桩,则另一方向即为横断面的施测方向。

(2)圆曲线段横断面方向的测定

圆曲线段横断面方向为过桩点指向圆心的半径方向。如图8-22,当欲测定横断面的加桩1与前、后桩点的间距不等时,可在方向架上安装一个能转向的定向杆 EF 来施测。首先将方向架安置在YZ(或ZY)点,用 AB 杆瞄准切线方向,则与其垂直的 CD 杆方向,即是过YZ(或ZY)点的横断面方向;转动定向杆 EF 瞄准加桩1,并固紧其位置。然后,搬方向架于加桩1,以 CD 杆瞄准YZ(或ZY),则定向杆 EF 方向即是加桩1的横断面方向。若在横断面方向立一标杆,并以 CD 瞄准它时,则 AB 杆方向即为切线方向,可用上述测定加桩1

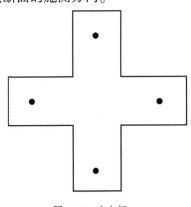

图8-21　方向架

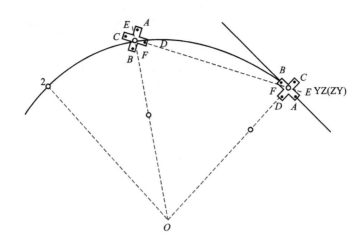

图 8-22　方向架法测设圆曲线的横断面方向

横断面方向的方法来测定加桩 2、3 等的横断面方向。

2. 横断面的测量方法

(1) 标杆皮尺法

如图 8-23,在中桩 K3+200 处,1、2、…为其横断面方向上的变坡点。施测时,将标杆立于中桩点,皮尺靠中桩点地面拉平至 1,读取平距 8.1m,皮尺截于标杆上数值即为高差为 0.6m。同法可测出 1~2、2~3…间的平距和高差,直至所需宽度为止。此法简便,但精度较低,适用于量山区等级较低的公路。

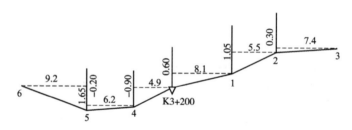

图 8-23　标杆皮尺法

记录表格如表 8-12,表中按路线前进方向分左侧和右侧,分数中分母表示测段水平距离,分子表示测段两端点的高差。高差为正号表示升坡,负号为降坡。

标杆皮尺法测横断面记录　　　　　表 8-12

左　侧　(m)				桩　号	右　侧　(m)			
$\dfrac{+1.80}{6.1}$	$\dfrac{+0.65}{5.2}$	$\dfrac{-0.50}{3.3}$	$\dfrac{-1.95}{6.9}$	3+400	$\dfrac{+1.05}{4.2}$	$\dfrac{+2.15}{6.7}$	$\dfrac{0.95}{7.3}$	$\dfrac{+0.50}{2.1}$
$\dfrac{+1.65}{9.2}$	$\dfrac{-0.20}{6.2}$	$\dfrac{-0.90}{4.9}$		3+200	$\dfrac{+0.60}{8.1}$	$\dfrac{+1.05}{5.5}$	$\dfrac{+0.30}{7.4}$	

(2) 水准仪皮尺法

当横断面精度要求较高,横断面方向高差变化不大时,多采用水准仪皮尺法。如图 8-24,水准仪安置后,以中桩地面为后视点,以中桩两侧横断面方向变坡点为前视点,水准尺读数至厘米(cm),用皮尺分别量出各立尺点到中桩的平距,记录格式见表 8-13。实测时,若仪器安置得当,一站可同时施测若干个横断面。

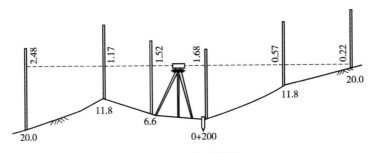

图 8-24 水准仪测横断面

用水准仪测横断面记录　　　　　　　　　　　　　　　　　　　　　　表 8-13

$\dfrac{\text{前视读数}}{\text{距离(m)}}$（左侧）	$\dfrac{\text{后视读数(m)}}{\text{桩号}}$	$\dfrac{\text{前视读数}}{\text{距离(m)}}$
$\dfrac{2.48}{2.00}$ $\dfrac{1.17}{11.8}$ $\dfrac{1.52}{6.6}$	$\dfrac{1.68}{0+200}$	$\dfrac{0.57}{11.8}$ $\dfrac{0.22}{20.2}$ - -

（3）经纬仪法

在地形复杂、横坡较陡的地段，可采用此法。施测时，将经纬仪安置在中桩上，用视距法测出横断面方向上各变坡点至中桩的水平距离与高差。

3. 横断面图的绘制

根据横断面测量成果，对距离和高程取同一比例尺（常取 1∶200 或 1∶100），在毫米方格纸上绘制横断面图。目前公路测量中，一般都是在野外边测边绘，这样便于及时对横断面图进行检核，也可按表 8-12、表 8-13 格式在野外记录、室内绘。绘图时，先在图纸上标定好中桩位置，由中桩开始，分左、右两侧逐一按各测点间的平距和高差绘制于图上，并用细直线连接相邻各点即得横断面地面线，如图 8-25 所示。

以道路工程为例，经路基断面设计，在透明图上按相同的比例尺分别绘出路堑、路堤和半填半挖的路基设计线，称为标准断面图。依据纵断面图上该中线桩的设计高程把标准断面图套绘到横断面图上。也可将路基断面设计的标准断面直接绘在横断面图上，绘制成路基断面图，这一工作俗称"戴帽子"。如图 8-26 所示，为半填半挖的路基横断面图。根据横断面的填、挖面积及相邻中线桩的桩号，可以算出施工的土石方量。

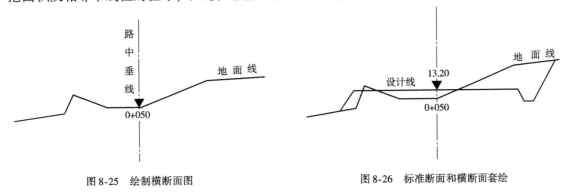

图 8-25　绘制横断面图　　　　　　　　　图 8-26　标准断面和横断面套绘

参 考 文 献

[1] 中华人民共和国国家标准. GB 50026—2007　工程测量规范[S]. 北京:中国计划出版社,2008.
[2] 中华人民共和国行业标准. JTG C10—2007　公路勘测规范[S]. 北京:人民交通出版社,2007.
[3] 中华人民共和国行业标准. GB/T 18314—2009　公路全球定位系统(GPS)测量规范[S]. 北京:人民交通出版社,2007.
[4] 中华人民共和国行业标准. JTG B01—2003　公路工程技术标准[S]. 北京:人民交通出版社,2003.
[5] 中华人民共和国国家标准. GB/T 20257.1—2007　国家基本比例尺地图图式第一部分：1:500　1:1000　1:2000[S]. 北京:中国标准出版社,2007.
[6] 中华人民共和国专业标准. GB/T 16818—2008　中、短程光电测距规范[S]. 北京:中国标准出版社,2008.
[7] 周小安. 工程测量[M]. 成都:西南交大出版社,2007.
[8] 许娅娅,张碧琴. 公路施工测量百问[M]. 北京:人民交通出版社,2006.
[9] 李仕东. 工程测量[M]. 北京:人民交通出版社,2009.
[10] 田文. 工程测量[M]. 北京:人民交通出版社,2005.
[11] 胡五生,潘庆林. 土木工程测量.[M]. 南京:东南大学出版社,2002.
[12] 张保成. 工程测量[M]. 北京:人民交通出版社,2002.
[13] 顾孝烈,鲍峰,程效军. 测量学(第二版)[M]. 上海:同济大学出版社,1999.
[14] 徐绍铨,等. GPS测量原理及应用[M]. 武汉:武汉测绘科技大学出版社,1998.
[15] 谭荣一. 测量学[M]. 北京:人民交通出版社,1994.
[16] 国家测绘局人事司,国家测绘局职业技能鉴定指导中心. 工程测量[M]. 哈尔滨:哈尔滨地图出版社,2007.

"中西叙事传统比较研究"
编撰人员名单

总 主 编：傅修延

副总主编：陈 茜 肖惠荣

本卷撰写人员：杨志平 肖惠荣 涂年根 桑迪欢
易丽君 罗小华 唐伟胜

中西叙事传统比较研究

总主编 傅修延

小说卷

杨志平 等著

北京大学出版社
PEKING UNIVERSITY PRESS

图书在版编目(CIP)数据

中西叙事传统比较研究.小说卷/傅修延总主编;杨志平等著.--北京:北京大学出版社,2024.10.
ISBN 978-7-301-35557-2
Ⅰ.I0-03
中国国家版本馆CIP数据核字第2024C4Y747号

书　　　名	中西叙事传统比较研究·小说卷 ZHONGXI XUSHI CHUANTONG BIJIAO YANJIU·XIAOSHUO JUAN
著作责任者	傅修延　总主编　杨志平　等著
组稿编辑	张　冰
责任编辑	李　娜
标准书号	ISBN 978-7-301-35557-2
出版发行	北京大学出版社
地　　　址	北京市海淀区成府路205号　100871
网　　　址	http://www.pup.cn　新浪微博:@北京大学出版社
电子邮箱	编辑部 pupwaiwen@pup.cn　总编室 zpup@pup.cn
电　　　话	邮购部 010-62752015　发行部 010-62750672　编辑部 010-62759634
印　刷　者	涿州市星河印刷有限公司
经　销　者	新华书店
	720毫米×1020毫米　16开本　17印张　305千字 2024年10月第1版　2024年10月第1次印刷
定　　　价	108.00元

未经许可,不得以任何方式复制或抄袭本书之部分或全部内容。
版权所有,侵权必究
举报电话:010-62752024　电子邮箱:fd@pup.cn
图书如有印装质量问题,请与出版部联系,电话:010-62756370

中西叙事传统比较研究·小说卷

内容简介

在比较文学视域下，以综合融通的视角来进行中西小说叙事传统比较研究，对于深入而准确地认识中西小说叙事传统的形成与演变、对于全面而客观地把握中西小说叙事传统的异同、对于理性而平实地看待中西文化之间的诸种差异，具有重要的学术价值。因此，本书选取中西小说史上频频出现而又关注不够的数种叙事模式与现象，加以了横向比较抑或专题梳理，意在管中窥豹式梳理出中西小说叙事传统之各自特征。

中西小说博物叙事差异较为鲜明，中国古代小说的博物书写虽有作者好奇进而辨识万物的思维印迹，但是总体上还是具有"反求诸己"的色彩，而西方小说博物叙事更显生活化与诗意化，更显物我融合的意味。中国小说功能性叙事虽与西方小说有相通之处（如均注重功能性场景的营造），但更为鲜明而突出，中国小说中的功能性人物往往不能被视为实体的人物形象来分析，他们的存在仅仅是小说情节演进的逻辑需要而已，而西方小说中的类似功能性人物则往往以阶段性显现的形式出现在不同作品中，成为值得关注的小说人物。在中西小说评论性叙事中可以看到，叙事者的评论性叙事在注重文本形式分析的同时，更重在探究文本背后的诸多价值因素，为作品的阅读和阐释提供必要的指导和借鉴，因而具有较高的理论价值和实践意义。中西小说空白叙事的相同点在于中西双方都认识到"空白"有其存在的必然性，"空白"蕴含丰富的言外之意，"空白"可以极大地激发读者的想象力；不同之处在于中国小说中的空白讲究浑融整一，西方则以图式化结构为表现方式，空白的填补更像一种意义生成的游戏。在中西小说戏拟叙事问题上可以看到，从源头而论，"戏"本身就带有模仿和戏谑之意,无论是对于真实生活的戏拟,还是对于艺术创作的戏拟,总会不断有虚构和想象的成分加入其中,其中既包含与前文本或原事件的相近之作,也有借他人之口言事,这是中西小说戏拟叙事最大的相通点。此外,本书还以缺类研究的形式,对以小说《红楼梦》为代表的中国古代小说听觉叙事、中国古代小说插图叙事以及西方游历小说叙事传统、18世纪英国小说叙事传统的形成等论题,进行了专题考察,同样有补于深入审视中西小说叙事传统。

总序
叙事传统有文明维系之功

傅修延

"中西叙事传统比较研究"(共七卷)为国家社科基金重大项目"中西叙事传统比较研究"的成果结晶,2016年该研究获立项资助(批准号:16ZDA195),2018年获滚动资助,2022年以"优秀"等级结项(证书号:2022&J020),2023年获国家出版基金资助。除了这套七卷本研究成果,本研究还有一批成果以论文形式发表于《中国社会科学》《文学评论》《文学遗产》《外国文学评论》和 Neohelicon 等国内外权威刊物。2021年前期成果《中国叙事学》被译成英文在施普林格出版社出版,2022年阶段性成果《听觉叙事研究》列入国家社科基金中华学术外译项目推荐书目,2023年《听觉叙事研究》英译本获准立项。此外,成果中还有两篇论文获得江西省社会科学优秀成果一等奖(2019年和2021年),两部专著获得教育部高等学校科学研究优秀成果奖(人文社会科学)二等奖(2020年)。

以下介绍本研究的缘起、目的、内容、学术价值和观点创新。

一、缘起

叙事学(亦称叙述学)在当今中国热闹非凡,受全球学术气候影响,一股势头强劲的叙事学热潮如今正席卷中国。翻开人文社会科学领域的报刊与书目,以"叙事"或"叙述"为标题或关键词的著述俯拾皆是;高等学校每年生产与叙事学有关的本科、硕士和博士学位论文的数量近年来呈节节攀升之势。在CNKI数据库中分别检索,从2012年8月3日至2022年8月3日这十年中,篇名中包含"叙事"与"叙述"的学术论文,前者检索结果总数为50658条,年均5065.8篇;后者检索结果总数为5378条,年均537.8篇。除了使用频率大幅提高之外,"叙事"的所指泛化也已达到令人叹为观止的地步,在一些人笔下该词已与"创作""历史"甚至"文化"同义。

  但是,迄今为止国内的叙事学研究,还不能说完全摆脱了对西方叙事学的学习和模仿——"叙事学"对国人来说毕竟是一个舶来名词,学科意义上的叙事学(Narratology)诞生于20世纪60年代的法国,迄今为止这门学科的主导权还在西方。以笔者的亲身经历为例,中外文艺理论学会叙事学分会近二十年来几乎每两年就举办一次叙事学国际会议,西方知名的叙事学家大多都曾来华参加此会。这种在中国举办的国际会议本应成为东道主学者展示自己成果的绝好机会,但由于谦让和其他原因,多数人在会上扮演的还是聆听者的角色。相比之下,西方学者大多信心满满、侃侃而谈,他们仿佛是叙事学的传教士,乐此不疲地向中国听众传经送宝。这种情况并非不可理解,处于后发位置的中国学者确实应当虚心向先行一步的西方学者学习。但西方学界素有无视中国学术的习惯,一些西方学者罔顾华夏为故事大国和中华民族有数千年叙事经验之事实,试图在不了解也不想了解中国的情况下总结出置之四海而皆准的叙事理论,这当然是极其荒唐的,也是不可能做到的。在西方一些大牌教授心目中,中国文学无法与欧美文学并驾齐驱。法国结构主义叙事学当年在归纳"叙事语法"上陷于困境,视野狭窄是其原因之一。

  以上便是本研究起步时的学术语境。总而言之,如同许多兴起于西方的学科一样,西方学者创立的叙事学主要植根于西方的叙事实践,他们的理论依据很少越出西欧与北美的范围,在此情况下,中国学者应当向世界展示自己的叙事传统,并在一个更为广阔的时空背景下描述中西叙事传统各自的形成轨迹以及相互之间的冲突与激荡。所以本研究内含的真正问题是:西方话语逻辑能否建构出具有普适性的叙事理论?全球化进程下的叙事学研究难道还能继续无视中国的叙事传统?对中西叙事传统作比较研究是否有利于叙事学成长为更具广泛基础、更具歌德和马克思憧憬的"世界文学"意味的学科?

  提出问题是为了解决问题,相关问题实际上又内含了一种面向中国学者的召唤:我们在中西交流中不应该总是扮演聆听者的角色,中西叙事传统比较这样的研究任务目前只有中国学者才能承担。近代以来"西风压倒东风"局面产生的一大文化落差,是谢天振先生称之为"语言差"的现象:操汉语的国人在掌握西语并理解相关文化方面,比母语为西语的人掌握汉语和理解中国文化要来得容易,这种"语言差"使得中国拥有一大批精通西语并理解相关文化的专家学者,而在西方则没有同样多的精通汉语并能理解博大精深的中国文化的同行。① 与"语言差"一道产生的还有谢天振所说的"时间差":国人全面深入地认识西方、了解西方已有一百多年历史,而西方人开始迫切地想要了解中国,也就是最近这短短的二十至三十年时间。② "语言差"与"时间差"使得"彼知我"远远不如"我知彼",诚然,在中华国力急剧腾升的当下,西方学者现在并不是不想了解中国,而是他们中的大多数尚不具备跨越语言鸿沟的能力。可以设想,如果韦勒克、热奈特等西方学者也能够轻松阅读和理解中国的叙事作品,相信其旁征博引之中一定会有许多东方材料。相形之下,如今风华正茂的中国学者大多受过系统的西语训练,许多人还有长期在欧美学习与工作的经历,这就使得我们这边的学术研究具有一种左右逢源的比较优势。

二、目的

本研究致力于为"讲好中国故事"提供学术助力,任何"接地气"的讲述方式都离不开本土叙事传统的滋养。

传统的一大意义在于其形成于过去又不断作用于当下,为了讲好当下的中国故事,需要回过头来认真观察自己的叙事传统,从中汲取有益的经验与养分。同时还要将其与西方的叙事传统作比较参照,此即王国维所云"欲完全知此土之哲学,势不可不研究彼土之哲学",他甚至还说"异日发明光大我国之学术者,必在兼通世界学术之人"。③ 20 世纪初学界就有"列强进化,多赖稗官;大陆竞争,亦由说部"④的认识,小说固然不可能

---

① 谢天振:《中国文学走出去:问题与实质》,《中国比较文学》2014 年第 1 期。
② 同上。
③ 王国维:《奏定经学科大学文学科大学章程书后》,载方麟选编:《王国维文存》,南京:江苏人民出版社,2014 年,第 50—55 页。
④ 陶曾佑:《论小说之势力及其影响》,载郭绍虞主编:《中国历代文论选》(下),北京:中华书局,1963 年,第 420—421 页。

独力承担疗世救民的使命,但这说明叙事中蕴含的巨大能量已为今人所觉察。面对当今世界范围内各种思想文化激烈交锋的新形势,中央要求哲学社会科学发挥作用以"提高我国在国际上的话语权",本研究正是对这一号召的学术响应。

　　叙事诸要素包括行动、时间、空间和人物等,讲述者对叙事要素的不同倚重导致不同的"路径依赖"。以古代的史传叙事为例,如果说《左传》是"依时而述",《国语》是"依地而述",那么《世本》及后来的《史记》就是以时空为背景形成"依人而述",这种以人物为主反映行动在时空中连续演进的纪传史体,最终成为皇皇"二十六史"一以贯之的定式。又如,史官文化先行使得后来的各类叙事多以"述史"为导语:"奉天承运"的皇帝圣旨多祖述尧舜汤武,共和以后的政治文告亦往往从前人的贡献起笔,四大古典小说更是用"自从盘古开天地,三皇五帝到如今"之类的表述作开篇。今天为民众喜闻乐见的各种故事讲述,仍在一定程度上沿袭着这种模式——用前人之事来为自己的讲述"鸣锣开道",容易获得某种"合法性"与"正统性"。再如,中国自古就有以重器纪事的习惯,商周青铜器有不少是铭事之作。将叙事功能赋予陈放在显著位置上的贵重器物,一是有利于将事件牢固地记录下来,二是时时提醒在生之人这一事件的存在,三是昭告冥冥之中的神灵和先人。青铜时代开启了这种叙事传统,以后每逢有重大事件发生,便会出现相应的勒石铭金之作,人神共鉴的叙事意味在形形色色的碑碣文、钟鼎文和摩崖文中不绝如缕。到了无神论时代,这一传统仍然保留了下来,无论是人民英雄纪念碑还是为特定事件铸造的警世钟和回归鼎之类,都有告慰在天之灵的成分。世代相传的故事及其讲述方式凝聚着我们祖先的聪明智慧,只有弄明白自己从何处来,才可能想清楚今后向何处去。

　　人类学认为孤立地研究一个民族的神话没有意义,只有将多个民族的神话相互参照发明,才能见出神话后面的意义与规律。古埃及象形文长期未被破译,载有三种文字对照(古希腊文、古埃及象形文与埃及纸草书)的罗塞塔碑出土之后,学者通过反复比对,终于发现了理解这种文字的重要线索。同样的道理,要想真正懂得中华民族的叙事传统,不能只做自己一方的研究,还需要将其与域外的叙事传统相互映发。例如,中国古代小说的"缀段性"被胡适看作"散漫"和"没有结构"①,这种源于亚里士多德《诗学》的判断现在看来相当武断,因为如今美国的电视连续剧基本上都是每集叙述一个相对独立的小故事,以此连缀全剧,看到这一点,就会发现我们的"缀段性"叙事传统并不像某些人说的那样不合理,西方叙事到头来与我们的章回体叙事殊途同归。再如,一般人不会想到古代小说家中也会出现形式探索的先驱,而如果以西方的"元叙述"理论为参照,便可看出明清之际董说的《西游补》是一部最早的"元小说",因为这部小说确切无疑地用荒诞无稽的讲述揭穿了叙事的虚妄,说明我们的古人早就洞悉了叙事这门艺术的本质。有了这种认识,就会发现张竹坡、毛氏父子为代表的小说评点已有归纳叙事规则的迹象,鲁迅《中国小说史略》中更有总结中国叙事经验的自觉意识。

中美双方的比较文学学者首次聚会时,美方代表团团长、普林斯顿大学教授厄尔·迈纳在闭幕式上用"灯塔下面是黑暗的"这句谚语,说明比较文学研究的意义:只研究自己国家的文学是远远不够的,需要另一座"灯塔"来照亮。本研究坚持以对中国传统的讨论为主线,西方传统则是以副线和参照对象的方式存在。这种"以西映中"的主副线交织,或许会比不具立场的"平行研究"更具现实意义,因为比较中西双方的叙事传统,根本目的还是深化对自己一方的认识——研究者都不是生活在真空之中,不存在什么立场超然的比较研究。只有把自己与他人放在一起,客观地比较彼此的长短、多寡与有无,才能发现自己过去看不到的盲区,更深入地理解自己"从何而来"及"因何如此"。

本研究还有一个重要目的,就是纠正20世纪初年以来低估本土叙事的偏见。众所周知,欧美小说的大量输入与中国小说的现代换型之间存在着某种因果关系,但在效仿西方小说模式的同时,一种认为中国小说统统不如西洋小说的论调在学界占了上风。胡适声称:"这一千年的(中国)

---

① "《儒林外史》虽开一种新体,但仍是没有结构的;从山东汶上县说到南京,从夏总甲说到丁言志;说到杜慎卿,已忘了娄公子;说到凤四老爹,已忘了张铁臂了。后来这一派的小说,也没有一部有结构布置的。所以这一千年的小说里,差不多都是没有布局的。内中比较出色的,如《金瓶梅》,如《红楼梦》,虽然拿一家的历史做布局,不致十分散漫,但结构仍旧是很松的;今年偷一个潘五儿,明年偷一个王六儿;这里开一个菊花诗社,那里开一个秋海棠诗社;今回老太太做生日,下回薛姑娘做生日,……翻来覆去,实在有点讨厌。"胡适:《五十年来中国之文学》,载胡适《胡适古典文学研究论集》(上册),上海:上海古籍出版社,2013年,第128—129页。

小说里,差不多都是没有布局的。"①陈寅恪也说:"至于吾国小说,则其结构远不如西洋小说之精密。"②这种对西方叙事作品的钦羡,在相当长时期内遮蔽了国人对自身叙事传统的关注。

如果以大范围和长时段的眼光回望历史并与西方作比较,便会认识到没有什么置之四海而皆准的叙事标准。中西叙事各有不同的内涵、渊源与历史,高峰与低谷呈现的时间亦有错落,其形态与模式自然会千差万别,不能简单地对它们作高低优劣之判断。《红楼梦》问世之时,英国的菲尔丁等小说家还未完全突破西班牙流浪汉小说的形式桎梏,就连艺术价值远低于《红楼梦》的《好逑传》(清代章回体小说)也曾获得歌德的高度称赞。我们不能因取石他山而看低自己,更不能一味趋从别人而将本土传统视为"他者"。西方叙事传统虽有古希腊罗马文学这样辉煌的开端,但西罗马的灭亡导致西方文化坠入长达千年的困顿,所以西方叙事学家经常引述的作品大多是18世纪以后的小说,出现频率较高的总是那么十几部,其中一些用我们叙事大国的眼光来看可能还不够经典。

相比之下,中国叙事传统如崇山峻岭般逶迤绵延数千年,不同时代的不同文体都对故事讲述艺术做出了贡献,且不说史传、传奇、杂剧和章回体小说等人所共知的叙事高峰,即使过去只从抒情角度看待的诗词歌赋——包括《诗经》、楚辞、汉赋、乐府和唐诗、宋词等在内,其中亦有无数包含叙事成分的佳作,它们合在一起构成了一座储藏量极为丰富的宝库。作为这笔无价遗产的继承人,中国的叙事学家有条件做出超越国际同行的理论贡献。

三、内容

中国和西方均有自己引以为豪的叙事传统,本研究秉持"中西互衬"和"以西映中"的方针,对中西叙事传统展开全方位的比较研究。具体来说,本研究突破以小说为叙事学主业的路径依赖,将对象扩大到包括作为初始叙事的神话、民间种种涉事行为与载事器物、戏剧与相关演事类型、

---

① 胡适:《五十年来中国之文学》,载胡适:《胡适古典文学研究论集》(上册),上海:上海古籍出版社,2013年,第128页。

② 陈寅恪:《论再生缘》,载陈寅恪:《寒柳堂集》,北京:生活·读书·新知三联书店,2001年,第67—68页。

含事咏事的诗歌韵文以及小说与前小说、类小说等。扩大研究范围的理据在于,如果完全依赖以语言文字为载体的叙事文本,无视汇入中西叙事传统这两条历史长河的八方来水,对它们所作的比较研究就无法达到应有的深度与广度。选择以上对象作中西比较,是因为它们与叙事传统的形成有着不容忽视的强关联:神话是人类最早的讲故事行为,在叙事史上的凿空作用自不待言;民间叙事作为"在野的权威"和"地方性知识",对叙事传统的形成有一种潜移默化的影响;戏剧在很长时期内一直是大众接受故事的主要来源,其在社会各阶层的传播远超别的叙事形态;诗歌的叙事成分经常被其抒情外衣所遮蔽,因此有必要彰显其"讲故事"的属性;小说及其前身一直是叙事传统最重要的体现者,更需要在前人工作的基础上予以深化和推进。此外,本研究还包括叙事理论及关键词以及叙事思想等方面的中西比较。以下为各卷的主要内容:

1.《中西叙事传统比较研究·关键词卷》

本卷旨在梳理中西叙事理论关键词的概念内涵与渊源演进,考察其知识谱系、理论意义及文化意味,将学界对中西叙事理论的认知与理解推向深入。一是勾勒中西叙事理论各自的发展轮廓,从共时性角度比较其形态特征;二是对中西叙事理论的研究领域进行分类,主要从真实观念、文本思想、情节意识、人物认知、修辞理念及阅读观念等方面开展比较研究,以求深化关于中西叙事传统的认识与理解;三是持以西映中的方法论立场,对中西叙事理论中的若干关键词进行比较研究,彰显中国叙事理论话语的体系结构、实践效用与文化意义;四是构建中国特色的叙事理论话语体系的基本原则、主要方法与实际意义。

2.《中西叙事传统比较研究·叙事思想卷》

本卷集中探讨中西叙事思想几个比较重要的方面。一是文学叙事思想,一方面讨论了中西古代小说的主要差异,认为西方小说比中国小说更接近现实,西方文学侧重叙事要素本身的呈现,中国文学侧重叙事要素之间的关系,中国小说重视要素的密度,西方小说重视要素的细度;另一方面讨论了中西小说的虚构观,认为中国小说围绕"奇"做文章,西方小说强调"摹仿"与"再现"。二是历史叙事思想,分析中西历史不同的发展轨迹、叙事观念,指出中国史传文的高度发达及文学叙事中的"慕史"倾向对文学叙事具有重要的影响。三是叙事伦理思想,从故事伦理与叙事伦理两个方面,分析中西叙事伦理不同的主题、价值取向、文化规约、叙事方式。

四是身体叙事,从理论与实践两个方面分析了中西身体叙事思想的异同。

3.《中西叙事传统比较研究·神话卷》

本卷对作为文化源头的中西(古希腊、希伯来)神话叙事传统进行系统的比较研究,分十章从神话文本的存在形态、讲述者类型、话语组织向度、形象的角色化程度、行动元类型与故事模式、创世神话的时空优势意识、神秘数字的组织作用等方面,对中西上古神话叙事特征和传统进行比较研究,得出中国上古神话叙事具有空间优势型特征,西方神话叙事具有时间优势型特征的结论。在此基础上,从思维、语言、以经济生产方式为基础的社会生活等方面对导致中西神话叙事和思维特征时空类型差异的深层原因进行深层次探讨,勾勒出其各自对后世叙事传统的深远影响。

4.《中西叙事传统比较研究·小说卷》

本卷立足于中国古代小说叙事本位,通过互衬来凸显中西小说各自的叙事特征,借此彰显中西小说叙事传统之差异。主要内容:一是频见于西方叙事学视界而治中国小说者用力不足之比较叙事研究,如中西小说的功能性叙事、评论性叙事、反讽性叙事以及小说叙事中的人物观念等,通过以西映中式的比照,在比较中呈现中国古代小说的叙事面貌,彰显中西小说同中有异的叙事特征;二是多见于中国小说叙事场而西方叙事学少有关注的博物叙事、空白叙事,分析中西小说此类叙事传统的文化成因及其价值;三是常见于中国古代小说叙事领域而难见于西方小说之缺类比较研究,如中国古代小说的插图叙事,意在揭示中国小说叙事之个性。

5.《中西叙事传统比较研究·戏剧卷》

本卷考察中西戏剧自萌芽至现代转型期间所出现的林林总总的演事形态,以见中西戏剧叙事传统之异同。主要内容:一是梳理中西戏剧叙事传统的形成与发展,主要以中国戏剧叙事传统为主,西方戏剧叙事传统为辅,沉潜到戏剧史的各个阶段,沿波讨源,考察戏剧叙事的演进脉络;二是采用中西对读的方式,专题比较中西戏剧角色叙事、叙述者、剧体叙事、伦理道德叙事等之异同,彰显中西戏剧同中有异的叙事形态与特色;三是突破戏剧文本叙事的单向研究,引入戏剧形态学的视野与方法,挖掘中西戏剧舞台的"演事"传统,揭示中国戏剧以表演为中心的叙事传统,形成角色叙事、听觉叙事、博艺叙事、行走表演叙事等与西方戏剧迥异的表演叙事方式,深化对中国戏剧演剧形态的认识;四是深入中西戏剧动态、开放的戏剧文化场域,从戏剧创编、演剧场合、故事传统等方面,考察中西戏剧叙事传统形成的机制与文化原因,发掘出戏剧叙事的多元方式。

6.《中西叙事传统比较研究·诗歌卷》

本卷将中西诗歌叙事传统置于异质文化及冲突融合的语境中进行比较,由此彰显中国诗歌叙事传统的特色。主要内容:一是分析不同的思维方式如何影响中西诗歌叙事传统,如形象/感性思维与抽象/理性思维的差异,直接关系到诗歌意象的选择、事件的叙述、情感的表达乃至风格的偏好;二是比较中西诗歌叙事的口头传统,如"重述"与"程式"是诗歌口头传统的鲜明遗痕,主题作为一种固定的观念群则起到了引导故事情节发展的作用;三是比较中西诗歌的叙事范式,如"诗史"范式与"史诗"范式、"感事"范式与"述事"范式、"家园"范式与"远游"范式等;四是探讨中西诗歌的叙述者、隐含作者、内心独白叙事、听觉叙事等,它们是叙事主体想象力扩张的重要标志;五是从《诗经》叙事性层面觇探中国诗歌叙事传统的特质。

7.《中西叙事传统比较研究·民间卷》

本卷以叙事载体为分类依据,区分出口传、文字、非语言文字三个大类,对其内涵、特征以及在中西叙事传统中的发生发展进行梳理和比较。主要内容:一是中西民间口传叙事传统比较研究。民间故事、口头诗歌、民歌、谣谶是口传叙事当中的主要形态,从源流、叙事特征、叙事模式以及与文人叙事的关系等方面,对这四种具体的叙事形态进行比较。二是中西民间文字叙事传统比较研究。主要研究以文字为载体的中西民间叙事形态,其中以私修家谱叙事最具代表性,着力从源流、叙事体例、叙事话语等方面进行比较研究。三是中西民间非语言文字叙事传统比较研究。中西陶绘瓷绘等民间艺术中有着丰富的叙事元素,本卷着重研究蕴含在以陶瓷图绘为代表的图像艺术中的叙事现象。上述三大类研究涵盖了中西民间叙事的主要形态,能多维度透析中西民间叙事传统及其价值。

四、学术价值

叙事学兴起之初,西方一些学者效仿语言学模式总结过各种各样的"叙事语法",但这些尝试最终都归于失败,原因主要在于"取样"范围过小。要想让一门理论具备普遍适用性,创立者须有包容五湖四海的胸襟。但西方叙事学主要表现为对欧美叙事规律的归纳和总结,验之于西方之外的叙事实践则未必全都有效。一些傲慢的西方学者甚至把一切非西方的学问看作"地方性知识",中国的叙事经典因此难入其法眼。事实上如果真有所谓"普遍性知识"的话,那么它也是由形形色色的"地方性知识"汇聚而成的——无论是西方还是东方的叙事学,统统属于"地方性知识"的范畴,单凭哪一方的经验材料都不可能搭建起"置之四海而皆准"的叙事学理论大厦。进入21世纪后,由于中国学者的努力,这种情况已经有所改善,但在归纳一般的叙事规律时,一些不懂汉语的西方学者依旧背对东方,他们甚至觉察不到自己的理论体系中缺少东方支柱。所以中国学者在探索普遍的叙事规律时,不能像西方学者那样只盯着西方的叙事作品,而应同时"兼顾"或者说更着重于自己身边的本土资源。这种融会中西的理论归纳与后经典叙事学兼收并蓄的精神一脉相承,可以让诞生于西方的叙事学接上东方的"地气",成长为更具广泛基础、更有"世界文学"意味的理论学科。通过深入比较中西叙事传统,我们有可能实现对叙事规律的总体归纳,实现对叙事各层面各种可能性的全面总结。这种理论上的归纳和总结告诉人们,中西叙事实践中还有许多可能性尚待实现,还有不少"缺项"和"弱项"可以互补与强化;只有补足这些"缺项"和"弱项"的叙事学才能真正发挥理论指导实践的作用。

  本研究的另一学术价值,是为中西叙事传统的比较研究确定一套常用的概念体系,这对建设有别于西方的中国话语体系也有重要意义。福柯指出,只有话语创新和范式转换才有可能实现真正意义上的"创始",本丛书朝此目标迈出的一大步,表现为对以下四个关键性概念作了专门论述。其一为"叙事",此前对叙事的认识多从语义出发而未深入本质,本研究将其还原为讲故事行为,指出叙事最初是一种诉诸听觉的信息传播,万变不离其宗,不管传媒变革为后世的叙事行为增添了多少手段,从本质上说它们都未摆脱对原初"讲"故事行为的模仿。只有紧紧抓住"讲故事"这条主线,才有可能穿透既有的学科门类壁垒,使叙事传统的脉络、谱系与内在关联性复归清晰。其二为"叙事传统",本研究首次对这一概念作了界定,将其定义为世代相传的故事讲述方式——包括叙事在内的所有活动都会受惯性支配。人们一旦习惯了某种路径,便会对其产生难以自拔的依赖,惯性力量导致"路径依赖"不断自我强化,对故事的讲述习惯就是这样逐步发展成叙事传统的。其三为"中国叙事传统",影响了一代又一代的叙事,成为中国叙事传统的显性特征。笔者一贯主张研究中国叙事学须扣紧叙事传统这条主线,为此倾注了半生心血——在前期成果奠定的学术基础上,本研究通过扩大调查范围与提前考察时代,将中国叙事传统的面貌描摹得更为全面和清晰。其四为"西方叙事传统",本研究对西方叙事传统作了系统考辨,指出古希腊罗马文学之所以在西方叙事史上产生巨大深远的影响,原因在于它为未来的故事讲述奠定了方法论基础,后古典时期的叙事进程则表现为将前人辟出的小径踩踏成大道;在生产方式的影响下,西方人讲述的故事多涉及旅途奔波、远方异域以及萍水相逢的陌生人,这使得流浪汉叙事成为其叙事传统的显性特征。

本研究还为叙事学及相关领域开辟出新的文献资料来源。叙事如罗兰·巴特所言,存在于一切时代与一切地方;鲁迅曾说:为官方所不屑的稗官野史和私人笔记,从某种意义上说要比费帑无数、工程浩大的钦定"正史"更为真实。本研究专设"民间卷"这一分卷,把以往不受关注的民间谱牒等纳入叙事研究的视野,分卷作者通过实地调研和网络搜索等手段,从中国国家图书馆和世界数字图书馆等处收集到中西私修家谱近百套。引入这些私人性质的记述材料后,中西叙事传统的面貌呈现得更为清晰。

尤为值得一提的是,本研究还将目光投向语言文字之外的陶瓷图像,陶瓷器物上的人物故事图因具有"以图传文、以图演文、以图补文"的功能,加之万年不腐带来的高保真特性,可以作为文字文献的重要补充。瓷器为中国的物质符号,瓷都景德镇就在丛书大多数作者的家乡江西,本研究充分利用了这一本土优势。此外,分卷作者这几年遍访国内外博物馆、研究所、展览会、古玩店与拍卖行等,通过现场拍摄、网站搜索及向私人收藏家购买等多种途径,收集到中西陶瓷图片8000余幅,其中包括中国外销瓷和"中国风"瓷上的1500幅图像,它们构成16至19世纪中西文化交流的重要文献。众所周知,景德镇生产的瓷器最早在全球范围广泛流通,许多欧洲人知道中国文化,最初便是通过景德镇外销瓷上的人物故事图。为了将陶瓷图像与其他材质的图像进行比对研究,分卷作者还收集了大量漆器、金银器、玉雕、木雕、竹雕、砖石雕、象牙雕、木版年画、壁画、糕模等民间器物上的图像,并对其进行了分类整理,建成了一座非语言文字的民间器物图像数据库。

五、观点创新

第一,中西叙事的不同源于各自的语言观、形式观乃至相关观念下发展的文化,而归根结底是因为中西文化在视觉和听觉上各有倚重。

既然是对中西叙事传统作比较研究,就要找出两者差异的根源所在。本研究认为,在听觉模糊性与视觉明朗性背景下形成的两种冲动,不仅深刻影响了中西文化各自的语言表述,而且渗透到中西文化中人对事物的认识之中。以故事中事件的展开方式为例,趋向明朗的西式结构观(源自亚里士多德)要求保持事件之间的显性和紧密的连接,顺次展开的事件序列之中不能有任何不连续的地方,这是因为视觉文化对一切都要作毫无遮掩的核查与测度;相反,趋向隐晦的中式结构观则没有这种刻板的要求,事件之间的连接可以像"草蛇灰线"那样虚虚实实、断断续续,这也恰好符合听觉信息的非线性传播性质。所以西式结构观一味关心代表连贯性的"连",而中式结构观中除了"连"之外还有"断"。受西式结构观影响的胡适等人不喜欢明清小说中的"穿插",金圣叹、毛氏父子等却把"穿插"理解为"间隔",指出其功能在于避免因"文字太长"而令人觉得"累缀",借用古人常用的譬喻"横云断山"与"横桥锁溪",正是因为"横云"隔断了透迤绵延的山岭,"横桥"锁住了奔腾不息的溪水,山岭与溪水才更显得"错综尽变"和气象万千。

用文化差异来解释叙事并不新鲜,从感觉倚重角度入手却是首次。本丛书作者多年来致力于探讨中国叙事传统的发生与形成,一直念兹在兹地思考为什么它会是今天所见的这种样貌,接触到麦克卢汉的"中国人是听觉人"之论后,感到他的猜测与我们此前的认识多有契合,中国传统叙事的尚简、贵无、趋晦、从散等特点,只有与听觉的模糊性联系起来,才能理得顺并说得通。将"媒介即信息"(感知途径影响信息传播)这一思路引入研究,许多与中国叙事传统有关的问题就可获得更为贯通周详、更具理论深度的解答。

第二,生产方式对叙事传统亦有影响,新形势下的中国叙事应与时俱进。

不同的生产方式形成了中西不同的叙事传统。西方人历史上大多为海洋与游牧民族,他们习惯于在草原、大海与港湾之间穿行,其讲述的故事因而更多涉及远方、远行与远征。古希腊神话和荷马史诗中的英雄多有外出历险、漂洋过海和遇见形形色色的陌生人的经历,《奥德赛》甚至以奥德修斯九死一生的还乡为主线。中世纪的骑士文学、《神曲》《十日谈》《巨人传》、西班牙流浪汉小说与《堂吉诃德》等都离不开四处游历、上天入地、朝拜圣地和流浪跋涉;18世纪欧洲小说中的鲁滨孙、格列佛、汤姆·琼斯等仍在风尘仆仆地到处旅行;19世纪以来西方叙事作品虽说跳出了流浪汉小说的窠臼,但拜伦、歌德、雨果、狄更斯、马克·吐温、罗曼·罗兰、乔伊斯、毛姆和塞林格等人的作品还是喜欢以闯荡、放逐、游历或踟蹰为主题。

相比之下,农耕文化导致国人更为留恋身边的土地、家园与熟人社会。出门在外必然造成有违人性的骨肉分离,人们因而更愿意遵循"父母在,不远游"和"一动不如一静"的古训。在安土重迁意识的影响下,离乡背井的出游成了有违家族伦理的负面行为,远方异域和陌生人的故事自然也就没有多少讲述价值。当然我们古代也有《西游记》与《镜花缘》这样的作品,但它们提供的恰恰是反证:唐僧师徒名义上出国到了西天,沿途的风土人情却与中华故土大同小异;唐敖和多九公实际上也未真正出境,他们看到的奇形怪状之人基本上还是《山海经》中怪诞想象的延续。这些都说明,抒写路上的风景确实不是我们古人的强项。由于叙事传统的惯性作用,我们这边直到晚近仍然热衷于讲述熟人熟事,以异域远方为背景的叙事作品堪称凤毛麟角,人们习惯欣赏的仍是国门之内的"这边风景"(王蒙有部反映国门内故事的长篇小说就叫《这边风景》)。

古代叙事较少涉及出游、远征与冒险,表面看来似乎说明国人缺乏勇气与冒险精神,但实际上这是顺应时势的一种大智慧。古代中国人主要是农民,男耕女织的田园生活能维持基本的衣食自给,这种无须外求的生活导致我们的祖先缺乏对异域的向往与好奇。中国能够一步一步地发展到今天这个规模,很大程度上是因为前人选择了稳扎稳打的发展模式,葛剑雄就说:"……中国……没有像有些文明古国那样大起大落,它们往往大规模扩张,却很快分裂、消失了,而中国一直存在下来。"① 不过放眼未来发展,形成于农耕时代的中国叙事传统亟待变革。全球化已是当前世界的大势所趋,一个国家如果没有大批视野宏阔、胸怀天下的国民,不可能创造出良好的外部发展环境,而一国之民拥有何种视野与胸怀,是否对外部世界抱有强烈的好奇心与浓厚的兴趣,又与国民经常倾听什么样的故事有密切关系,如梁启超就说叙事变革可以带来人心与人格的变

---

① 葛剑雄讲述、孙永娟整理:《儒家思想与中国疆域的形成》(下),《文史知识》2008年第12期,第140页。

革——"欲新一国之民,不可不先新一国之小说"①。中国文化要想真正"走出去",一方面要摒弃"外面的世界不是我的世界"的心理,另一方面要更多讲述中华儿女志在四方的故事。

第三,中华文明垂千年而不毁,与中国叙事传统的群体维系功能有关。

中华文明之所以在世界古文明中硕果仅存,中华民族这一人数最多的群体之所以存续至今而未分裂,与我们叙事传统的维系功能大有关系。本研究之阶段性成果《人类为什么要讲故事——从群体维系角度看叙事的功能与本质》等认为,与灵长类动物的彼此梳毛一样,人类祖先通过"八卦"或曰讲故事建立起来的相互信赖与合作,促进了群体的形成、维系和扩大,最终使人类从各种竞争中脱颖而出成为"万物的灵长"。世界上没有哪个民族不会讲故事,但不是所有的民族都能把自己的故事讲好,许多民族都曾以自己为主导发展成规模极大的群体,后来却因内部噪声太多而走向四分五裂。与此形成鲜明对照,中华民族作为一个群体,其发展历程虽然也是人数越聚越多,圈子越画越大,但这个圈子并没有像其他圈子那样因为不断扩大而崩裂,这与我们祖先善于用故事激发群体感有关。

中国故事关乎"中国",这一名称从一开始就预示了"中国"不会永远只指西周京畿一带黄河边上的小地方,秦汉以来中原以外地区不断"中国化"的事实,让我们看到中心对边缘、中央对地方具有难以抗拒的感召力与凝聚力。还要看到汉语中"中国"之"国"是与"家"并称,这一表述的潜在意思是邦国即家园,国家对国人来说是像家一样可以安顿身心的温暖地方。由于中华民族内部存在着"剪不断,理还乱"的亲缘关系,中国历史上很少发生主体民族对少数民族的无故征伐与屠戮,因而也就没有世界上一些民族间那种不共戴天的深仇大恨。见于史书、小说和民间传说中的"七擒孟获"之类的故事,反映的是以仁德感召为主的攻心战略,唐太宗李世民更主张对夷夏"爱之如一"②。"中国"之名的向心性和中华民族的内部融通,无疑对中国故事的讲述产生了深刻影响。《三国演义》因为讲

---

① 梁启超:《论小说与群治之关系》,载梁启超:《饮冰室合集·2·文集10—19》(即第二册),北京:中华书局,1989年,第6页。

② 司马光编著,胡三省音注:《资治通鉴》(全二十册),卷一百九十八·唐纪十四,北京:中华书局,1956年,第6247页。

述魏蜀吴三国鼎立的故事,所以开篇时要说"天下大势,分久必合,合久必分"①,但小说结束时叙述者又把话说了回来:"自此三国归于晋帝司马炎,为一统之基矣。此所谓'天下大势,合久必分,分久必合'者也。"②用"分久必合"作为小说的曲终奏雅,说明作者认识到"合"才是中国历史的大势所趋。

不独《三国演义》,古往今来所有的中国故事,不管是历史的还是文学的,官方的还是民间的,只要涉及分合话题,都在讲述"合"是长久"分"为短暂,"合"是正道"分"为歧路,"合"是福祉"分"为祸殃。中国历史上不是没有出现过分裂,而是这种分裂总会被更为长久的大一统局面所取代;中华民族内部也不是没有出现过噪声,而是这些噪声总会被更为强大的和谐之声所压倒。历史经验告诉国人,分裂战乱导致生灵涂炭,海晏河清才能安居乐业,因此家国团圆在我们这里是最为人喜闻乐见的故事结局。一般情况下老百姓不会像上层人士那样关心政治,而统一却是从上到下的全民意志,有分裂言行者无一例外被视为千秋罪人,这一叙事传统从古到今没有变化。

总之,一时代有一时代之学术,没有走向全面复兴的时代大潮,没有历史创伤的痊愈和文化自信的恢复,就不会有本研究的应运而生。

是为序。

2023 年 8 月于豫章城外梅岭山居

---

① 罗贯中:《三国演义》(上),北京:人民文学出版社,1953 年,第 1 页。
② 同上书,第 990 页。

目 录

绪　论 …………………………………………………………… 1

第一章　中西小说比较视域下的博物叙事 ………………… 14
　第一节　"博物"考论 ……………………………………… 15
　第二节　中国古代小说博物叙事综观 …………………… 22
　第三节　中西小说博物叙事传统之异同审视 …………… 37

第二章　中西小说比较视域下的功能性叙事 ……………… 40
　第一节　何谓"功能性叙事"？ …………………………… 40
　第二节　功能性叙事与俗套化叙事 ……………………… 43
　第三节　功能性叙事与小说叙事模式 …………………… 46
　第四节　中西小说功能性叙事的主要形态 ……………… 50

第三章　中西小说评论性叙事比较研究 …………………… 62
　第一节　中西小说评论性叙事的源起与动因 …………… 63
　第二节　中西小说评论性叙事的外显形态之比较 ……… 67
　第三节　中西小说评论性叙事的功能机制 ……………… 80

第四章　中西小说叙事空白之比较研究 …………………… 92
　第一节　中西小说叙事空白生成机制之比较 …………… 93
　第二节　中西小说叙事空白表述机制之比较 …………… 106

第三节　中西小说叙事空白填补机制之比较 …………………… 110

第五章　中西小说叙事传统中的戏拟叙事 ……………………… 121
　　第一节　中西小说的戏拟源起论 ………………………………… 122
　　第二节　中西小说的戏拟意味 …………………………………… 125
　　第三节　中西小说戏拟叙事的功能 ……………………………… 138

第六章　缺类研究 …………………………………………………… 143
　　第一节　《红楼梦》的听觉叙事 …………………………………… 143
　　第二节　中国古代小说插图叙事论略 …………………………… 162
　　第三节　《奥德赛》与西方游历小说叙事传统的形成 …………… 174
　　第四节　18世纪英国小说叙事传统的形成 ……………………… 188

附录1　Enchantment of Things in Chinese Literary Narrative
　　　　　Tradition ………………………………………………… 197
附录2　论明清小说文本中的小说批评 …………………………… 221
参考文献 ……………………………………………………………… 245
后　　记 ……………………………………………………………… 250

绪　论

作为一种典型的叙事文体,小说在中国与西方各自的文学旅程上绵延甚长,进而成为叙事学的主要关注对象,同时也成为中西文学史上的活跃宠儿。不过,就研究现状而言,有关中西小说叙事传统的局部或个体化比较虽不乏建树,但就此论题而展开深入系统的专题化研究似不多见。在中西小说叙事研究各自均已持续有时、成果累累的基础上,在当下学界普遍聚焦在中西文化交流过程中如何讲好中国故事的时代背景下,我们认为,对中西小说叙事传统进行宏观而深入审视,时下已然水到渠成。有鉴于此,在中西文学比较视域下,以综合融通的视角来进行中西小说叙事传统比较研究,对于深入而准确地认识中西小说叙事传统的形成与演变、对于全面而客观地把握中西小说叙事传统的异同、对于理性而平实地看待中西文化之间的诸种差异,都具有重要的学术价值。概而言之,中西小说叙事传统的专题比较研究,或可从以下几方面深入展开:

一、相关核心范畴的界定

"中西小说叙事传统"这一论题并非不言自明,需要加以清晰界定:

其一,比较对象的确定。传统的确立是一个长时段的积淀过程,短时间之内的发展变化很难符合传统的核心要义,"各领风骚三五年"显然有别于"不废江河万古流"。在美国学者希尔斯看来,"信仰或行动范型要成为传统,至少需要三代人的两次延传"[①]。考虑到文学艺术的特殊性,小

---

① [美]爱德华·希尔斯:《论传统》,傅铿、吕乐译,上海:上海人民出版社,2014年,第20页。

说叙事传统的认定可能远超过三代人的时长。因而出于稳妥起见,论题中的"中西小说"确切而言主要包括20世纪的中西小说,兼顾21世纪以来的中西现代小说。在这期间,中西小说的叙事面貌均表现出了较为稳固的外在特征,并且对此后中西现代小说的发展产生了深刻影响。因此,要将两者进行比较,应主要落实到中国古代小说这里。现当代中国小说因其叙事特点与结构模式均非常接近现代西方小说,研究过程中虽会有所涉及但不属本论题的关注重点。

其二,作为文学文体的"小说"是论题的聚焦对象,而中国古代文化语境下的"小说"概念,与西方"小说"概念存有较大差别。在实际研究过程中,应该既要展开具备学理内涵相通的可比性研究,也要适度兼顾中西小说各自独有的缺类性研究。就中国古代"小说"而言,作为文献目录学名目的"小说"、作为说话技艺的"小说"、作为边缘思想学说范畴的"小说",这些内涵都是西方"小说"所不具备的,唯有作为散体虚构故事的"小说"这一内涵与西方是相通的。同时,西方"小说"概念的内涵,其实也发生过不同转变。"romance"最初指的是中世纪的骑士传奇,这种文体被后世很多评论家认为是现代小说的前身,因为骑士传奇主要描写的是骑士与贵妇人之间的典雅爱情,尚未涉及更广泛的题材领域。实际上,确切而言,"romance"一词如果用来代指小说,一般指的是浪漫爱情题材的小说。而在英国学者雷蒙·威廉斯所著的《关键词:文化与社会的词汇》中,将"fiction"一词解释为"想象的","纯然的刻意欺骗的虚构",直到19世纪,"fiction"与"novel"几乎成为同义。① 该词在西方很长一段时间内被人用于统称"无韵散文叙事作品"。直到18世纪下半叶,小说开始在英国兴起,小说这种文体逐渐得到社会的认可之后,小说家以公开的身份创作时,"novel"一词才成了小说这种文体的正式名称。从"romance"到"novel",这不仅仅是名称上的改变,而且是包含了小说这种文体形式从诞生到成熟的长期发展演变过程。由此看来,论题切不可将"小说"意涵简单化,其义界本身的变化过程实际上即可构成中西小说叙事传统比较的重要论域。

其三,关于"叙事传统"的涵义。我们认为"传统"与"叙事"概念本身

---

① [英]雷蒙·威廉斯:《关键词:文化与社会的词汇》,刘建基译,北京:生活·读书·新知三联书店,2005年,第181—182页。

是结合在一起的,"传统不仅因叙事而传,与传统有关的叙事还经常创造传统或成为传统的替身"①。中西方语境中的"叙事"有明显差异,故而"中西叙事传统"必然亦存有显著差异。而"叙事传统"是个包括叙事手法、结构模式、题材选择、艺术形式、审美取向等问题在内的综合性命题,亦即世代相传的故事讲述方式,因此在具体研究过程中理应更多关注中西小说演变过程中较为稳固出现的若干叙事现象、叙事形态等方面问题。在这个问题上,"中西小说叙事传统比较"这一论题就与"中西小说比较"论题区别开来,研究对象能否具备持久性、稳固性乃至积淀成相应的文化心理,即可大体成为上述两个论题的分水岭。单就中国古代小说叙事传统而言,其实也是十分复杂的,例如通常意义上将明清章回小说来代表中国古代小说叙事传统的做法是有明显缺陷的,这仍是以西方视野来观照中国小说的思维模式,实有不妥。中国古代小说叙事传统是由笔记体、传奇体、话本体、章回体共同构成的,是由市井通俗小说与文人文言小说共同构成的,不应偏于一端。同时,在认识小说叙事传统的问题上,不仅中国小说叙事传统是多元的,西方小说叙事传统也非定于一尊(例如除了影响深远的流浪汉小说类型之外,还有诸如"人间喜剧"类小说、"浪漫主义"类小说等),在考察时均有必要去除进化论色彩,或者说尽量不用演进发展的视角来审视各自的小说作品。我们认为,小说叙事传统并不是个线性演进发展定型的过程,不是哪种小说叙事传统压倒其他小说叙事传统的过程,而是个齐头并进、共存共生的过程。要而言之,确切处理好动态与静态、共时与历时、普遍与个别等多元化复杂现象,是把握"叙事传统"这一范畴的难点与重点所在。②

二、中西小说叙事传统之异同综论

中西小说叙事传统存在较多明显的相异及相似之处,将其予以揭示,其实即是事关中西小说叙事传统特征的问题,也是论题研究的基本要义。立足于文本梳理,我们将从三方面来考察这一论题:

---

① 傅修延:《论叙事传统》,《中国比较文学》2018年第2期,第1页。
② 谭帆先生在论述中国古代小说文体研究应注意的原则时,在中西小说宏观对照的架构下,即提出了关注"中"与"西"的关系、"源"与"流"的关系、"动"与"静"的关系和"内"与"外"的关系等主张,其实亦可为本论题提供有益借鉴。参见谭帆:《论中国古代小说文体研究的四种关系》,《学术月刊》2013年第11期,第107—117页。

1. 中西小说叙事传统之差异

受到中西文化差异以及文学艺术传统有别等多重因素影响,中西小说叙事传统在整体上呈现了较明显的差异。

其一,在叙事形态上,中国小说的叙事时序以线性单向演进为主(即使像《金瓶梅》《红楼梦》这样以网状结构著称的作品就本质而言也是如此),而西方小说叙事总体来说在线性演进的同时也表现出以倒叙追述为特色的宏观架构;中国小说叙事视角大多以全知视角为主(如《痴婆子传》这类第一人称视角的作品极少),西方小说叙事在坚持全知视角的同时呈现出不少限知视角的小说作品(以第一人称视角叙述的不在少数);同样是处理主次人物情节的关系,中国小说更主要表现出功能性叙事意味①(如在通俗小说中普遍可见的"王婆""沙门岛""羽扇纶巾"等小说叙写对象即是如此),而西方小说更具有有机性叙事特征,即使细枝末节的局部叙事往往也与主体内容关联②;同样是安排人物之间的关系归属,中国小说往往表现出类似于契约叙事或"榜"约叙事的特征(明代四大奇书以及《儒林外史》《红楼梦》等小说即是如此),而西方小说中的人物关系与身份地位则并不存在超验性的决定因素,人物形象并非神话宗教的转世叙写。

其二,在叙事格局上,中国小说叙事普遍呈现出淡化场景叙写的倾向(《红楼梦》是个例外),而西方小说往往将场景叙事视为小说有机整体不可分割的部分,场景是主体叙事的有机构成这一叙事理念日趋彰显;中国小说不论是文言还是白话小说,普遍追求类似文备众体的体制特性,进而使得其他文体叙事样貌也反映在小说作品之中,而西方小说作者似乎更具有文体自觉的意识,虽然小说也有时被视为"散文体喜剧史诗""滑稽传奇"进而凸显文体交杂的外在特征,不过散体虚构叙事这一立场从总体而言贯彻得较为清晰,单体独尊的观念较为鲜明;中国小说编创者在面对小说叙事传统时,因袭延续的分量要远重于独创求新,这使得中国传统小说

---

① 就此问题,笔者有过粗略思考,参看拙文《论古代小说代指性人物的叙事功能及其文学意义——以王婆描写为中心》,《学术论坛》2016年第8期,第92—99页。

② 例如,在巴尔扎克小说中,"一些重要人物往往在不同的作品中出现过二三十次,再现的人物约有460个","通过人物再现的手法把众多人物一生的各个阶段、片断联结了起来,不仅使他们的形象更为完整,各部本来并不连贯的作品也因此被串连成一个有机整体"(龚翰熊主编:《欧洲小说史》,四川大学出版社,1997年,第328页)。这种情形,与中国古代通俗小说中频频出现的"王婆""董超""薛霸"是截然不同的。

叙事的类型化意味极为突出（所谓历史演义小说、英雄传奇小说云云，本身就是类型化命名的结果），与之相对，西方小说家的创新个性则显然重于继承模拟的惯性（例如即使同为现实主义传统，巴尔扎克"人间喜剧"式的叙写显然有别于列夫·托尔斯泰纵横捭阖式的宏阔叙写）。

其三，在叙事趣味上，中国小说叙事的价值皈依更多指向集体叙事，也就是说以集体叙事的口吻来传达集体价值观念的认同，而西方小说叙事则更多偏向于个体叙事，书写个体对社会人生的价值体验；中国小说叙事的审美格调更偏向以读者为本位而出现的喜乐终场、常中显奇。西方小说叙事虽难免亦有喜剧团圆式结局，但这种结局更主要是主体叙事内在演进之结果，从而更具冷峻平实之美；中国小说叙事在强大的经史传统下，对虚构这一本体观念事实上经历了以虚为实向以虚为虚进而以实为虚的认同转变，西方小说在这点上似乎并不复杂，虚实意味较为分明；中国小说叙事往往在题材上陈陈相因，而在叙事手法上另出机杼进而使得实质意蕴别有洞天（例如，话本小说《杜十娘怒沉百宝箱》以其娓娓道来的缜密手法，在刻画特殊女性的同时也呈现了市井风尚，其旨趣与宋懋澄的《负情侬传》大相区别），而同样皆是旧题新写，西方小说整体上偏重戏拟与反讽，前后内容之间则关联紧密（例如，若不了解骑士小说的话则很难读懂《堂吉诃德》的真正价值指向）。

2. 中西小说叙事传统之共性

受制于小说本体观念的部分相通与文化趣味的局部相似，中西小说叙事传统在差异纷呈的同时，也在形式上表现出殊途同归的一面。就文体地位来看，中西小说皆位卑言轻，不足以同诗歌、戏剧等文体相提并论（中国小说尤其如此）；从叙事功能来说，中西小说皆在相当时期内旨在通过艺术感染来达到道德教化的目的；就叙事思维而言，中西小说家大都经历了由依傍史传向独立虚构之途的转变；就人物塑造来看，中西小说皆经历过由扁平人物向圆形人物的转化；就叙述者身份而言，中西小说皆因叙议结合或评论性干预的存在，小说作者的身份意味迷案重重；从叙事动力来看，中西小说总体上皆经历过单纯地"以文运事"向兼有"因文生事"的转变。

3. 中西小说叙事传统异同之解析

特定的叙事形式与特定的审美趣味、文化思潮之间是紧密相关的，因而可以说中西小说叙事传统相异相似的面貌，是中西方各自思想文化传统尤其是文学传统的特定体现，也是特定哲学观念的体现，同时也受制于中西方各自的经济条件与物质技术水平。例如,以史为鉴、教化为先的观念使得中国小说叙事大多以全知视角展开叙事、以叙议结合的方式影响读者,而西方小说叙事因较少带有史鉴教化意识而使得重视个体体验的倾向较为鲜明。又例如,由于经济水平提高与刊刻技术的进步,中国白话小说与西方写实性长篇小说得以拥有较多的受众群体与可资阅读的小说文本,进而诸如插图叙事、分回叙事等特征得以出现。总体而言,考察中西小说叙事传统的异同问题,其实从本质上来说与考量中西文化、艺术、思想等各个领域的异同问题是相通的,同时也是理解中西文化相异相通的形象注脚。

三、中西小说叙事传统之发生探源

中西小说特定叙事传统呈现出不同的发展面貌,并非一蹴而就,而是多种因素共同作用的结果,换言之,中西小说叙事传统的生成是个综合融通的过程。在这当中,叙事传统的局部特征源自中西文化的早期阶段,局部特征又形成于小说发展的后续历程,影响因素实则不可简化论之。具体而言,审视中西小说叙事传统的发生可从以下几方面着眼:

其一,神话传说。中西小说叙事传统从源头而言皆受到神话传说的影响,差别主要在于深浅程度。神话叙事本身也是个不断被记录建构的过程,如何从口头传说转变为书面载体、如何从简朴粗陋的文字记载转变为渐具文学意味的故事形态、如何从无意叙述转变为有意虚构,这些问题的解答其实与小说的生成研究相伴相随,因而神话这一形成过程本身即对小说叙事的发生起到先导效用。在中西小说或类小说形成的早期阶段,诸如《山海经》《萨蒂利孔》《金驴记》等早期作品,其神话思维、神话题材、神话色彩等因素对中西小说叙事传统影响即较为明显,进而相应地在中西小说叙事传统中,皆有神话类小说作品的问世以及在其他类型小说叙事中运用神话叙事思维的模式。尤为值得指出的是,中西神话传说的具体可感环节皆对后世小说产生实质性影响,如黄帝战蚩尤中的斗法环节,即为《西游记》所效仿,而早期欧洲神话中仪式歌舞的歌队领唱,已然孕育了后世小说叙事的早期因子。

其二,宗教因素。宗教是早期先民在认识与解释世界时所持的基本立场,虽与神话有关联但更有不同。相应地,在中西小说叙事传统中亦可看到宗教影响的印迹。中国小说叙事传统从始至终受佛教与道教影响均较为明显,诸如因果轮回的结局设定、讲唱结合的表演方式、韵散并用的艺术形式以及大量宗教故事题材的借鉴,在中国小说叙事传统中较为常见。西方小说叙事传统与基督教、清教徒等宗教因素之间的紧密关联更是人所共知,这也导致了西方小说在兴盛之初就非常强调文本的伦理立场,道德劝鉴意味同样较为浓厚,这种情形不仅在早期小说创作中得以体现,雨果、狄更斯等后世小说家在小说创作中也仍然保留这一特质。

其三,史书与史诗。小说在中国古代通常被视为"史馀",虽说反映的是中国古人的观念,实则从特定视角用以形容西方小说也未尝不可。史官文化虽总体呈现出中强西弱之势,但史书历来是中西有识之士极为重视的文化宝库,而真正的史诗一定意义上亦可认为是历史记录的可靠形式。合而言之,史书和史诗可以说是中西小说叙事传统生成之初影响最直接的两种历史形态。以《左传》《史记》为代表的中国早期史传从叙事视角、叙事模式、叙事题材以及价值取向等方面影响了中国小说叙事特性,而以《荷马史诗》等为代表的西方史诗则在叙事次序、叙事结构、人物刻画以及叙事题材等方面深深地影响了西方小说叙事传统。当然,总体而言,历史叙事对中国小说叙事传统影响的程度显然要重于西方,这是与中西文化观念的不同密切关联的。

其四,诗文与戏剧。就叙事类别而言,史书叙事有别于文学叙事,因而在一定意义上说,探讨历史叙事对小说叙事传统的影响尚属"外部研究"。若要将小说置于文学文体这一内部属性来考量,或者说就文体传统影响而言,在中西小说叙事传统的生成过程中分别以诗(含赋)文和戏剧最为显著。中国小说叙事中韵散结合这一形态自始至终得以留传,诗性气质的凸显、曲折跌宕的结构、多角度反复铺叙等特点皆是诗文影响的结果;至于古代戏曲影响小说叙事,更确切而言应在小说发展的晚近阶段。西方小说叙事中的所谓"戏剧性讽刺""戏剧化叙述者"以及情节完整性、背景充足性等特色均源自西方早期戏剧,诸如注重小说结构、场景、情节冲突等相关观念其实皆源自戏剧,而相较之下西方小说叙事传统中那种散韵结合的诗化风格似乎并不突出。

四、中西小说叙事传统之演进寻绎

整体而言,任何一种传统的形成都并非一蹴而就,而是需要在特定的演进机制下经历长时间的演进历程,中西小说叙事传统亦仍然存在同样情形。因此,中西小说叙事传统在生成之后各自如何演进,哪些因素推动了特定叙事传统的形成,两者演进历程中哪些规律性现象值得反思,这些问题同样会成为论题的重点研究对象。为此,论题将从纵向与横向两个维度来加以考察:

其一,中西小说叙事传统之演进阶段。

中国小说叙事传统的生成较诸西方要早得多,以笔记体和传奇体为代表的文言小说叙事传统早在西方文艺复兴之前的魏晋南北朝即已定型成熟,因之而形成的中国小说注重散淡玄韵、作意好奇的叙事传统在西方小说史上基本不曾出现。作为白话小说叙事传统组成部分的宋元话本小说也要早于西方真正意义上的早期小说(如《堂吉诃德》与《鲁滨孙漂流记》)。而反观现有相关论著,人们赖以进行中西小说比较的,往往集中于明清章回小说与被誉为黄金时代的19世纪西方小说。因此,确切而言,中国小说叙事传统的时长跨度要远大于西方小说。这样看来,中西小说叙事传统的演变并非同步同调。有鉴于此,要深度认识中国小说叙事传统,尤需分段而论:先唐时期中国小说叙事传统雏形初具,叙事视角基本奠定,叙事结构大体成型,史传影响较为鲜明,评论干预与说教意味较为浓厚,虚构观念被有意误解;唐代小说叙事传统则承续先唐,新变主要体现为呈现出浓郁的尚奇观念、叙事视角突破此前规约(限知叙事已有出现)、诗文作品的大量嵌入以及说唱色彩开始融入小说叙事进程;宋元小说叙事传统承续此前,新变主要体现为小说的通俗品味开始真正奠定,叙事功能指向更具针对性,虚拟互动与道德说教意味更浓,小说编创更为追求理趣;明清小说叙事可谓古代小说叙事传统之集大成,最充分、最深刻地代表了中国小说叙事传统的典型风貌,晚清以降古代小说叙事传统开始向现代转型。

西方小说叙事传统在文艺复兴之前属于小说文体产生与初步定型的时期,史诗、神话、戏剧等文化样式直接影响了小说文体的产生,期间虽无真正意义上的小说,但其中不乏叙事性作品,如《金驴记》与《萨蒂利孔》即可视为准小说。文艺复兴至17世纪随着社会文化的巨变,出现了在叙事模式上以框架套框架的短篇小说,同时也出现了适应新的审美需求也是真正意义上的长篇小说,如塞万提斯《堂吉诃德》,不过此时期的小说地位依然低下。尽管如此,在此时期西方小说叙事传统却开始初步奠定,如当中的流浪汉小说以第一人称叙事、以扁平化形式去塑造人物、故事结构较为松散等特征较为突出,而《十日谈》叙事结构看似松散实则有机连贯、叙议结合的叙事特点尤为明显,《堂吉诃德》在叙事修辞上以戏拟和悬念手法在瓦解中世纪骑士精神的同时又呈现出新时代的精神状貌。18世纪随着工业革命的兴起与中产阶级力量的壮大,西方小说得益于出版水平的提升与受众群体的增多而迅速发展,普通个体命运得到极大关注,叙事题材从新异的"传奇"向平实的"故事"转变,在叙事理念上以艺术真实来融合现实真实与想象奇异的差别,叙事视角得到全方位拓展,评论与创作之间的步调大体保持了紧密一致,《鲁滨孙漂流记》与《格列佛游记》可视为此时期代表性作品。19世纪是西方传统小说的黄金时代,在叙事模式上突破了以往小说的俗套,淡化叙述者(作者)对文本的干预,探索限制视角的叙述方式,雨果、巴尔扎克、狄更斯、列夫·托尔斯泰等文豪在小说创作领域群星闪耀,西方小说叙事传统因而在此时期得到集中展现。在福楼拜、陀思妥耶夫斯基等小说家创作实践中,西方小说叙事传统开始初露现代转型之端倪。

其二,中西小说叙事传统之演进机制。

此处所谓"演进机制"有别于上述"发生"意味,如果说小说叙事传统的生成更多的是指思想文化观念的影响,那么"演进机制"更主要强调哪些动力因素直接促成了小说叙事传统的变动不居与差异性面貌。可以说,思想文化观念的影响更为内隐,而演进机制则更为外显、更为可见。总体来看,中西小说叙事传统的演进机制同中有异。细而言之,每一种演进机制其实皆是同时期诸种要素合力作用的结果。倘若整体审视影响中西小说演化的诸种因素,我们可以粗略看到,中西小说叙事传统的演进机制主要受到以下因素的制约:

官方政令。尽管中国古代小说有意识地向经史传统靠拢,但官方依然对此种非经史形态的文类予以了相当多的限制与规约(尤其是通俗小说),越至明清时期,相关查禁管控小说的政令越加频繁。在此背景下,从题材内容的选择到艺术形态的表露直至思想旨趣的凸显,中国小说叙事均呈现出较为整饬有序的劝化至上、曲终奏雅的艺术格局(如《金瓶梅》及其同书异名的再版之作即可视为典型)。与之相对应,在西方小说叙事传统形成过程中,部分国家(如俄国)也曾制定了严格的官方出版审查制度,同样影响了小说叙事演变的进程,例如陀思妥耶夫斯的不少小说人物因其激进深邃的民主思想,作家为通过官方书籍检查,不得不将其叙写成刑事犯,由此影响了形象塑造(如亚历山大·高里扬斯契科夫这一小说人物即是如此)。

物质条件。这主要是指纸张成本、刊刻技术、稿费制度等因素如何影响小说叙事传统的演进。中国古代长篇小说普遍存在由抄本向刻本转变的现象,进而使得小说问世不等于小说出版,其中原因即是创作者与书坊主综合衡量刊印成本与出版获利之间的得失关系,《三国演义》《水浒传》问世后长期得不到广泛流传、冯梦龙力荐书坊主刊印《金瓶梅》等情形即是最好例证。而作为白话短篇小说大家的冯梦龙与凌濛初,其之所以乐于编创三言二拍,实质原因更主要在于商贾稿酬的驱使。与之对应,18至19世纪西方小说之所以兴盛,很大程度上也得益于刊刻技术提升以及与小说创作相符的稿酬制度,这使得大量创作与传播小说成为可能——小说叙事传统的存在基础亦得以夯实。

出版动机。为追求利润最大化,中国古代不少小说书坊主往往从形式与内容上对小说作品加以设定与修整,从诸如续书的绵延、绣像的引入、书名的改定、回目的工整,以及内容的奇异等方面,均能看到商家对小说叙事影响的身影,由此中国小说演变历程中诸如续衍叙事模式、图文并茂的叙事形态、同书异名的叙事策略等传统因子普遍存在。与之相对应,18世纪的西方出版界出版技术有了极大改进,面对数量日益壮大的中产阶级人群,出于谋利意图的报刊连载小说形式即应运而生;至于续作与插图等营销模式,在西方小说也曾出现,如《小癞子》问世后第二年即有续篇,《堂吉诃德》第一部问世后因有伪作续作现象而使得塞万提斯紧接着创作第二部。在这方面,中西小说叙事传统呈现出了惊人的相似。

作者身世。中国古代小说作品虽有集体创作与个人独创之别,但实则均程度不同地体现了文人身世。文才不凡而生逢乱世者、科举失利者、家族衰败者往往在创作中发愤著书,寄心骋怀(如《聊斋志异》《儒林外史》《红楼梦》的作者即是如此);文墨粗通而励志笔耕者则编创小说陈陈相因,唯利是图(如杨家将系列小说的作者群与说唐系列小说的作者群即是如此)。由此,中国古代小说叙事传统中大体有抒情写意与游心寓目之别。与之对应,西方小说家的抒愤意识似乎没这么强烈,更主要是从知识分子身份对社会人生表现出价值关怀以及自我体认的深层探究(雨果、屠格涅夫等作家堪为代表)。

受众心理。作为商品意味较浓的中国古代小说作品,其流通不能不考虑读者的接受心理，诸如悲欢离合的结构设定、才子佳人与王侯将相等题材的择取、惊奇悬念与偏好巧合等艺术理念的运用，其实皆体现了普通民众的接受预期，或者说促成了中国小说叙事既定传统的生成。可以说，以读者本位，是审视中国小说叙事传统的有效视角。与之相类似，西方小说叙事也往往关注接受者的审美趣味，如 18 世纪为适应中产阶级的闲适阅读趣味，以报刊和小册子连载通俗、消遣意味小说的形式即得以普遍出现。当然，聚焦深藏于读者因素背后的文化差异，或许才是深度理解中西小说叙事传统在读者这一维度上貌同实异的关键所在。

小说观念。经由长期的演化，中西小说自身形成了较多带有普遍意味的创作经验与认识，编创者对此有意识地提炼并形成了相应的小说理论观念，这对于后起之辈延续叙事传统并推动小说变革是十分必要的。同时，小说自身地位及其对当时民众的影响也决定着小说的演进。约略而言，在中国小说叙事传统中，儒家"小道可观"的认识影响小说长期处于边缘地带，干宝"发明神道之不诬"的认识使得同时期志怪小说大量流行，冯梦龙"六经国史而外，凡著述皆小说也"[①]的观念在总结通俗小说本质特征的同时也影响了通俗小说的演进历程。就西方小说叙事传统而言，18 世纪之前小说在西方文学史上同样是边缘地带，此后攀附史诗与戏剧以提高小说地位同样是诸多小说家的共同抉择，这与菲尔丁等作家认定小说即"散文体喜剧史诗"等批评见解密不可分，进而影响到司各特、巴尔扎克等大批小说作家。

五、中西小说叙事传统之影响互视

作为两个相对独立的研究对象，中西小说叙事传统各自给对方产生了何种影响，分别给对方小说发展进程带来怎样变化，这些自然亦是论题深度展开的应有之义，同时也能为我们审视中西文化交流的实际状况提供一个具体蓝本。

西方小说叙事传统影响中国小说最关键的时期是在晚清至五四时期，这种影响可以说是中国小说家自身主动学习的结果，也可以说是以传教士为主的西方人士自觉传布的反映。同时，也可以认为，这种影响是西

---

① 黄霖、韩同文选注：《中国历代小说论著选》（修订本）（上册），南昌：江西人民出版社，2000年，第 225 页。

强中弱背景下西学东渐、救亡图存等社会思潮在小说创作领域的深度体现。西方小说叙事传统影响中国小说主要是在梁启超、林纾、吴趼人、鲁迅、郁达夫等小说家那里得以展开,进而影响到随后的中国现代小说进程。西方小说叙事传统对中国小说的影响主要表现在以下两方面:在理论观念上,梁启超提出"小说界革命",以提升小说地位与放大小说社会作用;对小说本体的认识以虚构为聚焦点,游离于传统小说的虚实之争。在创作实践上,认同人物、情节、场景三要素为小说的本质特征,充分提升场景叙写、心理叙写等环节在小说中的地位,实现场景与人物、情节叙写之间的有机结合,转变传统小说在刻画人物心理时的机械生硬之态;同时在叙事学基本视域下实现包括叙事人称、视角、时间、结构等要素在内的叙事模式全面转变,包括在叙事时间上由连贯叙述向兼有倒装叙述、交错叙述的转变,在叙事角度上由全知视角向兼有限知视角、纯客观叙事的转变,在叙事结构上以情节为中心向兼有以性格为中心、以背景为中心的转变。

相对而言,中国小说叙事传统对西方小说的影响明显处于失衡或不对称的状态。就影响形态而言,中国小说叙事传统对西方的影响更多体现在由小说情节模式呈现出的审美格调,而非叙事结构、叙事人称等论域。明清章回小说的章回模式在西方小说那里基本不存在,韵散结合的语体风格在西方小说那里同样很少存在。就影响的发生而言,中国小说叙事传统大多是经由少数西方翻译者译介传播而对西方小说产生粗浅影响。从时间上来说,最能代表中国小说叙事样貌的几部经典章回小说,在晚清之前基本上没有对西方产生影响,反倒是部分二三流的小说作品在西方影响较大。这当中才子佳人小说《好逑传》的西方流传最具典型意味。1761 年,英国刊印了第一部英译的中国小说《好逑传》;1776 年,法国出版了梭杜斯(M. A. Eidous)转译的法文本《好逑传》;19 世纪初,德国作家歌德读了《好逑传》并得出了"世界文学时代已快到来"的结论;歌德还将中国传奇、小说同法国诗人贝朗瑞、英国小说家 S. 理查逊及他自己的作品作了比较。究其流传原因,主要与 18、19 世纪欧洲的中国文化热有关,加之《好逑传》与当时流行的感伤主义小说作品在格调上很相似,因而很快在欧洲盛传。可以说,以《好逑传》为代表的部分中国小说叙事传统因客观上对接西方特定时期的美学趣味,故而能在一定时期内产生部分影响。恰如浦安迪所说:"欧洲早期的中国小说翻译,通俗的浪漫传奇与人物形象占据显著位置,这部分是因为中国式艺术风格正风靡其时的欧洲,还因为这些作品符合流行的欧洲沙龙对感伤小说的欣赏口味。"①除此之外,中国其他小说也能在西方留下些许印迹。如19世纪初德国诗人歌德还受到清代小说《花笺记》《玉娇梨》的启发,创作了组诗《中德四季晨昏杂咏》。1781年,歌德通过杜赫德的德译本,了解到《今古奇观》中的四篇短篇小说。至于中国经典章回小说对西方的影响,那更是晚清民初之后的事。可以说,在影响深度与广度、影响效应、影响范围等方面,中国小说叙事传统对西方小说的实质影响并不深刻。究其原因,恐怕与中西方对小说观念的认识、中西方文化差异等因素有关。

先哲有言:"文本同而末异"(曹丕语),"文各有体,得体为佳"(纪昀语)。中西小说在各自的发展演变过程中呈现出了相通相异的叙事形态,但同时也都恰到好处地完成了对各自文化与思想的出色书写。左拉在《戏剧中的自然主义》中提出:"各个世纪的进步都必然体现在某一特定的文学门类之中",时至今日,在我们看来,在中西文化史上最能体现"进步"的"特定的文学门类之中",小说无疑堪为首选,中西方各自的小说史皆能一定意义上体现各自社会进步的征程。有鉴于此,在中西文化交流日趋密切的背景下,回望积淀深厚而又泽被后世的中西小说叙事传统,抽绎各自演变规律,审视各自独特现象,在此基础上进行有效的学理化比较,应该说是极为必要的。中西小说史上频频出现的诸种叙事模式与现象,构成了小说叙事传统的重要内容。结合对中西小说的总体认识,我们拟选取中西小说叙事传统的系列专题加以相应比较研究,以期对中西小说叙事传统的总体差异性面貌有大体了解,其中主要包括博物叙事、功能性叙事、评论性叙事、戏拟叙事、叙事空白等专题,同时亦有对《红楼梦》听觉叙事、中国古代小说插图叙事、西方游历小说叙事传统以及18世纪英国小说叙事传统之形成等个案探讨。论题的比较并非旨在作价值高下的评判,"妄自菲薄"固不可取,"夜郎自大"同属不当。论题重心在于透视中西小说叙事传统的固有特质,将中西小说叙事传统作为整体观照对象加以对待,从而有别于学界围绕论题而展开的局部或个别研究,进而以综合融通的视角来考量中西小说叙事传统相关问题,以求为合理评判中西文学与文化交流提供有益参照。

---

① [美]浦安迪:《浦安迪自选集》,刘倩等译,北京:生活·读书·新知三联书店,2011年,第79页。

第一章
中西小说比较视域下的博物叙事

"博物"是当下较为热门的文化关键词,不过从本质上而言,古今"博物"内涵有着明显不同。通常意义下的"博物"内涵多具有西方博物学色彩,即偏重于指涉地理、生物等自然科学背景下的广博知识视域,而中国古代的"博物"则更偏重指涉在人与外界之关系框架下的异域世界,即涉及怪力乱神,也从属于精神构建的需要而具备相应的人文属性。所谓"博物君子""博物洽闻"云云,其实都是古代士人孜孜以求的精神目标。在这种情形下,古代文学中的博物叙事大都可看成士人精神世界的延伸,其中的博物叙事多与作品的主体意趣存在有机关联,并不像西方文学世界那样成为疏离于主体内容之外的"物自身"。正是在这个意义上,我们认为,古代小说不仅在产生之初即与博物叙事关联密切(甚至可以说以博物叙事呈现了其原初形态),而且在长期演进历程中将博物叙事传统"随物赋形"般地呈现出不同文体色彩,进而形成了中国古代小说深厚的博物叙事传统。相形之下,如果说中国的博物叙事传统是可以容纳怪力乱神的,那么西方的博物叙事传统基本上没有怪力乱神的位置。"古代中国人主要关心外部世界'如何'运行,而以希腊为源头的西方知识传统更关心世界'为何'如此运行。"[①]在此观念之下,西方小说中的博物叙事体现为虽奇异却亲和的总体特征,"道不远人",可谓西方小说博物叙事之异域实践。

---

① 江晓原:《中西"博物"传统之异同及其他》,《中华读书报》2018年7月25日。

第一节 "博物"考论

回到"博物"的原初语义,我们可以发现,对"博物"加以限定命名的做法,其实是无谓的。在中国古代文化语境中,"博"字最早见于金文,从"十"与"尃",有四方齐备、宽广宏大之义,《说文解字》释为"大通"。"物"字在甲骨文中即可见到,"牛"为形旁,"勿"为声旁。许慎《说文》云:"物,万物也。牛为大物,天地之数,起于牵牛,故从牛勿声。"①王国维、商承祚认为"物"的本义是指"杂色的牛"。张舜徽先生对此进一步补充道:"数犹事也,民以食为重,牛资农耕,事之大者,故引牛而耕,乃天地间万事万物根本。"②由此可知,"博物"一词的本义即指通晓万事万物,亦可形容万物齐备,进而引申为对全知全能式的品格之褒扬。大体而言,中国古人对"博物"的认识主要包含以下三个方面:

一、"博物"即辨识名物

作为一种体认世界的辨识能力,古人普遍重视与推崇"博物"在个人知识素养结构中的分量,进而将"博物"往往视为识见过人的判断标尺。在古人看来,"博物"之祖应属孔子。孔子有云:"小子,何莫学夫诗?诗,可以兴,可以观,可以群,可以怨。迩之事父,远之事君;多识于鸟兽草木之名。"③"识名"的背后显然是直指博物的诗教追求,即学诗可以广博见识,这对于有心向学者而言是十分有益的。因此,宋人王十朋评价道:"多识鸟兽草木之名,可以博物而不惑,兹其所以为百代指南欤!"④四库馆臣则认为:"《三百篇》经圣人手订,鲁《论》云多识于鸟兽草木之名,是已为后世博物之宗。"⑤在此之后,以辨识殊方异物、通晓古今事典为风尚的"博物"之举日受尊崇,"博物洽闻""博物君子"与"博物多艺"成为士人的普遍

---

① (清)段玉裁撰:《说文解字注》,北京:中华书局,2013年,第53页。
② 张舜徽:《说文解字约注》(第一册),武汉:华中师范大学出版社,第287—288页。
③ 杨伯峻译注:《论语译注》,北京:中华书局,1980年,第185页。
④ (宋)王十朋著,梅溪集重刊委员会编,王十朋纪念馆修订:《王十朋全集》(修订本)(下),上海:上海古籍出版社,第729页。
⑤ 故宫博物院编:《皇清文颖续编》(第三册),海口:海南出版社,2000年,第109页。

追求(这种情形在文化昌明的两宋尤为明显):

> 君应期诞生,瑰伟大度,黄中通理,博物多识……①(《蔡中郎集》卷三《刘镇南碑》)

> 爰有中山郎余令,雅好著书,时称博物。②(《卢升之集》卷六《撰乐府杂诗序》)

> 博物君子耻一事之不知,穷河源,探禹穴,无所不至。今三江五湖近在于此而不穷,其实不可也。愿详言之以祛所惑。③(宋崔敦礼撰《宫教集》卷七《问三江五湖》)

> 博物强记,贯涉万类,若礼之制度,乐之形声,《诗》之比兴,《易》之象数,天文地理,阴阳气运,医药算数之学,无不究其渊源。④(宋程颢、程颐《二程集》卷四《华阴侯先生墓志铭》)

可以说,"博物"本身即是士人厚学养、广见闻的切实体现,是士人生活情趣与自我修养的内在要求。大凡辨识名物、畅晓性理、熟知源流、明乎利害等义项,皆构成了"博物"的内涵所在,所谓"博物君子耻一事之不知",即是生动写照。当然,博物之可贵惟有身历其境约略可以感受一二,恰如古人所云:"物不受变则材不成,人不涉难则智不明。'蒹葭苍苍,白露为霜',此博物君子所由赋也。"⑤称誉"博物"之意显而易见,此自不必多论。

经由上述分析还可看出,辨识名物是"博物"的核心义旨,古人所谓"博物多识""博物强记""识鉴精"云云,其实都是说明"博物"的立足点在于通过士人自身阅读视野的开拓、知识涵养的积累,进而凭借丰厚的学养积累达到辨认名物之目的。很显然,这样的"博物"是建立在前人相关辨

---

① (清)严可均辑:《全三国文》(下),马志伟审订,北京:商务印书馆,1999年,第571页。
② (唐)卢照邻:《卢照邻集校注》,李云逸校注,北京:中华书局,1998年,第352页。
③ 四川大学古籍整理研究所编:《宋集珍本丛刊》(第五十六册),北京:线装书局,2004年,第430页。
④ (宋)程颢、(宋)程颐:《二程集》(下),王孝鱼点校,武汉:湖北人民出版社,2016年,第403页。
⑤ 曾枣庄、刘琳主编:《全宋文》(第三四九册),上海,合肥:上海辞书出版社,安徽教育出版社,2006年,第357页。

识与命名的既定前提之下的,真正考验的是士人的阅读经验是否广博、是否在学识层面贯通古今。在这个意义上,"博物"即备受士人的推崇,并以之作为自我要求的准绳,所谓"博学之,审问之,慎思之,明辨之,笃行之",应该就包含这个意思。不难理解,古人所说的"博物"更偏重于学识经验的范畴,它鼓励通过后天的勤学以求延承既定的经验传统,并没有凸显真正意义上发现与命名的价值。这显然与西方哲学中所谓探求"物自体"还相距甚远,与西方文学中类似于地理大发现式的"博物"也迥然有别。

二、"博物"应以通达义理为上

"博物"固然值得人们毕其一生去追求,"博物君子"确实深受人们的景仰,不过在有些士人看来未必如此,因为"物"的辨识应以"理"的感悟为根本。唐代刘知幾有云:"魏朝之撰《皇览》,梁世之修《遍略》,务多为美,聚博为功,虽取悦小人,终见嗤于君子矣。"①所论虽并不专指《博物志》之类的著作,但贬抑博物的倾向还是较为明显的。此外,宋人欧阳修也论及其"博物"观:

> 螟蛄是何弃物,草木虫鱼,诗家自为一学。博物尤难,然非学者本务。以其多不专意,所通者少,苟有一焉,遂以名世。当汉、晋武帝,有东方朔、张华,皆博物。②(欧阳修《笔说·博物说》)

在欧阳修看来,"博物""非学者本务",即使未能辨识"草木鸟兽之名",亦不应苛责,因为真正的"博物君子"乃世间稀罕物。欧阳修的言外之意不难想见,能"博物"者固然可喜,未能"博物"者亦不必自贱。既然如此,"博物"之于士人求学问道又意味着什么呢,换言之,士人极为看重的"博学"与"博物"之间有何关联呢?明人胡直认为:

> 夫子所称博学,言无适非学也。彼诵书考古、博物洽闻,特学一事耳,而非言博学也。……夫以事亲,事君,至于妻子、朋友、耕稼,死而后已。学如是,何其博也。若夫读书考古、博物洽闻,特学一事耳,而未可言博学也。③

---

① (唐)刘知幾撰,(清)浦起龙释:《史通通释》(上),上海:上海古籍出版社,1978年,第117页。
② 余冠英、周振甫、启功、傅璇琮主编:《唐宋八大家全集·欧阳修集(下)》,肖丁、杨梦东、赵晓曼整理,北京:国际文化出版公司,1997年,第1457页。
③ (明)胡直撰:《胡直集》(下),张昭炜编校,上海:上海古籍出版社,2015年,第586—587页。

在其看来,精通人伦纲常与农事稼穑之类的学问,方可谓之"博学",而"博物"只是其中一部分而已,"博物"不等同于"博学"。此论显然意在强调"博物"应纳入儒家所谓"人学"思想范畴去对待,因为不存在超然于儒家义理之外的所谓"博物君子"。对此,西方博物学者洪堡亦有类似言说:"自然也必须借由人的感受来体察。"①因此,相较而言,胡直所论还是较为平和畅达的。与之相类似,元人刘因对"博物"境界亦有持平之论:"呜呼!人之于古器物也,强其所不可知而欲知之,则为博物之增惑也。"②古往今来,因种种原因确实会导致某些名物难以辨识,在此情形下,出于博物的动机去追求所谓"知其不可辨而辨之",这对于"博物"本身行为而言实是无谓的,有违"知之为知之,不知为不知,是知也"的圣人之训。对此无谓之"博物",元人吴海予以抨击:

> 其言(指诸子百家杂言邪说)或放荡而无涯,或幽昧而难穷,或狎志易入,或近利而有功,故世鲜有不好之者。至其诙谐鄙俚,隐谬神怪之浅近可笑,诞妄不足信者,则俗儒贱工又争取以为博物洽闻。③

不过,对"博物"非议更多者,应属明人方孝孺。在其看来,多闻多识之类的"博物",若不能贯之以"理"、通之以"心","博物"极有可能走入歧途:

> 君子之学贵乎博而能约。博而不得其要,则泆漫而无归。徒约而不尽乎博,则局滞而无术。孔子、孟子可谓博矣,然而孔子曰:"吾一以贯之",孟子谓将以反说约也,则其用心可知也。盖尽万物之变,而能会之于一心,穷万事之情,而能折之以一理,此圣贤之所贵也。索乎人所不可知,攻乎道所不必知,以炫俗惊世,此曲士之所务,君子不取也。世称张茂先为博物,吾观其所著书,何其异哉!诗曰:"天生蒸民,有物有则,"此物之至要,而不可不求其理者也。至于鸟兽草木之名状,与古者之异言怪说,有所不知,何病其为君子?茂先独汲汲

---

① [德]安德烈娅·武尔夫:《创造自然:亚历山大·冯·洪堡的科学发现之旅》"前言",边和译,杭州:浙江人民出版社,2017年,第5页。
② (元)刘因撰:《静修集》卷十《饕餮古器记》,《文渊阁四库全书》第1198册,上海:上海古籍出版社,1987年,第662页。
③ (元)吴海撰:《闻过斋集》卷八《书祸》,见(清)蔡世远编:《古文雅正》,《文渊阁四库全书》第1476册,上海:上海古籍出版社,1987年,第258—259页。引文中着重点均为笔者所加,下不赘言。

焉纂述惟恐其不详,而于至要而当知者,反无所明焉。其所务若此,可谓知所先后乎哉?身为辅相,视乱伦悖教之事皆不之顾,至于张林孙秀犬豕之徒,卒见杀于其手,博物之智果安在耶?士不知道,而多闻之为务,适足以祸其身而已。①

在此,方孝孺推崇的并不是"博物",而是物"理"。"异言怪说""万方殊物"的背后其实皆由"理"主宰,"理"有尽而"物"无穷,因而明"理"为要,一味倡导"多闻""多见""多识"等常态的博物行为皆属偏执之见,不必予以推崇。因而方氏对张华《博物志》评价极低。

应该说,此类论说是对此前"博物"观念的纠偏与深化。大千世界仪态万千,欲穷尽万事万物不大可能。在欧阳修、胡直、方孝孺等人看来,若止步于辨识殊方异物、稽古考订之类的"博物"层面,那势必物于物而难以物物,纵然无所不知,亦依然只是空劳心力罢了。正如时人所言:"炎皇博物明理而有本草之经"②,真正的"博物君子"还应以通达义理为要。尽管仍有个别士人认为天下亦有理外之事,博物者不可不知,但对于智者而言,这种现象终归还是少数。因此,这种以"理"为上的"博物"观念,显然更为平和。

三、"博物"作为文学著述方式

如果说此前两类"博物"更偏向于日常生存中的识见检验与义理审问,本身具有现实指向的意味,那么此类"博物"则多偏重于文学世界的虚拟构建,具有作者自我重塑的色彩。古代文学中的博物书写传统即与此密切相关。从词性结构而言,此处"博物"由之前动态的通晓万物之义衍变为相对静态的备陈万物之义。在"看"与"被看"的视角转换下,"博物"本身发生了主体性变化。在"通晓万物"的语境下,博物者"我"的主体性得到极度张扬,"物"虽淡隐却不卑弱,"物"之识辨印证了主体的超凡脱俗。在"备陈万物"的语境中,表面上看"物"的主体性亦得到彰显,"物"似乎成为首屈一指的主角,但是实则"物"显得更加卑弱与被动,原因在于"物"因"我"而得以存在。在后一"博物"情形下,如何备陈万物,则是叙事

---

① (明)方孝孺:《逊志斋集》,徐光大校点,宁波:宁波出版社,1996年,第119—120页。
② (元)吴澄:《吴澄集》(二),方旭东、光洁点校,北京:中国社会科学出版社,2021年,第556页。

形式的问题①,随之而来也会出现相应的价值取向的问题,论题"博物叙事"的生成与命名即与此紧密关联。

著述形态的博物类型,对于惯常舞文弄墨并且擅于想象之辈而言,应该并非难事,当中关键之处在于撰述与构思的对象需以奇异为准的,惟此方可得到世人之关注。在此情形下,博物与尚奇之风即发生了密切关联。《山海经》中的奇山异兽、《博物志》中的异域珍物,无不构成此类作品之所以为世人津津乐道的基质。而事实上,此前现实语境中的博物也与标榜奇异之风相关联。因此,可以认为恰恰是诸如"奇"与"常"、"怪"与"正"之类的二元思维的存在与转化,才使得博物行为本身得以受人瞩目。换言之,尚奇重怪的心理是博物赖以发生的基础所在。古人无数言说已充分印证了这一情形:所谓"世好奇怪,古今同情"②,所谓"怪、力、乱、神,俗流喜道,而亦博物所珍也"③,所谓"博学者极意研思,大率矜言奇异,俾世人耳目一新"④……其实皆在彰显世人的好奇心理是博物行为发生的前提,同时也是博物之举备受赞誉的根本所在。需要关注的是,早期相关博物类的著述为何是此种奇异之态,而非别种奇异之态。我们认为,这与博物者的思想背景与身份特征相关联。博物者普遍受到当时方术、神话以及阴阳五行思想的影响,使得《山海经》《博物志》《玄中记》等早期小说呈现出想象奇异的著述特点。明人胡应麟认为:"古今称博识者,公孙大夫、东方待诏、刘中磊、张司空之流尚矣。……两汉以迄六朝,所称博洽之士,于术数方技靡不淹通。"⑤王瑶先生在《小说与方术》中指出:"无论方士或道士都是出身民间而以方术知名的人……利用了那些知识,借着时间空间的隔膜和一些固有的传说,援引荒漠之世,称道绝域之外,以吉凶休咎来感召人;而且把这些来依托古人的名字写下来,算是获得的奇书秘籍,这便是所谓小说家言。"何谓"小说"? 王瑶先生认可三国时吴人薛综注释张衡《西京赋》"小说九百,本自虞初"一句时的说法:"小说,攻巫厌祝之

---

① 谭帆先生认为,"秩序性"与"时空性"是"叙事"概念的基本内涵之一。参谭帆:《"叙事"语义源流考——兼论中国古代小说的叙事传统》,《文学遗产》2018年第3期,第96页。
② (东汉)王充:《论衡》,上海:上海人民出版社,1974年,第78页。
③ (明)胡应麟撰:《少室山房笔丛·九流绪论下》,上海:上海书店出版社,2009年,第130页。
④ "百一居士"《壶天录》自序,转引自丁锡根编著:《中国历代小说序跋集》(下),北京:人民文学出版社,1996年,第978页。
⑤ (明)胡应麟撰:《少室山房笔丛·华阳博议下》,上海:上海书店出版社,2009年,第133页。

术。"①学者王昕也认为:"古代博物之学并非科学的自然史知识,而是建立在方术基础上的,包含着人文性和实用性的一套价值系统和认识方式。"②可见,包括《山海经》《博物志》在内的早期小说与方术有着密切关联,方术的展现方式与内容选择等因素决定了博物者相应的表达形态与著述取向。在此情形下,博物色彩鲜明的《博物志》等文人著述,大体即呈现出与方术等门类相似的奇异风貌,而《金瓶梅》与《红楼梦》之类通俗小说中的博物叙事则可谓其余波。

"博物"概念在中国古代文献中的主要意涵大体如上,有侧重现实语境而着眼的,有侧重义理评判而定性的,有侧重奇特构思而立论的,语义虽经过衍生,但基本内涵还是较为稳定的,那即是以奇为上、以广为求、以通为的。"博物"的三重内涵虽大体有别,但其实是历时共存的。在整体审视过程中,应该秉持历史与发展的双重眼光来看待古人所谓"博物"。不论如何,作为一种叙事形态的"博物"叙事,在中国古代小说史上则一直贯穿始终,呈现出气象万千的不同特征。换言之,并不是所有的小说皆属博物小说,但古代小说普遍皆有博物叙事的属性。

与此相对照的是,人们往往将西方文化语境中 natural science 或 natural history 与中国古代文化语境中的"博物"相对译。显然,这从译介学视角来说,即已然说明中西博物之鲜明差别,由词源本身衍生而来的博物叙事形态之差异就属意料之中了。在中国传统文化中原有"博物"一词,与"自然史"当然并不精确相同,甚至还有着相当大的区别,但是在"搜集自然界的物品"这种最原始的意义上,两者确实也大有相通之处,故以"博物学"对译 natural history,大体仍属可取,而且已被广泛接受。整体来说,"整个西方博物学(自然志)都是如下两个传统相结合的产物:一个是百科全书式的写作传统,一个是对自然的观察、记录和描述传统。前一传统是文人传统,后一传统或出自纯粹的知识兴趣,或出自医学上的实用诉求。"③据此可推知,西方文学与西方小说中的博物传统,其实是以西方神学与科学为内核的,相关博物叙事其实也是在开拓异域世界的过程中

---

① 王瑶:《中古文学史论》,北京:北京大学出版社,1986 年,第 103 页。
② 王昕:《论志怪与古代博物之学——以"土中之怪"为线索》,《文学遗产》2018 年第 2 期,第 129 页。
③ 吴国盛:《西方近代博物学的兴衰》,《广西民族大学学报》(自然科学版)2016 年第 1 期,第 18 页。

的文学书写,偏重于质实性与感知化。

第二节　中国古代小说博物叙事综观

正如以上考论所言,中国古代的博物书写其实渊源有自而且流脉深远,因而在小说博物叙事方面表现出本同而末异的书写色彩。因此,我们在中国古代小说中,选取最具典型意味的两类博物叙事作品来加以述论。

一、文言小说与博物叙事:以《山海经》与《博物志》为例

古代博物类典籍的两部经典之作,《山海经》与《博物志》的博物叙事有着密切关联。宋代李石在《续博物志自序》中即指出两书有着紧密的承传关系:"张华述地理……虽然华仿《山海经》而作"[1]。清代汪士汉《续博物志序》有言:"华所志者,仿《山海经》而以地理为编。"[2]当下也有不少研究者认为《山海经》就是一部原始的博物志,是中国博物学的源头"[3]。因此,我们以《山海经》与《博物志》作为早期文言小说代表,来考察其中的博物叙事意味。

1. 叙事内容:广博化而非散漫化

如上所言,"博物"在古代文人著述语境中,本身就有备陈万物之义。因而,追求记载内容的广博化,即是《山海经》与《博物志》之为"博物书"的基本要义。作为早期小说形态的两部博物典籍,题材内容上确实相对广博,豁人心胸不少,但却并非散漫芜杂。从载述形式上看,《山海经》仿照古代地理书的体例,以诸如"南山经第一""西山经第二""海内经第十八"的样式来分领全篇,各篇亦分别记录远方珍异、他国奇俗等内容,无论是形状、性质、特征还是成因、功用,大抵均有详略不等的描述,内容确实非常繁多。先秦时期民众的世界图景,藉此得到大致呈现。就《博物志》而言,情况亦是基本如此。现今所见十卷《博物志》中,大体也是载录山川、物产、人民、异类、鸟兽、物性、物理、方士、典制、异闻、杂说等奇异内容,同

---

[1] 丁锡根编著:《中国历代小说序跋集》(上),北京:人民文学出版社,1996年,第90页。
[2] 同上书,第91页。
[3] 刘宗迪:《〈山海经〉并非怪物谱,而是博物志》,《绿色中国》2018年第12期,第61页。

样十分繁富。虽撰述次序较之《山海经》相对更为理念化,但实质内容却从形式上看与《山海经》差别不大。从全书整体来看,虽然胡应麟认为"博物,杜阳之祖也"(即《杜阳杂编》)之论,但有关地理博物方面的内容仍占最突出地位,这与《山海经》是类似的。与此不同的是,后世不少同样归属"小说家类"的所谓类书体小说,如宋人李石所撰《续博物志》、明人董斯张所撰《广博物志》,"侈谈怪力乱神,热衷搜集人类耳目不及的奇人异事、绝域方物"①,载录边界有别于《山海经》与《博物志》,因而并不具备《山海经》与《博物志》的典型叙事意味。

必须指出的是,《山海经》与《博物志》的内容广博性,固然是作者追求"博物君子"所致,不过就各自内容来源来说则不尽相同。通常认为,《山海经》的广博内容源自于先民当时的实际认知状况,所载内容即是先民有关世界认识的知识性反映,现实指向性较强,虚构意味并不明显。而《博物志》的相关内容除了承袭包括《山海经》在内的之前典籍载录,还吸纳了不少当时的民间传说、方术伎艺甚至街谈巷语等内容,书斋趣味较浓厚。换言之,《博物志》刻意"博物"的主观色彩更为明显,秦汉之前那种古朴活脱的博物意味淡化不少。这也反映了博物叙事的人化意味,此后相关小说的博物叙事特征于此初露端倪。

2. 叙事旨趣:奇异性而非故事性

好奇尚异,自古皆然。在今人看来,追求与呈现奇异之美亦是普通民众崇尚博物与博物者热衷博物的初衷与目的所在,而奇异之质往往又成为有无故事性的重要评判基石,因此研究者往往将两者关联一体。就《山海经》与《博物志》来看,作者是否"作意好奇",那倒值得深究。《山海经》中"精卫填海"("北山经")、"黄帝战蚩尤"("大荒北经")等相关载述,《博物志》中《八月槎》(卷十)、《东方朔窃桃》(卷八)等有关篇章,以神话思维讲述离奇情节,故事意味极强,读者往往视之为志怪小说。不过,在作者看来,奇则奇矣,未必可做小说看。这与当时人们的认识水平与作者的创作观念密切相关。

在人类早期社会中,对宇宙自然的认识较为蒙昧而混沌,诸多难以解释的现象往往皆以神话式思维去对待,并且将其作为实践行动中的知识经验笃信不疑。而在此后的社会变化与发展过程中,此前难以理解的困

---

① 刘天振:《明代类书体小说集研究》,北京:中国社会科学出版社,2014年,第250页。

惑相应地得以合理解释,因而相关怪异记载相对减少。对此,针对人们以奇异眼光来看待《山海经》的现象,晋人郭璞有较为深刻的认识:"世之所谓异,未知其所以异;世之所谓不异,未知其所以不异。何者？物不自异,待我而后异。异果在我,非物异也。"①也就是说,审视者主体是否意识到"奇异",是《山海经》"奇异"能否成立的关键。若阅读者眼界显豁,就不必将"精卫填海"之类的记载以奇异眼光而看待,所谓故事性那就无从谈起。另外,《山海经》的奇异之感可能与书中大量象喻化叙事有关。因在早期社会,诸多事物尚难以确切辨别与命名,因而与当时的思想认识产生隔阂,故此要叙述外在对象时往往用熟悉而又生硬的喻词来加以总体呈现,后世读者对书中所要叙述之对象产生奇异之感就在所难免了。(但事实上对当时的民众而言可能至为熟悉不过。)例如,《山海经·南山经》有言:"又东三百里柢山。多水,无草木。有鱼焉,其状如牛,陵居,蛇尾有翼,其羽在魼下,其音如留牛,其名曰鯥,冬死而夏生,食之无肿疾。"②此"鯥"在当下不少学者看来,其实并不奇异,就是平常所说的穿山甲而已,只是这种叙事方式使得读者感觉奇异罢了。

至于《博物志》的奇异意味,因其"剌取故书"的创作方式,鲁迅先生即严加质疑:"殊乏新异,不能副其名,或由后人缀辑复成,非其原本欤?"③言外之意,《博物志》实在缺乏称奇之处,以致背离了"博物志"这一名称。我们认为,这一问题需要回到作者张华的创作实际去理解。翻开《博物志》,我们可以看到诸多类似的载述形式:"《河图括地象》曰:……""《史记·封禅书》云:……""《周书》曰:……""《神农经》曰:……"显然,这种叙事形式反映了张华的"怪异"观:是否怪异,应以典籍作为评判依据;纵然有所怪异,因其载籍的经典性也不应以之为怪。这与同时期王嘉的看法有相似之处:"故述作书者,莫不宪章古策,盖以至圣之德列广也。是以尊德崇道,必欲尽其真极。"④综合而论,可以看出张华创作《博物志》的初衷就不是炫奇呈异,其仅仅是在展现被时人普遍接受的具有神怪意味的博物知识而已,而不是将其作为神怪故事来津津乐道。只不过物换星移之

---

① (晋)郭璞:《山海经序》,转引自丁锡根编著:《中国历代小说序跋集》(上),北京:人民文学出版社,1996年,第5页。
② 袁珂校注:《山海经校注》(最终修订版),北京:北京联合出版公司,2014年,第3—4页。
③ 鲁迅:《中国小说史略》,上海:上海古籍出版社,1998年,第25页。
④ (晋)王嘉撰:《拾遗记》,萧绮录,齐治平校注,北京:中华书局,1981年,第72页。

下,今人觉之为奇,并以为故事罢了。

据此而言,《山海经》与《博物志》或许确有不少载述奇异之处,但这只是时人认识水平与对待过往态度之反映,而在今人小说观念与叙事观念主导之下,研究者往往推崇《山海经》与《博物志》中故事性较强的篇什,这种理念实在不得两书趣味之三昧。要之,两书虽有奇异之风,但并不决然存在故事趣味。

3. 叙事原则:实录性而非合理性

与"小说大抵非实录"[①]的精神相比,《山海经》与《博物志》之所以能载录于历代官私书目,恰恰根植于实录原则。通常意义上所谓"实录",源自于班固对司马迁品格的褒扬:"善序事理,辨而不华,质而不俚,其文直,其事核,不虚美,不隐恶,故谓之实录。"[②]这实际上是从内容与形式两方面肯定司马迁实事求是的史学精神。而《山海经》与《博物志》中的"实录"与此稍有不同,或强调载述内容真实可信,或强调其载述行为本身可信。

对于《山海经》的实录特点,不少古人均有辩护。汉代刘歆《上〈山海经〉表》有云:"《山海经》者……皆圣贤之遗事,古文之著明者也。其事质明有信。……可以考祯祥变怪之物,见远国异人之谣俗。……博物之君子,其可不惑焉?"[③]此论指出了《山海经》的实录性,同时也肯定了其载录内容的可信性,认为此类知识记载,有益于祛惑。晋代郭璞《山海经序》有言:"盖此书跨世七代,历载三千……余有惧焉。故为之创传,疏其壅阂,辟其荒芜,领其玄致,标其洞涉。庶几令逸文不坠于世,奇言不绝于今,夏后之迹,靡刊于将来;八荒之事,有闻于后裔……非天下之至通,难与言《山海》之义矣。于戏!达观博物之客,其鉴之哉!"[④]可见,郭璞之论依然旨在表明自身以实录精神去维系《山海经》实录叙事的价值。清代阮元亦认为:"是经为山川舆地、有功世道之古书,非语怪也","然上古地天尚通,人神相杂,山泽未烈,非此书未由知已。"[⑤]显然,阮元也是强调《山海经》

---

① (明)冯梦龙编著:《警世通言》"第一卷 眉批",余雨校点,济南:齐鲁书社,1995年,第16页。
② (汉)班固撰:《汉书》,北京:中华书局,2007年,第622页。
③ 丁锡根编著:《中国历代小说序跋集》(上),北京:人民文学出版社,1996年,第4页。
④ (晋)郭璞:《山海经序》,转引自丁锡根编著:《中国历代小说序跋集》(上),北京:人民文学出版社,1996年,第6页。
⑤ (清)阮元:《刻〈山海经笺疏〉序》,参郝懿行:《山海经笺疏》,成都:巴蜀书社,1985年,第1页。

的实录品格。因此,与今人有关《山海经》的认识确有不同,古人往往看重的是《山海经》的实录特点。至于其中呈现的种种神怪玄异之态,或许对于时人而言是极为正常的,但对于现今读者来说就难以接受了。

至于《博物志》,其中的实录意识就更为明显了。张华自序《博物志》云:"视《山海经》及《禹贡》、《尔雅》、《说文》、地志,虽曰悉备,各有所不载者,作略说。……略而言之,正国十二,博物之士览而鉴焉。"① 由此可以推测,张华撰写《博物志》虽有"补遗"动机,但客观上却受到此前相关典籍影响,并将相关内容援引至《博物志》。这种撰写与著录情形是"实录"的表现形式之一。此外,若梳理全书,也能看到张华著述的"实录"印迹。且看以下材料:

> 景初中,苍梧吏到京,云:"广州西南接交州数郡,桂林、晋兴、宁浦间人有病将死,便有飞虫大如小麦,或云有甲,在舍上。人气绝,来食亡者。虽复扑杀有斗斛,而来者如风雨,前后相寻续,不可断截,肌肉都尽,唯余骨在,更去尽。贫家无相缠者,或殡殓不时,皆受此弊。有物力者,则以衣服布帛五六重裹亡者。此虫恶梓木气,即以板鄣防左右,并以作器,此虫便不敢近也。入交界更无,转近郡亦有,但微少耳。"(卷二)

> 近魏明帝时,河东有焦生者,裸而不衣,处火不燋,入水不冻。杜恕为太守,亲所呼见,皆有实事。(卷五)

> 秦之西有义渠国,其亲戚死,聚柴积而焚之勳之,即烟上谓之登遐,然后为孝。此上以为政,下以为俗,中国未足为非也。此事见《墨子》。(卷二)

> 《神仙传》云:"松柏脂入地千年化为茯苓,茯苓化为琥珀。"琥珀一名江珠。今泰山出茯苓而无琥珀,益州永昌出琥珀而无茯苓。或云烧蜂巢所作。未详此二说。(卷四)

---

① (晋)张华撰:《博物志校正》,范宁校正,北京:中华书局,1980年,第7页。

>凡月晕,随灰画之,随所画而阙。(《淮南子》云:"未详其法。")(卷四)①

在上述材料中,张华仅仅将其所闻所见之事记录而已,至于实际情形是否合理可信,只是借助相关人士与典籍来叙述,并没有表露自己的主观态度(通过载录行为本身,客观上却说明张华是认可其事的)。正是借助此类看似平实冷峻的笔调,《博物志》在传统文化语境下得以流传久远。

4. 叙事结构:秩序化而非体系化

由于文献散佚等客观因素,当今所见到的《山海经》与《博物志》其实并非两者的真实原貌。尽管如此,我们还是能从当下版本中见到作者赋予其间的相应结构形态。出于备陈万物的考虑,两书作者尽可能使得各自著作在叙事结构上秩序化,但却并不追求内在关联的体系化。博物者必定深知,追求结构的体系化犹如作茧自缚,极有可能走向"博物洽闻"的反面。

先看《山海经》的叙事结构。从整体结构来看,全书以方位转换为依托,大体按照"南—西—北—东"次序来展开叙事("大荒经"与"海内经"部分例外):"南山经第一"—"西山经第二"—"北山经第三"—"东山经第四"—"中山经第五""海外南经第六"—"海外西经第二"—"海外北经第三"—"海外东经第九""海内南经第十"—"海内西经第十一"—"海内北经第十二"—"海内东经第十三""大荒东经第十四"—"大荒南经第十五"—"大荒西经第十六"—"大荒北经第十七""海内经第十八"。为何以此种次序来展开叙事,确实令不少研究者困惑。叶舒宪在《〈山海经〉的方位模式与书名由来》一文中试图从中国古代科技史与考古史研究视角做出回应,推测这是远古空间平面图与时下地图方位完全相反所致,也是远古以神话思维为主导的方位政治学的体现②。所论给人以启发,但深层原因似乎还未有确论。我们认为,如何解释"南—西—北—东"这一方位次序的安排与转换,确实是值得研究者费心所在,但无论如何,这一方位次序已然从宏观层面展现了《山海经》秩序井然的叙事原则。或许后世相关著作再没有类似次序安排的实例,但《山海经》这一典籍"南—西—北—东"的

---

① (晋)张华撰:《博物志校正》,范宁校正,北京:中华书局,1980年,第25,63,24,48,46页。

② 叶舒宪:《〈山海经〉的方位模式与书名由来》,《中国文字研究》1999年第0期,第302—317页。

叙事结构本身即构成了秩序,其趋向秩序性的叙事特征是不容置疑的。从各部分具体叙事来看,也依然言之有序。傅修延先生在《先秦叙事研究:关于中国叙事传统的形成》中提到,《山海经》此种叙事模式极为普遍:×处有×焉,其状如×,其音如×,其色如×,名曰××……①所论确然。通过将叙述客体多重象喻化,远方殊物的奇异之貌变得十分感性与生动。这种叙事模式在书中确实颇具典型性,说明早期民众的叙事思维看似质朴实则还是有其自觉性的。

再看《博物志》的叙事结构。在通行本《博物志》中,前四卷分别载录地理山川、远国异俗、奇珍物性等内容,对每部分内容也是如同《山海经》那样进行感性化描述与界说,这与《山海经》秩序化叙事是一致的;后六卷则主要载述名物、典制、方士、史识、异闻等人文历史性内容,相对而言更加具有叙事思维上的概念性与抽象性,这是《山海经》所不具备的。这样的叙事结构看似杂乱无章,实则以偷梁换柱的形式沿袭了《山海经》的叙事精髓,所谓神似而非形似是也。当然,这样的结构变化并不意味着《博物志》比《山海经》叙事更高明,它仅仅说明在张华那里,"博物"之范围相对更为宽广,而宽广的背后则是对"物"的认识更为深入与明晰。

如此看来,"博物"虽有备陈万物之义,但是否条理化地陈叙万物,却并不决然是应有选项。不过,就《山海经》与《博物志》等早期博物类典籍来看,博物叙事自其产生之初即是秩序井然的,这在相当程度上映证了"博物"与"叙事"彼此互训的本真涵义。由上述分析还可看出,博物叙事原本即是古人叙事过程中分类意识的重要体现。可以说,特定的分类标准是特定思想观念的体现。分类意识的出现与变化,是人类思想认知从混沌走向清明之始,是人们对世界认知日益走向深入的有效表征。无论是以方位移换为序,还是以具体的山川地理、远国异俗等条目为纲,其实都反映了《山海经》与《博物志》博而有序的叙事法则,反映了时人的世界认识与社会感知达到了一定水准。认清此问题,同样有益于加深对本论题的理解。

文言小说的博物叙事特征大抵如上,其以"博物"的原初语义为核心,通过对成序列的个体之物进行整体炫奇呈异式叙写,给人以极为震撼的博物洽闻之感。从具体叙事形态而言,总体上呈现小说与非小说、现实载

---

① 傅修延:《先秦叙事研究:关于中国叙事传统的形成》,北京:东方出版社,1999年,第153页。

述与虚幻衍生等属性兼容的趋向,呈现出怪奇与寻常、整饬与个性之对立转化的格局。就实际叙事价值来看,博物叙事本身即是目的所在,叙述对象各自争奇而彼此互不干涉,有效地从广度上为何以博物提供了正名。这种博物叙事特征在《山海经》与《博物志》等典型的博物小说中有鲜明体现,在《拾遗记》《搜神记》《玄中记》等非博物小说中同样有生动体现,至于诸如《酉阳杂俎》《清异录》《续博物志》《博物志补》等同类博物小说更有明显烙印。可以说,博物叙事是中国古代文言小说叙事传统中极为突出的叙事特征。流波所及,在古代白话小说中也同样可以看到博物叙事的身影,只不过那是稍有改易的身影。

二、白话小说与博物叙事:以《金瓶梅》为例

在《山海经》《博物志》等早期小说之后,博物叙事传统仍得以演进,只不过那种通过集中成规模的方式来展现博物的样式不占主导,取而代之的是以博物视角来聚焦于某个物象、某个场景与某种格调。例如唐人小说的名篇《古镜记》中的"古镜降妖"叙事、明代话本《蒋兴哥重会珍珠衫》中的"珍珠衫"叙事、小说《西游记》中诸种宝物叙事,其实都可以感受到博物叙事的些许印迹。不过,在后世小说中,相对而言还是《金瓶梅》《红楼梦》与《镜花缘》等作品的博物叙事最令人称道。以下我们即以《金瓶梅》为例,来感受古代小说博物叙事的另一重韵味。

1. 基本形态

因小说语体与结构方式以及主旨意趣的转变,《金瓶梅》的博物叙事呈现出多样形态,一改此前小说大肆概陈物事的单一做法,丰富了博物叙事的样貌,增添了博物叙事的生气。

其一,铺陈物象。作为一部反映晚明人情世态为主的世情小说,物象铺陈成为《金瓶梅》常见叙事形态,这些物象往往被作者赋予了独特命意。《金瓶梅》的物象叙写,主要以日常事物为主,不少物象叙写极尽细腻之能事。例如第四十回西门庆叫裁缝替吴月娘裁衣服,以此反映西门庆家族的奢华:

> 先裁月娘的。一件大红遍地锦五彩妆花通袖袄;兽朝麒麟补子段袍儿;一件玄色五彩金遍边葫芦样鸾凤穿花罗袍;一套大红缎子遍地金通麒麟补子袄儿,翠蓝宽拖地金裙;一套沉香色妆花补子遍地锦

罗袄儿,大红金枝绿叶百花拖泥裙。①

除此之外,诸如元宵节放烟花、灯节挂花灯、人际往来赠送的礼品、西门庆帮韩爱姐准备的嫁妆等物象,虽然不再像《博物志》《山海经》当中那样直白地"科普"化表述,甚至铺陈的物象属性也发生了改变——由此前人间罕见的异物变成了更加生活化的常物,但是我们仍旧能明显地感觉到《金瓶梅》对早期博物小说传统的继承——物象铺陈的形式本身就是明显佐证。如果说《山海经》《博物志》中的博物叙事是以奇异之广度引人注目,那么《金瓶梅》的物象铺陈则更主要以奇异之密度而自我敞亮。

其二,辨其名物。因对博物叙事认识的深化,小说家对名物的外形、用途等方面往往亦以博物眼光加以审视,产生了与此前小说大不相同的叙事效果。例如第六十七回中的"衣梅":

> 伯爵才待拿起酒来吃,只见来安儿后边拿了几碟果食,内有一碟酥油泡螺,又一碟黑黑的团儿,用桔叶裹着。伯爵拈将起来,闻着喷鼻香,吃到口犹如饴蜜,细甜美味,不知甚物。西门庆道:"你猜!"伯爵道:"莫非是糖肥皂。"西门庆笑道:"糖肥皂那有这等好吃!"伯爵道:"待要说是梅酥丸,里面又有核儿。"西门庆道:"狗才过来,我说与你罢,你做梦也梦不着,是昨日小价杭州船上稍来,名唤做衣梅。都是各样药料,用蜜炼制过,滚在杨梅上,外用薄荷、桔叶包裹,才有这般美味。每日清晨噙一枚在口内,生津补肺,去恶味,煞痰火,解酒尅食,比梅酥丸更妙。"②

这段叙事中,未出"衣梅"之名,先叙"衣梅"之实,以先声夺人般的叙写使得行文生动有趣。有意思的是,借这"衣梅",我们看到的不只是一个怎样精致美味的食物,而且在西门庆的"你猜"和应伯爵的"猜不着"的互动之中,见到了一个涎脸蹭吃的帮闲人物应伯爵,还有一个带着得意与炫耀心理的西门庆。或许在这里,"衣梅"到底长什么样、是怎么做的、有什么功效其实已经没那么重要,反而是借西门庆给应伯爵进行"科普"的这些细节来突显人物之间的互动,使得趣味妙绝的场面跃然纸上。《红楼

---

① (明)兰陵笑笑生著,(清)张道深评:《张竹坡批评金瓶梅》(上),王汝梅、李昭恂、于凤树校点,济南:齐鲁书社,1991年,第608页。

② (明)兰陵笑笑生著,(清)张道深评:《张竹坡批评金瓶梅》(下),王汝梅、李昭恂、于凤树校点,济南:齐鲁书社,1991年,第1015页。

梦》中王熙凤向刘姥姥描述茄鲞之食材与烹饪之法,其实亦可作如是观。

其三,夸饰方术。在《金瓶梅》中有许多博物叙事是以方术知识为基础的。此前在《山海经》与《博物志》中琵琶半遮的方术,终于得以正大光明地出现于博物形态之列。例如第二十九回吴神仙给西门庆相面,即是整部书的"大关键"处:

> 神仙道:"请出手来看一看。"西门庆舒手来与神仙看。神仙道:"智慧生于皮毛,苦乐观于手足。细软丰润,必享福禄之人也。两目雌雄,必主富而多诈;眉生二尾,一生常自足欢娱;根有三纹,中岁必然多耗散;奸门红紫,一生广得妻财;黄气发于高旷,旬日内必定加官;红色起于三阳,今岁间必生贵子。又有一件不敢说,泪堂丰厚,亦主贪花;且喜得鼻乃财星,验中年之造化;承浆地阁,管来世之荣枯。……"①

在这样的博物叙事中,这些人物仿佛预见了自己的命定一般,读者藉此也可预先感受到相关人物的命运走向。除相术之外,《金瓶梅》中还有围绕巫医巫术的详细叙写,这其实也属于博物叙事。例如王姑子和薛姑子是巫医的典型,月娘求的坐胎符药、西门庆求的梵僧药是巫药的典型,李桂姐为报复潘金莲将其头发踩在鞋底、刘理星给潘金莲回背,则是巫术的典型。它们在小说总体叙事进程中也起到了特定作用。

2. 表现策略

对于创作者而言,如何将博物知识化为小说叙事艺术的有机组成部分,即极具挑战性。在这方面,《金瓶梅》中的博物叙事即为后世小说提供了可堪效仿的典范。约略而言,《金瓶梅》博物叙事的表现策略可大致表现在以下三方面:

其一,韵散结合。这种韵散结合的叙事形式承接自宋元说话传统,又在古代白话小说中开创了新的格局,在调整节奏、渲染场景、铺陈状物、抒情述景等方面发挥自己独特的作用。②《金瓶梅》的博物叙事延续了这一叙事传统,将诗词赋赞与博物叙事有机融合,产生了一种叙事"间离"效

---

① (明)兰陵笑笑生著,(清)张道深评:《张竹坡批评金瓶梅》(上),王汝梅、李昭恂、于凤树校点,济南:齐鲁书社,1991年,第439页。
② 徐德明:《中国白话小说中诗词赋赞的蜕变和语言转型》,《北京师范大学学报》(社会科学版)2008年第2期,第53页。

果,使得博物叙事在形式与内容两方面实现了双重合奏,叙事效应显著提升。这是此前博物叙事中极少出现的。且看小说第十六回的有关"勉子铃"的叙写:

> 说毕,妇人与西门庆脱白绫袄,袖子里"滑浪"一声,吊出个物件儿来。拿在手内,沉甸甸的,弹子大,认了半日,竟不知甚么东西。但见:原是番兵出产,逢人荐转在京。身躯瘦小内玲珑。得人轻借力,展转作蝉鸣。解使佳人心颤,惯能助肾威风,号称金面勇先锋。战降功第一,扬名"勉子铃"。①

可以看出,"勉子铃"是一个非世俗常见的独特性事物象。作者特意借助韵文这一庄重文体来对其细加品鉴、以类似博物心理来详加叙写,实际上是要表现西门庆毫无节度的性生活,在叙事形式与叙事旨趣之间呈现自我消解的张力,进而用以刻画西门庆这一荒诞形象自身。除此之外,《金瓶梅》第十五回对灯楼同样极陈物象,将博物视角融入当中。不妨细看张竹坡眼下诸妻妾赏玩灯楼的情景:

> 但见:山石穿双龙戏水,云霞映独鹤朝天。金莲灯、玉楼灯(旁批:金莲、玉楼合写),见一片珠玑(夹批:金莲、玉楼作起);荷花灯、芙蓉灯(旁批:金莲、瓶儿全写),散千围锦绣。绣球灯,皎皎洁洁,雪花灯,拂拂纷纷。秀才灯(夹批:温秀才等),揖让进止,存孔孟之遗风;媳妇灯,容德温柔,效孟姜之节操。(旁批:四句内,一刺西门,一刺月娘也)②

结合小说评点,不难看出这段博物赋赞,不仅仅是对灯市热闹之景的简单描绘,更与相关人物命运相对应,故而张竹坡总结此赋"妙在将有名人物俱赋入,见得一时幻景不多时"③。换言之,博物叙事之赋赞在此构成了"有意味之形式"。

其二,虚实相生。古今认识水平的差异,使得早期小说的博物叙事在遵从实录原则下呈现似伪如真、亦虚亦实的特性。这个传统的遗存使得

---

① (清)李渔:《李渔全集·第十二卷·新刻绣像批评金瓶梅(上)》,杭州:浙江古籍出版社,1999年,第196页。
② (明)兰陵笑笑生著,(清)张道深评:《张竹坡批评金瓶梅》(上),王汝梅、李昭恂、于凤树校点,济南:齐鲁书社,1991年,第110页。
③ 陈昌恒整理:《张竹坡评点〈金瓶梅〉辑录》,武汉:华中师范大学出版社,1986年,第167页。

《金瓶梅》博物叙事同样呈现虚实相生的意味。"梵僧药"的叙写就是这样的典型。

梵僧药的首次出现是在第四十九回："形如鸡卵,色似鹅黄。三次老君炮炼,王母亲手传方。外视轻如粪土,内觑贵乎玕琅。比金,金岂换,比玉,玉何偿?"①在这段描写中,笑笑生不仅将其相关知识借梵僧口吻道出,还利用了一大段赋语、一系列物象来煞有其事地夸赞它的功效。其实不然。一方面,明代中期确有类似梵僧药的载述,却已然被视为伪药而遭痛恨②。另一方面,《金瓶梅》出于刻画西门庆纵欲的个性,仍坚持将此虚假之药以博物眼光写入小说之中。问题是这个胡僧既然是佛教徒,如何又说他的药是"老君炼就,王母传方"呢?太上老君和王母显然是道教神祇,故而于理不通。因此,通过文本自身就足以说明胡僧药尽是小说家荒诞不经之言。这种有目的性的虚构、特意为之的博物叙事,我们却同样不能忽视,因为它们当中蕴藏的博物知识虽不可靠,但笑笑生却巧借了博物叙事的形式使得它有了更深层次的价值和意味。读者接收的是虚假的知识信息,感受到的却是精湛的叙事匠心。

其三,视角变换。博物叙事本身带有"广见闻"的本质属性,如何有效地"广见闻",则与叙事视角紧密相关。在早期小说那里,由于叙事内容相对简洁,博物叙事多以全知视角而呈现,以此真正反映小说家的博物眼光。但在《金瓶梅》的博物叙事中,我们却能够比较明显地感觉到客观叙写笔调下视角的频频转换,同样有效地呈现了小说的博物意味。例如第十一回西门庆眼中的潘金莲和孟玉楼:"二人家常都带着银丝鬏髻,露着四鬓,耳边青宝石坠子,白纱衫儿,银红比甲,挑线裙子,双湾尖趫,红鸳瘦小,一个个粉妆玉琢"③;第五十九回西门庆眼中的郑爱月:"不戴鬏髻,头上挽着一窝丝杭州攒"④,"上着白藕丝对衿仙裳,下穿紫绡翠纹裙,脚下露红鸳凤嘴,胸前摇宝玉玲珑"⑤。在限定视角下,藉此博物叙写,西门庆

---

① (明)兰陵笑笑生著,(清)张道深评:《张竹坡批评金瓶梅》(上),王汝梅、李昭恂、于凤树校点,济南:齐鲁书社,1991年,第402页。
② (明)沈德符:《万历野获编》(上),黎欣点校,北京:文化艺术出版社,1998年,第303页。
③ (清)李渔:《李渔全集·第十二卷·新刻绣像批评金瓶梅(上)》,杭州:浙江古籍出版社,1999年,第126页。
④ (清)李渔:《李渔全集·第十三卷·新刻绣像批评金瓶梅(中)》,杭州:浙江古籍出版社,1999年,第370页。
⑤ 同上。

的猎艳心理与相关女性相貌个性均得到了呈现,小说逼真如画的叙事效能相对此前明显更为突出。

3. 价值功能

同早期博物类小说相比,博物知识融入《金瓶梅》的叙事之后,其功用已经相较最初变得更为复杂和多样。如果说早期的博物类小说更注重博物叙事的外显性、知识性功能,那么《金瓶梅》的博物叙事则更具内敛型、艺术性功能。换言之,"兰陵笑笑生"在展现"烟霞满纸"的奇异世界之时,将此琳琅触目的奇物异象、奇观异境真正融入了小说主体叙事的有机链条之中,进而实现了博物叙写的双重价值。

其一,引线穿针:博物叙事与情节演进。

作为古代世情小说的典范之作,博物叙事在《金瓶梅》叙写世情的过程中起着牵引关合的微妙作用。不妨看看孙雪娥和春梅的"恩怨史"。第十一回孙雪娥与潘金莲、春梅这一对主仆结下了仇怨,后来春梅进了守备府得宠,正遇孙雪娥与来旺拐财被抓,要被发卖。春梅抓住机会将她买进守备府,然后伺机报复,让她做鸡尖汤。这当中就有一段博物叙事,演绎了一段绝妙情节:

> 原来这鸡尖汤,是雏鸡脯翅的尖儿碎切的做成汤。这雪娥一面洗手剔甲,旋宰了两只小鸡,退刷干净,剔选翅尖,用快刀碎切成丝,加上椒料、葱花、芫荽、酸笋、油酱之类,揭成清汤。盛了两瓯儿,用红漆盘儿,热腾腾,兰花拿到房中。①

这一段描写照应小说开篇所说孙雪娥擅造汤水。然而,无论此时孙雪娥将鸡尖汤做得美味与否都是无谓的——它本来就只是春梅用以惩戒孙雪娥的一个借口。当然,这里把鸡尖汤换成别的食物也是一样的,但无论是什么食物,如果缺少了此类博物叙事,都会减少情节的生动而奇异之感。与此同时,又因此"鸡尖汤"终被弃置,使得孙雪娥"用心在做"与庞春梅"存心不吃"之间形成了绝妙的叙事张力。在前后映照的博物叙事中,小说那种"千里伏脉"的深悠之感油然而现。此类博物叙写的存在使得

---

① (清)李渔:《李渔全集·第十三卷·新刻绣像批评金瓶梅(下)》,杭州:浙江古籍出版社,1999年,第437页。

《金瓶梅》绝非"间间之作"①。

其二,物色识人:博物叙事与人物叙写。

在《金瓶梅》中,博物叙事与人物之间的关系其实是比较直接和显性的,我们能从博物叙事中观察到人物的身份地位以及性格特征。这点也是此前小说博物叙写不曾出现的。作为《金瓶梅》的主角,小说往往将西门庆的形象刻画置于变动不居的情形下来观照,达到了"一"与"多"的辩证统一。在这当中,博物叙事即是最生动的印证。我们不妨细加品读第六十一回西门庆赏花的叙写:

> 且说西门庆到于小卷棚翡翠轩,只见应伯爵与常峙节在松墙下正看菊花。原来松墙两边,摆放二十盆,都是七尺高各样有名的菊花,也有大红袍、状元红、紫袍金带、白粉西、黄粉西、满天星、醉杨妃、玉牡丹、鹅毛菊、鸳鸯花之类……伯爵只顾夸奖不尽好菊花,问:"哥是那里寻的?"西门庆道:"是管砖厂刘太监送的,这二十盆,就连盆都送与我了。"伯爵道:"花到不打紧,这盆正是官窑双箍邓浆盆,都是用绢罗打,用脚趾过泥,才烧造这个物儿,与苏州邓浆砖一个样儿做法,如今那里寻去?"②

谈迁《枣林杂俎·菊谱》中提到菊有金鹤顶、银鹤顶、绛红袍、红鹅毛、状元红、白鹅毛、银蜂窝、金盏银台、荔枝红、大粉息、小粉息等众多品种③,与此处所言大体相似,确实堪称博物。不同的是,赏花自古即为雅事,而在西门庆及其帮闲这里,看似附庸风雅,其欣赏的只不过是菊花盆罢了,确可谓暴殄天物。怪不得连张竹坡都说他们赏花"反重在盆,是市井人爱花"。西门庆的俗气与无趣,也就通过这买椟还珠般的形式表现出来,名为赏花,实则辱花。藉此,西门庆的市井混混的形象再次得到确认——小说博物叙事的反讽意味亦不难想见。

其三,艳歌当哭:博物叙事与旨趣凸显。

除去天赋与艺术修养的因素,"小说家的知识也对小说的思想内涵

---

① 《庄子·齐物论》:"大知闲闲,小知间间"。参杨柳桥撰:《庄子译诂》,上海:上海古籍出版社,1991年,第26页。
② (清)李渔:《李渔全集·第十三卷·新刻绣像批评金瓶梅(中)》,杭州:浙江古籍出版社,1999年,第403—404页。
③ (清)谈迁:《枣林杂俎》,罗仲辉、胡明校点校,北京:中华书局,2006年,第468页。

(主题)具有决定性的作用"①。《金瓶梅》是一部旨在反映家国一体的世情小说,它的情节走向反映出的就是一种大道幽微之感,总体叙事格调呈现出艳歌当哭的风貌。耐人寻味的是,在这颇具博物意味的"艳歌"叙写背后,似乎愈精致、愈惊奇却导致愈哀悯、愈绝望之感受。

先看局部叙事。宋蕙莲是小说中颇具争议的女性形象,为求个人富贵与名利,不惜通过与西门庆通奸来实现野心。小说第二十三回为揶揄此人之出身,刻意叙写其在潘金莲要求之下勉为其难地施展厨艺绝活"猪头肉",确实令人大开眼界:

> 蕙莲笑道:"五娘怎么就知我会烧猪头,栽派与我?"于是走到大厨灶里,舀了一锅水,把那猪首、蹄子剃刷干净,只用的一根长柴禾,安在灶内,用一大碗油酱,并茴香大料拌的停当,上下锡古子扣定。那消一个时辰,把个猪头烧的皮脱肉化,香喷喷五味俱全。将大冰盘盛了,连姜蒜碟儿,用方盒拿到前边李瓶儿房里。旋打开金华酒筛来。②

联系前后相关情节,这段博物叙事其实饱含深意。一方面意在暴露其此前委身于厨子的底色,另一方面却要同潘金莲等人争风吃醋,去赢得主子宠溺。这实在是痴心妄想,此后悲剧结局的确属于咎由自取,"猪头"的隐喻意味可以想见。这显然反映了小说作者对此哀其不幸、怒其不识的无奈,由此也不难看出小说博物叙事的背后所隐含的悲悯情怀。

再看整体叙事。某种程度上,我们可以认为《金瓶梅》就是一部宏大的博物叙事,它当中表现的佳肴、酒器、物什等各类物色是数量庞大、前所未有的。实际上,由于笑笑生保持着客观叙写的态度,笔调也饱含着辛辣讽刺与严正批判,加上小说主体情节整体呈现出的世态炎凉之感,使得这光鲜华丽的博物叙写走向了人性应有追求的反面,进而变得毫无价值。例如,第四十九回中围绕梵僧和梵僧药而展开的大段双关叙写,与其说是博物叙事,不如说是深刻的隐喻。这显然不是出于作者的恶作剧,而是对纵欲之恶的裸露直白的训诫。西门庆深陷其中,更像是被一种无意识的动物性所支配,丧失了人的理性,最终不可避免地走向了灭亡。这确如论

---

① 刘勇强:《小说知识学:古代小说研究的一个维度》,《文艺研究》2018年第6期,第58页。
② (清)李渔:《李渔全集·第十二卷·新刻绣像批评金瓶梅(上)》,杭州:浙江古籍出版社,1999年,第285页。

者所说:"看官睹西门庆等各色幻物,弄影行间,能不怜悯,能不畏惧乎?"①

以上我们对《金瓶梅》博物叙事作了粗略勾勒。可以发现,以《金瓶梅》为代表的古代白话小说的博物叙事在总体上是从属于表现"人情世态之歧"这一旨趣的,其中的博物叙事与小说整体命意有机关联,在古代小说博物叙事演进历程中同样具有重要的研究价值。从形式上看,《金瓶梅》的博物叙事虽亦具有古代小说炫奇呈异这一固有特征,但实际上,小说有意与《山海经》《博物志》之类的博物叙事传统拉开了距离——"博物"是人情世态视域下的可能性"博物",而非超脱于情理事理之外的无解性"博物"②——从而使得小说博物叙事既在寻常耳目之外,又在现实情理之中,实现了古代小说博物叙事的截然转变,推动了古代小说叙事理念的演进。如果站在古代小说博物叙事传统宏观视角来看,以《金瓶梅》为代表的博物叙事形态相较于早期小说,其有意"博物洽闻"的意图已然淡化不少,而作为叙事方式或修辞手法的博物意味倒是一直留存,并在相当程度上更为彰显。换言之,《金瓶梅》的博物叙事因其题材本身的价值敞亮转变为作为一种叙事理念与形式的传达,这一概念本身在审美意义上发生了由实转虚、由奇而常的渐变。

第三节 中西小说博物叙事传统之异同审视

经由以上论述,我们对于中国古代小说的博物叙事传统,不难得出下列认识:其一,中国传统文化语境中的"博物"大不同于西方学界所谓的"博物",它并不像"地理大发现"那样绝缘于人们生活的世界。虽有作意好奇进而辨识万物的思维印迹,但是总体上还是具有"反求诸己"的色彩。义理识见的探求是古人"博物"的出发点与落脚点,尽可能去探寻未知之物与自得于至明之理,两者并行不悖,"博""约"关系的处理是至为通达

---

① (清)谢颐:《〈金瓶梅〉序》,转引自丁锡根编著:《中国历代小说序跋集》(下),北京:人民文学出版社,1996年,第1082页。

② 学者余欣指出:"中国博物学的本质,不是'物学',而是'人学',是人们关于'人与物'关系的整体理解。"据此看来,确为妙说。参见余欣:《中国博物学传统的重建》,《中国图书评论》2013年第10期,第48页。

的。其二,作为著述形态与文学构思的"博物",在古代小说发展历程中产生了深远影响。"博物"与"叙事"有着原初语义下的互训关联,"博物"与"辨奇""尚奇"之风同样有着天然的密切关联,两方面均对古代小说中博物书写的发生与演进有着推动作用。其三,以《山海经》《博物志》为代表的早期小说,是古代文言小说博物叙事传统的典范代表,其中的博物叙事是先民思想认识的反映,也是相关早期典籍的实录体现,如何看待奇异之风,是研究者审视博物叙事时需审慎对待的。文言小说中的博物叙事自身的奇异意趣,使得博物叙事本身即彰显了非同寻常的文学价值。其四,以《金瓶梅》为代表的古代白话小说,接续了博物叙事传统,其聚焦于单个物象与场景的奇异叙写,并将之与小说主体意蕴有机结合,成为看似游离于情节演进之外的赘余书写,实则暗合于小说作者的创作命意,进而成为小说不可或缺的重要组成部分。相较于文言小说那种简短而繁多的奇异叙事形态,白话小说的博物叙事在单个叙事客体的叙写密度与深度上更胜一筹,同样达到了文言小说那种豁人耳目的叙事意图。

与之有别的是,西方小说中的博物叙事可谓另有千秋,其与中国古代小说博物叙事的明显差异可见诸以下两端:一是通过命名指涉来彰显主体归属。西方小说的博物书写在很大程度上是与地理大发现和开拓新大陆的现实指向相伴随的。当新的异域世界被发现并被占有,西方殖民者必然对异域世界的所属新奇之物加以居高临下式的主体命名,以此来宣示归属权与展现胜利果实。反映到小说世界之中,不少小说家也艺术化地承续了这一实践传统,在相应的小说创作中加以有意地正乎其名。例如,在凡尔纳小说《地底旅行》中,亚萬士的叔父列曼的最大功绩,是在地底发现了一片"没有人见过"的海,于是命名为"列曼海",而将港口命名为"洛因港",后又有"亚萬士屿",地理发现以及命名的兴奋感跃于纸上。用自己和女儿的名字命名地理坐标当然是浪漫的行为,也是主体自我赋权的张扬。相比之下,中国早期博物小说如《山海经》《博物志》之类的作品,为怪异之物、异域空间进行个体化的命名行为实则非常罕见,更重在描述本身,这一做法一直延续久远。二是通过亲和书写来美化自然,以拉近人与自然世界的距离。随着工业革命的进展与征服力量的提升,西方民众对此前稀少言及或难以接近的异域世界,开始表现出一种胜利征服者的雍容气度,反映到相应的小说世界中,那就是以奇花异草、怪石险岭组成的异域自然世界,开始成为人们竞相寄托美好情感与愿望的叙事对象,最典型者莫过于卢梭创作的《新爱洛依丝》。明明是难以穿行的怪山异水,而在小说家那里却倍感雄浑粗犷、清新柔美:"在高山上,我们的思想具有伟大崇高的因素,和周围的事物是相适应的;它有某种恬静的快乐,既不是刺激性强的,也不是属于肉体的。离开了人类蜗居之处,向高处走,我们就好像放下了一切卑鄙的感情和尘俗的思想。当我们越来越接近苍穹的时候,我们的心灵仿佛为它们晦水不变质的纯洁所感染,严肃而不忧郁,心平气和而不懒散,能生存和有思想便感到满足。一切太过剧烈的欲望缓和了,叫人痛苦的那种尖锐性不再存在了,在我们心里留下的只是轻松愉快的心情。"① 在小说家笔下,这样的异域世界充满了主体情感的投射,近乎外化的自我心灵世界,原本新异的博物书写变得如此生活化与诗意化。这样的叙事态度与书写立场,在中国古代小说的博物叙事中虽也有所见,但如此的物我融一、溢美有加,还是显然有别的。当然,卢梭笔下的异域世界之所以呈现此种特征,是与其崇尚自然哲学、自然感觉论密切相关的,反映了小说家对恢复原本属于人的自然平等自由权利与自然天性的诉求,简言之,是启蒙思想的文学性显现而已。

---

① 于布礼、孙志成选编:《卢梭作品精粹》,石家庄:河北教育出版社,1990年,第86页。

第二章
中西小说比较视域下的功能性叙事

百余年来,在诸多中国古代小说研究成果当中,以叙事学视角来考察中国小说,由此而取得的研究实绩,因其注重文本细读而备受关注。在这其中,杨义、傅修延、浦安迪、陈平原、王平等学者相关论著,即产生了较大的影响,极大丰富了人们有关中国小说叙事特性与叙事规律的相应认识。不过时至今日,当人们再次面对古代小说经典作品时,仍可发现不少具有本土特征的叙事现象未能受到应有关注,以致在研究视域上有沧海遗珠之憾;就研究路径而言,不少既有研究成果仍可找到"以中证西"式的痕印,中国小说固有的叙事特征往往难以得到凸显。基于这样的研究现状,我们认为有必要尽可能回到古人的创作语境,回到古人的接受语境。藉此,中国小说叙事过程中虽频频出现却有意被人忽视的叙事特征将得到彰显,进而有望拓宽有关中国小说叙事的认识维度。基于这样的考虑,在中西小说比较视域下,我们凝练了"功能性叙事"这一中国小说中极为突出却未受重视的叙事现象加以专论,希冀为中国小说叙事研究大厦再添微小砖石,以求引起研究者对中国小说固有的叙事特性进行更多思考。

第一节 何谓"功能性叙事"?

"功能性叙事"是一个源于西方叙事学却又有别于西方叙事学的概念。

在西方叙事学那里,注重叙事功能的发掘是研究者(尤其是结构主义叙事学)的普遍共识,因而诸如人物、行动、环境等叙事要素往往都具有"功能性"意味。对此,国内叙事学研究者往往加以相应体认与强调。例如,申丹即认为结构主义叙事学有关小说人物存在"功能性人物观"与"心理性人物观"之别,"'功能性'的人物观将人物视为从属于情节或行动的'行动者'或'行动素'。情节是首要的,人物是次要的,人物的作用仅仅在于推动情节的发展"①。谭君强同样认为"人物只是情节的产物,人物的地位是'功能性'的,将艺术作品中的人物视为真实的人物是错误的"②。可以说,在西方叙事学中,"功能性叙事"研究约略可转换成对相关叙事要素的功能认识与探讨,它是叙事学研究者竭力探索的主要目的所在,也是较为常见的叙事学研究模式。

受此启发,国内其他学科的研究者也借用叙事学思路对相关问题予以研讨与总结。在古代小说研究领域,刘勇强与李鹏飞两位学者的相应研究成果堪为代表。刘勇强曾撰有《一僧一道一术士——明清小说超情节人物的叙事学意义》一文(《文学遗产》2009年第2期),认为"超情节人物不是做出直接导致故事结局动作的角色","他们不是作为情节冲突的一方介入其中"。在其具体论述过程中,我们不难看出,所谓"超情节人物"其实与"功能性人物"这一范畴有着紧密关联甚至说有较大的相似性,其理论参照显然具有西方叙事学背景。相较而言,李鹏飞所撰长文《试论古代小说中的"功能性物象"》(《文学遗产》2011年第5期)则更为明确地借鉴了西方叙事学的思路,提出"功能性物象是指在小说的叙事、结构与情节等层面上起贯穿性连缀作用的具体物品。这一类物品可以作为小说叙事要素与结构成分的联结因素,也可以成为情节的核心内容与发展动力,并在很大程度上参与小说人物塑造与主题的表达,具备丰富的象征义和暗示义"。应该说,上述两位学者的相应论述,为本论题的构建与展开提供了有益启示。

在我们看来,立足于细致探究文学作品诸种叙事要素的叙事功能,是西方叙事学视野下"功能性叙事"的着眼点;重在关注通常研究对象之外叙事要素的叙事价值,揭示相应的历时演进规律,则是李鹏飞等古代小说

---

① 申丹:《叙述学与小说文体学研究》,北京:北京大学出版社,2004年,第55页。
② 谭君强:《叙事学导论:从经典叙事学到后经典叙事学》(第二版),北京:高等教育出版社,2014年,第158页。

研究者着力探索的"功能性叙事"。而实际上,中国小说的功能性叙事意味比论者所述更为丰富而复杂,它与上述两类"功能性叙事"研究思路有相通但更有相异之处,值得予以专题深入探究。

翻阅中国小说,我们可以看到以下一系列有意味的叙事现象:名为"王婆""梅香"的人物角色不仅在《水浒传》中反复出现,在其他小说作品中同样频频登场,其身份、个性及叙写详略程度却截然不同;名为"董超""薛霸"之类的衙役公人在《清平山堂话本》《水浒传》《三侠五义》等诸多白话小说中屡屡担当公职,其善恶是非的道德面孔却相差甚大;作为普通农具与防身器械的朴刀杆棒,在《水浒传》诸多好汉的特定阶段皆时时出现,而人物的身世境遇却迥然有别;要刻画人物悖理逾矩、个性奔放的特点,往往借助酒肆场景的营构与叙写;诸如"豹头环眼""道袍鹤氅"之类的装束饰语,竟然可以作为一人之相也可作为一类之相的共用叙事话语,而人物之个性则千差万别;按照常情常理难以发生的叙事行为(如贾宝玉听闻林黛玉的《葬花吟》),在小说家那里则倏忽带过而不自知……诸如此类的叙事现象,即是本论题所集中关注的重心所在。

不难看出,本论题所谓"功能性叙事"主要表现为两端:其一为围绕小说叙事过程中反复出现的人物、场景、物象、行动诸要素而展开的相应叙事,其看似对主体情节叙事无关紧要,实则从叙事逻辑或者情节链条而言却是不可缺失的;其二为有违事理与情理逻辑的失实性叙事,对小说家而言或许不以为然,在接受者看来则敞开了一个把握小说命意的极佳端口。从叙事特征而言,由上述两端构成的"功能性叙事"往往具有叙事时效短暂性、叙事意图应景性、叙事频率反复性以及叙事旨趣寓言性等诸多特点。在不少小说作品中,上述两种形态的功能性叙事往往有着内在共通性。例如,《三国演义》开篇有关刘备的状貌叙述,显然是失实的,但小说家出于特定目的而有意标出,并且在此后相关回目中反复叙写。这种情形与《红楼梦》中的相关功能性叙事即是相似的。不论何种形态的功能性叙事,其实皆不可草草忽略。前者因其在同一作品中多次反复叙写,必定体现了作者意欲强调的意味所在,或者是构成情节叙事的逻辑链条所在,或者反映了古代小说写作的固有特定传统;后者因其叙事的失实性或者跳跃性,作者隐含的叙事意图更加敞露其间,或用以刻画人物的特定形象与非凡境遇,或暗含作者对叙事客体的价值评判,蕴含着作者的思想情感取向。

就中国小说的实际情形来说,说唱色彩较为明显的小说作品,其功能性叙事意味要远重于个体独立创作完成的小说;反复叙写型功能性叙事要多于失实型功能性叙事,因此我们在论述过程中也将区别对待。就实际范围与趋向而言,功能性叙事现象既可发生在同一作品之内,又存在于不同时期的小说作品之间;功能性叙事重在关注叙事主体对象之外的边缘性叙事(此点有别于西方叙事学),也关注人物、物象之外相关叙事要素背后的功能性叙事意味(此点有别于李鹏飞等学者的研究)。总之,本论题虽有西方叙事学中的功能性叙事之名,在研究内容上却不具西方叙事学所谓功能性叙事之实——若硬要加以相似度比附的话,功能性叙事更靠近后经典叙事学;虽在研究关联度上与古代小说研究界的相关成果有交叉,但在研究广度与旨趣上与之有别。

第二节　功能性叙事与俗套化叙事

由上可见,功能性叙事偏重于指涉中国小说作品内处于边缘地带的相关叙事要素反复出现这一叙事现象。在研究者看来,这或许与人们时常贬斥的俗套化叙事是类似的,只不过换了称谓罢了。实际上,两个概念并不完全相同,我们对其审视的态度也应有所不同。

确切而言,所谓"俗套化叙事"并不是个内涵清晰而精准的概念,相对而言更像是个笼统模糊的泛泛指称。在中国小说史上,大至情节的演进模式、人物的形象塑造、作品的思想旨趣,小至对答话语的叙写、诗词韵语的敷衍、小人物的设置与命名、日常物象的选择与运用,在不同作品之间都能看到彼此似曾相同的叙事现象,或者说不同作品对同一叙事要素的相应叙写往往带有重复性以致令人生厌,此即是人们常常所说的"俗套化叙事"。其指涉边界似乎极为宽广,聚焦点似乎总是游离不定,叙事理念则因袭故旧。对于此种情形,古人早有关注。袁于令在《隋史遗文》第二回中曾借秦叔宝口吻说道:"这也是通套的话儿,但是开店的,就叫做小二。但是做媒的,就叫做王婆。"[①]曹雪芹在《红楼梦》第一回也提到:"至

---

① (明)袁于令:《隋史遗文》,刘文忠校点,北京:人民文学出版社,1999年,第40页。

若佳人才子等书,则又千部共出一套"①,第五十四回亦指出:"这些书都是一个套子,左不过是些佳人才子,最没趣儿。"②至于在脂砚斋那里,反俗套的批评理念更是贯穿整部《石头记》评点。据此观之,俗套化叙事其实是个古已有之的老旧话题,实在不值一提。而实际上,我们如若转换一下审视角度,情况或许大不相同。

从本质上而言,文学艺术的灵魂,贵在独创。那些一味模仿他人进而从情节构思直至人物命名等环节皆陈陈相因之作,显然难具长久生命力。中国小说史上诸多续作、仿作与改作,往往受人忽视,即是最好的印证。因此,从艺术价值标准来说,反对俗套化叙事肯定应该受到支持,惟此经典作品才能在众多中国小说中脱颖而出。不过,如若从学术研究标准来说,那些看似备受冷落的作品、那类陈陈相因的叙事手法、那种饱受非议的叙事模式,同样值得我们去关注与探究。回应上述受人忽视的小说作品为何备受冷落、为何陈陈相因、为何饱受非议这类问题,其实可以从另一侧面丰富我们关于中国小说史的理解与认识。③因此,俗套化叙事因其材料之丰富、形式之多样、共性之恒久,恰恰可为研究者探寻古代小说文体特征、叙事特征乃至文化意味等问题,提供极好的研究依托。论者有言:"对一部小说的阐释,在一定程度上要通过注意诸如此类重复出现的现象来完成。"④因此,从研究价值的角度来说,俗套化叙事实在不应被忽视。

宽泛而言,功能性叙事可以说内置于俗套化叙事之中,两者在诸多方面存有诸多共同之处。具体来说,功能性叙事所关注的边缘化叙事要素,

---

① (清)曹雪芹著,(清)无名氏续:《红楼梦》(上),(清)程伟元、(清)高鹗整理,中国艺术研究院红楼梦研究所校注,北京:人民文学出版社,2008年,第5页。

② (清)曹雪芹著,(清)无名氏续:《红楼梦》(中),(清)程伟元、(清)高鹗整理,中国艺术研究院红楼梦研究所校注,北京:人民文学出版社,2008年,第778页。

③ 郭英德先生在《悬置名著——明清小说史思辨录》(《文学评论》1999年第2期)一文中,提出要"暂时不采用人们陈陈相因的眼光,把名著当作名著看待,而是转换视角,把它们当作一般的小说作品对待"。这样的思路与本论题有相通之处。陈大康先生在《关于古典文学研究中一些现象的思考》(《文学遗产》2004年第1期)亦认为不应持相同价值标准去评价名著与大量俗套之作:"一般乃至平庸的作品大量出现,且能在相当大范围里传播,这实与当时社会氛围、创作整体水平以及读者群审美情趣等都有极大关系。这些作品单个地看价值都不高,但其有机组合成的整体却可引出一连串重要课题,由此切入还必将拓广我们的研究内容。"这样的研究意识与本论题也是相通的。

④ [美]J.希利斯·米勒:《重复的两种形式》,收录于《小说与重复——七部英国小说》,王宏图译,天津:天津人民出版社,2008年,第23页。

其实从外在形式来看也往往具备有意构撰与反复叙写的特征,因而至少从叙事现象本身来说,这与俗套化叙事是类似的。所不同的是,功能性叙事涉及的研究范围要小于俗套化叙事,同时在把握作品的主体叙事意味时相对更少受人关注。因此,从功能性叙事与俗套化叙事两者关联性来说,如若肯定俗套化叙事的研究价值,那么就应同样肯定功能性叙事的相应研究价值——况且这还并非功能性叙事研究意义的全部。

功能性叙事与俗套化叙事最大的共同点即在于重复叙事或者说雷同叙事。重复是文学艺术创作过程中不得不时常面对的难关,尴尬之处即在于文学艺术的发展必须借助重复却又不能止步于重复,有意避开重复势必很难被传统所接纳,一味重复显然又将失去文学艺术自身的存在依据。对此,不少哲人都力图就如何面对重复的困境贡献良方。唐代史学家刘知幾指出:"夫述者相效,自古而然。……史臣注记,其言浩博。若不仰范前哲,何以贻厥后来?盖摸拟之体,厥途有二:一曰貌同而心异,二曰貌异而心同。"[①]这无疑是在肯定模拟也即是重复的合理性,也评价了模拟方式的优劣高下,为考察文学作品中的重复现象提供了有益借鉴。金圣叹与毛宗岗等小说评点家极力推崇的"避""犯"转换之法、"同枝异叶、同叶异花"之妙,即是从这个角度来立论的,肯定了同样的叙事内容而施以不同叙事方式的微妙之处。美国当代学者米勒关于小说的重复叙事现象亦有深入思考:"在一部小说中,两次或更多次提到的东西也许并不真实,但读者完全可以心安理得地假定它是有意义的。任何一部小说都是重复现象的复合组织,都是重复中的重复,或者是与其他重复形成链形联系的重复的复合组织。"[②]此论实际上也是在肯定重复叙事的自足性与正当性,进而认可重复在小说创作中的相应价值。其实在我们看来,功能性叙事与俗套化叙事确实均属于重复叙事,但是两者从深层意味来说,还是有明显差异的。整体来看,俗套化叙事使得不同小说作品在客观上纳入同一叙事模式与情节规范,在叙事方式、叙事内容与叙事目的等方面均呈现出一致性,进而使得小说作品呈现出类型化特征,具有"为重复而重复"的意味;相较而言,功能性叙事则更主要出于叙事逻辑链条有机性与完整

---

① (唐)刘知幾撰,(清)浦起龙释:《史通通释》(上),上海:上海古籍出版社,1978年,第219页。
② (美)J.希利斯·米勒:《重复的两种形式》,收录于《小说与重复——七部英国小说》,王宏图译,天津:天津人民出版社,2008年,第24页。

性的考虑,从而展开特定意图的反复叙写,在叙事表现方式上虽与俗套化叙事类似,但叙事内容与叙事目的与之存有明显差异,呈现出"为功能而重复"的意味。因此,大体可以这样认为,俗套化叙事偏重于"目的性重复,它敞亮了自身,阻缓了叙述进程"①,以致在古代小说接受语境中,导致诸如初识发端即知结局之类的阅读感受的出现(《红楼梦》贾母的批评即就此立论的);而功能性叙事偏重于"功能性重复,它敞亮叙述体系,推进叙述进程"②,"读者完全可以心安理得地假定它是有意义的"③,因而主体情节可以在合理可信的叙事节奏中顺利向前演进。这样看来,在文学重复的发生机制及其艺术功能问题上,功能性叙事与俗套化叙事又是存有较大差别的,不能简单加以通同观照。

第三节　功能性叙事与小说叙事模式

叙事模式可以说是评判一部作品总体艺术特征与叙事价值的有效维度,藉此,一部作品的优劣得失与成就高下大体能得到切实体认。功能性叙事与中国小说叙事模式有着密切关联,甚至可以说功能性叙事是内隐于中国小说,有待深入掘发的一种本土化的固有叙事模式。那什么是"叙事模式"? 不少小说研究者都会给出诸多回应,例如,陈平原先生力主综合"叙事时间、叙事视角、叙事结构"三方面来对应中国小说"叙事模式"。这类言说大体是参照西方叙事学框架而设定的叙事学命题,体现出相应的学科背景与研究理路。而正如上文所述,本论题更主要借西方叙事学之名而行本土化叙事探究之实,因而对"叙事模式"的理解,与西方叙事学背景下的同类概念有所疏离。在我们看来,所谓"叙事模式",主要是指通过对人物、情节、场景、物象、行动以及相关文体构成要素(例如中国小说中的评点、序跋、插图等)以相应叙事方式展开特定叙事的叙事现象总称,它体现了作者特定的叙事理念与作品特定的文体特征。很明显,这是较为宽泛的概念界定,基本要义与叙事学框架内的同类概念也有相通之处,

---

① 赵崇璧:《目的性重复与功能性重复》,《文艺评论》2015年第1期,第33页。
② 同上。
③ 同上。

但却是与中国小说功能性叙事相适应的。

相比于运用叙事学理论来审视中国小说的常规研究理路,中国小说功能性叙事研究确可谓"自我放逐""自甘边缘"。在常规也是主流的中国小说叙事学研究框架下,抓住小说主要人物、主干情节与主要场景等叙事要素进行深入剖析,从中总体反观中国小说的叙事模式,这是较为常见的研究路径。我们认为,一部作品的编创规律及其成功与否,固然可以从作品的主要人物、主干情节等这些大的方面显现出来,这势必是作者着意精心构撰的重心环节,它代表了作家作品极力意欲呈现给世人的光亮一面,人们评价作家作品的成就往往也从这样的方面予以展开。而事实上,一部作品的完整构撰,除了主要人物与主要情节之外,势必还有与之相关联的其他次要的、辅助性的或者干脆就是那些看似无关紧要的边缘性叙事要素,如何对待这类叙事要素,如何对之展开相应叙写,同样是评价一部作品过程中不可不考虑的因素。人们常说的细节决定成败、局部影响整体,在小说评价问题上同样适用。中国小说功能性叙事其实就属于这类细节叙事、局部叙事范畴,在主体叙事模式之外,或许能更加本真地敞露中国小说叙事模式的另一面,考验小说作者编创过程中是否精心对待,进而可以为我们提供一扇认识中国小说叙事模式的新窗户。例如,《水浒传》安排董超、薛霸两位公人押解林冲充军,此后又同样安排这两人押解卢俊义发配。至于为何又安排此二人押解卢俊义,小说作了细致的补充说明。[①] 从功能性叙事而言,这样的补充实是画蛇添足,但是却由此见出《水浒传》在同类型小说作品中是颇费心力的,其艺术水准自然高胜一筹。正如金圣叹所评价的那样:"林冲者,山泊之始;卢俊义者山泊之终,一始一终,都用董超、薛霸作关锁,笔墨奇逸之甚。"[②]可以这样认为,精心对待功能性叙事,成为《水浒传》之所以备受赞誉的艺术基点之一。

总体来说,功能性叙事所体现的叙事模式具有以下指向:其一,叙事节奏应急缓有度,当速则速。功能性叙事具有较明显的读者本位性,并没

---

① 《水浒传》第六十二回:"原来这董超、薛霸自从开封府做公人,押解林冲去沧州,路上害不得林冲,回来被高太尉寻事刺配北京。梁中书因见他两个能干,就留在留守司勾当。今日又差他两个监押卢俊义。"((明)施耐庵、(明)罗贯中:《水浒传》(中),北京:人民文学出版社,1997年,第867—868页。)

② (明)施耐庵著,(清)金圣叹评:《金圣叹批评水浒传》(上),济南:齐鲁书社,1991年,第367页。

有多么深奥的艺术韵味。对于小说接受者(尤其是市井民众)而言,他们关注小说的动机具有极强的功利性,主要人物与主干情节如何变化演进,是其最为倾心所在。因而,那些边缘性叙事要素的设置与叙写,自然无须也不值得多费心力。为推进主干叙事对象的展开,必须在功能性叙事对象上加快叙事进程。《水浒传》中为林冲娘子看家与为宋江说媒的两个王婆、服侍徐宁晚睡早起的两个梅香,小说家无须对之加以前因后果式的铺垫交代,即带有这样的叙事意味。其二,叙事逻辑应前后缜密,该细则细。晚清小说家文康指出:"这稗官野史虽说是个顽意儿,其为法则如文章家一也。"①中国小说尤其是通俗小说,其有意虚构的文体特征在当时已得到逐步揭示与认可,尽管如此,虚构并不意味着可以随意杜撰,还是应该在叙事章法上保证事理与情理逻辑的可信度。因此,众多功能性人物的设置与叙写,如《水浒传》与《三侠五义》等小说中的董超、薛霸与王朝、马汉等公差群体,其实即遵从了这一叙事规范。其三,叙事效能应以简驭繁,以少总多。中国小说在很大程度上也延续了中国古代文学言简而意丰的叙事传统,在场景描摹与人物塑造等叙事环节上,这一特征表现得极为鲜明,仍然反映了功能性叙事的本质意味。例如,但凡要叙写仙宫福地,不同作品大抵皆是"翠霭楼台,淡淡祥光笼瑞影。窗横龟背,香风冉冉透黄纱"(《水浒传》九天玄女所在场景)与"祥云光满,瑞霭香浮。彩鸾鸣洞口,玄鹤舞山头"(《西游记》瀛洲九老所在场景)之类的相似描写,虽说叙写话语本身稍有变化,但总体意境氛围则是相同的,也就是说以此类功能性场景叙事话语,几乎能够写尽万水千山之中的神仙世界。再如,有关人物状貌的叙写,往往也是通过寥寥几笔即可写尽人物之共相,诸葛亮、吴用、桓法嗣等中国小说中的军师群画像皆以"羽扇纶巾、道袍鹤氅"作为标志性特征。从阅读感受而言,确有单调乏味之嫌,不过就叙事效果来说,却借助同类形象之间的互文性关联,起到了事半功倍的作用。其四,叙事意图应兼求写意,虚实并举。诗化写意,深藏寓意,应该说是艺术创作高度文人化、案头化的显著特点,这在古代书法、绘画、戏曲等艺术门类中体现得极为明显,早已受人关注。其实,在同样文人化、案头化的中国小说那里,也同样注重寓意、写意与达意。在为此意图而展开的艺术手段之中,功能性叙事也往往是常见之选。例如,《三国演义》中刘备相貌突出

---

① (清)文康:《儿女英雄传》,高仁校点,上海:上海古籍出版社,2001年,第78页。

特点表现为"两耳垂肩,双手过膝,目能自顾其耳",且在小说不同回目中屡屡加以标示。这样的状貌叙事,其实就不应如实看待,从本质上来说小说家更主要是藉此为刘备寓言写意而已,所谓"圣人异相"或"高人异相"即是此类功能性状貌叙事的理念逻辑。又例如,《红楼梦》中林黛玉吟诵《葬花吟》,其时其境,贾宝玉是很难听清的,小说家之所以逾理而叙,实际上意欲藉此貌似可信的叙述形式来传达宝黛二人微妙情感,在此功能性听觉叙事的写意目的暴露无遗,当然也达到了极佳的艺术效果。

据此而言,功能性叙事确实有别于中国小说主干叙事模式,它虽难以改变整个中国小说叙事格局,但却能提供一个新的审视中国小说叙事特性的别样视角,具有多重文学价值与文化意味。首先,藉此功能性叙事,小说经典的生成过程得以形象展现。功能性叙事因其自身叙事形式上的相对稳固性,使得经典作品在后世影响的线性轨迹得以清晰呈现。例如,中国小说中频频出现的诸如王婆之类的人物,即深受《水浒传》之影响,而这种情形恰可印证《水浒传》的经典化过程。其次,藉此功能性叙事,既可显露中国小说史上深厚而内隐的叙事传统,也可烛鉴同时期较为深厚而稳固的受众心理,进而见微知著式地折射出当时极为牢固的社会思想状况。很难想象,若是社会总体状况发生明显变化而普通民众心理仍是铁板一块,以致作品欣赏者的接受态度同样仍是死水一潭,这几乎是不可能发生的事实。正因如此,我们认为,功能性叙事现象在明清数百年之中得以稳定延续,恰恰印证了普通民众普遍认可这样的叙事惯例,小说编创者投其所好般地也创作出了类似的叙事惯例。试想,如若小说作品中的公人衙役不是董超、薛霸之类的命名,接受者肯定难以进入熟悉的接受语境。而这种情形得以发生,不正是文学与文化传统积淀深厚的体现吗?再次,藉此功能性叙事,可知在中国小说史上其实存有"大叙事"(研究者通常关注的主流叙事样式)与"小叙事"(暂时未引起研究者应有关注的边缘叙事样式)之别,将中国小说叙事模式简单化对待的情形必须有所改变,从这个角度而言,功能性叙事现象出现本身即是意义。它是中国古代小说固有的叙事传统,与西方小说史上类似叙事现象存有本质差异(如在巴尔扎克《人间喜剧》小说集中,亦可发现同名人物出现在不同作品之中的现象),功能性叙事模式本身即在为中国古代小说正名,以西方叙事学的理路来审视必然难以奏效。

第四节　中西小说功能性叙事的主要形态

功能性叙事作为一种叙事现象与叙事模式的统称,在中西小说史上均程度不同地存在,就其涉及内容与表现方式而言,可以细分为多重叙事形态,以下我们稍作条陈疏解。

1. 功能性人物叙事

主要人物的设置与叙事无疑是小说家费力思索的重心,对于此外的边缘性人物,小说家往往着力甚少,其设置与叙写大多按照小说叙事传统惯例加以承续、强化与稳固,因而形成中国小说史上数量较为可观的功能性人物群:王婆、薛婆、王公、梅香、董超、薛霸、张龙、赵虎、王小二、李小二、罗真人……这些人物初看确实与普通人物形象的命名差别不大,但事实上基本上很难经得起细细考究,他们都不是个体化、实质性的人物角色,而是某种群体或阶层人物的代称。[①] 对此,钱穆先生已有类似体认:"西方人作小说,讲故事,也要求逼真。因此小说中人物,不仅要有姓有名,而且更要者,在其能有特殊之个性。但中国人写小说,有时只说某生,连姓名也不要,只有代表性,更无真实性。这是双方文学本质不同,技巧不同。一重共相,一重别相,各有偏擅,得失是非甚难辨。"[②] 可以看出,所谓功能性人物大体与其中"共相"人物约略等同,大多数情况下它并不是鲜活的个性化人物,甚至可以说仅仅是作为能够胜任某种特定职能的符号化的人而存在,体现着中国古代小说的独有特征。功能性人物的设置与叙写在很大程度上是基于叙事逻辑关联而进行的,同时也是基于叙事惯例而考虑的,它的存在从一定意义上说维系与反映了中国小说相对稳定的叙事传统,也蕴含着较为丰富的文化意味。

可以看出,在中国小说中的这类功能性人物,从根本上来说其实还是为情节演述而服务的,人物并没有成为小说的存在基点。这种情形,在西方小说中亦一度形似。在欧洲19世纪的小说创作中,偏重故事而相对忽

[①] 参阅杨志平:《论古代小说代指性人物的叙事功能及其文学意义——以王婆描写为中心》,《学术论坛》2016年第8期,第96页。

[②] 钱穆:《中国文学论丛》,北京:生活·读书·新知三联书店,2002年,第176页。

视人物的倾向普遍存在,许多作家最关注的实际上并非人物而是故事的诱惑力,人物往往只是作家生发、串联、铺展情节的手段而已,人物远没有成为人物形象本身。与中国小说中的这类功能性人物相类似,小说家对现实生活中的人物的观察理解,还缺乏深度,类型化、模式化特色比较常见。但是到了巴尔扎尔的相关小说创作,人物处理的艺术就发生了貌似而实异的明显变化。巴尔扎克创作的《人间喜剧》体现了作者在小说总集结构方面的独特思考,那就是每一部小说自然有它自身的意义,但它又只是小说总集中的一个"场景",它们和小说总集的关系有如一个场景和它们所在的小说的关系一样。这一创作意图之所以能得到真正实现,"人物再现"的叙事处理,起到了很大作用,它加强了小说总集的内聚力。在 1833 年的《高老头》写作中,巴尔扎克第一次运用这种"人物再现"的叙事技巧。在这部小说的初版中,重新出现的人物有二三十个,在后来的修订版中,又增加到五十个。一些重要人物往往在不同的作品中出现过二三十次,再现的人物约有 460 多个。与中国小说中的"王婆""梅香""李小二"等功能性人物不同的是,巴尔扎克笔下的这些人物从这部小说走进那部小说,从而把不同小说黏结起来,某一作品中次要的或未完成的人物,可以成为另一部作品的中心人物;在某一作品中人物可能正当青年,而在另一部小说中,则可能正当老年,换言之,每部作品只反映人物性格发展的特定阶段,诸多作品才整体上呈现人物的完整面貌。这样的人物设置与叙写,其实也是出于特定的功能性叙事意图,这与中国小说叙事传统中的功能性人物叙事有一定的相通之处——当然差别也是存在的。此外,如同中国小说作品(如《金瓶梅》《红楼梦》)中编创者屡屡为人物命名带有谐音寓意的叙事策略一样,西方小说也往往存在此类相似现象。例如狄更斯在作品人物命名中大量使用隐语,以此从正面表现人物的性格特征,更从反面进行嘲讽(如《匹克威克外传》中的骗子金格尔 Jingle,意为"叮叮当当";《马丁·瞿述伟》中的俾克史涅夫的两个狠毒女儿,却被命名为慈悲 Merry 与仁爱 Charity)——这也具有类似的功能性叙事意味。不过相较而言,中国小说中的功能性人物命名更具有参与情节演述进程的实体意味,这点是有别于巴尔扎克与狄更斯等欧洲小说家的。

2. 功能性物象叙事

中西小说叙事过程中普遍存在有意无意地以物象书写而构撰情节的现象,不过整体而言,西方小说叙事中有关物象的叙事性质与定位并没有引起足够关注,未能形成普遍运用的叙事技艺。相比较而言,中国小说的物象叙事则显得源远流长,具有极强的写实性与生活化意味,相当多的日常生活器具在小说作品中皆有生动描绘。这些器具在小说作品中往往被视为物象而存在,除了印证小说的写实特征之外,更主要是作为一种叙事策略而展现的(具体可体现为以物写人与因物叙事),因此不妨称为"功能性物象",在解读小说文本时有着独特价值。从小说史的实际情形而言,注重运用物象或与物象相关联的行为活动对人物与情节进行相应叙写,白话小说较文言小说更为突出。细究而言,功能性物象叙事的表现形式可分为两类:其一,在作品中反复出现的物象,例如《三国演义》中关羽的"青龙偃月刀"、《水浒传》中不同梁山好汉时常携带的"朴刀杆棒"与金圣叹特意标举的具有草蛇灰线意味的"帘子"、《金瓶梅》中李瓶儿、孟玉楼、潘金莲等人身边的"箱笼",即是其中的典型代表,它们在写人叙事上起着不可忽视的重要作用。其二,在作品中出现频率虽不高,却在看似随意的叙事中隐含寓意的物象。例如,《红楼梦》中晴雯"撕扇"、香菱"斗草"、宝钗"扑蝶",《金瓶梅》中的"秋千架""葡萄架"等物象,其实在各自作品中有着较为内隐的隐喻意味,对此深入解析,可以发现人物叙写与情节演进的微妙之处。功能性物象叙事不仅仅在小说主要人物、主干情节乃至作品题旨等方面有着重要价值(这点已为研究者所关注),而且在小说次要人物与局部叙事等其他方面同样有着不可忽视的意义,值得更进一步地深入发掘。

3. 功能性场景叙事

通过特定场景或环境的叙写来暗示人物性格与提供情节发展的可信性参照背景,是中西小说普遍较为重视的叙事观念。相对而言,大多数中国小说作品的场景叙事与情节之间的有机关联性并不是那么强烈,反倒像是在提供一个叙写人物与情节所必需的时空布景而已,"一方水土养一方人"之类的评价标准在此难以确证。尤其明显的是,同一作品与不同作品中相关场景的叙写,呈现出同义反复般的叙事模式,功能性叙事意味极为鲜明。例如,《水浒传》中九天玄女的居所环境与罗真人几乎类同、冬日雪景的描摹几乎一致,《西游记》中诸般神仙的洞天福地、妖魔占据的险山恶水亦大体雷同,《金瓶梅》中频频叙写的酒宴场景也基本相似。小说家们如此暗合的叙事方式,显然凸显出中国小说以事体情节为中心、以人物形象为重点的编创理念,除此之外的叙事要素,则能省则省、能简则简,大体以合乎事理逻辑为基本底线。如此一来,有关场景叙事必然出现前后似曾相识之感,不过如若完全简省这类叙事,却又使得小说的传统叙事韵味若有所失,也同时削弱相关叙事内容的真实性。除了上述较为常见的功能性场景叙事之外,尚有另一种场景叙事值得注意,我们同样将之纳入功能性场景叙事范畴来考察,此即是失实性与貌似无谓性场景叙事。在《水浒传》中,林冲雪夜上梁山所见到的水泊梁山的景象,按照时令节候而言,是难以出现的,小说之所以如此违理而叙,无非是要渲染梁山泊的凶险气象,林冲在此情形下依然义无反顾地奔向梁山,说明林冲已经置之死地而后生——当时社会确实已经将之逼向绝路了。显然,这种失实性场景叙事是别有寓意的。又如,《儒林外史》第十四回叙及游历西湖的马二先生,景不可谓不美——"这西湖乃是天下第一个真山真水的景致!"①;人不可谓不美——"这三位女客,一位跟前一个丫鬟,手持黑纱团香扇替他遮着日头,缓步上岸;那头上珍珠的白光,直射多远,裙上环佩,叮叮当当的响。"②而马二先生对此美景竟然发自本能式地"低着头走了过去,不曾仰视"③。在此,景美人美的场景对马二先生来说是毫无意味的,他的游览仅仅是为游览而游览的,灵魂深处丝毫感受不到美景存在的意义。这样的场景越是叙写得美轮美奂,从表面而言越是倍显"无谓",但是从叙事要义而言,却越能见出小说家叙事策略的高明——它极大地反衬了马二先生这一活泼的生命体在科举制度戕害下走向了委顿枯绝。此种情形的功能性场景叙事、场景或环境叙事意义的获得,有赖于看似无关联叙事客体意义的反向生成,因而拓宽了小说场景意义形成模式的视野,同样值得重视。

与此相对照的是,西方小说对场景叙事的处理多有不同。整体而言,西方小说对场景与客观景物的书写,往往是与小说人物形象塑造与情节构撰等创作命意有机关联的,很少出现外化于小说世界的场景描画(欧洲近代以来的小说尤其如此)。例如,在 18 世纪后期出现的哥特式小说之所以得名,其实很大程度上即在于诸多小说作品皆着意于对哥特式风格的叙写与渲染,进而为小说人物刻画与主旨凸显提供关联性背景。"城堡是哥特式的,恐怖和迷信是哥特式的,骑士制度和中世纪是哥特式的……

---

① (清)吴敬梓:《儒林外史》,张慧剑校注,程十髪插图,北京:人民文学出版社,2020 年,第 174 页。
② 同上书,第 176 页。
③ 同上。

尤为重要的是,瓦尔普伴随着他的哥特式的鬼怪故事和草莓山庄的建筑脱颖而出。"①这种注重功能性场景叙写的情形,与中国小说叙事传统有相通之处。再如,在浪漫主义小说勃兴之际,卢梭等人构造的自然世界往往就是主人公心灵的外在投射,这在《新爱洛依丝》中表现得极为鲜明。在"狂飙突进运动"之中诞生的歌德小说《少年维特之烦恼》,平民青年维特的心理变化轨迹,几乎可以通过作品相关场景的细致变化而一一对应。小说按照时序描写主人公的处境和心绪的变化,由头年万物欣欣向荣的春天到夏天,再由次年萧索落寞的秋天到雨雪肃杀的严冬,维特由欢悦而充满希望变为哀伤失望,最后坠落彻底绝望的深渊,可谓"春秋代序,阴阳惨舒,物色之动,心亦摇焉"②。人物通过自白而坦陈内心,感情异常丰富却又矛盾交集,刻画曲折深微,并将大自然的风貌与人物的心理达到情节交融。这样的叙事风貌,在中国古代小说中,似乎仅有《红楼梦》中的场景描画堪与之相比肩。

4. 功能性听觉叙事

追求视听感官平衡的叙事学研究,是近年学界较为关注的焦点之一,此举在一定程度上说是在现有视觉叙事研究占主导的背景下,唤起学界对听觉叙事的深入探讨,以此更为全面地审视既有叙事传统。其实,在中国古代小说叙事历程之中,听觉叙事同样有着深厚积累,小说家们非常懂得听觉叙事对于写人叙事与烘衬格调等方面的妙处。对此,研究者已有相应成果予以揭示。③ 在我们看来,中国小说注重听觉叙事这一现象诚然不虚,不过,当中有相当一部分其实带有功能性叙事意味,似乎尚未得到研究者足够注意。所谓"功能性听觉叙事",主要体现为两种形式:一者是指小说家在叙事过程中借助听觉这一感官形式来展开相应叙事,而其中的听觉叙事本身实际上往往是有违事理逻辑而难以发生的,从而使得当中的听觉叙事带有鲜明的功能性色彩;二者是指特定的声音对应特定的听者,通过特定的声音来叙写特定的人事,故而听觉叙事呈现出相应的功能性意味。不论哪种形式,功能性听觉叙事均旨在凸显以普通叙事手

---

① 李伟昉:《英国哥特小说与中国六朝志怪小说比较研究》,北京:中国社会科学出版社,2004年,第5页。
② (梁)刘勰:《文心雕龙译注》,陆侃如、牟世金译注,济南:齐鲁书社,1995年,第548页。
③ 参看傅修延、王敦等学者在此方面的相关成果。

法而难以达到的特定艺术意图。

先看前一种功能性听觉叙事。例如,在《三国演义》中,第四十二回"张翼德大闹长坂桥"是读者津津乐道的片段,其引人注目之处即是张飞以吼声如雷的气概阻吓曹军之举,所谓夏侯杰肝胆碎裂而倒撞于马下、"诸军众将一齐望西奔走"云云,令读者不得不感叹张飞英勇无敌之形象。其实如若按照事理逻辑的标准去考量的话,结合当时战场上战马嘶鸣、战鼓齐奏等因素,无论张飞如何声音高调,也难以产生如此出奇的杀伤力,因而此片段显然是失实而难以真正取信于人的。但是,对于通俗文学的接受者而言,作品情节是否新异远比是否写实更具吸引力,故而此类片段叙事并不会招致诟病,反而因其以别样的听觉叙事视角,酣畅淋漓地刻画出了猛张飞的典型气质而备受赞誉。另外,在《三国演义》开篇即交代张飞状貌个性"声若巨雷,势如奔马",并且在此后多次强调这一特征,此处的叙写只不过将这一个性加以超常印证罢了。显然,这样的叙事模式即属于失实的功能性听觉叙事,它巧妙地借助听觉叙事这一维度以推动情节发展,虽违虚实逻辑却令人称道。

再看后一种功能性听觉叙事。俗语云"言者无意,听者有心",即指明了说话内容在说听传播过程中的专指意味,或者说,话语意义的生成有时带有单一指向性,特定的话语对特定的接受者才能产生应有价值。此种形态的功能性听觉叙事即指的是这种情形。例如,《三国演义》叙及刘备三顾茅庐之时,屡次听闻山野农夫、石广元、孟公威、诸葛均、黄承彦等人歌吟之声,因吟诵内容大多高隐旷达,因此屡屡使刘备误以为诸葛亮现身而导致忍俊不禁。其实细思之余,可以发现众人歌吟之声仅对刘备来说有意义,对随行的张飞等人而言则实有若无。通过这种听觉叙事,充分说明了刘备求贤若渴的心机,也反复渲染了诸葛亮的高士形象,从通俗文学的接受角度来说,确实取得了较好的叙事效果。再如,《西游记》第四十三回中的一段听觉叙事,同样极具此类意味:

> 行经一个多月,忽听得水声振耳。三藏大惊道:"徒弟呀,又是那里水声?"行者笑道:"你这老师父,忒也多疑,做不得和尚。我们一同四众,偏你听见甚么水声。你把那《多心经》又忘了也?"唐僧道:"《多心经》乃浮屠山乌巢禅师口授,共五十四句,二百七十个字。我当时耳传,至今常念,你知我忘了那句儿?"行者道:"老师父,你忘了'无眼

耳鼻舌身意'。我等出家人,眼不视色,耳不听声,鼻不嗅香,舌不尝味,身不知寒暑,意不存妄想——如此谓之袪褪六贼。你如今为求经,念念在意;怕妖魔,不肯舍身;要斋吃,动舌;喜香甜,嗅鼻;闻声音,惊耳;睹事物,凝眸。招来这六贼纷纷,怎生得西天见佛?"①

是否听到水声、是有心还是无心听到了水声,在此成为取经意念是否坚定、修行境界是否脱俗的重要权衡准绳。在孙悟空看来,唐僧"闻声惊耳"以致自我扰乱心绪,实际上反映了唐僧西行路上意念的动摇和佛者身份的失落,因而被质问"怎生得西天见佛"。此论确实不无道理。但从叙事效应而言,此处叙写却通过功能性听觉叙事,成功地刻画了一个作为凡人的真实取经人形象,水声仅对唐僧来说有意义,对其三个徒弟而言同样实有若无。藉此听觉叙事,同样达到了极佳的因声写人的叙事意图。至于在《红楼梦》之中,此类听觉叙事实在更为普遍,林黛玉的《葬花吟》只对贾宝玉更有意义,贾宝玉"木石姻缘"的梦话只有说给薛宝钗才有意味(详见后文论述)。总体来说,中国小说作品中的功能性听觉叙事现象较为常见,同样是功能性叙事模式的重要组成部分,值得研究者予以重视。

5. 功能性插图叙事

古代小说尤其是中国小说刊刻与传播之初,图文并茂的文体形态即已奠定。在古人接受视域中,小说文本与插图并不是有意黏合而成的连接体,插图本身即是小说文体形态的有机构成要素。只不过在当下学术视野下,随着图像叙事研究的隆兴,小说插图才被视为相对独立的研究对象予以看待——其实明清时期小说的传播与接受,插图原本就是其中有效手段之一(它与评点、序跋等其他小说文体要素一道共同构成了小说这一有机整体)。回到中国小说的接受语境,可以发现数量众多的小说插图与其他以文本形态而呈现的叙事要素类似,同样有着功能性叙事意味。具体来说,功能性插图叙事主要表现为两种形式:其一,不同叙事内容皆以类同式插图予以表现;其二,以有违小说文本内容的插图表现异样情感倾向。先看以下小说情节及其对应的插图:

---

① (明)吴承恩:《西游记》(中),北京:人民文学出版社,2019年,第566—567页。

第二章　中西小说比较视域下的功能性叙事　/　57

图 2-1：余象斗刊本《三国志传评林》插图（第一组）

图 2-2：余象斗刊本《三国志传评林》插图（第二组）

图 2-3：余象斗刊本《水浒志传评林》插图

图 2-4：杨闽斋刊本《西游记》插图（第一组）

图 2-5：杨闽斋刊本《西游记》插图（第二组）

从中不难看出，书坊主在雇用绘工、刻工进行小说插图配置时，以尽可能单一而重复的插图画面来表现实际上复杂多变的情节内容。如此安排的目的,实在饶有意味,或许是书坊主有意降低刊刻成本的考虑,亦或许是书坊主(含绘工与刻工)文化艺术修养低下所致?图像叙事研究者已作出了不同回应。① 在我们看来,中国小说中的此类陈陈相因式插图叙事,其实亦属功能性叙事模式。中国小说中此类插图,大多数出自图文粗糙的底层书坊,与那种经由高雅文人参与并定型的高品位书坊所刊插图,在艺术水平上有着不小差距。鉴于此种背景,底层书坊出于极力谋利的意图,既要利用图文并行的形式吸引购买者,又不想在插图上精心对待,故而小说作品中相似插图画面反复出现的情形就在所难免了。清初小说《绣屏缘》"凡例"有言:"小说前每装绣像数叶。以悦时目。盖因内中情事。未必尽佳。故先以此动人耳。然画家每千篇一列。殊不足观徒灾梨枣。此集词中有画。何必画中有形。一应时像。概不羨剽。"②《隋炀帝艳史》"凡例"亦指出:"坊间绣像,不过略似人形,止供儿童把玩。"③ 显然,如何在"悦时目"与"不足观"之间保持一种形式上的平衡,是小说家与书坊主不得不面对的困境。正是在这个意义上,可以看出功能性插图叙事的存在价值,即在很大程度上弥合了中国小说传播过程中书坊主既意欲插图却又不愿花巨资(或者说因艺术素养所限而无力)精致插图的尴尬,也迎合了小说读者"低标准阅读"的接受心理(所谓"略似人形,止供儿童把玩"云云),同时也成为中国小说尤其是白话小说趣味通俗的有力印证。因此,功能性插图叙事因其商业与艺术的双重属性,也可视为中国小说图文并茂的叙事传统得以延续并稳固的助力之一。再看以下《水浒传》"宋江挥泪斩小卒"情节的对应插图:

图 2-6:《古本小说丛刊 * 忠义水浒传》残本卷十七插图

---

① 参看陈正宏:《绣像小说:图文之间的历史》(《图书馆杂志》2011 年第 9 期)、乔光辉:《明清小说戏曲插图研究》(东南大学出版社,2016 年)等相关论著。

② (清)苏庵主人编次,《古本小说集成》编委会编:《绣屏缘》,上海:上海古籍出版社,1994 年,第 1 页。

③ 丁锡根编著:《中国历代小说序跋集》(下),北京:人民文学出版社,1996 年,第 954 页。

第二章 中西小说比较视域下的功能性叙事 / 59

图 2-7：余氏双峰堂本《古本小说集成＊水浒志传评林》卷十七

图 2-8：富沙刘兴我本《古本小说丛刊＊水浒忠义志传》卷十七

图 2-9：容与堂本《古本小说集成＊李卓吾批评忠义水浒传》卷八十三

从以上插图可以看出，不同版本对于"宋江挥泪斩小卒"这一情节的插图表现不尽一致。在小说文本中，宋江对因防卫过当而导致过失犯罪的小卒本有不忍之心，而在招安之初却不能不顾及梁山众好汉前程，因而只能挥泪斩小卒，以此来表明宋江的仁爱而忠义的品格。在不同书坊刊刻过程中，或许不同的画工对宋江此举乃至宋江其人存有不同的理解，因而表现在绘图画面上的宋江形象不一，有的表现为愤怒之下急于杀死小卒，有的表现为听从他人劝谏而终杀小卒，有的则表现为小卒倍感愤怒而不甘被宋江所杀。对照之下，文本与插图对相同情节的描述存有较大差异，从中不难感受到书坊主与画工对宋江的情感倾向存有较大分歧，以此种方式，实际上也说明了当时民众对宋江形象的不同看法。藉此，我们可以看出功能性插图叙事并不只是一味地单调重复，其实也能借助相关插图暗寓叙事者的特定意图，从而达到文字本身未能取得的传播增殖效应。由此我们即能看到一种较为有趣的叙事现象，在前一种功能性插图叙事现象中，虽然插图对应的情节完全不同，而实际上插图画面近乎有意重复；在后一种功能性插图叙事现象中，虽然插图对应的情节完全相同，而事实上插图画面却在有意识地避免重复。在此，中国小说的商品属性与文化属性、通俗品格与高雅品格均得到了协调一致的体现。由此不难看出，功能性插图叙事实际上是包括小说编创者、书坊主、刊刻者、绘图者以及接受者在内的诸种因素综合作用的结果，它对于小说编创机制与传播机制均有着重要影响，这确实说明了中国小说功能性插图叙事的复杂性，它能引发我们对古代小说插图叙事问题的更多思考。

除了上述几类形态之外，功能性叙事还可以体现在其他方面。例如，好发议论是中国小说编创者的普遍倾向，这样的叙述情形，从文学批评的角度而言，属于小说文本内的批评见解，具有重要的研究价值；从叙事学视角而言，则属于叙述干预或评论性叙事。在小说叙事过程中跳出正在叙述的人事而恣意议论其他，这种现象在中西小说叙事传统中极为常见，只不过相对而言中国古代小说似乎更为有迹可循，进而体现出自身固有的叙事特性。小说家何时何处发表议论见解，发表什么样的见解，并非毫无章法。就编创环节与整体叙述历程来说，在小说发端与结尾处的评论性叙事相对更为突出，以至于在小说开篇与结尾如若缺少评论性叙事即不成其为小说。这些评论性叙事大都游离于主体情节内容之外，主要阐发编创者的思想价值取向，少部分论及小说编创规律。而细究之下，评论性叙事中众说纷纭的各色说辞，其实大体皆是在教化讽世与劝善惩恶。

因此,中国小说的评论性叙事看似互不相干,但从叙事意图与功能指向来看,从评论性叙事发生的时机与环节来看,其实都具有功能性叙事模式的意味,它体现了中国小说叙事传统的内在规约与观念自觉,同样值得研究者予以注意。①

以上我们侧重对中国小说中的功能性叙事现象加以了简析,可以看出在西方小说叙事模式对照之下,功能性叙事是中国古代小说较为独特的叙事模式。它既是宋元以来包括说话技艺在内的说唱文学传统的影响所致(说唱文学中即含有不少类同化叙事片段),同时也是此前诸多案头文学传统的延续所致(例如唐传奇中围绕人物与情境亦有不少相似性叙事)。我们不能以诸如"俗套性叙事"之类似是而非的观念去对待乃至否定其叙事价值,也不能将其无限泛化而导致此概念自我消解,对其加以确切认识,有助于我们更好地把握中国古代小说的固有特征,有助于更好地认清中国古代小说的相关问题,也有助于更好地进行中西小说的深入比较考察。经由深入考察,可以看出中西小说叙事传统均不同程度有着注重功能性叙事的特点,而为何出现这种以少总多、以简驭繁的叙事特点,如何看待功能性叙事背后的不同文化意味,如何评价功能性叙事在各自叙事传统中的价值与地位,这些问题虽在本章有所回应,但或许更值得研究者加以深度回应,由此有关此种叙事特性的比较才会显示出自身意义。

---

① 有关此部分内容的深入论述,可参看本书附录2《论明清小说文本中的小说批评》,亦可参阅下一章相关内容。

第三章
中西小说评论性叙事比较研究

人类的主观能动性使得叙事中不可避免地带有叙事者的主观性，叙事者在叙事时总要或显或隐地表现出对于人物、事件甚至叙事本身的态度和观点，因此，任何叙事文本都避免不了叙事者的评论性叙事，都无法回避叙事者的评价和判断，文学叙事也不例外。所谓"评论性叙事"，是指在小说作品的主体叙事进程中夹杂作者主观评论或议论叙述的叙事现象。评论性叙事与中国小说叙事传统相伴相随。就具体形态而言，有卒章显志式的议论，有文中大段评论的插入，也有篇首入话式的导语叙事。就存在历程来看，从笔记小说直至章回小说皆能见到评论性叙事的身影。就其出现与延续的原因来说，既是经史传统在小说门类中的影响印记，也是说唱技艺的跨界舒展，当然也不排除文人自身炫才所致。就评论内容而言，既有道德训诫式告勉，也有关于小说自身的批评见解（这点在明清小说中极为突出）。总体看来，评论性叙事是中国小说叙事传统异常突出的特质之一，是中国古代注重教化的理念所致，也是中国古人随笔记录、随发议论的案头传统的延承。西方小说的评论性叙事传统同样十分深厚。在《十日谈》中薄伽丘时常大发议论，同时在每一篇故事的卷首和末尾都有叙述者的评价。这一情形属西方小说早期典型的评论性叙事，此后则绵延不绝。《堂吉诃德》中不少内容寓批评于创作，直截了当地批评西班牙文学的现状。菲尔丁在小说叙事进程中发表有关小说创作的法门与评议，若将这些较为分散的议论综合起来，可以看出菲尔丁已经对小说提出了一套完整而系统的理论。在巴尔扎克小说作品中，议论化叙述方式同样是普遍存在的。"一方面，这与巴尔扎克的文学观点有关，他要让他的观点、对生活的评价渗透到叙述的各个层次中；另一方面，更为重要的是，这是当时人们普遍认同的文学惯例，是作者和读者达成的一种默契。"[1]中西小说叙事传统中大量评论性叙事普遍存在，说明中西小说与中西文化有共通之处，当然也反映出两者比较的可行性与必要性。本章内容拟结合中西小说相关文本，综合考察叙事中评论性叙事及其相关问题。

第一节 中西小说评论性叙事的源起与动因

只要承认人类或个人在实践活动中具有自由意志，人们就很容易相信叙事中不可避免地带有叙事者的主观性。叙事者在叙事时总要表现出对人物和事件的态度，表现出一定的文体风格，表现出某种美学理念，因此，任何叙事文本都避免不了叙事者的评论性叙事，文学叙事也不例外。文学叙事一般都有一个较为明显的主题，主题总包含评论因素，"因为小说家总是通过主题对事物作出评价并让读者看到他所感到的真理的某一新的方面"[2]。评论性叙事作为叙事者态度和主观性的显现，是文学叙事永恒的需要。相对于非文学叙事，文学叙事的评论性叙事表现得更为复杂多变，更为隐蔽精巧。文学创作中的评论性叙事在传统的以全知叙事者讲述的零聚焦叙事中较为明显，表现形式略显单一，常常因为"直接的无中介的议论"[3]而充满说教味。自19世纪末起，西方小说创作界和理论批评界认为干预会破坏小说的艺术性，作者应该隐退，因此对叙事中的评论性叙事采取了越来越为严峻的排斥态度，普遍崇尚所谓的"显示"（showing），即自然而然地客观地展现故事中人物的活动和事件经过。

然而，就文学叙事的本质而言，作品是作家创造的产物，纯粹的不干预只是一种奢望，根本做不到，也行不通。完全客观真实的叙事风格只是作家们一厢情愿的奢望，因为任何叙事话语都是某种意识形态的介入，叙

---

[1] 龚翰熊主编：《欧洲小说史》，成都：四川大学出版社，1997年，第326页。
[2] 伍蠡甫、胡经之主编：《西方文艺理论名著选编》（下卷），北京：北京大学出版社，1987年，第198页。
[3] ［美］W·C·布斯：《小说修辞学》，华明、胡晓苏、周宪译，北京：北京大学出版社，1987年，第137页。

事内容的选择本身就是一种价值判断,包含一定程度的评论性叙事,其虚构性和人为性是无法避免的。即使是被现代小说家奉为不干预楷模的詹姆斯、福楼拜等人,也无法避免干预。布斯反对传统小说与现代小说的"讲述"(telling)与"显示"之分也充分说明了这一点。[①] 因此,学界对于叙事中评论性叙事的不可避免性已经取得共识:不是需不需要评论性叙事的问题,而是如何实现评论性叙事的问题。有创见的小说家总是设法提高评论本身的艺术性及与作品整体的有机统一性,极力避免那种生硬地拼凑上去的笨拙的评论性叙事,于不动声色之中借助冷静客观的描述将自己的价值判断植入读者的思想体系。当然,叙事者技艺高超的评论性叙事看似"客观",其实往往掩盖的正是叙事者更为复杂的企图和野心。这因此一方面对作者的要求更高了,要求作者具备更为深刻的思想和洞察力,能够运用无言的声音影响和感染读者,另一方面也给读者提出了更高的要求,要求读者不仅要在智力上,而且要在想象力上达到较高的层次和水平,同时,它也期待读者能够全身心地投入作品,与作者紧密合作,成功解读作品的深层主题意义和思想。

在国外学界,评论是 commentary,干预是 intrusion 或 intervention,包括作者干预和叙事者干预。评论和干预两词虽在表达上分开,但两者关系紧密,难以准确区分,经常互为解释。《叙事学词典》将评论界定为:"叙事者的评价性补论;作者干预;超出对存在体识别、描述及事件讲述之外的叙事者干预。在评论中,叙事者解释叙事元素的意义或重要性,做出价值判断,谈及超越人物世界的诸多世界,并且/或者评论叙事本身。"[②]《劳特里奇叙事理论百科全书》也作了类似的界定,并指出"评论因指涉叙事者超越事实描述之外的言语行为,也会被称作作者干预"[③]。因此,对于评论的界定,总离不开关键词"作者干预"或"叙事者干预",甚至评论有时直接就被称作作者干预或叙事者干预。国内学界对于评论和干预的探讨尤以赵毅衡先生为代表。赵毅衡首先指出,在与干预相关的两个术

[①] [美]W·C·布斯:《小说修辞学》,华明、胡晓苏、周宪译,北京:北京大学出版社,1987年,第3—24页。

[②] Gerald Prince. *A Dictionary of Narratology*. Nebraska: University of Nebraska Press, 2003, p.14.

[③] David Herman et al. (eds). *Routledge Encyclopedia of Narrative Theory*. London and New York: Routledge, 2005, p.74.

语中,不存在作者干预,只有叙事者干预,因为"小说叙事文本是假定作者在某场合抄下的故事。作者不可能直接进入叙事,必须由叙事者代言,叙事文本的任何部分,任何语言,都是叙事者的声音"[①]。这是颇有道理的。我们也可从《叙事学词典》对于作者干预的界定看出端倪:"作者干预指的是叙事者以评价的形式对所表述的情境与事件、表述本身及其语境的干预;叙事者的评价性说明。"[②]《叙事学词典》是用叙事者的行为而不是作者的行为来界定作者干预,进一步说明了"叙事者干预"概念的合理性。

干预是叙事者除讲述故事这项"本职工作"之外的一项重要职能。[③]赵毅衡区分了叙事者干预的两种类型:指点干预和评论性叙事。前者是对叙事形式的干预,后者是对叙事内容和故事本身的干预。赵毅衡对干预类型的划分等同于查特曼对评论类型的划分。后者将评论划分为话语评论(commentary on the discourse)和故事评论(commentary on the story)。[④] 话语评论对应于赵毅衡的指点干预,故事评论对应于评论性叙事。因此可以说,国内叙事学界的干预对应的正是西方叙事学界的评论。这更加说明了评论和干预二者之间的难以区分,也解释了为什么西方叙事学界对评论和干预的界定总是互相引用。叙事者干预一般通过叙事者对人物、事件,甚至文本本身发表评论的方式来实现,具体表现为叙事者对于所讲述的事件、人物发表看法、见解与评价,如以下两段引文中叙事者的干预正是通过评论实施的,第一段引文叙事者通过其对男人和女人发表自己的见解和观点来进行干预,第二段选自《卖油郎独占花魁》的引文,叙事者干预是通过其对人物花魁娘子直接发表自己的见解和评说来完成的,两者都是叙事主体自我意识的自然流露:

    现在的中国男人个个都穿西装打领带。都恨不得把自己的名字改成约翰或者杰克。恨不得一朝醒来,头发变黄,眼睛变绿。恬不知

[①] 赵毅衡:《苦恼的叙述者——中国小说的叙述形式与中国文化》,北京:北京十月文艺出版社,1994年,第26页。

[②] Gerald Prince. *A Dictionary of Narratology*. Nebraska: University of Nebraska Press, 2003, p. 9.

[③] 关于叙事者的职能或曰功能,首要的当然是叙事功能,其他有交流、组织、见证、说服、指挥、干预和评论功能等,热奈特(1990)对此有较为完整的论述。

[④] Seymour Chatman. *Story and Discourse: Narrative Structure in Fiction and Film*. Ithaca: Cornell University Press, 1978.

耻的男人！看看中国女人吧，即便是制作一瓶辣椒酱，也懂得取名为"老干妈"或者"辣妹子"。多么民族化。①

(瑶琴)自小生得清秀，更且资性聪明。七岁上，送到村学中读书，日诵千言。十岁时，便能吟诗作赋。……到十二岁，琴棋书画，无所不通，若提起女工一事，飞针走线，出人意表。此乃天生伶俐，非教习之所能也。②

我们认为也正是在这个意义上，叙事者干预常被称为叙事者评论，甚至干预就是评论，正如赵毅衡所言，干预就是"叙事者对叙事的议论"③。评论和干预互为解释，叙事学界并未对二者加以严格区分，通常认为干预就是评论。这使得干预的显性和隐性并没有引起充分关注，更无标准而言。我们认为干预也存在显性和隐性之别，且和评论的显明性有所区别。胡亚敏根据叙事者的叙事行为将叙事者划分为"自然而然"的叙事者和"自我意识"的叙事者。④ 前者指叙事者隐身于文本之中，尽量不表露叙事痕迹，仿佛人物事件等自行呈现。后者指叙事者或多或少意识到自己的存在，并出面说明自己是在叙事或发表评论。从"自然而然"的叙事者到"自我意识"的叙事者，叙事者的出场由隐性到显性，叙事语境也发生了变化，原先语境的叙事进程中断。基于此，我们认为干预显明性的判断标准取决于叙事者是否打破故事的叙事进程。叙事进程中断，叙事进入新的语境，即为显性干预，否则即为隐性干预。本章所谓"评论性叙事"更偏重于指向显性干预的叙事行为(当然也兼及隐性干预的叙事行为)。

传统文学发展到现代文学的历史过程，也见证了叙事者评论性叙事在故事文本中实现方式渐趋复杂的转变，而其中重要的转变就是叙事者由显性评论性叙事转向隐性评论性叙事。江守义指出："就叙事评价而言，中西小说从传统向现代的转换，评价变化的侧重点有所不同：西方侧

---

① 池莉：《小姐你早》，北京：作家出版社，1999年，第2页。
② 何满子选注：《古代白话短篇小说选集》，上海：上海古籍出版社，1983年，第456页。
③ 赵毅衡：《当说者被说的时候——比较叙述学导论》，北京：中国人民大学出版社，1998年，第28页。
④ 胡亚敏：《叙事学》，武汉：华中师范大学出版社，2004年，第45页。

重于从单一评价转向多重评价;中国侧重于从显性评价转向隐性评价。"①其实,即使是西方文学作品的单一评价转向多重评价,尽管其评论可以保持显性,但是叙事者的声音或许因为小说人物的愈加突出而渐趋朦胧隐蔽,因此其干预也呈隐性状态,那么叙事者的评论性叙事实际上也是转向隐性实现。

第二节　中西小说评论性叙事的外显形态之比较

整体来说,中西小说评论性叙事聚集于文本某些特定的阶段,但另一方面评论性叙事也可以出现在文本的任何位置。因此我们认为,文学文本中特定位置的评论性叙事与其在文本中发挥的独特作用以及所处的叙事层次是存有紧密联系的。这也就是评论性叙事外显形态的研究价值所在。具体来说,中西小说评论性叙事外显形态的不同意义可在下列几方面体现出来:

一、中西小说评论性叙事之位置审视

1. 书名之中的评论性叙事:赋予作品灵魂并且暗示态度

在作品所有的评论性叙事中,有一类评论性叙事值得引起我们特别的注意,这不仅仅因为其特殊的位置,更因为其在整个叙事文本中所起到的提纲挈领的作用。这就是书名之中的评论性叙事。相对于故事正文中的评论性叙事,书名之中的评论性叙事通常较为隐晦含蓄,只是叙事者对故事内容的半显半隐式的介入,但却能很好地体现叙事者的价值倾向和道德判断。书名赋予作品以灵魂,作为整个叙事文本的主干线索、内容和主旨的提炼和概括,一直是叙事者实施评论性叙事的极其特殊而又非常重要的领地。叙事者往往会在书名之中间接影射出自己对于整个故事内容的价值倾向和态度情感,以期在读者阅读之前指导和影响读者,在读者完成阅读之后又能实现叙事者和读者之间精神世界的交流与共鸣。

书名暗示的评论意义可以通过与其他文本之间形成的某种互文

---

① 江守义:《现代小说叙事主体的分化及其比较》,《中国人民大学学报》2005 年第 4 期,第 147 页。

(intertextuality)得以实现,英国小说家毛姆(W. S. Maugham)的作品《寻欢作乐》就是一个很好的例证。文学评论家安·伯吉斯认为,毛姆"他最好的长篇小说《寻欢作乐》,公正地显示了他的同情和憎恶"①。《寻欢作乐》的英语书名 *Cakes and Ale* 本义指的是"蛋糕和啤酒",有学者指出,该表达出自莎士比亚剧作《第十二夜》第二幕第三场:

> Dost thou think, because thou art virtuous, there shall be no more cakes and ale? (你难道认为,由于你品德高尚,就不应再有寻欢作乐之事吗?)②

这是剧中人物托比对马伏里奥的反驳。托比是一个性格开朗、乐于享乐的下层人,马伏里奥则对托比的享乐主义颇有微词,托比对马伏里奥进行了尖锐的反驳。托比的反驳暗含了全剧的中心旨趣:追求幸福与欢乐是人的正当合理的行为,而束缚人的天性则是完全错误的。毛姆的书名《寻欢作乐》,通过记忆、重复莎士比亚文本产生的扩散性影响,即借助互文性的建构,暗示了他对作品中出身低微的女主人公露西即时享乐的生活方式的积极态度,同时表达了对以基尔为代表的上流阶级的批判和否定。

书名有时暗含的评论因子极为隐晦,甚至可以说奇妙而又独特。英国著名女作家多丽丝·莱辛(Doris Lessing)于 1996 年出版的作品《又来了,爱情》(*love, again*)可以说是叙事者在书名中成功实施隐性评论性叙事的典型例证。按照常理,书名单词的首字母应该大写,而该作品书名中的实词"love"首字母 l 并未大写。既然有违常规,那么叙事者必定有其特定的用意。叙事者从书写上赋予"love"这一普通单词不普通的意义,巧妙地实现了匠心独具的评论性叙事。通读全文,读者便知,小说中所描写的种种爱情,是打了折扣的爱情,是"小写的爱情",往往昙花一现,转瞬即逝,并非"大写的爱情",远不能和世间纯美的真正爱情相提并论。叙事者对故事本身以及其中人物的总体评价正是通过书名之中极为含蓄的评论性叙事传递给读者,并进而影响读者。

---

① [英]安·伯吉斯:《毛姆其人其文》,周添成译,刘继华校,《宁波大学学报(人文科学版)》1993 年第 1 期,第 54—58 页。
② 陈琳:《关于毛姆和〈寻欢作乐〉——校后记》,载(英)威·萨·毛姆:《寻欢作乐》,章含之、洪晃译,陈琳校,杭州:浙江文艺出版社,1984 年,第 226—229 页。

2. 篇首篇末的评论性叙事:点明主旨,确立和巩固基调

书名中的评论性叙事统摄整个故事文本,具有较为广泛的意义空间,通常需要读者积极地参与解读其中复杂隐晦的含义指涉。与之相比,篇首篇末的评论性叙事一般较为明确具体,重在确立和巩固作品基调。作者置于作品开篇或者作品章节开头(这里我们统称为篇首)的评论性叙事,通常也会以卷首语、小序或者题词的形式出现。试读以下托尔斯泰长篇小说《复活》第一部的卷首语:

《马太福音》第十八章第二十一节至第二十二节:那时彼得进前来,对耶稣说:"主啊,我弟兄得罪我,我当饶恕他几次呢?到七次可以?"耶稣说:我对你说,不是到七次,乃是到七十个七次。"

《马太福音》第七章第三节:为什么看见你弟兄眼中有刺,却不想自己眼中有梁木呢?①

作品开篇引自《圣经》,其蕴含的意义十分清楚,对于作品的意义构成具有非同一般的作用。细细品读之,可以预测到叙事者在作品中将要表现的对于故事中人物和事件的态度观点。因此,开篇的评论性叙事可以点明故事的主旨,奠定叙事的基调,特别是叙事者的意识形态和观念立场。读者如将上述开篇与《复活》中的事件和人物相联系,即可发现叙事者对俄国沙皇专制的尖锐批判,以及叙事者所展现的"勿以暴制暴"的说教。

《红楼梦》的开篇也是几大段解释说明,类似这样的表述:"列位看官:你道此书从何而来?说起根由虽近荒唐,细按则深有趣味。待在下将此来历注明,方使阅者了然不惑。原来女娲氏炼石补天之时,于大荒山无稽崖炼成高经十二丈、方经二十四丈顽石三万六千五百零一块。娲皇氏……"②,将创作动机、创作方法、作品含义都清清楚楚地表述出来,接着引导读者进入故事正文。开篇词总领全篇,具有很强的文学性,同时暗藏悲剧性,影射了盛极一时却最终会走向没落的贵族家庭,暗指清王朝的外强中干,最终走向末路。试想,如果将这些篇首起解释说明作用的评论性叙事删除,恐怕我们对于曹雪芹这位文学大师创作《红楼梦》的匠心、他

---

① [俄]列夫·托尔斯泰:《复活》,汝龙译,北京:人民文学出版社,1979年,第3页。
② (清)曹雪芹著,(清)无名氏续:《红楼梦》(上),(清)程伟元、(清)高鹗整理,中国艺术研究院红楼梦研究所校注,北京:人民文学出版社,2008年,第2页。

对于文学艺术的精辟见解也无从了解。这种篇首的评论性叙事在现代主义作品中也较为常见,只是相对来说更为隐蔽,如卡夫卡《城堡》开头一段:

> K到村子的时候,已经是后半夜了。村子深深地陷在雪地里。城堡所在的那个山冈笼罩在雾霭和夜色里看不见了,连一星儿显示出有一座城堡屹立在那儿的亮光也看不见。K站在一座从大路通向村子的木桥上,对着他头上那一片空洞虚无的幻景,凝视了好一会儿。①

"城堡"一开始就被赋予了双重含义,它既是一个实体存在,又是一个虚无的幻象,仿佛一个迷宫,营造了一种梦幻氛围。《城堡》篇首的第一段文字首先奠定了小说的基调和氛围,"城堡"既是现实的,又是虚幻的,这在作品后来的描述中得到了进一步的验证。K一直想进入城堡,但直到死也未能目睹城堡的真实面目。所以篇首有一种统领的作用,暗示了小说的诗学风格,用存在主义大师加缪的话说,就是用逻辑性表现荒诞,用真实表现幻象。可以毫不夸张地说,作品篇首话语的确立和安排,往往直接决定了整部作品的成败,难怪加西亚·马尔克斯如此重视小说的第一句话,他认为"有时这第一句话比写全书还要费时间","因为第一句话有可能成为全书的基础,在某种意义上决定着全书的风格和结构,甚至它的长短"。②

篇末的评论性叙事通常用以加强和巩固叙事者在篇首以及正文中表达的观点和立场,是对情节故事内容的整合、引申和发挥。有论者指出:"干预,尤其是评论性干预,实际上是隐指作者③对叙述者功能施加过大的压力,使叙述者完全屈服于他的价值观之下。评论性干预实际上是一种统一全书的价值观,把分散的主体集合在一种意识下的努力。"④

其实,文章结尾处叙事者发表评论在中国传统文学之中极为常见,称

---

① [奥]卡夫卡:《城堡》,汤永宽译,北京:华夏出版社,2008年,第1页。
② 转引自吴晓东:《从卡夫卡到昆德拉:20世纪的小说和小说家》,北京:生活·读书·新知三联书店,2003年,第259页。
③ 赵毅衡认为将"implied author"译为"隐含作者"不妥,他译为"隐指作者"。
④ 赵毅衡:《当说者被说的时候——比较叙述学导论》,北京:中国人民大学出版社,1998年,第41页。

为"卒章显志"。"卒章显志"是在"君子曰"的影响下形成的,傅修延指出:"赋的卒章显志和'君子曰'都是为'主叙事'画龙点睛,因此它们都属作品的灵魂所在。'君子曰'伏源于历史叙事,赋的卒章显志属于文学叙事,文史两大叙事在这一点上合流,使得曲终奏雅成为国人心目中牢不可破的叙事范式。"①可以说,这种叙事程式和诸子之文中的寓言一样,功能都是为了宣扬叙事者的观点。在文章结束时,作者将要表露的胸怀、志向很自然地说出来,给人一种鼓舞和向上的力量。这种在讲述完故事后安排有形无形的"君子"出来议论一番,在中国传统的章回小说中俯拾皆是。如在明清长篇小说《红楼梦》《三国演义》《水浒传》和《金瓶梅》这四部作品中,结尾处都是用讽喻性质的诗歌来发表议论的。《聊斋志异》的"异史氏曰"也可视为《左传》"君子曰"的继承和发展,大都集中在每篇的篇末,如以下选自其中《崂山道士》篇末的"异史氏曰",直指社会普遍存在的问题,针砭时弊,导人向善,可圈可点。

  闻此事未有不大笑者;而不知世之为王生者,正复不少。今有伧父,喜疢毒而畏药石,遂有舐痈吮痔者,进宣威逞暴之术,以迎其旨,诒之曰:"执此术也以往,可以横行而无碍。"初试未尝不小效,遂谓天下之大,举可以如是行矣,势不至触硬壁而颠蹶不止也。②

当然,必须指出的是,这类处于篇末的叙事者评论性叙事也并非字字珠玑,仍以《聊斋志异》的"异史氏曰"为例,仅有约一半的"异史氏曰",如上段引文一样,不乏真知灼见,而其余一半均为传统社会语境下的说教和警示,有的甚至是庸俗的具有较强封建意识的近似无聊的言论,如站在男权立场上,对妇女情感和婚姻问题等所作的不合适评论。其中《黎氏》所述故事便是一例。《黎氏》讲的是一个文人中年丧妻欲续妻的故事。故事主人公一日与一漂亮女子相遇,遂生爱意,结为夫妻。过了些时日,他发现续妻原是只狼,将其儿女吞食。故事结尾"异史氏曰"发表的评论"士则无行,报亦惨矣。再娶者,皆引狼入室耳;况将于野合逃窜中求贤妇哉!"③明显受到了封建意识形态的制约,并非正确合适的评判。

唐代杰出的现实主义大诗人白居易在《新乐府序》中说:"首句标其

---

① 傅修延:《赋与中国叙事的演进》,《江西社会科学》2007年第9期,第34页。
② (清)蒲松龄:《聊斋志异》,北京:大众文艺出版社,2008年,第7—8页。
③ 同上书,第134页。

目,卒章显其志。"篇末的评论性叙事有时与篇首的评论性叙事构成某种呼应,如《堂吉诃德》的篇首和篇末:

> 总而言之,你只管抱定宗旨,把骑士小说的那一套扫除干净。那种小说并没有什么基础,可是厌恶的人虽多,喜欢的人更不少。你如能贯彻自己的宗旨,功劳就不小了。①(篇首)

> 我的愿望无非要世人厌恶荒诞的骑士小说。堂吉诃德的真人真事,已经使骑士小说立脚不住,注定要跌倒了。我也就忻然自得:作者能这样如愿以偿,还数我第一个呢!②(篇末)

作品篇首的评论性叙事多属于话语层面,但也有属于故事层面的评论性叙事,直接评述作品人物的,如在《新唐书》中,叙事者概述传主的姓名、籍贯、家世后,便是对其性格特征做出评述,使得读者立刻对传主建立起鲜明的印象,如:

> 柴绍字嗣昌,晋州临汾人。幼趫悍,有武力,以任侠闻。③
> 张亮,郑州荥阳人。起畎亩,志趣奇谲,虽外敦厚而内不情。④
> (丘)行恭有勇,善骑射。⑤
> (温)彦博字大临,通书记,警悟而辩。⑥
> 王君廓,并州石艾人。少孤贫,为驵侩,无行,善盗。⑦
> 卢祖尚字季良,光州乐安人。家饶财,好施,以侠闻。⑧
> 房玄龄字乔,齐州临淄人。父彦谦,仕隋,历司隶刺史。玄龄幼警敏,贯综坟籍,善属文,书兼草隶。⑨
> 杜如晦字克明,京兆杜陵人。祖果,有名周、隋间。如晦少英爽,喜书,以风流自命,内负大节,临机辄断。⑩

---

① [西班牙]塞万提斯:《堂吉诃德》(上),杨绛译,北京:人民文学出版社,1978年,第9页。
② 同上书,第516页。
③ (宋)欧阳修、宋祁撰:《新唐书·柴绍传》,北京:中华书局,1975年,第3774页。
④ (宋)欧阳修、宋祁撰:《新唐书·张亮传》,北京:中华书局,1975年,第3828页。
⑤ (宋)欧阳修、宋祁撰:《新唐书·丘行恭传》,北京:中华书局,1975年,第3778页。
⑥ (宋)欧阳修、宋祁撰:《新唐书·温彦博传》,北京:中华书局,1975年,第3782页。
⑦ (宋)欧阳修、宋祁撰:《新唐书·王君廓传》,北京:中华书局,1975年,第3807页。
⑧ (宋)欧阳修、宋祁撰:《新唐书·卢祖尚传》,北京:中华书局,1975年,第3834页。
⑨ (宋)欧阳修、宋祁撰:《新唐书·房玄龄传》,北京:中华书局,1975年,第3853页。
⑩ (宋)欧阳修、宋祁撰:《新唐书·杜如晦传》,北京:中华书局,1975年,第3858页。

魏徵字玄成,魏州曲城人。少孤,落魄,弃资产不营,有大志,通贯书术。①

王珪字叔玠。祖僧辩,梁太尉、尚书令。父颙,北齐乐陵郡太守。世居郿。性沉澹,志量隐正,恬于所遇,交不苟合。②

李纲字文纪,观州蓨人。少慷慨,尚风节。③

戴胄字玄胤,相州安阳人。性坚正,干局明强,善簿最。④

权万纪,其先出天水,后徙京兆,为万年人。父琢玠,隋匡州刺史,以悫愿闻。万纪悻直廉约,自潮州刺史擢治书侍御史。⑤

岑文本字景仁,邓州棘阳人。(先辈世系)……性沉敏,有姿仪,善文辞,多所贯综。⑥

虞世南,越州余姚人。出继叔陈中书侍郎寄之后,故字伯施。性沉静寡欲……⑦

以上叙事者对传主形象的评论性叙事具有权威性,正文中人物的行为和言语是人物性格的展开和具体化,读者对其解读往往基于开篇的性格评述基调。这种开篇对人物性格作出直接判断的做法在后续作品中得到了继承和发展。如《三国演义》在每个人物出场时,叙事者均说明其籍贯、出身与行状,每个人物退场时,又交代此人后来官至何位,子孙为官情况,等等。

3. 篇中的评论性叙事:强调故事层面的判断评价

与篇首和篇末宏观旨趣的评论性叙事相比,篇中的评论性叙事多数聚焦故事中具体的事件、特定语境下的人物等微观成分。我们可以认为,篇首的评论性叙事预测篇中的评论性叙事,而篇末的评论性叙事积聚汇集散播于篇中各处的评论性叙事。叙事者在篇中的评论性叙事重在对故事中的人物、事件和社会现象做出判断评价,同时也期望隐含读者接受其评价立场,按照其所给定的意义去对事件和人物加以理解,以使隐含作者

---

① (宋)欧阳修、宋祁撰:《新唐书·魏徵传》,北京:中华书局,1975年,第3867页。
② (宋)欧阳修、宋祁撰:《新唐书·王珪传》,北京:中华书局,1975年,第3887页。
③ (宋)欧阳修、宋祁撰:《新唐书·李纲传》,北京:中华书局,1975年,第3907页。
④ (宋)欧阳修、宋祁撰:《新唐书·戴胄传》,北京:中华书局,1975年,第3914页。
⑤ (宋)欧阳修、宋祁撰:《新唐书·权万纪传》,北京:中华书局,1975年,第3939页。
⑥ (宋)欧阳修、宋祁撰:《新唐书·岑文本传》,北京:中华书局,1975年,第3965页。
⑦ (宋)欧阳修、宋祁撰:《新唐书·虞世南传》,北京:中华书局,1975年,第3969页。

和叙事接受者在价值判断上保持一致。试读刘心武《5·19长镜头》叙事者对于"5·19事件"根源的分析评论：

> "5·19事件"既单纯又复杂，既复杂也单纯。单纯，在于这是一种超国家、超民族、超政治、超道德的全人类共有的竞赛狂热的大发作。复杂，在于它其中又糅杂着我们中华民族特有的心理沉淀，我们近30年来政治经济变动的心理投影，我们因"文化大革命"而造成的一代人文化教养的惊人低落，我们社会生活中所提供的情绪发泄渠道的贫乏，我们实行改革开放政策所诱发出的个性解放的热浪，以及对这种势头缺乏分析研究所派生的简单化的逆向压抑，等等。①

这段分析评论文字涵义颇丰，叙事者的目的不仅仅在于帮助读者了解故事情节和人物，更为重要的是，叙事者同时期待读者同意他的观点，与其在作品的价值观上获得某种共识。文学作品的人和事都有其社会性，避免不了道德判断，因此篇中的评论性叙事也多关乎道德问题，如《金瓶梅词话》第二十二章，西门庆与宋蕙莲有私，叙事者插入的评论涉及伦理道德。

> 看官听说，凡家主，切不可与奴仆并家人之妇苟且私狎，久后必紊乱上下，窃弄奸欺，败坏风俗，殆不可制，有诗为证：
> 　西门贪色失尊卑，群妾争妍竟莫疑。
> 　何事月娘欺不在，暗通仆妇乱伦彝。②

在谈到评论性叙事的必要性时，赵毅衡认为："事件越复杂，道德评论就更有必要，而且评论的语调也更激烈，更急切，以使道德判断不容置疑。"③他还结合以下吴趼人《九命奇冤》的引文指出晚清小说叙事者的社会改造者姿态，以及其叙事语调的道德傲慢。

> 看官！这几行事业，是中国人最迷信的，中国人之中，又要算广东人迷信得最厉害，所以苏沛之专门卖弄这个本事，去戏弄别人。我想苏沛之这么一个精明人，未必果然也迷信这个，不过拿这个去结交

---

① 刘心武：《5·19长镜头》，《刘心武文存13短篇小说·第四卷》，南京：江苏人民出版社，2012年，第216页。
② （明）兰陵笑笑生：《金瓶梅词话》（上），延吉：延边大学出版社，1999年，第171页。
③ 赵毅衡：《苦恼的叙述者》，成都：四川文艺出版社，2013年，第51页。

别人罢了。①

前面提及《聊斋志异》的"异史氏曰",通常出现在篇末,但也有出现于篇中的。这时的"异史氏曰"在对故事描述的社会现象进行针砭的同时,常常在叙事章法中还能起到连接上下文的作用。其中《梦狼》一文,可以按照"异史氏曰"的篇中位置将文章划分为两大部分,前一部分为梦境,叙述了白翁去看望其在外为官数年的长子白甲,不料官场所见,皆为恶狼:"窥其门,见一巨狼当道,大惧,不敢进。……又入一门,见堂上、堂下、坐者、卧者,皆狼也。"②尽管这是虚幻的梦境,却深刻揭露了剥削阶级的本质。置于篇中的"异史氏曰"随即大发议论:"窃叹天下之官虎而吏狼者,比比也。即官不为虎,而吏且将为狼。况有猛于虎者耶!夫人患不能自顾其后耳。苏而使之自顾,鬼神之教微矣哉!"③"异史氏曰"之后,叙事进入后一部分,借助一则现实实例论证"异史氏曰"所言"即官不为虎,而吏且将为狼"的社会现象。"异史氏曰"的评论连接虚幻和现实,将文章的前后两部分有机地结合在一起。

4. 注释或括号中的评论性叙事:多在补充说明

学术著作和科学文献常常使用注释(如脚注)的方式来说明材料的来源或者作某些必要的说明,以体现学术的权威性和严谨性。文学作品中使用注释虽不多见,但的确存在。和学术文本的注释功能不同,文学作品中的注释通常是评论性叙事的处所所在,多起补充说明作用,尽管多数情况下的评论不是针对人物或故事的直接评论,而是间接的隐性评论性叙事。叙事者采用注释或按语的方式实施评论,此类评论性叙事形式上显然属于话语层面,其内容可以是话语层面,如梁启超《新中国未来记》第四回,一位老人提到俄国入侵满洲,叙事者加了按语:"著者按:以上所记各近事,皆从日本报纸中插来,无一字独撰,读者鉴之。"④又如脚注,里蒙-凯南在《叙事虚构作品》中提供了一个例证:"五代,二十八个人,九百零八年,这就是当瓦特开始为诺特先生效劳时林奇家值得骄傲的历史记

---

① (清)吴趼人:《九命奇冤》,福州:福建人民出版社,1981年,第162页。
② (清)蒲松龄:《聊斋志异》,北京:大众文艺出版社,2008年,第207页。
③ 同上。
④ (清)梁启超:《新中国未来记》,桂林:广西师范大学出版社,2008年,第91页。

载。"①这里叙事者加了一个脚注:"这里的数字不准确。所以后面的计算是错上加错。"②

当然,注释中的内容也可以是故事层面,与故事密切相关。在法国作家马塞尔·埃梅的《小学生之路》中,叙事者有时在脚注中提供当时叙事语境之外的信息,如小说人物米肖看到四个德国士兵在教堂前巡逻,士兵无忧无虑的样子使得米肖心生嫉妒。这时,叙事者给了一个脚注,告诉读者这四个士兵的名字,并且叙说了他们各自后来的结局:"第一个士兵在俄国前线被打死。第二个士兵在克里米亚受了伤,回家时双腿都没有了,后来被他妻子毒死。"直到最后一个士兵,他在解放时被一伙狂暴的巴黎人撕成了碎块。布斯认为:"这个事实上的介入对米肖的嫉妒作了反讽的评论,它是简洁有力的,完全适合于它所出现在其中的作品。"③叙事者这里借用脚注中的评论性叙事,表明自身对于侵略者的痛恨态度,即他们眼前虽然看似无忧无虑,却没有一个有好结局。

括号中的评论性叙事也应该引起我们的注意。它和注释中的评论性叙事一样能够起到补充说明的作用,如以下引自鲁迅小说《故乡》的片段:

> 我和母亲也都有些惘然,于是又提起闰土来。母亲说,那豆腐西施的杨二嫂,自从我家收拾行李以来,本是每日必到的,前天伊在灰堆里,掏出十多个碗碟来,议论之后,便定说是闰土埋着的,他可以在运灰的时候,一齐搬回家里去;杨二嫂发现了这件事,自己很以为功,便拿了那狗气杀(这是我们这里养鸡的器具,木盘上面有着栅栏,内盛食料,鸡可以伸进颈子去啄,狗却不能,只能看着气死),飞也似的跑了,亏伊装着这么高底的小脚,竟跑得这样快。④

引文中的"狗气杀",一般读者并不知晓,若不加以解释,大多数读者将难以理解其准确含义。为了一方面不影响叙事语流和进程,另一方面又能促进读者的理解接受,叙事者选择了括号加注说明什么是"狗气杀"。

---

① [以色列]里蒙-凯南:《叙事虚构作品》,姚锦清、黄虹伟、傅浩、于振邦译,北京:生活·读书·新知三联书店,1989年,第180页。
② 同上。
③ [美]W·C·布斯:《小说修辞学》,华明、胡晓苏、周宪译,北京:北京大学出版社,1987年,第193页。
④ 鲁迅:《朝花夕拾》,长沙:湖南文艺出版社,2023年,第143页。

括号加注看似补充说明,提供附加信息,即"狗气杀"并非什么多值钱的物品,实际上影射了叙事者对于人物杨二嫂贪婪、爱占便宜的性格评价,从而加深读者对故事人物的理解。

谭君强认为上段括号加注的叙事者干预"介于形式与内容之间"①,即话语与故事之间,但我们认为就上段括号加注的叙事者干预而言,它是明确指向故事层面的。当然,括号加注的评论性叙事也可以指向话语层面,正如注释之中的评论性叙事一样。必须指出的是,形式与内容之分,即故事与话语之间的区分,正如我们在本章第一节所述,有时并不容易辨别。注释或括号中的评论性叙事,和叙事文本其他位置的评论性叙事相比较,具有更为显著的话语视觉效应,但其评论的对象可以是故事,也可以是话语。

二、中国小说评论性叙事之表达形式

约略而言,中国小说评论性叙事的表达主要有以下三种方式:

第一,"君子曰"式评论。《左传》首创史书中的叙事者评论,以"君子曰""君子谓""孔子曰"等形式,表达叙事者对所记述的历史事件、人物的直接评价,正所谓"春秋左氏传每有发论,假君子以称之"②。刘知幾明确指出"君子曰"式评论的作用在于"夫论者所以辩疑惑,释凝滞。若愚智共了,固无俟商榷"③。在他看来,此类显性评论性叙事是用来辨析疑惑,解释难通之处的。布斯表达了类似的观点,他认为:"对于一个评论者来说,最明显的任务就是告诉读者他不能轻易从别处得知的事实。"④"君子曰"式评论性叙事可以以直接引语形式出现,也可以由间接引语表达,如《桓公十七年》:

> 初,郑伯将以高渠弥为卿,昭公恶之,固谏,不听。昭公立,惧其杀己也。辛卯,弑昭公而立公子亹。君子谓昭公知所恶矣。⑤

---

① 谭君强:《论鲁迅小说的叙述者干预》,《思想战线》2000年第3期,第74页。
② (唐)刘知幾撰,(清)浦起龙释:《史通通释》(上),上海:上海古籍出版社,1978年,第81页。
③ 同上。
④ [美]W·C·布斯:《小说修辞学》,华明、胡晓苏、周宪译,北京:北京大学出版社,1987年,第191页。
⑤ 《左传》,杨伯峻前言,蒋冀骋标点,长沙:岳麓书社,1988年,第26页。

此类评论性叙事言简意赅,多切中要害,惩恶扬善作用明显。据统计,《左传》中"君子曰""君子谓"共65处,"孔子曰""仲尼曰"共22处。①大约每叙述三年的史实,便出现一处"君子曰"式言论。这种言论通常由两个部分组成,先评论,后引经据典。文本中非常醒目的"君子曰"式评论性叙事,如傅修延先生所言,在交际双方之间设定了这样一种思维定式,即"在讲述完故事后倘若不安排有形无形的'君子'出来议论一番,这种叙事似乎便不完整"②。《战国策》的"书曰""易曰""诗曰""老子曰""语曰""臣闻之曰"之类的论赞别名,《史记》的"太史公曰",《聊斋志异》的"异史氏曰"等都可以视为"君子曰"式评论性叙事,揭示叙事者对人生、社会的看法,表达了强烈的爱憎感情,往往超越作品本身而具有普遍意义。

第二,"有诗为证"型评论性叙事。中国古典白话小说中,有一种评论性叙事:"有诗为证"或"有词为证"型诗体评论。这类评论性叙事打断了叙事进程,使得读者很自然地认为在叙事行为之外还存在一个控制叙事的叙事者,叙事者借用诗词对所叙之事进行评论和解释。此时的叙事者跳出故事,插入诗赋,叙事情节因此暂缓。如《三国演义》第八回,王允设美人计宴请董卓:

> 卓见貂蝉颜色美丽,便问:"此女何人?"允曰:"歌妓貂蝉也。"卓曰:"能唱否?"允命貂蝉执檀板低讴一曲。正是:
>
> 一点樱桃启绛唇,两行碎玉喷《阳春》。丁香舌吐衔钢剑,要斩奸邪乱国臣。③

又如曹雪芹在《红楼梦》中创作了二百余篇诗词曲赋。第三回"贾雨村夤缘复旧职,林黛玉抛父进京都",是宝玉和黛玉的第一次见面,通过贾宝玉的眼,叙事者这样说道:

> 两弯似蹙非蹙罥烟眉,一双似泣非泣含露目。态生两靥之愁,娇袭一身之病。泪光点点,娇喘微微。闲静时如姣花照水,行动处似弱柳扶风。心较比干多一窍,病如西子胜三分。④

---

① 孙绿怡:《〈左传〉与中国古典小说》,北京:北京大学出版社,1992年,第134页。
② 傅修延:《先秦叙事研究——关于中国叙事传统的形成》,北京:东方出版社,1999年,第221页。
③ (明)罗贯中:《三国演义》(上),北京:人民文学出版社,2019年,第68页。
④ (清)曹雪芹著,(清)无名氏续:《红楼梦》(上),(清)程伟元、(清)高鹗整理,中国艺术研究院红楼梦研究所校注,2008年,第52页。

这首诗即是宝玉对黛玉的第一印象,也隐含了作者曹雪芹对于黛玉的评价。遣词造句新颖别致,淡淡两笔即将黛玉容貌的超凡脱俗和性格的多愁多情勾勒而出,尽现了黛玉迷离、梦幻、病态、柔弱、动静交融的美丽和气质,让人由衷地心疼和爱怜。作者有意将林黛玉的外貌与西施联系起来,并将西施"捧心而蹙"、袅娜风流的气质赋予林黛玉,突出了她的悲剧性格之美,这种独特的美是大观园里其他女子所没有的。这首诗不仅概括出了黛玉独特的美和个性,而且也仿佛预示了黛玉的未来:眼里有流不完的泪,心里有诉不尽的愁。

中国古典小说诗赋诗词插入叙事的现象和口述文学传统不无关系。诗赋的插入也是"说话人对小说文体的重大创造"①。除此之外,我们认为这与诗词本身的文类地位也有很大的关系。诗词作为一种文类,和其他文类相比较,具有较高的等级地位,特别是在中国文学语境之中,因而诗词之中的评论判断自然具有较高的"真理价值",说服力较强,读者也容易接受叙事者的论点。

第三,叹词抒发式评论。叹词可以表示惊讶、赞美、埋怨、责备等情感意义,其独立性很强,可以不与其他词组合,也不充当句子成分,能独立成句,包括"吁""噫嘻""噫""呜呼""嗟乎"等。诗人常常借助感叹词抒发自身的情感,如李白的《蜀道难》:"噫吁,危乎高哉!蜀道之难难于上青天",杜甫的《茅屋为秋风所破歌》:"呜呼!何时眼前突兀见此屋,吾庐独破受冻死亦足。"叹词也广泛应用于其他文学作品中,在以感叹词起句的抒发式评论性叙事中,叙事者对叙事内容的激动兴奋之情清晰可见,即使是较为"客观"的"史官式叙事者"也不能避免个人性的情感色彩,如以下选自《史记》卷一百七《魏其武安侯列传第四十七》的片段:

> 太史公曰:魏其、武安皆以外戚重。灌夫用一时决策而名显。魏其之举以吴楚,武安之贵在日月之际。然魏其诚不知时变,灌夫无术而不逊,两人相翼,乃成祸乱。武安负贵而好权,杯酒责望,陷彼两贤。呜呼哀哉!迁怒及人,命亦不延。众庶不载,竟被恶言。呜呼哀哉!祸所从来矣!②

---

① 杨义:《中国古典小说史论》,北京:中国社会科学出版社,1995年,第236页。
② (汉)司马迁:《史记》(文白对照),延边:延边人民出版社,1995年,第689页。

虽是抒发式评论,却有一种超然叙事之外的极其清醒的伦理判断蕴含其中。这种显性的评论性叙事是叙事者真实真切的价值观念的彰显,是叙事者情感宣泄功能的有力实现,同时也对读者产生较大影响,使其情感随之波澜起伏、悸动不已。此外,以"话说"或者"看官"起句的评论性叙事,叙事者暂时偏离故事本身,转而现身对故事发表评论,是赤裸裸的叙事者干预,因此属于评论性叙事典型的显性表达方式,这里不再赘述。

必须指出的是,作品过多过度的显性直白的评论性叙事有时也许会让读者生厌,给读者造成一种说教的感觉。小说理论对客观化的追求使得越来越多的小说家逐渐意识到,客观描写甚至比主观评论更具力量,往往更有利于表达、实现他们的创作初衷。有论者曾作如下精彩评述:

> 小说之描写人物,当如镜中取影,妍媸好丑令观者自知。最忌掺入作者论断。……故小说虽小道,亦不容着一我之见。如《水浒》之写侠,《金瓶梅》之写淫,《红楼梦》之写艳,《儒林外史》之写社会中种种人物,并不下一前提语,而其人之性质、身份,若优若劣,虽妇孺亦能辨之,真如对镜者之无遁形也。夫镜,无我者也。①

鲁迅先生称《儒林外史》这种冷峻客观的创作手法为"无一贬词,而情伪毕露"②。事实上,这种客观描述之中的评论因素并未削弱,反而得以加强,其中叙事者的评论性叙事是以极其隐性的途径得以实现的,极大地增强了作品的艺术感染力。

第三节　中西小说评论性叙事的功能机制

叙事进程的文本动力和读者动力机制,均强调叙事文本布局谋篇的动态本质、对话特质和多维度交流实质,从某种意义上而言,与叙事者评论性叙事的动态性相一致,是评论性叙事在叙事文本中既复杂又系统的体现。其实,叙事者的评论性叙事在中西小说叙事进程中发挥着独特的作用,遵循着一定的规律,彰显了作品推进过程之中的文本动力和读者动力。

---

① 黄人:《小说小话(节录)》,载朱一玄、刘毓忱编:《水浒传资料汇编》,天津:南开大学出版社,2012年,第356页。

② 鲁迅:《中国小说史略》,杭州:浙江文艺出版社,2000年,第175页。

一、评论性叙事与"起承转合"结构模式的实现

"起承转合"说是中国古代诗学的基本理论之一,也是八股文文章章法结构的基本范式,清人刘熙载在《艺概·经义概》论述八股文布局一节时,就曾提到"起承转合"之说,即"起、承、转、合四字,起者,起下也,连合亦在起内;合者,合上也,连起亦在合内;中间用承用转,皆兼顾起合也"①。传统文章学的"起承转合"模式不仅仅对小说叙事,而且对戏曲的叙事结构方式也产生了较为深刻的影响。胡适在《缀白裘序》中指出:"明清两代的传奇都是八股人用八股文体作的。每一部的副末开场,用一支曲子总括全个故事,那是'破题'。第二出以下,把戏中人一个一个都引出来,那是'承题'。下面,戏情开始,那是'起讲'。从此下去,一男一女,一忠一佞,面面都顾到,红的进,绿的出,那是八股正文。最后大团圆,那是'大结'。"②因此,"起承转合"是先贤不断摸索推敲最终形成的一种对写作法则的高度概括,是一种篇章安排的章法技巧,我们可以作一个大体的阐释:"起"是文章开端,一般用以解释题意;"承"是承接上文加以描述,进一步阐发题意,往往是文章主体;"转"是转折,一般构成文章波澜起伏的部分,从多个角度多方面阐述问题;"合"是综合,照应前文,结束全文。张志公认为"起承转合"四个字勾勒出各种体裁、各种内容文章的篇章结构规律,基本上符合写文章的实际情况。③ 可以说,文字表达与文学创作大体以实现"起承转合"的叙事理念为追求。

中国文章学"起承转合"之说在论证文章各个部分主题意义相互衔接的同时,是否也适用于分析表达叙事者评论性叙事的人际意义脉络?我们认为答案是肯定的。中国古典文学作品深受"起承转合"笔法的影响,比如金圣叹就曾称赞《水浒传》的结构,指出"二千余纸,只是一篇文字。中间许多事体,便是文字起承转合之法"④。叙事者的评论性叙事在文本的叙事进程之中也会呈现出一定的"起承转合"模式,以"起"为例,《三国演义》第一回"宴桃园豪杰三结义,斩黄巾英雄首立功"开篇即是:

---

① (清)刘熙载:《艺概》,上海:上海古籍出版社,1978年,第177页。
② 蔡毅编著:《中国古典戏曲序跋汇编》(一),济南:齐鲁书社,1989年,第438页。
③ 张志公:《汉语辞章学论集》,北京:人民教育出版社,1996年,第121页。
④ 陈曦钟、侯忠义、鲁玉川辑校:《水浒传会评本》(上),北京:北京大学出版社,1981年,第16页。

话说天下大势,分久必合,合久必分:周末七国分争,并入于秦;及秦灭之后,楚、汉分争,又并入于汉;汉朝自高祖斩白蛇而起义,一统天下,后来光武中兴,传至献帝,遂分为三国。推其致乱之由,殆始于桓、灵二帝。桓帝禁锢善类,崇信宦官。及桓帝崩,灵帝即位,大将军窦武、太傅陈蕃共相辅佐,时有宦官曹节等弄权,窦武、陈蕃谋诛之,机事不密,反为所害,中涓自此愈横。①

上段关于"话说天下大势,分久必合,合久必分"的公开评论,位于篇首词之后,"正话"之前,是典型的"起",起破题作用,为全篇确定内容的同时,也为整部作品奠定了基调。刘熙载指出:"破题是个小全篇。人皆知破题有题面,有题意,以及分合明暗、反正倒顺、探本推开、代说断做、照下缴上诸法,不知全篇之神奇变化,此为见端。"②此类"入话"是叙事者所作的阐释和发挥,有论者指出,"入话"是解释性的,和篇首诗或者词有关,或涉议论,或叙背景,以引入正话。③ 上段破题作为小说不可或缺的组成部分,只是在"篇首诗词"和"正话"之间穿针引线,通常并不能独立存在,需要结合作品其他部分,如"承""转""合"部分叙事者的评论性叙事综合考虑。我们这里试选取第一回末尾和第二回开始来考察"承""转"之中的评论性叙事:

……正是:人情势利古犹今,谁识英雄是白身?安得快人如翼德,尽诛世上负心人!毕竟董卓性命如何,且听下文分解。④

且说董卓字仲颖,陇西临洮人也,官拜河东太守,自来骄傲。当日怠慢了玄德,张飞性发,便欲杀之……⑤

显而易见,无论是第一回末还是第二回首,都很好地体现了一"承"一"转",且两个回合互相之间也成功地实现了"承""转"对接,"承""转"过程之中均体现了叙事者对于小说人物直截了当的评论性叙事。叙事者对故事情节和诸多人物的评论虽然构成的是一个较为复杂的系统网络,但综合这些评论,最终产生的结果仍然服务于开篇的"话说天下大势,分久必

---

① (明)罗贯中:《三国演义》(上),北京:人民文学出版社,2019年,第1页。
② (清)刘熙载:《艺概》,上海:上海古籍出版社,1978年,第173页。
③ 胡士莹:《话本小说概论》(上册),北京:中华书局,1980年,第133页。
④ (明)罗贯中:《三国演义》(上),北京:人民文学出版社,2019年,第10页。
⑤ 同上书,第11页。

合,合久必分"。《三国演义》作品收尾,即"合"阶段:

> 自此三国归于晋帝司马炎,为一统之基矣。此所谓"天下大势,合久必分,分久必合"者也。后来后汉皇帝刘禅亡于晋泰始七年,魏主曹奂亡于太安元年,吴主孙皓亡于太康四年,皆善终。后人有古风一篇,以叙其事曰:
>
> > 高祖提剑入咸阳,炎炎红日升扶桑。光武龙兴成大统,金乌飞上天中央。哀哉献帝绍海宇,红轮西坠咸池傍!何进无谋中贵乱,凉州董卓居朝堂。王允定计诛逆党,李傕郭汜兴刀枪。四方盗贼如蚁聚,六合奸雄皆鹰扬。孙坚孙策起江左,袁绍袁术兴河梁。刘焉父子据巴蜀,刘表军旅屯荆襄。张燕张鲁霸南郑,马腾韩遂守西凉。陶谦张绣公孙瓒,各逞雄才占一方。曹操专权居相府,牢笼英俊用文武。威挟天子令诸侯,总领貔貅镇中土。楼桑玄德本皇孙,义结关张愿扶主。东西奔走恨无家,将寡兵微作羁旅。南阳三顾情何深,卧龙一见分寰宇。先取荆州后取川,霸业图王在天府。呜呼三载逝升遐,白帝托孤堪痛楚!孔明六出祁山前,愿以只手将天补。何期历数到此终,长星半夜落山坞!姜维独凭气力高,九伐中原空劬劳。钟会邓艾分兵进,汉室江山尽属曹。丕睿芳髦才及奂,司马又将天下交。受禅台前云雾起,石头城下无波涛。陈留归命与安乐,王侯公爵从根苗。纷纷世事无穷尽,天数茫茫不可逃。鼎足三分已成梦,后人凭吊空牢骚。①

小说的结尾最忌言尽意穷,叶圣陶曾说:"结尾是文章完了的地方,但结尾最忌的是真个完了。"②的确,文学史上有许许多多令人难忘的开篇,但无论在形式上还是在意义上都独具特色的结尾却寥寥无几,或者说很难让人记住它们。"结尾是大多数作者的弱项"③,戴维·洛奇在《小说的艺术》中引用了乔治·艾略特的话,并说小说故事的结尾和文本最后的那一两页文字是不同的两码事。也就是说,结尾的作用是要调动读者自己的思维力和想象力,挖掘文章的宗旨和意趣,以达到"言有尽而意无穷"的

---

① (明)罗贯中:《三国演义》(下),北京:人民文学出版社,2019年,第1032—1033页。
② 叶圣陶:《叶圣陶论创作》,上海:上海文艺出版社,1982年,第109页。
③ [英]戴维·洛奇:《小说的艺术》,王峻岩等译,北京:作家出版社,1998年,第249页。

表达效果。《三国演义》的结尾做到了这一点,并且与开篇呼应,综述后汉三国之风云变幻,最后四句的总括评点可以说是全书诸多"承""转"阶段叙事者评论性叙事的凝练和升华,同时与作品开篇"起"部分的议论遥相呼应,使得作品不仅在主题思想上形成一个整体,而且在叙事者评论表达的价值观念上也构建了一个完整的体系。我们完全可以将故事主题视为叙事进程中的静态因素,而叙事者的评论性叙事则为叙事进程中的动态因子,两者分别从叙事文本的主题意义和人际意义两条脉络共同推动作品的叙事进程,有助于全面深化故事主题意义和修辞目的的识解。同时,我们也注意到,以上的评论性叙事主要针对话语层面,且多为显性评论性叙事且呈线性展开。

二、评论性叙事与"多维交互式"叙事推进

评论性叙事(特别是隐性评论性叙事),主导叙事进程的方式可以多维度发生,不同维度互相作用,共同推动叙事文本的展开,给读者最终展现的是一个丰富多彩而又复杂多变的叙事世界。我们称之为评论性叙事的"多维交互式"叙事推进,可以大致划分为两种类型:横向交互式和并行交互式。横向交互式指的是作品从开始到结尾,叙事者在文本不同阶段实施的评论性叙事可能产生不同的宏观效果,综合各阶段的评论性叙事效果,尤其是作品接近尾声时的评论性叙事,叙事者的观点才得以明晰。我们试以1993年诺贝尔文学奖得主美国黑人女作家托尼·莫里森(Toni Morrison)2008年的小说《慈悲》(A Mercy)为例加以阐释。该作品一经推出,好评如潮,荣登《纽约时报书评》"2008年度十大最佳图书"榜单。国内学者王守仁、吴新云认为《慈悲》深入探讨了"奴役"的本质,从"超越种族"的视角彰显了作者对历史、社会和人心的深刻洞察。[①] 尚必武指出:"'卖女为奴'无疑是《慈悲》中主导叙事发展方向的核心事件,引起了多种判断。"[②] 根据我们在第二节的论述,我们完全可以将"卖女为奴"这一核心事件视为作品叙事进程中的静态因素,而将叙事者围绕此事件的

---

① 王守仁、吴新云:《超越种族:莫里森新作〈慈悲〉中的"奴役"解析》,《当代外国文学》2009年第2期,第35—44页。
② 尚必武:《被误读的母爱:莫里森新作〈慈悲〉中的叙事判断》,《外国文学研究》2010年第4期,第61页。

评论视为叙事推进中的动态因素。依照费伦的叙事判断理论路径(详见本章第一节),下面我们将主要从阐释判断和伦理判断两个方面来解读评论性叙事在小说叙事进程中的职能,因为读者对叙事进程的体验主要基于阐释判断和伦理判断,而不是审美判断。

在小说的一开始,一个名叫弗洛伦斯(Florens)的黑人女孩以直接面对受述者"你"的方式,回忆了自己被母亲卖给来奴隶主家讨债的陌生人雅克布(Jacob)的痛苦经历,其中一个场景是:

> 我知道这是千真万确的,因为我永远永远都会记住这一幕。我在看,我妈妈在听,她的小男孩在她胯上。主人没能把他欠先生的钱全部还清。先生说要带走妇女和女孩,不要小男孩,这样账就算清了。妈妈请求说不行。她的小男孩还在吃奶。带女孩走,她说,带走我的女儿吧,她说。我。我。先生同意了,接着更改了欠款的数目。①

上述引文以小说人物弗洛伦斯内聚焦的方式讲述,虽然是七八年前发生的事情,原文使用的却是现在时态,仿佛一切都历历在目。母亲"抛弃"自己,守住弟弟,给弗洛伦斯幼小的心灵带来了巨大的心理创伤。小说开篇以被卖的小女孩的声音聚焦"卖女为奴"事件,让读者对弗洛伦斯产生了无限的同情,同时也对其母亲的行为感到难以理解,形成了读者和叙事者之间的"张力"。小说开篇营造的这种阐释判断在随后第三人称叙事者借助雅克布的内聚焦讲述中得以加强:

> 就在那时,小女孩从她母亲的身后走了出来,脚上穿着一双过大的妇女穿的鞋子……两条细腿像是黑莓树杆似的从那双破损的烂鞋子里站出来……身上背着一个小男孩的妇女走上前来。尽管她的声音很小,但却是非常急切。
>
> "求求你,先生。不要带走我。带走她,带走我的女儿吧。"
>
> 雅克布看着她,把目光从小女孩的脚移开,嘴上依然笑着,感受到的是妇女眼睛里的恐惧……真作孽,这岂不是世界上最悲惨的生意!②

---

① Toni Morrison. *A Mercy*. New York: Alfred A. Knopf, 2008, p. 7. 此处译文为笔者翻译,下同。

② Ibid., p. 26.

作为"卖女为奴"事件的参与者,雅克布的讲述呼应并强化了小说开篇弗洛伦斯叙事生成的阐释判断,相信"这个鞋穿得不合脚的女孩,她妈妈要把她扔掉……"①。作品选用"扔掉(throw away)",更加有力地说明了小女孩如同物品一般,可以随时"扔掉",或者用以交换别的商品。但是,另一方面,我们也应注意到雅克布"感受到的是妇女眼睛里的恐惧",何来"恐惧"?悬念或者"张力"再次形成。随着作品的展开,直至小说接近尾声(倒数第三段),弗洛伦斯的母亲从自己的内聚焦方式再次讲述了自己主导的"卖女为奴"事件:

> 一个机会,我想。虽然失去了保护,但这不同。你站在那里,穿着那双鞋子,那个高个子男人笑了起来,他说要带走我来抵债。我知道主人不会同意的。我说你。带你走吧,我的女儿。我看得出,高个子男人把你当作是一个人,而不是一块价值八里尔的银币。我跪在他的面前,企盼着奇迹的发生。他最终同意了。②

在小女孩的母亲看来,让雅克布带走弗洛伦斯不是抛弃自己的女儿,而是帮助她离开这里,逃离魔窟,是一种出于对女儿真实无私的爱和保护,谜团终于揭开。可以说,女孩母亲的叙事使得作品传递给读者的阐释判断明显不同于之前女孩本人和雅克布的叙事,实现了一次大逆转。作品以三个人物的多维度"声音"聚焦同一个"卖女为奴"事件,作品开始阶段的评论判断在作品中间阶段被加强,至作品末尾又被否定。因此,在小说发展的过程中,悬念或者"张力"总是存在,评论和判断也一直伴随,作为核心事件的"卖女为奴"主题不变,而评论却是变化着的,推动着叙事文本的前行。若从伦理判断层面出发,评论性叙事的叙事推进功能仍然清晰可辨。小说第一部分弗洛伦斯的叙事赋予其母亲负面的伦理判断,在随后雅克布的叙事中这种负面判断保持并递增,直到弗洛伦斯母亲自己的叙事中才被彻底否定,取而代之的则是对于这位母亲的行动表示理解,赋予这位母亲更高层次的伦理判断。

评论性叙事的"并行交互式"叙事推进,指的是作品存在两个并行展开的叙事进程,两者呈现出不同甚至相反的走向,在评论性叙事层面形成

---

① Toni Morrison. *A Mercy*. New York: Alfred A. Knopf, 2008, p. 34.
② Ibid., p. 166.

一种互为补充或者互为颠覆的关系,共同服务于作品的主题意义。申丹指出:"迄今为止,在研究整个文本的叙事运动时,关注对象是以情节中不稳定因素为根基的单一叙事进程。"①她的研究发现不少作品存在双重叙事进程,一个是情节运动,另一个是隐藏其后的隐性的叙事进程。以曼斯菲尔德的短篇小说《苍蝇》为例,作品是这样起头的:

> 伍德菲尔德老先生在一个当老板的朋友那儿做客,他坐在办公桌旁边一张绿皮大扶手椅上,探头探脑的,就像小宝宝坐在摇篮车里往外探头探脑一样,他尖声说:"这儿可真舒服啊。"他谈完了。他该告辞了。可是他不想走。……所以,老伍德菲尔德就坐在那儿,抽着烟卷,眼巴巴盯着老板,瞧他坐在办公椅上转啊转的,身材矮胖,红光满面,虽然比伍德菲尔德还大五岁,可身子骨仍旧结结实实,仍旧掌着大权,看见他真叫人高兴。
>
> 那个苍老的声音里流露出不胜眼红的羡慕心情,又加了一句道:"哎呀,这儿可真舒服!"
>
> "是啊!真够舒服的,"老板同意说。他拿着裁纸刀翻动那份《金融时报》。事实上,他对自己的办公室是颇为得意的;他喜欢人家称赞他的办公室,尤其是听老伍德菲尔德这么说。他坐镇在办公室中央,眼看着这个虚弱的老头子围着围脖儿,自己真正地、深深地感到心满意足了。
>
> "我最近把房间整修过了,"他解释说,他前几个星期就解释过了——不知说过多少回了——"新地毯,"他指指那张大白圈图案的鲜红地毯。"新家具,"他冲着那个大书橱,那个四条腿像扭股糖似的桌子点下头。"电炉子!"他几乎兴高采烈地冲着那倾斜的铜炉摆摆手,炉里五串像红肠般的电热丝正在幽幽发光,晶莹如珠。
>
> 可他没叫老伍德菲尔德注意桌子上方的一张照片,照片上是个身穿军服,神情严肃的小伙子,站在照相馆的那种阴风惨惨的公园里,背后是照相馆那种满天风云的布景。这张照片不是新的,已经在

---

① 申丹:《何为叙事的"隐性进程"?如何发现这股叙事暗流?》,《外国文学研究》2013年第5期,第48页。

这儿放了六年多了。①

　　故事的表面情节或曰显性情节并不复杂：老板的一位朋友，老伍德菲尔德来他办公室闲聊时提起了老板死去的儿子。老伍德菲尔德离开后，老板用墨水淹死了一只苍蝇。看似简单的故事情节却蕴含着作者对于灵魂的严肃探究和对生命价值的深刻思考。《苍蝇》的故事情节围绕战争、死亡、悲伤、无助、记忆、苍蝇的象征意义等展开，与此同时，在该情节的背后还存有另外一股与之并行的叙事进程。我们从上述引文不难发觉围绕老板虚荣心持续展开的一种强烈的道德反讽暗流。首先，小说开篇三段连续出现了诸如"这儿可真舒服"的叙事评论，表达了老伍德菲尔德对老板的羡慕；其次，第三段"事实上，他对自己的办公室是颇为得意的"直至段末叙事者的评论，旨在揭示老板的虚荣心，老板看到中了风的老朋友伍德菲尔德，不是同情，而是洋洋自得。这种对于老板的负面伦理判断在第四段继续得以强化：老板炫耀他整修一新的办公室，包括地毯、家具、书橱，等等。段中"不知说过多少回了""几乎兴高采烈地"等表述进一步加剧了业已存在的反讽意味。申丹不无洞见地指出："老板对办公室新的地毯、家具、电炉等周复一周的琐细夸耀超出了情节发展的需要。但这些对于显性进程而言属于离题的细节却在反讽老板虚荣心的隐性进程中具有重要作用。"②最后，第四段和第五段的新房间和旧照片之间的对比产生强烈反差，形成叙事进程的促动力。因此，我们可以认为，《苍蝇》的显性情节发展与隐性进程推进两个层面构建的是一种评论性叙事层面互为补充的并行交互关系，忽视任何一个层面，都不能真正全面地把握作品的深层思想。

　　当然，显性情节发展与隐性进程推进之间还有可能形成互为颠覆的并行交互关系，显性层面和隐性层面的价值观念恰恰相反，如凯特·肖邦的《黛西蕾的婴孩》，其显性情节发展聚焦反种族主义，而其隐性进程推进则是一股种族主义的潜流，与显性情节的种族立场完全背道而驰。我们也可以将这种显性进程和隐性进程视作一个叙事文本，两个叙事层面。

---

①　[英]曼斯菲尔德：《苍蝇》，陈良廷、郑启吟等译，《曼斯菲尔德短篇小说选》，上海：上海译文出版社，1983年，第262—263页。

②　申丹：《叙事动力被忽略的另一面——以〈苍蝇〉中的"隐性进程"为例》，《外国文学评论》2012年第2期，第126页。

傅修延先生在《试论隐含的叙述》一文中指出："隐含的叙事是靠二度媒介发出的另一种'声音'，它是另一种不容否认其存在的叙事。它和外显的叙事一在暗一在明，一为毛一为皮。"①只注意到明的一面，而忽略暗的一面，作品的解读往往难以全面客观，有时甚至是完全不合适的。莫言的重要作品《生死疲劳》常被认为是表达了人对土地的依恋、人的主体性的复苏，以及人的自由意识，有论者将作品中的人物蓝脸和欧阳山《前途似锦》中的梁槐作比较，认为《生死疲劳》体现了落后农民主体性萌生的过程："蓝脸完成了梁槐们无法实现的梦想。从梁槐到蓝脸，'落后'农民形象经历了一次从主体性的缺失到主体性的重新复萌的演变历程。"②应该说，该论点只是注意到了小说的显性叙事进程，未能看到文本背后的隐性叙事进程，做出了有失客观甚至是有所偏颇的解读。其实，显性进程的背后存在一条潜在的隐性线索，那就是人的主体性的逐渐消减，与显性进程的主旨构成颠覆关系，形成一种张力，整部作品因此可以说是两种声音代表的评论性叙事在宏观叙事结构层面形成的修辞性反讽。《生死疲劳》的隐性叙事进程主要围绕动物展开，故事主人公在小说一开始就被枪毙，继而转世投胎，超生成为五种动物，分别是驴、牛、猪、狗、猴子，分别对应小说的五个部分："驴折腾""牛犟劲""猪撒欢""狗精神""结局与开端"。人类主体性的消减首先可以从动物形象的变化过程中隐约可见。在小说第一部分，西门驴个性十足，极富反抗精神，小说中有如下的文字：

> 我热泪盈眶，但眼泪很快被无名的怒火烧干，我要跑，我要跳，我不愿意忍看这义正词严的背叛，我不能继续忍气吞声地在西门家大院里作为一头驴度过一生。啊噢，啊噢，我朝着明亮的河水冲去，我的目标是高高的沙梁，是沙梁上那些团团簇簇如同烟雾般的沙柳，红色的枝条柔韧无比，里边栖息着红毛狐狸，花面的獾与羽毛朴素的沙鸡。别了，花花，享你的荣华富贵去吧，我不眷恋温暖的驴棚，我追求野性的自由。③

第二部分，西门牛勇敢倔强，也是一个"好汉"，虽然不如西门驴那么

---

① 傅修延：《试论隐含的叙述》，《文艺理论研究》1992年第3期，第33页。
② 杨齐："落后"农民形象的嬗变——以欧阳山〈前途似锦〉与莫言〈生死疲劳〉为例》，《重庆交通大学学报》（社会科学版）2012年第1期，第93页。
③ 莫言：《生死疲劳》，北京：作家出版社，2012年，第51页。

张扬;第三部分,西门猪虽说不够勤劳,不够真诚,但也说得上机智聪明;第四部分,西门狗则是绝对地服从主人,几乎没有任何反抗精神;第五部分,西门猴和西门驴、西门牛、西门猪、西门狗相比较,已经不再具备人的思想、情感和行为等因素,正如作品中所描写的:

> 它不是我们习常所见的那种乖巧的小猴,而是一只身材巨大的马猴。它毛呈灰绿色,缺少光泽,犹如半枯的青苔。两眼间距离很近,眼窝深陷,目露凶光。双耳紧贴脑袋,犹如两朵灵芝。鼻孔朝天,大嘴开裂,几乎没有上唇,动不动就龇出牙齿,相貌十分凶恶。他身上还穿着一件红色的小坎肩,看上去十分滑稽。其实,我们没有理由说它凶恶,也没有理由说它滑稽,穿上衣服的猴子,不都是这样吗?①

因此,从第一部分到第五部分,动物形象的变化影射了人类反抗精神的弱化以及人类主体性的逐渐削弱。当然,其中叙事的话语权利逐渐由强变弱,直至丧失,第五部分西门猴就完全没有了叙事话语权,故事不再由它讲述,这一现象本身也间接佐证了人类主体性的消减。同时,我们也应该看到,从作品开始至结尾,动物生存地点和生存方式的变化也着实暗示了人类自由意识的逐步丧失。西门驴、西门牛和西门猪都生长在农村,离不开土地,而西门狗和西门猴进入了城市,不再和土地保持紧密的联系。西门驴和西门牛擅长干农活,自力更生,而西门狗和西门猴则成为社会的寄生虫。与作品显性叙事进程所表达的蓝脸的坚守不同,隐性叙事进程借助动物的变化暗示的则是人类主体意识的消减。

除了以上我们所论述的故事隐性进程之外,在一些叙事作品中,故事情节背后的隐性叙事进程也有可能涉及好几个层面,关乎诸多因素,但无论如何复杂多变,多个并行层面一明一暗,形成的评论性叙事整体宏观效应对于叙事进程的推动作用是必须加以重视的。文本细读需要读者去接近表层叙事进程之下的深层叙事进程。以评论性叙事为切入点,探究文本特别是以隐形评论为主导的叙事文本的表层叙事结构和深层叙事结构,可以帮助把握文本的真实写作意图和主题含义,也必将能为我们深入了解叙事进程的动态本质提供新的见解。

综上所述,叙事者的评论性叙事是叙事中一种较为复杂的现象,这种

---

① 莫言:《生死疲劳》,北京:作家出版社,2012年,第519页。

复杂性不仅表现在评论性叙事本身,而且也涉及评论性叙事与叙事其他重要概念之间的潜在联系。评论性叙事指的是叙事者在叙事中为了表现其主体意识或者观点倾向而实施的干预,具体到文本中,有时"短到只有一句,半句,甚至一个词,尤其是常用形容词、副词,或插语"①。评论性叙事之于叙事如此重要,谭君强和胡亚敏两位学者甚至将评论性叙事视为叙事者的五大功能之一。② 詹姆斯之前的西方小说作品,大都有一个"无所不知"的叙事者,叙事中的人为痕迹极为明显,叙事者的主观声音和意图有时清晰可见,美国芝加哥学派布斯(Wayne Clayson Booth)称之为"早期故事中专断的'讲述'"③。这种现象也常见于中国传统小说作品之中,以《三国演义》为代表的中国古代章回体小说中,叙事者受到"文以载道"及说书艺术的影响,直接介入叙事、发表议论和评说的现象极为普遍。现代文学作品以及中国新写实小说要求尽可能地减少叙事者的干预,客观地展现叙事故事。但是这种完全客观真实的叙事风格只是作家们一厢情愿的奢望。任何叙事话语都是某种意识形态的介入,叙事内容的选择本身就是一种价值判断,包含一定程度的评论性叙事,其虚构性和人为性是无法避免的,"中立叙事""零度情感"等只是一种理想状态,完全不具有绝对性意义。故事之中永远蕴含着某种或显或隐的价值立场与意义判断。福楼拜等人所倡导的"作者隐退"、巴特提出的"零度写作",永远都不能改变叙事话语的主体意向和多声特征。就连巴特本人也曾在晚年时不经意间"透露"出,零度写作"纯粹是语惊四座的典型的'法国式扯淡'"④。因此,我们认为并不是叙事者的评论性叙事减少了,而是叙事观念的变革直接使得现代小说叙事中的评论性叙事更为复杂多变、更为隐蔽精巧。此论题值得叙事学研究者进一步深入研究。

---

① 赵毅衡:《当说者被说的时候——比较叙述学导论》,北京:中国人民大学出版社,1998年,第35页。
② 谭君强:《叙事学导论:从经典叙事学到后经典叙事学》,北京:高等教育出版社,2014年,第70—72页。谭君强认为叙事者的其他四个功能分别是:叙事功能、交流功能、证实功能和说服功能。胡亚敏:《叙事学》,武汉:华中师范大学出版社,2004年,第52—53页。胡亚敏认为叙事者的其他四个功能分别是:叙事功能、交流功能、组织功能和见证功能。
③ [美]W·C·布斯:《小说修辞学》,华明、胡晓苏、周宪译,北京:北京大学出版社,1987年,第5页。
④ 徐岱:《叙事伦理若干问题》,《美育学刊》2013年第6期,第32页。

第四章
中西小说叙事空白之比较研究

学界对中西文论中"空白"概念的比较研究可以追溯到20世纪80年代,主要是从宏观层面对中西空白概念的比较。如朱立元先生对英伽登和伊瑟尔的"空白"概念的内容进行了扩容。朱立元认为文学的空白作为文学的一个根本特性,不像伊瑟尔所认为的那样,仅仅体现在某些作品的具体构成因素上,而是体现在文学作品内在基本结构的各个层次上:体现在语音语调层、意义建构层、修辞格层、意象意境层和思想感情层这五大层次上,并最终体现在这些层次的整体结构上。朱立元还提出了极富中国特色的意象和意境层的空白,并指出文学作品的意象意境层空白不仅体现在读者的接受过程中,而且体现在作者的创建过程中,它是作者与读者的共谋,其召唤性来自文本的内在。[①]

胡亚敏、刘知萌指出,中国古代空白概念内涵丰富,而且非某个艺术种类所专美。中西空白的相同点在于:中西双方都认识到空白有其存在的必然性;空白蕴含丰富的言外之意;空白可以极大地激发读者的想象力。中西空白的不同之处在于中国文学中的空白讲究浑融整一,而西方空白则以图式化结构为表现方式;中国文学中空白的填补注重对作者意义的复现,而西方文学空白的填补更像一种意义生成的游戏。胡亚敏、刘知萌将中西空白差异的原因归结为中西宇宙观的不同:中国古代哲学崇尚"无",而西方哲学则关注 being(有)。[②]

[①] 朱立元:《接受美学导论》,合肥:安徽教育出版社,2004年,第180—198页。
[②] 胡亚敏、刘知萌:《中西"空白"概念比较研究》,《学术研究》2017年第1期,第8—14页。

龙协涛认为中国艺术中的空白论和西方接受美学中的空白理论不完全是一回事：西方文学空白是寻求连接的邀请，吁请读者将故事情节加以连接。而中国艺术空白则是充实中的空白，是言外之意和弦外之音，令读者咀嚼不尽。①

以上研究都是宏观层面的研究。本书认为要对中西空白思想有一个更清晰的认识，必须找一种文体，对其中的文本空白所涉及的各个环节作细致的微观分析才能更好了解中西叙事传统之间的差异。作为一种典型的叙事文体，小说不失为一个好的选择。考虑到中西小说中的叙事空白都涉及作者、文本和读者三个因素。本章从叙事空白的生成机制、表述机制和填补机制三个层面来对中西小说叙事空白加以比较。

第一节　中西小说叙事空白生成机制之比较

中西小说叙事空白都是叙事文本中对某些已发生事件不予叙述的叙事现象。由于文化的差异等原因，中西小说在生成理据、生成原因与生成动机方面都各有不同，以下试论之。

一、中西小说叙事空白生成的理据不同

中国小说叙事空白生成的理据主要包括老子的有无相生论和魏晋玄学中的贵无论。"老子第二篇说'有无相生'，第十一章说'三十辐共一毂，当其无，有车之用。埏埴以为器，当其无，有器之用。凿户牖以为室，当其无，有室之用。故有之以为利，无之以为用。'这一段话很巧妙地说明'有'和'无'的辩证关系。一个碗或茶盅中间是空的，可正是那个空的部分起了碗或茶盅的作用。房子里面是空的，可正是那个空的部分起了碗或茶盅的作用。如果是实的，人怎么住进去呢？老子作出结论说'有之以为利，无之以为用'，它把'无'作为主要的对立面。老子认为碗、茶盅、房子等是'有'和'无'的辩证的统一。"②

老子有无相生的思想在魏晋时期得到了进一步发展：王弼提出了"以

---

① 龙协涛：《用接受美学读解〈三国演义〉和〈水浒传〉》，《文史哲》2002年第1期，第76—81页。
② 哲学研究编辑部编：《老子哲学讨论集》，北京：中华书局，1959年，第117页。

无为本"的思想。学界通常称之为贵无论。王弼认为有形有名的事物为有,无形无名的抽象本体为无。王弼指出:"夫物之所以生,功之所以成,必生乎无形,由乎无名。无形无名者,万物之宗也。不温不凉,不宫不商。听之不可得而闻,视之不可得而彰,体之不可得而知,味之不可得而尝。故其为物也则混成,为象也则无形,为音也则希声,为味也则无呈。故能为物品之宗主,苞通天地,靡使不经也。若温也则不能凉矣,宫也则不能商矣。形必有所分,声必有所属。故象而形者,非大象也;音而声者,非大音也。"①

王弼指出,无是所有事物的宗主,是世界上万事万物得以产生和存在的依据和缘由。无作为无形无名的本体,它既不温,也不凉。既不是宫调也不是商调。耳朵听不到,眼睛看不见,身体感受不到,舌头尝不出味道,它是混沌的、无声的、无形的、无味的。然而正因如此,它才是自然界一切事物的宗主。它统摄宇宙,节制万物。如果某物是温暖的,我们就不能称其为凉的;如果某个声音是宫调,我们就不能称其为商调。任何事物一旦确定了某种属性就明确了界限。因为一个物体不可能既是温的,又是凉的。某个声音不可能既属宫调,又属商调。某个事物一旦以某种形式或某种名称出现就不可能以其他形式和名称出现。相反,无形无名的事物却可以以任何形式和名称出场。大象无形,大音希声。总之,王弼认为无虽然无形无名,却是万物之宗。无是本,有是末。想要把握有,必须先把握无。无是天地万物之本。无是有的依据。

和中国不同,西方小说叙事空白生成的理据可以追溯到现象学和阐释学。海德格尔指出,任何存在都具有历史性,没有超越历史性的存在。② 人作为理解和解释的主体也是历史性的存在物,其理解必然是在特定基础上或视域中的理解。人不可能处于完全清空状态。在介入事物的理解之前,理解主体的脑海中已经充满了来自生活经验和体验的种种"成见"或曰"先入之见"。在现代解释学家们眼中,读者在理解和解释文本意义之前所携带的这些"先入之见"并不是真正的贬义的成见,而是积极的、建设性的"成见"。这种"成见"被称为理解的"先结构",是读者理解

---

① (魏)王弼注:《老子道德经注校释》,楼宇烈校释,北京:中华书局,2008年,第195页。
② [德]马丁·海德格尔:《存在与时间》(修订译本),陈嘉映、王庆节合译,熊伟校、陈嘉映修订,北京:生活·读书·新知三联书店,2006年,第22页。

文本意义的前提和基础,也是读者与文本之间平等对话的平台。海德格尔的学生伽达默尔发展了这一思想,在其代表作《真理与方法》一书中明确地指出"成见"是理解的前提。至此,传统解释学千方百计要摒弃的阐释者的个人"偏见",成了现代解释学所认为的解释的前提和交流的平台。

　　伽达默尔在《真理与方法》一书中提出了"视域融合"的理论。他说:"理解其实总是这样一些被误认为是独立自主的视域的融合过程。"①伽达默尔认为阅读是读者与文本的对话,是一种视域融合。这种视域融合所产生的结果既不全是文本原有的东西,也不全是读者原有的东西,而是新意义的诞生。文本作为一种意向性的图式化结构,它的意义也会不断得到扩展。而读者也获取了新知识,扩大了视域。一旦视域扩大,我们在理解和解释某个文本时与文本视域之间的融合就会实现意义的增殖,对某个文本的看法就会有"别有洞天"的感觉。因此,在伽达默尔看来,文本不是等待挖掘的矿藏,而是需要解释的对象,这种解释不是单向的阐释,而是双向的互动与融合。同时,他指出,视域融合是以"成见"为基础的。无论是文本本身还是文本的接受者都是历史的产物,双方都历史地存在着,都随着历史和社会的发展而变化。理解就是文本视域和读者视域的互相融合。他写道:"理解是一个我们卷入其中却不能支配它的事件;它是一件落在我们身上的事情。我们从不空着手进入认识的境界,而总是携带着一大堆熟悉的信仰和期望。解释学的理解既包含了我们突然遭遇的陌生的世界,又包含了我们所拥有的那个熟悉的世界。"②

　　伽达默尔还把对文本的理解和解释的过程比喻成玩游戏的过程,读者与文本之间的关系犹如游戏者与游戏的关系。他富有洞见地指出,游戏的主体并不是玩游戏的人,而是游戏本身,游戏通过游戏者来呈现自己,游戏者在此只是充当了一个媒介的角色:"谁进行理解,谁就已经进入一种事件中,通过这种事件有意义的东西才能表现自身。因此,这便证明了诠释学现象所使用的游戏概念,正如美的经验所运用的概念一样。当我们理解某一个文本时,文本中富有意义的东西对我们的吸引就如美对

---

　　① [德]汉斯-格奥尔奥·加(伽)达默尔:《真理与方法——哲学诠释学的基本特征》(上卷),洪汉鼎译,上海:上海译文出版社,1992年,第393页。
　　② 转引自[德]汉斯·罗伯特·耀斯:《审美经验与文学解释学》,迈克尔·肖英译,顾建光、顾静宇、张乐天译,上海:上海译文出版社,1997年,第7页。

于我们的吸引一样。当我们意识到自身并站在某一立场证明文本向我们提出要求之前,文本就已经确证自身和已经把我们吸引住了。我们在美的经验和传统意义的理解中所遭遇的确实是具有某种像游戏的真理一样的东西。在理解中,我们进入了一种真理事件,假如我们想知道我们所要确信的东西,这种真理的获得似乎已经为时已晚。"①换句话说,作者的本意是无法追溯的,所谓"作者的本意"这种说法只是某些理论家的一厢情愿罢了。这种观点对破除传统解释学的作者本意迷信固然具有重要的意义,但未免有矫枉过正之嫌。

伊瑟尔在现象学家英伽登的未定点理论和伽达默尔所提出的"视域融合"理论的启发下提出了"召唤结构"这一理论范畴。召唤结构指文本的一种结构机制。它可指的是唤起读者填补文本空白,连接空缺,明确未定点,更新视域的一种文本结构。换句话说,在伊瑟尔的文学空白理论中,他最终还是落脚在文本的阅读本身。也就是读者与文本的互动中,读者天然地隐含在文本的存在之中。这就体现了"空白"这一概念的现象学特性。

二、中西小说叙事空白生成原因不同

中国小说叙事空白生成的原因主要在于言不尽意。如《庄子·天道》云:"世之所贵道者书也。书不过语,语有贵也。语之所贵者意也,意有所随。意之所随者,不可以言传也,而世因贵言传书。世虽贵之,我犹不足贵也,为其贵非其贵也。"②庄子指出世人最看重的是书,书是语言写成的,所以世人看重的是书中的语言。语言最重要的是它所传达的意义,而意义必定有所指向,但意义所指向的是语言无法传达的。而世人都因为书上的语言而珍惜书,我却不敢苟同,因为世人看重的并非书本中真正有价值的东西。《庄子·秋水》指出:"可以言论者,物之粗也;可以意致者,物之精也;言之所不能论,意之所不能察致者,不期精粗焉。"③庄子认为,能通过语言谈论的都只能是事物粗浅的表象;事物的本质无法用语言谈

---

① [德]汉斯-格奥尔奥·加(伽)达默尔:《真理与方法——哲学诠释学的基本特征》(上卷),洪汉鼎译,上海:上海译文出版社,1992年,第393页。
② (清)郭庆藩辑:《庄子集释》(第二册),王孝鱼整理,北京:中华书局,1961年,第488页。
③ (清)郭庆藩辑:《庄子集释》(第三册),王孝鱼整理,北京:中华书局,1961年,第572页。

论,只能用心感应。既无法用语言谈论又无法用心灵感应到的就不局限于表象和实质了。换句话说,语言只能表达事物的大致情况,事物的微妙和精细的方面无法言传,只能意会。庄子还通过轮扁斫轮的具体故事来阐述自己的观点。

  桓公读书于堂上。轮扁斫轮于堂下,释椎凿而上,问桓公曰:"敢问公之所读者何书邪?"
  公曰:"圣人之言也。"
  曰:"圣人在乎?"
  公曰:"已死矣。"
  曰:"然则君之所读者,古人之糟粕已夫!"
  桓公曰:"寡人读书,轮人安得议之乎?有说,则可;无说,则死!"
  轮扁曰:"臣也以臣之事观之:斫轮,徐,则甘而不固;疾,则苦而不入;不徐、不疾,得之于手,而应之于心,口不能言,有数存焉于其间。臣不能以喻臣之子,臣之子亦不能受之于臣;是以行年七十,而老斫轮。古之人与其不可传也,死矣。然则君之所读者,古人之糟粕已夫!"①

  总之,庄子认为语言可以表述的只是事物的大概面目,事物的精髓和微妙方面只能意会,无法通过语言来传达。语言描述的必定还不是真正的道理,离真正的道理还有很远距离。所以,庄子认为真正有智慧的人不说话,而经常说话的人未必就有真正的智慧,故提出"至言去言","辩不若默"。换言之,终极的表述就是什么都不说;与其跟人辩论,还不如保持沉默。

  "言不尽意"决定了语言只能作为一种中介,是我们借以抵达意义的桥梁和路径,绝不应看作是意义的有效载体,否则人类就会被语言所误导。也就是说,我们只是借着语言的提示和线索去发现意义,一旦传情达意的目的达到了,语言就没有存在的意义了。要实现意义的传达,语言必须自行消失在意义传递的过程中。对此,庄子亦有形象的说明:"筌者所以在鱼,得鱼而忘筌;蹄者所以在兔,得兔而忘蹄;言者所以在意,得意而

---

① 杨柳桥撰:《庄子译诂》,上海:上海古籍出版社,1991年,第265页。

忘言。吾安得夫忘言之人而与之言哉!"①据说古时候有一个渔夫到河边捕鱼,他把捉鱼的竹筌投入水中,然后就全神贯注地盯着漂浮在水面的浮标。终于等到了一条鱼进入了竹筌中,哇,好大一条鱼啊!渔夫兴奋地取出鱼,把筌一丢就快步回家向妻子炫耀去了。妻子却对他说这都是筌的功劳,并问他筌在哪里?渔夫这才想起筌被自己丢在岸边,忘记带回来了。庄子在论述言意关系时用了这个例子来说明"言"和"意"的关系就像"筌"和"鱼"的关系。"筌"和"蹄"是捕鱼和猎兔的工具和中介,只要捕获猎物成功了,这些工具就可以忘掉了。同样的道理,"言"是用来传情达意的工具,一旦情意传达成功了,语言也就可以忘记了。由此可见,庄子并没有将语言看成意义的载体,而是将它看作是意义发送者和意义接受者之间的一个媒介。只有与得意忘言之人才能实现真正的交流。《庄子》中提到两位圣人相视无言所谓"目击而道存矣"。

  王弼指出:"夫象者,出意者也;言者,明象者也。尽意莫若象,尽象莫若言。言生于象,故可寻言以观象;象生于意,故可寻象以观意。意以象尽,象以言著。故言者所以明象,得象而忘言;象者,所以存意,得意而忘象。犹蹄者所以在兔,得兔而忘蹄;筌者所以在鱼,得鱼而忘筌也。然则,言者,象之蹄也;象者,意之筌也。是故,存言者,非得象者也;存象者,非得意者也。象生于意而存象焉,则所存者乃非其象焉;言生于象而存言焉,则所存者乃非其言焉。然则,忘象者,乃得意者也;忘言者,乃得象者也。得意在忘象,得象在忘言。故立象以尽意,而象可忘也;重画以尽情,而画可忘也。"②王弼认为"象"是传达"意"的,"言"是明示"象"的。没有比"象"更适合传达"意"的;也没有比"言"更适合来明示象的了。"言"由"象"所生,因此我们可以依"言"察"象";"象"由"意"而生,因此我们可以循"象"而悟"意"。"意"因"象"而得以传达,"象"因"言"而得以明示。因此,"言"是用来明示"象"的,得到了"象"就不能再固守着"言";"象"是用来传达"意"的,得到了"意"就不能再固守着"象"。打个比方,这就像"蹄"是用来捕捉兔子的,抓到了兔子就用不着再固守着"蹄"了;"筌"是用来捕鱼的,抓到鱼了,就不要再固守着"筌"了。"言"和"象"就像是"蹄"和兔的关系;"象"和"意"就像是"筌"和鱼的关系。"言"就是"象"的"蹄";"象"就

---

  ① (清)郭庆藩辑:《庄子集释》(第四册),王孝鱼整理,北京:中华书局,1961年,第944页。
  ② (魏)王弼:《王弼集校释》(下),楼宇烈校释,北京:中华书局,1980年,第609页。

是"意"的"筌"。因此,如果得到了"象","言"就没有存在的必要了;如果得到了"意","象"就没有存在的必要了。反过来说,"言"存,说明"象"还没有得到呈现;"象"还在说明"意"还没有达到。"象"由"意"而生,并因"意"而存在,但所存之"象"并非"象"本身;"言"是由"象"所生,并因"象"而存在,但所存之言并非"言"之本身。然而,不执着于"象"就是达意,不执着于"言"就是得"象"。达"意"的要诀就在于不固执于"象";得"象"的要诀就在于不固执于"言"。因此,圣人通过明示"象"来传达"意",一旦"意"传达到了,就不再执着于"象"。

综上,王弼发展了庄子的思想,界定了"言""象""意"三者之间的关系,提出了"忘言"和"忘象"的哲学思想。王弼反复强调只有"忘言"才能"得象",因为"言"是明示"象"的,若执着于"言"就会因"言"的遮蔽而得不到"象";同样的道理,"象"是明"意"的,如果执着于"象"就会因"象"的遮蔽而得不到"意"。在王弼看来,"言""象""意"三者之间存在着深刻的矛盾。"言"存在则"象"未得,"象"存则"意"未得。然而,无言何以著象?无象何以明意?总之,王弼对言、象、意三者关系的论述表明,立言和立象都是手段,其目的是达意。"言"和"象"都只是抵达意义的彼岸的桥梁,一旦抵达意义的彼岸,则必须"过河拆桥",忘掉"言"和"象",不能执着、受缚于"言"与"象"。倘若受缚于"言",执着于"象",我们就无法顺利地抵达意义的彼岸。只有能够忘言、忘象之人才可能是得意之人。如果我们执着于"言"和"象",试图"按图索骥"、一一坐实地从"言"和"象"中寻找意义,那我们注定要被意义拒之门外。

中国的佛教思想也对语言的局限性有着深刻的见解。高僧道安创立的"本无宗"提倡"执寂以御有,崇本以动末"①,主张"达本者有有自空,畅无者因缘常寂。自空故不出有以入无,常寂故不尽缘以归空。……苟厝心领要,触有悟理者,则不假外以静内,不因禅而成慧"②,这与道家和魏晋玄学中以无为本、有生于无的思想无疑一脉相承。受中国哲学的影响,中国本土化的禅宗佛教尤其提倡"不立文字"的思想。禅宗佛教史书《五灯会元》卷一记载的一则释迦牟尼传说是该思想的集中反映:"世尊在灵

---

① (南朝梁)释僧佑撰:《安般守意经序》,《出三藏记集》,苏晋仁、萧炼子点校,北京:中华书局,1995年,第245页。

② 同上书,第246页。

山会上拈花示众,是时众皆默然,唯迦叶尊者破颜微笑。世尊曰:'吾有正法眼藏,涅盘(槃)妙心,实相无相,微妙法门,不立文字,教外别传,付嘱摩诃迦叶。'"①这就是佛教中著名的"拈花一笑"的故事。说是佛祖有一次在灵山上给众弟子说法,众弟子正翘首企盼,侧耳倾听,却见佛祖一言不发,只是从花盆中拈出一朵花来,向着众弟子展示,似乎在暗示着什么。众弟子不知佛祖何意,尽皆默然。唯有佛祖的大弟子迦叶破颜而笑。这时佛祖开口道:"吾有正法眼藏,涅盘(槃)妙心,实相无相,微妙法门,不立文字,教外别传,咐嘱摩诃迦叶。"这个故事告诉我们佛法精深无法用语言来表述的,只能通过直指人心的方式来传递,这种交流的外在表现是佛祖手中的花和摩诃迦叶的笑,所有想要交流的意义都通过拈花和微笑得以实现。这个公案说明语言在对佛法的授受过程中的无能为力。因为佛法一旦诉诸语言就已撕裂,执着于语言文字只能得到对佛法的片面的理解,无法实现对佛法的全面观照。佛法真谛不在语言所能抵达的范围内,无法通过语言传递。相反,通过语言之外的途径,或许能够获得佛法精髓,佛祖在拈花之时已将佛法递出,而摩诃迦叶尊者在微笑之际也完成了对奥妙无穷的精深佛法的接纳。"不立文字"思想在历代高僧弘法过程中都有体现。如僧璨《信心铭》云:"多言多虑,转不相应。绝言绝虑,无处不通。"②《六祖坛经》中记载的六祖慧能的故事就揭示出佛经文字与佛理没有必然联系的道理:

  师自黄梅得法,回至韶州曹侯村,人无知者。有儒士刘志略,礼遇甚厚。志略有姑为尼,名无尽藏,常诵《大涅槃经》。师暂听,即知妙义,遂为解说。尼乃执卷问字。师曰:字即不识,义即请问。尼曰:字尚不识,焉能会义?师曰:诸佛妙理,非关文字。尼惊异之。③

六祖慧能指出诸佛妙理与文字无关,只要理解了佛法的精要,经卷上的文字是否认识都无关紧要。如果执着于经卷上的文字,反而会阻碍对佛法妙理的习得。如《六祖坛经》中记载的另外一个故事:法达自小出家,

---

① (宋)普济:《五灯会元》(上),苏渊雷点校,北京:中华书局,1984年,第10页。
② (隋)僧璨:《信心铭》,[日]高楠顺次郎等编:《大正新修大藏经》(第四十八册),台北:新文丰出版有限公司,1983年,第376页。
③ (唐)慧能:《坛经·机缘第七》,[日]高楠顺次郎等编:《大正新修大藏经》(第四十八册),台北:新文丰出版有限公司,1983年,第355页。

诵念《法华经》达三千多遍,仍无法悟道。慧能为他说出了一首著名的偈语:"心迷法华转,心悟转法华;诵经久不明,与义作仇家。"①也就是说如果拘泥于语言文字,语言文字反而会成为悟道的阻碍。

语言本身并不能完全代表意义,它只是意义缺席时的一个替代品。它有时就如一条能在不同的环境中改变颜色的变色龙一样,在不同语境中能传达出不同的意义。所以庄子提出,不能执着于语言,只能将语言看作是一个中介。语言的出场是以意义的缺席为前提的,一旦意义得以传达,语言也就没有出场的必要了。正如关系亲密的人之间只要一个动作、一个眼神就能传情达意,而无须多费唇舌。有时情人之间打情骂俏时所说的看似骂人的话,可以传达亲昵的含义。在叙事交流中也是如此:在某些语境中,一个叙事文本之字面意思并不是最重要的,重要的是隐含作者通过该文本所传达的叙事交流的意图。如叙事交流中的不可靠叙述,如果读者执着于文本的字面意义,就无法对不可靠叙述加以纠正,文本也就无法成为一个融贯的整体,而是互相冲突而支离破碎的片段。读者也就无法领会文本的真实交流意图。在叙事交流过程中,读者只有通过"忘于言"才能"得于心""会以意",才能真正了解文本的意图。

和中国不同,西方小说叙事空白产生的原因主要在于不宜叙述事件的存在。美国叙事学家罗宾·沃霍尔曾对经典现实主义小说和当代电影中不宜叙述事件进行了分类,她提出分类的理据包括不必叙述者、不可叙述者、不应叙述者和不愿叙述者。本章认为不宜叙述事件的存在是西方小说叙事空白产生的一个主要原因。在所有不宜叙述的事件中,最常见的一种是不必叙述的事件,它们不具备叙述价值,因而不被叙述。普林斯称其为不值得叙述之事件。这类事件往往平庸、琐碎,微不足道,述不胜述。叙事进程一旦启动,故事世界便开始构建,人物就开始在其中活动。故事人物每日也需吃喝拉撒,有七情六欲,相应事件在故事世界中每天上演无数次。对于这些事件,叙述者没有能力,也没有必要全部叙述出来,否则叙事文本就变成了"懒婆娘的裹脚布",令文本阅读者难以忍受。如西班牙著名小说家塞万提斯的《堂吉诃德》中仆人桑丘数羊一样。英国诗人乔叟在《声誉之堂》中对此有过幽默的揶揄:"何必把所有见到的人物都

---

① (唐)慧能:《坛经·机缘第七》,[日]高楠顺次郎等编:《大正新修大藏经》(第四十八册),台北:新文丰出版有限公司,1983年,第355页。

絮述出来呢；难道我要讲到天地末日不成？……何用我絮说不休呢？殿上尽有古代的史家，其为数之多不亚于林中的鸟巢；你若倾听他们的往事陈迹以及他们所著的书目，会叫你头晕目眩起来。"① 在乔叟的叙事中，叙述者有时甚至直接以元叙述的方式直接告诉受述者这样的叙事方式是难以令人接受的："或许有人愿我把这段时期中特罗勒斯对他爱人的一言一行，一视一笑，都细叙出来；但要说明此中言辞情态，我怕未免太费时间。我从未见过任何故事是这般做法，列位也不致相信有这样的叙述方式。"②

沃霍尔所提第二种不宜叙述的事件，指的是因为事件不堪讲述而不予叙述的事件，即常言所谓"实在说不出口"的事件。这种事件实际上代表一种叙述禁忌。故事世界中发生的有些事件超出人类道德和良知的基本底线，无法被人们所接受，对这些事件的叙述也被认为是不合适的，比如严重违背人伦道德的乱伦、残酷的虐杀、令人难以忍受的痛苦等。造成它们不宜叙述的原因在于，这些事件不仅对亲历者而言是灾难性、令人难以接受的，而且也超出了叙事接受者的忍受底线。这种叙事禁忌在很大程度上源于伦理禁忌。人类社会存在着种种伦理禁忌，有些伦理禁忌严格到令人"谈之色变"的程度，连叙事中提到这种行为都被认为是不符合道德规范的。这些事件不被叙述的重要动因是，人们希望通过禁止叙述来达到消除这些罪恶之目的，同时也是为了照顾叙事接受者的感受，避免他们感到不适、不快甚至恶心。

第三类不应叙述者：因社会规范不允许而不予叙述的事件。这类不宜叙述的事件按沃霍尔的定义指因为社会规范或禁忌而不被叙述的事件，如性和排泄等一般都是不会被叙述出来的事件。

伊恩·麦克尤恩小说《床笫之间》就有许多不应叙述的事件。其中之一，是小说主人公斯蒂芬对咖啡馆的女童招待的不伦欲望。小说一开始就暗示了主人公斯蒂芬对廉价咖啡馆女童侍应的不伦欲望。但文本并没有将其叙述出来，而是借助妻子的话将这件事暗示了出来。妻子悄声说："这是不被允许的，这样年纪的孩子。"③

---

① ［英］乔叟：《乔叟文集》（上卷），方重译，上海：上海译文出版社，1979年，第53—56页。
② 同上书，第169页。
③ ［英］伊恩·麦克尤恩：《床笫之间》，周丽华译，上海：上海译文出版社，2010年，第111页。

对于斯蒂芬对女童侍应如此关注的原因,文本始终没有交代。而叙述者和人物都没有提到斯蒂芬的前妻所述"不被允许的"是什么。但透过其他叙述可以看出端倪。斯蒂芬一直关注着小女孩,小女孩只有10岁左右,鼻子里还拖着两条鼻涕虫:"她正从鼻子里牵出一条长长的银丝。银丝啪地断了,落在她食指的尖端,一个无色的珍珠。"①斯蒂芬觉得小女孩鼻子里流出的鼻涕像银丝和珍珠。甚至下意识地想为她擦去:他莫名其妙地向妻子要了两张纸巾,借口是"我想擤擤鼻子"。斯蒂芬在与妻子谈话时心不在焉,心思一直放在小女孩身上,看到小女孩在填写数字,竟忍不住喃喃地说"她在算账"。实际上,斯蒂芬将与妻子谈话当成掩护,其关注的目光从未离开过小女孩。他甚至认为,自己与妻子谈话时,小女孩也在倾听。看到小女孩的腿晃来晃去,他突然提出要女儿米兰达放假后与他同住一段时间。这个要求看似合理,似乎只是父亲想让跟母亲一起生活的女孩趁假期回来与自己住一段时间,可实际上,斯蒂芬在看到小女孩晃动的腿,产生了无法排遣的欲望,将对小女孩的欲望转移到了自己女儿身上。当斯蒂芬朝妻子吼起来时,他感到了小女孩责难的眼神,便立刻安静下来,买单时,他还给了小女孩一大笔小费。在妻子已经走出咖啡馆听不到他说话后,他竟然说了一句"那么星期天见"。他是在跟谁道别呢?很显然他是想再见到咖啡馆的小女孩。文本对于斯蒂芬的这种不道德的欲望并没有正面叙述,但文本告诉读者,斯蒂芬当晚梦遗了。换言之,作家将事件的结果告知了读者,让读者根据文本中的线索和暗示寻找斯蒂芬梦遗的原因。斯蒂芬对女儿的欲望则可以从他为女儿买的礼物中看出端倪:印着"依然是处女"的字样的彩色T恤,以及让他想起内裤的丝巾。斯蒂芬在妻子家中见到女儿时,目光中也充满了欲望:"米兰达的T恤离腰有几寸,发育中的胸脯把衣服边抬离了小腹。"②斯蒂芬关注的是女儿的性特征,一个正常的父亲不会以这种目光关注自己的女儿。最终,斯蒂芬对女儿的欲望还是得到了理性的控制,这一点从文本的最后一句话可以看出:"但她已经睡着了,脸上几乎漾着笑意。在她仰着的苍白喉颈上,他仿佛看见了童年时代某个明亮早晨里那片耀目的白色雪野,他,一个八

---

① [英]伊恩·麦克尤恩:《床笫之间》,周丽华译,上海:上海译文出版社,2010年,第110页。
② 同上书,第121页。

岁的小男孩,不敢在上面留下自己的脚印。"①叙述者隐喻性的话语暗示了他对乱伦欲望的控制和对父女之情的最终的守护。

第四类不愿叙述者:因读者不感兴趣而不予叙述的事件。有些事件因为不符合读者的期待、无法引起读者的阅读兴趣而不被叙述出来。叙述者是否愿意叙述某个事件,不仅仅取决于事件是否新鲜有趣,也取决于读者对事件的阐释和特定文化背景中的读者的接受心理。

三、中西小说叙事空白生成的动机不同

中国小说中叙事空白生成的目的首先在于修辞。它试图以某种"遮蔽"的方法达到隐而愈现的效果,从而更好地实现叙事交流的目的。毛宗岗评点《三国演义》第六十回时,称其"文有隐而愈现者"。考察本回叙述的情节,可以发现它其实是叙述空白修辞价值的生动体现。话说张松准备给刘备献上益州全图,刚走到郢州界口,就受到热烈欢迎,不仅有赵子龙带五百余骑前来恭迎,殷勤把酒,连一向瞧不起人的关羽都亲扫驿庭,以待歇宿,频频劝酒。细读《三国演义》和《三国志》可以发现,赵云虽不骄矜,却也不是谄媚之人,关羽更是"性颇自负,好陵人"的刚愎之人。二人一反常态的举动原因为何,文本中没有叙述。但细心的读者一定可以发现其中的奥秘:这些言行都是诸葛亮所授。文本中对于这一点却没有任何说明。读者就会运用自己从文本中读到的诸葛亮如何神机妙算的经验,再加上自己的发挥和想象,构建出孔明给诸位将官出谋策划这件事。文本中没有诸葛亮的名字,读者所构建的故事世界中却充盈着诸葛亮的身影。可见文本中没有出现的事件虽然是被叙述者有意隐藏起来了,但隐而愈现,反而让诸葛亮的智慧无处不在。下文以张爱玲的小说《金锁记》中的一个片段为例:

> 风从窗子里进来,对面挂着的回文雕漆长镜被吹得摇摇晃晃,磕托磕托敲着墙。七巧双手按住了镜子。镜子里反映着的翠竹帘子和一副金绿山水屏条依旧在风中来回荡漾着,望久了,便有一种晕船的感觉。再定睛看时,翠竹帘子已经褪了色,金绿山水换为一张她丈夫的遗像,镜子里的人也老了十年。②

---

① [英]伊恩·麦克尤恩:《床笫之间》,周丽华译,上海:上海译文出版社,2010年,第131页。
② 张爱玲:《中短篇小说:1943年作品》,哈尔滨:哈尔滨出版社,2003年,第16页。

曹七巧是嫁入上海滩大户豪门的平民家女儿，虽然生计无虞，穿金戴银，但她的丈夫姜家大少爷是个废人，无法给她鱼水之欢。因此，正值青春年少的曹七巧不但一直生活在歧视和轻蔑之中，而且无法得到一个正常女人所需要的爱欲的满足。长期的压抑导致她心理产生了严重失衡。她一生的幸福被"金锁"夺去，她又用同样的方法毁掉了一双儿女的终身幸福。上文所引片段中运用的蒙太奇手法非常典型而又运用得恰到好处：读者仿佛看见年轻时候的曹七巧同翠竹帘子及金绿山水一起淡出，然后隐隐约约地出现了死去的丈夫的遗像和褪色的金绿山水的形象，并渐渐清晰起来，最终出现在镜中的影像却是已经韶华不再的曹七巧。叙事空白的运用更加突出和强调了曹七巧难以忍受的日常，为读者提供了巨大的想象空间：一入豪门深似海，到底是怎样非人的折磨才会让一个青春靓丽的女人在短短的几年之内变成一个身形苍老、心理变态的寡妇？

与中国小说不同，西方小说叙事空白生成的动机主要是为了展示某种象征意义，表征某种超越时空的带有普遍性的东西，达到某种意味深长的效果。我们以海明威1924年在巴黎出版的《在我们的时代里》的一个短篇故事为例予以论证。这个文本叙述了一个非常简单的故事：几个士兵在一所医院里枪杀了六名内阁部长，其中一个部长还身患伤寒。故事根据真实的历史事件创作而成：1922年土耳其士兵在雅典惨无人道地枪杀了六位希腊前内阁部长（包括前首相）。但海明威的小说文本中既未交代事件发生的具体时间，也未交代事件发生的具体地点，更未说明具体杀人者和受害者都有谁。故事的背景和原因也没有作任何交代。或许存在这样的可能，即海明威创作时并不知道该事件的具体情形。海明威在枪杀事件发生仅仅三个月之后，即开始创作这个故事。那么叙述者为何将枪杀事件的具体时间、地点和人物的情况加以压制呢？我们可以假设，如果文本将事件的信息都交代得清清楚楚，那这个叙事文本就成为一个新闻叙事文本了。阅读该文本之后，读者将了解在1922年雅典发生的土耳其士兵枪杀希腊部长之事，但其注意力将集中于文本中的这些具体的、确切的事件信息，其感情也就专注于对土耳其士兵残暴行径的控诉和对被枪杀的部长的同情。相反，这些事件信息在海明威小说文本中呈现为叙事空白，故事因此蒙上一层模糊的迷雾，这就使读者不再关注具体的暴力施为者和受害者，转而关注更为普遍的人性层面的东西。正如申丹所言："既然从海明威的作品中无法得知这一事件发生的日期和地点，甚至无法得知人物的国籍,这一事件就获得了一种超越时空的普遍象征意义。海明威似乎在象征性地暗示这样的枪杀可以发生在任何时候、任何地方。"①正因为海明威是作家,不是历史学家或新闻记者,他力图表现超越国家和政治的、人性深处的东西,他更希望提示人们关注人性中的暴力问题而非具体的暴力和枪杀事件。通过文本中的叙事空白,他很巧妙地达到了这个目的。其小说文本对某些事件信息不予叙述,实际上是一种更高明的叙述,是一种更有效的叙事话语。

第二节　中西小说叙事空白表述机制之比较

叙事空白是故事时间大于0而文本篇幅等于0的叙事现象。通俗地说,就是故事中的某些事件在文本中没有叙述出来。"文本篇幅等于0"并不表示没有任何文字表述,而是指叙述者对于某个事件没有作出直接的、正面的叙述。在各种不同类型的叙事空白中,叙述者总会借助不同方式或手段将文本中没有叙述的事件传达出来。我们将这些传达方式称为叙事空白的表述。中西小说叙事空白在表述方式上有所不同。

一、中国小说叙事空白的表述

中国小说叙事空白的表述方法偏重以少总多法。"少"指的是叙事文本已经叙述出来的个别事物或事物的局部;"多"指叙事可以传达的众多事件或事件整体。根据马克思主义哲学原理,局部与整体紧密联系、不可分割:整体由局部组成,没有局部就不存在整体。整体对局部起统领和支配作用,整体的组成部分不能脱离整体的统领;同时,局部尤其是关键局部的发展和变化会对整体产生重要的甚至是决定性的影响。在漫长的历史进程中,人类逐渐懂得了从事物之整体中抽象出具有代表性的局部,进而通过局部信息建构整体的认知能力。在距今6000多年前的以仰韶文化为代表的彩陶象形纹饰中,我们可以发现人、鱼、鸟、蛙、兽等的形象都不是精确模仿型写实性再现,而是简洁的、写意性的刻画和再现。将这一

---

① 申丹:《平淡无味后面的多重象征意义——海明威一短篇故事的重新阐释》,《国外文学》2005年第2期,第92页。

现象与更早时期的岩洞壁画中完整细致的描摹事物形象的写实性绘画相比较,可以发现两者间的巨大差异。对这种由注重整体的写实性再现向注重局部的写意性再现的转变过程,艺术理论家们曾作出精彩的论述:"明显而有迹可循的有半坡型鱼的抽象化:一条完整的鱼的形象慢慢地变形,头尾缩小、消灭,身躯线条慢慢转变为纯粹的几何图形;庙底沟型鸟的抽象化:一只丰腴的鸟逐渐变细,最后成为两条线、一边一个圆点的抽象图案;马家窑型蛙的抽象化:一只完整的蛙变为只剩头部,身体完全几何曲线化,到只剩双眼,再到双眼分开成为曲线中的两个多圈圆形。"①由此可见,彩陶象形纹饰通过一个几何图形来表示鱼,以两条直线和一边一个圆点来表示鸟,以多圈圆形来表示青蛙,是一个逐渐发展的过程,原因在于古人通过经验和揣摩逐渐认识到凭事物局部足以唤醒沉潜在他们记忆深处的事物整体形象,人类便学会用事物局部来传达事物整体的表述方式。清代诗人赵执信提出的"龙论"也对这种以少总多的叙事空白传达方式有过精辟的论述:

> 钱塘洪昉思(昇),久于新城之门矣,与余友。一日,并在司寇宅论诗,昉思嫉时俗之无章也,曰:"诗如龙然,首、尾、爪、角、鳞、鬣一不具,非龙也。"司寇哂之曰:"诗如神龙,见其首不见其尾,或云中露一爪一鳞而已,安得全体!是雕塑绘画者耳。"余曰:"神龙者,屈伸变化,固无定体;恍惚望见者,第指其一鳞一爪,而龙之首尾完好,故宛然在也。若拘于所见,以为龙具在是,雕绘者反有辞矣。"②

洪昇是王渔洋的弟子,其诗歌讲究法度,即所谓"引绳削墨,不失尺寸"。他对当时诗坛不重法度、一味讲究所谓"神韵"的流俗颇不以为然,"嫉时俗之无章"。为说明自己的观点,他将诗歌比作神龙,认为写景抒情时应事无巨细一一呈现在读者面前,否则就不能成为好诗:"首、尾、爪、角、鳞、鬣一不具,非龙也。"王渔洋的观点与洪昇的观点针锋相对,认为诗歌不能和盘托出,而只能像神龙一样"见首不见尾",不可能将整个身子都显露出来,只是偶尔在云雾中露出一鳞一爪而已。赵执信的观点则扬弃了局部与整体相互割裂的观点,指出局部与整体存在密切联系,通过叙述

---

① 转引自傅修延:《试论青铜器上的"前叙事"》,《江西社会科学》2008年第5期,第25页。
② (清)赵执信:《谈龙录》,载赵执信,翁方纲:《谈龙录石洲诗话》,陈迩冬校点,北京:人民文学出版社,1981年,第5—6页。

某一局部而舍弃其余部分的方法反而能更好地将整体效果表达出来。

二、西方小说叙事空白的表述

西方小说叙事空白的表述方式主要是因果互显法。原因与结果是揭示和描述客观世界中普遍联系的事物之间先后相继、彼此制约关系的一对范畴,是人类认识和实践活动中首先确立的一对范畴。原因是引起一定现象的现象,结果是一定现象所导致的现象。因果关系不是一种客观存在,而是一种人为构建。根据费伦的定义,叙事就是某人为了某个目的而将某事告诉某人。因此,叙述者要实现自己的目的,就必须赋予文本某个意义,并成功地将其传达给叙事接受者。人类要生成叙事就必须让事件有意义,而要让事件有意义就必须构建事件之间的因果关系。任何故事中的事件都是按照因果关系来排列的。判断一个文本是否为叙事的标准,是读者能否从中建构起因果链接。

叙述者要成功地实现自己的叙事意图,就必须巧妙安排事件之间的因果链,以便读者能够从中破译出叙述者想要传达的意义。传统的现实主义作品可谓因果叙事的理想状态,事件之间的因果关系明确而清晰,许多故事都按照时间的先后顺序从开头、发展、高潮再到结尾来安排,事件的因果关系与时间关系是同步的,一个事件作为原因引起另一个事件,后一个事件又成为下一个事件的原因,以此类推直到故事结束。即使是采用了倒叙和插叙的文本,读者也可以从中梳理出连续而清晰的因果链。但是,在其他情况下,为了达到一定的艺术效果或传达某种主题思想,叙述者会在叙事过程中突显或遮蔽某些事件,在文本中将某些事件的原因事件或者结果事件加以遮蔽和压制,采用只写因不写果,或只写果不写因的叙述方式,以此造成因果链的断裂,从而迫使读者运用因果预测,在叙事接受的过程中根据自己所构建的因果链将事件连接起来。因果逻辑中也存在着一因多果和一果多因的情况,所以在某些叙事文本中,叙述者也会交代某个事件的原因事件及其结果事件,让读者同时通过其原因事件和结果事件来锚定没有叙述出来的事件。叙事空白的表述方式在福克纳的短篇小说《献给爱米丽的玫瑰》中得到了淋漓尽致的体现。《献给爱米丽的玫瑰》叙述了生活在美国南部杰弗森小镇中一个没落、衰败的贵族家庭的爱米丽小姐与入侵南方的北方工业文明之间的斗争。爱米丽小姐与来自北方的工头荷默坠入爱河,但荷默这个工业文明熏陶下的风流浪子却没有结婚成家的想法。于是爱米丽小姐将他毒死,以自己的方式将心爱的男人留在身边。从此,她拒绝任何的社会交往,至死都生活在自己的世界里,生活在南方文明的传统中。该故事的核心事件无疑是爱米丽毒杀荷默的事件,但这个事件在文本中从未被叙述出来。荷默被毒杀的过程隐藏在文本之中,连荷默是否死去都没有直接讲述出来。叙述者只是告诉读者荷默失踪了;那男人躺在床上;那尸体躺在那里。至于那个男人、那个尸体是不是荷默,文本都没有任何直接的交代。叙述者对荷默之死的传达就是通过连环因果的空白表述方式来完成的。

首先,叙述者讲述了该事件的原因:年轻时爱米丽的感情和婚姻受到父亲的压制和阻挠。父亲固执地认为镇上的年轻人根本没有资格高攀像他们家这样的贵族。父亲去世后,爱米丽在感情和婚姻上总算能够自主了,也找到了相爱的恋人。她与来自北方的工头荷默先生的恋情的发展也很高调,一起坐着马车在镇上招摇过市,蔑视一切来自世俗的偏见。应该说,他们之间的爱情是勇敢的、真挚的。但当爱米丽在克服了来自社会、教会和宗族方面的重重阻力,做好了一切结婚的准备之时,却被自己心爱的恋人拒婚。在唯一的希望被扼杀之后,通过某种极端的方式将恋人永远留在自己的身边,这种行为是完全符合爱米丽小姐的性格逻辑的。这也正是爱米丽小姐毒杀荷默的行为动机。用刑事侦查方面的术语来说,她的犯罪动机是对负心汉的报复,是情杀。

从作案工具方面来说,无疑是文本中明确叙述出来的"砒霜"。爱米丽到药剂师那里购买了大量的砒霜,而且拒绝按照法律规定说明购买这种剧毒的目的。实际上,药剂师是被迫把砒霜卖给她的。对于爱米丽购买砒霜的用途到底是什么,文本未做任何的交代。但文本指出有人看见荷默失踪以前最后一次现身是进了爱米丽家。几天之后,爱米丽家就散发出一阵阵浓烈的难闻的臭味,以至于引起了邻居们的强烈抗议。在抗议无效后,镇上的居民甚至不得不借助夜幕的掩护,在爱米丽的房子周围撒上石灰以遮蔽一些臭味。这种强烈到令人难以忍受的腐臭味真的是由死老鼠散发出来的吗?那老鼠的个头得有多大?从小说中提到的"男人的尸体"这一说法中,读者自然将两者联系起来,从而推断出爱米丽用砒霜毒杀了荷默的事件。

爱米丽小姐毒杀荷默的另外一个证据就是爱米丽对待尸体的态度。在父亲去世以后,爱米丽小姐将父亲的尸体放置在家中,而不是按照法律和宗教习俗的要求让父亲归于尘土,将父亲的遗体安葬。最后,牧师和镇上居民不得不采用强力措施才使爱米丽的父亲得以入土为安。可见,对于爱米丽小姐来说,与相爱的人在一起的方式之一就是将他的尸体留在自己身边。这也无疑为爱米丽小姐毒杀荷默的行为提供了一个合理的解释。

事实上,爱米丽小姐不仅将荷默的尸体留在家里,使整个房子都成了一个巨大的墓室,而且更令人感到恐怖和恶心的是她居然与一具死尸同床共枕。当然这一事件在文本中也是通过叙事空白的方式传达出来的。叙述者叙述了该事件的发生所导致的结果事件,即尸体躺在床上,而在枕头上还留有一缕长长的铁灰色的头发。从叙述者对荷默尸体及其所在的房间叙述中,读者也可以推理出荷默被毒杀的过程:房间里到处都笼罩着一股阴惨惨的墓室般的氛围,褪色的窗帘和灯罩,这让读者推断出三十年前作为洞房来布置的这间房间当时的情景。房间杂物中的领带和硬领就像刚从身上取下一样;椅子上放着叠得好好的衣服,下面有鞋和袜子。总之,房间的情景仿佛告诉读者,房子的男主人好像从来都没有离开过一样。而床上的尸体龇牙咧嘴的形象和僵硬的拥抱的姿势则分明暗示着荷默服毒之后痛苦而垂死的挣扎。

总之,福克纳的这部《献给爱米丽的玫瑰》中的中心事件,即爱米丽小姐毒杀荷默的事件是通过连环因果的空白表述方式来传达的。文本没有直接将事件呈现出来,而是同时叙述了该事件的原因事件及结果事件。而读者在这些周围事件的基础上可以推断出文本没有叙述出来的事件。这种叙事空白的传达方式更好地实现了文本的意图。

第三节　中西小说叙事空白填补机制之比较

借用德里达的话来说,"空"是对"满"的召唤,叙事空白是对读者填补的召唤。填补之时主要考虑作者、文本和读者三个因素。作者不是文本意义的唯一来源,不能垄断文本意义的生产,文本也不是作者思想的传声筒。读者不是文本意义的被动接受者,他与作者在叙事交流过程中处于平等合作的地位,共同参与文本意义生产。叙事空白的填补对于促进叙事交流具有重要作用:它使得作为一种中断的文本空白成为连接作者意图和读者经验及意愿的桥梁和纽带,它作为叙事交流的重要一环对叙事交流的激发、展开和完成都具有重要的意义。中西叙事空白在填补机制方面也不尽相同,以下试论之。

一、中西小说叙事空白填补依据侧重不同

中国小说叙事空白填补的依据侧重作者。当面对叙事文本时,许多叙事接受者通常思考的是如何才能获取文本所蕴含的"原意"。在多数情况下,这个"原意"被认为是隐藏在文本内部的作者的"意指"和"意图"。阅读一部小说时,我们会不由自主地发问:"作者在这本小说中到底要表现什么?"这看上去就像是一场读者与作者之间的对话。中国古代的哲学家朱熹认为通过对文本意义的探求就能抵达圣贤的意指、作者本意。朱熹云:"圣人之言,即圣人之心;圣人之心,即天下之理。"[①]朱熹认为文本体现了作者的本意,而作为作者的圣贤的本意即是天理。这就决定了读者的阅读和阐释必然是:"学者必因先达之言以求圣人之意,因圣人之意以达天地之理。"[②]"读书以观圣贤之意;因圣贤之意,以观自然之理。"[③]他认为文本阐释的直接依据是文本,即"先达之言"。理解文本的目的在于探求作者的意图即"圣人之意"。这样做的最终目的是探究"天地之理"。朱熹认为言可以尽意,因此,他指出只要通过对文本的细读就可以抵达作者(主要是圣贤)的本意。他对于当时的一些学者通过巧言附会的方式对经典的文本加以曲解的做法提出了批评,认为他们的这种做法只是为了推销自己的思想而借圣贤的话语起个头,而其主要的思想却完全脱离了先贤的本意,是"打左转向灯往右拐"。朱熹认为他们不是依据文本的意图来解释文本,而是借助圣贤之名来自行其事。要真正懂得作者的本意就必须精研文本,文本的接受者要"虚心"地接受文本中呈现的作者的本意,而不能因为自己没有理解文本的意义就将自己的意义当成是作者的本意:"圣人言语,皆天理自然,本坦易明白在那里。只被人不虚心去看,只管外面捉摸。及看不得,便将自己身上一般意思说出,把做圣人意

---

① (宋)黎靖德编:《朱子语类》(第七册),王星贤点校,北京:中华书局,1986年,第2913页。
② (宋)朱熹撰,朱杰人、严佐之、刘永翔主编:《朱子全书》(第二十二册),上海:上海古籍出版社,合肥:安徽教育出版社,2002年,第1920页。
③ (宋)黎靖德编:《朱子语类》(第一册),王星贤点校,北京:中华书局,1986年,第162页。

思。"①朱熹将理解和阐释过程中读者的主动性和创造性看作是理解圣贤（作者）本意的障碍和阻挠，认为某些人之所以将自己的头脑中的意义当作是作者的本意，只是因为他们没有真正理解作者的本意，没有深入细致地将文本搞通透和纯熟。在他看来圣贤在文本中所传达的意义都是明白晓畅的："若有个高妙底道理而圣人隐之，便是圣人大无状！不忠不信，圣人首先犯着！"②因此每个读者只要虚心地接受就可以理解圣贤的意旨。用朱熹的话说就是："亦无法，只是虚心平读去。"③朱熹在此提到的"虚心"并不是指谦虚的意思，而是指读者将自己的主观成心和偏见加以排除和"搁置"，即将心胸放空的意思。这一点与西方古典阐释学的思想是相通的，就是要将文本接受者的先见加以清除，读者不能将头脑中已有的立场和观念当成作者的本意，不能用自己的偏见来歪曲作者的本意。用朱熹的话说："看文字须是虚心。莫先立己意，少刻多错了。"④朱熹认为一旦读者带有偏见就容易将自己的观点当成了作者的观点。他认为这样的理解只能导致错误的阐释。他还针对当时学界存在的对文本阐释时借题发挥的做法提出了批评。他指出："今学者不会看文章，多是先立私意，自主张己说；只借圣人言语做起头，便自把己意接说将去。病痛专在这上，不可不戒。"⑤朱熹认为将自己的主张融入文本的做法是不可取的，应该引以为戒。他更直接明了地提出读者在理解和阐释时，要将自己的成见去除，而不能将自己的"私意"混进文本之中。用朱熹自己的话说："看书，不可将自己见硬参入去。须是除了自己所见，看他册子上古人意思如何。"⑥朱熹又指出："初看时便先断以己意，前圣之说皆不可入。此正当今学者之病，不可不知。"⑦他认为一旦读者抱有成见，便无法真正理解圣贤的意思。可以看出，朱熹将读者的期待视野与作者的本意对立起来，他认为一旦读者在接受文本时带有个人的期待，将会把作者的本意拒之门外，让作者的本意迁就读者的偏见。因此，为了真正理解文本的意义，必

---

① （宋）黎靖德编：《朱子语类》（第一册），王星贤点校，北京：中华书局，1986年，第179页。
② （宋）黎靖德编：《朱子语类》（第七册），王星贤点校，北京：中华书局，1986年，第2785页。
③ （宋）黎靖德编：《朱子语类》（第一册），王星贤点校，北京：中华书局，1986年，第187页。
④ 同上书，第179页。
⑤ （宋）黎靖德编：《朱子语类》（第七册），王星贤点校，北京：中华书局，1986年，第2811页。
⑥ （宋）黎靖德编：《朱子语类》（第一册），王星贤点校，北京：中华书局，1986年，第185页。
⑦ 同上书，第189页。

须"虚心",必须要排除文本接受者的期待和成见。他还举了一个具体的例子加以说明:"学者观书,病在只要向前,不肯退步看。愈向前,愈看得不分晓。不若退步,却看得审。大概病在执着,不肯放下。正如听讼:心先有主张乙底意思,便只寻甲底不是;先有主张甲底意思,便只寻乙底不是。不若姑置甲乙之说,徐徐观之,方能辨其曲直。横渠云:'濯去旧见,以来新意。'此说甚当。若不濯去旧见,何处得新意来。今学者有二种病,一是主私意,一是旧有先入之说,虽欲摆脱,亦被他自来相寻。"①朱熹将对文本的理解和阐释比作在法庭上聆听论辩,如果心中有偏见,便会不顾是非曲直而顽固地坚持自己的判断。相反,如果能够去除偏见,就能作出正确的评判。但朱熹也觉察到要完全去除成见不是一件容易的事。虽然朱熹明白读者应该去除心中的偏见和成见,这样才能有新的收获。但这种先入之见和个人私意还是会纠缠不休,难以摆脱。朱熹在谈到"寻求义理,仍须虚心观之","须退一步思量"时指出:"今人观书,先自立了意后方观,尽率古人语言入做自家意思中来。如此,只是推广得自家意思,如何见得古人意思!须得退步者,不要自作意思,只虚此心将古人语言放前面,看他意思倒杀向何处去。如此玩心,方可得古人意,有长进处。且如孟子说诗,要'以意逆志,是为得之'。逆者,等待之谓也。如前途等待一人,未来时且须耐心等待,将来自有来时候。他未来,其心急切,又要进前寻求,却不是'以意逆志',是以意捉志也。如此,只是率古人言语,入做自家意中来,终无进益。"②朱熹指出所谓的"以意逆志"只是用放空的心胸去迎迓作者的本意,而不是相反:率古人语言如自家意义中来。因为这样一来接受文本就变成了接受自己的意思,而不是古代作者的意思。因此,朱熹要求读者需退一步,不能用自己的主张来捕捉文本的语言,用自己的偏见来主导对文本的理解和阐释,而应该让文本来引导读者,只有这样才能理解作者的本意,也只有这样才能有所进益。他还将读者对文本意义的阐释比作在路途等人,读者要做有耐心的等待者,不能因为心情急切而前去探寻,否则,就会用自己的偏见去捕捉文本的语言,从而曲解了文本的意义。总之,朱熹认为要理解文本的含义,读者只能作一个被动的倾听

---

① (宋)黎靖德编:《朱子语类》(第一册),王星贤点校,北京:中华书局,1986年,第185—186页。
② 同上书,第180页。

者,而不能有自己的立场和先入之见,用他的话说叫"以书观书"①。朱熹反对读者在文本阐释中发挥主观能动性。他认为:"看文字,且依本句,不要添字。那里元有缝罅,如合子相似。自家只去抉开,不是浑沦底物,硬去凿;亦不可先立说,牵古人意来凑。且如'逆诈、亿不信'与'先觉'之辨:逆诈,是那人不曾诈我,先去揣摩道,那人必是诈我;亿不信,是那人未有不信底意,便道那人必是不信;先觉,则分明见得那人已诈我,不信我。如高祖知人善任使,亦是分明见其才耳。"②朱熹认为读者不能被先入之见所迷惑,而用自己先入之见去揣测文本的意义。如果穿凿附会,那么从文本中看到的只是读者的偏见,而不是作者的本意。朱熹还注意到文本中有些疑难是很难理解的,有些顽症只能置之不理,无法解释:"'看理多有疑处。如百氏之言,或疑其为非,又疑其为是,当如何断之?'曰:'不可强断,姑置之可也。'"③"经书有不可解处,只得阙。若一向去解,便有不通而谬处。"④朱熹认为文本出现难以理解之处或难以填补的空白时,可以加以悬置,不求甚解,而不必强制填补和阐释。

与中国不同,西方叙事空白填补的依据侧重读者。以伽达默尔为代表学者的现代阐释学虽然在排斥作者意图上有所偏颇,而且以文学的艺术作品理解和阐释为研究初衷,并不针对叙事空白的填补,但鉴于叙事空白填补是叙事作品理解和阐释的重要步骤和组成部分,而且叙事空白的填补始于对文本的理解,现代阐释学所提出的"视域融合"和解释者"成见"理论以及对读者主观能动性的强调对于叙事空白填补研究仍具有不可低估的重要意义。对于叙事空白的填补而言,每一个叙事接受者都是带着自己固有的信仰和期待、带着自己特有的世界观和价值观进入叙事空白填补的过程中。任何叙事空白的填补都是读者把自己"熟悉的世界"的材料镶嵌入文本所构建的"陌生的世界"之中。如果没有这些固有的"视域"和基础,读者拿什么来填补叙事空白?不管叙事空白填补者如何试图进入文本作者的心理,或将自己想象为文本创造时的作者,叙事空白的填补都不可能是对文本作者创作该文本时心理状态的重新唤起和自发

---

① (宋)黎靖德编:《朱子语类》(第一册),王星贤点校,北京:中华书局,1986年,第181页。
② 同上。
③ 同上书,第186—187页。
④ 同上书,第181页。

填补，而只能是叙事接受者对文本的再创作及对空白之处的填补。在实践中，尽管叙事接受者试图领悟文本的意图，但在具体的理解和解释的实践中，总是不可避免地将自己熟悉的知识和观点带进叙事空白的填补中。

伽达默尔关于"文本本意无法再现"的观点为叙事空白填补中读者发挥主观能动性提供了广阔的空间，使文本成为可写的文本，为叙事空白的填补提供了开放性的一面。当然，这种开放性也是有其制约的，我们也应该看到，叙事空白的填补也不可能任由读者天马行空般地任意发挥。从这个意义上来说，赫施(E. D. Hirsch)的主张为叙事空白的填补提供了确定性的一面。无论对同一处叙事空白的填补出现多少种答案，叙事交流中的最基本的价值判断总还是存在的，空白的填补也总有一定的上下浮动的合理范围，不可能完全否定作者的意图对文本理解和叙事空白填补的影响，否则会使文本的阐释和叙事空白的填补处于一种没有任何价值判断标准的混沌状态。

二、中西小说叙事空白填补秉承的原则不同

受儒家文化的影响，中国小说叙事空白填补更强调道义分明原则。叙事空白填补中的道义分明原则指的是叙事空白填补之后的叙事要在逻辑—道义环链上符合道义分明、善恶有报的要求。这也是叙事伦理的重要组成部分，因为根据叙事学家们的理论，阅读伦理也是叙事伦理的重要组成部分。叙事空白的填补必须使叙事文本的道义分明：好人有好报，坏人终究会得到应有的惩罚。不能因为叙事空白的填补而导致叙事的价值取向发生偏离，甚至正邪不分："杀人放火金腰带，修桥补路无尸骸"这种道义逻辑的叙事空白的填补是不能也不会出现的。叙事接受者在对叙事空白加以填补之时会借机为没有得到应有报偿的正面人物提供一个圆满的结局，让没有得到应有惩罚的反面人物也得到应有的下场。

我们以《水浒传》中的叙事空白的填补予以说明。在《水浒传》中叙述者提到李俊等在暹罗称王，建立了一番轰轰烈烈的事业。但文本对这一故事没有作出具体叙述，文本此处存在一个巨大的叙事空白。这一叙事空白在读者的接受中一定存在精彩纷呈的填补，有的读者甚至将这一填补的成果加以物化：这就包括著名的《水浒后传》。作者陈忱在小说中对于《水浒》中忠义两全的梁山英雄所遭受的不公待遇和凄惨下场寄予了深切的同情，并让他们最终获得了来自正统和百姓的肯定和褒扬，而对于陷

害他们的奸臣和小人,作者让他们得到了应有的下场。奸臣的所作所为让梁山好汉所受的冤屈在《水浒后传》中都得以昭雪。被冤死的宋江、卢俊义等人最终都得以平反,得到褒扬。而其他幸存的梁山好汉都有了一个很好的归宿:既得到朝廷的承认,又可以在"化外称王"。与此同时,《水浒》中败坏朝政、陷害忠良的奸臣在《水浒后传》中都得到了严厉的惩罚,道义得以伸张。祸国殃民的蔡京、高俅、童贯等人陷害忠良、鱼肉百姓、胡作非为,把替天行道、忠义双全的梁山好汉陷害得风流云散、七零八落,这些奸臣都得到了应有的下场:在《水浒后传》第二十七回"渡黄河叛臣因授首 进鸩酒狭路巧相逢"中,叙述者借李应之口帮梁山好汉也帮所有的读者都吐了一口恶气:

> 李应道:"我等一百八人,上应天星,同心协力,智勇俱备。受了招安,北伐大辽,南征方腊,为朝廷建立功业。一大半弟兄为着王事死于沙场,天子要加显职,屡次被你们遏住。除了散职,又容不得,把药酒鸩死宋江、卢俊义,使他们负屈含冤而死。又多方寻事,梁山泊馀党尽要甘结收官,因此激出事来。……你今日讨饶,当初你饶得我们过么?还有一说,蔡京若不受贿赂,梁中书也不寻十万贯金珠进献生辰纲!豪杰们道是不义之财,取之无碍,故劫了上梁山。高俅不纵侄儿强奸良家妇女,林武师也不上梁山泊。不受了进润,批坏花石纲,杨统制也不上梁山泊。……"唤手下斟上四大碗。蔡京、高俅、童贯、蔡攸满眼流泪,颤笃笃的,再不肯接。李应把手一麾,只听天崩地裂发了三声大炮,四五千人,齐声呐喊,如震山摇岳。两个伏事一个,扯着耳朵把鸩滴灌下。不消半刻,那蔡京等四人七窍流血,死于地下。众好汉拍手称快,互相庆贺。李应叫把尸骸拖出城外,任从乌啄狼餐。①

在《水浒传》的结尾,奸臣乱政而没有得到应有下场,正义没有得到伸张。《水浒传》的叙事接收者,即《水浒后传》的作者,在对《水浒传》进行叙事空白填补的过程中对这些缺陷加以修正,借李应之口对他们的罪恶行径加以鞭挞和惩罚,达到了如孔夫子所言的令"乱臣贼子惧"的伦理效果。这种伦理诉求在新闻叙事中表现得尤为明显。

---

① (清)陈忱:《水浒后传》,潘越点校,太原:山西人民出版社,1999年,第304页。

与中国不同,西方小说叙事空白更强调开放性原则。叙事空白的填补是叙事接受者参与建构作品意义的行为,这种意义建构虽然受到作者意图和文本意义潜势一定的影响和制约,但有其理解主体的自主性,并非像挖矿一样机械地还原作者或者文本的意义。读者不是叙述文本意义传达过程的最后接受者,而是文本意义的共同制造者,不同的读者"制造"着不同的文本意义,而空白的填补则是读者进行创作性阅读的主要途径。因此,叙事空白的填补有其开放性。在这一方面,美国当代解释学学者赫施对解释的有限多样性的阐述可以为叙事空白的填补提供观照。他说:"一件本文最简单和'最字面'的含义出现分歧的情形还是相当多的。但是,这些情形较之于涉及一件本文'未表达'含义的争执要少得多。"[①]叙事空白是需要读者运用试推、移植、想象等思维能力进行创造性建构之处,读者的理解和喜好必然在其中发挥作用。作为填补空白和建构意义的主体,读者可以大力发挥自己的主观能动性,充分运用自己的生活经验和语境知识,充分发挥自己的想象力,对空白的意义进行揣度,将自己的体验、思想、观点和期待填进叙事空白进而读入叙事文本中,从而达到对文本的个性化阐释。由于读者的个体情感、喜好、性格等方面的差异,以及他们所处环境的不同,再加上读者接受语境的差别,对叙事空白的填补和阐释存在千差万别。认知科学的研究成果表明,不同的认知主体具有不同的认知心理和期待视野。读者倾向于将那些符合自己心理图式的内容填入文本空白,而对于与自己的心理图式相矛盾的内容,即使符合空白填补的其他条件,读者会进行修正甚至是完全排斥。所以,不同的读者最终都是选择自己所认可的理解。例如,针对学界关于《螺丝在拧紧》中小男孩为何被学校开除这一谜团的争论,小说的作者亨利·詹姆斯做出了如下解释,确认了这一叙事空白的填补开放性:"在这样的情况下,没有什么绝对合适的错误,它和几十个其他的因素相关,有关各人的欣赏、思索和想象,完全根据欣赏者、批评者或读者的个人经验。我对自己说——只需要使读者对于罪恶的想象更加强烈……他的经历,他的想象,他对孩子们的同情和对他们虚伪朋友的恐惧,会为他提供足够的细节。让读者自

[①] [美]E·D·赫施:《解释的有效性》,王才勇译.北京:生活·读书·新知三联书店,1991年,第73页。

已去考虑这罪恶,这会免除作者任何软弱无力的详细说明。"①

三、中西小说叙事空白填补的方式不同

中国小说叙事空白填补更强调对作者意图的还原,因此还原式填补成为中国小说叙事空白最常见的填补方式。读者尝试将情节的断点和省略之处补充完整,试图还原故事的真实场景,以推动叙事接受,获得完整的理解。我们以《红楼梦》第三十一回中关于宝玉与碧痕之间暧昧关系的叙事空白填补为例:

> 宝玉笑道:"我才又吃了好些酒,还得洗一洗。你既没有洗,拿了水来咱们两个洗。"
>
> 晴雯摇手笑道:"罢,罢,我不敢惹爷。还记得碧痕打发你洗澡,足有两三个时辰,也不知道作什么呢。我们也不好进去的。后来洗完了,进去瞧瞧,地下的水淹着床腿,连席子上都汪着水,也不知是怎么洗了,叫人笑了几天。我也没那工夫收拾,也不用同我洗去。……"②

宝玉喝了酒想要洗澡,因晴雯也还没有洗澡,所以宝玉想请晴雯一起洗,但晴雯却拒绝了,原因是"我不敢惹爷",这句话含义不浅。从字面意思来看,这句话可能有三个意思:一是挑逗、撩拨的意思。二是指在某人火气正大时,为避其锋芒躲着某人。三是某人生性暴躁,其他人避之唯恐不及。我们知道宝玉是一个温柔腼腆的富家公子,而此时他也没有什么不愉快的事情让他发脾气。所以此处"我不敢惹爷"的意思应该是第一种:挑逗、撩拨。而且宝玉又才吃了好些酒,所谓"酒为色媒人",况且宝玉已通人事(已经与袭人享受过鱼水之欢,虽然小说中只叙述了一次,但肯定不止发生一次)。况且还有碧痕的前车之鉴:碧痕打发宝玉洗澡,居然洗了两三个时辰。孤男寡女,共处一室,赤身相对,不难想象他们之间发生了什么事。更能说明问题的是他们洗完了之后,地上的水居然淹着了床脚。要将浴盆里的水搅出这么多,那得需要多大的动作幅度啊!最能说明问题的是居然连席子上都汪着水。既然是汪着水,说明水很多。他们"洗澡"居然洗到床上去了。读者在阅读这一片段时,会不由自主地按

---

① 转引自郑国锋、陈丽:《〈鸽翼〉中的"空白"》,《国外文学》2008年第2期,第80页。
② (清)曹雪芹著,(清)无名氏续:《红楼梦》(上),(清)程伟元、(清)高鹗整理,中国艺术研究院红楼梦研究所校注,北京:人民文学出版社,2008年,第443页。

照自己的经验和想象将宝玉与碧痕享受鱼水之欢的情景加以还原。

西方小说叙事空白填补主要是协商填补。如在莫泊桑的小说《受勋》中叙述者对主人公的妻子与众议员通奸未置一词。但读者可以用协调试推的方式将这一叙事空白加以有效填补。在这部小说中,主人公萨克尔芒矢志不渝追求一枚勋章以表征和炫耀自己的上层阶级身份。但是,在当时的法国社会,勋章已经极其泛滥,甚至成为污秽的社会交易的一种标的物,许多人为了得到一枚勋章不择手段,一些品质恶劣的人居然也在授勋之列。萨克尔芒在多次碰壁之后也开始动起了歪脑筋,希望让自己的太太出面找众议员帮忙。谁知众议员不仅来他家访问,而且给他带来了一个好消息:赋予他一个为重要项目搜集资料的光荣使命。萨克尔芒出差途中因思念妻子而匆匆赶回家中,却发现了一些异常的状况。按说小别胜新婚,远行的丈夫回家,应该看到的场景是妻子欢呼雀跃地跑出来迎接,但萨克尔芒在房门外却听到妻子从床上跳下来,还听到她发出的如同呓语般的自言自语,以及她快速向梳妆室跑去并且将梳妆室的门打开又立刻关起来。从中读者可以推导出,主人公的妻子似乎吃了一惊。独自在家的妻子听到丈夫的声音,居然吓得从床上跳起来,不是马上给自己的丈夫开门,而是急得满房间乱窜,其中原因自然启人疑窦。接着,萨克尔芒听到妻子赤着脚在卧室里跑来跑去好几次,跑动时脚步踏得地板甚至连家具上的玻璃都震动了,很显然妻子心情焦急、紧张,到了无所适从的地步。妻子有什么东西必须藏起来,不能让自己的丈夫发现。接着,按照"妻子"和"丈夫"、"关门"和"躲避"等范畴去理解,读者不难得出另一个结论:妻子的隐情是关系到隐私的,很可能就是与性有关。读者仿佛联想到某个光着身子的男人躲在梳妆室,而主人公的妻子却急得跺脚拍手,不停地在地板上来回转悠,好不容易勉强镇定下来打开卧室门。当丈夫无意中发现挂在自家暗廊里的外套在纽扣孔上用红色小丝带系着一枚勋章时,妻子张皇失措地拼命抢夺他手里的外套,并说这是一个秘密。丈夫气得脸上发青,表示一定要查明别人的外套为什么会在自己家里。谁知丈夫的话反而提醒了妻子,她便顺水推舟地说外套就是自己丈夫的,因为他已经得到了一枚勋章,之所以不告诉他是为了保守秘密。但妻子接下来的神情和动作还是出卖了自己:她赶紧将这件光荣的衣服锁进衣柜,吓得面如土色。这位刚才还为自己可能被"戴绿帽"而大发雷霆的丈夫,听到这个消息居然激动得浑身发抖,要靠喝凉水才能使自己勉强平静下来。

他未必相信妻子的话,但为了这枚勋章、为了自己的虚荣,他一切都不在乎。这一叙事空白的运用,不仅节约了文本篇幅,而且使故事的结构和节奏都很紧凑,取得了良好的叙事修辞效果。

  读者在对这个叙事空白填补的过程中实际上有两套方案相互协商的结果:第一套是妻子将自己的情夫藏在梳妆室。第二套是众议员先生的外套藏在主人公的衣柜里。读者通过将这两个方案加以联合与协调就得以将小说的叙事空白加以填补:当晚躲在主人公家的梳妆室内的那个男人就是众议员先生。众议员先生故意将主人公支开,以便可以跟他妻子偷情。读者从这里也可以推断,为何众议员这一上流社会的人居然会到他家来吃饭,而且把他搞到外地去搜索资料,当他回到家里时又差点捉奸在床。读者很自然地可以想到他不在家的这几天,众议员肯定早已是他妻子床上的恩客了。

  叙事空白是叙事交流中一种重要的现象,在叙述者默然无言的地方,是叙述者态度体现得最真实的地方,也是他们最想传达的意义所栖息的地方。越是若有若无、若隐若现的声音也就越能激发观者的好奇。许多熟稔这一认知心理的作者便采用叙事空白的表述方式以达到隐而愈现、一默如雷的叙事修辞效果。本章从叙事空白的生成机制、表述机制和填补机制三个层面对中西小说中叙事空白加以比较。这种比较让我们从叙事交流的一个方面更加清晰地认识到了中西小说叙事传统的差异。当然随着中国现当代小说与西方小说叙事模式的趋同,中西叙事空白的差异也会变得越来越小。

第五章
中西小说叙事传统中的戏拟叙事

戏拟,也常被称为"戏仿"或"仿拟",都可与英文词汇 parody 对应,在学界也经常被等同使用。从汉字的角度而言,"戏""仿""拟"三者在意义上都有某种趋同相通之处,含有共同的语义指向,即模仿或模拟,所以三者的组合搭配从本源意义上的指称是一致的。如若借用索绪尔语言学中的概念,亦可将它们理解为是同一能指下的不同所指,这也就无怪乎它们在使用上的互相切换和替代了。然而,从更深层次的词汇结构和意义上看,"仿拟"为并列结构,两个意义相近的动词"仿"和"拟"偏重的都是模仿的动态过程,更接近于作为一种语言的修辞或者话语策略,可以理解为在语言学的范畴之内进行的文本创作过程。而"戏拟"和"戏仿"均为偏正结构,"戏"字是作为后一字的修饰成分,且因"戏"字含有滑稽、戏谑之意,所以用之修饰"拟"或"仿"就会侧重其结果和影响,也即是侧重于模仿或模拟所呈现出的一种滑稽化、戏谑化的状态或者效果,从某种意义上来看,也接近于巴赫金提出的语言的"狂欢化",可将各种文体、语体、话语等杂糅融合在一起,形成一种独特的众语喧哗的语言狂欢效果,既可以用作反映人类认知世界或者解释事件的另一种方式,呈现出独特的审美效果,又能够巧妙地传达出作者或叙述者的主体意识,发挥独特的叙事功效。

尽管"戏拟"和"戏仿"在学界的使用中几乎只是命名用字上的不同,但从细微处而言,"拟"字较之"仿"字更多了一层"虚拟"之意,所以"戏拟"无论是从修辞意义,还是从叙事手法上,都更具有文学的创造性,更便于自由挥洒。

第一节　中西小说的戏拟源起论

无论是在西方,还是在中国,文学中的戏拟均是古已有之,并延传至今。由于中西方的文学理论的形成路径和文学形式的演变样式各有特点,所以对于戏拟的关注点有所不同,但是有关戏拟之中所含模仿与戏谑之意却不尽相同。

一、西方摹仿说中的戏拟

目前,学界对于"戏拟"一词的起源比较认同的一种说法,是根据其对应的英文词汇 parody 追溯到古希腊的"摹仿说"。众所周知,"摹仿说"被视为西方文学艺术创作的源头,并且影响深远。亚里士多德在继承和发展了"摹仿说"的基础上,在其著《诗学》中对文艺的本质进行了进一步的论述,他指出:"一般说来,诗的起源仿佛有两个原因,都是出于人的天性。人从孩提的时候起就有摹仿的本能(人和禽兽的分别之一,就在于人最善于摹仿,他们最初的知识就是从摹仿得来的),人对于摹仿的作品总是感到快感。"[①]按亚氏所言,"摹仿"是人与生俱来的一种本能,是知识获得的最初途径,人的行为举止从某种意义上说也是一种对被摹仿对象的再现,亦或是在此基础之上的延展和演绎,因此摹仿势必会影响到人后期知识的获得与运用,所以他认为:"史诗和悲剧、喜剧和酒神颂以及大部分双管箫乐和竖琴乐——这一切实际上是摹仿,只是有三点差别,即摹仿所用的媒介不同,所取的对象不同,所采的方式不同。"[②]这也即是说文艺起源于摹仿,是摹仿的产物,同时因所采用的媒介、对象、方式的不同,而衍生出文艺的多样性,但毕竟是对同一或类似事物或事件的"摹仿",所以无论形式如何,其结果都与被摹仿对象的主体特征具有一定的相似性和相关性。

亚里士多德继而在《诗学》的第二章中使用了 parodia 一词来描述对于史诗作品的滑稽模仿和改写,意指相对之歌,其词根 odes 是指吟唱,para 是一个前缀,表示"在旁边、就近、与……一道"的意思。弗雷德·W.

---

① [古希腊]亚里斯(士)多德:《诗学·诗艺》,罗念生译,北京:人民文学出版社,1962年,第11页。
② 同上书,第3页。

小豪斯霍尔德曾将 para 描述为含混的字眼，F. J. 勒列夫尔也在《古代戏仿的基础》("The Basis of Ancient Parody")一文指出 parodia 一词存在含混性，"一种可以表达相近、一致、派生的概念，同时也意味着违反、反动或区别"，而且"在合成词里有时可以找到这两种意义的结合"。① 所以这种相对之歌，可以是相近、相一致的摹仿之作，也可以是相区别甚至是相反的拟作。古希腊的戏拟作品一直保持着这种含混性，但是在文艺复兴之后，这种意义逐渐走向单维度发展，更趋近于后者。到了 16 世纪，戏拟之作与戏谑、嘲笑、讽刺、荒谬等联系更甚，其否定性、破坏性，甚至是反动性的特征得到进一步强化，由此被归为较为低级的文学形式。20 世纪的俄国形式主义者赋予了戏拟新的内涵和活力，什克洛夫斯基的"陌生化"理论与之相关联，他认为戏拟是通过有意暴露陈旧的艺术形式来达到一种陌生化的特殊效果。戏拟因此又被赋予了元小说的特质，其艺术地位获得了提高。此后，戏拟在艺术家的手中成了一种非常重要的叙事修辞艺术。叙事学家热奈特在其《隐迹稿本》中从创作的角度提出了五种类型的"跨文本"关系，其中的超文本性 B 文本在 A 文本基础上派生而成，但并不复现 A 文本，派生的主要形式是仿作、戏拟、滑稽反串。② 热奈特是在文本间性的框架中来讨论戏拟的，他认为超文本 B 是对原文本 A 的一种转换或模仿，不是复制或复现，而是可以派生出戏拟（parodie）和仿作（pastiche）两种主要的形式。"戏拟对原文进行转换，要么以漫画的形式反映原文，要么挪用原文。无论对原文是转换还是扭曲，它都表现出和原有文学之间的直接关系。"③巴赫金提出的"仿格体"和"讽拟体"相当于热奈特提出的"仿作"和"戏拟"，他认为仿格体与讽拟体都是"借他人语言说话"，不同之处在于"（在讽拟体中）作者要赋予这个他人话语一种意向，并且同那人原来的意向完全相反。隐匿在他人话语中的第二个声音，在里面同原来的主人相抵牾，发生了冲突，并且迫使他人话语服务于完全相反的目的。话语成了两种声音争斗的舞台……在讽拟体里，不同的声音不

---

① ［英］玛格丽特·A. 罗斯：《戏仿：古代、现代与后现代》，王海萌译，南京：南京大学出版社，2013 年，第 47 页。
② ［法］热拉尔·热奈特：《热奈特论文集》，史忠义译，天津：百花文艺出版社，2001 年，第 69—75 页。
③ ［法］蒂费纳·萨莫瓦约：《互文性研究》，邵炜译，天津：天津人民出版社，2003 年，第 42 页。

仅各自独立,相互间保持着距离;它们更是互相敌视,互相对立的。"①巴赫金强调讽拟体文本中两种声音的敌视和对立才能形成斗争的舞台,产生戏剧化效果,此种戏谑才更具意味。随着文学艺术和文化的发展,戏拟从文学领域拓展到大众文化领域和日常生活的方方面面,其艺术手段、表现形式和叙事功能日益呈现多样化、多元化。

二、中国词源论中的戏拟

从词源而言,戏的本源意义是包含了模仿之意的,从其繁体字"戲"字的构成及内涵意义可窥见一二。"戲"字为形声字,左声右形,由"虍""豆""戈"三个结构素构成,这三个结构要素都与战争和角力有关。《说文·虍部》中写道:"凡虍之属,皆从虍。""虍"既是代表老虎皮毛花纹的符号,也是老虎凶狠威猛的象征,所以以此结构要素构成的字含有与猛虎和暴力相关之意,如"虓"(老虎的叫声)、"虤"(老虎发怒的样子)和"虐""掳"等。《说文》中释"豆"为"食肉器也",是一种古代盛食物所用的器皿,也指祭祀所用的礼器。上古时期用于祭祀的肉又多是通过武力猎杀或者掠夺所获,所以"豆"因此和武力是有所关联的,如"澧""豐"等。而《说文》中"戈"为"平头戟也",在殷商时代就是一种在战场上常用的进攻性兵器,所以从"戈"之字自然也是多与武器和战争有关的,如"伐""战"和"戟""戳"等。《说文解字》中对"戏"的释义为"三军之偏也。一曰兵也。从戈虐声。香义切。"段玉裁注"偏为前拒之偏,谓军所驻之一面也。"所以,"戏"所指"三军之偏"意指中军的侧翼,是偏师而非主位,是含有一种参照对比意味的概念。除此之外,《说文·戈部》曰:"戏,兵也。"由此可知,"戏"字又与兵器密不可分。战国文字"戏"字所从的"虍""豆"形体多有变化。但构成要素完全相同,均像在食器"豆"前有一虎头和戈形,会意在祭祀或进餐时有人头戴虎头面具,持戈舞蹈。②"戏"字本与战争、武力、角斗有关,渐渐衍生出与武力有关的表演和舞蹈。如《国语·晋语九》中载:"少室周为赵简子右,闻牛谈有力,请与之戏,弗胜,致右焉。"韦昭注:"戏,角力也。"此处,

---

① (苏)巴赫金:《巴赫金全集》第五卷(第二版),钱中文译,石家庄:河北教育出版社,2009年,第253页。
② 李学勤主编:《字源》(下),天津:天津古籍出版社;沈阳:辽宁人民出版社,2013年,第1108页。

戏已从战场上被搬到生活中,从实战角斗演化为具有表演性质的角力了。然而,在一些祭祀活动和犒赏宴请之中,甚至在一些私人聚会之列,也会有模仿战争中各种场景的持戈舞蹈来献祭或者助兴,这也就将"戏"字的意义往我们现在所用之意更推进了一步。

随着时代的发展,本与战争和武力相关的"戏"字的所指意义得到了进一步的拓展和延伸,逐渐衍生出了我们更为熟悉的歌舞、杂技、角斗之类表演的意思。东方艺术史研究专家常任侠先生就认为戏剧的起源与"武舞"关系甚大。《韩非子·五蠹》中记载舜帝用三年的时间对三苗收服,使用的就是"执干戚舞"之法,也即是手持斧盾跳舞以致精神感化。舜帝这种"武舞"就是一种"戏"的延伸,以舞蹈的形式模拟战场以感化民众。而在《汉书·刑法志》中记载道:"春秋之后,灭弱吞小,并为战国,稍增讲武之礼,以为戏乐,用相夸视。而秦更名角抵,先王之礼没于淫乐中矣。"[①]战国时期,"角力"已由单纯的搏击训练逐渐演变为彰显国家军事力量的"讲武之礼",而"角力"在搏斗抗击中的娱乐观赏性也越来越受到人们的关注。到了秦汉时期,"角力"向着娱乐化方向发展,最终形成了"角抵戏"。[②] "戏"中之搏斗已经不是敌我双方的真实搏杀,而是成为虚拟的、带有娱乐性的竞技表演,其"模仿"性已显现出来。所以,"戏"进一步向"开玩笑、游戏"之意倾斜,在现代汉语语境中,"戏"原初本义中所具有的那些严肃、惨烈、残忍的意味已经消失殆尽,具有了轻松幽默的色彩。[③] 所以,戏拟也即是在原初事件的基础之上加上了虚构的成分,其中玩笑与游戏之意成了一种在原文本基础之上的创新之作。

第二节 中西小说的戏拟意味

既然戏拟是超文本 B 对原文本 A 的转换或改写,那么戏拟作为一种叙事修辞或者表意技巧,可以从文本构成的方方面面对原文本进行变调式地改写,小至具体的词汇和句子,大致整体的情节结构和体裁风格,都

[①] 邓长春:《汉书刑法志考释》,上海:上海古籍出版社,2023年,第93页。
[②] 李静:《汉字中的戏曲之美》,上海:文汇出版社,2017年,第1—7页。
[③] 朱玲:《文学符号的审美文化阐释》,合肥:安徽大学出版社,2002年,第57—63页。

可借他人之言与原文本进行对话。

一、作为话语符号的戏拟

话语符号是人类语言构成的基本要素,不同的语言系统都有各自的话语符号构成与组合原则。瑞士语言学家索绪尔在结构语言学的范畴之下对语言(langue)和言语(parole)进行了区分,他认为语言是一代人传给另一代人的话语符号系统,包括词汇、句法和语法,也即是使用这套话语系统的人要遵循共同的符号构成原则来组织语句,强调的是共同性,如英语句子的基本结构除了主、谓、宾加上定、状、补之外,还有各种从句和特殊句型,而中国古代所用文言文除了满幅的之、乎、者、也之外,也还有众多清规戒律,尤其是八股文。而言语指的是人们具体使用的词句,或者说是叙述者带有个人思想和风格的词句选择与组合,突出的是话语符号的所指意义和个性化特点。随着时代的变迁和语言的发展,话语符号的系统原则可能会有些许差异,但主体仍然一致并代代相传,而言语则会根据不同的时代、不同的语境、不同的叙述者而有所不同。

话语符号的戏拟是最为常见的形式,是在一种语言中对某些话语符号进行替换,甚至是以一种语言作为主体融入少量的其他语言符号,从而达到一种独特的叙事效果。"它常常通过模拟权威话语、主流话语的词汇、语气语调、句式结构、修辞方式等来叙述世俗生活、日常琐事,以达到调侃、讽刺话语背后的思想观念、意识形态等。"①相对于整体的文本而言,这种戏拟灵活便宜,可以古今中外"混搭",也可张冠李戴,从而形成创新性的言语,以传达出独特的所指意义或达到特殊的叙述效果。尤其是随着全球化的发展趋势,文化的融合达到了前所未有的高度,在一种语言中融入其他语言的部分话语符号,或者隐射某些特殊意义,已然成为一种常见的现象。例如,莎士比亚笔下哈姆雷特的那一句经典台词"To be, or not to be: that is the question!"早已成为人们面临两难抉择时的绝佳戏拟原文本,如年轻人在面临工作选择时会进行中英文混搭:"去还是留: that is the question!",孩子在纠结写作业还是出去玩时也会进行词汇替换:"Do homework, or go to play: that is the question!"如此种种,不胜

---

① 倪爱珍:《符号学视域下的戏仿》,《河南师范大学学报》(哲学社会科学版)2017年第5期,第119页。

枚举。值得注意的一点是,西方话语符号多为字母序列,字母本身不具备表意功能,除却一些拟声词之外,绝大多数词与意的搭配都是人为制定,因此对这种话语符号进行部分替换而进行的戏拟,仍然要遵循原语言符号系统里的各项词汇拼写法则以及语法规则。而中文作为表意的象形文字,形、音、意更具独立性,其结合又具有更多的规律可循,所以在戏拟方面的操作就更灵活多变了。尤其是近年来,高速网络加上多元媒介加速了信息的交流与传播,很多戏拟化的言辞在一夜之间就能够成为一种时尚,例如,流行语"酱紫"(这样子)、"蓝瘦"(难受)、"香菇"(想哭),等等,就是利用同音异义字或者谐音字对一些常用词汇中的部分话语符号进行替换,从而产生一种戏谑性的使用效果。尽管在字符的搭配上违背了汉语的构词原则和规律,但是其发音却仍在合法范围之内;又如,中文的一些俗语、谚语等也被"混搭"在一起,所以当我们听到"迅雷不及掩耳盗铃之势"也就不会觉得莫名其妙了;再如,一些中英文的词汇糅合"I 服了 U!",还有一些中式英语"Long time no see!""Let me see see!"等等。正是这种玩笑式的字符替换使得一些言语更具游戏性和趣味性,使用起来轻松便宜。

话语的戏拟可以是在语言的结构框架内对字、词、句进行部分的替换,其选择对象既可以是个人的措辞,也可以是多个人的使用习惯,或者说是时代话语,从而突显言语的某种个性化。巴赫金曾指出:"话语不是死物,它是总在运动着、变化着的对话交际的语境。它从来不满足于一个人的思想,一个人的声音。话语的生命,在于由这人之口转到那人之口,由这一语境转到另一语境,由此一社会集团转到彼一社会集团,由这一代人转到下一代人。与此同时,话语也不会忘记自己的来龙去脉,更没有可能完全摆脱它所栖身的具体语境的影响。"① 也即是当人们把一种语言从一种语境转移到另一种语境的时候,不仅语言形式而且语言背后的"客体"和"意义"都可能发生变异,不仅使语言富有张力,而且还能够赋予语义新的内容,耐人寻味。在这一点上,鲁迅是戏拟的高手,他在《故事新编》中频频使用此技,通过"社会阶层"错位和"时间"错位,从而达到滑稽的效果,解构元语言所谓的"严肃和一本正经",同时质疑了其既定存在的

---

① (苏)巴赫金:《巴赫金全集》第五卷(第二版),钱中文译,石家庄:河北教育出版社,2009年,第242页。

真实性。① 例如，在《出关》一篇中老聃讲学，众人因"他没有牙齿，发音不清，打着陕西腔，夹上湖南音，'哩''呢'不分"而听得一片茫然，让老子补发些讲义，这已是极具讽刺的画面。继而账房先生用南北方言夹杂着说上一句"来笃话啥西，俺实直头听弗懂！"（你在说些什么，我简直听不懂！），再加书记先生用苏州方言来上一句："还是耐自家写子出来末哉。写子出来末，总算弗白嚼蛆一场哉哇。阿是？"②（还是你自己写出来吧。写了出来，总算不白白地瞎说一场。是吧？）用方言说话本应是熟人乡邻间表示亲切的一种方式，可是这里到了鲁迅笔下却是刻薄得很。后文中孔子交上两串讲义换来十五个饽饽，关尹喜特意声明因他是"老作家"，所以多给了五个饽饽是"非常优待"③了。而账房先生觉得"真也浪费"，并出主意道若老子回来，就以"提拔新作家"④为由克扣饽饽。这里的"老作家""优待""提拔新作家"乃是30年代出版社与作家们的交涉用词，大多难以兑现，不免具有哄骗的味道，此处被鲁迅用在了几千年前的精于算计之徒嘴中，这种跨时空的戏拟可见其辛辣讽刺之力。鲁迅的这种话语符号戏拟不仅在古今穿越上做文章，还在中西合璧上出新意，在《理水》一篇中，大禹那个时代的一批伪学者们满嘴洋话"古貌林！"（Good Morning！）、"好杜有图！"（How do you do！）、"O·K！"⑤这种说话人的时空和语境的错置看似让人啼笑皆非，实则是借古人之口说今人之语来讽刺当时社会上那些崇洋媚外之徒，既达到了戏剧性的效果，更突显了荒唐滑稽之意。

话语符号的戏拟除了在个人的言语中进行部分词汇的替换，还可以直接对某种话语形式或者语言风格进行利用，从而生发出一种独特的叙事效果。我们仍旧可以从鲁迅的《故事新编》中发掘实例，在《补天》一篇中，"小东西"对"裸裎淫佚，失德蔑礼败度，禽兽行。国有常刑，惟禁！"⑥倒背如流，此处所述乃是戏拟《尚书》"训"中文风，那种臣子们劝诫君王所

---

① 李敏：《〈故事新编〉之戏拟》，《鲁迅研究月刊》2017年第6期，第20页。
② 鲁迅：《故事新编·出关》，《鲁迅全集》（第二卷），北京：人民文学出版社，1981年，第442页。
③ 同上书，第443页。
④ 同上书，第445页。
⑤ 鲁迅：《故事新编·理水》，《鲁迅全集》（第二卷），北京：人民文学出版社，1981年，第368—369页。
⑥ 鲁迅：《故事新编·补天》，《鲁迅全集》（第二卷），北京：人民文学出版社，1981年，第347—348页。

用之语佶屈聱牙,述之必然语气凝重迟缓、断句拘谨有节,但是"小东西"却是"背诵如流",根本不在意所言何意,也不在意听者何解,这种戏拟化操作不仅是对语言风格,同时也是对封建礼教的一种反讽,其侧重点不在叙述的内容和劝诫结果,而是在通过这种叙述过程中展现的形式达到一种特殊的文化审美。"文本中的反讽笔触也随之从语言形式、风格掘进到背后、深层的潜意识活动中去,带给我们的是一种从'此言'悟到'此人'、'此心'的审美的纵深感。"[1]这种戏拟某种话语符号的整体叙述风格,会让人总感觉到有某种"他者"语言在或隐或现地述说着什么,亦即是始终有一个"隐含作者"潜藏在文本之中,通过特殊的形式传递出一些文字之外的语意,从而和当下文字所要表述的内容形成一定的异质性。曾在20世纪80年代独领一时之风骚的王朔最擅用此道,他用政治术语、样板戏语言、军事语言来叙述日常生活琐事,如在《给我顶住》中,他用军事术语来描述谈恋爱,他那侃大山、耍贫嘴、痞子腔式的叙述逐渐形成了独特的"王朔体","通过语言的强烈不协调来反映那个荒唐的时代,消解神圣和崇高"[2]。继他之后,还有不少作家将政治、暴力、死亡、性等严肃的话题用游戏式的戏谑口吻叙述故事,不断挑战常规化的叙事语言形式和读者的阅读审美期待,提出了一系列让人们深思的社会话题。这种戏拟式叙述业已延伸至我们现代的日常生活,无论是在网络还是真实生活中,我们经常会遇见各种话语"体",如近年来人们常用"凡尔赛体"来叙述各种话题,如求职升迁、购房买车、孩子学习,等等,不绝于耳。

将各种不同的话语符号并置于一个大的话语空间,能够形成"众声喧哗"的效果,也即是巴赫金所言的"语言狂欢化"。话语符号层面的戏拟不仅成为作家们手下的一把利刃,也逐步从小众走向大众,走向人们的生活,随着时代的发展,各种形式的话语戏拟层出不穷,文学、艺术、影视、生活中比比皆是,使得我们的言语所指意义更为丰富多彩。

二、作为人物形象的戏拟

无论是在现实生活中,还是在文学艺术中,人物形象永远是一个重要

---

[1] 郑家建:《被照亮的世界——〈故事新编〉诗学研究》,北京:人民文学出版社,2015年,第33—34页。
[2] 倪爱珍:《符号学视域下的戏仿》,《河南师范大学学报》(哲学社会科学版)2017年第5期,第119页。

的主命题,无论真实与否,在任何时代都会有各种各样的人物形象被复制或塑造出来,其中一些人物形象或成为经典,或成为典型,或成为代表,他们代表着一定的群体认同和社会价值观,被赋予了一定的历史和文化审美寓意,承载着一定的社会和道德评判价值,蕴含着一代又一代人的共同情感,不仅被同代和后世传颂或摹仿,同时也有可能成为戏拟的目标。例如,在人类历史发展的各个阶段都会有一些被定格的偶像人物被塑造出来,而且世代传承,他们成为最易瞄准的目标,他们可能直接成为被戏拟的原始形象,其突出品性被升格或降格,被赋予新的理解,甚至是时代意义;他们也可能因身边的人物被戏拟而进一步凸显原有品性,形象更深入人心。

  小说中的人物最为丰富,既有对生活的复制和写照,也有文学的虚构和想象。中西方小说最初的发展路径不同,虽然都塑造出了不少经典人物形象,但是这些人物的命运却不尽相同。西方文学发源于史诗传统,伴之宗教发展的兴衰,所以不少早期经典形象是来自民间传说、圣经故事中的神灵,或者是人类据此想象出来的具备一些超能力的救世主式的或领袖式的人物。随着达尔文的进化论的传播以及人文主义运动的发生与发展,人们对于经典形象的塑造重点从神性转为人性,也自然而然地开始对一些有代表性的古经典文学中的人物进行重新审视和再塑造。此外,在西方小说兴起之前,戏剧对于文学创作的影响颇深,借用戏剧化的情节设置和表现手法对于一些经典人物的演绎不断被赋予新的内容。例如,德国民间传说中久负盛名的传奇人物浮士德,在英国剧作家克里斯托夫·马洛(Christopher Marlowe)的代表作《浮士德博士的悲剧》(*The Tragedy of Dr. Faustus*)中,凭借出卖灵魂换取的无限知识和至高无上的权利戏弄罗马教皇、挑战作古先贤、召唤美女海伦的种种戏剧性行为,正是以戏谑性情节表现出文艺复兴时期人类自身的无限欲望和追求。而歌德历经六十余年的构思,使浮士德一生探求真理的痛苦经历进一步升华,同时也让读者和观众深切感知到作者对于人类理想未来的远大抱负和美好追求,《浮士德》(*Faust*)因此也成了德国古典文学的巅峰之作。从小说的层面看,最具代表性和影响力的戏拟之作非塞万提斯的《堂吉诃德》(*Don Quijote de la Mancha*)莫属,主人公堂吉诃德虚无缥缈的远大理想、荒唐可笑的言行举止,戏拟的是曾受英国社会一度追捧的英勇骑士们,其戏拟之妙毋庸赘言。

然而,回顾中国文学发展史上小说的生成和发展,人物形象的戏拟可以说是一直伴随着小说的生成和发展的。中国是一个史官文化先行的国家,"纪实型"和"以史为纲"成为中国古代文学的重要特点,所以中国古代文学的任何文学形式中都难免有"史传传统"的影子。中国小说源于民间神话和唐传奇,其中小说的虚构之本质与历史之真实必然存在矛盾,再加上中国古代的说书传统对小说的生成也产生了非常重要的影响,所以在中国古代社会,小说被列为九流之末,处于文学的边缘地位,正是基于此,中国的小说从发展之初就必然少不了对历史人物的戏拟之作,所以那些被视为难登大雅之堂的稗官野史、街谈巷议之作中的人物更为丰富多彩。中国的小说在明清时期终于发展到了一个顶峰时期,四大古典小说中树立了众多经典的人物形象,再加上中国独有的小说评点之作,更是让这些经典的人物形象深入人心,所以自然而然地也会成为若干个被戏拟的原文本形象。

对于经典人物形象的借用或延用是文学创作,尤其是小说创作中常用的叙事手法,这是因为这些人物身上具有一种克里斯玛(Charisma)特质。克里斯玛原本是一个基督教的术语,意思是指承蒙神恩而被赐予的某种超凡禀赋,马克斯·韦伯将此术语沿用到世俗领域,爱德华·希尔斯在此基础上又进一步拓展了它的内涵意义,他认为:"社会中的一系列行动模式、角色、制度、象征符号、思想观念和客观物质,由于人们相信它们与'终极的''决定秩序的'超凡力量相关联,同样具有令人敬畏、使人依从的神圣克里斯玛特质。"①所以,当我们认为一些人的言行举止,抑或是他们的某种思想品质具备了某种非常人常态所能够具备的"终极的"超凡力量,并且能够在一定范围或者领域里起到"决定秩序的"作用时,这样的人物形象就具备了克里斯玛特质,可以发挥标识性的作用,并得到大众的认可,所以也会被争相模仿。与此同时,克里斯玛特质有可能会随着时代的变迁和人们审美及道德评判价值的变化而失去"神力",所以也就自然会有人对于这些经典的人物形象所代表的价值和意义进行质疑和挑战,戏拟之作应运而生。鲁迅在《故事新编》中大肆对中国从上古时期的神话人物,到古代社会的仙贤,乃至百姓心中的英雄们进行戏拟,他对大量的传统偶像人物进行"降格处理","褪去他们身上神圣的光环,将其戏拟成传

---

① [美]爱德华·希尔斯:《论传统》,傅铿、吕乐译,上海:上海人民出版社,2014年,第4页。

统文化中人们所不齿的小丑式人物,竭尽嘲弄调侃之能事"[1]。老子、孔子、庄子、墨子、伯夷、叔齐无一幸免,甚至连大禹亦不免被他调侃。鲁迅此举的目的并非对古人不敬或者全盘否定传统,他自己也曾坦言在《故事新编》里"叙事有时也有一点旧书上的根据,有时却不过信口开河。而且因为自己的对于古人,不及对于今人的诚敬,所以仍不免有油滑之处"[2]。他对于这些神话传说和历史文本中的人物形象进行新的书写,"驱散了传说人物和历史人物身后的耀眼光晕……颠覆了某种历史书写的虚构……颠覆历史中的人物形象的神圣性才是目的所在,引起读者思考人物背后的文化之真伪才是目的所在"[3]。这也契合鲁迅弃医从文的初衷,希望以文字唤醒国人之心智,思考当下之现实。

20世纪八九十年代,随着一股方法论的文化热潮,中国学界打开了新的局面,此时不少作家们借助戏拟来进行反传统、反理性、反崇高、反英雄的各种创作。90年代的一批先锋小说尤为突出,李冯对一批经典人物形象进行戏拟创作,比如《十六世纪的卖油郎》中的卖油郎全然没有《卖油郎独占花魁》中独占花魁后的喜悦之情,而是在金钱面前变得惶然无措;《牛郎》一改流传千年的牛郎织女的传说,忠贞不渝的爱情在现代社会遭遇变故,织女因嫌弃牛郎经济实力不够雄厚而提出离婚,而牛郎也显得猥琐不堪;《祝》中梁山伯与祝英台的爱情故事全无真意;《另一种声音》将《西游记》中精彩激烈的降妖除魔弱化得平淡无奇,将一路艰险替换成取经路上的日常饮食琐事,广为人们喜爱的那个上天入地的孙悟空对这种平淡无奇的取经历程感到十足的无聊和厌倦;《我作为英雄武松的生活片段》将武松打虎的神勇行为改编为醉酒后的即兴游戏,为兄报仇杀嫂也并非为正纲常,而是转换成为一个英雄所应尽的责任和义务。这些经典的人物形象已在一代又一代读者的心目中成为一种具有克里斯玛特质的象征符号,对他们进行戏拟的改写,消解的是其中所携带的神力光环,解构的是其所表征的传统审美与价值判断。

到了新世纪,戏拟这种语言狂欢化的程度进一步发展,从精英文化走

---

[1] 李敏:《〈故事新编〉之戏拟》,《鲁迅研究月刊》2017年第6期,第19页。
[2] 鲁迅:《故事新编·序言》,《鲁迅全集》(第二卷),北京:北京人民文学出版社,1981年,第338页。
[3] 李敏:《〈故事新编〉之戏拟》,《鲁迅研究月刊》2017年第6期,第22页。

向大众文化,社会的进步和文化传播的多元化、多媒介、多模态化发展趋势,使得在以现代文化为主导的当代社会中,戏拟被更为广泛地运用到社会生活和艺术创作的各个领域,过度的游戏化发展成为更具搞笑、娱乐消费的"恶搞"形式,各领域、各层次的一些经典人物形象都难逃厄运,让人不禁唏嘘。

三、作为情节结构的戏拟

叙述是人类的一种本能,从远古人类围坐在火堆旁依赖讲故事度过漫漫长夜开始,讲故事已成为人类从古至今维系群体关系的一种重要手段。在人类长期的讲故事的历史中,故事缘起虽为个人创作,但是总存在着一些被一定群体所接受和认同,被实践反复证明是最成功的情节和结构,它们逐渐转化成为某些相对固定的叙事模式和故事范式,成为作家们创作某类作品时的有限选择,从而也会产生一些经典之作。"从独具特色的结构'方式'到被普遍接受的结构'模式',在作者是个反复运用以叙述故事的过程,在读者则既是个反复消费和接受的过程,同时也是一个'惯例的预期'(期待视野)由萌生而形成的过程。"①这些"模式"是人类反复实践后对于自然的认知,对于生活的感悟,对于历史的记录,对于社会的期望,是群体的智慧结晶,凝聚着特定的历史意义、文化内涵、伦理价值,也正是因为这些"模式"已经在人们的记忆中占有一席之地,读者们也常常会受某个情节或者结构唤醒曾经的记忆和感受,形成"惯例的预期",因此他们也常常成为戏拟的对象,通过在这些相对固定的"模式"之下进行一定的改写,达到一种与读者预期迥异,甚至完全相反的阅读效果。

那些被戏拟的整体文本在"互文性"理论中被称为"前文本",戏拟包含的戏谑游戏之意会对这种"前文本"注入某种与之不同的,甚至是旨趣迥异的立场与意向,从而生成与前文本不一致的,甚至是否定性的,或者崭新的意味。情节架构的互文性主要体现在新文本对前文本情节结构上的引用与借鉴,例如,《金瓶梅》广泛吸纳和改造前人之作,并糅进现实生活,最终自成一家。据韩南等中外学者考证,其吸纳或移植的白话小说情节结构达八种以上。而戏拟是在前文本的结构框架下对于部分情节进行主旨意向的改写,从而形成与前文本迥异的主旨大意。《金瓶梅》的故事

---

① 刘亚律:《论罗伯·格里耶新小说中的"戏拟"》,《江西社会科学》2005年第1期,第92页。

情节是由《水浒传》中武松杀嫂等情节生发而来,《水浒传》成为《金瓶梅》最主要的前文本。《金瓶梅》的情节架构基本沿用这一前文本,通过对前文本中的情节片段进行部分的戏拟改造,人物形象已经偏离了前文本中的原型,文本意趣也与前文本全然不同,读者的审美期待也未能如愿。《水浒传》中的经典人物武松是一个疾恶如仇、爱憎分明的神威形象,是通过一系列抱打不平、打虎和复仇等情节片段架构而成,而《金瓶梅》中虽仍有此情节,展现出的却是一番截然不同的景象。在《水浒传》第二十二回中,武松打虎前痛饮十八碗烈酒,"酒力发作,焦热起来,一只手提着梢棒,一只手把胸膛前袒开,踉踉跄跄,直奔过乱树林来"①,此等英雄豪气让读者印象深刻,金圣叹的评述是"无端忽从酒家眼中口中,写出武松气象来"②,而在《金瓶梅》第一回中却写道武松是:"吃了几碗酒,壮着胆,横拖着防身梢棒,浪浪沧沧,大揖步走上冈来"③,如此一来,前文本中武松热血沸腾的神威风貌顿时失了颜色,降格为一个借酒壮胆的醉汉。武松在前文本中的神勇形象是通过经典情节"醉打蒋门神""大闹飞云浦""怒杀张都监"等逐步建构丰满起来的,但是在《金瓶梅》中,这些情节却只是在第八十七回中被略带了几笔。再有,在前文本中,潘金莲和西门庆合谋毒死了丈夫武大郎,武松由东京返回清河县,先是调查取证获知案情底细,在告状无门的情况下遂去狮子街酒楼,将正在饮酒的西门庆摔住,掼往楼下毙命。这一连串的情节布置向读者们展现了武松行事果敢但不失理智,是在掌握确凿证据并求告无门之后才手刃仇家。而在《金瓶梅》中,武松是因误杀了为虎作伥的李外传而身陷囹圄,真凶西门庆却从后窗跳出后大摇大摆地回家,这么一改反倒显得武松没了头脑,机智精细全无。即便是武松杀嫂的情节在后文本中也是几经周折,全然没有刚毅果断之劲。此外,后文本中花了不少篇幅渲染武松杀人的场景,满纸血腥的文字不仅让节奏拖沓,而且转移了读者的注意力,让人质疑武松到底是为哥哥报仇雪恨还是虐杀宣泄。这种对于情节的戏拟,从审美的角度是"降格""丑化"了前文本中的血气方刚的武松,而且完全颠覆了古代

---

① (明)施耐庵、(明)罗贯中:《水浒传》(上),北京:人民文学出版社,1997年,第307页。
② (明)施耐庵原著,金圣叹评点:《金圣叹批评第五才子书水浒传》,天津:天津古籍出版社,2006年,第192页。
③ (明)兰陵笑笑生:《金瓶梅词话》(上),戴鸿森校点,北京:人民文学出版社,1992年,第4页。

百姓心目中比较认同的英雄形象,也偏离了那个时代人们比较普遍的道德评判标准和阅读期待。

再如,中国自古有"诗言志"的叙事传统,因此诗词征引成为中国古典小说中一种独特而普遍的现象,是具有结构性的叙事功能的,有的可作故事开篇的楔子,有的可作文中起承转合之用,有的还能在结尾处作画龙点睛之笔。《金瓶梅》中的诗词来源多样,历代诗词、《水浒传》、宋元话本、元明文言小说、元明戏曲,等等,都是它借用的对象。因为这些诗词已在一些文本和故事情节中使用过,也即是前文本,所以见到这些诗词能够唤醒读者对相应情节的记忆,以及对该诗词中感情的感悟。然而,在《金瓶梅》中,"姐夫"陈经济与小丈母潘金莲之间有奸情,他们二人私会的场景竟然挪用了"待月西厢下,迎风户半开。隔墙花影动,疑是玉人来"。这是《西厢记》中崔莺莺的"玉简题诗",见到此诗本应该勾起人们对于文学史上被传为佳话的月下相约的经典情节的回忆,也即是读者对于前文本有一定的阅读期待,结果本是才子佳人的"真情"浪漫情节却被戏拟用在了这种有违人伦的龌龊厮混,讽刺之极,从而也更加深刻地揭示出两人的不堪和丑陋。①

"戏谑性效果产生的机理在于,当前文本在外部形态上承袭了前文本的主要特点,在内部构成上也具有它们的某些构成要素,叙述(或者描写等等)也基本按照读者预期的程序展开,而在这一系列的一致背后,其深层意义却是要对前文本的传统意旨进行瓦解,或者说,要对已成惯例的审美情感与观念倾向进行颠覆与否定。"②也即是叙述者充分利用人们对于前文本的阅读期待,在表面形式上佯作按照人们的心理预期在推动故事的发展,但实际上是采取各种戏拟的手段让读者的阅读期待在接受的过程中不断生成而又不断落空,从而形成一种文本的张力,让读者如梦初醒般地领悟当前文本中全新的内涵。

四、作为文本体裁的戏拟

人类文化的发展历史证明,任何一种体裁都可以是一种表意方式,它的演化过程都会经历从个体创造到一定群体的认同与推广,形成一套相

---

① [法]蒂费纳·萨莫瓦约:《互文性研究》,邵炜译,天津:天津人民出版社,2003年,第69页。
② 刘亚律:《论罗伯·格里耶新小说中的"戏拟"》,《江西社会科学》2005年第1期,第93页。

对稳定的艺术手段、风格特征、文化内涵等,但是它们最终又会因为这种相对的稳定性被不断挑战,从而走向一种颠覆或者自反,之后就此消亡或者重获新生。诚如赵毅衡所言:"任何一种表意方式,不可避免走向自身否定。形式演化就是文化史,随着程式的成熟,必然走向自我怀疑,自我解构。"①文化史的发展过程中,会不断地有新的形式生成,当它转化为某种程式之后,在被广泛使用的过程中同时也会遭遇挑战和质疑,最终必然走向解构,才能够生成出新的形式,从而又开始一个新的循环。

戏拟作为体裁,就是利用体裁与内容的不协调来达到一种游戏、戏谑、反讽的效果。鲁迅曾说他的《故事新编》是"神话、传说和史实的演义",学者们也早已把他所依据的神话、传说和史实穿插进去的现代生活的细节都一一进行了考证,他正是利用这种形式和内容的不协调来实现戏拟的运用。中国古代小说的一些体裁早已形成一些固定的叙事程式,如描写才子佳人的言情小说、关乎江湖道义的武侠小说、侦查破案的公案小说,等等,被同辈及后世作家不断仿写与戏拟。西方对于体裁的戏拟创作也是早已有之,例如,十四行诗是一种源自意大利,后又盛行于欧洲的格律严谨的抒情诗体。十四行诗形式整齐、音韵优美,常常用以歌颂爱情,彼特拉克按照四、四、三、三的结构布局,每行诗句 11 个音节,通常采取抑扬格,他的创作臻于完美,所以十四行诗又被称为"彼特拉克诗体"。莎士比亚稍稍调整了彼特拉克的结构,将十四行诗改为四、四、四、二的编排,每行使用 10 个音节,采用五步抑扬格。莎翁的十四行诗形象生动、曲折跌宕、起承转合自如,并且常常在最后两行的对句中概况内容,点明主题。例如在他的十四行诗第 18 首("Sonnet 18")中,语言文字沿用了抒情诗的风格,前面三个小节都貌似在向一位爱人倾诉和表白②,将他比作醉人的花朵,夸赞他的美艳动人比夏天还要温婉可爱,但在第三节的最后一句笔锋一转,从对这种美的夸赞转向自己的诗行"When in eternal lines to time thou grow'st"(只因你借我诗行可长寿无疆),并用最后一小节的两行道出使这种美永不消亡的秘密:

---

① 赵毅衡:《论重复:意义世界的符号构成方式》,《河南师范大学学报》(哲学社会科学版)2015 年第 1 期,第 124 页。

② 尽管学界多认为莎士比亚这首十四行诗是写给一个贵族青年,但就文字而言,是对人之美的赞誉。

So long as men can breathe or eyes can see,
So long lives this, and this gives life to thee.
只要人眼能看，人口能呼吸
我诗必长存，时你万世流芳。①

整首诗歌沿用十四行诗的体裁，但是在最末两句转向自己的诗才，不论前文如何夸赞人之美，但最终这种美只能靠诗歌记录和呈现，并世代相传，这也表达了莎翁浓厚的人文主义理想，堪称点睛之笔。最后两句所言内容与传统十四行诗的体裁略显不合，有点文字游戏的玩笑之风，所以也可以被视为是一种对于体裁的戏拟，达到了一种独特的表意效果。

对于体裁的戏拟还有一种类型，即运用该体裁讲述故事的同时又解构了该体裁，从而达到一种戏谑的效果。最具代表性的仍是《堂吉诃德》一作，塞万提斯采用骑士小说的体裁把中世纪的骑士制度、骑士精神、骑士传奇进行了漫画式的处理，叙述者一边讲着故事，一边又把故事背后的形成机制暴露给读者，揭露它的虚构性与虚伪性，从而打破读者的幻觉想象和阅读期待。中世纪的骑士小说中，主人公个个仪表堂堂、体格健硕、衣着考究，骑骏马持长矛，并且多有绝色佳人伴其左右，或是为了维护国王或者主人的权益出征，或者肩负着拯救美女的任务而战。然而，塞万提斯笔下的堂吉诃德乃是农民出身，相貌平平、身体瘦弱，披着一副破盔甲，骑着一匹瘦马，他想象中的情人只是其貌不扬的杜尔西纳娅，堂吉诃德的整体形象毫无骑士文学中理想的骑士风范，甚至是滑稽无比。除此之外，堂吉诃德举着锈迹斑斑的长矛、携带短剑与风车、与狮子决斗的情节设置更是对骑士文学中英勇善战、所向披靡的骑士历险的戏拟，"塞万提斯用戏仿的方式突兀堂吉诃德的疯与傻，从而瓦解或颠覆骑士的形象，达到解构骑士小说的目的。"②在这种戏拟的过程中，小说的愉悦功能被放大，而审美功能却在萎缩。

这种对体裁进行戏拟的现象在20世纪90年代前后的中国文学创作中也是非常普遍的，叙述者一边以某种表意形式讲述着故事，一边在进行自我解构，比如马原的《拉萨生活的三种时间》、洪峰的《极地之侧》、王安

---

① ［英］威廉·莎士比亚：《莎士比亚十四行诗》，辜正坤译，北京：外语教学与研究出版社，2017年，第38页。
② 李德恩：《重读〈堂吉诃德〉》，《外国文学》2001年第2期，第78页。

忆的《纪实与虚构》,等等,这类戏拟具有"元叙述"的性质,它们不是对某个具体的、现有的文本进行戏拟,而是从文本的整体出发,然后对经过浓缩和抽象后的某一类表意方式本身所固有的言语特点和形式规范进行戏拟,无论内容如何变,这种体裁都是以一种隐身的状态存在,或者说它们在读者心中永远是在场的,从而形成一种反讽的效果。

第三节　中西小说戏拟叙事的功能

戏拟可以体现在字词句的替换和错置,也可以是对经典人物形象的颠覆,还可以是对整体文本中部分情节的改写,无论是古今中外元素的杂糅,还是各种情节的混搭,戏拟都可以发挥出独特的叙事功能。

一、修辞达意

仿写一般是对前文本的主题或风格形成升格或降格处理,从而达到一种全新的审美效果。美国学者约翰·邓普认为仿写分为两类:"一类描写平凡琐碎的事物,借不同的表现风格使其升格;一类描述庄重的事物,以相反的表现风格使其降格。"①尽管戏拟常用"降格"处理来制造一种游戏性的、滑稽性的、讽刺性的审美效果,但这也并非一种必然,例如20世纪70年代之后,现代主义与后现代主义文化并存,众多戏拟的作品中,并没有滑稽的效果,也并不全是为了否定、批判前文本。

从修辞的意义上来说,戏拟更多体现的是一种互文性,是借助前文本更好地表达叙述者的真实意图,从而促进读者的理解与接受。哈琴曾指出:"通过看似内向型的互文性,使用戏仿的反讽式颠覆手法,又增加了另一个维度:艺术与话语'世界'——并且通过这一'世界'与社会和政治的批评关系。"②戏拟的文本较之一般的文本多了两个对话的维度,仿文本也即是戏拟文本,一方面可以与前文本对话,另一方面其社会历史语境也可以与前文本中相应之物和事进行对话,这种双重声音的同时在场,在互

---

① [美]约翰·邓普:《论滑稽模仿》,项龙译,北京:昆仑出版社,1992年,第2页。
② [加]琳达·哈琴:《后现代主义诗学:历史·理论·小说》,李杨、李锋译,南京:南京大学出版社,2009年,第190页。

相冲突之下能够形成批判现实的目的。恰如鲁迅在《故事新编》的序言中所言仅是"只取一点因由,随意点染",他只是把戏拟作为一种叙事修辞,"只是通过与前文本的对话来创造新的话语世界,进而达到批判并建构现实人生的目的"①。

再者,作为一种话语修辞,戏拟者也可以躲在他人的面具之下言说各种不是,在合乎法度的话语体系之内展开对于人或事、对于社会、对于权威的痛述与批判。英国作家乔纳森·斯威夫特(Jonathan Swift)在其长篇小说《格列佛游记》中就善用此道,作者拟作了很多不同的国家和人类,然后将当时英国社会存在的各种体制弊端和社会矛盾分散隐藏到不同的面具之下,通过不同的戏剧化情节展现或者痛述出来。例如,在小人国里的党派之争是以鞋跟的高低区别来划分阵营,影射当时英国国内辉格党和托利党的斗争。在此基础之上,还以小人国里"吃鸡蛋是从小头开始还是从大头开始"的"政治"争论挖苦两党无止无休的纠缠。再如,在大人国里,主人公被国王召见了六次,每次都花上几个小时详细介绍英国社会的方方面面。主人公在介绍时力求表现英国社会和国人的尽善尽美,对国王提出的问题和质疑也是极尽维护之辞,但是国王每次都会根据自己的理解进行一些概述,并指出各种问题,提出疑问,最后直言不讳,说主人公对自己的祖国"说了一篇极其堂皇的颂词",而且非常犀利地对主人公说道:"你的同胞中,大多数人都是大自然让它们在地面上爬行的最可憎的害虫中最有害的一类。"②在这六次对话中,主人公看似引以为豪地介绍自己的国家,但实则是通过国王的扼要重述和提出的各种质疑揭露出英国社会存在的种种弊病,最后大人国国王对英国人的一句总体性批判更是无比尖锐。作者正是巧妙地在文学世界里戏拟现实社会中的人和事,借他人之口传达出自己内心之思。

二、承旧立新

文学艺术和文化的发展规律是创造—模仿—再创造的过程,其中的创造可以是个体的行为,也可以是集体的智慧。无论是个人还是集体的

---

① 倪爱珍:《符号学视域下的戏仿》,《河南师范大学学报》(哲学社会科学版)2017年第5期,第120页。

② [英]斯威夫特:《格列佛游记》,张健译,北京:人民文学出版社,1979年,第109页。

创造,都在通过反复实践之后,形成了一些程式化的东西,在得到一定群体的认同之后,就会作为被争相模仿的范本,在模仿的过程中,既会有纯粹的模拟之作,也会有戏拟之作,既会有对范本的多元演绎,也会有颠覆性的创新。

戏拟是通过对前文本中部分或整体的扭曲和夸张的方式改写,甚至是颠覆前文本中所使用的话语符号、塑造的人物形象、表达的主题思想等方面,以突出作者新的思想、新的观点和新的思维模式。运用戏拟首先调动的是读者对于前文本的理解和接受,然后运用戏谑性的文字与原著形成矛盾冲突,从而突显改写作者驳斥前文本的某些方面或者隐含的一些观点,以树立或突显新的观点和新的思维。

在戏拟的过程中,前文本会受到各种挑战和质疑,甚至是解构或者走向自身相反的方向,如此一来,新的内容有可能会应运而生,这也即是一个创新再造的过程,这是完全符合自然演进和文学内部的发展规律的。例如,西方的荒岛文学从其文学源头一直演绎至今,在这一漫长的历史长河中,各种仿写、戏拟之作的数量之多自不待言,其形式和主题也随着时代发展的步伐在不断演绎。例如,希腊神话中伊阿宋盗取金羊毛时途经雷姆诺斯岛的离奇经历,以及荷马史诗《奥德赛》(*Odysseia*)中奥德修斯在荒岛和海上的漂泊,描绘了人神共处的时代之下的各种劫难;18 世纪英国作家丹尼尔·笛福(Daniel Defoe)的《鲁滨孙漂流记》(*The Adventures of Robinson Crusoe*)开启了荒岛小说系列,作者根据亚历山大·赛尔柯克的真实经历创作了这部小说,但着意表现的却是资产阶级在上升时期的冒险和进取精神;工业革命之后,西方社会开启了人类征服自然的自信之旅,不少荒岛小说表现出了人定胜天的自信和理想,如《神秘岛》(*L'lle Mysterieuse*)、《珊瑚岛》(*The Cay*)、《金银岛》(*Treasure Island*),等等,其主人公们都凭借勇气和智慧获得了美好的结局;人类社会在经历了两次世界大战之后,人们开始了更多关于人性的思考,诺贝尔文学获得者威廉·戈尔丁(William Golding)创作的《蝇王》(*Lord of the Flies*)是最具代表性的;进入 21 世纪,西方的冒险精神早已从荒岛冒险辐射到各空间领域,不断思考和探索更多的人类未来栖息地,各种作品不胜枚举。此外,这种冒险精神还有回归之象,无论是在文学作品,还是在影视剧,抑或是动漫游戏,甚至真人秀,等等中,人类开始反思如何遵循自然规律,与大自然和谐相处。相对于西方的荒岛文学传统,中国作为农耕民族却更多的是依附于我们赖以生存的土地进行的文学想象,从最早《山海经》中勾勒的上古时期的山川里脉及八方民族,到《西游记》中唐僧师徒四人历经的九九八十一难,再到《镜花缘》中唐敖和多九公游历的殊国异域及所见的万般世相,就足以证明这种文学传统在不断地被仿写和戏拟之中传承与发展,在模仿与再创造的过程中能够获得勃勃生机。

三、商业价值

随着市场经济的发展,我们生活的各个领域都受到了程度各异的影响和冲击,消费俨然已成为当下中国社会的最主要的特征之一,消费文化的盛行使戏拟成为一种常用的消费手段,无论是文学世界里,还是现实生活中,消费主义大行其道。

在商业浪潮中,文学也被卷入其中,人们曾经仰视的精英文化和文学经典人物和作品,相继走下神龛,成为大众娱乐和消费的对象。"其实,戏拟的目的或是出于玩味和逆反(围绕超文加以讥讽),或是出于欣赏;另外,戏拟几乎总是从经典文本或是教科书里的素材下手。"①消费文化会按照它们自身内在的逻辑与欲望,也即是一种供需关系,来打破各种清规戒律,通过戏拟经典生产各种文化快餐来适合消磨时光的需求。

戏拟早已不拘囿于文学内部来讨论,它已经遍布我们生活的各个角落,文学作品、影视剧作、卡通动漫、游戏娱乐等领域,都有各种形式的戏拟,达到一种前所未有的语言的狂欢化、生活的狂欢化。例如,除却各种文学作品,电视剧从《戏说乾隆》开始,中国封建时期各朝各代的帝王将相被轮番编排,后宫粉黛更是争奇斗艳;电影从《大话西游》开始,各种无厘头的"大话"之作争相登场,中国的四大名著也难逃此劫,各种版本的《大话红楼》《大话水浒》《大话三国》让人啼笑皆非,对一些经典人物形象的戏拟甚至是颠覆性的"恶搞",如唐僧能上天入地,孙悟空谈起了恋爱,这些"玩笑"之作完全与文学经典形象撕裂,纯粹只为博眼球。动漫、游戏、微电影、网络剧之列更进一步推动了这种戏拟的大众娱乐化和消费化,如《十万个冷笑话》中各种中西故事情节和人物的串联与混搭,各种穿越剧和宫斗剧漏洞百出的互相抄袭和翻拍,还有各种自媒体短片和微视频的"百家争鸣",等等。此外,我们身处一个信息爆炸的时代,对于一些社会

---

① [法]蒂费纳·萨莫瓦约:《互文性研究》,邵炜译,天津:天津人民出版社,2003年,第42页。

事件，各种媒体的舆论引导、多方民众的过度关注、个人的自我炒作，把戏拟的狂欢度推向了新的高峰，不仅有"凤姐""芙蓉姐姐"之类辣眼睛，更有"犀利哥""雪碧哥""力量哥""妖娆哥"等前赴后继游戏人生。这些戏拟已不再是借古思今，很多本身并不追求多少意义的传达，有些只是借助经典人物形象的光环或者符号力量来吸引眼球，有些是以戏拟化的阐释将人们的目光引向某种社会现象，是将之作为一种"搞笑"的叙事手段来讲述自己或别人的故事，从而换得消费者的反应和回馈，抑或是点击率，不管是拍手称赞还是嘘声一片都乐在其中，即使是骂声一片也乐此不疲。

  由上观之，无论是西方还是中国，从源头而论，"戏"中就带有模仿和戏谑之意，无论是对于真实生活的戏拟，还是对于艺术创作的戏拟，总会不断有虚构和想象的成分加入其中，其中既包含有与前文本或原事件的相近之作，也会有相对之举，都是借他人之口言事，而那些更具戏谑与玩笑意味的创作更能够引发众人的兴趣，更容易实现传情达意之功效。

第六章
缺类研究

第一节 《红楼梦》的听觉叙事

作为古代小说的经典之作,《红楼梦》的艺术内蕴至为深厚,从不同的路径进入这部作品,往往都能体味到其间的独特魅力,循着声音轨迹我们或许亦能聆听到小说的深幽韵味。加拿大学者麦克卢汉指出:"中国文化比西方文化更高雅,更富有敏锐的感知力。中国人是部落人,偏重耳朵的人。"①(言外之意,西方人则是偏重眼睛之人)这一论断从视听感官角度区分了中西之间的文化差异,也提示研究者应对中国古代文化的这种特性要有充分认识。在《红楼梦》第九十三回中,作者明确提出:"知声,知音,知乐,有许多讲究。声音之原,不可不察。诗词一道,但能传情,不能入骨,自后想要讲究讲究音律。"②这让我们有充足理由相信,小说作者必定是个愿意聆听、善于聆听并偏好表现聆听的艺术巨匠。因而,在《红楼梦》的叙事过程中,我们可以感受到相当多的精彩描写均与听觉密切相关。为此,我们拟对深藏于小说文本之内的听觉叙事世界加以探析,以求

---

① [加]埃里克·麦克卢汉、[加]弗兰克·秦格龙编:《麦克卢汉精粹》,何道宽译,南京:南京大学出版社,2000年,第184页。

② (清)曹雪芹著,(清)无名氏续:《红楼梦》(下),(清)程伟元、(清)高鹗整理,中国艺术研究院红楼梦研究所校注,北京:人民文学出版社,2008年,第1357页。

同好。

需要特别说明的是,人与人之间的沟通与对话普遍依赖听觉得以进行,而本章所谓"听觉叙事(声音叙事)"并非泛指听说对谈之类的一般性叙事,而是就艺术描写过程中侧重听觉感官而发生的较有意味的相应叙事而言,特定的听觉叙事对小说相关叙写产生了特定影响,对凸显小说多重意蕴有着别样异趣。

一、听觉叙事与《红楼梦》情节演述

虽然中西方小说文体在诸多方面存在较大差异,但重视对事体情节的叙写,却是普遍相通的。尽管如此,古代中国小说在如何叙写事体问题上,却有着与西方小说不尽相同的写法,依托听觉感官来叙写事体情节,可谓是较为明显的特色。在这方面,《红楼梦》体现得最为突出。具体表现在以下两方面:

1. 以突发性声音事件衍生新情节

一般来说,《红楼梦》的总体叙事结构具有回环网状式特点,各种人物与事件的叙写总体上均错综交融于一体,在一事一人的描写进程中突然改叙他人他事——尤为难得的是这种转换叙事发生得极为自然顺畅。在这当中,借助声音事件是较为常见也极为有效的艺术手段。此类情形在小说中较为常见,略举数例:

(秦可卿托梦王熙凤)凤姐还欲问时,<u>只听二门上传事云板连叩四下</u>,将凤姐惊醒。人回:"东府蓉大奶奶没了!"凤姐闻听,吓了一身冷汗,出了一回神,只得忙忙的穿衣,往王夫人处来。①(第十三回,着重号为作者所加,下同)

(贾琏与王熙凤)正说着,<u>只听外间有人说话</u>,凤姐便问:"是谁?"平儿进来回道:"姨太太打发了香菱妹子来问我一句话,我已经说了,打发他回去了。"贾琏笑道:"正是呢,方才我见姨妈去,不防和一个年轻的小媳妇子撞了个对面,生的好齐整模样。"……平儿笑道:"那里来的香菱,是我借他暂撒个谎。奶奶说说,旺儿嫂子越发连个成算也

---

① (清)曹雪芹著,(清)无名氏续:《红楼梦》(上),(清)程伟元、(清)高鹗整理,中国艺术研究院红楼梦研究所校注,北京:人民文学出版社,2008年,第180—181页。

没了。"说着,又走至凤姐身边,悄悄的说道:"奶奶的那利钱银子,迟不送来,早不送来,这会子二爷在家,他且送这个来了。"①(第十六回)

贾琏听说,忙陪笑央求道:"好人,赏我罢!我再不赌狠了。"
一语未了,只听凤姐声音进来。贾琏听见松了手,平儿刚起身,凤姐已走进来,命平儿快开匣子,给太太找样子。②(第二十一回)

不难看出,上述三回的相关转换叙事,皆有赖于突发性声音事件的出现。试想,若不以云板声响的插入,以秦可卿口吻流露的贾府必将由盛转衰的终极命意必将带有生硬说教的意味,势必影响到小说艺术效果;若不以平儿打发下人之语调惊动凤姐,贾琏与之对话必冗长乏味,凤姐平日私放高利贷之事又何以巧妙自然地呈现?若无凤姐之声中断平儿与贾琏之对话,稍后贾琏"过河拆桥"的丑态叙写势必难得如此生动。此类突发性声音事件的叙写,犹如日常生活中的现实情境一般,具有高度写实、逼真的意味。古人称赏的所谓"用笔不露痕迹""一线穿成文字"殆指此类叙事③,曹雪芹必定深得其间三昧,故有此叙事化境。

2. 声音叙事本身成为精彩的戏剧性冲突

强度不等的戏剧性冲突描写,是叙事性作品普遍存在的"卖点",读者往往对此津津乐道。《红楼梦》中有不少集中叙写戏剧性冲突的笔墨,而相当一部分即是在听觉视野下展开的,阅后不禁令人拍案叫绝。这类声音叙事较为细腻翔实,犹如一部"无声戏",其存在价值具有自足性,无须加以过多的参照性评价。先看第二十六回林黛玉夜访怡红院因薛宝钗先行到访而被拒门外的叙写:

(黛玉)再往怡红院来,只见院门关着,黛玉便以手扣门。

---

① (清)曹雪芹著,(清)无名氏续:《红楼梦》(上),(清)程伟元、(清)高鹗整理,中国艺术研究院红楼梦研究所校注,北京:人民文学出版社,2008年,第218—219页。

② 同上书,第302页。

③ 张竹坡的《金瓶梅》"读法"提到:"读《金瓶》,须看其入笋处。……六回金莲才热,即借嘲骂处插入玉楼……盖其用笔不露痕迹处也。其所以不露痕迹处,总之是用曲笔、逆笔,不肯另起头绪用直笔、顺笔也。"(秦修容整理:《金瓶梅(会评会校本)》中册,北京:中华书局,1998年,第1493页。)李百川所著《绿野仙踪》之评点者在第十七回指出:"作小说,最忌头上安头,必须彼此互相牵引插串而出,方为一线穿成文字。"(《绿野仙踪》上册,李国庆点校,北京:中华书局,2001年,第177页。)

谁知晴雯和碧痕正拌了嘴,没好气,忽见宝钗来了,那晴雯正把气移在宝钗身上,正在院内抱怨说:"有事没事跑了来坐着,叫我们三更半夜的不得睡觉!"忽听又有人叫门,晴雯越发动了气,也并不问是谁,便说道:"都睡下了,明儿再来罢!"林黛玉素知丫头们的情性,他们彼此顽耍惯了,恐怕院内的丫头没听真是他的声音,只当是别的丫头们了,所以不开门。因而又高声说道:"是我,还不开么?"晴雯偏生还没听出来,便使性子说道:"凭你是谁,二爷吩咐的,一概不许放人进来呢!"

林黛玉听了,不觉气怔在门外,待要高声问他,逗起气来,自己又回思一番:"虽说是舅母家如同自己家一样,到底是客边。如今父母双亡,无依无靠,现在他家依栖。如今认真淘气,也觉没趣。"一面想,一面又滚下泪珠来。正是回去不是,站着不是。正没主意。只听里面一阵笑语之声,细听一听,竟是宝玉、宝钗二人。林黛玉心中益发动了气……越想越伤感起来,也不顾苍苔露冷,花径风寒,独立墙角边花阴之下,悲悲戚戚呜咽起来。①

此段叙事的妙处大体皆因听觉而显现,若彼此当面直视自然没有此类意趣。细玩之,可发觉以下几重意味:其一,从晴雯抱怨声中可察知,晴雯对宝钗平日定无好感,此点与黛玉相仿,所谓晴雯为黛玉之影应可确证。其二,从黛玉叩门之声被晴雯视有若无的反应可以看出,作为丫鬟的晴雯确实脾性刚直率性,此点亦可释疑日后被逐。其三,从黛玉故做多情而再度高声叫门的举动来看,黛玉显然自视甚高,以为自己是可随时造访怡红院的贵客,反映出林黛玉高傲自负的秉性。其四,就黛玉碰壁受辱,进而听到宝钗与宝玉欢笑之声的反应来看,黛玉心性敏感、忌讳金玉之缘的心理感受暴露无遗,宝黛爱情的最终结局似乎在此提前预演。可以说,这段声音叙事暗含的情节容量十分丰富,集中地反映了多重矛盾冲突,达到了视觉描写难以实现的艺术效应,颇值得反复玩味。再看第二十七回薛宝钗偷听他人言谈而后"金蝉脱壳"的描写:

(宝钗)刚欲回来,只听滴翠亭里边嘁嘁喳喳有人说话。原来这

---

① (清)曹雪芹著,(清)无名氏续:《红楼梦》(上),(清)程伟元、(清)高鹗整理,中国艺术研究院红楼梦研究所校注,北京:人民文学出版社,2008年,第378—399页。

亭子四面俱是游廊曲桥,盖造在池中水上,四面雕镂槅子糊着纸。

宝钗在亭外听见说话,便煞住脚往里细听,只听说道:"你瞧瞧这手帕子,果然是你丢的那块,你就拿着;要不是,就还芸二爷去。"又有一人说话:"可不是我那块!拿来给我罢。"又听道:"你拿什么谢我呢?难道白寻了来不成?"又答道:"我既许了谢你,自然不哄你。"又听说道:"我寻了来给你,自然谢我;但只是拣的人,你就不拿什么谢他?"又回道:"你别胡说!他是个爷们家,拣了我们的东西,自然该还的。我拿什么谢他呢?"又听说道:"你不谢他,我怎么回他呢?况且他再三再四的和我说了,若没谢的,不许我给你呢。"半响,又听答道:"也罢,拿我这个给他,算谢他的罢。——你要告诉别人呢?须说个誓来。"又听说道:"我要告诉一个人,就长一个疔,日后不得好死!"又听说道:"嗳呀!咱们只顾说话,看有人来悄悄在外头听见。不如把这槅子都推开了,便是有人见咱们在这里,他们只当我们说顽话呢。若走到跟前,咱们也看得见,就别说了。"

……

那亭内的红玉坠儿刚一推窗,只听宝钗如此说着往前赶,两个人都唬怔了。宝钗反向他二人笑道:"你们把林姑娘藏在那里了?"坠儿道:"何曾见林姑娘了。"①

金圣叹曾在《水浒传》第二十回对阎婆惜听闻宋江与阎婆的对谈描写极为赞赏:"一片都是听出来的,有影灯漏月之妙。"②此处宝钗偷听红玉、坠儿两人谈话的描写同样具有"影灯漏月之妙",确实体现了小说家的艺术匠心。作为封建淑女典范的薛宝钗,肯定知晓偷听对于淑女形象而言意味着什么,因为偷听行为属不道德,作者的这种"不写之写"本身实则暗含了对宝钗的褒贬态度。至于此处听觉叙事所蕴含的其他意味,如宝钗栽赃黛玉的自保心机、封建礼法森严背景下男女私相爱慕生情的禁忌以及由此而来的恐惧感、黛玉平日为人之耿直率性,等等,皆不难想象。此

---

① (清)曹雪芹著,(清)无名氏续:《红楼梦》(上),(清)程伟元、(清)高鹗整理,中国艺术研究院红楼梦研究所校注,北京:人民文学出版社,2008年,第382—383页。
② (明)施耐庵著,(清)金圣叹评:《金圣叹批评水浒传》(上),济南:齐鲁书社,1991年,第396页。评语针对的小说正文如下:"(阎婆惜)正在楼上自言自语,只听得楼下呀地门响。床上问道:'是谁?'门前道:'是我。'床上道:'我说早哩,押司却不信要去,原来早了又回来。且再和姐姐睡一睡,到天明再去。'这边也不回话,一径已上楼来。"

处貌似没有剧烈矛盾冲突,实则是场相关人等兵不血刃的言语厮杀,其戏剧性的冲突之美更为内隐,同样值得细究。再看第三十回从贾宝玉视角发生的声音叙事:

> (在雨中目睹龄官画蔷而后赶回怡红院之时,袭人等众人在院内玩耍)宝玉见关着门,便以手扣门,里面诸人只顾笑,那里听见。叫了半日,拍的门山响,里面方听见了,估谅着宝玉这会子再不回来的。袭人笑道:"谁这会子叫门,没人开去。"宝玉道:"是我。"麝月道:"是宝姑娘的声音。"晴雯道:"胡说!宝姑娘这会子做什么来。"袭人道:"让我隔着门缝儿瞧瞧,可开就开,要不可开,叫他淋着去。"①

作为地位尊崇的宝二爷,在淋雨之后想急切回到怡红院也是情理之中的,诸丫鬟迎候主子回来也是应当的,可宝二爷偏偏撞上了一伙平日任性惯了、目无尊卑等级的丫鬟们,作为主子的他竟然敲门不应、反被怠慢冷落。一边是落汤鸡的主子,一边是恣意玩笑的丫鬟,叫人情何以堪?况且在听到山响般的叩门声后,院内诸人的声音或显现为懒散无礼,或暗含不识主人的失敬,或体现为骄纵任性,试想宝玉当时的心境必定又恨又恼,又急又气。黛玉此前一句"是我,还不开么"俨然就是为宝玉这句"是我"的绝佳注脚,黛玉之辱如此惊人地发生在宝玉身上,宝黛二人确可谓同道中人。当然,由后文可知,宝玉的恼怒终于以误伤袭人得以解气。由此看来,此段声音叙事所反映的戏剧性冲突极具观赏性,虽不甚剧烈却依然意味深长。

从上述两方面而言,《红楼梦》中的声音事件往往成为情节展开的触发点。在相关当事者那里,听到的人全然不同于当面见到的人,听到的事也不一定就是真的发生之事,进而采取的处理方式也大不相同,因而可以藉此听觉叙事,在情节叙写之中反映人物形象的多面性,反映事体演进真实而又复杂的意味。总体来说,以听觉叙事来叙写情节,可以限知视角的形式更为逼真地再现现实情境,提供细腻精彩的戏剧性冲突场景,呈现一幅幅活生生的日常"音景",这不能不说体现了曹雪芹独特的艺术眼光。

---

① (清)曹雪芹著,(清)无名氏续:《红楼梦》(上),(清)程伟元、(清)高鹗整理,中国艺术研究院红楼梦研究所校注,北京:人民文学出版社,2008年,第435页。

二、听觉叙事与《红楼梦》人物塑造

与通过听觉叙事叙写情节相比,《红楼梦》以听觉叙事达到精细塑造人物形象的艺术方式同样是成功的。结合小说相关声音叙事来看,小说通过听觉叙事来塑造人物主要体现在以下几方面:

1. 以声音叙写反映人物相应的身份地位

小说有多处看似赘笔虚笔式的随意叙写,但实则作品"字字看来皆是血,十年辛苦不寻常",曹雪芹不至于不懂得惜墨如金的道理,至少从听觉叙事视野来看,这类貌似随意的叙写实则是作者精心营构所致,它可以或明确或模糊地体现人物身份。试看以下几则材料:

> 一语未了,只听后院中有人笑声,说:"我来迟了,不曾迎接远客!"黛玉纳罕道:"这些人个个皆敛声屏气,恭肃严整如此,这来者系谁,这样放诞无礼?"心下想时,只见一群媳妇丫鬟围拥着一个人从后房门进来。①(第三回)

> 一语未了,只听外面一阵脚步响,丫鬟进来笑道:"宝玉来了!"黛玉心中正疑惑着:"这个宝玉,不知是怎生个惫懒人物、懵懂顽童?——倒不见那蠢物也罢了!"②(第三回)

> 刚说到这里,只听二门上小厮们回说:"东府里小大爷进来了。"凤姐忙止刘姥姥:"不必说了。"一面便问:"你蓉大爷在那里呢?"只听一路靴子脚响,进来了一个十七八岁的少年,面目清秀,身材俊俏,轻裘宝带,美服华冠。③(第六回)

> 刘姥姥只听见咯当咯当的响声,大有似乎打箩柜筛面的一般,不免东瞧西望的。忽见堂屋中柱子上挂着一个匣子,底下又坠着一个秤砣般一物,却不住的乱幌。刘姥姥心中想着:"这是什么爱物儿?

---

① (清)曹雪芹著,(清)无名氏续:《红楼梦》(上),(清)程伟元、(清)高鹗整理,中国艺术研究院红楼梦研究所校注,北京:人民文学出版社,2008年,第42页。
② 同上书,第50页。
③ 同上书,第106页。

有甚用呢?"正呆时,陡听得当的一声,又若金钟铜磬一般,不防倒唬的一展眼。接着又是一连八九下。方欲问时,只见小丫头子们齐乱跑,说:"奶奶下来了。"①(第六回)

第一则材料历来被研究者视为体现《红楼梦》先声夺人艺术手法的经典案例,一般认为王熙凤这一"未见其人,先闻其声"的举动是全然不合礼法的以致凸显其个性张扬的特点,我们觉得倒不必做过多臆测。《礼记》有言"将上堂,声必扬"②,王熙凤要到贾母所住的荣庆堂,高声宣告自己的到来,其实也属依礼而行(若悄无声息出现在荣庆堂反倒失礼)。不妥之处则是以高声笑语来高调告知他人——作为古代妇女礼教教科书的《女论语》有云"行莫回头;语莫掀唇","喜莫大笑;怒莫高声"③——在宣称以礼治家的贾府,王熙凤这种举动确有不当,但也不至于完全"放诞无礼",我们不应被林黛玉所误导。至于个性是否张扬,那也是以是否合乎礼法作为参照的,不必做过度阐释。若要确切而论,此处关注的焦点应在于那些丫鬟听到王熙凤声音之后"个个皆敛声屏气,恭肃严整",这才真正凸显王熙凤在贾府威势显赫的身份。

第二则与第三则材料以脚步声响来引出贾宝玉与贾蓉在小说中的正式出场,从形式上看,这与王熙凤的出场描写是类似的(从中也进一步反映了曹雪芹对声音叙事艺术的重视),只不过两者的实际效应有所差异,一者可以确切反映人物高贵的身份地位,一者却是较为模糊地说明来者的身份非凡。作为晚辈的宝玉与贾蓉,要分别拜见长辈贾母与王熙凤,理应毕恭毕敬,可是"一阵(路)脚步响",这似乎有些逾礼。《礼记》有言:"帷薄之外不趋,堂上不趋,执玉不趋。堂上接武,堂下布武。"④对照之下,只能说明两位晚辈平日是倚仗主子身份行事惯了,因而略有悖礼也不为过。如若是其他下人脚步乱响,则势必遭受斥责。这种声音描写说明了贾宝玉与贾蓉的尊贵身份。

第四则材料集中叙写刘姥姥对座钟声响的反应。在刘姥姥平生阅历

---

① (清)曹雪芹著,(清)无名氏续:《红楼梦》(上),(清)程伟元、(清)高鹗整理,中国艺术研究院红楼梦研究所校注,北京:人民文学出版社,2008年,第103—104页。
② 杨天宇撰:《礼记译注》(上),上海:上海古籍出版社,1997年,第10页。
③ 陈东原:《中国妇女生活史》,北京:商务印书馆,2015年,第90页。
④ 杨天宇撰:《礼记译注》(上),上海:上海古籍出版社,1997年,第13页。

中，自然不曾见过只有贵族之家方有的稀罕物件——西洋座钟，初听声响有如"打箩柜筛面的一般"，再听则好似"金钟铜磬一般"，前后听感的对比，说明了这一座钟对刘姥姥的震惊力度也是由弱到强的——乍听不以为然，再听则振聋发聩——由此也不难想象这一钟声对乡野老妪平生识见的穿透力。至于刘姥姥的身份地位如何，自然不难想见。作者的写人艺术实在妙不可言。

2. 以声音叙写反映人物的复杂心境

《礼记》有言"凡音者，生人心者也。情动于中，故形于声，声成文，谓之音"①。可见，声音与人的心境情感紧密关联，甚至可说形成了直接对应的关系。一般来说，一个人是什么样的心境，必定有相应的声音与之对应；反之，什么样的声音也大体可判断人们特定的心境。《红楼梦》不少叙事片段即生动地体现了这点。令人惊奇的是，这些声音叙事均与林黛玉相关，或许反映了作者对林黛玉这一形象的无限深意——面对如此诗意般存在的女子，非声音叙写难传其微奥，正面确切的视觉描画难显其空灵脱俗之质。我们先看第二十三回林黛玉听《牡丹亭·惊梦》一段的叙写：

> 这里林黛玉见宝玉去了，又听见众姊妹也不在房，自己闷闷的。正欲回房，刚走到梨香院墙角上，只听墙内笛韵悠扬，歌声婉转。黛玉便知是那十二个女孩子演习戏文呢。只因林黛玉素习不大喜看戏文，便不留心，只管往前走。偶然两句吹到耳内，明明白白，一字不落，唱道是："原来姹紫嫣红开遍，似这般都付与断井颓垣。"林黛玉听了，倒也十分感慨缠绵，便止住步侧耳细听，又听唱道是："良辰美景奈何天，赏心乐事谁家院。"听了这两句，不觉点头自叹，心下自思道："原来戏上也有好文章。可惜世人只知看戏，未必能领略这其中的趣味。"想毕，又后悔不该胡想，耽误了听曲子。又侧耳时，只听唱道："则为你如花美眷，似水流年……"林黛玉听了这两句，不觉心动神摇。又听道"你在幽闺自怜"等句，亦发如醉如痴，站立不住，便一蹲身坐在一块山子石上，细嚼"如花美眷，似水流年"八个字的滋味。忽又想起前日见古人诗中有"水流花谢两无情"之句，再又有词中有"流水落花春去也，天上人间"之句，又兼方才所见《西厢记》中"花落水流

---

① 杨天宇撰：《礼记译注》（下），上海：上海古籍出版社，1997年，第628—629页。

红,闲愁万种"之句,都一时想起来,凑聚在一处。仔细忖度,不觉心痛神痴,眼中落泪。①

就编创自由度而言,作者完全可以让此时的林黛玉听到其他曲子,但很明显作者是要以声音叙写来深度凸显林黛玉的真实心境,故而有意选取了《牡丹亭》中"惊梦"一出来加以写心。同样面对想爱又不敢爱、爱而不得以致青春蹉跎的类似处境,同样身为"如花美眷",同样处在"幽闺自怜"……戏中的杜丽娘与戏外的林黛玉有太多的相同之处,所以林黛玉寻觅到了知音,所以林黛玉"心痛神痴,眼中落泪"。因此将杜丽娘视为戏中林黛玉、将林黛玉视为现实的杜丽娘,实则完全可行。曹雪芹借助"曲音"勾连了历史时空,将林黛玉这一形象塑造成古今来失意佳人之典范,确可谓在塑造人物形象方面实现了艺术形式与精神意蕴上的双重突破,这是令人叹服的。这当中声音叙事的巧妙运用,显然功不可没。

再看第八十二回与第八十三回两处叙写。一般认为《红楼梦》八十回之后的笔墨出自他人,但多数学者还是认为,后四十回就林黛玉结局的叙写以及宝黛悲剧走向的安排来说,还是大体符合曹雪芹的创作初衷的,因此还是值得重视的。第八十二回在林黛玉惊噩梦后紫鹃等人细加安抚,小说写道:"正要朦胧睡去,听得竹枝上不知有多少家雀儿的声儿,啾啾唧唧,叫个不住。那窗上的纸,隔着屉子,渐渐的透进清光来。"②"啾啾唧唧,叫个不住",是林黛玉此刻心境惶恐烦乱的外化显现——因为自己终身大事不是没有落空的可能。第八十三回因心事过重的林黛玉病倒了,此时的林黛玉内心更难以静下来。小说写道:"那黛玉闭着眼躺了半晌,那里睡得着?觉得园里头平日只见寂寞,如今躺在床上,偏听得风声,虫鸣声,鸟语声,人走的脚步声,又像远远的孩子们啼哭声,一阵一阵的聒噪的烦躁起来,因叫紫鹃放下帐子来。"③很明显,在种种不祥之感屡屡袭来之际,林黛玉因担忧终身大事而躁动烦闹,种种声响皆是其内心世界的隐喻而已。

---

① (清)曹雪芹著,(清)无名氏续:《红楼梦》(上),(清)程伟元、(清)高鹗整理,中国艺术研究院红楼梦研究所校注,北京:人民文学出版社,2008年,第333—334页。
② (清)曹雪芹著,(清)无名氏续:《红楼梦》(下),(清)程伟元、(清)高鹗整理,中国艺术研究院红楼梦研究所校注,北京:人民文学出版社,2008年,第1224页。
③ 同上书,第1229页。

以声音来叙写林黛玉复杂心境,还有一处不能不提,即第八十七回妙玉与宝玉共听黛玉抚琴一段,同样值得细究:

> 于是二人别了惜春,离了蓼风轩,弯弯曲曲,走近潇湘馆,忽听得叮咚之声。妙玉道:"那里的琴声?"宝玉道:"想必是林妹妹那里抚琴呢。"妙玉道:"原来她也会这个,怎么素日不听见提起?"宝玉悉把黛玉的事述了一遍,因说:"咱们去看她。"妙玉道:"从古只有听琴,再没有'看琴'的。"宝玉笑道:"我原说我是个俗人。"说着,二人走至潇湘馆外,在山子石坐着静听,甚觉音调清切。只听得低吟道:
>
> 风萧萧兮秋气深,美人千里兮独沉吟。望故乡兮何处,倚栏杆兮涕沾襟。
>
> 歇了一回,听得又吟道:
>
> 山迢迢兮水长,照轩窗兮明月光。耿耿不寐兮银河渺茫,罗衫怯怯兮风露凉。
>
> 又歇了一歇。妙玉道:"刚才'侵'字韵是第一叠,如今'阳'字韵是第二叠了。咱们再听。"里边又吟道:
>
> 子之遭兮不自由,予之遇兮多烦忧。之子与我兮心焉相投,思古人兮俾无尤。
>
> 妙玉道:"这又是一拍。何忧思之深也!"宝玉道:"我虽不懂得,但听他声调,也觉得过悲了。"里头又调了一回弦。妙玉道:"君弦太高了,与无射律只怕不配呢。"里边又吟道:
>
> 人生斯世兮如轻尘,天上人间兮感夙因。感夙因兮不可惙,素心如何天上月。
>
> 妙玉听了,呀然失色道:"如何忽作变徵之声?音韵可裂金石矣。只是太过。"宝玉道:"太过便怎么?"妙玉道:"恐不能持久。"正议论时,听得君弦蹦的一声断了。妙玉站起来连忙就走。宝玉道:"怎么样?"妙玉道:"日后自知,你也不必多说。"竟自走了。弄得宝玉满肚疑团,没精打彩的归至怡红院中,不表。①

琴棋书画是古代文人的必修课,其中"琴"作何解,颇有异议。影响较

---

① (清)曹雪芹著,(清)无名氏续:《红楼梦》(下),(清)程伟元、(清)高鹗整理,中国艺术研究院红楼梦研究所校注,北京:人民文学出版社,2008年,第1292—1293页。

大的说法源自《白虎通》,所谓"琴者,禁也。禁止淫邪,正人心也。"①这是儒家教化学说的体现。还有另一种说法影响也较大,源自李贽《焚书·琴赋》,所谓"琴者心也,琴者吟也,所以吟其心也。人知口之吟,不知手之吟;知口之有声,而不知手亦有声也。如风撼树,但见树鸣,谓树不鸣不可也,谓树能鸣亦不可。此可以知手之有声矣。听者指谓琴声,是犹指树鸣也,不亦泥欤?"②在我们看来,李贽的观点更为通达。照此观之,林黛玉可谓传情高手,妙玉则是听琴知音。从此段叙写来看,面临婚事落空危机的林黛玉,可谓满腹心事,想到寄人篱下与故乡何处,想到心灵如何皈依与身世如何安顿,想到忧思如何化解与知音竟是难觅……这些深层愁绪均在吟唱中得到映现。在知音妙玉听来,林黛玉的琴声满含幽思,以激越高亢之悲调来折现宁为玉碎、不为瓦全之志,所谓变徵之音,所谓君弦崩断、日后自知云云,均在预示抚琴者恐将命悬一线、终遭不测。从后文不久林黛玉焚稿断痴情的结局来看,应该说这是有关林黛玉命运不祥而又确切的声音预言。林黛玉此时的心境由此可见一斑。

3. 以声音叙写反映人物的独特个性

相比上面两部分,此点在小说中更显表层,也更易理解,不过还是要稍作强调。小说人物的个性化特征通过不同艺术方式均可显现,声音叙写即是其中一种,曹雪芹对此也予以了应有重视。试看小说对史湘云与晴雯两个形象的刻画:

> 二人正说着,只见湘云走来,笑道:"爱哥哥,林姐姐,你们天天一处玩,我好容易来了,也不理我一理儿。"黛玉笑道:"偏是咬舌子爱说话,连个'二哥哥'也叫不出来,只是'爱哥哥''爱哥哥'的。回来赶围棋儿,又该你闹'幺爱三四五'了。"宝玉笑道:"你学惯了她,明儿连你还咬起来呢。"③(第二十回)

> 晴雯笑道:"我慌张的很,连扇子还跌折了,那里还配打发吃果子。倘或再打破了盘子,还更了不得呢。"宝玉笑道:"你爱打就打,这

---

① (清)陈立撰:《白虎通疏证》(上),吴则虞点校,北京:中华书局,1994年,第125页。
② (明)李温陵:《李贽文集》,张业整理,北京:燕山出版社,1998年,第246页。
③ (清)曹雪芹著,(清)无名氏续:《红楼梦》(上),(清)程伟元、(清)高鹗整理,中国艺术研究院红楼梦研究所校注,北京:人民文学出版社,2008年,第292—293页。

些东西原不过是借人所用,你爱这样,我爱那样,各自性情不同。比如那扇子原是扇的,你要撕着玩也可以使得,只是不可生气时拿他出气。就如杯盘,原是盛东西的,你喜听那一声响,就故意的碎了也可以使得,只是别在生气时拿他出气。这就是爱物了。"晴雯听了,笑道:"既这么说,你就拿了扇子来我撕。我最喜欢撕的。"宝玉听了,便笑着递与他。晴雯果然接过来,嗤的一声,撕了两半,接着嗤嗤又听几声。宝玉在旁笑着说:"响的好,再撕响些!"

正说着,只见麝月走过来,笑道:"少作些孽罢。"宝玉赶上来,一把将他手里的扇子也夺了递与晴雯。晴雯接了,也撕了几半子,二人都大笑。①(第三十一回)

就上述引文可见,史湘云平日说话发音或受方言影响,"爱"与"二"读音不分,故而在林黛玉听来才觉得可笑,史湘云自身个性也由此得以丰富。当然,此处"爱哥哥"是否表明史湘云有爱慕贾宝玉之嫌,是有意为之还是无心之失,我们不拟多论。晴雯撕扇是《红楼梦》的经典片段之一,一般认为此举反映了晴雯反抗奴颜婢膝、藐视贵贱等级的高尚品格,我们觉得这似乎过度解读了。在声音叙事的观照背景之下,晴雯撕扇直接动机仅为"听那一声响"——聆听异样声响居然成为个人一时之异趣,以致有毁弃物什之举——这不是任性之极吗?而同样任性的宝玉竟然一旁附和"响的好,再撕响些",这只能说明两人具备源自本真的心性相投。因此,如若将撕扇视作晴雯具有反封建倾向的表征,那么宝玉迎合撕扇势必也同样具有背离自身阶层的意味。事实上,人们并不这样看待此时的宝玉,因而也不必类似地去评价晴雯。晴雯撕扇仅仅是其个性任性之至的体现,藉此"声响"暴露无遗。任性与是否反抗奴性等道德品格之间并无直接对应关系。

常言道:"眼见为实,耳听为虚。"经由上述三方面的简述,至少在《红楼梦》主体部分的叙述中,我们宁愿相信"耳听为实,眼见为虚"——在塑造人物形象上,小说借声音叙事可以凸显真气派、真性情、真心境。事实上,若通观小说有关"听闻""听说"之类的叙述,几乎无一不真,如袭人听说史湘云出嫁(所谓"闲花落地听无声"),尤二姐从兴儿口中听到的贾府

---

① (清)曹雪芹著,(清)无名氏续:《红楼梦》(上),(清)程伟元、(清)高鹗整理,中国艺术研究院红楼梦研究所校注,北京:人民文学出版社,2008年,第444页。

诸人习性,平儿听闻贾赦谋扇害命之事……要之,要确切评判《红楼梦》人物形象,步听觉叙事之途是切实可行的。

三、听觉叙事与《红楼梦》深度寓意

《红楼梦》的思想意蕴较为深厚,有些需要通过综合审视前后文得以见出,有些则通过听觉叙事即可映现。典型者如第五回十二支《红楼梦曲》,即借助宝玉"耳聆"的形式来传达小说主要人物最终结局的深刻命意,此属老生常谈,不拟赘述。我们且看小说其他声音叙述所透露的深度寓意。

1. 以方外之音来否定世俗执念

此种形式在通俗小说中极为常见,在《红楼梦》中得以进一步延展。从价值归依来说,《红楼梦》对俗世追逐的功名富贵、儿女情长等观念持否定立场,并反复予以暗示。第一回甄士隐听闻跛足道人吟唱《好了歌》后,"迎上来道:'你满口说些什么?只听见些"好""了""好""了"。'那道人笑道:'你若果听见"好""了"二字,还算你明白。可知世上万般,好便是了,了便是好。若不了,便不好;若要好,须是了。我这歌儿,便名《好了歌》。'士隐本是有宿慧的,一闻此言,心中早已彻悟。"①《好了歌》即是作者借佛道神祇人物来传达其对功名富贵的基本看法,显然暗含深意。第十二回贾瑞临死前百般用药皆未奏效,"忽然这日有个跛足道人来化斋,口称专治冤业之症。贾瑞偏生在内就听见了,直着声叫喊说:'快请进那位菩萨来救我!'一面叫,一面在枕上叩首。众人只得带了那道士进来。"②能治"冤业之症"的跛足道人之言语,何以旁人未能听见,恰恰贾瑞就听见,并且还以菩萨称之?结合后文风月宝鉴的疗治之道来看,作者依然是在借助神祇人物来晓谕世人不可贪恋美色之意。第二十五回贾宝玉在遭遇马道婆施法后不省人事,以致贾府要预备后事之时,小说依旧是以神祇之音加以解脱:"正闹的天翻地覆,没个开交,只闻得隐隐的木鱼声响,念了一句:'南无解冤孽菩萨。有那人口不利,家宅颠倾,或逢凶险,或中邪祟者,我们善能医治。'贾母,王夫人听见这些话,那里还耐得住,便命人去快请

---

① (清)曹雪芹著,(清)无名氏续:《红楼梦》(上),(清)程伟元、(清)高鹗整理,中国艺术研究院红楼梦研究所校注,北京:人民文学出版社,2008年,第19页。

② 同上书,第176页。

进来。贾政虽不自在,奈贾母之言如何违拗;想如此深宅,何得听的这样真切,心中亦希罕,命人请了进来。"①"木鱼声响"何以传入旷幽深宅,不仅贾政疑惑,读者亦不免疑惑。结合后文得以释疑,这仍然是作者赋予特定声音以特定寓意之故——作为大荒山顽石幻相的贾宝玉不可溺恋红尘,超脱尘世则困厄可解。

2. 以悲凉之调来暗示家族命运

在小说后半部分,贾府一步步走向颓势的迹象日益显现。作者从声音叙事的角度也加以反复呈现。在家族种种不肖之态充分暴露之际,小说作者必定认为这样的家族已垂垂朽矣,故而有第七十五回"开夜宴异兆发悲音"的叙写:

> 那天将有三更时分,贾珍酒已八分。大家正添衣饮茶,换盏更酌之际,忽听那边墙下有人长叹之声。大家明明听见,都悚然疑畏起来。贾珍忙厉声叱咤,问:"谁在那里?"连问几声,没有人答应。尤氏道:"必是墙外边家里人也未可知。"贾珍道:"胡说。这墙四面皆无下人的房子,况且那边又紧靠着祠堂,焉得有人。"一语未了,只听得一阵风声,竟过墙去了。恍惚闻得祠堂内槅扇开阖之声。只觉得风气森森,比先更觉凉飒起来;月色惨淡,也不似先明朗。众人都觉毛发倒竖。②

"边墙下有人长叹之声"辅以"一阵风声""祠堂内槅扇开阖之声",确实令人毛发倒竖。这样一幅音景,声音主体其实是一体的,不同声响只是为反复渲染阴森氛围罢了,这貌似有鬼异之嫌,但实则是作者假借贾府祖先之身份对不肖子孙的鞭挞,为惊醒不肖之徒而预先紧敲丧钟而已。类似情形还出现在第七十六回"凸碧堂品笛感凄清":

> 这里贾母仍带众人赏了一回桂花,又入席换暖酒来。正说着闲话,猛不防只听那壁厢桂花树下,呜呜咽咽,悠悠扬扬,吹出笛声来。趁着这明月清风,天空地净,真令人烦心顿解,万虑齐除,都肃然危坐,默默相赏。听约两盏茶时,方才止住,大家称赞不已。……

---

① (清)曹雪芹著,(清)无名氏续:《红楼梦》(上),(清)程伟元、(清)高鹗整理,中国艺术研究院红楼梦研究所校注,北京:人民文学出版社,2008年,第363页。

② (清)曹雪芹著,(清)无名氏续:《红楼梦》(中),(清)程伟元、(清)高鹗整理,中国艺术研究院红楼梦研究所校注,北京:人民文学出版社,2008年,第1106—1107页。

(因命再斟酒来)只听桂花阴里,呜呜咽咽,袅袅悠悠,又发出一缕笛音来,果真比先越发凄凉。大家都寂然而坐。夜静月明,且笛声悲怨,贾母年老带酒之人,听此声音,不免有触于心,禁不住堕下泪来。众人此时都不禁有凄凉寂寞之意,半日,方知贾母伤感,才忙转身陪笑,发语解释。又命换暖酒,且住了笛。①

此回前后两处叙写均与听笛有关,前者品茶之时听到的笛音令人"烦心顿解",后者饮酒之时听到的笛音却让人"堕泪伤感",中间过程并没有发生什么伤心之事,为何形成这样的反差?原因或许更在笛音之外。作为乐器之一种,汉代应劭在《风俗通义》指出:"笛者,涤也,所以荡涤邪秽、纳之于雅正也。"②马融的《长笛赋》则云"可以通灵感物,写神喻意"③,由此观之,笛音的情感基调接近于空灵而幽怨。故而历代文人所作有关名篇佳作,大体而言皆凸显其悠扬悲怨之格调。在理智清醒、饮酒未开之时,对于家族的没落走势,众人即使有所意识也应在此佳节之际强颜欢笑、强去悲怨,故而皆"称赞不已"。而在贾母酒兴愈浓、众人随之共酌之时,趁着酒兴正浓,贾母与众人除去了种种礼俗与理智的束缚,自然想到家族已然发生和可能发生的诸种不安与不祥之兆,由此笛音的惯性格调真正得以显现,从而有凄凉伤感之意。前后两相比较,后者更能表明问题的本质,即呜咽之笛音或许正预示着家族呜咽之命运,与此反观之下的所谓"烦心顿解,万虑齐除"云云不过是表象而已。

3. 以异样之音来映衬小说题旨

《红楼梦》意蕴多重,其中侧重对"情"的阐释引人关注,何况作品原本就有别名《情僧录》(窃以为以"路"解"录",未尝不可)。小说对"情"的演绎主要围绕贾宝玉而展开,在表现方式上往往通过细微之处的声音叙事而实现。先看叙写贾宝玉与秦可卿之"情"。第五回贾宝玉梦游太虚幻境,梦醒之前的噩梦"吓得宝玉汗下如雨,一面失声喊叫:'可卿救我!'吓得袭人辈众丫鬟忙上来搂住,叫'宝玉别怕,我们在这里!'却说秦氏正在房外嘱咐小丫头们好生看着猫儿狗儿打架,忽听宝玉在梦中唤他的小名,

---

① (清)曹雪芹著,(清)无名氏续:《红楼梦》(中),(清)程伟元、(清)高鹗整理,中国艺术研究院红楼梦研究所校注,北京:人民文学出版社,2008年,第1115—1116页。
② (汉)应劭撰:《风俗通义校注》(上册),王利器校注,北京:中华书局,1981年,第204页。
③ (南朝梁)萧统编:《文选》(二),(唐)李善注,上海:上海古籍出版社,1986年,第821页。

因纳闷道：'我的小名这里从没人知道的，他如何知道，在梦里叫出来？'"①在此声音景象中，秦可卿纳闷独独宝玉知晓其小名，竟然在梦中叫喊，这实是颇有意味的。在弗洛伊德看来，"梦完全是有意义的精神现象。实际上是一种愿望的达成，它可以算是一种清醒状态精神活动的延续"②。因而贾宝玉之梦一定程度上是其心理活动的真实反映，而秦可卿之名即是内心欲求的外化投射（一般认为秦氏之名可音解"情可亲"，意即不同人皆可与之情亲）。结合前文相关叙写，不难想见在秦可卿这里，贾宝玉之"情"大体相当于本能层面的皮肤滥淫而已，贾宝玉的无心喊叫与秦可卿的有心聆听恰可生成有意味之音景。再看叙写贾宝玉与林黛玉之"情"。第三十二回叙写林黛玉的无意旁听之举："宝玉道：'林姑娘从来说过这些混帐话不曾？若他也说过这些混帐话，我早和他生分了。'袭人和湘云都点头笑道：'这原是混帐话。'原来林黛玉知道史湘云在这里，宝玉又赶来，一定说麒麟的原故。……今忽见宝玉亦有麒麟，便恐借此生隙，同史湘云也做出那些风流佳事来。因而悄悄走来，见机行事，以察二人之意。不想刚走来，正听见史湘云说经济一事，宝玉又说，林妹妹不说这样混帐话，若说这话，我也和他生分了。林黛玉听了这话，不觉又喜又惊，又悲又叹。"③林黛玉的旁听，对于印证宝黛之恋的精神内蕴，可谓恰是时机。曹雪芹必定深知这一声音叙写的意义，故而有此精心谋划之笔。藉此"听"与"被听"的叙写，让人感受到宝黛之"情"所依赖的真挚深厚的可贵基石——志趣相投，这也是值得宝玉魂牵梦绕的真"情"。次看叙写贾宝玉与薛宝钗之"情"。第三十六回"绣鸳鸯梦兆绛芸轩"写到薛宝钗在宝玉床前绣鸳鸯戏莲的肚兜，"这里宝钗只刚做了两三个花瓣，忽见宝玉在梦中喊骂说：'和尚道士的话如何信得？什么是金玉姻缘，我偏说是木石姻缘！'薛宝钗听了这话，不觉怔了。"④乍看这样的声音叙写确实有些没来由，但与上文"可卿救我"之梦话类似，同样是"有意义的精神现象"——看似无理却又合情——贾宝玉认定的真"情"归属绛珠，而非俗世安排之

---

① （清）曹雪芹著，（清）无名氏续：《红楼梦》（上），（清）程伟元、（清）高鹗整理，中国艺术研究院红楼梦研究所校注，北京：人民文学出版社，2008年，第94页。
② [奥]弗洛伊德：《梦的解析》，赖其万、符传孝译，北京：作家出版社，1986年，第37页。
③ （清）曹雪芹著，（清）无名氏续：《红楼梦》（上），（清）程伟元、（清）高鹗整理，中国艺术研究院红楼梦研究所校注，北京：人民文学出版社，2008年，第455—456页。
④ 同上书，第504页。

金玉良缘。此类声音叙事极好地折现了小说的题旨意向,反映了贾宝玉这一"情僧"复杂的情欲世界,同样值得读者重视。

《红楼梦》通过声音叙事来传达的深度意蕴当然不止上述几端,但就此数端也不难看出小说作者确实是位艺术巧匠,懂得如何以声音作为巧妙表达意蕴的桥梁。与通过其他形式来传达深度意蕴相比,声音叙事显得更为简捷、更为醒目,当然也同样具有真实意味。论者有言:"听觉叙事向读者展现了一个不断发出声响的动态世界,与视觉叙事创造的世界相比,这个世界似乎更为感性和立体,更具连续性与真实性。"①对《红楼梦》而言,其深度意蕴也是连续不断在多重层面的声音叙事中得以实现的,这为我们步入小说思想殿堂,提供了一条快捷可靠的路径。

四、听觉叙事与《红楼梦》其他问题

经由上述几方面的粗论,可以发现《红楼梦》中的听觉叙事确实颇有嚼劲,它关乎情节演述、人物塑造与小说意蕴等层面的艺术效应能否更好地实现。如若缺之,小说艺术魅力必定减损不少。不过总体看来,小说的听觉叙事还有其他艺术指向,在此不妨再作略述。

1. 诗化格调的凸显

我们常常认为《红楼梦》是部诗化小说,弥漫前后的诗词韵文无疑是诗化倾向的外在体现,饱含诗意的声音叙事更是其中不可或缺的内在印证。第二十六回有意叙写了夏日午后贾宝玉视听感官中的潇湘馆:"顺着脚一径来至一个院门前,只见凤尾森森,龙吟细细。举目望门上一看,只见匾上写着'潇湘馆'三字。宝玉信步走入,只见湘帘垂地,悄无人声。走至窗前,觉得一缕幽香从碧纱窗中暗暗透出。"②"悄无人声"中唯独"龙吟细细",以此反衬潇湘馆的清幽寂静,这俨然就是"鸟鸣山更幽"的回响,居住于此的馆主能不诗艺卓尔?同回林黛玉夜访怡红院碰壁而抽咽之时,小说写道:"原来这林黛玉秉绝代姿容,具希世俊美,不期这一哭,那附近柳枝花朵上的宿鸟栖鸦一闻此声,俱忒楞楞飞起远避,不忍再听。"③"宿

---

① 傅修延:《中国叙事学》,北京:北京大学出版社,2015 年,第 245 页。
② (清)曹雪芹著,(清)无名氏续:《红楼梦》(上),(清)程伟元、(清)高鹗整理,中国艺术研究院红楼梦研究所校注,北京:人民文学出版社,2008 年,第 373 页。
③ 同上书,第 379 页。

鸟栖鸦"不忍再听,实际上是作者"不忍再听",借此拟化修辞寄寓了作者无限深情。此种声音叙事实则藉音传情,体现着古诗词中固有的诗化色彩。第四十五回宝钗送燕窝给黛玉之后,再度叙写了雨声中的潇湘馆:"黛玉自在枕上感念宝钗,一时又羡他有母兄;一面又想宝玉虽素习和睦,终有嫌疑。又听见窗外竹梢焦叶之上,雨声渐沥,清寒透幕,不觉又滴下泪来。直到四更将阑,方渐渐的睡了。"①雨夜凄清,独自聆听雨打芭蕉、雨滴翠竹,这样的诗境已然成为潇湘馆的注脚,或许只有这样才能隐现林黛玉的孤苦与痛楚,只有如此才能体现林黛玉诗意般的存在。

2. 普通场景的"异化"

《红楼梦》叙写了较多看似寻常的生活场景,但实质上因为有了特定声音的介入与选择,这类场景才变得极富意味。第三十三回宝玉将要领受"笞挞"之际,希望有人解救其大难,"正盼望时,只见一个老姆姆出来。宝玉如得了珍宝,便赶上来拉他,说道:'快进去告诉:老爷要打我呢!快去,快去!要紧,要紧!'宝玉一则急了,说话不明白;二则老婆子偏生又聋,竟不曾听见是什么话,把'要紧'二字只听作'跳井'二字,便笑道:'跳井让他跳去,二爷怕什么?'宝玉见是个聋子,便着急道:'你出去叫我的小厮来罢。'那婆子道:'有什么不了的事?老早的完了。太太又赏了衣服,又赏了银子,怎么不了事的!'"②聋婆子的误听误答,看似随笔叙写,实则真实地反映了贾府敢于行凶作歹的自大心理,王熙凤如此,贾赦亦是如此,所以此等景象不妨视作后文相关事件的预演。第五十四回贾母与众人玩"击鼓传梅"的游戏:"贾母命将些汤点果菜与文官等吃去,便命响鼓。那女先儿们皆是惯的,或紧或慢,或如残漏之滴,或如迸豆之疾,或如惊马之乱驰,或如疾电之光而忽暗。其鼓声慢,传梅亦慢,鼓声疾,传梅亦疾。恰恰至贾母手中,鼓声忽住。大家呵呵一笑,贾蓉忙上来斟了一杯。"③此处音景是小说极为少见的正面声音叙事,它细腻地描写了游戏的全过程,在鼓声阵阵中可以遥想贾府之声色享乐,同时也有意无意地映现了贾母

---

① (清)曹雪芹著,(清)无名氏续:《红楼梦》(中),(清)程伟元、(清)高鹗整理,中国艺术研究院红楼梦研究所校注,北京:人民文学出版社,2008年,第646页。
② (清)曹雪芹著,(清)无名氏续:《红楼梦》(上),(清)程伟元、(清)高鹗整理,中国艺术研究院红楼梦研究所校注,北京:人民文学出版社,2008年,第466页。
③ (清)曹雪芹著,(清)无名氏续:《红楼梦》(中),(清)程伟元、(清)高鹗整理,中国艺术研究院红楼梦研究所校注,北京:人民文学出版社,2008年,第783页。

地位之尊崇。

"吹笛秋山风月清,谁家巧作断肠声?"① 以上我们对《红楼梦》的相关听觉叙事加以了粗略梳理,可以看出《红楼梦》创作者将听觉行为赋予了特定意义,听觉叙事在小说中起到了特殊功能,藉此我们可以感受到小说不同艺术层面的独到意味,在品读小说过程中实不可草草略过。在这当中,就声音有无而言,有声叙事固然体现了艺术旨趣(听觉叙事的显性层面),无声叙事其实也构成了小说声音叙事的有机部分(听觉叙事的隐性层面)。例如,下人之于王熙凤"敛声屏气"、宝玉之于贾政"像避猫鼠"之类的无声叙写,都隐含了特定意味,有着不容忽视的艺术价值。其中最生动的无声叙事莫过于第二十八回有关"理他呢,过一会子就好了"的隐性叙事。此回宝玉因故懊恼黛玉而趁其看似离开之时说句"理他呢,过一会子就好了",实则黛玉却听闻此句怨言而在此后反复以此怨言来嘲讽宝玉,令宝玉不知何故而空自纳闷。这样的叙事艺术,确可谓无声胜有声。就表现形态而言,《红楼梦》的听觉叙事可分成两类,其一为摹拟生活情境的听觉叙事,也就是说这类听觉叙事具有可信性,是艺术世界中有可能发生的真切存在。小说中的大部分听觉叙事属于此种形态。其二为摹拟听觉性的间接叙事,即出于特定意图的考虑,相关叙事借助听觉感官而得以进行,实则并无多大的可信度。最典型的例子是第二十七回贾宝玉暗地聆听林黛玉《葬花吟》,隔着远处山坡竟然听得如此完整清晰,这是不大可能的,唯一的解释只能是曹雪芹创作意图的预先设定而已——《葬花吟》需要此时以听觉形式来传达,而且需要通过贾宝玉的听觉来传达。不论何种形式的听觉叙事,《红楼梦》都是较为成功的。总体而言,完全可以认为鸿篇巨制的《红楼梦》就是一部听出来的《红楼梦》。我们可以读之以目,更要听之以耳,继而听之以心。如果说小说作者是位极佳的说书人,那么读者亦应成为上好的听书者,惟此方不负作者之苦心。

第二节　中国古代小说插图叙事论略

小说插图作为一种文学现象在中国有着悠久的历史。鲁迅先生说:

---

① (唐)杜甫:《杜诗详注》(第四册),(清)仇兆鳌注,北京:中华书局,1979年,第1470页。

"书籍的插画,原意是在装饰书籍,增加读者的兴趣的,但那力量,能补助文字之所不及,所以也是一种宣传画。"①赵宪章教授认为,唐代以降,自雕版印刷问世,书籍便逐渐以图文并茂的方式呈现出来。印刷技术在宋代得以普及与发展,插图也随之发展成熟,出现在宋元话本及明清小说中。目前可见最早的版画作品是出现在晚唐的佛教绘画,最早用版画作为插图的"读物",是宋仁宗嘉佑八年(1063年)建安余氏镌刻的《古列女传》。而大约刊行于元代末年的"全相平话五种",则是现存的最著名的早期小说插图。② 由于一部小说是否被插图、怎样插图、插入怎样的图,甚至插图的版式、数量等,都会对小说阅读产生不同的影响,先验地制约着读者对小说的接受和想象。因此小说插图绝非如鲁迅先生所言为了"增加读者的兴趣",也不能一言以蔽之曰"书商逐利"博得眼球经济的产物。在我们看来,小说插图绝不是对文字的一种装饰或点缀,它本身就是古代小说的一部分,同文字一样,具有叙事功能,即图像叙事。

一、小说插图:从全像到绣像

中国古代小说有多种插图形态,其生成及演变是由多方面原因促成的,不同区域的书坊以及书坊主、作者或插图者各自不同的审美趣味、插图动机、构图方式等,造就了形态各异的小说插图。从小说叙事的角度,可将中国古代经典小说插图分为两类,一类是绣像插图,一类是全像插图。绣像插图,指人物肖像图,即卷头只画书中人物,不承担叙事功能。全像插图,指小说每页都有插图,情节与图画相互对应。这种叙事类情节插图,可以推动小说进程,也可以帮助读者更好地理解小说内容,使小说文本直观易懂且印象深刻,这在以上图下文为基本插图形态的建阳书坊中十分常见。鲁迅先生有言:"古人'左图右史',现在只剩下一句话,看不见真相了。宋元小说,有的是每页上图下说,却至今还有存留,就是所谓'出相';明清以来,有卷头只画书中人物的,称为'绣像'。有画每回故事的,称为'全图'。那目的,大概是在诱引未读者的购读,增加阅读者的兴趣和理解。"③

---

① 鲁迅著,陈漱渝、王锡荣、肖振鸣编:《拿来主义》,广州:广东人民出版社,2019年,第182页。
② 赵宪章:《小说插图与图像叙事》,《文艺理论研究》2018年第1期,第7页。
③ 鲁迅:《连环画琐谈》,《鲁迅全集》(四),北京:人民文学出版社,2005年,第458页。

小说插图之由来，至少可以追溯到对白话小说影响较大的变文，变文一般有与情节内容相配合的图画。作为白话小说的近源，元代平话已有全像本，这就是至治年间建安虞氏刊刻的《新刊全相平话五种》，其上图下文，每页有图的插图形态使图文结合更为紧密。及至明清，特别是万历以后直至清末的数百年间，插图本小说更是风行天下。崇祯间清白堂刊《蔬果争奇》载朱一是跋云："今之雕印，佳本如云，不胜其观，诚为书斋添香，茶肆添闲。佳人出游，手捧绣像，于舟车中如拱璧。"①晚明以后的小说尤其是白话小说几乎到了无书不图的地步，这从小说标题中屡屡出现的"全像""出像""绣像"之类醒目字眼即可看出。白话小说如此，文言小说也多以插图为尚，尤其是那些出于名家妙手的小说插图本，其中文字与插图可称得上是相互倚重。

  无论是绣像插图还是全像插图，都是我国古代小说插图本的具体表现。其以卷首插图和上图下文两种形式参与到小说的创作，更大程度是处于依附地位，是衬托、点缀性的，以介绍和阐释功能来对话文本。明清时期插图本小说最为盛行，成为重要的"副文本"。以《三国演义》为例，叶逢春本、双峰堂本、诚德堂本、忠正堂本、联辉堂本、乔山堂本、评林本、杨闽斋本、朱鼎臣本、黄正甫本、种德堂本、藜光堂本、杨美生本、周日校本等皆为插图本，未见插图者主要包括目前所见刊行年代最早的嘉靖本、钟伯敬评本及夏振宇刊本。其中夏振宇刊本情节文字与周日校本相同，它每页上栏有横排六字标题，应为图题。这说明书坊只是删去周日校本插图而未将图题删除。显然，插图对古代小说文本形态产生了显著影响。一方面郑樵《通志略》"图谱略"指出："见书不见图，闻其声不见其形；见图不见书，见其人不闻其语。图至约也；书至博也。即图而求易，即书而求难。古之学者为学有要，置图于左，置书于右，索象于图，索理于书"，他认为图与书原本"相错而成文"。② 叶德辉亦谓"古人以图、书并称，凡有书必有图"③，他也认为文本由图与文共同组成。

  明清时期，小说既是精神产品又是文化商品，为招徕读者，一些书坊主将插图作为一种促销手段，小说插图对文本的美化是出版商精心设计

---

① 王海刚：《明代书业广告研究》，长沙：岳麓书社，2011年，第161页。
② （宋）郑樵撰：《通志二十略》（下），王树民点校，北京：中华书局，1995年，第1825页。
③ （清）叶德辉：《书林清话；附书林馀话》，扬州：广陵书社，2007年，第153页。

的结果,视觉元素的介入、对图像主题的分析使插图具有审美隐喻功能,从而使小说插图的"副文本"性质得以强化。法国学者弗雷德里克·巴比耶在讲到"风格"的关联意义时提到,一种风格与经济政治以及宗教的特点联系在一起,它同样的与一个人的认知,一种确定的工作和技术状态以及不同社会团体的自身情况相联系。可见插图携带意义内涵之丰富。例如,嘉靖壬午本《三国演义》本无插图,而万历间金陵周曰校在此基础上刊刻的万卷楼本却插入图像二百余幅,封面"识语"还以"节目有全像"招徕读者。二者虽然同出一源,但万卷楼本为坊刻小说,故书坊主为促销而设置了插图;而嘉靖壬午本乃司礼监刊刻,不像书坊主那样具有强烈的商业意识。再说,插图的导读功能也是明清小说副文本的重要原因,特别是明清插图本小说中带有连环画性质的"全像",其导读功能最为显著,它可以帮助读者尤其是那些文化水平较低的读者全面系统地了解人物性格或情节走向。

二、插图叙事:从时间到空间

阿瑟·伯格(Arthur Asa Berger)指出:"叙事就是讲故事,故事中总要包括一系列按时间顺序发生的事件,即叙述在一段时间之内,或者更确切地说,在一段时期间发生的事件。这段时间可能很短,如童谣,也可能很长,如长篇小说和叙事诗。许多故事的结构都是线性的。"[①]插图要承担叙事的功能,则必须具有时间性。连环画有多幅图像,从而具有了时间性。这涉及单幅图像的时间性问题。1954年,美国现象学家汉斯·乔纳斯(Hans Jonas)在《高贵的视觉》一书中指出:"视觉经验的内容的发生具有同时性,它的活动无须依赖于时间的连续过程,它是在一瞬间完成的:在眼睛张开或瞥视的一瞬间,也就展现了在空间中共同存在、在深度上排列有序、在不确定的距离中连续存在的物质世界。其他的感官则要求一个伴随时间的、连续的经验事件的过程,这一过程会妨碍主体保持超然的态度。"[②]通过图像的形式,读者在瞬间就可把握整个故事情节,而不再需

---

① [美]阿瑟·阿萨·伯杰(伯格):《通俗文化、媒介和日常生活中的叙事》,姚媛译,南京:南京大学出版社,2000年,第4页。
② 转引自吴琼:《视觉性与视觉文化——视觉文化研究的谱系》,见克里斯蒂安·麦茨、吉尔·德勒兹等:《凝视的快感——电影文本的精神分析》"序",吴琼编,北京:中国人民大学出版社,2005年,第5页。

要重新沉浸在叙事的时间之中。这是图像的优越所在,但也造成了图像叙事的困境。在连环图像和多情节图像中,由于按一定的顺序排在一起,从而构建了语境,观者很容易看到事件发展的前因后果,理解起来也就相对容易。单幅图像由于失去了其语境,往往给观者的理解带来不便,甚至造成误解。要避免误读,需插图作者匠心独运,如莱辛所言,图像必须定格在"最富于包孕的片刻"。约翰·伯格指出:"一张照片保存了时间的一个瞬间,阻止它被后来的瞬间抹去。在这方面,相片或许可以与储存在记忆中的影像相比较,但是却存在一个根本性的差异:记忆中的影像是持续经验的剩余,而相片却将不相关瞬间的现象孤立出来。一切照片都充满歧义。一切照片都来自连续性的断裂。如果是一个公共事件,这一连续性便是历史;如果是私事,已断裂的连续性便是人生故事。即便是一张单纯的风景照也打破连续性:那就是光线和气候的连续性。不连续性总会产生歧义。但这种歧义经常不是显而易见的,因为一旦照片被配上文字,他们就一起提供一种确定性的效果,甚至一种教条式的武断效果。"①在英国学者彼得·伯克(Peter Burke)看来,图像叙事存在着如何用静态的画面来表现运动中的某个时间断面的问题,换句话说,如何使用空间去取代或表现时间。艺术家必须把连续的行动定格在一张画面上,一般来说是定格最高潮的那一刻,而观众也必须意识到这个画面是经过定格的。画家面临的问题在于,如何在表现一个过程的同时又必须避免留下同时性的印象。钱锺书在《论拉奥孔》中提到:"诗文里的描叙是继续进展的,可以把整个'动作'原原本本、有头有尾地传达出来,不像绘画只限于事物同时并列的一片场面;但是它有时偏偏见首不见尾,紧临顶点,就收场落幕,让读者得之言外。换句话说,'富于包孕的片刻'那个原则,在文字艺术里同样可以用。"②这个片刻就是情节发展到顶点的那一刹那,用朱光潜的话来讲,这一顷刻既包含过去,也暗示未来,具有时间的流动性,想象有了自由发挥的余地。如果选择情节的高潮处进行描摹,就无法继续往下推进,叙事进入僵局,也是对读者想象力的遏制。截取故事"最富于包孕的片刻"进行构图,这在古代小说中随处可见。如徽州刻本《忠义水浒

---

① [英]约翰·伯格、[瑞士]让·摩尔:《另一种讲述的方式》,沈语冰译,桂林:广西师范大学出版社,2007年,第40页。

② 程然:《〈围城〉导读》,南京:江苏教育出版社,2001年,第121页。

传》插图"误走妖魔",小说写道:"那一声响亮过处,只见一道黑气,从穴里滚将起来,掀塌了半个殿角。那道黑气直冲上半天里,空中散作百十道金光,望四面八方去了。众人吃了一惊,发声喊,都走了,撇下锄头铁锹,尽从殿内奔将出来,推倒撷翻无数。惊得洪太尉目睁痴呆,罔知所措,面色如土,奔到廊下,只见真人向前叫苦不迭。"① 小说描述有先后,但在黄诚之等所刻插图中(见图6-1),黑气,至于洪太尉上山途中所遇到的大虫、大蛇等,都被绘工所忽略,误走妖魔细节承上启下,为后文的天罡地煞出场作了铺垫。

图 6-1:徽州黄诚之、刘启先刻《忠义水浒传》插图"北京较武"②

若是描述同一时段发生的故事,也可用图像并置的方式,尽可能丰富地展示文本情节。这在插图本中也极为常见。如《西游记》建本插图"三藏昏倦,案上盹睡"以及"乌鸡国王,托三藏梦""行者大战黑风妖熊"与"熊精回洞紧闭石门"(见图6-2),表达的都是前后交替时间进程的画面。时间与空间直接呈现出流动感,其所表达的是不同时间、空间发生的事情。事件的流动不再依赖于读者的想象,而由画面直接呈现。在此模式中,同

---

① (明)施耐庵:《水浒传》(第2版)(上册),北京:人民文学出版社,1997年,第14页。
② 郑振铎编:《中国古代版画丛刊》(二),上海:上海古籍出版社,1988年,第778页。

一人物可以出现在不同空间中,以显示出时间的进程,便于完整地将故事发生、发展的经过展示出来。

图 6-2:《西游记》建本(杨闽斋本、朱鼎臣本)插图

插图者为增强插图的叙事功能,还推出了画面内容丰富的多情节插图。构图者不受任何视点的束缚和时空限制,将前后相关的情节、场景、人物绘刻在一幅图画内进行叙事,如此便做到了情理相合、事义互配,情节的连贯性得以保证,也拓展了读者的阅读视野。此法运用最成功者当属袁无涯本《水浒传》,如第七回"菜园中演武"一图(见图6-3),画面左上方画的是高衙内调戏林冲娘子的情景,右下方为林冲于端墙边观看鲁达演武的场景,刻工巧妙地将同时发生于两个不同空间内的故事情节集中于一个画面,情节的连贯性、共时性得到很好体现。

图 6-3:袁无涯本《水浒传》插图"菜园中演武"

第六十六回写梁山好汉为救卢俊义而智取大名府,围绕这一中心事件,同时发生了时迁火烧翠云楼,刘唐、杨雄棒杀王太守,孙二娘火烧鳌山,梁中书在李成护送下逃亡,燕青与张顺捉拿贾氏、李固等一系列情节。该回对应的插图题为"火烧鳌山翠云楼"(见图6-4),将上述几乎同时发生于不同地点的多个情节场景集中于一个画面,形象立体展示了众好汉智取大名府的全过程。无论是单幅插图,还是多情节插图都在试图突破空间叙事不足,并尽可能利用空间带动时间的流动,以讲述更多的文本故事。

图 6-4:袁无涯刊《李卓吾批评忠义水浒传》插图"火烧鳌山翠云楼"

三、叙事干预:图像叙事的功能

插图作为小说图像叙事的表意符码之一,不仅对文本的意义有增补作用,还与文本之间形成互文关系,组成图文合一的叙事格局,让读者在视觉化的阅读中理解和接受文本。徐念慈曾谈到插图增强美感和引导阅读方面的作用:"以花卉人物,饰其书面,是因小说者,本重于美的一方面,用精细之图画,鲜明之刷色,增读书者之兴趣。是为东西各国所公认,无待赘论。"[①]总之,文本与图像相生相长,相辅相成,共同构成了小说的叙事脉络,在时间和空间两个层面丰富着文本。文本第一,插图从属于文本,是文本中的图像叙事,情理上必须与文本契合。但另一方面,插图能帮助读者深化对文本的体悟与感知。通过视觉再现,读者能获得更直观饱满的阅读体验,更切近故事主题,从而深化对文本的理解。在叙事立场上,图像具有同文字一样的文本属性和话语权利,也能够生成并迸发出夺

---

① 徐中玉主编:《中国近代文学大系·第1集·第1卷·文学理论集一》,上海:上海书店,1994年,350页。

目的光彩。从发生学角度看,文先出,图后出,图像对文本有依附性,然而这并不意味着图像没有意义更新的可能性。由于图像和文字在创作者媒介、语汇等多方面存在差异,插图的再现看似有固定内容的制约,实际上插图创作的能动力依旧传达出创作者个人的阅读感悟。复旦大学葛兆光曾言:"图像资料的意义并不仅仅限于'辅助'文字文献。也不仅仅局限于被用作'图说历史'的插图,当然更不仅仅是艺术史的课题,而是蕴含着某种有意识的选择,设计和构想,隐藏了历史,价值和观念。"[①]因此,我们不能单纯将插图视作文本的衍生物,卓越的插图既是对文本的阐释,更是对文本的超越,是图像艺术和小说创作共同驰骋的疆场。伟大的艺术家都会超越语言媒介的束缚,正如潘诺夫斯基(Erwin Panofsky)指出的:"丢勒对古典艺术的理解就具备这种能力。他像一个大诗人,虽不懂希腊语,却能够通过译本比译者更深切地理解索福克勒斯的著作。"[②]中国古代的言意之辨也同样说明了这个问题。

但从小说绣像的发展实际来看,中国古代的小说绣像从未独立地承担叙事任务,同时也无法完整地对情节进行再现,因此,笔者更倾向于将其视为叙事的干预者。从对小说插图史的考察来看,小说插图的叙事功能并不是一成不变的,而是经历了一个变化的过程,即经历了叙事的全像插图(又称全相、全图以及出像)和作为非叙事的绣像插图的过程。小说插图叙事功能的具体实现方式有如下几种:

1. 叙事建构

小说绣像干预叙事最为基本的方式是将文本细节图像化,这种创作是小说固有的文本意义(包括事件、人物、场景等)的忠实再现,但事实上,小说绣像常常产生意义增值。一方面可能作图者将其自身对文本的认知及阅读体验延留到绣像之中。另一方面,从理论上讲,任何图像都不可能是单纯的形象展示,而是留有相应的"图像空白",亦即意义生成空间。以《红楼梦》为例,"以花喻人",花意象在《红楼梦》文本中与人物密切相关,每个女子都有自己的代言花,凸现了人物的精神气质。如秦可卿—海棠、贾探春—杏花……不过在插图本中,很多人物所配之花乃是出于画工的

---

① 葛兆光:《思想史研究视野中的图像》,《中国社会科学》2002年第4期,第74页。
② [美]E·潘诺夫斯基:《视觉艺术的含义》,傅志强译,沈阳:辽宁人民出版社,1987年,第327页。

重新安排,有自己的认知和解读,图像内涵丰富。以双清仙馆本图《尤三姐》为例,对持剑的尤三姐形象而言,赞语"斩钉截铁"可谓切中肯綮,道出了她面对爱情已逝时的果断和决绝。而在花意象的设置中,画家选择了虞美人(见图6-5)。虞美人之文化母题,可以还原到项羽虞姬的故事。尤三姐秉性刚烈,她和虞姬一样选择了最激烈的殉情方式。人物、花意象、赞语间的配合不仅画出了文中相关情节,而且说明了人物的主体个性特征。

图 6-5

图 6-6

再如《叶逢春刊新刊通俗演义三国志史传插图》,此二图所绘刘关张访孔明途中偶遇石广元、孟公威的场景。在绣像中,石广元、孟公威披上了道袍(见图6-6),俨然被重塑为二道的形象,显然是作图者在一定阅读体验下对文本细节进行的不经意的改写。如同样是黛玉葬花的插图,图6-7选取黛玉扛着锄头,锄头挂花袋的场景。图6-8则选取黛玉正在锄地,旁边放着花袋的场景。图6-7中的黛玉扛着花锄低头敛目地走在林边小路,再辅以周围风景,刻画出黛玉多情而又柔弱的性格。图6-8则照本宣科,让黛玉手舞锄头,显然并不符合她的性格特征。因此图6-7在后世流传更为广泛。

图 6-7:黛玉葬花

图 6-8:黛玉葬花

2. 叙事干预

在小说发展史上,绣像并非总产生于流通领域且处于可有可无的地位。小说作者与评点者有时会主动援引图像系统作为原生文本,这样图像与小说正文或评点内容直接相连,共成一体,已成一种图像文本。以庚辰本中的此段原文为例:"宝玉亦凑了上去,从项上摘了下来,递在宝钗手内。……宝钗看毕又从新翻过正面来细看,口内念到'莫失莫忘,仙寿恒昌'……宝玉忙托了锁看时,果然一面有四个篆字,两面八个,共成两句吉谶。亦曾按式画下形相。(按:此句后有金锁正反面图,并伴有音注。)宝玉看了也念了两遍,又念自己的两遍。因笑问姐姐:'这八个字到真与我的是一对。'"金锁上的八个字"不离不弃,芳龄永继"在文中均未出现,仅在绣像中有所体现。因此图像与正文存在对话关系,不可分割。从整个《石头记》抄本系统来看,虽然通灵宝玉图示、金锁图示表现方式各有不同,有的有图而无篆字(如列藏本),有的仅以汉字标示(如舒元炜序本),但都是图文结合的搭配。

3. 叙事辅助

作为叙事之辅助,插图或冠于卷首,或插于文中,或单独成册,参与或部分参与小说叙述行为。插图不仅仅作为文本的配图而存在,有的还会在其中加入简短的文字性描述,用来强调突出图像的内容、说明画中人物的心理世界、升华图像的意义和价值、加深读者对图像的印象和感受等,如图像上的题字;还有的文字对图像起到解释说明的作用,字数较多,或是解释图像中的场景,让图像的叙事倾向更加明确,或是对图像做出具体明确的语境限定,使原本"去语境化的存在"的图像有了明确的叙事方向,让图像所描绘的事件过程明晰起来。徐小蛮等编的《中国古代插图史》认为:"所谓款识就是在插图上标注的文字。如一幅人物众多的插图,会在人物旁标上某某某;如一幅针灸穴位插图,会在人体上标出某某某穴位,还有像一些器物插图,也会在器物旁标上器物的名称等等。"[①]这种形式最早见诸汉代画像石及壁画上,后来应用在佛经的插图中。在小说绣像机制中,一些叙事性的题榜,也具备复述、建构情节的功能,最为常见的是插图小说中出现的图题以及万历间出现的楹联类题榜,它们中的部分题榜已经具备了较为细致的细节铺叙。画工常常通过楹联对回目、情节进行铺叙,并使图、小说、联语之间形成一种互释关系,较好地衍伸了叙事的内容。小说绣像中除了描摹情节与人像的绘图外,还有一种作为补注的"图式体",他们有时会承袭"左图右书"的余意为小说文本提供注解性质的图像,其出发点不在于文意的表达,而是侧重于对小说的认知功能进行拓展。在小说版本中,这样的绣像通常包括:舆图、器物图、胜景图、天文术数、春宫秘戏等。此类绣像大多只是一种拓展性的内容,其本质上不影响小说叙事内容本身,仅作为一种补充而存在。明刊《七十二朝人物演义》中所绘制的"瑟""屈卢之矛""步光之剑""合卺杯""爱居""栗书""玉璧""玉兔""虎符"等,重在挑选博物性质的题材以资考证、鉴赏。

4. 叙事批评

图像中所含的批评因子亦可能对小说叙事产生一定程度的干预,它们为文本进行了一定程度的价值判断和情感寄寓,因而会或多或少地影响到最终的叙述效果。在小说绣像编纂过程中,图像作者的"加像"行为不仅是一种对文字(或故事)的忠实描摹和再现,同时也是一种基于反馈的表达。一方面图像作者会依据个体经验对小说文本意义(包括事件、人物、场景等)进行有选择、有意图的具象化操作,另一方面则表现为他们可

[①] 徐小蛮、王福康:《中国古代插图史》,上海:上海古籍出版社,2007年,第52—53页。

能会通过小说绣像独特的表意机制行发评论、宣泄情感,从而将他们的主体意识渗透到绣像之中。图绘内容的选编、题榜、排序、钤印,都蕴含着"画外之音",小说绣像实际上已具备了一定程度的文学批评功能。如楹联题榜多出现在回目图或事件图之中,以万卷楼本《三国志通俗演义》为个案,可以发现这些楹联式的题榜兼具阐释和评论双重批评特性:一方面,题榜对图绘情节进行延伸性的阐释,使绣像、文字、题榜之间形成了一种"互释"关系,如:"董卓火烧长乐宫"题联"红焰冲天长乐宫中开火树,黑烟铺地洛阳城内列烽猴",重在对小说关键情节进行渲染和铺叙。另一方面,楹联题榜有时还会因事而发,对文本内容展开评论、好发情感,论事者如"祭天地桃园结义"题联"萍水相逢为恨豺狼当道路,桃园共契顿教龙虎会风云",论人者如"吕布刺杀丁建阳"题联"半世称侯自是不仁还不义,三家作子敢于无父必无君",已明显具备了褒贬的意味。

插图与小说同为艺术的门类,就创作而言,二者具有极强的互补性。文本叙述的是按时间流程而展开的故事情节,插图叙述的是其中某个"顷刻",对于某个顷刻的选择则是画工的权力,它反映了画工和书商对于小说文本的接受。深入剖析插图可能导致的文本增值和叙述功能,不仅有助于研讨图文关系,也是古代小说研究的一个重要途径。德国理论家伽达默尔提出的关于历史流传物的理论,即是说在绵延无尽的历史文化过程中文化经典和艺术作品是向以后时代永远开放的,当世和后世的人们在永无止境的阅读中不断创造新的理解和意义,插图本小说就是最好的例证。

第三节 《奥德赛》与西方游历小说叙事传统的形成

和中国文学的发展模式几乎如出一辙的是,西方早期文学也是诗体文学一家独大的局面。但两者在发展过程中又呈现出不同特征。相对于中国文学擅长抒情来说,西方文学有非常明显的叙事传统,西方文学的源头是古希腊文学,在古希腊神话中,有一条明显的主线,那就是讲述英雄在海上漂流历险的故事,无论伊阿宋驾驶着"阿尔戈"号,带领希腊众英雄智取金羊毛的典故,还是奥德修斯在海上漂泊十年,屡屡绝处逢生的经历,都成为后世小说仿效、致敬的对象。

相比于史诗、戏剧等其他文体而言,西方小说尤其长篇小说的正式亮相相对较晚。希腊是欧洲文化的发源地,希腊神话和荷马史诗孕育着后世多种文学样式的可能。无论是叙事的形式还是叙事的内容,后世的小说都受到了希腊文学的影响,18世纪英国作家菲尔丁曾将小说称之为"散文滑稽史诗",按照卢卡奇的观点,小说是时代的产物,是"这样一个时代的史诗,对这个时代来说,生活的外延整体不再是显而易见的了,感性的生活内在性已经变成了难题,但这个时代仍有对总体的信念"①。

作为西方游历叙事传统的开拓性作品,《奥德赛》从叙事主题到叙事手法上都对后世文学产生了深远的影响,《堂吉诃德》《鲁滨孙漂流记》等游历小说在仿拟《奥德赛》叙事的同时,受时代和作家个人经历的影响,在人物设置、结构安排、英雄形象塑造等方面与《奥德赛》存在着一定的差异性,这种差异性恰恰说明西方游历小说的叙事传统由此而变化成型。

一、《奥德赛》:西方游历小说叙事传统的源起

因为希腊地形的特点,海洋在希腊人生活中占据重要的地位,打从孩童时代开始,他们就跟随着自己的父辈在无边的大海、不明身份的岛屿和希腊境内各大港口来回穿梭,海洋是每个古希腊少年成长的必经之路,书写英雄的海上冒险故事自然也成了希腊神话和荷马史诗中长盛不衰的主题。而希腊神话中最著名的两个远航故事就是伊阿宋智取金羊毛和奥德修斯返乡之旅。

当伊阿宋要去遥远偏僻的科尔喀斯国夺取金羊毛时,希腊那些著名的英雄"都被邀请来参加这英勇的壮举",坐在"希腊人敢于行驶在大海上的第一艘大船"②——阿尔戈号上,伴随着俄耳甫斯优美动人的琴声和歌声,乘风破浪,勇往直前。因为对于他们来说,浩瀚的海洋就像踩在脚下广阔无垠的陆地一样,海上漫漫征途是他们日常生活中不可分割的一部分。对于这些英雄来说,路过的都是风景,目标永远在前方。他们凭借着超人的勇气和过人的本领,在地狱女神赫卡忒神庙女祭司——美狄亚的帮助之下,克服了重重困难,一路披荆斩棘,重返故土。

---

① [匈]卢卡奇:《小说理论:试从历史哲学论伟大史诗的诸形式》,燕宏远、李怀涛译,北京:商务印书馆,2012年,第49页。
② [德]斯威布:《希腊神话和传说》,楚图南译,北京:人民文学出版社,1959年,第56页。

尽管取回金羊毛的是伊阿宋，但这个神话故事要赞扬的并不是他一个人的力量，因为当危险降临的时候，解决问题的往往是其他英雄。在往返途中，阿尔戈号上的英雄们遭遇了很多惊心动魄的时刻，其中较危险的一次就是涉险闯过塞壬岛，塞壬是三位鸟身人面的女妖。她们驻扎在海中荒僻的小岛上，每当有船只经过时，她们便唱起那动人的歌曲，她们的歌声清丽婉转，宛若天籁，过往行人无不心醉神迷，跃入水中，去追逐那令人销魂的歌声，结果都触礁而死，因此，岛上白骨遍地。当塞壬女妖的歌声伴随着岛上的花香传到阿尔戈号时，阿尔戈号上的英雄们不由自主地系缆停船。眼看着就要全军覆没，这一次站出来拯救大家的并不是伊阿宋，而是俄耳甫斯。只见他"从座位上站起，弹着神圣的竖琴，奏出美丽高昂的音乐，掩盖着那诱致他的朋友们趋于死亡的歌神"①。在俄耳甫斯琴声的鼓舞下，阿尔戈号像离弦的箭一样驶离了塞壬岛，船上的英雄们又恢复了往日的神采。

希腊神话中的另一个英雄奥德修斯也曾路过塞壬岛，奥德修斯是史诗《奥德赛》中的主人公，相传《奥德赛》为荷马所作，主要叙述了伊萨卡王奥德修斯在特洛伊战争结束后在海上漂泊10年、历经重重困难重返故土的故事。希腊联军攻破特洛伊城后，奥德修斯决定带着自己的同伴返回故乡，他在海上九死一生，经历了重重考验。但让他和同伴涉险过关的不再是众人的力量，而是奥德修斯返乡的决心以及他那超人的智慧，即便是承诺让他永葆青春的神女卡吕普索，也没有改变奥德修斯回家的决心。在奥德修斯看来："任何东西都不如故乡和父母更可亲。"②希腊人认为世界是有限、封闭的，因此，即便与世界、家乡、人群完全分离，也不会妨碍其与世界的"同质性"，这种"同质性"让奥德修斯既不会因为当下的环境而自怨自艾，也不会因为路途遥远而彻底忘记回家的路，在他心中，故乡就是那个远离物质污染、岁月侵蚀的实体，只有回到故乡的怀抱，才能找回那个纯洁、真实的自我。

在经过塞壬岛时，为了不让自己的船员被塞壬的歌声所魅惑，他先用蜡封住所有船员的耳朵，接着吩咐他们用绳索把自己绑在桅杆上，然后又提前告诫他们，一旦自己受到塞壬歌声的诱惑，开始挣扎，就让同伴用绳

---

① [德]斯威布：《希腊神话和传说》，楚图南译，北京：人民文学出版社，1959年，第89页。
② [古希腊]荷马：《荷马史诗·奥德赛》，王焕生译，北京：人民文学出版社，1997年，第171页。

索把自己再捆一圈。这一番设计让他在没有性命之忧的情况下又享受到了一场音乐飨宴。

在奥德修斯海上经历的重重劫难中,"险过塞壬岛"这个故事的情节相对简短,但也让我们看到了英雄的不凡之处。塞壬并非仅仅是塞壬,她们是人类面临的各种诱惑的象征。凡人在面对塞壬的诱惑时,若不提前防范,只能束手就擒。正如船上那些普通的船员,蜂蜡让他们不用直接面对塞壬歌声的诱惑,从而避免了伤害和死亡。而奥德修斯之所以被称为英雄,是因为他不仅想方设法让自己的船员渡过了难关,更为重要的是,他可能还是这世间唯一既听到了塞壬的歌声,又保全了性命的人。借助奥德修斯和船员的经历,荷马似乎在告诉我们:潘多拉的盒子实在过于强大,只有像奥德修斯这样的勇士和英雄才能敢于直面诱惑,挑战极限,在充满危险的海洋上用人类的智慧满足自我对未知的渴求。与伊阿宋智取金羊毛相比,奥德修斯返乡之旅更具故事性,从情节上看,后者一波三折,跌宕起伏,更能扣住读者的心弦,从人物形象来看,奥德修斯的英雄气质更为突出和明显,在面对常人难以想象的困难时,他总能屡出奇招,力挽狂澜,而伊阿宋每每都要借助他人的力量才能攻克难关。荷马在《奥德赛》中用了很多褒义词来形容奥德修斯的英雄品质,如"'神样的'、'勇敢的'、'睿智的'、'足智多谋的'、'机敏多智的'、'历尽艰辛的'、'饱受苦难的'、'阅历丰富的'"[①],上述形容词频繁出现在这部诗作中,给读者留下了极为深刻的印象,正如王焕生所言:"它们正好集中反映了诗人希望借助行动表现主人公性格的两个主要方面,即坚毅和多智。"[②]

亚里士多德在《诗学》中对《奥德赛》的情节安排大加赞赏,他在阐释"情节整一性"时提出:"只要写一个人的事,情节就会整一,其实不然。"[③] 因为一个人可以采取过很多行动,经历过很多事件,但这些行动和事件并不组成一个完整的行动或事件。他以《奥德赛》为例,阐明了荷马在情节安排上的"真知灼见":

在作《奥德赛》时,他没有把俄底修斯的每一个经历都收进诗里,

---

① 王焕生:《〈荷马史诗·奥德赛〉前言》,见[古希腊]荷马:《荷马史诗·奥德赛》,王焕生译,北京:人民文学出版社,1997年,第4页。
② 同上。
③ [古希腊]亚里士多德:《诗学》,陈中梅译注,北京:商务印书馆,1996年,第78页。

例如,他没有提及俄底修斯在帕耳那索斯山上受伤以及在征集兵员时装疯一事——在此二者中,无论哪件事的发生都不会必然或可然地导致另一件事的发生——而是围绕一个我们这里所谈论的整一的行动完成了这部作品。①

亚里士多德对荷马的评价恰如其分,荷马在讲述奥德修斯的经历时,确实是围绕着一个"整一的行动"也就是一个中心来完成这个作品,这个整一的行动即为"奥得修斯回归故乡"。② 但荷马的高明之处在于他没有把奥德修斯十年海上漂泊的经历按照故事发生的时间顺序一一道来,而是采用了和《伊利亚特》一样的倒叙方式,即集中讲述十年漂泊旅程中最后40多天的故事,此前发生的事情由奥德修斯追叙,诗人的讲述有详有略,对于那些意义重大的事件,诗人毫不吝惜自己的笔墨,可能一天的事情需要花费数卷的篇幅,而对于那些无关紧要的事情,诗人往往一笔带过,这种快慢相间的叙事节奏,让整部史诗的结构张弛有度,情节跌宕起伏,为后世的叙事作品提供了范本。

荷马是一位行吟诗人,居无定所,四处漂泊,他带着自己编纂的故事云游四方。当《奥德赛》被荷马以及其他的吟诵诗人带到希腊各个角落,被一遍又一遍重述时,认知心理学认为,这种被讲述的古老故事将影响听众对于现实的认知,因为"人类的知识来自围绕着过去经验构建的老故事"③。荷马的身份和荷马的故事为希腊人的生活提供了一个权威视角,民众以此来确定人生的方向。《奥德赛》中那个远航的故事成了一个灯塔,它指引着希腊人去探索未知的前方,寻找属于自己的远方,这或许也是荷马同时代人将其称之为"希腊的教育者"的原因。

当罗马人把希腊文化带到欧洲各个角落后,因为荷马和荷马史诗的影响力,吟唱英雄的冒险精神、歌颂英雄的勇敢和智慧成为西方一代又一代作家笔下共同的母题,不仅如此,荷马在《奥德赛》中以一个人物的足迹

---

① [古希腊]亚里士多德:《诗学》,陈中梅译注,北京:商务印书馆,1996年,第78页。
② 王焕生:《〈荷马史诗・奥德赛〉前言》,见[古希腊]荷马:《荷马史诗・奥德赛》,王焕生译,北京:人民文学出版社,1997年,第2页。
③ Schank, Roger C. & Abelson, Robert P. "Knowledge and Memory: The Real Story", in Robert S. Wyer ed. *Knowledge and Memory: The Real Story*. New Jersey: Lawrence Erlbaum Associates, Publisher Shillsdale. 1995. p.1.

为故事线索展开叙述,以及"从中间开始,继之以解释性的回顾"①的倒叙手法,成为西方后世小说的一种叙述模式,就像叙事学理论的奠基者之一热奈特所评价的那样:"大家也知道小说的叙述风格在这点上多么忠实于远祖,直至'现实主义'的19世纪。"②在分析《追忆似水年华》时,他还再次强调了"倒叙"的传统性,"把年代倒错说成绝无仅有或现代的发明将会贻笑大方,它恰恰相反,是文学叙述的传统手法之一"③。后世的游历小说如《堂吉诃德》《鲁滨孙漂流记》《汤姆·琼斯》《匹克威克外传》《汤姆·索亚历险记》《哈克贝里·芬历险记》等,这些小说中一直提倡的英勇、坚毅、公正、自由、冒险的现代价值观,以及它们所采用的叙述手法,都能看到《奥德赛》主题与形式的延续与重复。

二、《堂吉诃德》:西方小说游历叙事传统的发展

作为欧洲公认的第一部现代意义的长篇小说,《堂吉诃德》有很多不完美之处,比如结构松散、情节前后矛盾,爱情故事乏善可陈,可在光芒万丈的堂吉诃德面前,这些缺点简直可以忽略不计,而堂吉诃德的光辉恰恰来自他身上所体现出来的游侠骑士精神。

作为一个西班牙乡村的普通乡绅,堂吉诃德为什么会有一个游侠梦?这是因为受到了当时流行文化——骑士小说的影响,西班牙的骑士小说脱胎于中世纪的骑士传奇,骑士传奇按照题材一般可分为三个系统,其中之一就是古代系统,这一系统的特点就是模仿古代文学,比如《特洛伊传奇》《埃涅阿斯传奇》,等等。这些传奇中的英雄虽来自古希腊罗马,但心怀的却是中古骑士的爱情观和荣誉感,而这一点深深地影响了塞万提斯,也造就了堂吉诃德和奥德修斯本质上的区别。

其一,在《奥德赛》中,奥德修斯的英雄身份是与生俱来的,他不仅是伊萨卡岛的国王,而且以聪明著称于世,希腊人能攻破特洛伊城,直接得益于奥德修斯的木马计,也是在他的劝说下,希腊的第一勇士阿喀琉斯才加入希腊联军中来。而堂吉诃德仅是一位乡村绅士,塞万提斯用略带讽

---

① [法]热拉尔·热奈特:《叙事话语 新叙事话语》,王文融译,北京:中国社会科学出版社,1990年,第14页。
② 同上。
③ 同上书,第15页。

刺的手法描述了这位乡绅的外貌:"我们这位绅士已年近五旬,身子骨还相当结实,身材瘦削,面貌清癯,平时喜欢早起,还爱狩猎。他名叫吉哈达,又有人说他叫盖萨达,说法不一,但据考证,他应该是姓盖哈纳。不过,他叫什么名字对本传记关系不大,只要在叙述的过程中不失真就行了。"①从叙述者的描述中,这位主人公普通而平凡,身份和地位毫无过人之处。甚至连叫什么名字好像都显得无足轻重——"他名叫吉哈达,又有人说他叫盖萨达,说法不一,但据考证,他应该是姓盖哈纳。不过,他叫什么名字对本传记关系不大,只要在叙述的过程中不失真就行了。"②

其二,奥德修斯自带英雄光环,他是在神灵的引领之下披荆斩棘;而堂吉诃德的英雄梦则带有强烈的主观性和个人色彩。他的理想有些不合时宜,这一点从他出游所需的装备及一系列的命名仪式就可以清晰地反映出来,盔甲是曾祖父留下来的,"早已锈迹斑斑,还散发出一阵阵霉味儿"③。因为头盔太浅,他只好用马粪纸花了一周时间做了一个面罩,为了检验面罩的牢固性,他一剑劈了下去,这一劈让他一周的心血付诸东流。他还为自己、自己的马、意中人分别取名堂吉诃德·德·拉曼却、罗西纳特,以及杜尔内西娅,他在为自己的坐骑取好名字后,觉得"罗西纳特"这个名字"高雅、响亮而且富有意义"④,这一个又一个的名字绝不只是"粗鄙现实的面具"⑤,它们的出现标志着他的旅程从一开始迈进的就是"语言的世界"⑥。从这个角度来说,我们就能理解为什么堂吉诃德会把风车看成是巨人,因为他造就梦想和实现梦想的过程充满了虚幻性,是一种言语的幻想。

其三,奥德修斯是在极不情愿的状态下远征特洛伊,希腊联军即将启程之际,他刚得贵子,并不想背井离乡,佯装发疯却被使者帕拉墨得斯识破,最终被迫参加了特洛伊战争。这种"身不由己"的悲愤与痛苦弥漫在他对过往经历的追忆中。乐师悲壮的歌声引发了奥德修斯的倾诉欲,在

---

① [西班牙]塞万提斯:《堂吉诃德》,屠孟超译,南京:译林出版社,2011年,第13页。
② 同上。
③ 同上书,第14页。
④ 同上书,第16页。
⑤ [南非]安德烈·布林克:《小说的语言和叙事:从塞万提斯到卡尔维诺》,汪洪章等译,上海:上海人民出版社,2010年,第2页。
⑥ 同上。

向众人讲述自己一路的颠沛流离时,奥德修斯并没有直接进入主题,而是先向众人表明了自己对故国的赞美:"伊塔(萨)卡虽然崎岖,但适宜年轻人成长,/我(奥德修斯)认为从未见过比它更可爱的地方。"①这种赞美包含了游子对故国的眷恋之情,也再一次从侧面强调了他与故国、亲人、妻儿分离时的不舍与痛苦以及离开时的情非得已。与群体利益相比,奥德修斯更看重自我需求的满足。而堂吉诃德则不同,不管周围的亲朋好友如何阻拦,他都要出外行侠仗义。他这样做并不是为了获取财富,而是想要帮助他人,匡扶正义。他痴迷于骑士小说,深陷语言的牢笼,认为自己所生活的世界就像当年的骑士时代一样,是一个需要改善,并且能大有作为的世界。所以他才会带着自己的侍从一次又一次踏上旅途,不管在途中遇到多大的困难,遭受多少挫折,他从没有过怨言,为了理想义无反顾。堂吉诃德认为这是他作为游侠骑士的使命和义务,他必须为此拼尽全力。这种游侠骑士精神让他闪闪发光,正如布鲁姆所言:"在全部西方经典中,塞万提斯的两位主人公确实是最突出的文学人物,(顶多)只有莎士比亚的一小批人物堪与他们并列。他们身上综合了笨拙和智慧,以及无功利性,这也仅有莎士比亚最令人难忘的男女人物可以媲美。"②

传统会给后来的作品带来压力,"它不断迫使作家与包容在前人作品中的成就以及包容在他自己以前的作品中的成就分道扬镳。每一步新作都必须与它之前的作品有所区别"③。与奥德修斯大部分时间孤身作战不同,堂吉诃德的身边一直有桑丘陪伴,尽管作者在小说中首次向读者介绍桑丘时用了略带讽刺的口吻,认为这位穷苦的农民是在堂吉诃德"左许一个愿,右打一个包票"的忽悠下,抛家弃子充当前者出游的侍从,看上去"脑袋不十分灵光"④,布鲁姆却坚持认为:"桑丘的智慧非比寻常,而是作为总督的名声。"更为重要的是,"和堂吉诃德一样,桑丘也在寻找新的自我"⑤。这种对自我主动而又积极的寻找,在一定程度上突破流浪汉小说

---

① [古希腊]荷马:《荷马史诗·奥德赛》,王焕生译,北京:人民文学出版社,1997年,第171页。
② [美]哈罗德·布鲁姆:《西方正典:伟大作家和不朽作品》,江宁康译,南京:译林出版社,2005年,第109页。
③ [美]爱德华·希尔斯:《论传统》,傅铿、吕乐译,上海:上海人民出版社,2014年,第157页。
④ [西班牙]塞万提斯:《堂吉诃德》,屠孟超译,南京:译林出版社,2011年,第49页。
⑤ [美]哈罗德·布鲁姆:《西方正典:伟大作家和不朽作品》,江宁康译,南京:译林出版社,2005年,第100页。

的套路,为西方游历小说叙事传统注入新的因素。

　　从小说文体的发展角度来看,堂吉诃德和桑丘之间的对比与互动构成了小说的新形式,一个是疯狂的幻想家,一个是清醒的现实主义者,一个渴望冲突与战争,一个坚信岁月静好,两人时有口角,但又彼此真心、平等而亲密。堂吉诃德临死之前都惦记着桑丘,而桑丘始终对他的主人忠心耿耿,小说中那些闹哄哄的争吵恰巧是他们友谊最好的见证,他们是出游的伙伴,也是彼此最理想的倾听者,堂吉诃德这个理想主义者执着于自我设定的主观世界不能自拔,桑丘沉溺于现实世界之中,这两个人都无法从自己既定的标准中跳脱出来,但他们会因为相互倾听而改变自我,侍从随时随地的提醒让堂吉诃德的理想有了现实的参照,主人对理想的矢志不移也让桑丘的现实主义抹上了一层理想主义的色彩。因有了理想的倾听者,他们的世界向外敞开,彼此依靠,无论哪一个都不再是这世间孤独的存在。与他人分享旅途经验、交流一路心得的意义绝不止于相互陪伴和互相取暖,这种分享和交流会让彼此对自我的认识更加深刻,从而遇见生命中更好的自己,从这个角度来说,他们的友谊真诚而又经典,布鲁姆认为,这种经典的友谊"并且部分改变了往后的经典本质"。在《堂吉诃德》的影响之下,主角身边跟着一个忠心耿耿的朋友或仆人,变成了西方小说的一种经典模式,两者交相辉映,缺一不可,比如福尔摩斯和华生,缺一不可。

　　荷马讲述的故事实际上是民间智慧的结晶,他的功绩在于"广征博采,巧制精编,荟前人之长,避众家之短"[①],故事的内容与诗人的经历并无多大关联。塞万提斯一生经历丰富,被俘的耻辱、监狱的屈辱,这些挫折与痛苦都留下了它们的质地与印记,成为他创作中重要的一部分。在《堂吉诃德》中,塞万提斯将自己被俘的经历写入文中,每个人物身上都有了塞万提斯的影子,他一边嘲笑他们,又一边理解他们。这不仅凸显出创作的个体化视角,也成就了作者和作品之间的相互拯救——作者用自己的创伤化记忆来建构小说,这部小说反过来又治愈了长期俘虏生活给作家带来的心理伤害。几乎每个成名的作家在创作生涯初期都曾行走在塞万提斯开辟的这条道路上,歌德的《少年维特之烦恼》、狄更斯的《大卫·科波菲尔》、列夫·托尔斯泰的《一个地主的早晨》均为这一类创作的典型

---

① 朱红素:《世界著名作家艺术个性研究》,北京:新华出版社,1998年,第155页。

代表。

《堂吉诃德》中还涉及了一些重要的问题,那就是我们应该如何看待这个世界?这个世界的本来面目是怎样的?其他人是怎样看待这个世界的?塞万提斯用戏剧化的虚构形式告诉我们,每个人看到的世界都是不一样的,当这一现实需要加入道德评价时,答案更是丰富多彩、五花八门。在谈到战争时,塞万提斯一方面诗情画意地描绘它,另一方面他也毫不掩饰桑丘对和平的偏爱。这种作者和人物之间的距离让读者有机会"走进了角色和角色如何看待世界之间的空间,朝着现代社会对小说的定义迈出了坚定的一步"①。

作为现代小说的先驱者,不管是在人物形象的塑造还是故事情节的建构上,他对后世游历小说都产生了巨大的影响,正如布鲁姆所言:"塞万提斯出色的实验已被公认是创造了小说的新形式,它一改流浪汉小说的套路,所以许多后代小说家对它的热爱是完全可以理解的;但是这部小说所引发的巨大热情,尤其是司汤达和福楼拜所表现出的热情,无疑是对其成就的极大赞扬。"②

三、《鲁滨孙漂流记》:西方小说游历叙事传统的成型

《奥德赛》开创的漂流—旅程叙事传统对后世影响深远,在《神曲·地狱篇》第26章中,但丁虚构了一个故事,这个故事主要叙述了尤利西斯(奥德修斯的罗马名)为追求知识和同伴做了最后一次远航,一路向西,驶向比日落更远的地方。这个故事预示着世纪之交西方人对新大陆和新航道的探索。这种对于未知世界的追求与开拓一直保留在西方的游历小说中,最为典型的就是丹尼尔·笛福的《鲁滨孙漂流记》。它不仅传承了《奥德赛》和《堂吉诃德》中的冒险精神,还将财富与冒险联系起来。如前所述,由于地理方面的因素,西方文学从希腊开始就与海洋密不可分,现代交通工具飞机、火车发明之前,海上生活、海外贸易是西方人生活中的常态,从古希腊文学开始,人们就在不断讴歌敢于冒险、与海洋上各种未知

---

① [南非]安德烈·布林克:《小说的语言和叙事:从塞万提斯到卡尔维诺》,汪洪章等译,上海:上海人民出版社,2010年,第2页。
② [美]哈罗德·布鲁姆:《西方正典:伟大作家和不朽作品》,江宁康译,南京:译林出版社,2005年,第97页。

危险作战的英雄。与海共存的生存环境和文学传统造就了具有历史意义的现代海洋游历小说——《鲁滨孙漂流记》,不同文化背景、不同文化层次的读者都能从中受到启发,尤其是那些"少年不知愁滋味",一心向往外面世界的年轻读者,希望有一天能向鲁滨孙那样在惊涛骇浪中实现自己的理想和抱负。因为《鲁滨孙漂流记》告诉他们,生活不只日常生活的平庸与琐碎,还有暂时读不懂的诗和到不了的远方,只要心存梦想,一切皆有可能。

与《堂吉诃德》不同,这部小说的素材来自一个真实的事件,1704年9月,有一位名叫亚历山大·塞尔柯克的船员因与船长发生矛盾,被船长遗弃在一个大西洋孤岛上长达4个月之久,后被另一艘船的船长所救。塞尔柯克的经历轰动一时。笛福以此为蓝本,结合自己多年出海的经历创作了《鲁滨孙漂流记》。这部小说之所以一出版就受到当时读者的热捧,几个世纪过去了依然高居小说销售榜的前列,部分原因在于笛福在运用第一人称叙述手法时的如鱼得水,因为第一人称让读者有种身临其境的亲切感,这种手法能以最快的速度让我们对人物产生认同感。这种叙述手法比较考验作家的写作能力,因此,在笛福之前绝大多数作家使用的还是第三人称叙述。

鲁滨孙出生于中产阶级家庭,接受过良好的教育,可谓是"衣食无忧",但年轻的鲁滨孙不愿意和父亲一样过着富庶、安逸、稳定却又一成不变的生活,他从一开始便直言不讳地告诉读者自己一心向往大海:"除了航海,我对别的一概不乐意。"①海上生活充满了不确定性,可能还会因此丧命。但鲁滨孙为什么对海上生活会有如此强烈的渴望?小说并没有给出明确的答案,但我们可以试想,如果我们也生活在一个四面环海的地方,又从小受到像《奥德赛》这样的海上冒险故事的熏陶,或许就能理解鲁滨孙对海上生活的执着。

鲁滨孙的大哥一心向往戎马生活,不顾父母的劝阻参军作战,最后战死沙场;二哥加入兵团后也杳无音信。在这种情况下,鲁滨孙的父母根本不愿意自己的第三个儿子离开自己,更不要提凶险无比的海上生活。他的父亲以大哥为例,动之以情,晓之以理,希望鲁滨孙能打消航海的念头,虽被父亲的眼泪所打动,但仅仅在家里待了一年,他就瞒着家人踏上了前

---

① [英]丹尼尔·笛福:《鲁滨逊(孙)漂流记》,鹿金译,北京:商务印书馆,2015年,第6页。

往伦敦的船,去寻找自己憧憬的海上生活。这艘船在航行途中遇上了风暴,在即将船毁人亡的危急时刻,鲁滨孙被人搭救,即便如此,他还是没有选择回到家中去过安稳的生活。鲁滨孙对此的解释是"冥冥之中一种不容违抗的天命"①促使他继续往前闯,船长知道他还对远航心存执念之后,奉劝他要听自己父亲的话,回家好好过日子。但此时的他被一股"邪恶的力量"所控制,想要发财致富的欲望让鲁滨孙把"一切忠告和我父亲的苦苦相劝,甚至命令都当作耳边风"②。鲁滨孙对财富的渴望反映了当时英国民众的普遍愿望。因为在第一次工业革命后的英国,商品的大规模生产激发了人们的物质欲望。财富取代血统成为攀登社会阶层的新阶梯。用笛福的话来说:"财富,不问出处的财富,在英格兰造就了机械的贵族、耙子的绅士。古老的血统在此无用武之地,是厚颜和金钱制造了贵族。"托克维尔甚至断言:"其他国家的人只求富贵是为了享受生活,而英格兰人追求富贵,不妨说,是为了活着。"③或许正是因为这一点,鲁滨孙才会在父亲再三表示他们这样的中产阶级家庭不需要他为了财富而置性命而不顾时,在没有多少航海经验的前提还固执地想成为一名水手,因为这是一条发财致富的捷径,鲁滨孙晚年过上富裕的生活也证明了海外贸易确实改变了英国普通民众的命运。

鲁滨孙在孤岛上独自生活时所体现出来的勇敢和智慧,让我们看到了奥德修斯的现代影响,但鲁滨孙对自由的强调、对财富的渴望又为西方游历小说增添了新的维度。关于传统与创新之间的关系,T. S. 艾略特对此有着自己的独特见解:"但当新鲜事物介入之后,体系若还要存在下去,那么整个的现有体系必须有所修改,尽管修改是微乎其微的。"④鲁滨孙崇尚自由、追求财富、酷爱冒险的性格,在改变原有的叙事传统的同时,成为西方海洋民族新一代的精神偶像,影响着后世文学,比如19世纪推理小说家哈格德创作的推理冒险小说《她》,读者从中不仅能看到鲁滨孙精神的回响,也能看到希腊文学的绕梁余音。

---

① [英]丹尼尔·笛福:《鲁滨逊(孙)漂流记》,鹿金译,北京:商务印书馆,2015年,第16页。
② 同上。
③ 转引自清华大学国学研究院主编,[英]艾伦·麦克法兰主讲,刘北成评议,刘东主持:《现代世界的诞生》,上海:上海人民出版社,2013年,第109页。
④ [英]托·斯·艾略特(T. S. Eliot):《传统与个人才能》,载《艾略特文学论文集》,李赋宁译注,南昌:百花洲文艺出版社,1994年,第3页。

故事的主题、讲故事的方式关乎生存环境,《鲁滨孙漂流记》中鲁滨孙生活的那座孤岛是在太平洋上的一座无名小岛,斯蒂文森笔下的金银岛也指向了太平洋上的科科斯岛,而哈格德则是第一个将笔触伸向黑色非洲大陆的英国通俗作家。这与维多利亚时代民众对于非洲的兴趣有关,更有可能得益于他曾在南非英国殖民政府任职的工作经历。

在利奥的坚持下,在老仆人乔布的陪伴下,霍利、利奥踏上了寻找真相的漫漫长途。三个现代的英国人为了找到利奥先祖遇害的神秘地带,乘坐着阿拉伯人掌舵的现代船只漂洋过海,他们熬过了繁重的体力劳动、沼泽地的酷热、蚊虫的叮咬和身体的不适,精疲力竭,岌岌可危之际,终于抵达在霍利这个现代人看来有些荒凉、原始和寂寥的非洲大陆,哈格德凭借早年在非洲工作的阅历,再加上他那超群轶类的想象力,借助博物学家霍利的视角将黑色大陆的异域风情、原始部落千奇百怪的社会习俗、文明古国历史悠久的遗迹,描绘得惟妙惟肖,栩栩如生,这种描绘既有显而易见的现代性审视,又蕴含着西方人一直以来对隐没在大西洋海底的亚特兰蒂斯古国的苦苦找寻。亚特兰蒂斯传说最早始于古希腊的哲学家柏拉图,相传众神之王宙斯为了惩罚人类,发动地震、引发洪水,将亚特兰蒂斯王国一夜之间沉入海底。尽管没有明显的证据表明大西洋海底曾存有古大陆文明,但是亚特兰蒂斯传说依然被人坚信。传闻亚特兰蒂斯人可以利用光能进行催眠和透视,甚至部分亚特兰蒂斯后裔拥有超能力,能利用未知能源返老还童。淹没的城市、失落的世界、那些早已远去的亚特兰蒂斯人被哈格德隐蔽地复活在了《她》中,这部小说的女主人公"她"——艾依莎虽来自两千年之前,但她和传说中的亚特兰蒂斯人一样,运用不为人知的生命之火让自己青春永驻,她在制服埃迈赫贾人时所采用的魔法看上去像催眠,她所居住的地方靠近海洋,到处都是文明古国留下的历史遗迹。作为描写"失落世界"的开创者,他对古国遗迹的描述引发了一批作家对失落世界的关注,如鲁德亚德·吉卜林的《要做国王的人》(1888)、柯南·道尔的《失落的世界》(1912)等,这确实值得重新审视。

结语

荷马对希腊文化乃至整个西方文明影响可谓深远,西方人总体上属于海洋民族,作为西方文明的开端,希腊神话中阿尔戈号远征的奇妙经历、荷马笔下奥德修斯千折百转的返乡之路陪伴了每位西方人的成长,正如认知心理学家所言:"讲故事和理解故事在人类记忆中的作用远比单纯地表现为一种人际互动更为重要。人类不断将故事相互关联的原因是因为故事是他们不得不联系在一起的全部。或者,换句话说,当涉及语言上的互动时,我们所有的知识都包含在故事以及构建和检索它们的机制之中。"①这个故事铸就了他们最初的生命体验和人生梦想。对于西方人来说,诗意的生活永远在看不见的远方。因此,浩瀚的海洋、未知的危险从未对其远征、贸易等活动形成阻碍,海上风景、路上冒险是他们生活的常态。从文化比较的角度来看,对远方的期待和探求也成了海洋文明区别于农耕文明的显著特点之一。相比较而言,中国人更在乎的是"一动不如一静",遵循的是"安土重迁"的生活伦理规范②。这在吴承恩《西游记》这一典型的中国古代游记式小说叙事特征中可以见出。就实质意味而言,《西游记》与其说是在移步换景地呈现取经路上的异域风情,毋宁说是看似奇特的他方景致及其意图相似的妖魔行为,多角度多侧面地反映师徒四人的心性品格与处世哲学,游记之"景"、所遇之"怪",都带有相当主体化的印记,这其实都是小说家内心观念的自我投射罢了,故而这部小说一定意义上可视为小说家的精神遨游(而非真正的游记)。因此,《西游记》体现的游记叙事迥然有别于包括《鲁滨孙漂流记》在内的西方小说。

任何一部文学作品的出现都不是空穴来风,它都依赖于其他文学作品已经生成的传统而存在,作家在开始动笔创作时就让自己和这些传统天然地联系在一起,正如《奥德修斯》对《堂吉诃德》《鲁滨孙漂流记》的影响,现在受过去引导,过去也必须被现在所改变,每当有新的作品加入原有的叙事传统中来,文学传统就发生了新的改变,这种改变不止于新成分的加入,更在于人们对"这一传统已经有了新的不同的理解"③,这种不同的理解造就鲁滨孙、堂吉诃德、奥德修斯三者的差异性,让传统在悄然发生变化。

---

① Schank, Roger C. & Abelson, Robert P. "Knowledge and Memory: The Real Story", in Robert S. Wyer ed. *Knowledge and Memory: The Real Story*. New Jersey: Lawrence Erlbaum Associates, Publisher Shillsdale. 1995. p. 2.
② 傅修延:《论西方叙事传统》,《天津社会科学》2020 年第 1 期,第 110—127 页。
③ [美]爱德华·希尔斯:《论传统》,傅铿、吕乐译,上海:上海人民出版社,2014 年,第 163 页。

第四节 18世纪英国小说叙事传统的形成

作为一种文学样式,小说曾一度占据了文艺舞台的中心,其影响力难以估量;即便在当今图像大行其道的时代,小说在人们的文化生活中仍不可或缺。但曾几何时,中西文学史上都曾出现过"诗重稗轻"的观念,其中首要的原因也许在于小说出现在诗体文学之后,但更重要的是,与成熟的诗体文学、戏剧作品相比较而言,小说在起步阶段整体滞后。如在18世纪的西方,小说地位非常微妙,因为哥特、罗曼司(romance)等小说文类的流行,很多人都想要在这个新型文体上大显身手,参与小说创作的人良莠不齐,这就导致了其创作质量普遍偏低,甚至在一些精英读者心中,小说俨然成了一种难登大雅之堂的低俗读物。

在中国,学界对小说价值的重估则进行得更晚。清末民初,维新运动领袖梁启超倡导了包括小说界革命在内的三界革命,并对小说的启蒙作用推崇备至。在论《小说与群治之关系》一文中,梁启超提出:"欲新一国之民,不可不先新一国之小说。"①随后,胡适不仅在1917年的《新青年》上从言文一致的角度肯定了白话文的文学价值,更在《中国的文艺复兴》等文中,直接将白话小说与经学、史学相提并论。

在梁启超、胡适等人的推动下,几乎顷刻之间,白话小说便由俗入雅,从文艺边缘走向了舞台中心。这一观念的转变直接地、很大程度地来自西方文学的影响。在破除晚清"闭关锁国"政策后,各类文学经典和各种文学思潮接踵而至,这一时期的有识之士在学习西方文化时,敏锐地注意到了小说的道德教化功能。严复坦言,"欧美,东瀛开化之时,也往往得小说之助"。胡适在新文化运动中敢于抛弃传统思想的束缚,也得益于西方文学的熏陶。正如夏志清所言:"正因为他(胡适)深知西方文学自但丁和乔叟以后,'国语文学'已成了主流,戏剧和小说也享受到崇高的地位,他才能给中国文学提供了这样一种崭新的看法。"②

东西殊途,终归同一。尽管塞万提斯的《堂吉诃德》被公认为欧洲的

---

① 梁启超:《小说与群治之关系》,载《饮冰室合集1》,北京:中华书局,1989年,第6页。
② 夏志清:《中国现代小说史》,上海:复旦大学出版社,2005年,第7页。

第一部长篇小说,但小说的地位得到认可也是非常晚近的事情。大概在18世纪英国现实主义小说兴起之后,由于伊恩·瓦特(下称瓦特)《小说的兴起》一书在西方研究界的巨大影响,现代小说兴起于18世纪的英国几乎成为小说评论界的共识。

以笛福、菲尔丁和理查逊等人为首的18世纪英国现实主义小说家在将小说推向文艺舞台中心的过程中功不可没。此前,小说在各种文体之间摇摆不定、无所适从,如《堂吉诃德》既是对骑士传奇的戏仿,又借鉴了史诗和民间传说等其他文体的叙述手法;笛福等人把小说从这种尴尬的境地中解放出来,并将其固定在对人类生活的真实记录上。笛福和理查逊啰唆冗长的文风,正是为了"保证他们的记录的真实性作用";① 瓦特将这种叙述模式称为"形式现实主义",尽管现实主义在18世纪并不是个新词,作为一种文学创作技巧,现实主义手法古而有之,我们在《荷马史诗》中便可寻找到其踪迹,但在瓦特看来,"这套传统作法在小说中如此常见,而在其他文学样式中如此罕见,以致它可能会被认为是这种形式本身的象征"②。

"传统"一词的英文为 tradition,意指代代相传的叙述方式、生活信仰或实践模式。③ 在爱德华·希尔斯(下称希尔斯)看来,传统可能意味着其他可能,但其基本含义仅指"时代相传的东西,即任何从过去延传至今或相传至今的东西"④。也就是说,某样事物能够被称作传统,首先应该是人类行为和思想的结晶,其次要经得起时间的考验,它就能够破除时间的壁垒,将一代又一代人凝成某个共同体。一种范式或一个母题要被延续多久,才能被称为传统?在希尔斯看来,从倡导者到接受者,"至少要持续三代人——无论长短——才能成为传统"⑤。按照这个标准,不管从影响的深度还是影响的长度来说,"形式现实主义"均可纳入"传统"的范围之中。小说之所以能在19世纪风靡一时,成为那个时代最具影响力的文

---

① [美]伊恩·P·瓦特:《小说的兴起——笛福、理查逊、菲尔丁研究》,高原、董红钧译,北京:生活·读书·新知三联书店,1992年,第25页。
② 同上书,第27页。
③ *Oxford English Dictionary*. 2nd edition. Volume XVIII. Oxford:Oxford University Press,1989. pp.353—354.
④ [美]爱德华·希尔斯:《论传统》,傅铿、吕乐译,上海:上海人民出版社,2014年,第12页。
⑤ 同上书,第15页。

体,不仅直接得益于18世纪英国小说家们所开创的现实主义叙述模式,更在于现实主义传统的力量强烈地影响了19世纪作家的创作。如现实主义的经典之作《红与黑》与《包法利夫人》的副标题分别是"1830年纪事"和"外省风俗"。司汤达表示他笔下的"于连"是法国"20万个于连之一",福楼拜也透露他所创造的包法利夫人至少在法国"20个乡村中哭泣"。即便在三百年后的今天,人们或许已经忘记18世纪那些小说家的名字,当下的小说也在影像文化的挤压之下,失去了一统天下的地位,但18世纪英国小说家们所开创的、以"写实"为其基本特征的叙述模式仍在文化领域发生着作用,极大地影响我们对于客观世界的感知体验。英国现实主义作家多丽丝·莱辛因其对女性经验作了史诗般的描绘而获得2007年诺贝尔文学奖,这一现象恰恰说明了希尔斯的观点:"在文学中,传统如果要开花结果,而不是走向末路,那它必须是另一部作品的出发点。"①

18世纪的普通读者"通过沿街叫卖的小故事书对早先的传奇却很熟悉,他们愿意欣赏不那么严格地描绘现实生活和社会风俗的小说。人民大众不在乎太现实的文学,对他们来说,文学本质上是一种对现实的逃避,他们更欢迎拉德克利夫夫人或玛丽·科莱丽女士那种对生活的浪漫主义的描写"②。在这样一种语境中,出于"讲故事的天性",稍微有些名气的作家们即便有心尝试,但为了避免自己的名声受损,也只能采用匿名的方式,如开创了英国历史小说传统的司各特亦未能免于窠臼,直至1814年《威弗利》(*The Waverley*)这部小说的巨大成功,他才从匿名创作转为公开创作。

要想使小说与史诗、戏剧一样,得到来自大众和精英的双重认可,18世纪英国小说家任重而道远。尽管"每一部文学作品的创造依赖其他文学作品的存在",但这些已有的文学经典对他们已经形成一股压力,逼迫"作家与包容在前人作品中的成就以及包容在他自己以前的作品中的成就分道扬镳"③。T. S. 艾略特在《传统与个人才能》对此有一番独特的见

---

① [美]爱德华·希尔斯:《论传统》,傅铿、吕乐译,上海:上海人民出版社,2014年,第49页。
② [英]赫伯特·格里尔森:《历史和小说》,钱满素译,载中国社会科学院外国文学研究所外国文学研究资料丛刊编辑委员会编,文美惠编选:《司各特研究》,上海:外语教学与研究出版社,1982年,第135页。
③ [美]爱德华·希尔斯:《论传统》,傅铿、吕乐译,上海:上海人民出版社,2014年,第156—157页。

解:"即在同样程度上过去决定现在,现在也会修改过去。"①或许我们可以这样理解,新作品的加入不仅仅表现为数量上的增长,因为文学创作传统中自带的反传统性、新生事物与传统的陌生性(strangeness)②,也在一定程度上改变着人们对已有传统的认识,进而形成一种新的传统。18世纪英国小说家意识到,比起传承传统来说,创新传统来得更为重要。从历时性角度来看,他们对传统的革新或反传统性主要体现在以下几点:

一、情节真实化

文艺复兴号称要复兴古希腊罗马的文艺,古典主义将古希腊罗马文学视作典范,这两个时代的作家笔下的故事大多来自过去的历史或神话传说,以神和英雄居多,如法国古典主义戏剧家拉辛的名作《安德洛玛克》便取材于希腊神话,随着18世纪启蒙思想的深入人心,人们对理性推崇备至,这就导致了以下观点的出现,即人类可以通过感知发现真知。在这个观点的影响下,人类天真地以为自己可以完全掌握自然的规律。这种认识论也渗入了小说的创作及批评实践中,小说家们认为自己不仅能认识他们所生活的这个世界,也能真实地描绘这个世界,从而达到词语与现实的一致性。

在英文中,romance,novel,fiction三个单词均可指代"小说",但三者之间的含义不尽相同。根据《牛津英文词典》对上述三个词的解释,romance一词与小说相关的含义有三:其一指的是中世纪的骑士传奇及后世模仿之作;其二指的是虚构叙述散文,所述之事及场景远离人们的日常生活,这类文体于16—17世纪在某些阶层中一度流行,其故事往往被长篇大论所掩盖,其三指的是爱情小说。③ 而fiction则包含了对虚构事件的叙述和虚构人物的描绘。④ 在美国叙事学家杰拉德·普林斯所著的

---

① [英]托·斯·艾略特:《传统与个人才能》,载《艾略特文学论文集》,李赋宁译注,南昌:百花洲文艺出版社,1994年,第3页。
② 该词是哈罗德·布鲁姆在《西方正典》一书中提出的,他将其视为衡量一位作家及其作品是否经典的标尺,见哈罗德·布鲁姆:《西方正典:伟大作家和不朽作品》,江宁康译,南京:译林出版社,2005年,第2页。
③ *Oxford English Dictionary*. 2nd edition. Volume XIV. Oxford: Oxford University Press, 1989. pp. 61—62.
④ *Oxford English Dictionary*. 2nd edition. Volume V. Oxford: Oxford University Press, 1989. p. 872.

《叙述学词典》中,将 fiction 一词解释为"虚构作品",①该词在西方很长一段时间内被用于统称"虚构散文小说或故事"。在 17—18 世纪,novel 与 romance 是截然不同的两种文体,尽管二者都可指代虚构散文故事,但从篇幅上看,novel 要短于 romance,从人物和情节上看,novel 取材于历史或当下的现实,比 romance 更贴近现实生活,故事更为新奇独特,情节也更具复杂性。② 直到 18 世纪下半叶,novel 一词才成了小说这种文体的正式名称。从 fiction 到 novel,改变的不仅仅是名称,更大程度上彰显了小说这种文体形式从诞生到成熟的长期发展演变过程。

novel 一词包含的词语与现实的一致性在 18 世纪英国小说家的创作中得到了深刻的体现。他们将"真实性"视为自己创作的最高目标,为了实现这个目标,他们放弃拟古、不再法上,将小说的描写对象定位在普通人身上,如笛福、理查逊等人小说中的情节大多来自当时的现实。19 世纪现实主义小说继承了这一现实主义传统并将其发扬光大,"逼真性"也成为后世现实主义文学的一大艺术特征。

二、时间精确化

从古希腊的《荷马史诗》到 17 世纪的古典主义戏剧,文学作品中尽管不缺乏时间的维度,但时间在故事中只是个很模糊的概念,根本原因在于作者将故事设计在一个抽象的时空体中。文学作品中的时间虽能在叙事框架内部实现自洽,但却缺乏精准定位的历史坐标:骑士传奇大多没有明确的时间标示;莎士比亚虽然在自己的戏剧中描绘出了"善恶的本来面目",反映出当时的风土人情,但他的作品也时常给观众以时间错乱感,读者无法从中解读出具体的时间;布瓦洛将 17 世纪法国古典主义戏剧的创作准则——三一律概括为"要用一地、一天内完成的一个故事从开头直到末尾维持着舞台充实"③。这一准则将故事时间限定在 24 小时之内,瓦

---

① [美]杰拉德·普林斯:《叙述学词典》(修订版),乔国强、李孝弟译,上海:上海译文出版社,2011 年,第 71 页。
② *Oxford English Dictionary*. 2nd edition. Volume X. Oxford: Oxford University Press, 1989. pp. 564—565.
③ [法]布瓦洛:《诗的艺术》,任典译,北京:人民文学出版社,1959 年,第 33 页。

特认为"三一律"是对"人类生活中时间尺度重要性的一种否定"①。

上述现象说明了以下事实：时间在小说兴起之前的诸多文体中处在一个微不足道的地位，这与时间在人类生活中所扮演着的重要角色极不相称。1657年，惠更斯发明了摆钟。时钟技术的发展对于人类来说意义重大，这一发明不仅帮助人们能够精确计算时间，也使得人类改变了以往那种根据自然界的变化估算时间的做法，把"时间从人类的事件中解开，从而使时间获得了外在性的特征"②。

这样一种现代且带有理性色彩的时间观，悄然改变着18世纪英国小说家们对于时间的看法，他们意识到，时间对于每个个体而言，绝不仅是丈量生命长度的单位，更为重要的是，它为个体内在的变化提供了一种可能，这种可能性让读者相信：成长从来不是在时间缺位下的一蹴而就，情节的发展与人物的成长都需要时间的历练、打磨。在这种思想的驱动下，笛福首先在自己的作品中打破了以往的创作传统，他的《鲁滨孙漂流记》采用"历时"的方式向我们展示了鲁滨孙全景式生活图景，并启示读者：个体的变化总要根植于时间的尺度。正如瓦特所言："人的个性是一种持续性存在，而且经验的变化可以使其变化。"③

比起笛福来，理查逊对时间的看重有过之而无不及。这一点在《帕梅拉》已初见端倪。《帕梅拉》是部书信体小说，但它实际是由以下两部分组成——帕梅拉与父母来往的信件以及她本人的日记。日记的最大特性是即时性，将时间标注清楚也是写日记的基本要求。帕梅拉不仅标明了每一篇日记的具体日期，在某些激动人心的时刻，如与B先生成婚的当天④，她更是将时间精确到了小时，甚至出现了一天两记的现象。这种将某些重要时刻发生的事件进行详细叙述的做法，热奈特称之为"休止"，它为后世的电影拍摄文本式的镜头特写提供了最佳范本。在热奈特看来，叙述者这样做的目的是"为了给他的读者提供某些情报"⑤，帕梅拉对自

---

① [美]伊恩·P·瓦特：《小说的兴起——笛福、理查逊、菲尔丁研究》，高原、董红钧译，北京：生活·读书·新知三联书店，1992年，第17页。
② 郑文标、庄天山：《牛顿力学时间观念的现代转变》，《社科与经济信息》2002年第3期。
③ [美]伊恩·P·瓦特：《小说的兴起——笛福、理查逊、菲尔丁研究》，高原、董红钧译，北京：生活·读书·新知三联书店，1992年，第19页。
④ [英]S.理查森(逊)：《帕梅拉》，吴辉译，南京：译林出版社，1998年，第322—329页。
⑤ [法]杰拉尔·日(热)奈特：《论叙事文话语——方法论》，杨志棠译，载张寅德编选：《叙述学研究》，北京：中国社会科学出版社，1989年，第220页。

己婚礼浓墨重彩的原因也在于此,她希望日记的隐含读者——父母能与自己一同分享这一人生幸福的巅峰时刻。瓦特认为理查逊这种叙述手法为"表现现实生活增加了一个新的方面"①。尽管菲尔丁对理查逊在小说时间上的精雕细琢颇有微词,但他的作品大多按照年代顺序来配置事件。

18世纪小说家对时间的重视为小说的发展开辟了新的传统,从此之后,现代意义上的时间不仅成为小说的必备要素,更为重要的是,时间本身甚至也成了小说描述的对象,如法国作家普鲁斯特的名作《追忆似水年华》(*A la recherche du temps perdu*),如果我们对其标题进行直译,那就是"寻找失去的时间",从整部小说的内容来看,"时间"是其标题也是其主题。

三、人物个性化

为了让读者相信自己笔下的人物能突破文字的局限,与自己的命运关联起来,这就需要作家对人物进行个性化处理。这种个性化的需要也与理性主义在18世纪的盛行不无关联。理性主义的代表笛卡儿曾说过:"我思故我在。"这句耳熟能详的名言至少包含以下两层意思:其一,我在是因为我思考,这就说明,一个独立的个体必须具备思考的能力,会思考,才能从理性活动中获得自我存在感;其二,对真理的追求变成了纯个人的事情,与集体毫无关联。这种在哲学领域对个人主义的探讨延伸到小说领域,则变成了如何使人物个性化的问题。

为了实现人物个性化,18世纪现实主义小说家们所做的第一个努力是在人物的命名上。因以往的文学惯例是向后看,即向古代学习,因此作家们在给人物取名时往往参照历史,人物的名字常呈现类型化倾向,最为明显的证据在于"他们(人物)通常有名无姓"②。

18世纪小说家对这一传统进行了革新,人物的名字很少是作家翻阅古书的结果,大多根据现实为其量身定制,这就使得人物的名字既能符合其身份,又能展现其个性色彩。笛福笔下的人物大部分都有名有姓,如鲁滨孙·库鲁索或摩尔·弗兰德斯等,理查逊在小说中所使用到的名字,几

---

① [美]伊恩·P·瓦特:《小说的兴起——笛福、理查逊、菲尔丁研究》,高原、董红钧译,北京:生活·读书·新知三联书店,1992年,第19页。
② 同上书,第13页。

乎都来自作家的冥思苦想,恰好与人物性格相得益彰、相互映衬,如帕梅拉·安德鲁斯和克拉丽莎·哈洛。这种取名方式的言下之意在于,人物不再是某一类型的代言,而是独一无二的个体。18世纪小说家将人物的专有名称与类型化名称区分开来,这一行为意义深远,因为它动摇了以前各类文学体裁的固有惯例——人物只存在于文字当中,与现实毫无瓜葛。瓦特认为小说家们唯有这样,才能打破惯例,建立属于自己的传统。①

为了让人物的个性化特征显得真实可信,18世纪的英国小说家还将人物放置在具体的背景之中。在《帕梅拉》中,则开始出现了对内景的刻画,当B少爷将帕梅拉劫持到另一住处时,帕梅拉觉得宅子虽美观、宏伟,但房屋"四周有高大的榆树和松树,树皮是褐色的,甚至像点头似地摇摇摆摆,气氛阴森可怖"②,这一评价恰恰透露了帕梅拉在知道自己逃跑无望后,内心的沮丧和恐惧。汤姆·琼斯在去伦敦的途中经过了很多地方,这些地方的建筑不仅有具体的名称,菲尔丁还为其标注了具体的位置。更进一步的是,叙事背景不仅包括周围环境,还扩展、延伸到人物的服饰和日常生活用品:笛福在《摩尔·弗兰德斯》中提到了布料,鲁滨孙在荒岛上亲自缝制了衣服、制作了陶罐。瓦特提出,理查逊和菲尔丁开创了"把人完全置于具体背景之中"的叙述传统③,而这一传统的产生恰恰根源于人物个性化的需要。人物和环境相互结合让19世纪现实主义作家深信:他们笔下的人物要想具有艺术生命力和感染力,必须让人物生活在与其个性和身份相符的背景之中。无论哈代还是巴尔扎克,开篇的环境描写几乎成了他们写作的一个套路,对于现实主义作家来说,"塑造典型环境中的典型人物"就是小说创作的金科玉律。

综上所述,18世纪的小说从多方面对以往的传统进行了突破,不管情节的真实化、时间的精确化还是人物的个性化,均是服从于同一个目的,那就是作家要让世人相信,小说中所描绘的人和事件与真实世界并无差别,这种求真务实的态度一方面是受到了理性主义哲学思想的影响,另一方面也是作家希望叙事介入日常生活,来扩大小说的影响。如理查逊

---

① [美]伊恩·P·瓦特:《小说的兴起——笛福、理查逊、菲尔丁研究》,高原、董红钧译,北京:生活·读书·新知三联书店,1992年,第15页。
② [英]S.理查森(逊):《帕梅拉》,吴辉译,南京:译林出版社,1998年,第101页。
③ [美]伊恩·P·瓦特:《小说的兴起——笛福、理查逊、菲尔丁研究》,高原、董红钧译,北京:生活·读书·新知三联书店,1992年,第22页。

创作《帕梅拉》的初衷是为了指导文化水平不高的读者如何写信,而菲尔丁在《汤姆·琼斯》中反复用到"告诫、指导"等字眼,提醒读者要对作品进行正确的解读,他们相信,叙述能改变人们的生活理念,而情节则具备布道的权威性。

最后,值得注意的是,随着科技的发展和资本主义的兴起,报纸和刊物的出现也对18世纪小说叙事传统的形成起到了推波助澜的作用。因长篇小说价格昂贵,为了扩大读者面,让自己的作品能"飞入寻常百姓家",小说家采用了在报刊上连载的方式,这表面上是迎合报刊出版的需要,因为"近代报刊的生产周期很短,需要大量的小说来填充报纸的版面"①,但实际上,报刊的大范围发行在广度和深度上使新的叙事传统得到了充分的生发和传播。

18世纪小说家对"真实性"的强调也使小说与其他虚构散文故事区分开来,最终完成了从 fiction 到 novel 的转变,成为一种独立文体。他们的努力为小说创立了一种新的现实主义的叙事传统,这种传统也为小说在19世纪的繁荣提供了前提。

---

① 王龙洋:《论近代报刊与小说文体变革》,《江西师范大学学报》(哲学社会科学版)2015年第6期,第75页。

附录 1
Enchantment of Things in Chinese Literary Narrative Tradition

Weisheng Tang

The interest in things and objects is not unique to Western literature. As a matter of fact, all the three compositional strategies, i. e. Fu (赋), Bi(比), and Xing (兴), in *Classics of Poetry* (《诗经》), the very first important collection of poems ever produced in Chinese literary history, bear on things and objects: simply put, Fu refers to the extensive list of things, Bi the analogy of things, and Xing the evocation of things. While all these strategies can also be found in Western literature, they have been used in Chinese literary tradition in distinctive ways to achieve—sometimes slightly, sometimes hugely—different purposes and effects.

A widely accepted notion concerning Chinese literature is that it is best characterized as "lyric," rather than "narrative." This is partly true. The most dominant literary mode in pre-modern China was undoubtedly poetry, while fictional prose was belittled as something like "petty talk." "小说," the term for "fictional narrative" in Chinese language, literally means "insignificant words," as compared to "传记," the term for "historical prose," which was greatly valued because it was traditionally regarded as a literary genre that would record what had actually happened in history.

Nevertheless, as many scholars have recently argued, China does have a narrative tradition of its own, even though this tradition is quite different from that of Western narrative (Dong 2012, 1)①. According to these scholars, Chinese narrative could be traced back to three thousand years ago, long before the establishment of the Qin dynasty (221 B. C. — 207 B. C.), the first feudal empire in Chinese history (Fu 2021, 55)②. This chapter will focus on how non-human things are imagined and treated in the long tradition of Chinese literary narrative. It is worth mentioning at the outset that throughout my discussion the term "narrative" is used rather broadly, including both prose and poetry as long as it contains some elements, however minimal, of narrativity.

1. *Bo Wu*: Recording Strange Things

If we leave out ancient Chinese mythologies and philosophical writings, which also involve a large number of fictional stories, we may safely identify *the Strange Tales*（志怪）, which emerged and then flourished in the Wei and Jin dynasties (220 A. D. — 589 A. D.) as the beginning of Chinese fictional narrative. What is particularly relevant to my project here is *Bo Wu* narrative(博物体), an important subgenre of *the Strange Tales*. Literally, *Bo Wu* means "an extensive array of things," and *Bo Wu* narrative tells about a great variety of things, especially strange ones, which include far-off geographical places, plants with weird features, animals with outlandish appearances, and occasionally human beings with unusual looks, traits, and customs and habits.

The Book of Mountains and Seas(《山海经》), written during the period of warring states (453 B. C. —221 B. C.), is often regarded as the forerunner of *Bo Wu* narrative. With its presentation of animals, plants, minerals, and monsters found (sometimes allegedly, sometimes actually) in various geographical locations of mountains and seas, the

---

① Dong, Naibin. 2012. *A Study on Chinese Narrative Tradition*. Beijing: Zhonghua Book Company.

② Fu, Xiuyan. 2021. *Chinese Narratologies*. Springer.

book, according to Fu, "should be read as the origin of modern ecological narrative" (2021, 27)①. It is perhaps an exaggeration to claim that ancient Chinese people living as early as 2500 years ago could embrace any ecological awareness, yet their unique ways of telling about things around them ushered in a narrative genre known as *Bo Wu*, which reached its peak in the Jin dynasty (266 A.D. — 420 A.D.).

It is not without reasons that scholars and writers in the Jin dynasty were so enthusiastic about telling stories about things, strange things in particular. Influenced by traditional Confucian teaching that a virtuous man should have the ability to recognize and give names to all the things in the world, those who had received formal education would never lose an opportunity to show off their knowledge of the things that surrounded them: the more strange things they could name, the better. This general tendency was fueled in the Jin dynasty by the fact that most scholars at the time, disappointed and disillusioned by the social unrest caused by numerous wars, chose to back away from any practical responsibilities and indulged themselves in metaphysical kind of talks about strange things and remote places and in so doing, demonstrated their extraordinary learning.

This kind of show-off rhetoric has two major consequences for *Bo Wu* narrative. First, the narrators are always trying to foreground the strangeness of things, and second, the texts are always short and skeletal with very low narrativity (sometimes totally absent) and no other theme than, precisely, the existence of wondrous objects. In many cases, the narratives are simply listing things and their exotic features, as can be found in the following entries in *The Records of Strange Things*(《博物志》)compiled by Zhang Hua, a prominent scholar in the Jin dynasty:

海上有草焉,名篩。其实食之如大麦,七月稔熟,名曰自然谷,或

---

① Fu, Xiuyan. 2021. *Chinese Narratologies*. Springer.

曰禹余粮。(Zhang 2020,97)①

There grows in the sea a kind of grass called "shai". Its fruits taste like barley. It is fully grown in July. It is also known as "natural rice" or "Yu Yu Liang" (Rice Left over by King Yu). (my translation)

南海有鳄鱼,状似鼍,斩其头而干之,去齿而更生,如此者三乃止。(Zhang 2020,94)

There live in the South Sea crocodiles that look like Chinese alligators. Even if you cut their heads off and dry them up, and remove their teeth, they would not die, unless you do this three times. (my translation)

常山之蛇名率然,有两头,触其一头,头至;触其中,则两头俱至。孙武以喻善用兵者。(Zhang 2020,93)

There live in Mount Changshan a snake called Shuai Ran. It has two heads. Touch one head, and the other head will turn around; touch its body, then both heads will turn around. General Sun Wu (a famous strategist in Chinese history) once compared it to a man good at fighting. (my translation)

What we have here are descriptions of imaginary plants and animals that read more like encyclopedia entries than like stories, though they do contain some minimal narrative elements. This is hardly surprising, though, considering that the purpose of the author was to flaunt his knowledge of the strange world of things.

This "writing things for things' sake" attitude is reflected even in those rare cases with embryonic storytelling. Here are the two narratives in Zhang Hua's *The Records of Strange Things* frequently quoted to show that the author had a fair craft of storytelling:

天地初不足,故女娲氏炼五色石以补其阙,断鳌足以立四极。其后共工氏与颛顼争帝,而怒触不周之山,折天柱,绝地维。故天后倾

---

① Zhang, Hua. 2020. *Records of Strange Things*, Beijing: Zhonghua Book Company.

西北,日月星辰就焉;地不满东南,故百川水注焉。(Zhang 2020, 20)

Early, the sky was fallen and the earth was sunken. Nuwa (a legendary female hero) produced the five-colored stone to mend the sky, and then cut off the four feet of a colossal turtle and used them as columns to prop up the sky in all four directions. Later, in the struggle for power with Zhuanxu, Gonggong broke the columns in a violent fit of rage. That is why the sky now tilts towards north-west where the sun, the moon, and the stars assemble, and the earth sinks towards south-east to which direction all rivers flow. (my translation)

旧说云天河与海通。近世有人居海渚者,年年八月有浮槎去来,不失期,人有奇志,立飞阁于查上,多赍粮,乘槎而去。十余日中,犹观星月日辰,自后茫茫忽忽,亦不觉昼夜。去十余日,奄至一处,有城郭状,屋舍甚严。遥望宫中多织妇,见一丈夫牵牛渚次饮之。牵牛人乃惊问曰:"何由至此?"此人具说来意,并问此是何处,答曰:"君还至蜀郡访严君平则知之。"竟不上岸,因还如期。后至蜀,问君平,曰:"某年月日有客星犯牵牛宿。"计年月,正是此人到天河时也。(Zhang 2020, 277—278)

The legend had it that the Milky Way was connected to the sea. Quite recently, an ambitious man living on the island saw the raft coming and going punctually in every August. He built a tall garret on the raft, carried a lot of food, got on the raft and drifted towards the Milky Way. In the first ten days of his journey, he was able to see the sun, the moon, and the stars, but after that he fell into trance and could not tell the night from the day. Then suddenly he found himself in a place which looked like a city with rows of houses. In these palace-like houses, he saw many weaving maids. Then he saw a man leading an ox to the edge of the island to let it drink water. The ox-herder was very surprised and asked, "How come you have been here?" The travelling man stated his situation and made queries about the location of the place. The herder replied, "you will know everything if you visit Yan Junping in the province of Shu when you go back home." Without getting off the raft, the travelling man returned home as planned. Later, he went to the province of Shu and visited Yan Junping. Yan said, "the ox-herder star was intruded by a visiting star on such and such a day." It turned out that that was exactly the day when the man travelled to the Milky Way. (my translation)

If what defines narrative is, according to Gerald Prince, "at least one modification of one state of affairs" (Prince 1987, 59)①, then the two pieces we read here are genuine narratives because both involve some significant change of state. In the first piece, we can even identify something like a narrative sequence, "made up of five propositions which describe a certain state which is disturbed and then re-established albeit in altered form" (Selden 2005, 70)②. In Todorov's terms, the five propositions can be designated respectively as "equilibrium 1" (expressing a state), "force 1" (the force that disturbs the state), "disequilibrium" (expressing the disturbed state), "force 2" (the force that re-establishes the state), and "equilibrium 2" (expressing the new state) (Todorov, 1977)③. At the outset of this narrative, the whole state of affairs is an unsatisfactory equilibrium of a sunken sky and fallen earth. After Nuwa's intervention, the sky is supported by the feet of a gigantic turtle. This new equilibrium, however, is upset by Gonggong during his battle with Zhuanxu, as he breaks the turtle feet "in a violent fit of rage," leaving the sky tilting towards north-west, and the earth sinking towards south-east. Since this state has lasted until now, it must

---

① Prince, Gerald. 1987. *A Dictionary of Narratology*. Lincoln and London: Nebraska University Press.

② Selden, Raman, et al. 2005. *A Reader's Guide to Contemporary Literary Theory*, fifth edition, Harlow: Pearson Education Limited.

③ Todorov, Tzvetan. 1977. *The Poetics of Prose*, trans. by Richard Howard. Ithaca: Cornell University Press.

be a new equilibrium, though a negative one.

Focusing on a man's journey to the Milky Way, the second narrative demonstrates more complex storytelling techniques. It is well structured with clear markers of a beginning, complication, and ending. Furthermore, the storyteller creates narrative suspense by including a mystery and making the reader wait until the end for its solution: the ox-herder does not tell directly where the man is; the reader has to wait for Yan Junping to reveal the secret.

While these two texts present undeniable narrativity on the level of story, or *fabula*, their laconic narrative style, which is typical of the orally transmitted myths of native societies around the world, is a far cry from the discourse-level complexity of the literary narratives on which narratology is based. They do not engage the reader emotionally with the characters, they do not allow to pass judgment on who is good and who is bad, and they do not offer motivations for the character's actions. For instance, we do not exactly know why the man in the second tale undertakes a journey that takes him to the Milky Way, and we are not given any clues as to why the ox-herder withholds information and asks the man to go to Yan Junping for help while he could easily tell everything to the man himself. The multiple gaps in the two stories confront readers with a sense of impenetrable strangeness.

This strangeness could be accounted for by the general lack of technical sophistication on the part of the writers of the time, but perhaps it has more to do with the writers' narrative purposes. What the writers intend to do here is to tell the reader something spectacular they know about rather than to present some compelling or engaging stories. In other words, the two narratives here are told for the purpose of passing on some esoteric knowledge. More specifically, the writer of the first piece tells his story to show that he knows why the sky tilts northwest-wards and the earth sinks southeast-wards, while the writer of the second piece wants to show that he is able to explain a certain extraordinary celestial phenomenon.

This "writing things for things' sake" style is characteristic of all *Bo Wu* narratives, but the style gradually fell out of fashion as human characters took up a more and more central position in Chinese storytelling. However, its impact is still quite strongly felt in narratives of later generations. For example, in "Princess Tongchang," a famous piece in *Tang Chuanqi*, or tales of the Tang dynasty (618 A.D. — 907 A.D.), Princess Tongchang's wedding is described as follows:

> *In the hall, there were beaded screens, curtains to keep off cold, chairs made of Rhino hide, mat made of ivory, carpets with dragon and phoenix pattern... Besides, there were patridge-shaped pillows, jade boxes, and quilts made of silk and embroidered with three thousand ducks... In addition, there were jewelled curtains, silks disgorged by silkworms born in fire and hairpins made of nine-colored jade...* (Su 2007, 835—837, my translation)[①]

This spectacular list of exotic things, which constitutes almost half of the text, is given in order to show that the regal wedding ceremony is grand, but to fulfill this purpose, the narrative obviously goes a little bit too far. The reader's attention is to a large extent drawn away from the ceremony by the enumeration, so that the effect of the whole narrative is that the writer has stopped his story-telling and turned to bragging about his knowledge of these things rather than showing the magnificence of Princess Tongchang's wedding ceremony.

The technical device of the list has many different rhetorical and narratological applications. It fulfills what Meir Sternberg calls the Proteus Principle: a many-to-one correspondence between functions and forms. In chapter 2 of *Iliad*, usually considered as the first major Western narrative work, the long enumeration of ships that assemble under the leadership of Agamemnon has an obvious strategic role to

---

[①] Su, E. 2007. "Princess Tongchang." In *A Dictionary of Romances in the Tang and Song Dynasties*, edited by Li Jianguo. Beijing: New World Press.

附录 1 Enchantment of Things in Chinese Literary Narrative Tradition / 205

play, i. e. showing the plentitude of Agamemnon's army. In Book 1 of Spenser's *Faerie Queene*, the list of trees that Una and the Red Cross Knight survey has an experiential role to play, i. e. showing the characters' delightful and mindless state (Belknap 2000, 35—54). ① More recently, New Materialists, such as Bruno Latour, Graham Harman and Ian Bogost profusely use the device, and it takes for them a particular meaning. For instance, in Latour's *The Pasteurization of France* (1988), one finds the following paragraph:

> *I don't know how things stand. I know neither who I am nor what I want, but others say they know on my behalf, others who define me, link me up, make me speak, interpret what I say, and enroll me. Whether* **I am a storm, a rat, a rock, a lake, a lion, a child, a worker, a gene, a slave, the unconscious, or a virus,** *they whisper to me, they suggest, they impose an interpretation of what I am and what I could be.* (1988, 192)②(emphasis added by me)

And similarly, while discussing what he terms "carnal phenomenology," Harman writes,

> ... *Almost alone among contemporary philosophers, Lingis takes us outside all academic disputes and places us amidst* **coral reefs, sorghum fields, paragliders, ant colonies, binary stars, sea voyages, Asian swindlers, and desolate temples.** *As far as I am aware, he is also the one who coined the phrase "the carpentry of things."* (2005, 3)③(emphasis added by me)

Bogost calls such lists "Latour litany," and believes that they can draw our attention toward things "with greater attentiveness" by "rebuffing

---

① Robert Belknap, "The Literary List: A Survey of Its Uses and Deployments." *Literary Imagination: The Review of the Association of Literary Scholars and Critics*, 2. 1(2000): 35—54.

② Latour, Bruno. 1988. *The Pasteurization of France*. Cambridge: Harvard University Press.

③ Harman Gramham. 2005. *Guerrilla Metaphysics: Phenomenology and the Carpentry of Things*. Chicago: Open Court.

the connecting powers of language" as well as contesting "the connecting powers of being itself."(2012, 40—44)①

Though both *Bo Wu* writers and recent New Materialists produce lists of things, they differ from each other in two essential ways. (1) *Bo Wu* writers mainly list strange things from remote places, while the lists of the New Materialists are far more heterogeneous: they include both the familiar and the unfamiliar, the concrete and the abstract; (2) As we have seen, *Bo Wu* writers produce lists of things mainly for show-off purposes as has been discussed above, while New Materialists do this in order to highlight "the inherent partition between things" (Bogost 2012, 40)②.

The fascination of *Bo Wu* authors with strange things can also be observed in Western cultures. In the Middle Ages, when the world was still partially unknown, travelers such as Marco Polo, or pseudo-travelers such as Sir John Mandeville (whose existence is nowadays considered legendary) brought back wondrous tales of the things they had seen in far-away countries. On the basis of the yarns of travelers, maps were decorated, either in the margins or in the blank spaces of unknown territories, with fantastic creatures supposed to live in these places, such as three-legged people, one-eyed men, or hybrids of humans and animals. In the age of exploration in the 15th and 16th centuries, when new continents and maritime routes to the Far East were discovered, and when the world was finally circumnavigated, travelers brought back not only tales of increasing veracity, but also supported them with samples of the fauna, flora and cultural artifacts of remote territories. These specimens spurred a passion for collecting. The Jesuit Athanasius Kircher (1602—1680) gathered an astronomical number of specimen and created a museum in Rome to display them. He also

---

① Bogost, Ian. 2012. *Alien Phenomenology, Or, What It's Like to Be a Thing*. Minneapolis: University of Minnesota Press.

② Ibid.

pioneered the so-called Cabinets of Wonders, or Wunderkammer, popular in the Baroque era with rulers and aristocrats, who used them to flaunt their wealth and their learning, not unlike the way *Bo Wu* authors used strange objects to show off their erudition. Wunderkammer were pieces of furniture specially designed to hold collections of exotic minerals, botanical specimens, animal skeletons, drawings of indigenous people and manufactured objects. Fulfilling the roles of both encyclopedias and microcosms, these collections appealed to the public's intense curiosity for the wonders of far-away places, and bore testimony to the amazing diversity of the world.

2. *Gan Wu*: Feeling with Things

While in the literary tradition of *Bo Wu* writers tell stories in order to display their erudition, in the less superficial and more influential tradition of *Gan Wu*, things are regarded as the expression, or sometimes the sharer, of human feelings or personalities. *Gan Wu*, literally "putting emotions into things", is considered in ancient Chinese poetics not merely as a concrete writing technique, but as the essence of literary creation. All poetry, or all literature for that matter, according to this tradition, originates in some kind of emotion in the poet's heart that needs to be expressed by finding an equivalent emotion in certain objects (Liu 2015, 519)[①]. This aesthetic idea is somewhat similar to T. S. Eliot's "objective correlative," which also deals with the way to express emotion. As Eliot puts it, "the only way of expressing emotion in the form of art is by finding an 'objective correlative'; in other words, a set of objects, a situation, a chain of events which shall be the formula of that particular emotion; such that when the external facts, which must terminate in sensory experience, are given, the emotion is immediately evoked" (Eliot 1932, 124—125)[②]. In his characteristically

---

[①] Liu, Xie. 2015. *The Literary Mind and the Carving of Dragons*. Beijing: Zhonghua Book Company.

[②] Eliot, T. S. 1932. *Selected Essays*. New York: Harcourt, Brace and Company.

nebulous style, Eliot does not exactly define what "objective correlative" is, but it can be understood as a mediation for the poet's emotion, and the "object" in the concept is one whose meaning is given by the poet. By contrast, *Gan Wu* is based upon the mythical belief held by ancient Chinese people that both humans and non-humans are sentient and thus can share each other's feelings and emotions. Thus in *Gan Wu*, the object and the poet are caught in the same emotional mesh, as if they could communicate their emotion to each other. While in Eliot's "objective correlative" the emotion is *evoked* by objects, in *Gan Wu* the poet is feeling *with* objects.

The following Ci (an indigenous poetic form in China) by Ma Zhiyuan(1250—1321) is often cited as an example of the importance of things in communicating the poet's feelings. The Chinese text reads:

《秋思》
枯藤老树昏鸦,/ 小桥流水人家。/ 古道西风瘦马,/ 夕阳西下,/ 断肠人在天涯。(Ma 1982, 180)①

and it is translated as follows by Xu Yuanchong, arguably one of the most famous translators in China:

> **Autumn Thoughts**
> Over old trees wreathed with rotten vines fly evening crows;
> Under a small bridge near a cottage a stream flows;
> On ancient roadin the west wind a lean horse goes.
> Westward declines the sun;
> Far, far from home is the heartbroken one. (Xu 2004, 452)

The most obvious disparity between the Chinese text and the translation lies in the fact that the translation contains a few verbs not found in the original, such as "wreathed," "fly," "flows," "goes," and "declines." In fact, in the Chinese text, there is only a list of things: rotten vines,

---

① Ma, Zhiyuan. 1982. "Autumn Thoughts." In *The Popular Ancient Poems*, edited by Jiang Baofu. Nanning: Lijiang Press.

old trees, evening crows; a small bridge, a flowing stream, a cottage; an ancient road, the west wind, a lean horse, the setting sun, a heartbroken man. Here we have a man-character and a perspective (though we are not sure whether the perspective belongs to the man or to some entity standing outside of the scene), but there is no substantial action involved (except for, perhaps, the act of looking). All the things mentioned in the poem point toward the final focus, i.e. the heartbroken man. What makes this poem memorable is the expression of a man's deeply felt sadness through the common things that surround him. These things, as it were, experience the same loneliness and forlornness as the man.

This tradition of connecting things to humans through emotion started very early in Chinese literary history; ancient Chinese writers therefore knew very well how to present things as if they could share human personalities.

Next we shall first discuss a poem by Liu Changqing which seems to be telling a story. The Chinese text reads:

《逢雪宿芙蓉山主人》
日暮苍山远,／天寒白屋贫。／柴门闻犬吠,／风雪夜归人。
(Liu 1982, 35)①

Here again we use a translation by Xu Yuanchong:

Staying in Lotus Hill on a Snowy Night
At sunset hillside village still seems far;
Cold and deserted the thatched cottages are.
At wicket gate a dog is heard to bark.
With wind and snow I come when night is dark. (Xu 2004, 302)

The first two lines of the poem are quite similar to "Autumn Thoughts," producing a list of things without any verbs (though the translation

---

① Liu, Changqing. 1982. "Staying in Lotus Hill on a Snowy Night." In *The Popular Ancient Poems*, edited by Jiang Baofu. Nanning: Lijiang Press.

includes two verbs, i. e, "seems" and "are"): the setting sun, the distant gray hillside, the cold weather, the white thatched cottage. The last two lines indicate that something does take place in the poem: the dog barks at the wicket gate, and a man returns home in wind and snow. These events, however minimal, give the poem a greater degree of narrativity than "Autumn Thoughts." But since the poem ends at this point, the reader has no clue from where the man returns, nor of what he is going to do after he returns. The mention of the setting sun, the distant hillside, and the barking dog may give contemporary readers a sense of mystery, yet the mystery and its consequences are never elucidated. Put together, the sun, the hillside, the dog, the gate, the wind, the snow, and the man create a static picture. The poem is, therefore, more a revelation of the man's personality and emotion than the report of his actions. One possible reading, one that we endorse, is that the poem presents the man (or the speaker in the poem) as a noble-minded hermit who chooses to stay away from the corrupted world by living on a poor and remote hillside village. If this interpretation is correct, then things in the poem, including the setting sun, the distant hillside, the cottage, the dog, the gate, the wind and snow, do not merely play the role of describing a landscape and revealing an atmosphere, but literally blend with the personality of the man. Rather than being properties of the environment in which the man's actions take place, the things, the human and the dog are caught in the same affective network.

The influence of this tradition is strongly felt in Chinese narrative of the subsequent generations. As a matter of fact,"人物," the term that has been used in Chinese language since the ancient times to designate "character / protagonist," is the combination of "人"（humans）and "物"（things）. This ideogram clearly demonstrates that humans and things are inseparable in traditional Chinese thoughts. In both narrative and poetry, things are often conjoined to human characters as if they were an extension of their individuality. Humans and things stand in the same relation as the two souls described in John Donne's famous poem "A Valediction: Forbidding Mourning," which are said to be not two but one.

More generally, in Chinese narratives of that period, readers can hardly think of specific human characters without thinking of an object that goes with them. Guan Yu, the most renowned warrior in *Romance of the Three Kingdoms*, a widely acclaimed classic Chinese novel, is invariably associated with the dragon-shaped weapon he uses to fight his enemies, and Zhuge Liang, a legendary strategist in the same novel, always wears his silken headcloth and holds a feathered fan in his hand. The use of the dragon-shaped weapon to refer to Guan Yu, and of the silken headcloth and feathered fan to refer to Zhuge Liang is more than metonymy, because these things are invested with the same mysterious power that characterizes their owners. This power of things can play an active role in the plot. Monkey King in *Journey to the West*, another classic Chinese novel, carries a weapon called Ruyi Jingu Bang (a golden cudgel) wherever he goes, and the cudgel can become as big as a tower and as small as a needle, while Monkey King himself assumes different shapes and sizes. One is reminded of how the heroine of Lewis Carroll's *Alice's Adventures in Wonderland* can become taller than a house or smaller than a mouse. But the objects around Alice remain unaffected, and seem withdrawn in their impenetrable otherness, while the cudgel is treated as an organic part of Monkey King's body, growing and shrinking with it.

The Western literary tradition closest to *Gan Wu* is Romantic poetry, as represented in England by William Wordsworth, Percy B. Shelley, and John Keats. "All good poetry," as Wordsworth famously asserts, "is the spontaneous overflow of powerful feeling"(1989, 57)[①],

---

① Wordsworth, William &. S. T. Coleridge. 1989. Preface to *The Lyrical Ballads*. Lahore: Kitab Mahal.

and it "takes its origin from emotion recollected in tranquility" (1989, 73)①. This romantic definition of poetry shares *Gan Wu*'s concern with human emotion and nature (and things in nature), yet they differ from each other at least in one significant way. When a poet is overwhelmed by the "powerful feeling," according to Wordsworth, he is not able to articulate the truth and beauty of nature; it is only when the feeling cools down that the poet can assemble words to do nature justice. In other words, it is necessary for the poet to keep a certain personal distance from his experience before he can write it down. As Wordsworth writes in the last stanza of his "I Wandered Lonely as a Cloud":

> For oft, when on my couch I lie
> In vacant orin pensive mood,
> They [the daffodils] flash upon that inward eye
> Which is the bliss of solitude;
> And then my heart with pleasure fills,
> And dances with the daffodils.

Here, though the poet feels inspired at the thought of the daffodils, the flowers remain distinct from him. As a memory rather than a directly experienced presence, the daffodils are separated by time from the poet. Moreover, he thinks of them as an instrument for filling his heart "with pleasure." By contrast, the distance between subject and objects is minimized in *Gan Wu*. As "Autumn Thoughts" and "Staying in Lotus Hill on a Snowy Night" suggest, the poet's persona merges with the surrounding objects, which share the poet's emotions without being anthropomorphized.

3. *Guan Wu*: Abandoning Oneself to Things

If in the *Bo Wu* tradition we see ancient Chinese people trying to record the strange things to satisfy their curiosity about the world, and

---

① Wordsworth, William & S. T. Coleridge. 1989. Preface to *The Lyrical Ballads*. Lahore: Kitab Mahal.

in the *Gan Wu* tradition we see them trying to engage in an emotional interaction with things, then in the *Guan Wu* tradition, which is also an important school of ancient Chinese thought, we see writers trying to abandon themselves to things.

This train of thought started with Daoism's advocacy of "non-action," which is rooted in the belief that human beings should not take any action to change the world. Instead, they should always remain passive, just like the grass in the field, because any action taken by human beings will violate "Dao"(道), the supreme and ultimate law of the universe, which remains, according to Daoism, forever withdrawn and inaccessible. This idea was later developed and modified by Confucian idealists in the Song dynasty (960 A.D — 1127 A.D). No longer preaching "non-action," these idealists nevertheless tried to screen away human emotions and desires in order to achieve recognition of "Li"(理), their term for the universal truth. Rather than associate the falling blossom and flowing water with the ephemerality or transiency of human existence, something poets of the *Gan Wu* tradition would do, Confucian idealists would declare that these are just natural phenomena governed by some immutable "li."

By turning their focal attention to "Dao" and "Li," Daoism and Confucian idealism, though different in many ways, are both hostile to fictional literature, just as Plato, the Greek idealist, criticizes poetry as the second-order imitation of ideal forms. Yet this does not mean that Daoists and idealists do not rely on their imagination in their works; what they object to is the kind of literature that deals with surface reality, especially when this reality is limited to human perceptions. In order to transcend the restriction of human perspective and to get to the unspeakable "Dao" of things, where no humans exist, Zhuangzi, the early founder of Daoism, demonstrates the wildest imagination in his philosophical prose, as if he were writing, in Meillassoux's words, "with the legitimate feeling of being on foreign territory—of being entirely elsewhere"(Meillassoux 2008, 17)①. Suffice it to cite the opening few lines of his "A Happy Excursion"(《逍遥游》). The original Chinese text reads:

> 北冥有鱼,其名曰鲲。鲲之大,不知其几千里也。化而为鸟,其名而鹏,鹏之背,不知其几千里也;怒而飞,其翼若垂天之云。是鸟也,海运则将徙于南冥;南冥者,天池也。《齐谐》者,志怪者也。《谐》之言曰:"鹏之徙于南冥也,水击三千里,抟扶摇而上者九万里,去以六月息者也。"(Zhuang 2011, 1)②

Lin Yutang, a well-known scholar and novelist, translates it as follows:

> In the northern ocean there is a fish, called the k'un, I do not know how many thousand li [one li is equivalent to 500 meters] in size. This k'un changes into a bird, called the p'eng. Its back is I do not know how many thousand li in breadth. When it is moved, it flies, its wings obscuring the sky like clouds. When on a voyage, this bird prepares to start for the Southern Ocean, the Celestial Lake. And in the *Records of Marvels* we read that when the p'eng flies southwards, the water is smitten for a space of three thousand li around, while the bird itself mounts upon a great wind to a height of ninety thousand li, for a flight of six months' duration. (Lin 2009, 60) ③

K'un (a fish) and its later metamorphosis as p'eng (a bird) are so inconceivably huge that they can be regarded as "hyperobjects" as defined by Timothy Morton. Hyperobjects, according to Morton, "refer [s] to things that are massively distributed in time and space relative to humans… Hyperobject is not a function of our knowledge: it's hyper relative to worms, lemons, and ultraviolet rays, as well as humans"

---

① Meillassoux, Quentin. 2008. *After Finitude: An Essay on the Necessity of Contingency*. New York: Continuum.

② Zhuang, Zhou. 2011. *Zhuangzi*. Kunming: Yunnan People's Press.

③ Lin, Yutang. *Collected Works of Lin Yutang in English: Chinese Wisdom*. Beijing: Foreign Languages Teaching and Research Press, 2009.

(2013, 1—2)①. K'un and p'eng do not belong to the human realm, nor are they subjected to human manipulation. In this sense, as hyperobjects, k'un and p'eng are symbolic of "Dao", which exists "on a foreign territory" in a free state unconstrained by human perception.

This total abandonment of the human world to the ultimate truth of things has found its expressionin Chinese idyllic poetry, li-preaching poetry, and landscape paintings. In these art forms, humans disappear completely or recede to the background, and they are replaced by natural things such as mountains, rivers, flowers, birds, and implicitly, by the unspeakable and taciturn "ultimate truth" behind these things.

One such idyllic poem is "Drinking (V)"(《饮酒 其五》), a poem composed by Tao Yuanming (365—427), a poet and hermit who lived in the Eastern Jin dynasty. The poem, which presents a considerable degree of narrativity, reads as follows in Chinese:

《饮酒 其五》
结庐在人境,而无车马喧。/ 问君何能尔,心远地自偏。/ 采菊东篱下,悠然见南山;/ 山气日夕佳,飞鸟相与还。/ 此中有真意,欲辨已忘言。(Tao 1983, 86)②

Here is Gladys Yang's translation:

Drinking (V)

Within the world of men I make my home,
Yet din of horse and carriage there is none;
You ask me how this quiet is achieved ——
With thoughts remote the place appears alone.
While picking asters 'neath the Eastern fence
My gaze upon the Southern mountain rests;
The mountain views are good by day or night,

---

① Morton, Timothy. 2013. *Hyperobjects: Philosophy and Ecology after the End of the World*. Minneapolis: University of Minnesota Press.
② Tao, Yuanming. 1983. "Drinking (V)." In Lu Qinli ed, *The Collected Poems of Tao Yuanming*. Beijing: Zhonghua Book Company.

> The birds come flying homeward to their nests.
> A truth in this reflection lies concealed,
> But I forget how it may be revealed. (O/L)

Though living within the "world of men," the speaker enjoys the peace and quiet that belongs to him, because his thoughts are "remote" from human world, or "being elsewhere," to use Meillasoux's term. His thoughts focus on natural things such as asters, mountain, and birds. In other words, the speaker is surrendering himself to the natural world. Furthermore, unlike poets of the *Gan Wu* tradition, the speaker is not trying to project his emotions onto objects. As the last two lines suggest, the speaker feels there is "a truth" in these things, yet he does not know "how it may be revealed," which suggests that the truth of things is deep and inaccessible by way of language or by any other means.

Li-preaching poetry is a poetic genre developed and flourishing in the Song dynasty (960 A.D—1127 A.D). Influenced by the Confucian idealism, li-preaching poetry aims at reaching the universal "li" of the world by driving human emotion out of poetry. According to Shao Yong (邵雍, 1011—1077), an idealist philosopher and poet, "if we look for thingness in things, we get its nature; if we look for ourselves in things, we get our emotions. The nature of things is universal and bright, while human emotions are biased and obscure" (Shao 2015, 1232, my translation)[①]. Here is a poem by Cheng Hao (程颢, 1032—1085), who was himself a representative of Confucian idealism:

> 《秋日》
> 闲来无事不从容,睡觉东窗日已红。
> 万物静观皆自得,四时佳兴与人同。
> 道通天地有形外,思入风云变态中。

---

① Shao, Yong. 2015. *The Collected Works of Shao Yong*. Shanghai: Shanghai Chinese Classics Publishing House.

富贵不淫贫贱乐,男儿到此是豪雄。

Autumn Days

When at my leisure, I run affairs at pace slow,
Oft when I rise, the sun hath reddened my east window.
All things manifest themselves when observed in silence,
To us the four seasons their beauty equally show.
The universal truth permeates through heaven and earth,
And deep thoughts like wind and cloud will constantly flow.
Tho' poor, be contented; when rich, do not indulge,
A man does this, and he is a great hero.
(my translation)

Both "Autumn Thoughts," discussed earlier, and "Autumn Days," quoted here, deal with a specific season of the year, yet they are diametrically opposed to each other in their treatment of things. In "Autumn Thoughts," autumn is described as lonely and forlorn just as the travelling poet feels, while in "Autumn days," the same season provides an opportunity for the poet to reflect upon the universal truth of the world. Though the physical presence of the poet, together with such words as "leisure," "the sun," and "window" in the first two lines reminds us of the customary beginning of a *Gan Wu* poem, we soon realize that the two lines, with their emphasis on the poet's carefree state of mind, are preparing us for the revelation of his "universal truth." What runs through all the things in this poem, including "the sun," "window," "the four seasons," "heaven and earth," "wind and cloud," is not human emotion, but the mysterious "universal truth" and "deep thoughts."

Chinese landscape painting, or shan-shui painting (mountain-water painting,山水画), is the visual art form that best embodies the *Guan Wu* tradition. Originating in the Jin dynasty, Chinese landscape painting gained its full momentum in the Song dynasty and has become an integral part of Chinese art ever since. Chinese landscape painting typically foregrounds mountains and rivers instead of human beings, and they are represented as having a spiritual existence of their own. One of the best known landscape paintings is "The Early Spring" by Guo Xi, who lived in the Song dynasty.

Figure 1: "The Early Spring", by Guo Xi
(Courtesy: Imperial Palace Museum, Taipei, China)

In "The Early Spring", all that meets the eye are mountains, trees, streams, and rivers, with only a few almost invisible dots standing for human figures. The mountains are presented from various perspectives: they are high when viewed from the bottom; they are distant when viewed from afar; and they are deep and mysterious when viewed from the opposite side. The combination of multiple perspectives in a single painting, typical of all Chinese landscape paintings, gives us a panoramic view of the natural world, thus lending variety and vividness to it. More importantly, this variety and vividness belong to nature itself, for humans are intentionally reduced to extreme insignificance in the painting.

At first glance, this idea of abandonment to the truth of things is similar to that proposed by contemporary philosophers such as Graham Harman. One of the major tenets of Object-Oriented Ontology, as developed by Harman, is that the reality of things is infinitely withdrawn and cannot be made present. As he puts it in his 2011 book *The Quadruple Object*, "the eidetic features of any object can never be made present even through the intellect, but can only be approached indirectly by way of allusion, whether in the arts or in the sciences" (2011, 28)[①].

While Chinese poets and philosophers share this idea of abandonment with some of their Western counterparts, it is also where they begin to diverge from each other. Though they recognize that the reality of things cannot be made present, Harman and his cohorts nevertheless embark on the "mission impossible" of addressing this reality, just as their ancient Greek forerunners such as Plato and Aristotle did, albeit in different ways. Defining this project as "ontography" (or, being-writing), Harman proposes that we can catch a glimpse of the "real object" by tuning in to the gaps that exist between "real objects" and their "sensual features." According to Harman, it is by attending to these gaps that "all the arts, literature included", can "hint at the reality" of things (2012, 183—203)[②]. By contrast, the recognition of the mystery of things leads ancient Chinese philosophers away from the truth-seeking project and directs them towards ethics. Since we shall never be able to know the truth, according to Daoism, we should give up trying and live with this ineptitude. The Confucian

---

① Graham Harman. 2011. *The Quadruple Object*. Winchester: Zero Books.
② Graham Harman. 2012. *Weird Realism: Lovecraft and Philosophy*. Winchester: Zero Books.

idealists in the Song dynasty, while confirming the immutability of the "li" of natural world, arbitrarily claim that the "li" of natural world also works in the human world. They then prescribe a whole set of ethical rules, under the name of the "li" of heaven, for people to follow strictly. A close scrutiny of the last two lines of "Autumn Days" by Cheng Hao is revealing. After claiming that some universal truth runs through "heaven and earth," the poet immediately adds, "Tho' poor, be contented; when rich, do not indulge, / A man does this, and he is a great hero," indicating this precept about being poor and rich is exactly the "truth" he is talking about. Obviously, Cheng Hao attempts here a shift from universal truth to ethical truth, perhaps rightly so, because he is first and foremost a Confucian idealist.

4. Conclusion

Enchanted by the things around them, Chinese people have developed multiple ways of thinking about and writing about them, among which *Bo Wu*, *Gan Wu*, and *Guan Wu* are most salient. In the *Bo Wu* tradition, people described strange things that may or may not have existed in the actual world, and in doing so, they displayed either their extensive knowledge of these things, or the fertility of their imagination; in the *Gan Wu* tradition, people tried to express some kind of emotional attachment to things, and conceived them as being able to feel like humans; and in the *Guan Wu* tradition, people tried to lose themselves in the contemplation of the world of things. The first two traditions are strongly affected by human subjectivity, while subjectivity is vastly diminished in the last tradition by its ideal of self-abandonment and its purpose of living a "good" life, rather than find out the "truth" of things. The three traditions have always affected Chinese thought, and to a large extent, they help define Chinese story-telling. As we have hopefully made clear, owing to China's unique historical and literary development, these strategies of writing about things, albeit also available in western literary tradition, have been employed to achieve different ideological purposes and literary effects.

附录 2
论明清小说文本中的小说批评

杨志平

　　明清小说批评是古代小说批评的高峰,历来是研究者关注的重心。就批评形态而言,明清小说批评较为常见也较受人关注的,主要有小说序跋、凡例、识语、评点、读法、笔记著述等形式,批评主体有小说作者本人但更多的却是作者之外的他者,研究者关于明清小说批评的研究成果大多据此而展开。不过,除上述历来备受关注的批评形式之外,还有一种虽屡屡经人耳目却未受应有重视的批评样式,即明清小说文本中的小说批评(以下省称"文本批评"),其以阐述小说文体相关理论见解为主,兼及评论相关小说作品——亦可视为明清小说评论性叙事的主要体现。这类小说文本批评,在经典作品如《红楼梦》中可以看到,在《小五义》等非经典作品中同样可以找到,存在状况具有普遍性。这类批评完全出自小说作者之手,有别于上述常态形式的小说批评,因批评主体的特殊性而难入一般小说批评研究者的法眼。另外,在文学思想史研究者看来,这些小说文本批评,属于显性形态的理论批评,与那种从创作实践与文学文本中寻绎文学思想的研究路径存有一定隔阂,因此也难以纳入文学思想史研究视域。我们常说"中国的批评,大都是作家的反串,并没有多少批评专家"[1],上述古代小说序跋等形式的批评者亦往往涉足小说创作(批评者兼作者),在小说文本中有意无意地留下了不少小说批评见解,若要全面把握某个

---

[1] 罗根泽:《中国文学批评史》,上海:上海书店出版社,2003年,第14页。

批评家的实绩,研究者有什么理由不去关注那些常见批评形态之外、蕴含于小说文本之内的批评识见呢? 有鉴于此,我们认为,出于对明清小说批评研究完整性与准确性的考虑,有必要将此论题置于当下明清小说批评研究新格局中加以探讨。

一

明清小说文本批评是小说编创者在具体编撰过程中提出的批评见解,就存在形式而言,具备多种外在样态。就文体而言,章回小说中的文本批评要多于话本小说,这或许在于前者本身形制容量更为胜出,因文体演进更为完熟而更能道出小说门径。就位置而言,出现在小说卷首、卷末者居多,卷中者较少,这应该与古人重视开宗明义、回顾总结等写作定势有关联。古代文学创作中长期普遍存在好用楔子、引子、结子之类的现象,好发议论、喜谈宗旨是其一致的功能倾向。这种写作模式对小说文本批评多存留于首尾的情形产生了重要影响。就篇幅而言,有饾饤琐屑之论,如"看官,在下的《荡寇志》七十卷,结子一回,都说完了。是耶非耶,还求指教"①之类,这种简短之论在明清小说文本中极为常见;有长篇精警之言,例如:

> 原来小说有三等,其一,贤人怀着匡君济世之才,其新作都是惊天动地,流传天下,垂训千古。其次英雄失志,狂歌当泣,嘻笑怒骂,不过借来抒写自己这一腔块磊不平之气。这是中等的了。还有一等的,无非谈牝说牡,动人春兴的;这样小说,世间极多,买者亦复不少,书买借以觅利、观者借以破愁。还有少年子弟,看了春心荡漾,竟尔饮酒宿娼,偷香窃玉,无所不至。这是坏人心术所为,后来必堕犁舌地狱。②

此种形式的批评显然更具深度,不过在小说文本中出现得并不太多。就语体而言,有散杂的漫言,有齐整的韵言,后者相较而言更值得注意。我们知道,古代文学批评传统中以诗歌来评论作家作品者,自唐以后代不乏人,有"论诗诗",有"论词诗",也有"咏剧诗",余风所及,在稗官小说中

---

① (清)俞万春:《荡寇志》(下)"结子",戴鸿森校点,北京:人民文学出版社,1981年,第1038页。
② (清)佩蘅子:《吴江雪》"第九回",司马师校点,沈阳:春风文艺出版社,1986年,第50页。

亦有大量"咏稗诗(词)"①,试看以下史料:

《包公案》(明《百家公案》本)引子"包待制出身源流"起首诗(交代编创缘由——笔者按,下同):

世事悠悠自酌量,吟诗对酒日初长。韩彭功业消磨尽,李杜文章正显扬。庭下月来花弄影,槛前风过竹生凉。不如暂把新编玩,公案从头逐一详。②

《快心编》末回结尾诗(交代小说功能):

世情勘透语方深,自有知音仔细寻。莫道稗官无补益,惊人议论快人心。③

褚人获《隋唐演义》末回结尾词《调寄一丛花》(交代小说编创旨趣):

闲阅旧史细思量,似傀儡排场。古今帐簿分明载,还看取野史铺张。或演春秋,或编汉魏,我只记隋唐。隋唐往事话来长,且莫遽求详。而今略说兴衰际,轮回转,男女猖狂。怪迹仙踪,前因后果,炀帝与明皇。④

《三续金瓶梅》第一回起首诗(交代创作缘起):

红楼五续甚清新,只为时人赞妙文。余今亦较学三续,无非傀儡假中真。⑤

《岭南逸史》第一回卷首诗(交代小说"补史"功能):

漫言旧史事无讹,野乘能详也不磨。拈就零星成一贯,问君费了

---

① 本文所说"咏稗诗"特指附属于小说文本之内的以韵文评说小说的现象,而非那种文人泛论小说的诗作,例如袁宏道《听朱生说水浒传》:"少年工谐谑,颇溺滑稽传。后来读水浒,文字益奇变。六经非至文,马迁失组练。一雨快西风,听君酬舌战。"此种情形的咏稗诗尚有不少。参见(明)袁宏道:《袁宏道集笺校》,钱伯城笺校,上海:上海古籍出版社,1981年,第418页。
② (明)安遇时编集:《百家公案》,石雷校点,北京:群众出版社,1993年,第5页。
③ (清)天花才子编辑:《快心编》,四桥居士评,燕怡校点,北京:人民文学出版社,1999年,第693页。
④ (清)褚人获编著:《隋唐演义》,北京:中华书局,2009年,第726页。
⑤ (清)讷音居士:《三续金瓶梅》,徐毅苏校点,郑州:中州古籍出版社,1993年,第1页。

几金梭。①

《玉蟾记》第一回卷首诗(交代说书场合)：
老圃偏饶晚节香,曾携鸦嘴种花黄。清晨采菊新城卖,午后听书到教场。②

《雅观楼》第一回起首诗(交代编创旨趣)：
钱财无义莫贪求,巧里谋来拙里丢。不信但看新说部,开场听讲雅观楼。③

就数量而言,"咏稗诗(词)"在明清小说文本中难以胜数,上述只是其中明显具有批评意味的部分,它以诗词形式传达创作者关于小说自身的认识,其所涉及的内容包括小说观念、小说功能、创作缘由、作品旨趣等诸多方面。相比小说文本批评中的散体言说,小说编创者借助韵文形式来传达精警而简练的小说见解,在冲破理论话语抽象枯涩的面目同时,将理论批评还原为一种诗性创作活动,最大程度地追求理论识见与诗化思维的情感同构,必定给人留下极为深刻的印象。当然,咏稗诗与散言批评相比,其理论内涵肯定要单一得多,也不能逻辑性地开展深入批评,不过其自身优势也不容忽视,即以独特的语言体式,以充沛的情感势能,借助精粹的诗句来切中小说理论问题的要害,进而有着更为深远的影响空间。此种批评形式确实值得高度重视。由上述分析可以看出,明清小说文本批评的存在形式是灵活多样的,明清小说文本批评的丰富性可见一斑。

二

在文学文本内表述批评见解,这是古代文学批评的固有传统,明清小说文本批评是对这一传统的延续和发展。批评与创作从来就是文学发展过程中关联紧密的二元同体,只不过越往后发展,出于文学属性界定的需

---

① (清)花溪逸士:《岭南逸史》,魏武挥鞭点校,北京:中国经济出版社,2011年,第2页。
② (清)通元子:《中国古代传世极品·玉蟾记》,广来整理,呼和浩特:内蒙古人民出版社,2000年,第1页。
③ (清)檀园主人编:《中国古代传世极品·雅观楼 绣鞋记》,(清)乌有先生订,广来整理,呼和浩特:内蒙古人民出版社,2000年,第1页。

要,出于审美意味品鉴的考虑,出于学科区分的考虑,研究者往往将批评与创作视作两个不同的论域。实则在古人笔下,二者差别并不明显,"寓批评于创作"的情形代不乏人。在《诗经》中即有诸如"作此好歌,以极反侧"(《小雅·何人斯》)、"君子作歌,维以告哀"(《小雅·四月》)等诗句传达出相应的创作动机。张衡《西京赋》在侧重铺陈京都繁华气象的同时,谈及戏曲、小说相关问题,常被研究者所论及,所谓"临迴望之广场,程角抵之妙戏"①,"匪唯玩好,乃有秘书。小说九百,本自虞初。从容之求,实侯实储。"②曹操《观沧海》等诗作在结尾处也往往有"幸甚至哉,歌以咏志"之论,至少在形式上旨在传达诗歌的价值功用。至于与小说关联密切的戏曲,批评与创作融为一体的现象更为常见。如高明《琵琶记》开场词有云:"秋灯明翠幕,夜案览芸编。今来古往,其间故事几多般。少甚佳人才子,也有神仙幽怪,琐碎不堪观。正是:不关风化体,纵好也徒然。论传奇,乐人易,动人难;知音君子,这般另做眼儿看。休论插科打诨,也不寻宫数调,只看子孝共妻贤。骅骝方独步,万马敢争先。"③提及了戏曲功能、审美鉴赏等理论命题。丘濬《五伦全备记》开场词有言:"这本《五伦全备记》,分明假托扬传,一场戏里五伦全。备他时世曲,寓我圣贤言。"④戏曲创作动机再明显不过了。传为徐渭所作《歌代啸》开场词《临江仙》:"世界原称缺陷,人情自古刁钻,探来俗语演新编。评他颠倒事,直付等闲看。"⑤表明了作者对戏曲世界与现实世界关系的深刻认识。这样看来,古代小说文本批评的出现,是古代文学创作与批评紧密结合的惯性势能在小说文体中的显现,而究其根本,又是古代文人长期自觉淡化批评家身份取向的结果。⑥ 论者曾有言:"中国古人很少有意识去做一个职业理论家或职业批评家,他们讨论文学问题或从事文学批评只是一种业余的爱

---

① 龚克昌主编:《汉赋新选》,武汉:湖北教育出版社,2001年,第396页。
② 同上书,第394页。
③ 陈多、叶长海选注:《中国历代剧论选注》,上海:上海古籍出版社,2010年,第95页。
④ 同上书,第108页。
⑤ 同上书,第136页。
⑥ 事实上,古人往往将文才不高却好臧否他人之类的批评家视同于信口雌黄的角色,如曹植有言:"刘季绪才不能逮于作者,而好诋诃文章,掎摭利病。"(《曹植集校注》,人民文学出版社,1984年,第154页。)"季绪琐琐,何足以云。"(《三国志·陈思王传》注引《典略》)据此可见,缺少创作实绩的批评家在古代难受好评,文人也很少以批评家身份来定位自身。

好,而不会成为终生的事业。"①在文学创作中随性发表批评见解,将批评观点加以文学化、形象化的表达,这样的情形在古人那里实是非常自然的现象。因此,我们有理由如同正视其他文体文本中的批评一样,来正视明清小说文本批评。当然,我们还是有必要指出,本文的研究对象是文学作品内的显性附属批评,而非像"论诗诗"这类专一的批评体式,两者类似更有明显不同。

小说文本批评在明前小说文本中较为罕见,但不能说没有。如刘义庆《世说新语》"排调"有记载:"干宝向刘真长叙其《搜神记》。刘曰:'卿可谓鬼之董狐。'"②此论涉及小说虚实问题。沈既济《任氏传》文末有言:"向使渊识之士,必能揉变化之理,察神人之际,著文章之美,传要妙之情,不止于赏玩风态而已。"③此论肯定了小说的审美体性。应该说,明前小说文本批评相对而言是极不起眼的。

小说文本批评在明代的出现频率有所改观,其中突出特点是大多围绕话本小说的形式体制而展开。在《清平山堂话本》中,基本上每回开头都有"入话"二字,末尾有"话本作彻,权作散场",中间有"却说""且说""再说"等叙述套语,这对于认识早期话本小说的文体及叙事特点,是有一定作用的。在冯梦龙编撰的《警世通言》等话本小说中,也往往能见到编者的相关批评,如第一卷《俞伯牙摔琴谢知音》卷首有言"今日听在下说一桩俞伯牙的故事。列位看官们,要听者,洗耳而听;不要听者,各随尊便。正是:知音说与知音听,不是知音不与谈。"④第四卷《拗相公饮恨半山堂》开篇也提到"开话已毕,未入正文,且说唐诗四句"⑤,这实际上论及小说接受与文体形制等问题。在明末《西湖二集》《包公案》(《百家公案》本)等小说中也可看到相关的小说批评。《西湖二集》第三十四卷中编者特意提点"这一回事体繁多,看官牢记话头。"⑥《包公案》开篇引入诗歌后,编者说道:"话说包待制判断一事迹,须无提起一个头脑,后去逐一编成话文,以

---

① 张海明:《回顾与反思——古代文论研究七十年》,北京:北京师范大学出版社,1997年,第75页。
② 黄霖、韩同文选注:《中国历代小说论著选》(修订本)(上册),南昌:江西人民出版社,2000年,第27页。
③ 同上书,第52页。
④ (明)冯梦龙编:《警世通言(全本)》,海口:海南出版社,1993年,第1页。
⑤ 同上书,第30页。
⑥ (明)周楫:《西湖二集》,哈尔滨:黑龙江美术出版社,2014年,第310页。

助天下江湖闲适者之闲览云耳。问当下编话的如何说起？应云……"①这两处批评涉及话本小说文体特性及编创动机等问题。总体来看，明代小说文本批评并不多见，但却可完善与印证现有话本小说相关理论见解，对我们系统认识话本小说文体特征有借鉴价值。

清代小说文本批评总体而言蔚为大观，理论价值相对更高。在梳理较为繁富的相关史料基础上，我们拟将其划分为两个时段加以择要简述：

其一，道光年间之前的小说文本批评。较为值得注意的小说文本主要有：苏庵主人《绣屏缘》第十五回、佩蘅子《吴江雪》第九回、徐述夔《快士传》第一回、古吴娥川主人《生花梦》第一回、天花才子《快心编传奇》三集末回、褚人获《隋唐演义》末回、李渔《合锦回文传》首回、李渔《比目鱼》首回、李渔《十二楼》第二十六回与第三十八回、李渔《无声戏》第十回、曹雪芹《红楼梦》首回与第五十四回、惜阴堂主人《金兰筏》第一回、李汝珍《镜花缘》第八十九回，等等。这些小说文本以或韵或散的语体形式，在题材择取、编创观念、小说功能、小说地位、小说鉴赏等理论问题上提出了不俗见解，总体上在批评形式、批评内容等方面均较之明代有了较大拓展与深化。如果说明代小说文本批评较为随性、文体意识不够明确的话，那么此时期的小说文本批评逐步走向了自觉正视小说自身，并开始深度提炼小说文体特质。如梦花馆主《九尾狐》第六十二回所述：

> 余书宗旨，并非考胡宝玉之家世，不过借胡宝玉做个榜样，描摹其平日所作所为，编成小说体例，以醒世俗之迷。故是书不名之曰"胡宝玉"，而别名之曰"九尾狐"。由是而言，则现在铺排这段情节，聊以表胡宝玉之骄奢淫佚超出寻常，无论是兄是弟，而推其初心，亦不过借此名目而已。②

此论实则透露出通俗小说编创与命名的内隐信息，即大凡只要遵循小说体例而成的作品，人物命名是否坐实，其实无关紧要，关键在于"人"因"事"生，故事情节的典型性使其中的人物自然得以真实化生成，似乎现实世界的人物能在小说世界中找到对应影像。应该说不少通俗小说的编创均体现出类似特点，揭示了古代小说描摹现实的独特性。又如李渔

---

① （明）安遇时：《包公案》，天津：百花文艺出版社，2016年，第2页。
② （清）梦花馆主：《九尾狐》，觉园、秦克标点，上海：上海古籍出版社，1997年，第382页。

所说:

> 别回小说,都要在本事之前另说一桩小事,做个引子;独有这回不同,不须为主邀宾,只消借母形子,就从粪之土中,说到灵芝上去,也觉得文法一新。①

这实际上涉及的是古代小说结构章法的问题,同样值得重视。此时期的小说文本出现上述特征,究其原因,恐怕与清代前中期小说创作兴盛进而创作模式通套化有关联,与清代小说编创与批评的高度文人化有关联。②

其二,道光年间之后的小说文本批评。此时期,提出过重要批评见解的小说文本在数量上远比此前要多,尤其是在光绪年间,小说文本批评呈现出类似井喷效应,大多数小说文本内皆有详略不等的小说批评见解。这实际上反映了清后期小说文体愈加受人重视、小说批评愈加泛化(而非专业化)的趋势。就批评内容而言,一方面,延续了此前小说文本批评常见的论题指向,如花溪逸士《岭南逸史》第一回说道:

> 从来有正史,即有野史;正史传信不传疑,野史传信也传疑,并轶事亦传也。故耳闻目见之事,正史有之,人人能道之,不足为异。若耳所未闻、目所未见之事,人闻之见之,未有不惊骇,以为后人悬空造捏出来的,不知其实亦确有所见、确有所闻之事也。
>
> 不信者,特为耳目所限耳。③

所论涉及仍是小说编创的虚实问题。邘上蒙人《风月梦》第一回指出:

> 若问此书,虽曰风月,不涉淫邪,非比那些稗官野史,皆系假借汉唐宋明,但凡有个忠臣,是必有个奸臣,设谋陷害。又是甚么外邦谋叛,美女和番,摆阵破阵,闹妖闹怪。还有各种艳曲淫词,不是公子偷情,就是小姐养汉,丫环勾引,私定终身,为人阻挠,不能成就,男扮女

---

① (清)李渔编:《古本小说集成·连城璧》(上),上海:上海古籍出版社,1990年,第34页。
② 参见李剑国、陈洪主编的《中国小说通史》清代卷"第十四编:逞才、寄托、炫学——通俗小说文人化的时代"(高等教育出版社,2007年,第1229页),以及谭帆的《中国小说评点研究》(华东师范大学出版社,2001年,第29页)第一章第四节"小说评点'文人性'的增强"等论著相关论述。
③ (清)花溪逸士:《岭南逸史》,魏武挥鞭点校,北京:中国经济出版社,2011年,第1页。

妆,女扮男妆,私自奔走。或是岳丈岳母嫌贫爱富,逼写退婚。买盗栽赃,苦打承招,劫狱劫法场。实在到了危急之时,不是黎山老姥,就是太白金星,前来搭救。直到中了状元,点了巡抚,钦赐上方宝剑,报恩报怨,千部一腔。在作书者,或是与人有仇,隐恨在心,欲想败坏他的家声,冀图泄恨;或是思慕那家妻女,未能如心,要卖弄自己几首淫词艳赋,做撰许多演义传奇,南词北曲。那些书籍,最易坏人心术,殊于世道大为有损。①

所论涉及也还是小说题材与编创的俗套模式问题、小说创作动机问题。这类论述在此前也屡屡提及。尤为值得一提的是,此期文康《儿女英雄传》在诸多回目的文本描写中,几乎系统性地总结了话本小说与章回小说较为共通性的文体特点,对以往小说文本批评中经常叙及的小说论题作了较为全面的回顾,具有重要的理论价值(详见后文)。另一方面,此时期"夫子自道"式的批评见解多有出现,大凡关于情节预先评介、小说成书经历、小说创作动机等问题的批评均透露出极强的主体性,反映出小说作者急于化身批评者的异常突出的情感倾向,这种情形在此前是不曾出现的,"小说界革命"等思潮影响小说创作可见一斑。如梦花馆主《九尾狐》第三十二回末尾对小说情节予以预透:

> 要知下文,如:
> 亏节帐筹借赴宁波,得赆仪优游回故土;
> 游龙华暮地遇同胞,看马戏无心逢篾片;
> 丁统领督队下江南,申观察招游来沪北;
> 篾片一双艳称宝玉,犒银三百惊掷多金;
> 赏菊花登高重九天,佩萸囊遥想十三旦;
> 身历香丛新修艳史,梦游蕊阙重订花神。
> 以上许多关目,本待蝉联奉告,怎奈天气炎热,挥汗如雨,且让在下暂停一停,吃一盏荷兰水,乘一乘凉,再行动笔续下,谅看官们决不以迟迟见责也。所有宝玉失财之后,如何往宁波借贷,以及热闹情节,都在四集分解。②

---

① (清)邗上蒙人:《风月梦》,苗壮、石昕校点,济南:齐鲁书社,1991年,第6—7页。
② (清)梦花馆主:《九尾狐》,觉园、秦克标点,上海:上海古籍出版社,1997年,第199页。

《二十年目睹之怪现状》"楔子"较清晰地交代了小说成书经历:

> 想来想去,忽然想着横滨《新小说》销行极广,何不将这册子寄到新小说社,请他另辟一门,附刊上去,岂不是代他传播了么?想定了主意,就将这本册子的记载,改做了小说体裁,剖作若干回,加了些评语,写一封信,另外将册子封好,写着"寄日本横滨市山下町百六十番新小说社"。走到虹口蓬路日本邮便局,买了邮税票粘上,交代明白,翻身就走。①

《三续忠烈侠义传》第一回明确阐明了编创指向:

> 因上部《小五义》原原本本,已将铜网阵详细叙明。今三续开篇,即由破铜网阵单刀直入,不必另生枝叶,以免节目絮繁,且以快阅者之心。②

总体而言,此时期的小说文本批评反映出晚清小说编创者既有急于兜售小说新见、迎合小说变革风潮的一面,又有固守旧有小说传统、延续传统理论观念的一面,确实体现了新旧小说变革背景下小说文本批评的新特点,也极为贴切地印证了小说文本容批评与创作于一体的创作现象。就小说文本批评发展的整体态势而言,此时期的小说文本批评处于特征最鲜明、演进最完备的阶段。不过,就批评内涵的指涉面来说,此时期的小说文本批评偏重于就单个文本自身而展开就事论事式的鉴赏品评,那种由单个文本而论及一般性小说观念认识的普泛化批评现象,倒是相比此前有所减少,或许这与小说作者更为看重特定小说文本的当下效应有关,对小说文体概念化、理论化的认识反倒关注不多。

三

明清小说文本批评就存在形态而言,是有别于常态小说批评的独特存在,所涉及的小说论域较为广阔,可与常态形式的小说批评形成互补。总体来看,明清小说文本批评主要涉及以下五个方面:

1. 小说观念论。小说编创者在作品构撰过程中,往往会流露出对古代小说本体观念的相关认识,虽然在表达相应的小说观念后,小说作者可

---

① (清)吴趼人:《二十年目睹之怪现状》,宋世嘉校点,上海:上海古籍出版社,2011年,第3页。
② (清)佚名:《续小五义》,北京:华文出版社,2018年,第1页。

能体现出与之相背离的创作实践,但是这毕竟是存在过的小说批评见解,还是值得注意的。花溪逸士在《岭南逸史》第一回中提到:"从来有正史,即有野史;正史传信不传疑,野史传信也传疑,并轶事亦传也。"①认为小说与正史的差别在于能突破虚实观念束缚而更广泛地写人叙事,无论是"信"还是"疑",均有流传价值。此论与明清小说作品的实际状况还是相吻合的,也可印证常态形式的小说批评见解。《海游记》作者对小说本体的虚实真假问题的认识似乎更为辩证,在其看来小说中的所谓"真""假"实际上是相对存在的,不应绝对化看待,入情入理的虚构同样应视为真实。古吴娥川主人在《生花梦》第一回中对此论有所呼应:

> 今日与看官们,别开生面,演出件极新奇、极切实的故事,寓幻于侠,化淫为贞,使观者耳目一快。然不必尽实,亦不必尽虚,虚而胜实,则流于荒唐;实而胜虚,则失于粘滞。②

言下之意,小说文体的实质即应虚实兼容、虚实谐和,唯此庶几可得"游戏之三昧"③。这种认识理当受到重视。古代小说往往因其有涉虚构的题材取向而招致偏见,这实是令很多有识之士怅恨不已的。李汝珍在《镜花缘》末回结尾时即感叹道:

> 嗟乎! 小说家言,何关轻重? 消磨了十数多年层层心血,算不得大千世界小小文章。自家做来做去,原觉得口吻生花;他人看了又看,也必定拈花微笑:是亦缘也。正是:
> 镜光能照真才子,花样全翻旧稗官。④

在作者看来,即使是不实之说,只要精心构撰,也是"有关轻重"的。应该说这些论说均以正面立场触及了小说本质,具有一定的理论参考价值。

2.小说文体论。经由长期演进,清代章回小说就形式体制而言已较为完备,小说作者也有意识地对此加以确认与总结,形成了关于小说文体特征的相应认识,虽零散不成系统,但却可补足小说常态批评中的相关认

---

① (清)花溪逸士:《岭南逸史》,魏武挥鞭点校,北京:中国经济出版社,2011年,第1页。
② 萧林主编:《中国禁毁小说110部·才子佳人、艳情卷》(二),长春:时代文艺出版社,2001年,第2—3页。
③ (明)谢肇淛:《五杂组》,上海:上海书店出版社,2001年,第178页。
④ (清)李汝珍:《镜花缘》,傅成校点,上海:上海古籍出版社,2011年,第480页。

识。一是认为小说开篇应有"引子"或"楔子",方才符合小说定式。在金圣叹评改《水浒传》较早设立"楔子"后,不少小说作者对这一做法在小说创作中的意义予以体认。试看下列文本史料:

> 吴敬梓《儒林外史》第一回"说楔子敷陈大义借名流隐括全文":
> 王冕隐居在会稽山中,并不自言姓名;后来得病去世,山邻敛些钱财,葬于会稽山下。是年,秦老亦寿终于家。可笑近来文人学士,说着王冕,都称他做王参军,究竟王冕何曾做过一日官?所以表白一番。这不过是个楔子,下面还有正文。①

> 《儿女英雄传》缘起首回:
> 列公牢记话头:只此正是那个燕北闲人的来历,并他所以作那部《正法眼藏五十三参》的原由,便是吾了翁重订这部《儿女英雄传评话》的缘起。这正是:
> 云外人传云外事,梦中话与梦中听。
> 要知这部书传的是班甚么人,这班人作的是桩甚么事,怎的个人情天理,又怎的个儿女英雄,这回书才得是全部的一个楔子,但请参观,便见分晓。②

> 无垢道人《八仙得道》第一回:
> 这事说来好如平淡无奇。不道经作书人仔细考察的结果,竟和这八仙历史有些小小关系。按照事从脚跟起的规矩,要说八仙之事,竟不能不借重这两位龙君,作开场的引子。③

可见,在"楔子"("引子")之后接入正文,这是小说家们的普遍共识,唯此才合乎小说体制。当然也有另一种看法,所谓"此回不用引子,恐看者徒视为余文,则诗词可废也。不知诗句之中,尽有许多意思,深心者自能辨之"④。有意强调不用"引子",恰恰印证了小说作品中"引子"存在的

---

① (清)吴敬梓:《儒林外史》,张慧剑校注,程十髪插图,北京:人民文学出版社,1958年,第14页。
② (清)文康:《儿女英雄传》,上海:上海古籍出版社,1991年,第6页。
③ (清)无垢道人:《八仙得道》(上),卜维义、扬华、赵雅君、刘顺德、程玉华校点,沈阳:春风文艺出版社,1987年,第1页。
④ (清)苏庵主人编次:《古本小说集成·绣屏缘》,上海:上海古籍出版社,1994年,第135页。

普遍性,至于"引子"("楔子")对小说主体部分起到了何种作用,那就应视具体文本而定了。

二是认为小说章回的切分,在于篇幅所限而并非情节完整性所致。李渔《十二楼》第十五回回末自白:"作者说到此处,不得不停一停。因后面话长,一时讲不断也。"①与此类似,《九尾狐》第五十二回回末亦有言:

> 在下做到这里,就算是《九尾狐》的全书结局,若看官们不厌烦絮,定要打听庆余堂以后的历史,或者待在下搜索枯肠,再续他一部出来。此刻却限于篇幅,只好将梦中景象做个《九尾狐》五集的收场。②

《九尾狐》第五十三回回首则回应道:

> 前集说到胡宝玉四十岁大庆生辰,庆余堂前颇极一时之盛。乃当夜酒阑席散,蓦地做了一个恶梦,在下限于篇幅,遂将九尾狐五集结束,仿那《水浒传》《西厢记》的样子,作为全书告终,取神龙见首不见尾之意。③

这类言说实则认为结构匀称的观念在小说创作过程中较为重要,至少可在外在形式上凸显出一种美感,当然也能营造出类似"神龙见首不见尾"的神秘感。这样的认识应该说还是有一定价值的。

三是认为小说编创者应该要有自觉的小说文体意识,将小说当作小说来编撰。如蔡召华《笏山记》末回第六十九回结尾处说道:

> 予养疴两树园,短榻长书,无以破寂,记和尚之言,交心斗角,用小说家演义体饰而记之,共得六十九回。④

3.小说创作论。围绕小说如何取材、如何构撰、如何求新等艺术问题,不少小说作者均发表了诸多有价值的见解,主要包括两方面:其一,小说题材应尽量免俗,情节构思要破除俗套。曹雪芹在《红楼梦》第一回、第五十四回中批判才子佳人小说俗套的言说,已为人所熟知。上文所述《风月梦》第一回的描述,亦属此范畴。此外仍有其他表述,试看以下材料:

---

① (清)李渔:《十二楼》,哈尔滨:黑龙江美术出版社,2015年,第88页。
② (清)梦花馆主:《九尾狐》,觉园、秦克标点,上海:上海古籍出版社,1997年,第326页。
③ 同上书,第327页。
④ (清)蔡召华:《笏山记》,王俊桦整理,济南:齐鲁书社,2022年,第580页。

徐述夔《快士传》第一回：

说平话的，要使听者快心，虽云平话，却是平常不得。若说佳人才子，已成套语；若说神仙鬼怪，亦属虚谈。其他说道学太腐，说富贵太俗，说勋、戚将帅、宫掖、宦官、江河、市井、巨寇、神偷、青楼、寺院，又不免太杂。今只说一个快人，干几件快事，其人未始非才子，未尝不道学，未尝不富贵，所遇未尝无佳人，又未尝无神仙、鬼怪、勋戚、将帅、宫掖、宦官、江河、市井、巨寇、神偷、青楼、寺院，纷然并出于其间，却偏能大快人意，与别的平话不同。①

古吴娥川主人《生花梦》第一回：

在下今日造这部小说，原不专为取悦世人耳目，特与聪明人谈名理，与愚昧人说因果。但今稗官家，往往争奇竞胜，写影描空。采香艳于新声，弄柔情于翰墨。词仙情种，奇文竟是淫书；才子佳人，巧遇永成冤案。读者不察其为子虚亡是之言，每每认为实事，争相效学，岂不大误人心，丧灭伦理。今日与看官们，别开生面，演出件极新奇、极切实的故事。寓幻于侠，化淫为贞，使观者耳目一快。②

小说构撰的免俗之论，在金圣叹等评点家那里早已强调过，在上述小说作者创作中也反复提点，可实际情形是，古代小说陈陈相因的俗套面貌并没有在实际创作实际中得到根本改观，这在客观上实是对小说批评的嘲弄吧。我们只能认为提出理论批评是一回事，能否当真实践又是另一回事了。不过至少从小说批评的角度而言，上述小说文本中的批评见解仍是不容忽视的。

其二，小说编撰应像文章写作那样讲求章法，用心精构。此点在文康《儿女英雄传》中表现得最为突出，试看下列材料：

第十二回

列公听这回书，不觉得像是把上几回的事又写了一番，有些烦絮拖沓么？却是不然。在我说书的，不过是照本演说；在作书的，却别有一段苦心孤诣。这野史稗官虽不可与正史同日而语，其中伏应虚

---

① （清）嗤嗤道人：《警寤钟》，北京：中国文史出版社，2003年，第1页。
② 萧林主编：《中国禁毁小说110部·才子佳人、艳情卷》（二），长春：时代文艺出版社，2001年，第2页。

实的结构也不可少。不然都照宋子京修史一般,大书一句了事,虽正史也成了笑柄了。①

第十六回
这稗官野史虽说是个顽意儿,其为法则则与文章家一也:必先分出个正传、附传,主位、宾位,伏笔、应笔,虚写、实写,然后才得有个间架结构。即如这段书是十三妹的正传,十三妹为主位,安老爷为宾位,如邓、褚诸人,并宾位也占不着,只算个"愿为小相焉"。但这十三妹的正传都在后文,此时若纵笔大书,就占了后文地步,到了正传写来,便没些些气势,味同嚼蜡。若竟不先伏一笔,直待后文无端的写来,这又叫作"没来由",又叫作"无端半空伸一脚",为文章家最忌。然则此地断不能不虚写一番,虚写一番,又断非照那稗官家的"附耳过来,如此如此"八个大字的故套可以了事,所以才把这文章的筋脉放在后面去,魂魄提向前头来。作者也煞费一番笔墨!②

第三十三回
这书虽说是种消闲笔墨,无当于文,也要小小有些章法。譬如画家画树,本干枝节,次第穿插,布置了当,仍须绚染烘托一番,才有生趣。如书中的安水心、佟儒人,其本也;安龙媒、金、玉姊妹,其干也,皆正文也。邓家父女、张老夫妻、佟舅太太诸人,其枝节也,皆旁文也。③

显然,在文康看来,小说虽文体地位不高,但也应自视不凡,在作品整个创作过程中均应精心构撰,这实际上体现了通俗小说家的文人自律意识,确实至为可贵。除此之外,文康还提出小说创作应"借题目写性情""借题目作文章"的观点,也具有重要的理论价值:

第二十六回
况且诸家小说大半是费笔墨谈淫欲,这《儿女英雄传》评话却是借题目写性情。从通部以至一回,乃至一句一字,都是从龙门笔法来

---

① (清)文康:《儿女英雄传》,上海:上海古籍出版社,1991年,第130页。
② 同上书,第178—179页。
③ 同上书,第421页。

的,安得有此败笔?①

第二十八回
从来著书的道理,那怕稗官说部,借题目作文章,便灿然可观;填人数凑热闹,便索然无味。所以燕北闲人这部《儿女英雄传》,自始至终止这一个题目,止这几个人物。便是安老爷、安太太再请上几个旁不相干的人来凑热闹,那燕北闲人作起书来,也一定照孔夫子删《诗》《书》、修《春秋》的例,给他删除了去。②

结合小说文本可知,文康在这里强调的,一是小说的人物描写应该要与作品主旨相吻合,《儿女英雄传》不免要叙及主人公的男女之事,但绝不可混同于那种恶俗化的艳情摹写,这将使得作品题旨与实质内容相背离。换言之,"性情"如何刻画,与小说希望凸显的主旨密切关联,作者不可不慎重。二是小说编创要主线突出,尽量删减不相关的人物与情节,那样虽然看来热闹,实则适得其反。这两方面的表述实际上还是体现了小说要精心营构的宗旨。应该说正是有上述这样的见解,《儿女英雄传》方能在清代小说中显得出类拔萃。

4. 小说功能论。通俗小说因其受众之广、接受之易,不少小说作者均十分看重其对读者的影响效应,我们可从小说文本描述中想象通俗小说的实际作用。总体而言,大多数小说作者以有破有立的形式来审视小说功能,态度比较复杂,当然也可补充常态批评中关于小说功用的认识,具有一定的理论价值。试看下列史料:

陈朗《雪月梅》第一回(小说能演绎因果、有益身心——笔者按,下同):
圣贤的经传,亦无非教人以孝悌忠信之事。然此中愚夫愚妇,难以解究。惟有因果之说,言者津津,听者有味,无论贤愚贵贱、妇人女子,俱能通晓,可以感发善心,戒除恶念。今有一段奇文,于中千奇百怪,到头天理昭彰,报应丝毫不爽,一一说来,可以少助劝人为善之道。又见得天地之大,无奇不有,况情真事实,非比荒唐。请静听始

---

① (清)文康:《儿女英雄传》,上海:上海古籍出版社,1991年,第317页。
② 同上书,第351页。

末:不但可清闲排闷,且于身心大有裨益。即作一因果观之,亦无不可。①

八咏楼主《蜃楼外史》第一回(小说能惩恶扬善、有益教化):
从来稗官野史,寓言骂世,或借景抒怀,称扬的无非忠孝节义,痛骂的悉是奸盗邪淫。虽是假语村言,而言者既不特无罪,且可借以警世,俾知流芳遗臭后世,自有公论。②

迷津渡者《笔梨园》第一回(小说可开豁心智、寄寓情怀):
看官们,要晓得江干城向来这些俊俏的口角、风骚的态度,俱是没有的,况且读书不深,那晓品题人物?只因避乱山居时,买了几部小说,不时观看,故此聪明开豁。见品箫图,暗把凤凰比看自己;见春夏秋冬四景,暗指世态炎凉;见桃柳荼蘼,把色香红绿,暗比自己与媚娟。点缀绝佳,竟似一个才人口角。③

梦花馆主《九尾狐》第二十三回(小说能带坏人心、贻害无穷,应予严禁):
要晓得淫书害人,比淫画尤甚。一幅淫画,只有一幅的形景,凭你画得活泼神似,终究不能说话,不能行动,分明是一对死人,有何趣味?至于淫书,则笔笔周到,奕奕如生;无微不至,体态逼真。无论一言一动,一笑一啼,以及怎样的恩情,怎样的淫态,怎样的结识起来,怎样的勾搭成事,从头至尾,一一跃然于纸上,能令观者神迷,听者意荡。漫说血气方刚的少年见了这种淫书,要慕色伤身;即老年亦未免动火,势必老不服老,岂非催他上阎王殿吗?昔年苏州有一富家子弟,年纪只有十五六岁,在书房里读书,狠是聪明伶俐。偶然见书架上有一部《西厢记》小说,他就瞒着先生观看,日夜爱不释手,单羡那位莺莺小姐,弄得茶饭懒吃,骨瘦如柴,犯了相思痨病而死。还有一

---

① (清)陈朗:《雪月梅》,乔迁标点,上海:上海古籍出版社,1987年,第2页。
② (清)八咏楼主述,(清)庚岭劳人著:《足本蜃楼外史》,北京:中央广播电视大学出版社,1993年,第1页。
③ (清)梦花馆主:《九尾狐》,觉园、秦克标点,上海:上海古籍出版社,1997年,第133页。

个人,看了一部《红楼梦》,直到临终的时候,犹大叫"黛玉姐姐"不置,你想痴也不痴?若照这样说起来,《西厢记》《红楼梦》两部书尚且看不得,而况《金瓶梅》《觉后传》《杏花天》等各书,岂可入少年之目?宜乎在上者悬为厉禁,好善者劈版焚书,以免贻害世人。我故云淫书之害,甚于淫画,看官们谅不河汉斯言。如今这部《九尾狐》,实为醒世而作。不过借胡宝玉做个榜样,奉劝爱嫖诸公,早醒青楼之梦,勿为狐媚所惑,就是此书的知音了。①

综合上述材料来看,古人对小说的态度可谓爱恨交织、褒贬不一,究其原因即在于小说承载了难以尽述的复杂功能,大至家国教化,小至一己言行,似乎都能看到小说的影响印记,其功能不容小觑。当然,客观而言,古人出于种种考虑而赋予小说种种功能,有不少言论未必符合实际,这自然是因古人特定的观念所致,我们大可不必尽信。但是,就古代小说批评的实际存在状况来说,这又是令研究者不能不重视的,或可补充或印证常态批评的相关论说,或能别开生面,对小说功能有独到体味,应该说还是有一定理论批评价值的。

5. 小说传播论。因创作定位所决定,通俗小说兼具文人文化属性与世俗商品属性。就通俗小说的演进来说,一条总体变化轨迹似乎较为明显,即以《三国演义》《水浒传》等高度文人化的作品发端,继而明中后期小说文人化品格渐趋淡化(商业化、世俗化品性日渐提升),至清前中期小说文人化品格又逐步上升(出现诸如《红楼梦》等高度文人化的作品),到清后期小说文人化、商业化品性兼具,末期小说商业化、世俗化更显突出(如《三侠五义》为代表的系列侠义小说)。明清小说文本批评似乎也印证了这点,在诸多小说文本结尾与起首部分,出于小说传播与营销的考虑,均有不少小说广告语,并且越至清代晚期此种趋势越加明显。试看以下材料:

褚人获《隋唐演义》末回结尾:

上皇既崩,肃宗正在病中,闻此凶信,又惊又悲,病势转重,不隔几时,亦即崩逝。……代宗之后,尚有十三传皇帝,其间美恶之事正多,当另具别编。看官不厌絮烦,容续刊呈教。

今此一书,不过说明隋炀帝与唐明皇两朝天子的前因后果,其余

---

① (清)梦花馆主:《九尾狐》,觉园、秦克标点,上海:上海古籍出版社,1997年,第133页。

诸事,尚未及载。①

天花才子《快心编传奇初集》末回结尾:
驾山意中尚有石飒珩、李小姐及柳俊三人,尤为关切,刻刻不忘。不独驾山不能忘,即看官因石、柳二人,从前许多恳款激烈,隽爽不凡,定知将来各有一段豪杰性情,惊天事业,照耀千古。……若丁孟明,陷害驾山,刻酷已极,不知有无报应?以上各人或英雄发迹,极尽恢奇;或闺秀迍邅,终邀天佑;或奸徒丧败,大快人心。作者实有一种隽思曲笔,逗成异采,详具《二集》续出呈教。②

吴璿《飞龙全传》末回结尾:
自此天下大定,仁明之主,永享太平。《飞龙传》如斯而已终。但世事更变,难以逆料。要知天下此后谁继?当看《北宋金枪》,便见源委也。③

《小五义》末回结尾:
智爷生死,破铜网阵,一切各节目,仍有一百余回,随后刊刻续套嗣出。先将大节目暂为开载于后:
若问众英雄脱难,襄阳王逃跑宁夏国;智化盗盟单,因为让功暗走;……失潼关,钟雄挂帅印,抢宁夏国拿获襄阳王:俱在续套《小五义》分解。④

石玉昆《三续忠烈侠义传》首回:
近有无耻之徒,街市粘单,胆敢凭空添破铜网、增补全图之说。至问及铜网如何破法,全图如何增添,彼竟茫然不知,是乃惑乱人心

---

① (清)褚人获编著:《隋唐演义》,北京:中华书局,2009年,第726页。
② (清)天花才子编辑:《快心编》,(清)四桥居士评,燕怡校点,北京:人民文学出版社,1999年,第205页。
③ (清)吴璿:《飞龙全传》,济南:齐鲁书社,1995年,第345页。
④ (清)佚名编著:《小五义》,陆树仑、竺少华校点,上海:上海古籍出版社,2011年,第463—464页。

之意也。故此,本坊急续刊刻,以快人心,闲言少叙。①

就古代小说发展的总体态势而言,续书观念在不少小说作者那里根深蒂固,不管作品完成之后是否有意续作,在作品行将收尾之际大多有"容续刊呈教"之类的话语,或在首回批驳关于特定作品不可取的妄作、拟作现象,其实就是在为此后的小说续书预先广告,小说营销意识较为明显,客观上更能让人直接感受到古代小说的商品属性。这些文本叙述当然没有提出如何传播小说的理论性主张,但事实上却交代了小说续书的缘起、小说作品之间的流传关联性,因此还是涉及古代小说的传播问题,对我们认识古代小说相关论题有一定参考意义。

四

经由上述评介,我们不难看出,明清小说文本批评是古代小说批评研究领域值得深入掘发的丰富矿藏。若说前人完全没加顾及,这似乎不合实际,但真正意义上的专论却较为少见。为何会出现这种研究视域的近乎空白地带?我们以为,这涉及对明清小说文本批评本身特点的理性认识及其相应价值的合理评判。

我们知道,对于诗词曲赋等韵文体式而言,在文本中流露出批评思想,至少有诗化语言这一联结点将批评与创作混融一体,隔阂不至于太明显。对明清小说文本批评而言,若将小说的文体本性视为情节叙事、人物刻画的话,那么在小说文本的主体叙述过程中,有意夹杂篇幅不等的小说批评,进而阻断正常的小说叙事语流,在形式与内容上均可能使得小说文本批评与文本自身成为难以黏合的两张皮。以我们当下的学科性质与文学标准来衡量的话,这实在难以接受。因为当下读者与研究者习惯于接受属性确切的文学作品(其间一般不夹杂理论批评),因而对明清小说文本批评疏于关注也属情理之中。但事实如何呢?我们仅从小说评点的存在状况即可推而得之。小说评点往往也夹杂于小说文本之间,而仍被广泛接受和普遍肯定。明清小说文本批评在小说文本中出现的频率与密度,远远低于小说评点。就篇幅字数而言,小说文本批评相对于动辄数以万计的长篇小说来说,实属微乎其微。就此而言,若是认可小说评点是合

---

① (清)佚名:《续小五义》,北京:华文出版社,2018年,第1页。

乎古人阅读习惯的话,有什么理由不认可小说文本批评并不影响古人对小说文本的接受呢?若承认小说评点是古代小说文本固有特色,有什么理由不承认明清小说文本批评也是古代小说文本的又一特色呢?因此,从小说接受这个角度来挑剔明清小说文本批评的缺陷,进而少有探究,这是站不住脚的。明清小说文本批评势必有缺陷,但肯定不在于此。

明清小说文本批评是小说作者(编创者)的批评,相对于他者批评而言,它是关于小说创作、小说文体等方面的首度批评("元批评"),比之他者批评更能体味小说创作的实际甘苦(如上述文康的批评见解),更能指向小说文体与文本自身。可以说,这点成为小说文本批评突出的比较优势。① 当然,之所以能如此,又是与小说文本批评生成的实际情境相关联的。由上述史料我们可看到,小说作者在作品主体情节展开之前,往往都要对此前的小说创作、小说功用与小说观念等问题发表一番见解,进而凸显自身小说创作的合理性、必要性或创造性。自身小说创作或袭拟前人,或去陈独创,似乎总能找到充足的理据(从肯定立场而言,他人如此,我亦当如此;从否定立场而言,他人如此,我焉可如此),而理据的实质即是立足于小说发展的长期历程而随文展开寄生性的小说批评见解。在这种情形下,小说文本批评显然会紧密关联小说自身。相比之下,在明清小说序跋等常态批评中,我们却能发现不少序跋批评实际上更类似于噱头或幌子,其中的言论难以贴近小说自身的文体特性。与此同时我们也应看到问题的另一面,明清小说文本批评相比于小说序跋等形式,固然更能贴近小说自身,但是却难以就小说观念等形而上的诸多理论问题展开深入系统的思辨(因为情节叙述才是小说作品的主体),若是相对于清末民初洋洋洒洒的小说专论,其不足就更为明显了。不过,任何一种批评形态都是劣势与优势并生的,我们大可不必求全责备。

明清小说文本批评与小说评点类似,都是存在于文本之中的批评,不过相较而言还是有明显差异的。明清小说文本批评是小说作者关于小说认识的"夫子自道",意在介绍自身小说观念,读者接不接受其实关系不

---

① 彭玉平认为:"所谓'批评史'并不纯粹是'批评家'的理论批评的发展历史,原生形态的批评史——也许用'诗文评'更为恰切,应当以作家的本位作为逻辑起点,从中演绎其学术观念和思维特点。"(彭玉平:《诗文评的体性》,北京:北京大学出版社,2012年,第13页。)所论实际上与本文思路切近。

大，纯属"一家之说"；小说评点则不然，评点家以诸如读法、各回总评、回间夹评等相对严整的批评形式，对小说描写的巨细妙处都作了或深或浅的有意提示，其导读性特点十分鲜明，读者对此欣然接受，评点家方才倍感欣慰。此外，就读者感受的角度而言，明清小说文本批评与小说文本形成了紧密关联，即批评本身也构成了文本，文本是有批评思想的文本，批评是共生于文本的批评。因置身具体的小说叙事情境、小说"情"与"事"的浸染使得小说文本批评在客观上增添了几分文学化意味，减却了一些枯涩的理论色彩，在一定意义上说批评的文学化在此得到了特定实现。① 相对而言，小说评点虽也不乏文学化、艺术性的表述，但总体来说还是更显干瘪、机械，否则也不至于招致胡适、鲁迅等学者的痛斥。认识到这两方面的差异，有助于我们加深对小说文本批评特性的理解。

在对明清小说文本批评具备理性认识之后，我们可以较为客观地为其作价值评判了。除却上述反复强调的理论价值之外，尚有以下两方面较为明显：

其一，文献价值。大体可包括两方面，一是拓宽了古代小说批评文献的存在空间与表现形态，在理论认识方面与常态形式的小说批评文献形成了互补与互证的关系，进而更有力地说明了相关小说理论命题的合理性与确切性。试举一例：晚清小说《花月痕》评点者在第一回眉批有言："以稗官说稗官，故能说出稗官蹊径。"其言下之意，即认为只有真正参与过小说创作的人，方能更确切地道出小说创作的门径，那种纯粹是理论观念上的小说批评，难以击中小说创作的要害。这一命题应该说有一定理论价值，将之与上述文康在《儿女英雄传》第十六回、第二十三回中的言说相比，两者之间即可互补互证。二是小说文本批评为深入了解小说作者的相关生平史实提供参考。不少文本批评均出现于小说篇首，而篇首在文学创作中的重要意义不言而喻，藉此可了解创作动机、创作旨趣以及作者思想经历等信息，小说篇首的文本批评往往起到了类似作用。例如，道光年间"邗上蒙人"撰有《风月梦》，自序中有如下交代：

夫《风月梦》一书，胡为而作也？盖缘余幼年失怙，长违严训，懒

---

① 在论及古代文学批评的特性时，吴调公先生曾提出"要怀着诗情的感受去对待诗意的文论"（吴调公：《古典文论与审美鉴赏》，济南：齐鲁书社，1985年，第13页。）。以此评价小说文本批评实亦未尝不可，小说家其实也是将批评见解作了文学化的表达。

读诗书,性耽游荡;及至成立之时,常恋烟花场中,几陷迷魂阵里。三十余年所遇之丽色者、丑态者、多情者、薄幸者指难屈计,荡费若干白镪青蚨,博得许多虚情假爱。回思风月如梦,因而戏撰成书,名曰《风月梦》。或可警愚醒世,以冀稍赎前愆,并留戒余后人,勿蹈覆辙。①

由此观之,《风月梦》是作者的"自叙传",可谓浪子回头的警示之作。是耶非耶?该书第一回正文即作了明确回应:

吾姓过名时,字来仁,乃知非府悔过县人也。年尚未登花甲,只因幼年无知,误入烟花阵里,被那些粉头舌剑唇枪、软刀辣斧杀得吾骨软精枯,发白齿脱。幸吾禄命未终,逃出迷魂圈套,看破红尘,隐居于此。昼长无聊,将向日所见之事撰了一部书籍,名曰《风月梦》,今日携来与吾老友观看消遣,不期遇见尔来。②

其中"过来仁"即"过来人"之隐喻,作者劝化之心堪为良苦。与序文对照,此处小说文本批评实是确证了小说自叙传的意味,对了解作者思想动机有一定价值。

其二,传播价值。体现为小说文本批评是古代小说理论思想传播的重要形式。明清时期普通民众是通过何种方式接受小说的,学界似乎还众说纷纭,但说书方式是其中被普遍认可的。如果我们认为部分话本小说、章回小说即是说书人的底本或再加工本的话,那么我们有理由相信,文化程度不高的普通民众对诸如小说是什么、小说与史书的差异、小说如何构撰等论题的了解,大多是源自明清小说文本批评,因为这是很有可能在说书场合现场演说的。另外,时至今日,随着书籍出版样式的变化,我们更加有理由重视明清小说文本批评。当下面向普通大众的古代小说作品出版较为兴盛,其中普遍的做法即是将原刊本中的序跋、评点等批评文字大都删去,这样一来普通大众了解古代小说理论思想的渠道势必减少,而这当中共生于小说文本之内的小说批评是无法删去的,因为小说文本具有相对固定性,因而普通大众藉此还是可以了解小说的相关认识。因此至少在时下传播小说理论认识方面,小说文本批评比之其他小说批评形式更值得重视。

---

① 丁锡根编著:《中国历代小说序跋集》(中),北京:人民文学出版社,1996年,第880页。
② (清)邗上蒙人:《风月梦》,苗壮、石星校点,济南:齐鲁社,1991年,第6页。

综合上述几部分论述,我们可以看到,明清小说文本批评是明清小说史上的一个有待深入关注的文学现象,存在形式多样,关涉论域甚广,具有较为重要的研究价值。它兼跨小说史与批评史两个领域,却往往成为研究者两不关涉的地带。站在"了解之同情"的立场,我们认为,明清小说文本批评"缺席"的明清小说批评史,不是完整的明清小说批评史;缺乏对明清小说文本批评足够关注的明清小说史,也不是真正的明清小说史。我们应该对此加以学理性的认真审视。

参考文献

古代文献

（明）安遇时编集：《百家公案》，石雷校点，北京：群众出版社，1993年。
（清）曹雪芹：《脂砚斋评批红楼梦》（全二册），黄霖校理，济南：齐鲁书社，1994年。
（清）曹雪芹著，（清）无名氏续：《红楼梦》（上、中、下），（清）程伟元、（清）高鹗整理，中国艺术研究院红楼梦研究所校注，北京：人民文学出版社，2008年。
（明）冯梦龙：《喻世明言》，长沙：岳麓书社，2012年。
（明）冯梦龙编著：《警世通言》，余雨校点，济南：齐鲁书社，1995年。
（清）焦循：《剧说》，上海：古典文学出版社，1957年。
（明）兰陵笑笑生：《金瓶梅词话》（上下），北京：人民文学出版社，1985年。
（清）李百川：《绿野仙踪》（全二册），李国庆点校，北京：中华书局，2001年。
（清）李渔：《闲情偶寄》，江巨荣、卢寿荣校注，上海：上海古籍出版社，2000年。
（唐）刘知幾撰，（清）浦起龙释：《史通通释》（上），上海：上海古籍出版社，1978年。
（明）罗贯中：《三国演义》（上、中、下），北京：人民文学出版社，2019年。
（明）施耐庵：《水浒传》（第2版）（上册），北京：人民文学出版社，1997年。
（明）施耐庵著，（清）金圣叹评：《金圣叹批评水浒传》（上），济南：齐鲁书社，1991年。
（清）石玉昆述：《三侠五义》，北京：中华书局，2013年。
（明）吴承恩：《西游记》（上、中、下），北京：人民文学出版社，2019年。
（明）袁于令：《隋史遗文》，刘文忠校点，北京：人民文学出版社，1999年。

现代论著

［美］阿瑟·阿萨·伯杰：《通俗文化、媒介和日常生活中的叙事》，姚媛译，南京：南京大学出版社，2000年。
［美］爱德华·希尔斯：《论传统》，傅铿、吕乐译，上海：上海人民出版社，2014年。

［英］爱·摩·福斯特：《小说面面观》，苏炳文译，广州：花城出版社，1984年。
［南非］安德烈·布林克：《小说的语言和叙事：从塞万提斯到卡尔维诺》，汪洪章等译，上海：上海人民出版社，2010年。
［美］安妮特·西蒙斯：《说故事的力量：激励、影响与说服的最佳工具》，吕国燕译，北京：化学工业出版社，2009年。
［苏］巴赫金：《巴赫金全集》第五卷（第二版），钱中文译，石家庄：河北教育出版社，2009。
［古希腊］柏拉图：《理想国》，郭斌和、张竹明译，北京：商务印书馆，1986年。
陈多、叶长海选注：《中国历代剧论选注》，上海：上海古籍出版社，2010年。
陈兴仁：《神秘的相术——中国古代体相法研究与批判》，南宁：广西人民出版社，2004年。
程毅中辑注：《宋元小说家话本集》（全二册），济南：齐鲁书社，2000年。
［英］D·C·米克：《论反讽》，周发祥译，北京：昆仑出版社，1992年。
［英］戴维·洛奇：《小说的艺术》，王峻岩等译，北京：作家出版社，1998年。
［美］戴卫·赫尔曼主编：《新叙事学》，马海良译，北京：北京大学出版社，2002年。
［英］丹尼尔·笛福：《鲁滨逊漂流记》，鹿金译，北京：商务印书馆，2015年。
丁锡根编著：《中国历代小说序跋集》（全三册），北京：人民文学出版社，1996年。
［美］弗雷德里克·杰姆逊：《后现代主义与文化理论——杰姆逊教授讲演录》，唐小兵译，陕西师范大学出版社，1986年。
傅修延：《中国叙事学》，北京：北京大学出版社，2015年。
郭英德：《探寻中国趣味——中国古代文学之历史文化思考》，北京：商务印书馆，2017年。
［美］哈罗德·布鲁姆：《西方正典：伟大作家和不朽作品》，江宁康译，南京：译林出版社，2005年。
［美］海登·怀特：《后现代历史叙事学》，陈永国、张万娟译，北京：中国社会科学出版社，2003年。
［古希腊］荷马：《荷马史诗·奥德赛》，王焕生译，北京：人民文学出版社，1997年。
［德］黑格尔：《美学》（第二卷），朱光潜译，北京：商务印书馆，1979年。
胡士莹：《话本小说概论》（上册），北京：中华书局，1980年。
［美］华莱士·马丁：《当代叙事学》，伍晓明译，北京：北京大学出版社，1990年。
黄霖、韩同文选注：《中国历代小说论著选》（修订本）（上册），南昌：江西人民出版社，2000年。
［美］J.希里斯·米勒：《小说与重复——七部英国小说》，王宏图译，天津：天津人民出版社，2008年。
［美］勒内·韦勒克、奥斯汀·沃伦：《文学理论》，刘象愚、邢培明、陈圣生、李哲明译，南京：江苏教育出版社，2005年。
李桂奎：《中国小说写人研究》，北京：生活·读书·新知三联书店，2015年。
李萌昀：《旅行故事：空间经验与文学表达》，北京：人民文学出版社，2015年。
［匈］卢卡奇：《小说理论：试从历史哲学论伟大史诗的诸形式》：燕宏远、李怀涛译，北京：

商务印书馆,2012年。

[美]鲁晓鹏:《从史实性到虚构性:中国叙事诗学》,王玮译,冯雪峰校,北京:北京大学出版社,2012年。

[美]M.H.艾布拉姆斯:《欧美文学术语词典》,朱金鹏,朱荔译,北京:北京大学出版社,1990年。

[加]玛格丽特·艾特伍德:《与死者协商——玛格丽特·艾特伍德谈写作》,严韵译,上海:上海三联书店,2007年。

马幼垣:《水浒论衡》,北京:生活·读书·新知三联书店,2007年。

[美]梅维恒主编:《哥伦比亚中国文学史》(全2卷),马小悟、张治、刘文楠译,北京:新星出版社,2016年。

钱穆:《中国文学论丛》,北京:生活·读书·新知三联书店,2002年。

乔光辉:《明清小说戏曲插图研究》,南京:东南大学出版社,2016年。

清华大学国学研究院主编,[英]艾伦·麦克法兰主讲,刘北成评议,刘东主持:《现代世界的诞生》,管可秾译,上海:上海人民出版社,2013年。

[法]热拉尔·热奈特:《叙事话语 新叙事话语》,王文融译,北京:中国社会科学出版社,1990年。

[西班牙]塞万提斯:《堂吉诃德》,屠孟超译,南京:译林出版社,2011年。

申丹:《叙述学与小说文体学研究》,北京:北京大学出版社,2004年。

[德]斯威布:《希腊神话和传说》,楚图南译,北京:人民文学出版社,1959年。

谭君强:《叙事学导论:从经典叙事学到后经典叙事学》,北京:高等教育出版社,2014年。

[英]托·斯·艾略特:《艾略特文学论文集》,李赋宁译注,南昌:百花洲文艺出版社,1994年。

万晴川:《中国古代小说与方术文化》,北京:中国社会科学出版社,2005年。

Wyer, Robert S. ed. *Knowledge and Memory: The Real Story*. New Jersey: Lawrence Erlbaum Associates, Publisher Shillsdale. 1995.

徐岱:《小说叙事学》,北京:商务印书馆,2010年。

[古希腊]亚里士多德:《诗学》,陈中梅译注,北京:商务印书馆,1996年,第78页。

赵毅衡:《重访新批评》,天津:百花文艺出版社,2009年。

赵毅衡:《当说者被说的时候——比较叙述学导论》,北京:中国人民大学出版社,1998年。

赵毅衡:《反讽时代:形式论与文化批评》,上海:复旦大学出版社,2011年。

赵毅衡:《符号学原理与推演》,南京:南京大学出版社,2011年。

赵毅衡:《苦恼的叙述者》,成都:四川文艺出版社,2013年。

赵毅衡:《苦恼的叙述者——中国小说的叙述形式与中国文化》,北京:北京十月文艺出版社,1994年。

曾永义:《曾永义学术论文自选集》(全二册),北京:中华书局,2008年。

钟兆华:《元刊全相平话五种校注》,成都:巴蜀书社,1990年。

朱一玄、刘毓忱编:《水浒传资料汇编》,天津:南开大学出版社,2002年。

期刊论文

陈正宏:《绣像小说:图文之间的历史》,《图书馆杂志》2011年第9期,第97—103页。
傅修延:《赋与中国叙事的演进》,《江西社会科学》2007年第9期,第26—38页。
傅修延:《论西方叙事传统》,《天津社会科学》2020年第1期,第110—127页。
傅修延:《论叙事传统》,《中国比较文学》2018年第2期,第1—12页。
傅修延:《试论青铜器上的"前叙事"》,《江西社会科学》2008年第5期,第24—44页。
傅修延:《试论隐含的叙述》,《文艺理论研究》1992年第3期,第33—38页。
傅修延:《听觉叙事初探》,《江西社会科学》2013年第2期,第220—231页。
傅修延:《外貌描写的叙事语义》,《湖南师范大学社会科学学报》2015年第6期,第100—113页。
纪德君:《明清小说接受中"不善读"现象探论》,《文艺研究》2012年第6期,第62—70页。
江守义:《现代小说叙事主体的分化及其比较》,《中国人民大学学报》2005年第4期,第144—149页。
江晓原:《中西"博物"传统之异同及其他》,《中华读书报》2018年7月25日。
李德恩:《重读〈堂吉诃德〉》,《外国文学》2001年第2期,第75—80页。
李敏:《〈故事新编〉之戏拟》,《鲁迅研究月刊》2017年第6期,第17—23页。
李鹏飞:《试论古代小说中的"功能性物象"》,《文学遗产》2011年第5期,第119—128页。
刘亚律:《论罗伯·格里耶新小说中的"戏拟"》,《江西社会科学》2005年第1期,第92—94页。
刘勇强:《小说知识学:古代小说研究的一个维度》,《文艺研究》2018年第6期,第56—67页。
刘宗迪:《〈山海经〉并非怪物谱,而是博物志》,《绿色中国》2018年第12期,第60—61页。
倪爱珍:《符号学视域下的戏仿》,《河南师范大学学报》(哲学社会科学版)2017年第5期,第118—123页。
申丹:《何为叙事的"隐性进程"? 如何发现这股叙事暗流?》,《外国文学研究》2013年第5期,第47—53页。
申丹:《叙事动力被忽略的另一面——以〈苍蝇〉中的"隐性进程"为例》,《外国文学评论》2012年第2期,第119—137页。
谭帆:《"俗文学"辨》,《文学评论》2007年第1期,第76—82页。
谭帆:《"叙事"语义源流考——兼论中国古代小说的叙事传统》,《文学遗产》2018年第3期,第83—96页。
王昕:《论志怪与古代博物之学——以"土中之怪"为线索》,《文学遗产》2018年第2期,第128—140页。

吴国盛:《西方近代博物学的兴衰》,《广西民族大学学报》(自然科学版)2016年第1期,第18页—29页。

徐岱:《叙事伦理若干问题》,《美育学刊》2013年第6期,第31—46页。

徐德明:《中国白话小说中诗词赋赞的蜕变和语言转型》,《北京师范大学学报》(社会科学版)2008年第8期,第48—57页。

杨志平:《论古代小说代指性人物的叙事功能及其文学意义——以王婆描写为中心》,《学术论坛》2016年第8期,第92—99页。

叶舒宪:《〈山海经〉的方位模式与书名由来》,《中国文字研究》1999年第0期,第302—317页。

余欣:《中国博物学传统的重建》,《中国图书评论》2013年第10期,第45—53页。

赵崇璧:《目的性重复与功能性重复》,《文艺评论》2015年第1期,第31—35页。

赵宪章:《小说插图与图像叙事》,《文艺理论研究》2018年第1期,第6—20页。

赵毅衡:《论重复:意义世界的符号构成方式》,《河南师范大学学报》(哲学社会科学版),2015年第1期,第120—127页。

后 记

本书系集体合作之成果，前后历时五年，撰稿成员为各自承担的研究任务付出了较多精力。对此，彼此皆留下了难忘的回忆。受撰写者学养不深、精力有限等客观因素所限，本书尚有进一步拓展与深化研究之必要。然吾辈学养不佳，兼杂冗之事甚多，书稿惟有留俟他日加以完善。本书各部分撰写分工如下：

绪论、第一章、第二章、第六章第一节、附录2：杨志平（江西师范大学叙事学研究院）

第三章：桑迪欢（苏州城市学院城市文化与传播学院）

第四章：涂年根（江西财经大学外语学院）

第五章：易丽君（南昌工程学院外语学院）

第六章第二节：罗小华（湖州师范学院艺术学院）

第六章第三节、第四节：肖惠荣（江西师范大学叙事学研究院）

附录1：唐伟胜（江西师范大学叙事学研究院）

"事非经过不知难"，"成如容易却艰辛"。经此书稿撰写，撰写成员增进了对比较文学学科的敬畏之情，在此向诸多比较文学学科的先辈与时贤致以真诚的敬意！书稿内容吸收了学界同仁较多成果，恕不一一罗列，谨致谢忱！感谢丛书主编傅修延教授的关心与鞭策！本书由杨志平负责协调、统稿，感谢各位师友与课题组成员的倾力协助与支持！

2023 年 8 月 30 日